KCA 한국상담학회 상담학 총서 __ 08

인간발달과 상담 ^{2판}

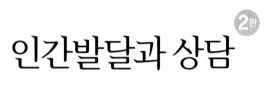

Human Development and Counseling

임은미 · 강지현 · 권해수 · 김광수 · 김정희
김희수 · 박승민 · 여태철 · 윤경희 · 이영순
임진영 · 최지영 · 최지은 · 황매향 공저

학지사

2판 발간사

2013년 상담학 총서가 출간된 후 어느덧 5년이라는 시간이 흘렀다. 1판 발간 당시에는 상담학 전체를 아우르는 상담학 총서 발간에 대한 필요성을 절감하며 한국상담학회 제6대 김성회 회장과 양명숙 학술위원장이 주축이 되어 학술위원회에서 13권의 총서를 발간하기로 하고 대표 저자 선생님들과 여러 간사의 헌신적인 노력으로 상담학 총서를 출간하였다. 이를 계기로 상담학 총서는 상담의 이론뿐 아니라 상담의 실제 그리고 반드시 알아야 할 상담학 연구 등 다양한 영역의 내용을 포괄하여 상담학이 독립된 학문으로 자리 잡을 수 있도록 기초를 다졌다. 이러한 첫걸음은 상담학에 대한 독자의 균형 있고 폭넓은 이해를 도와 상담학의 정체성을 확립하는 디딤돌이 되었다.

이번에 발간되는 상담학 총서는 앞서 출간된 『상담학 개론』『상담철학과 윤리』『상담이론과 실제』『집단상담』『부부 및 가족 상담』『진로상담』『학습상담』『인간발달과 상담』『성격의 이해와 상담』『정신건강과 상담』『심리검사와 상담』『상담연구방법론』『상담 수퍼비전의 이론과 실제』의 개정판과 이번에 새롭게 추가된 『중독상담학 개론』『생애개발상담』으로 구성되어 있다. 이처럼 여러 영역을 아우르는 총서는 상담학을 접하는 다양한 수요자의 특성과 전문성에 맞추어 활용될 수 있다는 장점이 있다. 각각의 총서는 상담학을 처음 공부하는 학부생들에게는 상담의 이론적 기틀 정립에 도움을 주고 있으며, 대학원생들에게는 인간을 보다 깊이 이해하고 상담학의 체계적인 연구 방법을 배울 수 있도록 한다. 또한 전문 상담자들에게는 상담의 현장에서 부딪힐 수 있는 다양한 어려움과 문제점을 해결할 수 있도록 구체적인 방안을 제공하는 실용서로 자리매김하고 있다. 이처럼 상담학 총서의 발간은 상담학의 학문적 기틀 마련과 전문 상담자의 전문성 향상이라는 학문과 실용의 두 가지 역할을 포괄하고 있어 상담학의 발전에 크게 기여하였다고 자부한다.

최근 우리 사회는 말로 표현하기 힘든 여러 가지 사건과 사고로 심리적인 어려움을 겪었고, 소통과 치유의 필요성은 날로 커지고 있다. 이에 따라 상담자의 전문성 향상에 대한 목소리가 높아지고 있으나, 이러한 때에도 많은 상담자는 아직도 상담기법만 빨리 익히면 성숙한 상담자로 성장할 수 있을 것이라 생각하여 기법 배우기에만 치중하는 아쉬움이 있다. 오랜 시간과 정성으로 빚어 낸 전통 장의 깊은 맛을 손쉽게 사 먹을 수 있는 시중의 장맛이 따라갈 수 없듯이, 전문 상담자로서의 전문성을 갖추기 위해서는 힘든 상담자의 여정을 견뎌 내는 시간이 필요하다. 선배 상담자들의 진득한 구도자적 모습을 그리며 성숙한 상담자가 되기 위해 노력하는 많은 분께 상담학 총서가 든든한 버팀목이 되었으면 한다.

1판의 경우 시작이 있어야 발전이 있다는 책무성을 가지고 어려운 난관을 이겨 내며 2년여의 노력 끝에 출판하였지만 좀 더 다듬어야 할 필요성이 제기되고 있었다. 이에 쉽지 않은 일이지만 편집위원들과 다시 뜻을 모아 각각의 총서에서 시대적 요구를 반영하고 새롭게 다듬어야 할 부분을 수정하며 개정판을 준비하였다. 개정되는 상담학 총서는 기다림이 빚는 우리의 장맛처럼 깊이 있는 내용을 담기 위해 많은 정성과 애정으로 준비하였다. 그러나 아직 미흡한 점이 다소 있을 수 있음을 양해 바란다. 부디 이 책이 상담을 사랑하는 의욕적인 상담학도들의 지적·기술적 호기심을 채워 줄 뿐 아니라 고통에서 벗어나 치유를 이루어야 하는 모든 사람에게 하나의 빛이 되기를 기원한다.

바쁜 일정 중에서도 함께 참여해 주신 여러 편집위원과 간사님들 그리고 상담학 총서의 출판을 맡아 주시고 물심양면으로 지원해 주신 학지사 김진환 사장님과 최임배 부사장님을 비롯하여 더 좋은 책이 될 수 있도록 그 많은 저자에게 일일이 전화와 문자로 또는 이메일로 꼼꼼한 확인을 마다하지 않은 학지사 직원 여러분께도 진심으로 감사를 전한다.

2018년 7월
한국상담학회 제9대 회장 천성문

1판 발간사

대화와 상호작용을 통해 도움을 주고받는 것이 상담이라고 정의한다면, 상담은 인류의 시작과 함께 시작되었다고 볼 수 있다. 그러나 우리나라에서 현대적 개념의 상담이 시작된 것은 1952년 미국 교육사절단이 정신위생이론을 소개한 이후부터라고 할 수 있을 것이다. 1953년 대한교육연합회 내부기관으로 중앙교육연구소가 설립되었고, 이 기관의 생활지도연구실을 중심으로 가이던스, 카운슬링, 심리검사가 소개되면서 상담에 대한 관심이 대단히 높아졌다.

상담에 대한 이러한 관심은 주로 교육학과나 심리학과를 중심으로 시작되어 그 밖의 분야까지 확산되었다. 1961년 중 · 고등학교 교도교사 100여 명이 '전국 중 · 고등학교 카운슬러 연구회'를 창립하였고, 이 연구회가 발전하여 1963년의 '한국카운슬러협회' 창립으로 이어졌다. 그리고 심리학회에서 1964년에 창립한 임상심리분과회의 명칭을 1974년에 '임상 및 상담심리분과회'로 변경하면서 상담심리가 그 이름을 드러냈다. 상담학이 교육학이나 심리학 등 특정 학문의 하위 학문으로 머물러 있는 한 발전이 어렵다는 공감대 아래, 2000년에 그 당시 이미 학회 활동을 하고 있던 대학상담학회, 집단상담학회, 진로상담학회 등이 주축이 되어 상담학의 독립화와 전문화 및 대중화를 목표로 한국상담학회를 창립하게 되었다.

현재 한국상담학회의 회원만 1만 4,000명이 넘는 등 상담의 대중화는 급물살을 타고 있다. 이러한 추세와 더불어 많은 대학에서 상담학과를 신설하고 있고, 전문상담사를 모집하는 기관도 늘어나고 있다. 그러나 아직도 상담학을 독립된 학문으로 인정하지 않는 사람들이 많고, 전문상담사들이 수혜자들의 요구 수준을 완전히 충족시키지 못하고 있다는 지적이 있다. 이러한 문제에 대해 한국상담학회에서는 수련 시간을 늘리고 전문상담사의 전문적 수준을 높이는 등 전문상담사의 자격관리를 철저히 함은 물론 상담학의 이론적 틀을 확고히 하려는 노력을 여러 방면에서 계속해 왔다.

그 노력 중 하나가 상담학 총서 발간이다. 우리나라에 상담학이 도입된 지 60년이 넘었고, 최초의 상담 관련 학회인 한국카운슬러협회가 창립된 지 50년이 다 되었지만 어느 기관이나 학회에서도 상담학 전체를 아우르는 총서를 내지 못한 것에 대해 전문상담사들의 아쉬움이 컸다. 상담학 총서 발간에 대한 필요성은 제4대 회장인 김형태 한남대학교 총장께서 제의하였으나, 학회 내의 여러 사정상 그동안 이루어지지 못하고 있던 차에 본인이 회장직을 맡으면서 학술위원회에 상담학 총서의 발간을 적극적으로 요구했다.

이에 따라 양명숙 학술위원장이 주축이 되어 학술위원회에서 13권의 총서를 발간하기로 하고 운영위원회의 위임을 받아 준비에 들어갔다. 가급적 많은 회원이 참가할 수 있도록 하기 위해 자발적 참여자를 모집하였고, 이들이 중심이 되어 저서별로 대표 저자를 선정하고 그 대표 저자가 중심이 되어 집필진을 변경 또는 추가하여 최종 집필진을 완성한 후 약 2년간에 걸쳐 상담학 총서의 발간을 추진했다. 그 사이 13권 각각의 대표 저자들이 여러 번의 회의를 했고, 저자들이 교체되는 등의 많은 어려움도 있었다. 그러나 양명숙 학술위원장을 비롯하여 학술위원이자 총서 각 권의 대표 저자인 고홍월, 김규식, 김동민, 김봉환, 김현아, 유영권, 이동훈, 이수연, 이재규, 임은미, 정성란, 한재희 교수와 여러 간사의 헌신적인 노력으로 상담학 총서를 출간하게 되었다. 이에 관련된 모든 분께 감사드린다.

상담학 총서 중 일부는 이전에 같은 제목으로 출판되었던 것도 있지만 처음

출판되는 책들도 있다. 처음 시도된 분야도 있고, 다수의 저자가 참여하다 보니 일관성 등에서 부족함도 있을 것이다. 그러나 시작이 있어야 발전이 있기에 시작을 하였다. 이후 독자들의 조언을 통해 더 나은 책으로 거듭나기를 기대한다. 이번 상담학 총서 발간은 상담학의 발전을 위한 하나의 초석이 될 것으로 확신한다.

끝으로, 상담학 총서의 출판을 맡아 주시고 물심양면으로 지원해 주신 학지사 김진환 사장님과 최임배 전무님을 비롯하여, 더 좋은 책이 될 수 있도록 그 많은 저자에게 일일이 전화로 문자로 또는 메일을 통해 꼼꼼하게 확인하는 것을 마다하지 않은 학지사 직원 여러분께 진심으로 감사드린다.

2013년 2월
한국상담학회 제6대 회장 김성회

2판 머리말

발달심리학은 상담자에게 인간의 전반적인 모습에 대한 청사진을 제공해 준다. 이 청사진이 있기 때문에 상담자는 안심하고 개인 내담자의 현재 상태에 몰두할 수 있다. 전문적 지식과 기술을 가진 상담자가 현재의 어려움을 해결하고자 하는 내담자를 만나 그의 세계에 마음 놓고 몰입할 수 있는 데에는 인간발달에 대한 조망을 잊지 않을 수 있다는 자신감이 적지 않은 역할을 한다. 그래서 상담자 교육과정이나 자격검정에는 인간발달에 대한 상담학도의 안목과 지식을 넓혀 주고 검증하려는 시도가 포함되어 있다. 상담자를 양성하는 각 대학의 학부와 대학원 과정에는 발달심리학이 개설되어 있고, 한국상담학회를 포함한 주요 학회와 상담 관련 국가자격증의 검정과목에는 발달심리학이 포함되어 있다.

이 책은 한국상담학회 상담학 총서 시리즈 총 15권의 과목 중 기초학문에서 발견한 연구자료를 상담에 과학적으로 응용하는 것이 중요하다는 한국상담학회 학술위원회의 판단에 의해 마련되었다. 상담자가 내담자를 만날 때는 내담자의 고유성에 집중하면서 임상 활동을 펼치게 된다. 상담자에게 내담자란 가장 소중한 한 명의 인격체인 동시에 21세기의 시공간적 거시체계 속에서 체계와 영향을 주고받으며 살아가는 소체제다. 아울러 현재를 살아가는 동시에 과거를 지나왔고, 자신의 주관적 세계에 의해 그려진 과거와 미래에 의해 영향을 받는 존재다.

이에 따라 상담자가 내담자를 대할 때는 내담자에게 집중하되 내담자를 둘러싼 시공간적 흐름을 직시하고 있어야 하며, 이 시대에 내담자의 연령대에서 내담자와 같은 상황에 놓인 사람에게 부여되는 사회인으로서의 책무와 권리 등에도 폭넓은 관심을 가져야 한다. 상담실 안에서 상담자와 내담자가 함께 구성한 세상이 상담실 밖의 세상과 소통이 되어야 내담자의 변화와 역량을 삶 속에 전반적으로 확산할 수 있기 때문이다. 그래서 인간의 전반적인 발달을 이해하기 위한 과학적인 연구결과를 상담현장에 반영하는 것은 매우 중요한 일이다.

이 책은 총 3부로 구성되어 있다.

제1부 '인간발달과 상담의 기초'는 인간발달과 상담, 인지적 영역의 발달, 정의적 영역의 발달로 구성하였다. 제1부의 명칭이 암시하듯이, 인간발달의 일반적 특성 및 발달이론과 연구법에 대하여 개관하고 발달심리학과와 상담의 관련성을 논하였다. 상담에서 관심을 가져야 하는 인지적 발달과 정의적 발달의 주요 영역들을 정리하여, 상담에 대한 적용을 염두에 둔 발달심리학의 기본적인 주제들을 다루고자 하였다.

제2부 '생애단계별 발달특성과 상담'에서는 인간발달의 단계를 영유아기, 아동기, 청소년기, 성인 초기, 결혼과 자녀 양육기, 성인 중기, 성인 후기, 노년 초기, 노년 후기 등의 9단계로 나누어 각 단계에서 특징적으로 나타나는 발달적 현상과 상담에의 시사점을 정리하였다. 제2부에서 나타나는 이 책의 특징은 다음과 같다. 첫째, 인간 생애의 전 연령대를 다루었다. 특히 성인기를 초기ㆍ중기ㆍ후기로 구분하고, 노년기를 초기ㆍ후기로 구분하여, 노령화 시대에 점점 더 많아질 성인과 노년 내담자를 돕고자 하는 상담자의 욕구를 충족시키고자 하였다. 둘째, 결혼과 자녀 양육기(제8장)를 별도의 장으로 독립시켰다. 이는 결혼 여부와 연령이 정해진 필수사항이 아닌 선택적 활동으로 변화해 가는 사회적 추세 때문에 결혼 여부와 연령에 개인차가 크게 발생하여, 사회 전체로 볼 때는 결혼과 자녀 양육이 성인기의 전 과정에 중첩되어 나타난다는 점을 고려한 결과다. 연령에 따른 발달특성과 상담에의 시사점은 성인 초기ㆍ중기ㆍ후기를 다룬 장에서 정리하고, 결혼과 자녀 양육이라는 역할에 따르는 발달적 주제와 상담에

의 시사점은 별도의 장으로 다루었다.

제3부 '발달심리학의 동향과 적용'에서는 발달심리학의 최근 동향을 소개하고, 이 책에서 다룬 전반적인 발달심리학적 이슈들을 상담에 어떻게 적용할 수 있을지를 제시하였다. 상담자는 현대사회의 내담자들이 직면하는 여러 가지 문제와 함께하며 능동적으로 대응하도록 안내하기 위해 진화론, 뇌 발달, 다문화적 접근, 학제 간 연구 등 최근의 발달심리학적 지식과 사회 전체의 흐름에도 주의를 기울여야 할 것이다.

이 책의 집필 과정에서 한국상담학회의 학술위원들은 여러 번의 모임을 가졌다. 책의 장과 절 제목을 검토하고, 아이디어를 교환하며, 여러 차례 수정을 거쳤다. 각 장과 절에 해당하는 소제목들과 소제목에 담길 내용에 대한 다양한 주문을 해 주었는데, 대개는 상담현장에서 상담자가 필요로 하는 지식을 풍부하게 담아 달라는 것이었다. 발달단계마다 상담자가 유의해야 할 상담 진행상의 원리들을 제시하여, 내담자의 발달단계를 고려한 상담을 진행하는 데 도움이 되도록 하는 것도 집필 원칙에 추가하여 주었다. 이러한 피드백은 집필진 회의를 통해 이 책의 집필자들에게 빠짐없이 전달되었다. 인간발달에 대한 이론과 연구의 결과들이 워낙 방대하다 보니 내용을 취사선택하는 데 어려움이 많았지만, 학술위원회와의 원활한 소통은 저자들의 의사결정에 큰 도움을 주었다.

이번에 『인간발달과 상담』(2판)을 출간하면서 가독성을 높이기 위해 전체적인 틀을 통일하고, 문장을 수정하였으며, 인용자료를 최신화하였다. 매 장마다 상담과 인간발달의 관련성을 더 부각시켜 상담자들이 현장에서 참고할 수 있는 지침서가 되도록 보완하였다. 아직도 여전히 여러 가지 아쉬움이 남지만, 『인간발달과 상담』(2판)이 인간발달에 대한 지식을 상담에 체계적으로 반영하여 진정한 상담 전문가로 발전하고자 하는 여러 상담자에게 도움이 되기를 바란다.

2019년 1월
대표 저자 임은미

차례

제1부 인간발달과 상담의 기초

제3부 발달심리학의 동향과 적용

제1부

인간발달과 상담의 기초

제1장
인간발달과 상담

| 임진영 |

인간은 학습을 하면서 환경에 적응하도록 진화되어 왔다. 따라서 인간의 발달은 다른 동물과 달리 성숙에 의해서만 진행되는 것이 아니라 성숙과 학습의 상호작용에 의해서 결정되며, 따라서 이러한 인간발달의 특성은 환경과의 관계를 불가분하게 만든다. 환경에 의해 인간발달의 양상이 달라지며, 장래의 발달 역시 환경적 조건에 따라 달라진다. 이러한 인간발달의 특성으로 인해 발달과정에 상담이 개입할 여지가 생성된다. 인간발달을 고양하고 행복한 삶을 살게 하는 과정에서 상담은 매우 중요한 역할을 수행할 수 있으며, 따라서 이러한 역할을 소홀히 할 수 없다. 이러한 이유로 인간의 발달현상에 대한 이해는 상담학의 목적 달성을 위해 필요한 기반지식을 구성하게 된다고 볼 수 있다. 이 장에서는 인간발달에 관한 기본 개념들을 살펴봄으로써 인간발달에 대한 지식이 상담자에게 어떻게 유용한지, 그리고 상담학의 발전에 어떻게 기여하는지 그 방향을 설정하고자 한다.

1. 인간발달의 일반적 특성

학습과 성숙의 상호작용에 의해 전개되는 인간의 발달양상에는 다면적이고 다양한 요소가 포함되어 있다. 이러한 다양함 속에 일반적 발달특성이 존재하므로 이에 대한 이해가 우선 갖추어져야 할 것이다.

1) 발달의 의미

수정 이후 하나의 완전한 생명체로서 수정란은 주어진 유전적 정보에 따라 자신을 변화시켜 간다. 이 과정에서 환경의 영향을 끊임없이 받게 되며, 그 상호작용의 과정이 곧 발달이다. 이러한 발달에는 성숙에 의한 변화와 학습에 의한 변화라는 두 가지 형태의 변화가 복합적으로 작용한다. 유전적으로 주어진 정보에 의해 이루어지는 변화는 성숙이며, 후천적인 경험에 의한 변화는 학습인데, 실제 발달에서는 이 두 가지 변화가 복합적으로 일어난다.

흔히 성숙에 의한 발달은 신체 변화를, 학습에 의한 발달은 지능이나 사고의 변화를 예로 들고 있지만, 엄밀히 말하자면 신체 변화나 지능 발달 모두 성숙과 학습의 상호작용 결과라고 볼 수 있다. 이러한 발달은 크기의 변화, 비율의 변화, 새로운 특징의 획득, 기존 특징의 소멸 등이 서로 작용하여 일어난다.

- 크기의 변화: 신장, 체중, 흉위 등이 증대되거나 심장, 폐, 위, 내장 등 기관의 구조가 변화한다.
- 비율의 변화: 신장, 체중, 흉위, 머리의 비율이 성장함에 따라 변화하여 신생아와 성인의 차이가 나타난다.
- 새로운 특징의 획득: 신체적·정신적 발달에 의하여 영아기에는 보행의 시작, 유아기에는 언어 발달, 아동기에는 신체 성장, 청년기에는 성적 발달이 나타난다.

- 기존 특징의 소멸: 신체가 성장·발달함에 따라 여러 가지 신체적·정신적 특징이 없어진다. 예를 들면, 신생아의 유치, 여러 가지 반사작용이 없어진다.

2) 일반적인 발달원리

다양한 발달양상에도 일반적인 발달원리가 존재한다. 먼저 여러 발달학자가 제시한 발달의 원리를 종합하면 다음과 같다(Ormrod, 2010).

- 발달의 순서는 다소 예측 가능하다: 연구에 따르면, 발달에 대한 보편성이 관찰되었다. 아동은 성장환경이 다르더라도 시간에 따른 변화가 비슷한 양상을 보인다. 이러한 보편성은 발달의 이정표로 대표된다. 일반적으로 앉은 후에 기게 되고, 그런 다음에야 걷게 된다. 덧셈을 배운 다음에야 곱셈을 배울 수 있다.
- 아동은 서로 다른 비율로 발달한다: 모든 아동이 같은 연령에서 특정한 수준에 이르는 것은 아니다. 어떤 아동은 빨리, 다른 아동은 상대적으로 늦게 특정 발달수준에 도달한다. 따라서 같은 연령이라도 다양한 성취 양상을 보인다. 연령만으로는 성취수준을 섣불리 예측할 수 없다.
- 발달은 완만한 성장기와 급등기로 구분될 수 있다: 발달은 일정한 속도로 진행되는 것이 아니다. 예를 들어, 한 단어를 말하게 되기까지는 오랜 시간이 걸리지만 일단 어휘를 사용하기 시작하면 급격히 사용 단어의 수가 늘어나며 문장도 길어진다. 신장의 경우, 초등학교 저학년 시기에는 천천히 자라지만 청소년기가 되면 급격한 성장 추세를 보인다.
- 발달에는 유전과 환경이 상호작용하여 영향을 미친다: 발달은 모든 측면에서 유전인자의 영향을 받는다. 영아는 태어나자마자 기질과 같은 특정한 행동패턴을 보인다. 즉, 물리적 자극과 사회적 자극에 반응하는 유전적 성향이 다른 것이다. 유전은 성숙의 과정을 통해 일생에 걸쳐 나타난다. 키와 체격이

주로 유전 특성으로 분류되지만, 환경적 영향인 영양 공급이 상당한 영향을 주기도 한다. 아동의 행동도 마찬가지로 기질과 양육환경의 두 가지 요인의 영향을 받아 결정된다.

다양한 발달이론과 발달에 관한 학설이 제기되고는 있지만, 이러한 발달의 원리는 대체로 보편적인 것으로 간주되어 오고 있으며, 비교적 일관성을 유지하고 있는 인간발달의 특성이다.

3) 발달 단계

발달 단계란 발달상에서 어떤 과제의 성취와 특정한 측면의 발달이 강조되는 삶의 기간을 말한다. 각 발달 단계는 고유한 특징이 있어서 그 이전 단계나 이후 단계로부터 구분되며, 그러면서도 발달을 위한 방향이 있고 새로운 단계는 그 이전의 단계까지 이루어진 발달을 통합한다. 에릭슨(Erikson)은 인간의 발달을 여덟 단계로 구분하였으나, 최근에는 발달 단계가 더 세분화되는 경향이 있다. 예를 들면, 태내발달에 대해서도 태내(prenatal) 환경, 출산 시(natal) 환경, 출산 후(postnatal) 환경으로 구분하면서 태내기를 단계로 포함하기도 하고, 노년기가 더 세분화되기도 한다. 발달학자들의 관심 영역이 늘어나면서 새롭게 관심을 기울이는 영역이 세분화되는 경향이 강하다. 발달 단계를 구분하는 연령은 대략적인 것으로, 그 연령을 전후해서 발달적 전환이 이루어진다는 의미다. 그렇지만 이러한 연령의 기준은 다방면에서 비판을 받았으며(Hancock, 1985; McGillicuddy-DeLisi, 1982; Miller, 1983), 발달학자가 세상에 심어 준 선입견으로 작용하고 있어 부작용이 심하다.

연령은 하나의 지표로서, 발달수준과 비교해 볼 때 상대적으로 불완전한 척도다. 밀러(Miller, 1983)는 심리적 성숙이론의 대부분은 인간의 발달 상태를 연령에 의해 설명해 왔다고 지적하면서, 환경적 요인이 간섭변인이나 매개변인이 아닌 독립변인으로 작용하여 개인의 변화를 일으키는 과정을 밝힐 것을 요구하였다. 그에 따르면, 인간의 발달을 이해하는 데 중요한 것은 연령이 아니라 개인의 역사(personal history)다. 여기서 역사란 미시적 · 개인적 차원에서의 경험이며, 그 경험은 역사적으로 특수성을 띤 역사적 경험을 의미한다. 많은 연구는 한 역사적 사건의 시점에서 인간은 각자가 가지고 있는 발달 단계에 따라 환경을 다르게 받아들이며 이는 이후의 발달에 영향을 주어 각 개인은 다른 발달양상을 보일 수 있음을 한결같이 시사하고 있다(Parker, 1986; Rosow, 1978). 따라서 연령은 상당히 불완전한 발달지표로서 발달수준 진단의 절대적 기준이 될 수 없다고 할 수 있다. 개인의 경험은 각자가 처한 환경의 영향에 의해 발생하므로 결국 개인의 역사란 환경적 요인에 의한 개인의 변화를 의미한다. 따라서 연령으로 설명되던 여러 가지 발달현상은 환경적 요인에 의한 개인차를 설명하는 방향으로 전환되고 있다.

2. 발달이론이란

발달현상을 다루는 이론은 발달현상이 복잡함에 따라 매우 다양한 양상을 보인다. 그러나 연구 초기에 발달에 대한 관심은 그리 많지 않아 발달이론의 역사는 길지 않다. 따라서 앞으로 연구되어야 할 것이 연구된 것보다 더 많으며, 지금까지 제시된 발달이론은 하나의 가설로 간주되어야 할 것이다.

1) 발달이론의 역사

(1) 아동기의 탄생

현대 우리나라를 비롯한 많은 서구 사회는 아동기를 인간의 일생에서 하나의 분리되고 독특한 시기라고 여긴다. 이 시기 동안에 아동은 사랑받고 양육되고 보호되어야 하며, 어른이 가지는 책임이나 의무를 지닐 필요가 없다고 본다. 그러나 과거에는 아동에 대해 현대사회에 살고 있는 우리와는 다른 관심과 태도를 가지고 있었다.

고대 서양에서는 아동을 엄격히 구분된 권리와 책임을 지닌 미래의 시민과 가족 집단의 일원으로 보았다. 그러나 중세에 와서 일상생활은 어른 중심으로 되었고, 아동의 지위는 상실되었다. 유럽에서의 아동에 대한 태도에서 눈에 띌 만한 변화는 16세기 무렵에 일어났다. 중세 이후에야 아동은 어른과는 다르며 그들 나름대로의 필요한 것이 있다는 것을 인정받았다.

동양 사회에서도 아동의 발달과정이나 심리특성에 대한 특별한 생각은 등장 하지 않았다고 할 수 있다. 유교적 전통에 따라 어른과 아이의 구별이 있었으나, 이것은 혼인이나 성인식 등의 사회적 의식에 의해 결정되었다. 공자의 사상에 서 인간의 사회적 위치는 20대 이후부터 형성되는 것이었으며, 어린아이는 어 리석고 아직 완전한 사람 구실을 할 수 없는 존재로 취급되었다. 이처럼 동양에 서도 중세 이전의 서양과 마찬가지로 아동기를 인생의 하나의 분리된 독특한 시 기로 보는 관점은 없었다고 할 수 있다.

아동을 훈련해야 한다는 것을 강조한 16세기와 17세기의 생각은 아동기가 인 간의 일생에서 독특하고 중요한 시기라는 근대적 사고의 시작을 알리는 것이 었다. 발달이 기는 행동부터 걷기 시작하는 점진적인 신체의 성장과 충동적인 행동에서 점차 자기통제(self-control)를 할 수 있게 되는 인간정신의 성장이라 는 개념은 19세기 이후에야 나타났다. 19세기가 끝날 무렵, 서구 사회에서는 아 동의 옷을 어른의 것과 다르게 하는 등의 변화를 보임으로써 아동의 세계를 어 른의 세계와 분리하려는 움직임이 중류와 상류 사회를 중심으로 일어났다. 이 러한 움직임과 생각은 20세기에 들어와서 나머지 모든 계층으로 확산되었다 (Ariès, 1973).

(2) 아동에 대한 관찰

찰스 다윈(Charles Darwin)은 인간의 행동과 다른 종의 행동 사이에서 나타나 는 유사성에 대해 진화적으로 동일한 조상을 가진 결과라고 가정하고, 인류의 기원에 관한 중요한 단서를 발견하려는 목적에서 자신의 어린 아들의 생후 3년 동안의 행동을 아주 자세하게 기록하였다. 다윈은 자율적인 근육운동과 언어, 그리고 두려움이나 화 또는 애정 표현과 같은 정서반응의 출현뿐만 아니라 빨기와 같은 초기 반사행동을 기록하였다(Charlesworth & Charlesworth, 2009).

프레이어(Preyer)는 1882년에 출간한 『아이의 마음(The Mind of the Child)』에 자신의 아들인 '아젤(Axel)'의 생후 3년 동안의 발달을 자세하게 기술하였다. 특히 그는 자아(self) 개념의 출현에 관해 언급하면서 아들의 감각 발달, 운동 발달, 언어 그리고 기억에 관해 아주 자세하게 기록하였다. 그는 아동에 대한 관찰이 체계적·과학적으로 수행되어야 한다고 주장한 최초의 관찰자였다. 또한 프레이어는 현재까지 계속되는 논쟁 중의 하나인 발달에 미치는 유전과 환경의 영향에 관해서도 언급하였다. 프레이어는 아동의 연구에 과학적 기법의 적용을 주장함으로써 나중에 미국에서 일어난 '아동연구운동(child study movement)'의 시작을 가져오게 하였다.

1896년에 듀이(Dewey)는 실험학교를 개설하고 교육에 대한 과학적 실험을 하기에 이르렀다. 새로운 학교는 합리적으로 통제된 조건 속에서 가설을 검증하고 연구하였고, 그 결과로 아동에게 제공하는 경험을 수정하였다. 듀이는 "심리학은 실행가설이 되고, 교육은 이 가설을 검증하는 일종의 실험이며, 실험을 통해 이론이 발전하고, 실제적 적용이 가능해진다."라고 말하였다(Cahan, 1992).

(3) 아동연구의 시작

홀(Hall, 1844~1924)은 유럽에서 심리학의 개척자인 분트(Wilhelm Wundt)와 함께 심리학을 연구한 후 1880년에 '어린이의 마음의 내용'에 관한 연구에 관심을 가지고 미국으로 돌아왔다. 독일에서 배운 설문지 방법을 도입하여 유치원생들에게 "소를 본 적이 있느냐?" "벽돌은 무엇으로 이루어져 있느냐?" 등의 질문을 하였다. 홀은 특정 답을 한 아이들의 분포를 표로 나타내었으며, 소년과 소녀, 도시 아이와 시골 아이, 각기 다른 인종의 아이들 간에 만들어진 반응들을 비교하였다. 이 연구는 한 아동의 세부적인 특성을 조사하였던 이전의 연구와 달리 처음으로 집단자료를 모아 아동집단을 비교하였다는 점에서 의미가 있다.

홀의 주요 업적은 특히 청소년기에 관한 연구다. 그의 관점에 따르면, 청소년기는 발달하는 인간이 자신의 계통적 과거를 재현하는 것을 중지하고 현재 인간의 생을 살기 시작하는 시기다(White, 1992).

프로이트(Freud, 1856~1936)는 성격의 출현과 발달을 인간의 성적 욕망과 관련시켰다. 그는 아동의 정서 발달의 공통적인 경로를 생애 초기에 나타나는 육체적 쾌감과 연결 지었을 뿐만 아니라, 어린 시절의 성적 경험은 성인기의 성격 형성에 영향을 미친다고 주장하였다.

볼드윈(Baldwin, 1861~1934)은 발달이 단순히 낱낱의 지식이나 행동을 양적으로 축적하는 것이기보다는 역동적이고 질적인 변화의 과정임을 강조하였다. 볼드윈의 몇몇 중요한 용어와 아이디어가 피아제(Piaget)와 비고츠키(Vygotsky)에게 그대로 전수되었다. 볼드윈의 진화론적 인식론, 발달적 적응의 세대 전수, 성격의 역동성 및 개인과 사회의 상호작용, 인지의 중첩적 발생과 같은 독특한 아이디어는 후속 연구를 촉발했다(Cairns & Cairns, 2006). 이처럼 지금은 당연시되는 아동 관찰과 연구도 이렇듯 역사가 그리 깊지 않음을 알 수 있다. 따라서 아동 발달의 연구는 수천 년 역사를 지닌 다른 영역의 연구와 비교하면 이제 시작에 불과하다고 볼 수 있다.

(4) 발달이론의 전개

1900년도 초기 행동주의(behaviorism)의 창시자인 왓슨(Watson)은 아동의 정서 발달에 조건반응과 같은 학습이론을 적용하였다. 즉, 학습효과를 강조하는 양육 쪽의 한 축을 그가 차지함으로써 천성 대 양육의 논쟁에서 균형을 맞추었다(Horowitz, 2003). 사회학습이론(social learning theory)을 내세웠던 달라드(Dollard), 밀러 그리고 시어즈(Sears) 등의 사회학습이론가들은 프로이트의 개념을 '자극-반응'의 틀 속에 넣어 보려고 하였다.

1950년경 에릭슨은 아동기로부터 성인기에 이르는 변화의 연속을 전 생애에 걸친 성격 발달의 개념으로 통합하였다. 그는 인간발달을 알기 위해서는 아동기에서 성인기에 이르는 장기간의 연구가 필요하다는 것을 강조하였다. 1950년 이후 피아제(Piaget, 1896~1980)는 유아에서 성인까지 발달하는 인간의 사고와 지식에 대한 가장 포괄적이고 체계적인 이론을 형성시켰다. 그는 아동의 활동이 인지 발달의 기초로서 작용하며, 발달의 각 단계에서 정신구조의 질적인 변화가 일어난다고 주장하였다. 1970년대에 사회성 발달과 정서 발달에 대한 연구자들은 피아제의 이론에 기초한 인지 발달의 연구방법, 연구결과 그리고 이론적 설명을 통합하여 '사회인지(social cognition)'라는 발달심리학의 새로운 연구 영역을 만들어 내었다.

정보처리이론은 아동이 성인과 유사하게 정보를 처리하지 않는다는 기본적인 생각을 다시 인식시켜 주었다. 발달심리학자들은 정보처리이론을 각 연령별로 차이가 있는 기억 과정에 적용하였을 뿐 아니라, 각 연령에서 이루어지는 정보처리의 특성과 내용에 관심을 두었다. 특히 발달과정에서 획득된 정보의 특성과 그 형식(format)이 아동의 행동변화와 어떻게 관련되어 있는가, 그리고 이렇게 형성된 지식기반(knowledge-base)이 자신과 타인의 행동을 이해하는 데 어떤 영향을 주는지를 탐색하였다.

1970년대 이후 비고츠키(Vygotsky, 1896~1934)는 인간은 특정한 문화 속에서 상호작용함으로써 학습하며, 학습내용으로서의 지식은 인간의 문화에서 나온다고 하였다. 그의 이러한 생각은 존재조건이 인간의식을 결정한다는 마르크스(Marx)의 철학적 전제를 기반으로 한다고 할 수 있다. 제2장에서 살펴볼 인지 발달에서 피아제의 인지발달이론에 대한 비고츠키의 반론은 이러한 철학적 맥락의 차이에서 비롯되었다고 할 수 있다.

2) 발달이론의 현황

일반적으로 인간발달에 대한 이론적 모형은 크게 세 가지, 즉 기계론적 모형, 유기체론적 모형, 맥락적 모형으로 나눌 수 있다. 첫째, 기계론적 모형이란 행동주의적 관점에 유래한다고 볼 수 있는데, 기계가 조각조각의 부분으로 나뉠 수 있는 것처럼 인간과 인간발달을 분해될 수 있는 부분들(행동들)의 집합으로, 주로 외부 영향에 대한 반응으로 변화하는 수동적인 존재로, 그리고 부분들이 더해지고 빼짐에 따라서 점진적이고 연속적으로 변하는 존재로 봄으로써 인간을 기계에 비유한다. 둘째, 유기체론적 모형은 인간과 인간발달을 부분들의 단순한 집합으로는 이해될 수 없는 총체적인 존재로서 발달과정에서 능동적인 내적인 힘의 인도에 따라서 변하는 존재로, 그리고 성숙함에 따라서 구별되는 단계를 거치면서 발달하는 존재로 본다. 즉, 살아 있는 유기체의 성숙과정과 인간발달의 과정을 동일시하는 것이다. 마지막으로, 맥락적 모형은 발달을 사람과 환경 간의 교호적 상호작용의 산물로 본다. 맥락적 모형에 따르면, 발달은 보편적 측면들과 문화, 시간, 개인에 특별한 측면들을 모두 가질 수 있다. 잠재력은 질적 변화와 양적 변화 모두에 대해 존재하며, 발달은 상이한 과정에 따라서 진행될 수 있는데, 그 과정은 내적 힘과 외적 영향 간의 복잡한 상호작용에 의해 좌우된다.

(1) 발달에 대한 사회적 영향

① 부모의 양육태도

바움린드(Baumrind, 1971)는 자녀 양육 방식과 아동의 사회적 능력의 관계에 대한 연구에서 유아원에서의 아동 관찰, 가정에서의 부모와 아동 관찰 등의 방법을 통해 부모의 세 가지 양육 유형과 양육된 아동의 전형적인 행동 유형을 기술하였다(〈표 1-1〉 참조).

부모-자녀 관계에 대한 전통적인 관점은 주로 부모의 행동이 자녀에게 미치는 영향을 분석하였다. 그러나 부모가 어떤 양육 방식을 채택하는가의 문제는 부모 자신의 성격이나 가치관뿐만 아니라, 자녀가 지닌 신체적·심리적 특성, 가정에서의 자녀의 위치와 가족 내에 작용하는 맥락적 요인에 의해 결정된다 (Belsky, Rha, & Park, 2000).

∞ **표 1-1** 자녀에 대한 양육 방식과 자녀의 특성

양육 유형	부모 행동	자녀 특성
권위주의적 부모 (authoritarian parent)	자녀의 행동과 태도를 통제하려고 하며, 절대적인 기준에 끼워 맞추려고 한다. 다른 부모들보다 자녀와 친숙하지 못하며, 통제적이고, 메마르고 냉정한 관계를 유지한다.	늘 불만에 가득 차 만족을 모르고 위축되며, 일관적이지 못한 행동을 하기 쉽다. 벌이나 질책과 같은 것에 의해 너무나 엄하게 통제되기 때문에, 부모의 반응을 지나치게 두려워해서 어떤 행동에 대한 의식적인 선택을 잘하지 못한다.
허용적인 부모 (permissive parent)	행동에 대한 강제가 거의 없으며, 자녀가 가능한 한 스스로 행동을 결정하도록 한다.	미숙하고 자제력과 탐구심이 가장 떨어진다. 아동은 별로 지도를 받지 않았기 때문에 자기가 한 행동이 옳은지에 대해 불확실하고 불안하게 느낀다.
권위적인 부모 (authoritative parent)	자녀의 활동을 합리적으로 이끌어 간다. 필요한 때는 엄격히 통제하지만, 문제에 관해 합리적으로 설명하며 격려의 말을 덧붙인다. 자녀의 독자적인 결정을 존중하고 애정을 표시하지만, 일정한 범위 내에서는 벌을 주기도 하면서 특정한 기준을 일관성 있게 지켜 나간다.	자신감과 자제심, 확고함, 탐구심, 만족감을 발달시킨다. 기대에 응하는 시기를 알고, 그러한 기대를 판단하는 방법을 배운다. 또한 맡은 일을 잘해 나가고, 목적을 형성해 가는 방법을 배우게 되며, 성공함으로써 얻는 만족감을 경험하게 된다.

② 환경 개념의 확장

브론펜브레너(Bronfenbrenner)가 제시한 '생태학적 접근(ecological approach)'에 따라 발달을 보는 관점은 각 연령에 있는 사람들이 자신의 환경 속에서 어떻게 상호작용하는가를 보아야 한다고 강조하면서 발달이론에 새로운 방향을 제시하였다. 이 관점은 인간행동을 볼 때, 개인이 자라고 살아가는 환경 속에서 또는 변화하는 환경 속에서 자신의 삶을 어떻게 조절하는가에 초점을 둔다. 브론펜브레너는 환경이 인간발달에 영향을 주는 중요한 원천이라는 가정에서 출발

한다. 다양한 층위의 체계 각각은 나머지 체계와 상호작용하고, 사람과 상호작용하여 발달에 중요한 영향을 준다. 이후 브론펜브레너의 모델은 발달이 시간적 차원 안에서 일어나는 것도 고려하기 시작하였다. 환경변화의 영향은 다른 생활변인, 즉 아동의 연령에 따라서 좌우된다는 것이다.

이러한 생태학적 체계이론은 환경에 대해서 학습이론가들이 제공했던 것보다 더 체계적인 기술을 가능하게 한다. 개인은 중간체계와 연결되고 보다 큰 외체계와 거시체계 안에 있는 특정한 미시체계 안에서 작용한다. 발달 중인 사람과 항상 변화하는 자연환경 사이의 상호작용을 관찰함으로써 사람이 어떻게 환경에 영향을 주고 환경에 의해서 어떠한 영향을 받는지 이해할 수 있다.

③ 인간발달과 환경의 교호적 상호작용

근래에 등장한 발달에 대한 맥락적 접근에서는 환경이 일방적으로 개체발달에 영향을 주는 것이 아니라 개체와 환경이 교호적으로 영향을 주고받는다는 것을 강조한다. 맥락적 접근이 본격적으로 대두되기 이전에도 이러한 교호적 상호작용에 대한 논의는 있었다. 비교적 최근의 예로, 유전형이 환경에 주는 효과를 강조하는 유전형질결정모형(genotype environment effects model; Plomin et al., 1977; Scarr & McCartney, 1983)을 들 수 있는데, 유전효과에 대한 연구를 정리하면서 로웨(Rowe, 1994)가 내린 결론은, 교호적 상호작용에 의한 가정환경의 변화는 궁극적으로 가정의 영향력이 적고 유전에 의해 결정되는 부분이 많다는 것이다. 환경의 영향을 논할 경우 이 환경을 구성하거나 선택한 유전적 영향이 고려되어야 함을 강조하는 것이다. 유전형에의 귀결은 정의적 영역에서의 교호적 효과에서도 제기되고 있다(Gottesman & Goldsmith, 1994).

부모와 자녀의 상호 영향의 유형에 따라 홀덴(Holden, 1997)은 부모효과모형, 아동효과모형, 양방모형 및 교류모형(transaction model)이라는 네 가지 모형으로 구분하고 있다. 부모효과모형과 아동효과모형은 영향의 일방적 성격을 강조하는 반면, 양방모형은 서로에 대한 부단한 상호 영향을 가정하고 있다. 교류모형은 여기서 더 나아가 부단한 상호 영향의 결과로 양자의 변화가 일어나는 것까지 모형에 포함한다. 교류모형은 맥락주의에서의 교호적 상호작용에 가장 근접한 모형이다. 이 교류모형에서의 개체-환경 간의 상호작용과 맥락주의에서의 교호적 상호작용은 양자의 변화를 가정한다는 점에서 일치된 관점을 가지고 있지만, 그 기원은 다르다.

개체-환경 간의 상호작용에서 기존의 교호적 효과모형은 크게 아동효과와 양방향성을 내포하고 있다. 그런데 그러한 시각들은 상호작용을 개체-환경 간의 변증법적 상호작용의 연속선상에서 파악하지 않고 있다. 이러한 제한을 극복하려는 맥락적 관점에서의 교호적 상호작용은 유전과 환경 중 어떤 것에도 우선을 두지 않고 단지 변화가 일어나는 차원의 문제로 내적-생물적 차원과 외적-물리적 차원 혹은 문화-사회적 차원으로 구분하고 있다는 점에서 유전형에 귀결시키는 이론적 조류에서의 교호적 상호작용과는 구분된다. 아동이 부모의 양육 방식에 영향을 주는 것이 의미를 가지는 이유는 그 양육 방식이 다시 아동에게 영향을 주기 때문이다. 개체도 변화하고 환경도 변화하며 그 양상이 변증법적 상승작용을 이루는 것이 맥락적 접근에서의 교호적 상호작용이 의미하는 것이다. 일회적 상호작용에 그치지 않고 부단히 지속적으로 발달적 상호작용을 하는 개체와 환경의 필연적 상호작용 기체를 강조한다고 볼 수 있다. 발달연구에서 탐구의 대상이 되는 것은 물론 발달하는 개체이지만, 변화하는 역동적 환경에 대한 이해 없이는 발달하는 개체에 대한 올바른 이해를 기대하기 어려우므로 발달연구에서 환경의 변화도 연구주제가 되어야만 한다고 볼 수 있다.

인간발달이론에서 일반적 의미의 상호작용과 맥락적 접근의 상호작용의 의미를 변화의 주체(변화 가능성), 개체-환경 관련 양상, 작용의 방향, 결과의 성격 등의 차원에서 비교하면 〈표 1-2〉와 같다.

○○ **표 1-2** 일반적 의미의 상호작용과 맥락적 접근의 상호작용의 개념 비교

구분	일반적 개체-환경 간 상호작용	맥락적 접근의 개체-환경 간 상호작용
변화 가능성	개체가 변화, 환경은 고정	환경과 개체가 모두 변화
관련성	개체와 환경은 별개	맥락적
작용 방향	환경 → 개체	환경 ⇄ 개체
상호작용 결과	가법적	변증법적 상승작용

(2) 성인기에 대한 관심

홀 등에 의해 이론적 기틀이 잡히기 시작한 초기의 발달이론은 주로 지식과 의식의 발달, 의지와 의도의 발달, 도덕성, 계통발생과 개체발생, 유전과 환경, 초기경험의 지속적 효과, 발달심리학의 적용 및 정치화 등에 관심을 가졌다(Cairns & Cairns, 2006). 지글러(Zigler, 1963)에 따르면, 발달심리학은 당시 심리학의 타 분과에서보다 그 이론 정립이 다소 지지부진하였는데, 그 이유는 발달심리학이 초기에 아동지도, 아동교육 등 실제적 측면에 관심을 기울여 이론화나 이론적 연구를 소홀히 했다는 데 있으며, 아동기에 대한 관심의 편중도 같은 맥락에서 이해될 수 있다. 이론화에 대한 필요성이 제기되면서도 아동기에 무게를 두게 된 것은, 성인기를 변화가 관찰되기 어려운 비교적 안정된 상태로 간주하였고 논리실증주의의 영향을 받아 (특히 미국에서) 실험을 통한 인간발달의 보편적 법칙을 발견하고 그것을 기초로 하여 이론 정립을 시도하려는 경향이 있었기 때문이다. 즉, 계량화가 필수적이었는데, 변화가 급격하여 변화의 모수치(parameter)가 비교적 큰 20세 무렵까지의 개인들을 집중적으로 연구하게 된 것이다.

따라서 기존의 발달이론은 인간발달의 기간 중 유아, 아동, 청년기까지에 중점적인 관심을 두었으며, 대개 인간특성의 발달 단계를 기술하고 있었다. 그런데 각 발달이론이 제시하는 단계는 청년기 이후의 발달특성에 대해서는 대체로 생략하거나 소홀히 다루는 경향이 있었다. 왜냐하면 변화와 발달이 현저한 아

동-청소년기의 발달현상을 기술하고 설명하기가 용이했었기 때문이다. 그럼에
도 에릭슨, 해비거스트(Havighurst) 등은 아동기나 청소년기까지의 서술에 머물
던 기존의 발달이론 틀에서 벗어나 성인기와 노년기를 포함하는 발달이론을 제
시하였다.

① 에릭슨의 심리사회적 발달이론

에릭슨은 생의 각 단계에서 사람들은 성공적으로 적응하고 발달의 정상적인
경로를 이탈하지 않기 위해서는 자신에게 주어지는 여러 가지 현실적 제약을 극
복해야 한다고 생각하였다. 에릭슨은 프로이트의 영향을 많이 받았지만, 프로
이트의 각 단계에서 아동이 겪는 내적 갈등보다는 사회적 갈등, 상호작용에서
발생하는 갈등에 관심의 초점을 맞추었다. 즉, 에릭슨은 프로이트보다 성적 욕
구를 적게 강조하고 사회적 영향을 더 많이 강조하였다. 에릭슨은 사람들은 일
생 동안 여덟 가지의 중요한 위기나 갈등에 부딪힌다고 하였다. 이러한 사회적
영향의 강조와 관련되기도 하지만, 에릭슨 이론의 가장 큰 특징은 발달 단계가
청소년기나 성인기 초기에 끝나지 않는다는 점이다. 그는 노년기 자아통합 대
절망이라는 단계에 이르는 전 생애에 걸친 발달양상을 제시하였다. 에릭슨의
이론은 이후에 자세히 소개될 것이다.

② 해비거스트의 연령별 발달과업

발달과업(developmental task)이란 인간이 소속된 사회에서 성숙과 학습의 과
정을 통해 발달해 나가는 가운데 반드시 배우고 성취해야 할 일들을 말한다. 이
러한 개념을 최초로 정립한 사람이 해비거스트(Havighurst, 1974)다. 그는 인간
이 남들에게 꽤 행복하고 성공한 사람이라는 평가를 받고 또 스스로를 그렇게
평가하기 위해 배워야 할 것을 발달과업이라고 불렀다. 발달과업은 특정한 시
기에 기대되는 행동과업으로 질서와 계열성을 가지고 있으며, 다음 발달 단계의
행동 발달에 영향을 준다. 이러한 발달과업에 대한 연구는 한국에서도 이루어
져 김종서 등(1987)의 연구를 시작으로 근래에는 이성진과 윤경희(2009), 임은미

등(2007), 임진영과 최지은(2014)의 연구를 통해 한국인의 발달과업이 확인된 바 있다.

(3) 노화에 대한 관심

노령인구의 증가로 노령인구에 대한 관심이 많아지고 이를 연구하는 분야가 하나의 학문으로 자리 잡은 것이 노인학이다. 노령인구의 증가는 한때 의학적 진보의 성과로 생각되었으나, 출산 감소의 영향이 더 크다고 할 수 있다(Tournier, 1972). 노인학은 연구대상이 다양하고 광범위해서 한마디로 정의하기 힘들지만, 일반적으로 노인학이란 인간의 노화(aging) 과정과 노년기의 제반 문제점에 대해 포괄적이고 다각적인 관점에서 접근하고 종합하는 학문이라 할 수 있다. 인간의 노화 과정이나 노년기의 형태적 특수성 내지 문제점을 연구하는 데에는 생물학, 심리학, 사회학 및 인류학 등 각 분야에서 개별적으로 접근할 수 있지만, 현대의 노인학자들은 분야별의 개별적 연구방법보다는 종합적인 접근방법을 택해야 한다는 데 의견을 모으고 있다. 노인학에서 가장 관심을 두고 기초적으로 연구되고 있는 분야가 노화이며, 이로써 발달이론은 그 연구대상을 죽음의 순간까지로 확장하게 되었다. 노화란 인간의 생성과 성장 및 성숙 고정 후 시간의 흐름에 따라 나타나는 형태적 · 기능적 쇠퇴로 사망에 귀착되는 생리적인 현상을 말한다(안상원, 이철원, 1998).

발테스(Baltes, 1993)는 성공적인 노화의 기준으로 수명(length of life), 신체적 건강(biological health), 정신적 건강(mental health), 인지적 효능감(cognitive efficacy), 사회적 유능성과 생산성(social competence and productivity), 개인적인 통제(personal control), 생활만족도(life satisfaction)를 제시하며, 이러한 성공적 노화를 이룰 수 있는 하나의 방법으로서 보상을 수반한 선택적 최적화(SOC) 모델을 제시하였다. 이는 사람들이 나이가 듦에 따라 자신에게 중요한 활동이나 목표를 선택(Selection)해서, 그와 관련된 기술을 최적화(Optimization)하고, 그 분야에서 성공을 거두기 위해 부족함을 보상(Compensation)한다는 이론으로, 여러 면에서 감소와 쇠퇴를 경험하는 노인이 성공적으로 살아갈 수 있는 방법을 탐색한다.

(4) 전 생애 발달이론

지금까지 살펴본 학문적 흐름이 최근에 와서 전 생애적 발달(life-span development)이라는 개념으로 발달이론화되고 있다. 전 생애 발달의 개념이 등장함에 따라 발달이론은 인간의 생애 전체에 관심 영역을 확장하게 되었다(Conger, 1973; Lerner & Spanier, 1980). 개체의 변화는 초기의 약 20년 동안에만 일어나는 것이 아니라 전 생애에 걸쳐 일어난다는 이론적 관점과 실증적 연구들이 축적되면서 발달연구에서 전 생애적 접근(life-span approach)이 강조되었다.

인간발달에 대한 전 생애적 접근에서는 기존의 발달이론에 대한 관점의 변화를 시도하고, 앞서 지적된 기존 발달이론의 특징을 한계로 인식하고, 이를 극복하는 대안으로 인간발달에 관련되는 여러 요소를 여러 차원으로 개념화하였다. 다양한 차원 간의 상호작용을 인간발달의 주체이자 맥락으로 간주하고, 발달과정에서 일어나는 이러한 차원 간의 상호작용을 탐색하고자 한다.

① 변증법적 기초

발달이론에서 전 생애적 접근은 그 철학적 배경이 되는 변증법과 그것을 사회과학적 방법론에 적용한 변증법적 방법론의 맥락에서 이해될 수 있다. 발달이론에서의 맥락-변증법적 접근은 사회과학적 방법론의 하나인 변증법적 방법론을 거의 수정 없이 받아들이고 있다. 변증법이 각 이론에 쓰인 유형은 분명하지는 않으나 크게 두 가지로 나눌 수 있다. 하나는 세계관으로서, 변증법이 쓰인 경우로 이론의 구성체계가 이 변증법적 설명 논리로 이루어져 있다. 다른 하나는 연구과정의 방법론으로서 변증법이 쓰인 경우로, 문제에 직면하여 그 문제를 해결하고 이론을 구성하는 양태를 변증법적으로 접근하려는 시도다. 발달이론의 변증법적 접근을 이와 관련하여 설명하자면, 관심 영역은 전자에 입각하되 연구의 태도는 후자의 입장을 따르는 편이라고 할 수 있다.

그런데 인간의 발달현상은 인간이 존재하는 한 필연적인 과정이며, 존재로서의 인간이 존재 과정의 인간이 되고, 이 존재 과정의 인간은 그 상태가 또한 존재가 되며, 이는 원초적인 상태를 내포하면서도 그와는 질적으로 다른 상태다.

또한 인간은 역사와 별개로 존재하지 않으며, 역사적 맥락에 따라 인간의 발달은 다양할 수밖에 없다. 따라서 인간의 학습이나 발달현상은 한 차원에 머무를 수 없으며, 학습과 발달은 또한 어떤 완전한 수준이 있을 수 없는 것이다. 따라서 부단히 모순에 부딪힐 수밖에 없는 것이 존재하는 모든 것의 속성이므로 학습이나 발달현상은 이러한 관점에서 연구되어야 한다는 것이 인간발달에 대한 맥락적 접근의 주장이다.

② 주요 관점

변화에 대한 맥락적 접근의 관점은 원래 행동주의이론의 기계적 관점과 피아제 이론 계통의 유기적 관점을 효율적으로 통합하려는 시도에서 출발했다. 그러나 거기서 더 나아가 능동적 유기체와 능동적 환경 사이의 계속적이고 교호적인 관계에 관심을 가지게 되었고, 또 인간에 관한 모든 측면을 포괄하고, 그 측면들의 관계까지 고려하여, 나아가 인간발달에 관한 변증법적·통합적·관계적인 모형에 이르게 되었다(Lerner & Spaier, 1980).

즉, 이전의 이론은 특정 연령집단이 특정의 고유한 과제를 수행하는 과정과 그 특정 과제가 변화하는 양태를 주로 기술하거나 일정 과제에 대한 반응 양식의 연령별 변화에 초점을 맞추었다. 그러나 새로운 경향의 이론은 물리적·사회적·신체적·심리적 변화에 개인이 대응하고 처리하는 양태, 그리고 그에 따라 다시 변하는 인간의 모습 등 환경과 개체가 교호적으로 영향을 주고받아 동시에 양자가 변화하는 모습을 탐구·기술하고 그 원인을 찾아내어 인간과 사회의 변화를 설명하려 한다. 더구나 발달하는 인간특성 중 하나만을 고려하는 것이 아니라 고려할 수 있는 것은 모두 고려하여 인간발달을 이해하는 데 다방면의 변화를 모두 포함한다. 최근의 20대는 과거 20대와 같은 이론으로 정의되거나 설명될 수 없으며, 역사적·사회적 맥락을 고려해야만 차이와 공통점이 확인되고 설명될 수 있다는 것이다.

③ 기본적 방법론

또한 방법론에서도 발달에 대한 맥락적 접근은, 모든 분석의 수준 또한 끊임 없이 변화시켜 개인과 전체 환경을 분리하지 않고 연속선상에 놓고 보는 입장 을 취한다. 다시 말해, 특정 변화를 분석할 때 그 변화는 그것의 배경이 되는 다 른 차원의 변화의 맥락 속에서 개념화되어야 하며, 이런 계속적 상호 침투 속에 변화는 끊임없이 계속된다는 것이다. 따라서 발달은 유아기, 아동기, 청년기, 성 인기 및 노년기에 걸쳐 끊임없이 지속되는 것이다. 발달에 대한 맥락적 접근의 기본 입장은 단순히 개인이 가족과 사회 등과 연결되어 있다는 것이 아니라 인 간의 조건을 구성하는 내·외적 총체가 통합되어야만 한다는 것이며, 생물적· 문화적 변화, 생물-문화적·역사적·진화적 변화들로 이해되어야만 한다는 것 이다(Baltes, Reese, & Lipsitt, 1980). 따라서 다학문적 접근 방식을 취하고자 하며, 앞서 제시된 바와 같이 연령(age)보다는 개인의 역사(personal history)가 변화를 이해할 때 가장 중요한 요소로 등장한다.

맥락적 발달이론은 변화에 대해 설명할 때 시간만을 유일한 독립변인으로 취 급하는 것이 아니라 개체-맥락 연결 변인(person-context match variable)이라는 독특한 변인을 설정하고 있다(Lerner & Busch-Rossnagel, 1981). 이를 관계들의 관계에 관한 연구라고 표현한다. 이 맥락적 발달이론의 주요 특징은 다음과 같 이 정리될 수 있다(Lerner & Spanier, 1980). 첫째, 맥락적 발달이론은 다학문적이 다. 여러 학문이 동등하게 발달이론의 구성에 공헌할 수 있다는 것이다. 둘째, 맥락적 접근에서는 변화를 강조하되, 개인의 변화는 계속적이므로 어느 한 시 기의 발달은 전 생애 발달의 연속선상에서 이해되어야 한다. 이는 개인 내적 변 화와 개인 간 차이를 동시에 고려하는 것이다. 셋째, 맥락적 발달이론은 연구 자, 이론가 및 실천가의 활동을 동시에 함축하고 있다. 즉, 발달을 기술하고, 기 술한 것을 설명할 수 있어야 하며, 그에 따라 발달의 극대화를 시도해야 한다는 것이다.

따라서 맥락적 접근에서는 과정적 연구설계(sequential designs), 다변량통계 (multivariate statistics), 동년배 분석(cohort analysis) 등을 기본적인 연구전략으로 삼고 있다(Lerner & Busch-Rossnagel, 1981).

④ 발달적 체제이론

인간발달에 대한 변증법적 혹은 맥락적 접근의 중심으로 활동한 리겔(Riegel)
의 관점은 그의 갑작스러운 사망으로 더 이상 이어지지 못하고 그와 뜻을 같이
했던 다른 학자들이 확대 재생산을 거듭하여 역동적 발달적 체제 접근(dynamic
developmental systems perspective)에 이르게 되었다. 그들은 발달심리학에서 탈
피하여 발달과학(developmental science)을 꿈꾸었다(Lerner, 2006). 발달심리학에
서 다루는 분야가 신체 발달을 포함하는 등 발달학적인 성격을 띠고 있었던 것
은 사실이었다. 인간발달에 대한 맥락적 접근에서는 이러한 다학문성이 더욱
두드러져 더 이상 발달심리학에 머물 수 없었던 것이다. 발달적 체제이론의 기
본 특징은 다음과 같다(Lerner, 2006: 3: 임진영, 최지은, 2011에서 재인용).

- 상관적 메타이론: 이분법적 대립 구조의 타파
- 모든 생태 수준의 통합: 생물학적·신체적 수준에서 문화적·역사적 수준
  의 통합
- 교호적 개체-맥락 간의 연관성을 포함하는 개체발생의 발달적 순환
- 인간발달 내의 기본 분석 단위로서 개체-맥락 간 관련성의 통합된 행위
- 인간발달의 일시성(temporality)과 가소성(plasticity)
- 상대적 가소성
- 개인 내 변화, 그 양상의 개인 간 차이: 다양성
- 최적화, 발달과학의 적용 그리고 긍정적 인간발달의 촉진
- 다학문성, 변화를 포착하는 방법론의 필요

(5) 생애주기이론

인간발달에 대한 전 생애적 접근까지는 발달연구에 주로 양적 접근법을 이용
하였으나, 질적 연구법에 대한 인식이 새롭게 바뀌면서 인간발달 연구에서도 질

적 방법을 적용한 연구가 속속 등장하였다. 레빈슨(Levinson, 1978)의 생애주기 이론은 그러한 연구의 대표적인 한 사례로, 그는 성인기의 연구에서 전 생애적 접근 방식이 필요하다는 판단 아래, 각계각층의 남성 40명에 대한 심도 있는 인터뷰를 통해 '모든 인간은 필연적인 패턴으로 발달을 계속한다.'라는 명제를 증명하려 했다. 수십 년간의 연구를 통해 그가 제시한 인생의 사계절은 변화와 안정의 순환 과정이었다. 그에 따르면, 환절기처럼, 인생의 한 계절에서 다른 계절로 옮겨 가는 과정에는 변화와 성장을 위한 고통이 따른다. 이후 그는 다양한 경력의 여성 45명과의 지속적인 인터뷰를 통해 이들이 겪는 혜택과 고통, 딜레마와 만족감 등을 탐색하였다. 여자와 남성이 '왜' '어떻게' 다르게 살아가는지를 주목하면서 각 시기의 과제들 앞에서 여성들이 어떻게 심리적 혼란을 극복하고 정서적 갈등을 해결해 나가는지를 조사하였다.

레빈슨의 이론에서 인생구조란 '특정 시기에 개인의 생활의 기초가 되는 유형이나 설계'라고 할 수 있다. 이는 개인과 환경과의 관계를 형성하고 그 관계에 의해 구체화되는 발달적 기초안이라 할 수 있다. 인생의 구조는 외적 측면(사람들, 장소, 제도, 사물 등)과 내적 측면(가치, 꿈, 정서 등)을 가진다. 인생주기는 대략 각각 25년씩 지속되는 일련의 시대(era)를 통해 전개된다. 시대들은 부분적으로 겹쳐 있어서 이전 시대가 끝나 가고 있을 때 새로운 시대가 진행되고 있다. 한 시대에서 다음 시대로 옮겨 가는 것은 개인의 인생구조에 근본적인 변화를 초래하며, 각 시대가 교차되는 사이에 오는 전환기는 평균 4~5년 지속된다. 이 전환기는 시대들을 이어 주는, 그리고 그들 사이에 어떤 연속성을 제공하는 역할을 하는 발달시기다. 발달적 전환기는 가는 시대를 마무리 짓고 오는 시대를 시작하는 경계 지역이다.

(6) 발달심리학의 변천 과정

발달심리학의 변천을 종합하면 〈표 1-3〉과 같다.

○○ **표 1-3** 발달심리학의 이론과 연구

차원	19세기 말~20세기 초	1950년대와 1960년대	현재(1990년대~)
모델의 성격	대체로 유기론적	대체로 기계론적	대체로 유기론적, 간간이 기계론적
연구의 주된 과정	진화의 원리	사회적 과정, 환경의 영향, 학습원리	정서적·생리적·인지적·사회적 과정, 상호작용 과정
이론의 목적	설명과 기술	예언과 통제	설명과 기술
이론의 영역	넓다	매우 넓다	제한되어 있다
설명의 보편성 대 문화적 특수성	보편적	보편적	문화 특수적, 보편적
발달에 미치는 사회의 영향력 (사회적 변화)	제한적	제한적	광범위
다른 심리학과의 관계	광범위한 연관성	제한적 연관성	많은 연관성
응용연구 대 기초연구 (실제 문제에 응용하는 여부)	둘 다	기초 연구	둘 다

출처: Parke, Ornstein, Rieser, & Zahn-Waxler (1994).

3) 발달이론의 쟁점

발달이론에서 지속적으로 제기되는 문제는 인간발달에서의 유전의 역할이다. 유전과 환경 모두 인간발달에 중요한 요소로 작용한다. 이러한 유전과 환경의 문제는 환경에 대한 인간의 능동성 문제와도 관련되며, 단계 이행의 메커니즘에서 양적·질적 변화의 문제까지 야기하게 된다. 이러한 쟁점들은 근래 인간발달에 대한 맥락적 접근에서 본격적으로 다루게 되었다.

(1) 발달에 미치는 유전의 영향

가장 복잡한 인간의 속성들은 천성과 양육이 장기간에 걸쳐 상호작용해 온 결과라고 볼 수 있다. 흔히 우리는 유전형(genotype)과 표현형(phenotype)을 구분하는데, 유전형 중 겉으로 드러나 실현된 부분을 표현형이라 한다. 용불용설(用不用說)에서는 표현형이 유전형에 영향을 주는 것으로 가정함으로써 결정적인 결함을 가지게 된다. 자연도태설(自然淘汰說)에서는 유전형에 내포된 여러 가지 가능성 중 자연환경이 표현형을 결정하며, 진화는 돌연변이에 의한 유전형적 변이로 설명한다. 여러 가지 돌연변이 중 환경에 가장 효과적인 유전형이 자손을 번식시키는 것이다.

행동유전학자들은 종의 구성원들 간 차이를 가져오는 생물학적 기초에 관심을 둔다. 그들은 유전자들의 독특한 조합이 개인차를 만드는 데에서 어떠한 시사점을 갖는지를 알아보는 데 관심을 가지고 있다. 그들은 유전적 영향을 연구하기 위해 여러 가지 방법을 동원하였다. 가족연구를 하기도 하는데, 함께 사는 사람을 비교하여 그들이 하나 이상의 속성에서 얼마나 유사한지를 알아보았다. 쌍생아 연구나 입양아 연구 등이 이에 해당한다. 이런 연구들은 환경이 다양한 능력과 행동에 어느 정도로 영향을 주는지 추정할 수 있게 해 준다. 또한 유전자와 환경의 상대적 기여도를 추정하는 연구가 있는데, 한 사람이 나타내 보이거나 나타내 보이지 않는 어떤 특질을 연구할 때 연구자들은 일치율을 계산하고 비교한다. 행동유전학자들은 연속 변인의 성격을 가진 특질들에 대해서는 상관계수를 계산하여 유전적 기여 정도를 추정한다. 이런 행동유전학 연구들은 발달에 대한 유전적 영향과 환경적 영향 모두에 대해 우리에게 정보를 준다.

발달연구에서는 먼저 공유된 환경의 영향에 대한 연구를 많이 하였다. 공유된 환경(Shared Environment: SE)이란 동일한 가정환경에서 살아가는 개인들이 공유하며 그들을 서로 유사하게 만드는 경험들이다. 부모의 양육 방식에 따른 자녀들의 특성발달을 연구하는 영역이 대표적인 사례라 할 수 있다. 유전연구에서는 비공유 환경(Non-Shared Environment: NSE)의 영향들에 대해 연구를 많이 하였는데, 비공유 환경의 영향은 개인에 따라 독특하다. 이 경험들은 가족 중

다른 구성원과 공유하지 않는 것들이므로 가족구성원들을 서로 다르게 만든다 (Scarr, 1995).

비공유 환경 영향원들이 대부분 중요한 성격특질들에 더 큰 영향을 미친다고 한다. 형제간에 전혀 다른 성격을 가지는 것은 유전적 요인도 있지만 이러한 비공유 환경의 영향도 있다는 것이 최근 발달연구에서 새로이 부각되고 있는 쟁점이다. 공유 환경의 영향에 대해서도 다양한 관점이 존재할 수 있다. 예를 들어, 지능의 경우 중간 정도로 유전 가능한 속성이라고 알려져 있다. 아동이 성숙해 감에 따라, 유전이 실제로 지능의 개인차에 더 많이 기여하게 된다. 초기 지능이 이후의 지능과 가지는 상관은 직접효과와 간접효과로 나눌 수 있는데, 이러한 점은 아직까지 고려되지 못하고 있다.

그런데 오늘날 행동유전학자들은 더 이상 천성 대 양육의 쟁점에 결론을 내리려 하지 않는다. 그 대신 이러한 중요한 두 가지 영향이 어떻게 상호작용하여 발달적 변화를 촉진하는지를 알아내려고 노력한다. 하나의 대표적인 설명 논리가 수로화 원리다. 유전자가 발달을 제한하여 제한된 범위의 결과를 가져오는 현상을 수로화(canalization)라 한다. 수로화된 속성은 유전자 프로그램에 따라 전개되기 때문에 환경의 영향을 거의 받지 않지만, 수로화 정도가 덜한 속성은 다양한 생의 경험에 의해 유전적인 경로로부터 벗어날 수 있다. 이러한 개념은 개인의 발달경로는 다양할 수 있고, 천성과 양육이 함께 이 경로를 결정하며, 유전자나 환경 중 하나가 다른 요인이 발달에 영향을 주는 정도를 제한할 가능성이 있다는 사실을 설명하는 데 유용하다.

그 밖에 반응 범위라는 개념이 있는데, 이는 개별 유전자들이 다른 종류의 생활경험에 대해서 반응을 나타낼 수 있는 범위를 의미한다. 즉, 사람은 유전적으로 다르기 때문에 어떤 두 사람도 특정한 환경에 대해 아주 똑같은 방법으로 반응하지 않는다는 것이다. 이러한 개념은 사람의 유전자형이 어떤 특정한 속성에 대해서 가능한 결과의 범위를 설정하고, 환경은 유전자가 정한 범위 내에서 그 사람의 위치를 결정해 준다는 것을 가정하는 것으로 발달연구에서 비교적 널리 받아들여지고 있다.

유전자가 환경과 상호작용하여 발달에 영향을 주는 방식은 다양한데, 부모의 유전자형이 부모가 자녀에게 제공하는 가정환경에 영향을 주는 부분이 있을 수 있다. 또한 유전적으로 영향을 받은 아동의 특성들이 아동 자신에 대한 타인의 행동에 영향을 줄 수 있다. 또한 서로 다른 유전자형을 가진 사람들은 같은 공간에서도 자신에게 고유한 환경조건을 선택할 수 있다. 그들이 선택한 환경은 다시 그들의 발달에 영향을 줄 수 있다.

(2) 동물행동학에서 진화심리학으로

최초의 진화심리학자라고 불릴 수 있는 다윈은 『종의 기원(On the Origin of Species)』의 말미에서 진화심리학의 탄생을 예언하였다(Buss, 2004). 인간에 관한 진화적 아이디어는 많았지만 실증연구는 거의 없었다. 그러나 오늘날은 개념적 혁신과 더불어 견고한 실증적 연구 증거들이 상당히 축적되었다. 행동유전학과 더불어 동물행동학은 발달연구에서 진화심리학이라는 형태로 도입되었다. 생물학적 영향이 인간발달에서 중요한 역할을 한다는 생각은 여전히 유효하다. 이러한 아이디어는 행동의 진화론적 근거와 진화적 반응이 종의 생존과 발달에 주는 영향에 대해 연구하는 동물행동학의 기반이 된다.

동물행동학에서는 모든 동물 종의 구성원들은 다수의 '생물학적으로 프로그램된' 행동을 가지고 태어난다고 가정하였다. 이 행동들은 진화의 산물이고 그 행동들이 생존에 기여한다는 점에서 적응적이다. 생물학적으로 프로그램된 특성들은 다윈식의 자연선택과정의 결과로 진화된다고 여겨진다. 동물행동학자들은 종의 구성원들이 공유하는, 그리고 종의 개체들을 비슷한 발달경로로 이끌 수 있는 선천적이거나 본능적인 반응들에 초점을 두었다. 이와 유사하게, 진화심리학에서도 아동들이 미리 프로그램된 다양한 행동을 보인다고 믿을 뿐만 아니라, 그들은 이러한 반응들 각각이 개인이 생존하고 정상적으로 발달하도록 도와줄 특정한 종류의 경험을 촉진한다고 주장하였다. 그들은 인간발달의 생물학적 기초를 거의 무시한다는 이유로 행동주의 학습이론을 비판하면서도, 학습 없이는 발달이 많이 이루어질 수 없음을 가정하였다. 그들은 생의 초기 경험이 매우 중요하다고 믿었다. 사실 그들은 발달의 많은 속성에 대해 '결정기'가 있을 것이라고 주장했다. 그리고 인간발달에 대해서는 '민감기'라는 용어가 더 적합하다고 하였다. 민감기는 특정 능력이나 행동이 나타나기에 최적의 시간, 사람이 환경적 영향에 특히 민감한 시기를 나타낸다. 경험의 영향을 인정하면서도 그들은 인간은 생래적으로 생물학적 존재이며, 선천적 특성들이 인간이 경험하는 학습 경험의 종류에 영향을 준다고 주장하였다.

동물행동학자들은 각각의 아동이 적응적이며 유전적으로 프로그램된 많은 특성을 가지고 태어나는 생물학적 존재라는 것을 강조함으로써 기존의 관점에 수정을 가져왔다. 또한 인간발달을 정상적인 일상의 환경에서 연구하고 인간발달을 다른 종의 발달과 비교하는 등 방법론적 기여를 하였다. 동물행동학적 접근은 정신분석학과 같이 검증이 매우 어렵다. 다양한 동기, 독특한 버릇과 행동이 선천적이고 적응적이거나 아니면 진화 역사의 산물임을 증명하기가 어려운 것이다. 즉, 그들이 제시하는 진화나 발달은 결과론적 설명이므로 미래에 무엇이 일어날지를 예측할 수 없다. 따라서 그들은 특정 인간 동기와 행동에 대한 생물학적 기초가 있더라도 이러한 성향들은 학습에 의해서 수정될 것임을 인정하였다. 그러나 그들은 인간발달에 대한 중요한 생물학적 기여들을 확인함으로써 환경일변도의 설명으로 나아가던 유전-환경 간의 논쟁의 균형을 잡는 역할을 하였다.

진화적 접근의 정체성을 논하기 위해 인간행동에 대한 진화적 접근이 제기하는 질문은 다음과 같다(Krebs, 2007: 임진영, 최지은, 2011에서 재인용).

1. 개체발달체제를 설명하는 데 진화론이 어떻게 유용한가?
2. 먼 과거의 어떤 사건이 현대인의 심리를 조성했는지 알 수 있는가?
3. 설사 안다고 해도 그것이 현재 환경에 적응하고 살아남는 데 무슨 소용이 있는가?
4. 인간의 마음은 심장, 신장, 폐와 같이 영역 특정적인 정신적 기관으로 나뉠 수 있는가, 아니면 보편기능을 담당하는 단일체인가?

5. 게임이론처럼 사회적 전략의 이해득실을 양적으로 모형화하는 것이 얼마나 유용한가?

6. 유전자나 개인수준이 아니라 집단수준에서의 자연선택이 인간의 정신진화체제설계에 영향을 미쳤는가?

7. 우리의 가장 가까운 계통발생적 조상(원인)의 행동으로부터 인간특성의 진화를 추론할 수 있는가?

8. 수백만 년 전 다른 원숭이 조상들로부터 인류가 갈라져 나온 원인은 무엇일까? 인간 고유의 특성을 출현시킨 환경적 압력은 무엇일까?

9. 인간 두뇌의 진화를 가져온 과정은 무엇인가? 큰 두뇌를 생성하고 유지하는 비용에 비해 얻는 것은 무엇인가?

10. 추상능력과 상징적 언어능력의 주요 적응적 이점은 무엇인가? 자연세계에 적응하기 위해서인가, 사회생활을 위해서인가?

11. 문화는 어떻게 진화했으며, 문화적 진화가 생물학적 진화와 어떻게 연관되는가? 생물학적 진화와 문화적 진화는 별개로 이루어졌는가? 둘 중 하나에 대한 이해 없이 다른 하나를 이해할 수 있는가?

12. 남자와 여자의 짝짓기 전략은 어떻게 다르며, 무엇이 그런 차이를 가져왔는가? 사회마다 다른 짝짓기 체제의 구축에서 문화적 규범과 진화된 특성이 어떻게 상호작용했는가?

(3) 생태학적 관점의 대두와 확장

유전과 환경에 대한 논쟁에서 유전적인 영역을 동물행동학 또는 진화심리학에서 다루었다면, 환경적인 측면은 인간발달에 대한 생태학적 접근에서 발전시켰다. 앞서 간략히 소개한 것처럼, 브론펜브레너(1979)는 인간의 환경을 생태학적으로 정의하고 체계적으로 환경을 분석하였다. 그는 환경을 여러 수준의 체계로 나누고 이들 체계 내에서 개인의 발달을 논하였던 것이다.

먼저 그가 제시하는 가장 소규모의 환경이라 할 수 있는 미시체계(micro system)는 개인과 아주 가까운 주변에서 일어나는 활동과 상호작용을 나타낸다. 매우 어린 영아들에게 미시체계는 가족으로 제한된다. 미시체계는 각 개인이 그 체계 안에 있는 다른 사람에게 영향을 주고 또 다른 사람으로부터 영향을 받는 발달의 진정한 역동적 맥락이다. 두 번째 환경층 또는 중간체계(middle system)는 가정, 학교, 또래 집단과 같은 미시체계들 간의 연결이나 상호관계를 나타낸다. 브론펜브레너는 미시체계 사이의 강하고 지지적인 연결에 의해서 발달이 잘 이루어질 것으로 생각하였다. 세 번째 환경층으로서의 외체계(outer system)는 아동과 청소년이 그 맥락의 부분을 이루고 있지는 않지만 아동과 청소년의 발달에 영향을 줄 수 있는 맥락들로 구성된다. 마지막으로 거시체계(macro system)인데, 미시체계, 중간체계, 외체계가 들어 있는 문화나, 사회계층인 거시체계가 발달에 중요한 역할을 한다. 거시체계는 아동을 어떻게 다루어야 하는지, 아동에게 무엇을 가르쳐야 하는지, 아동이 추구해야만 하는 목표가 무엇인지를 규정하는 전체를 둘러싸고 있는 광범위한 이데올로기를 포함한다. 이후 브론펜브레너(1989)는 초기의 맥락주의적 아이디어와 유사하게 시간차원을 추가하기도 하였다.

발달이론에서의 생태학은 인간을 둘러싼 환경을 보다 체계적으로 분류하고 그 관계 양상에 대한 연구를 촉구하고 있다. 그러나 환경의 변화 양상과 개인의 변화 양상의 역동적 관련성에 대한 체계적 제시가 미흡하여 다소 정태적인 특징을 보이고 있다고 할 수 있다. 생태학적 관점은 근래에 생물생태학적 모형(bioecological model)을 제시하면서(Bronfenbrenner & Morris, 2006) 이론을 점차 정교화하고 있다.

(4) 발달 맥락의 다차원성

앞서 언급한 발달에 대한 맥락적 관점은 내부-생물적, 개인-심리적, 사회-문화적, 외부-물리적 수준에서의 분석 간에 부단한 갈등이 있음을 강조한다(Riegel, 1976). 이 패러다임은 종래 따로 분리되어 행해져 오던 갖가지 성향의 발달에 대한 논의를 발달이라는 핵심적 주제를 중심으로 포괄하는 형태를 띤다(Lerner & Spanier, 1980). 발달은 시간, 개체변화, 사회변화를 모두 포함하여 이루어지는 것이다.

- 내부-생물적(inner-biological) 차원
- 개인-심리적(individual-psychological) 차원
- 문화-사회적(cultural-sociological) 차원
- 외부-물리적(outer-physical) 차원

예를 들어, 한 아동이 학교에서 화학실험을 하다가 잘못하여 실명을 하면, 우선 내부-생물적 차원에서 보면 병이나 상해 등이 개인의 발달에 주는 영향은 지대하다. 이는 개인의 심리상태에 영향을 미치며, 타인과의 상호작용에 영향을 주고, 문화-사회적 차원에서는 갈등을 일으키는 소지가 되기도 한다. 또한 자연계에 대한 인간의 작용과정과도 관련이 되는 것이다. 한 학습장애아동이 자신의 개인-심리적 차원에서의 학습장애로 인해 타인과의 상호작용에 영향을 주고 가족 내에서의 갈등을 일으키는 소지가 되는 것도 그 예가 될 수 있다.

이 관점에서는 개인이나 문화의 장기적 발달뿐만 아니라 순간순간의 단기적 상황적 변화에도 관심을 가진다. 즉, 개인의 학습현상과 사회의 문화적 변화에 관심을 가지며 이 둘을 상호 의존적인 것으로 본다. 그리고 심리-내적인 것과 심리-외적인 것 둘을 동시에 고려한다(Riegel, 1976). 지금까지 심리-내적인 것은 많이 고려되어 왔지만 심리-내적인 요소가 심리-외적인 요소와 가지는 관계는 등한시되었는데, 맥락적 접근에서는 이 두 가지 모두를 중요시하는 것이다.

(5) 발달의 보편성과 고유성

지금까지는 특성별로 발달이론이 전개되어 왔다. 예를 들어, 에릭슨의 자아정체성 발달이론은 모든 인간에게 적용되는 자아정체성 발달의 일반적인 경향성에 관한 이론이었다. 그런데 맥락주의에 따르면, 개체의 현 상태는 수많은 요인이 작용한 결과로서 받아들여져야 하고, 또 개개인의 고유한 발달과정과 환경의 맥락에서 이해되어야 한다. 이러한 고유성에 대한 강조는 보편성을 지향하

는 발달이론의 다른 한 축을 형성하여 왔다.

예를 들어, 스미크 등(Smyke et al., 2002)은 애착장애의 형태를 군집분석을 통해 4개 집단으로 분류하였다. 캔델과 첸(Kandel & Chen, 2000)은 마약중독자의 발달적 경로를 기초로 유형 분류를 시도하였다. 이러한 고유성 탐색의 예를 제시하면 [그림 1-1]과 같다.

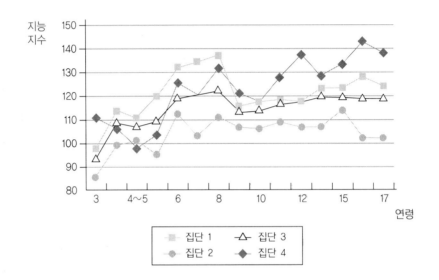

[그림 1-1] 집단별 지능지수의 변화(네 집단분류)

출처: 임진영, 이성진(2003).

[그림 1-1]을 보면 4개 집단의 지능변화양상이 각기 어느 정도 구분됨을 알수 있다. 이와 같이 발달이론은 인간의 보편적인 발달양상을 찾아내려는 시도에서 문화 간 차이 혹은 개인 간 차이를 밝혀내려는 방향으로 전환을 시도하고 있다.

3. 발달연구법

발달에 대한 연구법은 그 현상의 특수성을 반영하는 방식으로 변천해 왔다. 횡단적 설계, 종단적 설계, 계열적 설계 등은 발달현상의 복합성을 반영하는 방향으로 발전해 왔다.

1) 횡단적 설계

횡단적 설계(cross-sectional design)는 연령이 서로 다른 사람들을 동시에 연구하는 것이다. 연구자가 짧은 시간에 서로 다른 연령의 아동들로부터 자료를 수집할 수 있고, 따라서 빠르고 쉬우며, 연구대상이 성장하면서 상당히 다른 경험을 하였다고 생각되지 않을 때 타당한 결론을 얻을 수 있다. 하지만 이러한 가정이 곧 한계로 작용하여 횡단적 비교가 항상 다른 동년배 집단을 포함하므로 발견한 현상의 발달적 타당성에 한계가 발생한다. 즉, 연령에 따른 성숙효과와 동년배 집단효과가 분리되지 않아 순수한 연령에 따른 변화를 알아내기 힘들다. 따라서 개별 발달에 대한 자료가 없으므로 한 개인의 발달에 대해서는 아무것도 말해 주지 않는다.

2) 종단적 설계

종단적 설계(longitudinal design)는 일정 기간 동안 같은 피험자들을 반복적으로 관찰하는 것이다. 즉, 표집된 각 개인의 다양한 특성의 연속적인 변화를 측정할 수 있으며, 많은 수의 표집을 함으로써 발달의 표준을 확인할 수 있다. 그리고 개인을 추적하여 관찰함으로써 발달의 개인차를 밝혀내기 쉬우며, 발달과정도 확인할 수 있다. 단, 경비와 시간이 많이 들고 연구대상의 측면에서는 연습효과와 선택적 탈락, 세대 내 일반화 등의 제약이 있다. 또한 연구자가 교체될 가능성이 커 관찰의 일관성이 보장되기가 어렵다.

3) 계열적 설계

계열적 설계(sequential design)는 상이한 연령의 피험자를 선별하여 이 집단들 각각을 얼마 동안의 기간에 걸쳐서 연구하는 것으로서 횡단적 연구와 종단적 연구의 장점들을 혼합한 연구방법이다. 기간이 비교적 단기간일 경우 유사 종단적 연구로 간주되기도 했지만, 궁극적으로는 장기간에 걸쳐 여러 세대를 관찰하는 것이다. 이러한 방법을 적용하는 경우 동년배 집단효과의 영향 여부를 확인하며 한 연구에서 종단적 비교와 횡단적 비교를 함께할 수 있어 잠정적 발달경향을 당장 확인할 수 있는 동시에 추후 이의 타당성이 검증되는 좋은 연구방법이다. 다만, 비용과 기간이 두 연구방법에 비해 훨씬 더 많이 든다는 단점이 있다.

4) 간학문적 연구: 맥락주의적 연구방법

리겔(Riegel, 1977)은 사회와 개인의 변화에 대한 체계적 분석방법을 구안했다. 그는 연구설계상 횡단적 방법(Cross-Sectional Designs: CSD)이 연령 차이(Age Differences: AD)와 동년배 차이(Cohort Differences: CD)가 관련된 연구방법이라면, 종단적 방법(Longitudinal Designs: LOD)은 연령 차이와 역사적 시간 차이(Time Differences: TD)가 포함되는 연구방법이며, 유사 종단적 방법(Time-Lag Designs: TLD)은 역사적 시간 차이와 동년배 차이가 포함된 것이라고 하였다. 이를 식으로 표현하면 다음과 같다.

- 횡단적 방법(CSD)＝연령 차이(AD)＋동년배 차이(CD)
- 종단적 방법(LOD)＝연령 차이(AD)＋역사적 시간 차이(TD)
- 유사 종단적 방법(TLD)＝역사적 시간 차이(TD)＋동년배 차이(CD)

이 공식을 연령 차이와 역사적 시간 차이 그리고 동년배 차이를 구하는 식으로 대치하면 다음의 공식이 도출된다.

- 연령 차이(AD)＝1/2(CSD−TLD＋LOD)
- 동년배 차이(CD)＝1/2(TLD−LOD＋CSD)
- 역사적 시간 차이(TD)＝1/2(TLD−CSD＋LOD)

이 공식에 따르면, 원리상 연령 차이나 역사적 시간 차이 그리고 동년배들 간의 차이는 분리되어 추출될 수 있다. 그런데 그런 순수한 차이를 구하기 위해서는 세 가지 연구방법이 동시에 고려되어야 함을 시사하고 있다. 예를 들어, 동년배분석(cohort analysis)은 사회학에서, 역사적 시기의 차이는 역사학에서 주로 다룬다. 따라서 발달의 차이나 변화를 정확히 보려면 역사학적·사회학적·심리학적 안목이 동시에 요구된다.

5) 문화 간 비교

오늘날 연구결과를 다른 표집이나 상황에 일반화할 수 있는가가 중요한 문제로 대두되었다. 문화 간 비교연구는 다른 문화나 다른 하위 문화 배경을 가진 피험자들을 하나 이상의 발달 측면에 대하여 관찰하고 검사하고 비교하는 연구다. 문화 간 비교는 연구결과의 과잉일반화를 예방한다. 문화 간 비교는 인간발달에서 진정한 '보편성'이 있는지를 결정하는 유일한 방법이라 할 수 있다. 문화 간 비교를 강조하는 접근은 발달의 보편성과는 별개로 유사성보다 차이점이 더 크다고 가정하며, 인간발달이 문화적 맥락에 의해 크게 영향을 받는다는 것을 설명하고자 한다.

4. 인간발달과 상담

발달연구는 상담자가 자신의 삶을 반추하는 기반을 제공함으로써 상담자의 개인적 성장을 촉진하기도 한다(Broderick & Blewitt, 2010). 사실 상담자의 발달수준이 높을수록 공감능력이 뛰어나고 정서적 민감성도 높을 가능성이 큰 것처럼 상담자의 전문성과 관련하여 발달이론이 고려될 수도 있다(Paisley & Benshoff, 1998). 그러나 상담에서 발달이론은 주로 내담자와 관련하여 고려되어 왔다. 미국상담협회에서는 "회원은 전 생애에 걸친 인간발달의 고양에 헌신한다."라고 명시하고 있다. 상담이란 결국 인간의 성장과 발달을 촉진하는 과정이라고 볼 수 있다.

상담 분야는 처음부터 인간발달과 긴밀히 연관되었다(Whiteley, 1984). 반성적 실천가로서의 상담자는 발달이론을 배경지식으로 상담을 진행한다. 상담자가 동원하는 이론에 내재된 세계관은 내담자에게 중요한 함의를 지닌다. 각 이론이 지닌 다른 세계관에 대한 자각은 상담자의 시야를 넓히고 편협한 세계관에서 벗어날 수 있는 자기점검의 수단을 제공한다.

구체적으로 발달이론은 다양한 방식으로 상담자를 지원한다. 예를 들어, 앞서 소개된 맥락적 접근을 취한다면, 내담자의 생물학적 발달 단계에 대한 이해는 내담자가 가진 일반적 특성에 대한 이해를 돕는다. 발달적 접근에서의 능력수준이나 초기 경험의 종류, 가족관계와 문화적 배경 등에 대한 이해는 상담을 진행하는 데 상당한 도움을 주기도 하지만, 반대로 너무나 많은 요소를 고려해야 한다는 부담감도 동시에 안겨 준다. 그러나 반대로 생각하면 상담과 치료의 다양한 대안을 제공하여 상담자의 선택의 폭을 넓혀 주는 측면도 있으므로 다양한 대안 중 내담자의 상황에 가장 적절한 대안을 찾아낼 확률을 높여 주기도 한다. 더구나 한 가지 관점에만 의존한 채 상담을 잘못된 방향으로 이끌어 가거나 적절한 대안을 찾지 못해 난관에 직면할 가능성은 상당히 감소하게 된다.

상담자는 인간발달의 고양에 헌신하고, 인간발달 연구자는 상담치료에 기여할 수 있는 이론과 자료를 상담자에게 제공한다. 반성적 실천이라 불리는 상담 조류에서 발달 연구 및 이론은 적절한 문제해결에 대한 가설 도출에 이용되는 자원의 하나인데, 상담자는 실제에서 이를 검증하고 개선한다. 발달에 대한 기본 쟁점에 관한 지식이 광범위하고 잘 조직되어 있을수록 상담자는 문제해결에 유용한 발달적 정보를 더 잘 인출하게 될 수 있다.

상담실제에서 특정 발달모형만을 적용하여 내담자의 욕구를 측정하는 것은 상담자가 내담자에 대해 알고 있는 것을 조직하고 개입 방식에 대한 통찰을 얻는 데 도움을 주기도 하지만, 발달이론은 상황의 한 측면에만 관심을 제한하고 다른 측면을 볼 가능성을 감소시키기도 한다. 이론적 편파성에 대한 자각이야 말로 관점의 편협성을 극복하도록 한다.

발달이론의 적용 지침은 다음과 같다(Broderick & Blewitt, 2010).

- 발달이론의 최신 경향에 항상 관심을 가진다.
- 단계 이행은 발달의 지침으로만 해석한다.
- 발달과정에 대한 맥락적·다차원적 관점을 취한다.
- '이론'의 과학적 의미를 명심한다. 이론은 이론일 뿐이다.
- 다양한 관점에서 선택적으로 접근한다. 쉬운 답은 없다.
- 발달에 대한 지속적인 학습을 게을리하지 않는다.

발달적 정신병리학은 발달이론을 정신치료에 응용하는 대표적인 분야다. 부적응행동에 대해 발달심리, 임상심리, 이상심리 등 여러 분야를 통합한 관점을 제공한다. 이 분야는 부적응행동이 복합적이지만 설명 가능한 발달적 과정의 결과를 가정하는 전 생애적 관점을 취한다. 예방요소와 위험요소, 매개변수와 조절변수 등이 중요한 의미를 가진다. 또한 두 가지 핵심원리에 입각하는데, 동인이과(同因異果, multifinality)의 원리와 이인동과(異因同果, equifinality)의 원리가 그것이다. 동인이과는 말 그대로 초기의 행동장애가 성인기의 다양한 발달장애를 유발할 수 있다는 것이고, 이인동과는 초기 발달적 원인이 다양하더라도 성인기에 동일한 장애를 보일 수 있다는 것이다. 발달적 정신병리학의 주요 목적 두 가지는 문제행동을 성공적으로 예측하는 확률을 높이는 것과 이를 예방하는 방법을 밝히는 것이다. 이 영역이 주는 시사점은, 첫째, 개입과 치료가 효과적이기 위해서는 발달적으로 적절해야 한다는 것이다. 둘째, 발달 단계의 이행 등에서 나타나는 불평형 혹은 부조화는 변화를 이루기 위한 최적의 시기라는 것이다.

학습문제

1. 발달이론의 맥락적 접근의 철학적 배경을 설명하고 기본 관점을 정리해 보자.
2. 아동 발달을 둘러싼 환경을 나름대로 개념화하고 이에 입각하여 발달의 개인차를 설명해 보자.
3. 발달심리학이라는 용어와 발달과학이라는 용어를 비교하고, 나름대로의 대안을 제시해 보자.
4. 발달현상 중 하나를 예로 들어 진화심리학에 입각하여 설명하고 정당화해 보자.
5. 인간발달이론이 상담자와 내담자에게 각각 어떤 관련성이 있는가를 비교, 설명해 보자.

제2장
인지적 영역의 발달

│최지은│

    학생을 대상으로 하는 상담에서 그들의 인지적 특성을 이해하는 것은 대단히 중요한 일이다. 학생의 주요 발달과업 중 하나는 학업성취를 높이는 데 있으며, 이를 달성하지 못하는 학생은 많은 심리적 갈등을 겪기 때문이다. 유아나 청소년은 성인과는 다른 인지적 특성을 지니고 있다. 어른이 보기에 엉뚱하거나 부족한 듯 보이는 행동들도 사실 그 또래 대부분이 보이는 발달적 특성인 경우가 많다. 또한 학업성취와 관련이 가장 깊은 지능은 이론적 노선에 따라 상당히 다른 관점을 취하고 있으며, 이것이 곧 학생의 지적 특성을 이해하는 서로 다른 시각으로 연결되므로 상담자가 학생의 지적 특성에 관한 이론들을 심도 있게 이해하는 것은 매우 중요하다. 이 장에서는 인지적 발달에 관한 두 개의 큰 연구 흐름인 심리측정적 접근과 구성주의적 접근을 알아본다. 각 이론의 특징과 그 이론에서 주장하는 발달에 관한 설명으로 나누어 살펴본다.

1. 심리측정적 접근

인간의 심리적 특성을 검사로 측정하여 양적으로 수치화할 수 있다고 보는 관점이 심리측정적 접근이다. 인지 발달에서 심리측정적 접근은 주로 지능검사를 이용해서 지능의 구조와 개인차에 관심을 갖는다. 즉, 지능은 어떤 하위 요인들로 구성되어 있고, 이 하위 요인들 간의 관계는 어떠하며, 나아가 개인은 이러한 하위 요인들에서 얼마나 점수의 차이를 보이는가 하는 점이다.

1) 지능의 이론

지능은 학자에 따라 다르게 정의되고 있다(이성진, 1996). 최초의 지능검사를 개발한 비네(Binet, 1905)는 지능을 "일정한 방향을 설정·유지하는 경향성, 소망하는 결과를 성취할 목적으로 순응하는 역량, 그리고 자기비판의 힘"이라고 정의했고, 터먼(Terman, 1916)은 지능을 "추상적 사상을 다루는 능력"이라고 정의하였다. 웩슬러(Wechsler, 1939)는 "유목적적으로 행동하고, 합리적으로 사고하고, 환경을 효과적으로 다루는 개인의 종합적 능력"이라고 정의하고 있다.

지능의 특성은 그것을 측정하는 방식, 즉 지능검사에 따라 크게 좌우된다. 그러나 지능의 심리측정적 접근을 취하는 학자들의 의견을 종합한 게이지와 베를리너(Gage & Berliner, 1992: 52)는 지능을 다음 세 가지의 능력으로 정의하였다. 즉, 지능은 ① 구체적인 것(기계적 도구, 감각활동)보다 추상적인 것(아이디어, 상징, 관계, 개념, 원리)을 취급하는 능력, ② 익숙한 사태에 잘 연습한 반응을 하는 것이 아니라 새로운 사태를 취급하는 문제해결능력, ③ 언어나 상징을 포함하는 추상적인 것을 학습하고 사용하는 학습능력을 포함한다. 이러한 생각을 하나로 묶어 지능은 "개인의 적응적 행동으로서 통상 문제해결적 요소의 특징을 가지며, 인지과정과 인지조작에 의해 조절된다."(Estes, 1982: 171)라고 정의할 수 있다. 여기에 더하여 이후 이론가들은 지능이란 문화적으로 보편적이라기보다는 상황적이고 맥락적이라는 입장을 지지하고 있다(Sternberg & Berg, 1986).

(1) 전통적 이론

지능의 심리측정적 접근은 지능 연구에서 가장 오래되고 영향력 있는 접근법이다. 이 접근은 지능의 여러 하위 검사 간의 상관관계를 기초로 요인분석을 실시하여 지능검사 점수에 관찰 가능한 변산을 야기한다고 가정된 요인들을 찾고, 다음에 그 요인의 개인차와 관련해 지능을 이해하려는 접근이다(하대현, 1996).

언어능력과 추상적 추론능력 등과 같이 지능검사에 포함된 서로 다른 측정치 간에 존재하는 높은 상관(한 학습자가 모든 측정치에 비슷하게 높은 점수를 받거나 아니면 낮은 점수를 받는 경향) 때문에 초기 연구자들은 지능이 단일한 특성이라고 믿었다. 예를 들면, 스피어먼(Spearman, 1927)은 지능을 'g' 또는 '일반요인(general factor)'이라고 하였다. 여기에는 인지적 과제의 수행에 영향을 미치는 기본 능력뿐만 아니라 특수한 과제에 대한 능력도 포함된다. 이러한 관점은 언어 과제에서 높은 수행을 보이는 사람이 왜 수학 및 다른 과제에서도 높은 수행을 보이는지를 이해하는 데 도움을 준다.

많은 논란이 있었지만, 스피어먼의 g요인설은 카텔(Cattell, 1963)의 Gf(유동성 지능)-Gc(결정성 지능) 이론에 의해 안정화되었다. 그는 지능에는 한 개의 일반요인이 있는 것이 아니라 유동적 지능(fluid intelligence)과 결정적 지능(crystallized intelligence)이라는 두 개의 일반요인이 있다고 보았다. 유동적 지능은 생리학적으로 결정되는 것인 반면, 결정적 지능은 '환경적으로 달라지며, 경험적으로 결정되고, Gf의 투자에 따른 결과'로 가정된다(Cattell, 1963). 유동적 지능은 정보의 내용을 별로 요구하지 않고 대신에 비교적 단순한 관계 사이에 존재하는, 보다 복잡한 관계를 파악하는 능력(황정규, 2010)을 요구하는 검사들, 예컨대 언어유추, 기억, 추상적 관계이해, 공간지각력 등을 포함한다. 반면, 결정적 지능은 정보의 내용을 요구하며 개인이 이미 획득하고 있는 지식이나 기능에 많이 의존하는 능력들, 예컨대 어휘이해, 수리력, 일반지식 등을 포함한다. 이 이론은 이후 많은 학자에게 지능의 안정된 구조를 밝히는 데 중요한 영향을 미쳤으며, 특히 이후에 살펴볼 지능 발달에 대해 중요한 시사점을 제공한다.

(2) 현대적 이론

현대의 지능이론은 전통적인 심리측정적 접근에 대한 비판에서 시작된다. 그 비판이란 주로 전통적 이론가들이 지능 발달의 개인차를 판별하는 준거로 삼고 있는 지능검사의 타당성에 대한 것이다. 첫째, 기존의 지능검사는 한정된 학업적 지능을 진단하는 데 그칠 뿐이므로 아동의 학교학습능력을 예언하는 지표는 되지만 성인이 실제 사회생활에서 활용할 수 있는 보다 포괄적인 지적 능력을 보여 주지 못하고 있다는 지적이다. 둘째, 기존의 지능검사는 이미 경험하거나 학습된 지적 수준을 진단함으로써 아동이 발휘해 낼 수 있는 지적 잠재력을 보여 주지 못한다는 지적이다. 이러한 점에서 지능지수(IQ)는 학업성취도 검사점수와 크게 다를 바 없다는 비판도 제기되고 있다. 대표적인 현대 지능이론은 스턴버그(Sternberg, 1985)의 삼원지능이론과 가드너(Gardner, 1983)의 다중지능이론 등이다.

① 삼원지능이론

스턴버그(1985, 1986)의 삼원지능이론(triarchic theory of intelligence)에 따르면, 인간의 지능은 분석능력(analytical ability), 창의능력(creative ability) 그리고 실제적 능력(practical ability)의 세 가지 측면으로 구성되어 있으며, 이들 세 가지 능력이 삼원지능이론의 세 가지 하위 이론인 요소하위이론, 경험하위이론, 상황하위이론을 구성하는 핵심 요소가 된다.

첫째, 분석능력은 요소하위이론(componential subtheory)의 핵심 능력이다. 요소하위이론은 모든 지적 행동의 기저에 있는 정신 과정과 전략을 명시하는 이론이다. 스턴버그는 그러한 기능을 수행할 수 있는 세 종류의 정신 과정으로 메타요소, 수행요소, 지식-습득 요소를 가정하였다. 메타요소는 과제 수행에서 정보처리를 통제하고 감시하며 평가할 수 있게 하는 고차원적인 집행 과정이고, 수행요소는 메타요소가 세운 계획을 실행하는 과정이며, 지식-습득 요소는 새로운 정보를 습득할 수 있도록 자극을 선별적으로 부호화하고 새로운 정보를 결합하며 새로운 정보를 옛 정보와 비교하는 과정이다. 이 하위이론은 개인이 어떤 과제들에 적용하는 정신 기제들은 서로 다를 수 있지만, 지능의 기저에 있는 잠재적인 정신 기제의 종류는 모든 개인과 사회문화적 환경에 걸쳐 동일하게 간주된다는 점에서 보편적이라고 본다(하대현, 1996).

둘째, 창의능력은 경험하위이론(experiential subtheory)을 구성하는 핵심 능력이다. 이 지능은 인간의 신기성(novelty)을 다루는 능력과 정보처리를 자동화하는 능력으로 구성되어 있다. 신기성이란 통찰력(insight)과 새로운 상황을 효과적으로 다루는 창의적인 능력을 말하며, 자동화 능력이란 새로운 해결책을 신속하게 일상적인 과정으로 바꾸어서 많은 인지적인 노력 없이도 적용할 수 있는 능력 상태를 의미한다(신명희 외, 2010). 창의적인 과학자나 예술가, 새로운 이론을 개발해 내는 통찰력 있는 학자, 전문적 경영인 등 많은 분야에서 탁월한 능력을 보이는 사람들은 경험적 능력이 우수한 사람이라 할 수 있다.

셋째, 실제적 능력은 상황하위이론(contextual subtheory)을 구성하는 능력으로, 학교 과제를 수행하는 상황이 아닌 일상생활에 인간의 정신작용이 적용되는 것과 관련된다. 지능의 상황적 요소는 전통적인 지능검사가 측정한 IQ나 학업 성적과는 무관한 능력으로 보고 있다. 이 능력은 학교교육을 통해 길러지는 능력이 아니라 일상의 경험에 의해 획득되고 발달하는 능력이다. 스턴버그(1985)는 실제적 지능을 통하여 인간이 성공할 수 있는 환경을 스스로 선택하고 그 환경에 적응하거나, 필요하다면 환경을 바꾸어 주는 것이 중요하다는 점을 제시하였다. 그는 우리 사회의 '문화'가 성공적인 선택과 적응, 조형을 결정하는 중대한 요소라고 주장하였다. 예를 들면, 번잡한 도시문화권에서 성공할 수 있도록 선택한 능력이 농촌 지역에서도 성공할 수 있는 동일한 능력으로 적용되지 않는 것 등이다. 즉, 성공적인 사람은 자신의 능력이 가치 있는 것으로 받아들여지는 상황을 찾아서 능력을 발휘하고 더욱 열심히 일하게 되는데, 이러한 상황 선택이나 사회적 기술과 같은 실용적인 것들을 일컬어 스턴버그는 실제적 지능이라고 설명하였다(신명희 외, 2010).

② 다중지능이론

스턴버그는 지능이 서로 관련을 맺고 있는 세 개의 하위 요인으로 구성되어 있다고 가정하고 있는 데 비해, 가드너(1983)의 다중지능이론은 서로 독립적인 지능을 가정한다. 가드너는 각종 검사 간의 상관관계 연구를 토대로 하여 지능을 개념화하는 심리측정적 지능이론을 보충하는 다중지능(multiple intelligences)이론을 제안하였다. 그는 뇌상해자에 대한 신경학적 연구, 신동, 자폐증환자, 백치천재, 학습장애아동 등 천재와 결손자에 대한 기술, 다양한 문화권의 다양한 종족과 그들의 생활 등에 관한 인류학적 보고, 기타 지능에 관한 문학적 기술 등 광범위한 자료를 종합하여 적어도 일곱 가지의 비교적 독립적인 지능이 있다는 이론을 제시하였다. 최근에는 자연 관찰 지능을 추가하여 8개의 차원을 구성하였다(Garder & Moran, 2006).

- 언어 지능(linguistic intelligence): 이 지능은 시인이나 문학작가가 사용하는 미묘한 어감에서도 나타나고, 반대로 언어 사용이 불가능한 실어증 환자에서도 나타난다. 이것은 우리가 흔히 일컫는 언어분석력, 복잡한 어문 자료를 이해하는 능력, 은유를 이해하는 능력을 포함한다.
- 음악 지능(musical intelligence): 모차르트(Mozart)와 같은 천재에게서 볼 수 있는 능력이다. 어린 아동의 음악적 재능을 개발할 때 음악적 재질이 이미 '프로그래밍'되어 있어서 환경이 그것에 영향을 미치도록 기다리고 있는 것처럼 보인다.
- 논리-수학적 지능(logical-mathematical intelligence): 수학천재에게 나타난다. 복잡한 추리를 해야 하는 분자생물학이나 고에너지물리학의 이론화 과정에서도 보인다. 수 연산이나 상징적 논리는 모두 이 지능을 요구한다.
- 공간지능(spatial intelligence): 특유의 공간능력을 보여 주는 건축가나 공학자에게서 볼 수 있다. 로댕(Rodin)이나 피카소(Picasso) 등의 특출한 능력에서 추리해 낸 것이다. 숨은 그림을 찾고 공간 속에서 사물을 머릿속으로 그 위치를 바꾸고 돌려서 그것을 진술할 수 있는 능력이다.

- 신체적 운동 지능(bodily kinesthetic intelligence): 뛰어난 운동경기자, 무용가, 마술사 등에서 볼 수 있는 능력이다. 이들은 자신의 신체를 거의 완벽하게 인식하고 조절할 수 있다.

- 자기성찰 지능(intrapersonal intelligence): 자기 자신의 상태나 감정을 파악하는 능력으로 자신에 대한 객관적인 지식과 자신의 신체적 기능에 대한 느낌과 제어 정도를 잘 아는 능력이다. 자신의 직업에 대한 만족도 등이 이 능력과 상관이 많이 되는 것으로 알려지고 있다. 주로 소설가, 상담가, 임상학자 등과 같은 직업에서 요구되는 지능이다.

- 인간친화 지능(interpersonal intelligence): 주로 사람들과 교류하고 타인의 감정과 행동을 파악하는 능력으로, 대인적 지능(對人的 知能)이라고도 한다. 이 능력이 뛰어난 경우 대부분 사람을 파악하는 능력이 뛰어나기 때문에 상대방과 어울리는 능력이 뛰어나다. 이것을 관장하는 부분이 전두엽인데, 여기가 파괴될 경우 이 지능이 상대적으로 떨어진다고 한다. 사람들 간의 차이점을 주목하는 능력에 기반을 두고 있다. 정치가, 종교인, 마케터, 교사 등의 직종에 요구되는 지능이다.

- 자연 관찰 지능(naturalist intelligence): 동식물이나 주변 사물을 관찰하여 공통점과 차이점을 분석하는 능력을 의미한다. 생물학자, 인류학자 등에서 볼 수 있다.

가드너(1983)는, 첫째, 이러한 여러 가지 지능은 정보를 처리하는 기본 단위로 그 자체의 독립적인 상징체계가 있다고 생각한다. 예를 들면, 공간지능은 시각적 상징체계, 음악 지능은 리듬 정보로 만들어진다는 것이다. 둘째, 가드너는 이 지능들은 각각 그 자체로 완비된, 그러나 다른 체계와 연결되어 있는 기본 단위(module)로 볼 수 있다고 생각한다. 자동차에 비유하면, 점화장치는 추진장치나 배기장치와 관련되어 있지만 분명히 독립되고 분리된 장치다.

가드너의 이러한 입장은 상당히 설득력이 있다. 사실 우리 주변에서 말은 잃어버렸으나 음악적 재질은 가지고 있는 사람, 일곱 자리 수와 여덟 자리 수를 곱

하여 순식간에 답을 아는 사람, 그림은 잘 그리지만 다른 것은 아무것도 못하는 사람을 얼마든지 볼 수 있다. 머릿속에 각각 다른 음악적·수학적·미술적 정보처리체계가 있다는 것을 반증하는 것으로 볼 수밖에 없다.

이러한 가드너의 다중지능이론이 기존의 이론들과 차별되는 가장 중요한 점은 지금까지 지능으로 생각하지 못했던 능력들이 지능의 기능을 할 수 있다는 가정이다. 이러한 제안이 사실이라면, 이는 현재 학교에서의 교육이 특정 지능이 우수한 학생에게만 유리하게 작용하고 있었을 가능성이 있다는 점에서 매우 큰 의미를 갖는다. 예를 들어, 음악 지능이 높은 학생은 개념이나 지식을 습득하는 과정이 음악적 방법으로 제시된다면 충분히 학업성취를 이룰 수 있음에도 불구하고, 현재의 교육이 언어적 표현에 집중되어 있기 때문에 불이익을 받을 수도 있다(임규혁, 임웅, 2007). 따라서 학교에서는 학생이 되도록 많은 종류의 지능을 활성화할 수 있는 방식으로 수용 내용을 제시하는 것이 바람직하다. 그리고 이를 통해 학생이 각각의 영역에서 자신의 강점과 약점을 이해하도록 돕는 데 초점을 두어야 한다.

2) 지능의 발달

심리측정적 접근에서 지능의 발달을 추정하는 방법은 한 개인의 지능을 연령이 발달함에 따라 계속해서 추적해 가는 종단적 연구법, 같은 시기에 있는 여러 다른 연령집단의 지능 분포에서 발달 경향을 추정하는 횡단적 연구법으로 두 가지가 있다. 이 두 가지 방법 중 전자가 후자보다 발달 경향을 추정하는 데 더 큰 장점이 있음은 두말할 필요가 없다. 그러나 종단적 연구에서는 흔히 표본의 수가 극히 제한되어 있어서 그것을 일반화하기가 어렵다는 점, 그리고 비록 같은 피험자에게 계속 지능검사를 실시하더라도 연령단계에 따라 다른 종류의 지능검사를 실시해야 하기 때문에 지능 측정 단위나 내용의 일치성이 결여될 수 있다는 단점이 있다.

지능에 관한 지금까지의 종단적 연구들 중 대표적인 것은 '버클리 성장 연구(Berkeley growth study)'다. 이 연구에서 베일리(Bayley, 1949)는 지능이 거의 성숙 단계에 있다고 추정되는 17세를 준거연령(criterion age)으로 하여 이때의 지능점수와 그 이전의 각 연령단계에서 얻은 지능점수들 간의 상관관계를 구하였다(황정규, 2010). 그 결과 [그림 2-1]과 같이 3세의 지능은 상관이 +.60, 5세의 지능은 +.80, 8세의 지능은 +.90, 8세 이후는 거의 .90~1.0에 가까워진다는 결과를 얻었다. 이 자료를 재분석한 블룸(Bloom, 1964)은 17세의 지능을 기준으로 했을 때 1세에서는 약 20%의 지능이 발달하고, 4세까지는 약 50%, 8세까지는 약 80%, 13세까지는 약 92%가 발달한다고 해석하였다. 이는 지능은 4세 이전에 대단히 급격한 발달을 보이고, 4~8세에는 그 속도가 약간 감퇴하고, 8세 이후에는 비교적 안정을 유지하는 시기라는 점을 시사한다.

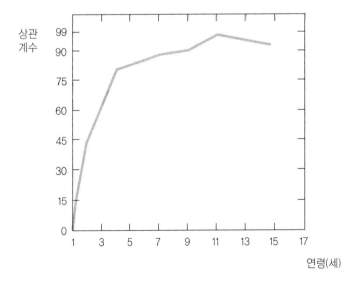

[그림 2-1] 베일리의 종단적 연구에 기초한 각 연령 단계의 지능과
성숙연령 단계의 지능과의 상관

출처: Bloom (1964).

혼(Horn, 1970)은 카텔의 Gf-Gc 이론이 인간 능력의 전 생애 발달 경향을 묘사하는 데 가장 적절하다고 보고, 그 이론 위에서 자료를 종합하여 오늘날 매우 영향력 있는 발달곡선을 제시하였다. [그림 2-2]와 같이 Gf는 비교적 초기단계(약 13세경)에 그 성장의 정점에 도달하고, 그 이후에는 점점 감퇴하고 있는 경향을 보인다. 반면, Gc는 아동기까지 급격히 증가하고 그 이후에는 완만하기는 하지만 노년기까지 계속 증가하고 있음을 알 수 있다. Gf의 곡선이 성숙, 성장 및 신경구조의 발달곡선인 M과 유사하게 감퇴하고 있는 것은 그것이 인간의 중추신경계와 상당한 관련이 있음을 시사한다. 이와는 대조적으로, Gc의 곡선이 교육적 효과의 누적적 영향을 나타내는 곡선 E와 유사한 발달 경향을 보이고 있는 것은 Gc가 교육적 영향, 경험의 영향에 의해 결정되는 지능이며, 따라서 발달 경향도 유사한 패턴을 보인다고 해석할 수 있다. 혼은 실제 20개 이상의 종단적 및 횡단적 연구를 재검토한 결과, 어휘검사, 일반지식검사, 유추검사, 판단검사

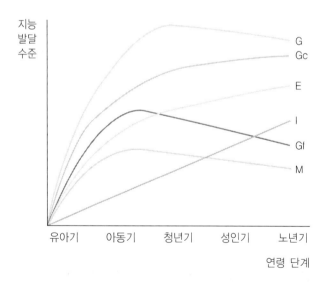

[그림 2-2] 유동성 지능(Gf)과 결정성 지능(Gc)의 발달과 성숙, 성장 및 신경구조의 감퇴(M), 손상이 신경구조에 미치는 누적적 영향(I), 교육적 효과의 누적적 영향(E), 전체적 지능(G)과의 관계

출처: Horn (1970).

등 Gc를 나타내는 검사 점수는 어린 시기보다 성인기 집단의 평균 점수가 더 높다는 것을 지적하고 있다(황정규, 2010).

베일리(1970)도 버클리 성장 연구를 36세까지 연장하여 웩슬러 성인용 지능검사를 16, 18, 21, 26, 36세에 실시하여 발달곡선을 그려 본 결과, 평균 점수가 26세 이후에 변하지 않고 있으며, 남자의 경우 언어 IQ는 26세 이후에도 증가하고 있고, 여자의 경우 동작 IQ에서는 약간의 감퇴를 보이지만 언어 IQ는 변하지 않는다는 점을 보여 주었다. 이와 같은 사실은 성인기 이후에 지능이 서서히 감퇴한다는 고정관념을 바꾸어 놓았다. 성인기 이후에도 특정한 부분의 일반지능은 계속 발달하며, 더욱이 지능을 발달시키는 자극이 풍부한 환경, 계속적인 교육의 기회 등을 갖는다면 Gc에 관련된 지능은 계속 증가할 수 있다는 점을 시사한다.

2. 구성주의적 접근

구성주의에서는 지능의 발달에 관심을 갖는 대부분의 이론이 포함된다. 대표적으로 피아제(Piaget), 비고츠키(Vygotsky) 그리고 신피아제학파(Neo-Piagetian) 등을 들 수 있다. 원래 구성주의란 인식론의 하나다. 구성주의에서 보는 지식이란 객관적으로 외부에 존재하는 것이 아니라 지식을 가진 사람의 마음에 존재하는 것이며, 개인의 경험에 의한 해석이라고 가정한다. 즉, 구성주의의 입장에서 볼 때 세계에 대한 의미는 인간에 의해 부과되는 것이지, 인간과 독립적으로 존재하는 것이 아니라는 것이다. 구성주의는 개인이 지식을 구성하는 방법에 관심을 두는데, 이는 사전 경험과 정신구조, 사물과 사건을 해석할 때 사용하는 개인의 신념 등에 의해 구성된다고 가정한다.

1) 피아제의 인지발달이론

인지발달이론에서 가장 널리 알려지고 교육활동에 많이 적용된 이론은 피아제의 인지 발달 단계이론이다. 피아제는 아동의 인지 발달은 성인과는 질적으로 다르다고 제안함으로써 인간의 지능을 이해하는 새로운 시각을 제공해 주었다.

(1) 피아제 이론의 주요 개념

피아제(1983)의 인지발달이론은 크게 구조적 측면과 기능적 측면에서 살펴볼 수 있다. 인지 발달 과정에서 '무엇이 변하는가'라고 했을 때, 구조적 측면에서는 도식(scheme)이 계속적으로 확장된다고 말할 수 있다. 도식이란 특정한 인지 구조 또는 경험을 이해하는 조직화된 방식이다. 이것은 자율적으로 작동되므로 아동은 이를 반복해서 사용하려는 경향이 있다. 특정 도식의 반복적 사용은 새로운 정보와 접촉을 하게 하고, 아동은 기존의 도식과 외부 실재와의 차이를 줄이기 위해 새로운 도식을 형성하게 된다.

그렇다면 도식의 확장이라는 구조적 측면의 변화 양상은 그 자체로 인지 발달의 기능적 측면으로 이해될 수 있다. 기능은 모든 연령에서 나타나는 지적 활동의 특징을 지칭하는 것이다. 이러한 지적 활동은 적응과 조직화를 포함한다. 먼저, 적응(adaptation)이란 환경과의 직접적인 상호작용을 통해 도식을 형성하는 과정으로 외부적 변화에 초점을 맞추고 있다. 적응은 동화(assimilation)와 조절(accommodation)의 두 활동으로 이루어져 있다. 동화란 기존의 도식을 통해 외부세계를 해석하는 것을 말한다. 그리고 조절은 현재의 사고방식이 완전하게 환경을 파악하지 못할 때 기존의 도식을 적응시키거나 새로운 도식을 형성하는 것을 말한다. 이때 동화와 조절의 결과로 인지적 부조화가 사라지는 평형화(equilibration)가 일어나게 된다. 한편, 환경과의 직접적인 접촉과 상관없이 일어나는 개체 내의 내부적 변화를 조직화(organization)라고 한다. 조직화는 새로운 인지 구조의 형성이 다른 도식과의 조정을 통해, 상호 연관된 인지 체계의 일부가 되는 과정이다. 이처럼 인지 발달은 환경과의 상호작용을 통해서 이루어진다.

(2) 인지 발달 단계

피아제는 인지 발달이 일생 동안 4단계를 거쳐 점차적으로 구성되고 확장된다고 하였다. 이때의 단계는 생략이나 역전 없이 항상 순서대로 나타나며, 누구에게나 보편적으로 일어난다. 발달의 순서가 유전적으로 결정되어 있지만 성숙과 경험이 아동의 단계 습득 속도에 영향을 미친다. 왜냐하면 외부세계와의 다양한 접촉 과정에서 도식을 실행할 기회가 없으면 단계가 진전될 수 없기 때문이다. 각각의 단계에서 성취하는 인지 구조의 특징을 간략히 소개하면 다음과 같다.

① 감각운동기(sensorimotor stage): 출생~2세

언어가 나타나기 이전의 아동은 단지 감각 자극에 대한 신체적인 반응으로서의 동작, 즉 사고 활동이 개입되지 않은 동작만을 수행할 수 있다. 이 단계 후기에 아동은 하나의 물체가 잠시 사라졌다가 다시 출현할 수 있다는 이른바 대상영속성을 습득하게 되는데, 이것은 사고의 발생을 나타내는 지표가 되기도 한다. 즉, 없어진 물건을 찾는 행동은 그것을 머릿속에 표상하고 있음을 나타내는 것으로, 표상과정, 다시 말해 사고가 발생했다고 할 수 있는 것이다. 따라서 '감각-운동'에서 '감각-표상-운동'으로 변화되며, 이러한 표상능력이 습득되면서 아동은 서서히 감각운동기를 벗어나 전조작기로 이행하게 된다.

② 전조작기(preoperational stage): 2~7세

이 시기의 아동은 영상이나 언어 등과 같은 상징에 의해서 자신이 대하는 세계를 표상하는 능력을 획득한다. 이러한 상징적 표상능력에 의해 아동은 자신의 지능이 작용하는 영역을 시간적·공간적으로 확장한다. 그러나 이들은 현재 지각된 정보에 의한 판단과 기억에 의해 논리적으로 추론된 판단 간의 갈등 상황에서 지각된 정보에 더욱 의존하는 사고를 한다. 전조작기라는 표현에 함의되어 있듯이, 초기에는 정신적 조작 자체가 불가능하므로 지각된 정보가 절대적인 우위를 차지하지만 조금씩 논리적·정신적 조작이 시작되면서 지각된 정보와 정신적 조작에 의해 추론된 결론 사이에 갈등을 겪게 된다. 완전한 가역성의 개념이나 보존의 개념은 습득하지 못하고 있다.

③ 구체적 조작기(concrete operational stage): 7~11세

정신적 조작(mental operation)이란 말 그대로 정신세계 내에서 사물을 조작하는 것을 의미한다. 즉, 정보의 전환을 이해하는 정신능력으로의 가역적 정신활동이다. 가역성이란 추리의 출발점으로 되돌아갈 수 있는 사고능력인데, 예를 들면 한쪽 용기의 물을 다른 용기에 옮겼을 경우 실제로 행동하지 않고도 머릿속에서 다시 원래 용기로 물을 되돌리는 정신적 조작이 가능해지는 것이다. 환경에 대한 아동의 적응 방식은 초기에는 직접적이며 정신적 조작을 포함하지 않지만, 초등학교에 입학한 아동은 구체적 사건에 정신적 조작을 적용할 수 있다. 유아기의 아동은 막대기 위에 크기에 따라 순서적으로 원을 배열할 수 있지만, 언어로 설명하거나 머릿속으로 배열하는 것은 불가능하다. 그러나 구체적 조작기의 아동은 행동으로 수행하지 않고도 정신적으로 순서에 따라 배열하는 것이 가능하다.

이 단계의 아동은 초보적이나마 논리-수학적인 사고구조를 가지고 있다. 이 단계에서 조작적 사고가 가능해짐으로써 이전에 없었던 보존과 가역성의 개념이 생기며, 이 단계의 완성기에 이르면 아동은 논리적 판단을 내릴 수 있게 된다. 그러나 이 단계의 조작은 그들이 적용되는 구체적인 자료의 테두리 안에서만 일어난다. 그들의 보존개념은 그 구체적인 내용에 따라 일정한 시차를 두고 불안정하게 출현한다.

이 시기에서 특이한 현상은 기억력과 사고력의 현저한 발달이다(Schneider & Pressley, 1989). 초등학교 1, 2학년부터는 자기중심적인 경향이 없어지고 주위의 세계를 타인의 관점과 더불어 간주관적으로 이해하게 된다. 구체적 사실로부터 벗어나 개념적 사고가 가능한 추상작용이 9~10세경부터 발달하기 때문에 12세경이면 추상개념을 파악할 수 있게 되고, 추상·추리 등의 작용을 기초로 하여 비판 혹은 새로운 것을 만들어 내는 창조적 사고 등이 발달한다.

표 2-1 구체적 조작기의 주요 특성

개념	주요 요점	실례
보존개념	물체의 모양이 바뀌어도 물리적 특성은 동일하다는 사실을 인식한다.	유진이는 방바닥에 쏟은 동전을 찾으면서 어제 책상 위에 둔 동전이 모두 10개였으므로 동전 10개를 모두 찾으려고 한다.
탈중심화	어떤 상황의 한 면에만 주의를 집중하지 않고 여러 측면을 한꺼번에 고려할 수 있다.	유진이는 주스 두 잔을 가져온 후 한 잔을 동생에게 건네주면서 "내 유리잔은 깊고 좁지만 네 잔은 납작하고 넓기 때문에 주스는 똑같은 양이야."라고 말한다.
가역성	어떤 상태의 변화 과정을 역으로 밟아 가면 다시 원상태로 돌아갈 수 있다는 것을 안다.	덧셈과 뺄셈은 가역적 조작(reversible operation)이 가능하다는 것을 이해한다. 유진이는 7에 8을 더하면 15가 되고, 15에서 8을 빼면 7이 된다는 것을 이해한다.
위계적 유목화	물체를 여러 가지 특성에 따라 다양하게 나눌 수 있다.	유진이가 친구에게 자신이 수집한 조약돌을 보여 주었더니, 친구는 "이것들은 크기에 따라, 또는 색깔에 따라 분류할 수 있어! 또 형태와 색깔에 따라서도 분류할 수 있어."라고 말했다.
서열화	물체를 배열할 때 전체적인 구도를 그리면서 배열한다.	유진이는 크기에 따라 조약돌을 배열하기로 하였다. 가장 작은 조약돌부터 시작해서 커지는 순서대로 배열하였다.
전이적 추론	아동은 머릿속에서 서열화를 할 수 있다. A와 B를 비교하고, B와 C를 비교한 후에, 그들은 A와 C의 관계를 추론할 수 있다.	"유선이 도시락은 내 것보다 큰 것 같아."라고 유진이가 말했더니, 유리가 "그러면 유선이 도시락은 내 도시락보다 클 거야! 왜냐하면 내 도시락은 네 것보다 작거든."이라고 말했다.
공간적 추론	거리 보존개념이 있으며, 거리와 시간 그리고 속도 사이의 관계를 이해한다. 그리고 한 장소에서 다른 장소까지 갈 수 있는 방법을 제시할 수 있다.	유진이는 트럭이 인도를 가로막고 있다 하더라도 거리(인도의 길이)가 변하지 않는다는 것을 이해한다. 또한 같은 시간 동안 친구보다 더 빨리 달린다면 친구보다 더 먼 거리를 갈 수 있다는 것도 안다. 그리고 자기 집에서 친구 집까지 어떻게 가는지를 정확하게 말할 수 있다.
수평적 위계	아동기 동안 보존개념들이 차례로 습득된다.	유진이는 면적과 무게의 보존개념을 습득하기 전에 수와 액체의 보존개념을 습득한다.

출처: Berk (1996): 정옥분(2002)에서 재인용.

④ 형식적 조작기(formal operational stage): 11세 이후

'지금과 여기'라는 구체적인 장면에 예속되었던 전 단계의 아동과는 대조적으로 이 단계의 아동은 구체적인 내용에서 독립된 고도의 형식적인 조작이 가능해진다. 형식적 조작이란 정신세계 내에서 그 내용을 이리저리 변형해 재결합하는 과정을 의미한다. 이때 내용은 이전의 구체적 현실 대응물이 아니라 시각적 표상을 할 수 없는 추상적인 사상이 된다. 이들은 현존한 것을 초월하여 여러 가지 가능한 것을 상정하고, 여러 개의 변인을 동시에 조작하여 연역적으로 가설을 형성하며, 그 가설의 타당성을 입증하는 실험을 체계 있게 수행할 수 있다. 이 단계에서 형성된 이와 같은 능력은 아동으로 하여금 자연에 대한 과학적 탐구를 가능하게 하여 다양한 지적 활동에 적극 참여하게 한다.

청소년 전기에는 육체적 변화가 일어남과 동시에 새로운 사고방식과 인지적 능력이 확대된다. 따라서 이 시기의 청소년은 아동기의 경험에만 의존하는 즉흥적인 사고 체계에 더 이상 머물러 있지 않고 보다 수준 높게 사고하는 기술을 발달시키기 시작한다. 아동기에 자신을 지배하고 있던 생각에 의심을 품기 시작하고 미래에 대해 생각하며 이상적인 것을 추구하기 시작한다. 따라서 기존의 관념에 대해 비판적이 되기도 한다. 피아제가 제시한 인지발달이론의 최종 단계로서 말 그대로 정신적 조작의 내용이 형식적, 즉 추상적인 관념이나 개념이 포함됨을 의미한다. 즉, 추상적인 개념으로 논리적인 사고를 전개해 나갈 수 있게 되는 것이다. 일반적으로 아동기를 지나 청소년기에 이르게 되면 인지 발달 수준이 형식적 조작기에 이르게 되지만, 모든 사람이 이 수준의 지적 발달을 이루게 되는 것은 아니다. 적절한 교육이나 자극을 받지 못한 성인 가운데는 형식적 조작기까지 이르지 못하고 이전 단계인 구체적 조작기의 발달에 머무는 경우도 많다(오세진 외, 1999).

(3) 피아제 이론의 제한점과 의의

발달심리학에서 피아제만큼 큰 공을 세운 사람은 없지만, 또 한편으로 피아제 이론만큼 논쟁거리가 되고 많은 공격을 받은 이론도 찾아보기 어렵다(이성

진, 1996). 제2차 세계대전 후에 피아제의 이론이 영어권에 새로운 모습을 드러냈을 때, 그 당시 주류를 이루고 있던 신행동주의자들은 충격을 받고 그의 취약점을 찾으려고 부단히 노력하였다. 이러한 비판의 핵심은 주로 피아제가 사용했던 연구방법, 즉 임상적 기법에 있었다. 이 연구법은 제한된 사례 수로 인해 일반화의 한계를 갖는다는 약점을 지니지만, 연구 절차가 적절한 것인가 하는 것과는 상관없이 통제적인 실험법을 사용한 사람보다 발달에 관해 더 중요한 것을 발견하였고 발달과학에 더 큰 업적을 남긴 것은 부정할 수 없다.

그 밖에 피아제가 받은 비판들을 요약하면 다음과 같다. 첫째, 모든 유형의 과제에 영향을 끼치는 단계가 존재한다는 피아제의 설명은 타당하지 않다(Siegler, 2006). 예를 들면, 보존과제는 구체적 조작기에 모두 획득되는 것이 아니라 일반적으로 크기의 보존개념부터 획득한 후 형식적 조작기에 이르러 비로소 양의 보존개념을 획득하게 된다. 또한 발달심리학자들은 서로 질적으로 구별되는 인지 발달 단계보다는 일반적인 발달의 경향성(trend)이 인지 발달을 더 잘 설명한다고 생각한다(Halford & Andrews, 2006).

둘째, 피아제는 어린 아동의 능력을 과소평가했다. 실제 상황에서는 유사한 과제를 아동이 할 수 있음에도 불구하고 피아제의 과제 실험에서는 아동에게 주어지는 추상적인 지시로 인해 주어진 과제를 제대로 해내지 못했다(Siegler, 2006). 예를 들면, 3세 아동에게 보다 단순화된 수 보존과제를 주었을 때, 전조작기에 있는 아동이지만 이를 성공적으로 해낸다.

셋째, 연령이 높은 아동의 능력을 과대평가했다. 예를 들면, 중·고등학교의 교사들은 학생들이 추상적인 현상에 대해 논리적으로 사고할 수 있다고 생각하지만, 실제로는 그렇지 못할 때가 많다(Flavell, Miller, & Miller, 2002).

넷째, 아동의 논리적 능력은 피아제가 제안한 것보다 구체적 영역에서의 경험과 지식에 더 강하게 의존한다(Cole, Cole, & Lightfoot, 2005). 예를 들면, 학생들은 적절한 경험이 있는 경우 비율 추리 문제를 풀 수 있지만, 그러한 경험이 없는 경우 문제를 풀지 못한다.

다섯째, 피아제 이론은 발달에서의 문화의 영향을 적절하게 고려하지 못했다

(Cole, Cole, & Lightfoot, 2005). 문화는 아동이 겪게 되는 경험의 종류, 그들이 발달시키게 되는 가치, 그들이 사용하는 언어, 성인이나 다른 사람들과 상호작용하는 방식을 결정짓는다.

이러한 한계점에도 불구하고 피아제의 연구는 그 이전의 어느 누구의 연구보다도 아동의 인지를 이해하는 데 큰 기여를 하였다. 특히 그는 구성주의 관점에서 마음을 설명하여 발달심리학에 일대 혁명을 일으켰다. 즉, 아동이 지식의 구성에 능동적으로 참여한다고 주장함으로써 지식의 습득과정에서 아동의 수동적 역할을 강조하던 기존의 관점을 무너뜨렸다. 또한 아동의 연령단계에 따라 지식을 습득하고 구성하는 방식이 다르므로 각 단계별로 주요한 인지적 특징들을 이해하는 것은 아동의 행동을 이해하는 데 매우 중요한 해석의 틀을 제공한다.

2) 비고츠키의 사회문화이론

인간의 지식은 타고난 것이 아니라 형성되는 것이라고 본다는 점, 즉 구성주의적인 가정을 하는 점에서는 비고츠키도 피아제와 맥을 같이한다. 그러나 피아제가 지능의 근원을 생물적 적응에서 찾으려고 했던 것에 비해, 비고츠키는 지능의 근원이 사회와 문화에 있다고 생각하였다. 피아제는 대부분의 아동이 혼자 힘으로 외부세계를 이해하는 능력을 가지고 있다고 생각한 반면, 비고츠키는 아동의 인지 발달은 다른 사람—성인 또는 좀 더 능력이 있는 또래—과의 상호작용을 통해서 이루어진다고 주장했다. 비고츠키(1934)에 따르면, 영아는 출생 후 2년 동안 환경과의 접촉을 통해서 자연적인 발달과정을 겪는다. 그러나 일단 정신적 표상능력, 특히 언어를 습득하면 사회적 대화에 참여할 수 있는 능력이 고양되고, 타인과 대화하는 방식으로 자기 자신과도 의사소통이 가능해진다. 이처럼 비고츠키는 인지 발달에서 언어 그리고 타인과의 상호작용을 강조했다(이성진 외, 2009).

(1) 비고츠키 이론의 발달관

피아제가 언어는 사고발달을 촉진하기는 하나 유일한 근원은 아니라고 보는데 비해, 비고츠키는 언어를 사고발달에 불가결한 것으로 간주하였다. 비고츠키에 따르면, 사고는 언어화되고 말은 합리적으로 된다. 따라서 사고발달은 사회의 문화적 구조를 반영하게 되며, 사회적·문화적 맥락에 크게 의존하게 된다. 학습은 본질적으로 사회적 과정이다. 따라서 비고츠키는 대화나 수업에서 언어의 역할을 강조한다. 그는 언어적 상호작용을 통하여 언어에 내재한 사회적·역사적 의미가 내면화된다고 한다.

(2) 주요 개념

① 사고 도구로서의 언어 그리고 ZPD

비고츠키는 아동의 인지 발달은 언어 발생과 맥을 같이한다고 주장하였다. 사고의 발생과 언어의 습득이 거의 같은 시기에 이루어지며, 이로써 사고는 언어를 매개로 발달한다고 본다. 또한 이러한 언어를 매개로 하는 인지 발달은 주로 다른 사람, 즉 성인 또는 좀 더 능력이 있는 또래가 아동에게 교사나 안내자로서의 역할을 하고 아동이 지적으로 성장하는 데 필수적인 정보나 지식 그리고 자원을 제공해 주는 바탕에서 이루어진다고 보았다. 이러한 조력을 바탕으로 세계를 서로 다르게 보는 두 참여자가 공통의 이해에 도달하게 됨으로써 인류의 지적 자산을 터득할 수 있는 계기를 얻게 된다.

비고츠키에 따르면, 발달과정에는 누구의 도움을 받지 않고 아동이 혼자서 해결할 수 있는 실제적 발달수준과 누군가의 도움을 받는다면 성공적으로 문제를 해결할 수 있는 잠재적 발달수준이 있으며, 이 두 발달수준 간의 거리를 근접발달 영역(Zone of Proximal Development: ZPD)이라고 한다. 아동이 독자적으로 이해할 수 있는 상황도 필요하지만, 동시에 교사나 다른 학생들과의 상호작용, 협력 및 조력이 있으면 발달의 최고 수준에 이르게 될 수 있다.

② 비계설정

사회적 맥락 속에서 아동의 실제적 발달수준에서 차츰 잠재적 발달수준까지 끌어올리기 위해 성인과 아동이 함께 노력하는 것은 자연스러운 아동의 발달과정이자 교육의 과정이다. 성인-아동 간 공유된 지식과 공유된, 그래서 공통된 기대는 어떤 문화권에 살든지 간에 아동으로 하여금 유능한 능력을 갖고 제구실을 하도록 만드는 데 필요하다. 이런 점에서 비고츠키 이론은 사회화과정에서 나타나는 아동의 발달을 다루고 있다고도 볼 수 있다.

비계설정(scaffolding)이란 집을 지을 때 임시로 설치하는 비계에 비유하여 성인 교사의 역할을 지칭하는 것으로, 아동이 학습을 하기 위해 임시로 성인의 도움이 필요하지만 집이 완성되는 과정에서 비계가 철거되듯이 성인의 역할도 점차 감소하게 되는 것을 지칭한다. 비계 수업은 몇 가지 중요한 특성을 지니는데, 그중 핵심적 특성은 전문가와 초보자 간에 주고받는 대화의 역할에 있다. 비계 수업의 여섯 가지 요소들(Wood, Bruner, & Ross, 1976)은 〈표 2-2〉와 같다.

표 2-2 비계 수업의 요소들

요소	내용
끌어들이기	교사는 학생의 주의력과 관심을 끌어들이고 학습동기를 확보해야 한다.
과제의 범위 축소	교사는 학생이 과제 수행의 출발점을 알 수 있는 수준으로 과제의 범위를 축소해야 한다.
과제의 방향 통제	교사는 과제 참여에 필요한 방법을 학생이 따르도록 항시 도와주어야 한다.
주요 특징 밝히기	교사는 과제가 지닌 특성을 분명히 해 줌으로써 학생 자신이 이룩한 결과를 바람직하고 기대되는 올바른 결과에 비추어 비교할 수 있도록 해야 한다.
스트레스 수준 조절	교사는 과제 참여가 야기할 수 있는 스트레스나 좌절이 어느 정도인가를 예측해야 하며, 이와 같은 스트레스나 좌절을 최소화하도록 노력해야 한다.
시범	교사는 과제의 이상적 수행을 위한 시범을 보여 주어야 한다. 예를 들면, 되도록 효과적이고 효율적으로 과제를 완수해 보이며 문제에 내포된 단계들에 대해 적절한 설명을 해 주어야 한다. 학습자는 교사의 정형적 과제 수행 모형을 세심히 관찰하고 '모방'할 수 있도록 해야 한다.

③ 혼잣말에 대한 피아제와 비고츠키의 관점 비교

대개 7세 이전의 아동들은 가끔 자기가 누구에게 말하고 있는지, 누가 듣고 있는지 상관하지 않고 오직 자신에 관해서만 이야기하는 경우가 있다. 이것이 혼잣말이다. 피아제와 비고츠키는 이 혼잣말에 대해 대립된 견해를 보였다. 피아제는 혼잣말이 타인의 관점을 이해하지 못하는 전조작기 아동의 자기중심적 사고를 반영한다고 보았다. 자기와 세계에 대한 분명한 분별을 하지 못하므로 아동의 관점은 내면적 사고와 사회적 사고의 중간적 위치에 있으면서 아동이 이를 극복했을 때 아동은 한 차원 높은 지적 발달을 이루게 된다. 그런데 이러한 피아제의 해석과는 달리 비고츠키(1934)는 혼잣말을 개인적 발화(private speech)로 보았다. 아동이 셈을 할 때 손가락을 꼽으면서 하듯이 일련의 사건을 머릿속에 담지 못할 경우 발화를 통해 의존적으로 사고하게 된다. 즉, 사고발달은 언어를 통하여 이루어지며, 그 과정은 아동의 사회화의 수단이 됨을 함의한다. 피아제가 혼잣말을 통해서 자기중심성 자체를 논의한 데 비해, 비고츠키는 혼잣말의 기능을 탐구함으로써 언어가 사고발달의 근원이 됨을 밝히려고 하였다.

(3) 비고츠키 이론의 의의

인지 발달에 대한 피아제와 비고츠키의 설명에는 중요한 유사점과 차이점이 있다. 예를 들어, 두 관점 모두 지식은 다른 사람들로부터 수동적으로 전달받는 것이 아니라 자기 스스로가 적극적으로 구성하는 것이라는 입장을 취한다. 하지만 지식이 구성되는 과정에 대해서는 다른 시각을 가지고 있다. 피아제는 개인이 스스로 자신의 지식을 구성한다고 생각한 반면, 비고츠키는 사회적 상호작용을 통해 생긴 지식이 개인에 의해 내면화된다고 봄으로써 부모나 교사의 안내가 매우 중요함을 시사하였다.

두 관점은 모두 언어와 사회적 상호작용의 중요성은 인정하지만, 발달과정상 각각의 역할에 대해서는 다르게 설명하고 있다. 피아제에게는 언어와 사회적 상호작용이 평형상태를 깨뜨리고 지식을 재구성하는 기제로 작용한다. 비고츠키에게는 언어와 사회적 상호작용이 사회적 환경 속에서 지식을 구성하는 직접적 역할을 담당한다(Rogoff, 2003).

두 관점은 모두 교사가 되도록 강의와 설명을 지양하고 학생이 인지적 사고를 적극적으로 사용할 수 있는 활동에 참여하게 해야 함을 시사한다.

표 2-3 지식 구성에 대한 피아제와 비고츠키의 관점 비교

비교 내용	피아제	비고츠키
기본적인 물음	모든 문화에서 새로운 지식은 어떻게 만들어지는가?	특정 문화 내에서 지식의 도구가 어떻게 전달되는가?
언어의 역할	상징적 사고의 발달을 돕는다. 하지만 지적 기능 수준을 질적으로 높여 주지는 않는다.	사고, 문화 전달, 자기조절을 위한 필수적인 기제다. 지적 기능 수준을 질적으로 높여 준다.
사회적 상호작용	도식을 검증하고 확인하는 수단을 제공한다.	언어를 습득하고 생각을 문화적으로 교환하는 수단을 제공한다.
학습자에 대한 관점	사물과 개념을 적극적으로 조작한다.	사회적 맥락과 상호작용에 적극적이다.
교수에 대한 주는 시사점	평형화를 깨뜨리는 경험을 계획하라.	비계를 제공하라, 상호작용을 안내하라.

3) 신피아제학파의 이론

인지적 영역의 발달이 거시적으로는 언어발달에 대한 논쟁에까지 이르는 가운데, 인지과학의 발전으로 미시적으로 접근하는 새로운 흐름이 대두되었다. 인지 발달에 대한 정보처리이론은 학습현상으로서의 정보처리과정에서 기초가 되는 기본 요소의 장기적이고 불가역적인 변화 양상에 초점을 두게 되었다.

(1) 기원과 역사

인지 발달의 이론은 그것을 제창한 발드윈(Baldwin)에서 시작하여 피아제, 파스칼-리온(Pascual-Leone), 브루너(Bruner), 클로어와 윌리스(Klahr & Wallace), 그리고 케이스(Case)로 전개된다(김언주, 1989). 발드윈의 이론은 피아제에 의해

계승·발전되는데, 앞서 소개되었지만 피아제는 인지기능의 변화를 구조적 관점에서 체계적으로 그리고 폭넓게 연구함으로써 인지 발달 단계를 확립했다. 이후 파스칼-리온, 브루너, 클로어와 윌리스와 같은 피아제 이후의 이론가들은 어린이의 인지기능에 대한 새로운 접근을 시도하였다. 인지에 관련한 연구는 인지의 구성 성분을 밝히는 구조적 접근으로부터 정보가 처리되는 경로를 밝히려는 과정적 접근으로 그 방향이 전환되었다.

브루너, 클로어와 윌리스 등은 정보처리 모형에 따라 인지 발달을 연구하였는데, 아동의 인지수행을 너무 미시적 수준에서 분석했기 때문에 발달의 일반적 계열을 발견하기 힘들었다. 이를 해결하려는 시도가 케이스를 중심으로 한 신 피아제 이론가들에 의해 이루어져 왔으며, 케이스는 아동을 문제해결가로 보고 실행제어구조의 발달적 변화를 연구함으로써 인지의 구조와 과정을 동시에 연구하였다.

(2) 케이스의 정신공간 발달 모형

케이스가 보는 인지 발달은 정신공간(M-space)이라고 불리는 정보처리 용량의 증가를 의미한다. 이는 작업기억(working memory)과 유사한 것으로, 피아제는 인지 발달 단계를 조작의 수준(level of operativity)으로 구분했지만, 케이스는 작업기억의 수준(level of working memory)을 기준으로 다음과 같은 4단계로 나누었다(김언주, 1989).

- 분리된 집중(isolated centration) 단계: 3~4 1/2세
- 단일차원 비교(unidimensional comparison) 단계: 4 1/2~6세
- 이차원 비교(bidimensional comparison): 7~8세
- 양화가 수반된 2차원 비교(two-dimensional comparison with qantification): 9~10세

케이스 이론에서 말하는 정신공간의 확장 요인은 여러 가지가 있을 수 있다. 먼저 뇌의 성장 구조물의 확장을 들 수 있다. 즉, 정보 전달을 담당하는 신경세포의 축색돌기는 수초라는 절연물질이 감싸고 있는데, 연령이 증가함에 따라 수초의 양이 증가하게 되어 정보 전달의 효율성을 높인다. 또한 전략의 실행과 연습을 들 수 있다. 피아제식 도식은 케이스 이론에서는 전략의 역할을 하는 것으로 간주되는데, 이러한 도식은 반복적으로 연습되기 때문에 좀 더 자동(반사)적이 되고 주의를 덜 필요로 한다. 이에 따라 여분의 정신공간이 생기고 결과적으로 정신공간의 확장이 이루어진다. 이렇게 정신공간의 확장이 개념들의 넓은 범위를 통합하여 문제해결능력을 기르며, 따라서 발달의 다음 단계로 들어갈 수 있다.

(3) 개별 정보처리의 발달

케이스의 모형과 같은 정신모형들은 정보처리의 발달에 있어 일반적 원리를 제공하지만 개별 정보처리의 발달양상은 다른 식으로 설명되기도 한다(김언주, 1989). 먼저, 아동의 감각정보처리와 관련해서, 변별이론(differentiation theory)은 아동의 관찰능력이 점진적으로 잘 정련되고 아동이 불변의 특징들을 변별해 낼 수 있다고 보는 관점이다. 이 이론에서 외부세계는 개인의 지각적 경험들이 일련의 질서를 갖춘 것으로 간주된다. 아동은 환경을 관찰·탐구하는 존재이기 때문에 점점 더 잘 정련된 방식으로 관찰한다. 한편, 향상이론(enrichment theory)은 감각적 처리가 입력되는 정보를 해석하는 인지적 도식을 사용하는 것을 포함한다는 관점이다. 감각적 도식이 한 개인 안에 있다고 보고, 개인 안의 도식이 향상되면 감각처리도 함께 향상된다고 본다.

나이가 들면서 아동의 주의집중능력은 향상된다. 주의는 어떤 작업이나 문제에서 고려될 정보의 원천을 결정하기 때문에 인간 사고의 기본이 된다. 주의는 아동기에 걸쳐 통제성, 적응, 계획성을 향상시킨다. 통제(control)는 아동이 자신의 목적과 관련된 것에는 관심을 집중하고 목적과 관련이 없는 정보에는 무관심해질 수 있는 능력을 말한다. 적응성(adaptability)은 순간적 요구에 대해, 즉 각 상황에 따라 자신의 주의력을 유동적으로 조절할 수 있는 능력을 말한다. 계획성(planfulness)은 어떤 정보에 대해서 주의를 기울이고 집중하는 것에 대해 계획성을 갖춘다는 말이다.

주의력이 나이에 따라 향상되면서 기억 전략도 향상된다. 즉, 단기기억에서의 정보 저장과 장기기억의 토대로 이동시키기 위해 사용하는 정신활동도 증가한다는 말이다. 기억 전략은 취학 전에는 미약하지만 초등학교에 입학하는 시기에 급속히 성장한다. 새로운 정보에 대한 기억을 높여 주는 정보 저장 전략에는 암송, 조직화 그리고 정교화가 있다. 암송(rehearsal)은 말 그대로 정보를 반복해서 기억하는 전략이다. 조직화(organization)는 정보를 의미 있는 묶음으로 집단화하는 것이다. 정교화(elaboration)는 같은 범주가 아닌 정보들 사이의 관계성을 창출해 내는 것이다. 정보가 기억이 될 때는 흔히 추가적인 잉여 정보와 함께 정교화된다. 이 정교화는 부수적인 인출 통로를 제공하며 또 추론과 재구성에 의한 회상을 적용하여 회상을 촉진한다.

그런데 기억 전략의 발달은 정보처리 체계의 문제만은 아니다. 그것은 문화적 상황들과 발달과업의 산물이다. 예를 들어, 과테말라 아이들이 연날리기와 같은 의미 있는 맥락에서의 정보회상이 미국 어린이가 리스트학습에서 보여 주는 회상능력보다 앞선다.

아동의 확장된 지식은 기억의 향상을 증진한다. 인지 발달은 영역 특정적 지식을 얻는 것이다. 영역 특정적 지식이란 새롭고 유관한 정보를 저장, 재생이 쉽도록 좀 더 의미 있게 만드는 특정 영역 내용의 지식을 말한다. 지식이 기억 발달에 명백히 주된 역할을 하더라도 지식은 기억 수행을 용이하게 할 수 있기 전에 잘 구조화되어야 한다. 즉, 기억처리에서 지식만이 유일한 요인이 아니다. 기억 전략은 지식 획득과 관련되어 각각 서로를 지원, 보완해 주는 것이다.

구조화된 지식의 기초적 틀이라고 할 수 있는 각본(scripts)은 특정 상황에서 무엇이, 언제 일어나는가에 대한 일반적 표현으로, 재구성 기억의 특별한 형태다. 각본이 한 번 장기기억에 저장되면, 각본은 미래의 유사한 상황에서 다음 일을 예견할 수 있게 한다. 각본은 초기 일화(episode)기억과 의미 있게 조직된 장기기억 사이의 발달적 고리가 될 수 있다.

○○○ **표 2-4** 일반적인 정보처리의 발달

나이	기초적 능력	전략	지식	고등인지
생후 5년	• 지각등록, 단기, 장기기억에 대한 정신적 체계의 조직화는 어른들과 같다. • 주의, 재인, 회상, 재구성을 포함하는 기초적 능력이 있다. • 정신체계의 모든 능력이나 그 크기가 증가한다.	• 지각적 처리는 물체를 공간에 위치해 놓는 것에서 잘 정련된 확연한 특징을 구분하는 것까지 발전한다. • 주의가 점점 더 지속적이고 집중적이다. • 기억 전략이 존재하지만 그들은 좀처럼 동시에 사용되지 않고 수행에 거의 영향을 주지 않는다.	• 지식이 확장되고 어른들과 같은 전문적 영역에서의 조직화를 보인다. • 친숙한 사건들은 각본에 의해 기억된다. 나이에 따라 정교해진다.	• 정신활동의 의식이 출현한다. • 기억하는 것, 추측하는 것, 망각하는 것 등과 같은 정신활동의 다양함 가운데서 차별화가 일어난다. • 제한된 정신체계를 의식한다. 하지만 취학 전 아동은 이것을 정보의 수동적 용기로 본다.
6~10세	• 정신체계의 모든 능력이나 크기가 계속 증가한다.	• 지각적 처리에서의 명확한 특징의 구분이 향상된다. • 주의력이 좀 더 통제되고 적응성, 계획성이 발달한다. • 암송과 의미적 조직화의 기억 전략이 좀 더 효율적으로 된다. • 재구성적 처리에서 추론을 이끌어내는 능력이 확장된다.	• 지식은 계속해서 확장되고 좀 더 정교하게 조직화된다. 이는 전략사용과 재생을 용이하게 한다.	• 주의를 집중하는 것, 기억 전략을 적용하는 것을 포함하는 수행에서 심리적 요인들의 영향에 대한 지식이 증가한다. • 작업수행의 여러 변수의 영향에 대한 지식이 증가하고 다른 요인들과 결합된다. • 자기조정이 점진적으로 증가한다.
11세~ 성인기	• 모든 체계의 능력이나 크기가 증가한다. 그러나 아동기보다는 속도가 느리다.	• 정련(elaboration)의 기억 전략이 등장하고 향상된다.	• 지식은 계속해서 확장되고 좀 더 조직화된다.	• 고등인지적 지식과 자기규정이 계속해서 향상된다.

메타인지(meta cognition)란 기억수행에 영향을 미치는 생각(사고)의 다양한 면을 이해하고 의식하는 것을 말한다. 메타인지적 지식이란 인지능력의 인식, 정보처리 전략의 인식, 과업변수의 인식을 말한다. 첫째, 인지능력의 인식은 자신의 인지적 능력에 대해 인식하는 것이다. 취학 전 아동은 인간의 마음(mind)은 수동적 정보 용기라고 생각한다. 4~5세 아동은 육체적 경험이 정신경험을 지배한다고 믿는다. 하지만 그들은 마음이 제한된 능력 장치이고 내부적·외부적 요소에 영향받는다는 것을 안다. 취학 후 아동은 인간의 마음을 능동적이고 건설적인 행위자로 간주한다. 그것은 세계를 지각하는 방법에 영향을 주고 정보를 선택, 변형시킨다고 생각한다. 둘째, 정보처리 전략의 인식과 과업변수의 인식에서는 마음의 능동적인 관점과 마찬가지로 학교에 다니는 아동이 취학 전 아동보다 정보처리 전략에 대해 더 많이 인식하고 있다. 또한 나이 든 아동은 수행에 영향을 주는 과업변수를 더 잘 이해한다.

자기조절(self-regulation)이란 목적, 결과 검사, 실패에 대한 재조정에 관한 과정을 끊임없이 감시하는 것이다. 자기조절은 인지적 활동과 계속적인 노력이 필요하기 때문에 아동기에 걸쳐 느리게 발달한다. 아이들에게 자기조절적 능력을 가르치는 것은 그들의 학습에 지대한 영향을 미칠 수 있다.

(4) 정보처리이론의 의의

작업기억은 화이겐바움(Feigenbaum)에 의해 처음 소개되었다(김언주, 1989). 이전에는 이것이 단기기억이라는 뜻으로 통용되었는데, 이는 순간적 기억을 말하는 것이다. 단기기억에 수용할 수 있는 정보량은 사람의 정신 용량(mental capacity)의 한계를 나타낸다. 심리적 과정은 그 과정이 요구하는 지식을 작업기억 속에 지탱시킬 수 없으면 적절하게 기능할 수 없다. 케이스는 기억 용량의 증가로 인지 발달을 설명하였다. 그러나 케이스의 이론은 작업기억의 필요량을 어떻게 수로 환산할 것인가를 결정하기가 어렵다는 이유로 비판을 받아 왔다. 단기기억의 범위는 애매한 개념이며, 그 단위는 정보가 표상되는 청크(chunk)에 주로 의존한다. 케이스는 일련의 발달과정을 결정하는 가장 중요한 요인은 정보를 약호화하기 위해 아동이 택하는 표상이라고 주장했다(Anderson, 1980). 따라서 표상의 변화가 인지 발달을 결정하는 데 중요한 요인이라는 것이다. 그러나 이 표상이라는 것이 인지처리과정에서 지식기반을 지칭한다고 할 때 여기에 또 다른 문제가 발생한다. 결국 중요한 것은 장기기억 내의 지식 레퍼토리다. 그러나 이 지식은 여러 가지 제약이 따른다. 즉, 전이성이 별로 없다. 다시 말해, 영역 특정적이라는 것이다.

이를 볼 때, 이러한 지식기반이 정보처리에서는 큰 역할을 하지만 정보처리 능력, 즉 인지능력의 일반적인 향상에는 극히 제한적으로 작용할 수밖에 없다는 것을 알 수 있다. 사고에서 가장 일반성을 가지는 것은 작업기억의 용량과 자동화다. 사고에 대한 병렬처리적 접근이 사고의 설명에 있어 독자적으로 한 공헌이 바로 장기기억 내에서의 상징의 조작이다. 이는 흔히 자동화라는 말로 표현된다.

새로운 접근으로서 병렬처리접근은 작업기억과 자동화에 대한 새로운 견해를 제시한다. 작업기억과 장기기억에 대한 이전 접근의 제한을 탈피하고 새로운 관점에서 자동화라는 기제에 의해 사고의 병렬적 처리를 주장한다. 즉, 사고를 하는 데 있어 작업기억 용량의 제한은 의식의 분할을 요구한다. 그런데 이 주의(의식의 분할)를 거의 요구하지 않을 정도로 고도로 연습된 과정을 '자동적(automatic)'이라고 한다(Anderson, 1980). 작업기억 용량이 물리적으로 증가하는 것이 아니라 표상의 발달로 작업기억을 차지하는 많은 부분의 상징조작이 장기기억 내에서 처리되어 작업기억의 부하를 덜어 주기 때문에 겉으로 보기에 작업기억 용량이 증가한 것처럼 보일 수 있다.

위계적 병렬체제에서는 상위 수준에서 행동의 넓은 범위에 대한 결정을 하고 하위 수준에서 세부 사항에 주의를 기울인다. 여러 수준은 정보와 지시를 서로 교환한다. 가장 흥미 있는 것은 각 수준의 소체제들이 동시에 작동할 수 있고 또한 서로 독립적이라는 것이다. 마찬가지로 이런 형태의 모형에 근거하여 개인 수준에서 말하자면, 행동과정을 상위 수준에서 정하고 하위 수준의 자세한 감각 동작 과정에 대한 정보를 이용하는 것이다.

정보처리이론과 뇌과학적 연구결과를 종합하면 인간의 인지 발달은 지식의 축적으로 발생하는 정보처리의 효율성 향상이라고 볼 수 있다. 매 순간 아동은 학습을 통해 지식을 습득하고 이를 기반으로 사고를 진행하므로 사고의 발달은 학습된 지식의 축적과 불가분의 관계일 수밖에 없다. 따라서 선천적 변화경향성을 발견했다고 보는 피아제의 인지 발달 단계도 지식의 축적에 기인한 사고의 효율성 증가가 문제해결력의 발달로 나타난 것으로 해석될 수 있으며, 따라서 아동의 진단이나 이에 기반을 둔 교육을 함에 있어 아동이 특정 시점까지 습득한 모든 경험을 고려해야 할 것이다.

이와 같이 사고에 관한 논의는 보다 실재에 근접하려고 노력하고 있다. 즉, 뇌의 구조와 비슷하게 사고의 구조를 설정하고 그 과정을 뉴런의 신경전달방식과 유사한 방식으로 정의하려고 한다. 이러한 노력은 이제는 거꾸로 컴퓨터공학 분야에 적용되어 인공지능, 글자인식 분야에 상당히 진보를 가져온 이론이 되었다. 그리고 이러한 관점에서 인지발달이론의 고전이라 할 수 있는 피아제와 비고츠키의 이론은 재해석될 수 있다.

학습문제

1. 인지 발달의 심리측정적 접근의 최근 동향은 어떠하며, 상담에 주는 시사점은 무엇인가?
2. 다중지능이론에서 여덟 개의 지능이 추출된 여덟 가지 준거를 알아보고 그 타당성을 확인해 보자.
3. 인지 발달에 대한 피아제 이론과 비고츠키 이론의 차이를 그 철학적 배경에 기초하여 정리해 보자.
4. 인간의 사고에 있어 지식기반의 역할을 정보처리이론과 뇌과학적 접근에 기초하여 정리하고, 인지 발달과의 관련성을 생각해 보자.

제3장
정의적 영역의 발달

여태철

　정의적 영역의 발달은 지적 영역의 발달 못지않게 중요하다. 왜냐하면 정의적 영역의 발달은 개인의 동기와 학습뿐 아니라, 사람이 자신의 삶의 문제들을 해결해 나가는 데 영향을 끼치기 때문이다. 정의적 영역의 발달을 잘 알고 있는 상담자는 사람의 학습을 촉진할 뿐만 아니라 그들이 행복한 생활을 할 수 있도록 도울 수 있다. 이 장에서는 정의적 영역 중 성격, 자아개념, 도덕성 및 사회성 발달에 대해 살펴보고자 한다. 성격 발달에서는 프로이트(Freud)와 에릭슨(Erikson)의 성격발달이론 및 대상관계이론에 대해서 다루고, 자아개념에서는 자아개념과 학업성취 간의 관계를 설명하고, 자아개념에 영향을 미치기 위해 상담자나 부모가 할 수 있는 일들을 살펴본다. 그리고 도덕성 발달에 대한 몇 가지 입장에 대해 분석해 보고, 사회성 발달에서는 친사회적 행동인 이타성과 반사회적 행동인 공격성에 대해 살펴본다.

1. 성격 발달

1) 프로이트의 심리성적 발달 단계

(1) 성격의 위상과 구조

성격에 대한 여러 이론 중 발달적 측면이 체계적으로 제시된 이론으로 대표적인 것이 프로이트의 이론이라고 할 수 있다(홍숙기, 2006). 프로이트는 여러 임상 경험을 통하여 인간의 정신세계를 구성하는 여러 가지 요소를 가정하였고, 이를 바탕으로 성인기 성격의 근원이 어린 시절의 경험과 관련됨을 발견하고 이를 체계화하여 성격발달이론을 제시하기에 이르렀다.

성격이란 여러 가지로 정의되는데, 프로이트의 경우 성격을 위상과 구조로 나누어 설명하고 있다. 먼저, 위상(topology)이란 성격의 차원으로 무의식, 전의식, 의식으로 구분되고 있다. 의식은 자신과 환경에 대해서 인식하는 정신 영역으로 스스로의 의식세계를 자각할 수 있으며 자기점검이 가능한 영역이라고 볼 수 있다. 전의식은 주의를 집중하고 노력하면 의식이 될 수 있는 정신 영역의 일부라고 간주된다. 평소에 자각하지는 않지만 의도적으로 의식화하고자 하면 의식이 되는 것이다. 무의식은 의식 밖에 있는 것이기 때문에 자각할 수 없는 정신 영역으로, 자연적으로는 내용을 영원히 자각하지 못할 수도 있다. 그럼에도 무의식은 의식적 행동과 사고를 좌우한다고 정의된다.

성격의 구조는 원초아 · 자아 · 초자아의 3요인으로 보고, 세 요인의 상호 균형 속에서 성격이 이루어진다고 본다. 원초아(id)는 완전히 무의식적이고 선천적으로 존재하는 정신 에너지인 리비도의 원천으로, 선천적인 본능들의 원동력이다. 쾌감을 추구하고 고통을 회피하는 방식으로 움직이는 쾌락원칙에 따라 본능적 욕구를 충족하고자 한다. 자아(ego)는 모든 사고와 추리활동을 관장하는 성격의 집행자로서, 현실감각들을 통해 원초아의 무분별한 욕망 추구 행동들을 규제하고, 현실원칙에 따라 현실적이고 논리적인 사고를 하며 환경에 적응한다. 초자아(superego)는 부모나 주위 사람들로부터 물려받은 사회의 가치와 도덕이 내면화된 상태를 말한다. 자아가 도덕적인 목표를 설정하도록 권하고, 양심과 자아이상의 두 가지 하위 기제로 구성되어 있다.

(2) 심리성적 발달 단계

성격 발달은 유아기부터 청소년기까지 다섯 단계에 걸쳐 이루어지는데, 초기의 세 단계가 성격 형성에 결정적 역할을 하게 된다. 이 시기에 리비도는 신체의 특정 부위에 자리 잡고 이 신체 부위에서 만족을 추구한다.

만족을 추구하는 특정 부위는 연령에 따라 변화하며, 리비도가 지향해서 충족을 추구하는 대상도 연령에 따라 변화한다. 그러나 심리성적 발달 단계가 모두 성공적으로 진행되는 것은 아니다. 한 단계에서 다음 단계로의 진행이 저해되면 특정 단계에 고착될 수 있다. 프로이트는 이 고착이 성인기 성격에 직접적 영향을 미친다고 보았다.

첫 번째 단계는 구강기(oral stage)다. 구강기는 출생에서 1세까지로, 유아는 입과 입술을 통해 만족을 얻는다. 구강기 전반기에 좌절 혹은 방임을 경험하면 구강 수동적 성격이 되며, 이 성격은 낙천적이고 타인에게 의존적이며, 모든 것을 희생해서라도 인정받고 싶어 한다. 구강기 후반기에 고착되는 구강 공격적 혹은 구강 가학적 성격의 특징은 논쟁적이고 비꼬기를 잘하며, 타인을 이용하거나 지배하려고 한다.

두 번째 단계는 항문기(anal stage)다. 항문기는 대소변을 가리는 훈련이 시작되는 1세 내지 1세 반에서 3세까지로, 리비도가 항문에 집중되는 시기를 말한다. 대소변 훈련이 시작되면서 유아의 본능적 충동은 양육자인 어머니에 의해 통제된다. 배변 훈련이 성공하면 유아는 사회적 승인을 얻는 쾌감을 경험하게 된다. 부모가 거칠게 혹은 억압적으로 훈련하여 고착된 항문기 강박적 성격은 고집이 세고 인색하며, 복종적이고 시간을 엄수하며, 지나치게 청결한 특징을 가진다. 반대로 지나치게 관대하여 고착된 항문기 폭발적 성격은 잔인하고 파괴적이며, 난폭하고 적개심이 강하며, 불결한 특징을 갖는다.

세 번째 단계는 남근기(phallic stage)다. 남근기는 3~5세의 시기로, 리비도가 아동의 성기로 집중되는 때이며, 아동은 자신의 육체에 대해 호기심을 가지게 된다. 남근기의 가장 중요한 상황은 오이디푸스 콤플렉스(Oedipus complex)인데, 이는 아동이 이성의 부모에게 성적 관심을 가지고 접근하는 욕망을 가리킨다. 남아는 어머니에 애착을 느껴 아버지를 경쟁자로 생각하고 적대감을 느끼며, 거세불안을 느끼게 된다. 그러나 이 불안을 해소하기 위해 어머니가 인정하는 남성다움을 가지고자 동성의 부모에게 성적 동일시를 함으로써 남자아이는 남자답게, 여자아이는 여자답게 행동하려고 애쓴다.

네 번째 단계는 잠복기(latent period)다. 잠복기는 6~11세의 시기로, 리비도의 신체적 부위는 특별히 한정된 데가 없고 성적인 힘도 잠재된 시기다. 이 시기에는 오이디푸스 콤플렉스를 극복하고 난 후의 평온한 때로 성적 욕구가 철저히 억압되어 비교적 자유롭지만, 그 감정은 무의식 속에 계속 존재한다. 다시 말하면, 원초아는 약해지고 자아와 초자아는 강력해지며, 성격에서 이루어지는 주요한 발달은 초자아의 기능이다.

마지막 단계는 성기기(genital stage)다. 성기기는 사춘기가 시작되는 기간이다. 이 기간은 이성과의 성욕 발산을 지향하는 것이 특징이며, 처음에는 자애적 행동으로 출발하여 점차 사회화한다. 호르몬과 생리적 요인들로 인해 그동안 억압되었던 성적 감정들이 크게 강화되면서 잠복기 동안 억제되었던 성적 · 공격적 충동을 만족시키고자 한다.

프로이트는 이와 같은 다섯 발달 단계 중에서 처음의 세 단계가 특히 개인의 기본 성격을 결정하는 바탕이 된다고 해석하였다.

2) 에릭슨의 심리사회적 발달 단계

(1) 에릭슨의 성격 발달 단계설

에릭슨은 유명한 정신분석학자이자 문화비평가로서 인간의 출생에서 사망에 이르는 전 인생 과정을 8단계로 구분하여 각 단계에서의 인성 발달의 핵심적인 심리적 과업과 가능한 위기를 높은 통찰력으로 분석하였다(Erikson, 1963). 에릭슨은 프로이트로부터 정신분석이론을 공부하였지만, 정신분석학에 사회적·문화적 영향도 고려하는 발달이론을 제안하였다는 점에서 프로이트와 다르다.

에릭슨은 자신의 성격발달이론을 점성적 원리(epigenetic principle)로 설명하였다. 태아가 발달할 때 신체의 어떤 기관이 어떤 특수한 시기에 나타나서 그 유아의 전체 형태로 결합되어 가듯, 성격도 이와 마찬가지로 발달해 간다는 것이 점성적 원리다. 즉, 인간 유기체가 모태 내에 있을 때, 신체의 각 부분들이 상호 관련되어 발달하는 것처럼, 개인의 성격도 상호 관련된 일련의 단계들을 통해서 점진적으로 형성된다고 본다.

에릭슨은 성격 발달 단계란 일련의 변환기이며, 이 변환기들은 바람직한 것과 위험한 것을 동시에 포함한다고 보고 있다. 즉, 긍정적인 면만 나타나야 하고, 잠재적으로 위험한 특성이 나타나는 것은 바람직하지 않다는 것을 의미하지는 않는다. [그림 3-1]에서 보여 주듯이, 성격 발달의 각 단계에는 그 단계 특유의 과제가 있으며, 각 단계의 핵심적 위기를 성공적으로 해결했을 때 성격이 성공적으로 발달된다고 주장했다. 각 단계별 특징은 다음과 같다.

1단계(유아기)는 출생 후 1년까지의 시기로, 이 시기의 발달과제는 자신과 세상에 대한 신뢰감을 발달시키는 일이다. 신뢰감이란 부모가 유아의 기본적 욕구를 충족시켜 줄 때 그 경험의 일관성, 계속성 및 불변성에 의해 생겨난다. 만일 유아의 욕구가 충족되고 부모의 진정한 애정을 느끼게 되면 유아는 그들의 주변 환경을 안전하고 의지할 수 있는 것으로 생각하게 될 것이고, 그 반대로 만일 보호가 부적절하고 일관성이 없고 부정적이라면 유아는 타인과 주변 환경을 두려움과 불신으로 대할 것이다. 신뢰감과 불신감의 균형을 유지하면서 신뢰감을 키운 채로 이 시기를 마감한다면 핵심적인 자아의 장점인 '희망'이 발달한다.

2단계(초기 아동기)는 2~3세의 시기로, 이 시기의 아동은 자율성을 갖추어야 한다. 이 단계에 있는 아동은 걷고, 말하고, 먹고, 화장실을 사용하는 등 스스로 무언가를 하려고 노력한다. 그러나 만일 부모가 아동을 위해 너무 많은 것을 해 준다면, 아동은 환경에 대처할 수 있는 자신에 대한 의심과 자기 능력에 대한 수치감을 가지게 될 가능성이 있다. 아이들이 이 시기의 갈등을 잘 해결해서 수치심이나 의심에 비해 자율성을 더 발달시키면 자아의 '의지'가 발달한다. 의지는 스스로의 뜻에 따라 선택하고 조절하려는 결심을 뜻한다.

[그림 3-1] 에릭슨의 심리사회적 발달 단계

3단계(학동 전기)는 4~5세 시기로, 아동은 사회적으로 수용 가능한 방식으로 자신을 주장하는 법과 사람을 대할 때나 일을 처리할 때 어떻게 주도성을 발휘하는지를 배운다. 만일 아동에게 탐구하고 실험할 수 있는 자유를 부여해 준다면 주도성이 북돋아질 것이다. 그러나 만일 아동의 활동을 제한하고 아동의 반응에 일관성이 없고 귀찮아하는 모습을 보이면, 아동은 자신의 행동에 대해 죄책감을 느끼게 된다. 따라서 이 단계의 아동에게는 자기주도적인 활동을 최대한으로 허용해야 하고, 아동이 다른 사람의 권리를 침해하는 경우에만 개입이 필요하다. 또한 성취감을 경험하도록 하기 위해서 주어진 과제를 계획하고 수행하도록 도와주는 것이 유익하다. 이 시기의 과제가 성공적으로 이루어지면 자아의 '목표의식'이 발달한다.

4단계(학동기)는 6~11세 시기로, 아동은 자기의 일, 특히 학교생활에 대한 자신감과 근면성을 획득하게 된다. 그러나 아동이 한 노력이 성공의 평가를 받지 못하거나 비웃음을 당한다면 열등감을 가지게 될 것이다. 이 단계에서는 아동 상호 간의 비교를 하지 않는 것이 무엇보다 더 중요하다. 이 시기의 과제를 적절히 해결하면 자아는 '유능감'을 발달시키며, 주어진 일을 할 때 자신의 지능과 기술을 마음껏 사용할 수 있다.

5단계(청소년기)는 12~18세 시기로, 이 시기의 청소년은 자신이 누구인지, 즉 자기 자신의 정체에 관심을 가지게 된다. 자아정체감은 '자아의 불변성과 계속성에 대한 자신감'이다. 만일 청소년이 서로 다른 상황에서의 역할을 통합하여 자기 자신의 지각에서 계속성을 경험하는 데 성공한다면 정체감이 발달하지만, 그가 자기 생활의 다양한 국면에서 안정감을 확립할 수 없다면 역할혼미가 나타나게 된다. 청소년이 확실한 직업선택을 통해 역할혼미를 면해 보려고 하면서도 한편으로는 위압감을 느끼게 되는데, 이러한 위압감에서 벗어나는 방법으로 청소년에게는 심리적 유예(psychological moratorium)가 허락된다. 심리적 유예란 선택에 대한 결심을 연기하는 기간으로서 사회적·직업적 역할을 탐색하는 기회가 된다. 자아정체감이 잘 형성되면 자아는 자신의 결정에 대해 헌신하고 충성심을 유지하는 '의리'를 발달시킨다.

6단계는 청년기로서 이 시기에는 타인과의 친밀한 관계를 추구한다. 이 단계에서 개인은 이제 심리적으로 얼굴만 알고 지내는 정도의 인간관계를 넘어서서 비이기적인 사랑, 즉 서로 주고받는 사랑을 배우게 된다. 이 단계에서의 갈등은 타인과 친밀한 관계가 될 때 자신을 잃어버릴 것 같은 두려움 때문에 진정으로 가까운 관계를 맺기 어렵게 하고, 이러한 경험은 자신이 소외 또는 고립될 수 있다는 위험 부담을 가지게 한다. 고립감에 비해 친밀감이 클 때 자아는 '사랑'을 발전시킬 수 있다.

7단계는 성인기로서 이 시기는 다음 세대에 대한 양육과 부양의 책임을 느낀다. 이 시기의 발달과업과 위기는 생산성 대 침체감으로, 생산성(generativity)은 기본적으로 자녀를 낳아 사회의 한 구성원으로 키워 내는 일과 관련되기도 하지만 물건이나 아이디어를 생산하는 것도 포함한다. 생산성이 발달하지 않으면 삶의 침체를 느끼고 직업이나 자녀양육을 통해 세상에 의미 있는 공헌을 하지 못한 것으로 여긴다. 자녀를 키우기 위해 성인은 흔히 자기만족의 욕구를 희생해야 하는데, 이에 잘 대응해 나가는 정도에 따라서 다음 세대를 돌보아 주는 능력인 '보살핌'을 발달시킬 수 있다.

마지막 단계는 노년기로서 사람들은 자신이 걸어온 삶, 특히 여러 선택과 결정에 대해 의미를 부여한다. 이 시기의 발달과업과 위기는 자아통합 대 절망감으로, 자아통합(ego integrity)은 자기 자신의 인생을 회고하고 그 인생을 후회 없이 살았다는 만족감에 젖어드는 상태를 뜻한다. 자아통합의 성취에 실패한 사람은 인생을 헛되이 보냈으며 자신의 인생을 구원하기는 이미 늦었다는 절망에 빠지는 사람이다. 삶에 대한 절망감을 넘어 자신의 삶에 대한 통합감을 얻을 수 있을 때 자아는 삶에 대한 '지혜'를 발달시킨다.

에릭슨의 이론은 1960년대와 1970년대에는 인기 있고 영향력이 있었으나, 그 이후 발달이론가들 사이에서 최소한 세 가지 측면에서 비판을 받고 있다.

첫째, 에릭슨 이론은 문화가 차지하는 역할을 간과하고 있다. 가령, 어떤 문화권에서는 아동의 자립과 주도성을 부정적으로 보는데, 이는 그들이 처한 환경 내 위험에서 아동을 보호하기 위해서다. 둘째, 에릭슨은 남성을 대상으로 한 연구에 기초해 이론을 세웠고, 정체성이 발달된 이후에 친밀감이 형성된다고 보았는데, 이 부분에 대해 비판이 제기되고 있다. 여성의 경우 친밀감의 확립이 정체감 형성과 함께 일어나거나, 심지어 앞서 일어나기도 한다. 셋째, 대부분의 사람들에게 정체감이 에릭슨이 제시한 것처럼 일찍 형성되지 않는다. 정체감은 고등학교 시절이 아니라 그 이후에 형성된다는 연구결과가 많다(Eggen & Kauchak, 2004).

그러나 에릭슨은 인간의 성적 본능을 지나치게 강조한 프로이트에 비해 인간의 이성과 적응을 강조하고 있어 많은 사람이 선호하고 있다. 에릭슨은 프로이트 이론의 경험적 기초를 확장하여 정신분석이론의 신뢰도와 적용 가능성을 증가시켰다. 즉, 심리성적 단계에 심리사회적 단계를, 생물학적 영향에 문화적 영향을, 자아방어에 자아정체감을, 비정상적인 연구대상에 정상적인 연구대상을, 특정한 문화적 시각에 비교문화적 시각을, 아동기에 대한 성인의 회상에서 아동에 대한 관찰을, 그리고 아동 발달에 성인 발달을 첨가했다. 특히 인간발달에서 전 생애 발달적 접근을 한 점과 문화적 상대성을 인정한 점은 에릭슨의 중요한 공헌이라 할 수 있다(정옥분, 2002).

(2) 마르샤의 정체감 상태

마르샤(Marcia, 1980)는 반구조적 면접법을 사용하여 청소년들이 직업선택, 종교 및 정치이념과 관련해서 어떤 선택을 하는지를 인터뷰했다. 마르샤(1987)는 위기와 수행(관여, 헌신)이라는 두 가지 차원에 근거하여 청소년들의 정체감 발달 상태를 네 가지 상태, 즉 정체감 혼미(identity diffusion), 정체감 유실(identity foreclosure), 정체감 유예(identity moratorium) 및 정체감 성취(identity achievement)로 구분했다. 여기서 위기란 직업선택이나 가치관 등의 문제로 고민과 갈등을 느끼면서 의문과 방황을 하고 있는 경우다. 수행이란 직업선택이나 가치 및 이념 등에 방향이나 우선권을 확실하게 설정한 후, 그것을 성취하기 위한 적절한 수단이 되는 활동에 능동적으로 참여하고 있는 경우를 말한다. 〈표 3-1〉은 위기와 수행의 두 차원에 따른 정체감 발달 상태를 보여 주고 있다.

○○ **표 3-1** 정체감 발달의 상태

정체감 상태	위기의 경험 여부	수행(직업이념 선택) 여부
성취	위기를 경험하고 성공적으로 해결함	선택함
유실	독립적인 의사결정이 없고 위기는 회피됨	선택함
유예	의사결정 과정에서 위기상태에 있음	선택하지 않음
혼미	위기상태도 없고 의사결정 시도도 없음	선택하지 않음

정체감 성취의 상태는 정체감을 가지기 위해 노력했으며, 이러한 노력의 결과 교육적, 직업적, 혹은 개인적인 가치에 전념하고 있는 것이다. 정체감 유실의 상태는 정체감을 가지기 위한 노력의 단계 없이 어떤 직업이나 학교, 또는 정체감의 특정 측면에 전념하고 있는 것이다. 이는 심리적 이유(離乳)를 거쳐서 하나의 독립된 인간으로 성장·발달할 가능성이 닫힌 상태다. 정체감 유예의 상태는 정체감을 가지기 위해 노력했지만 아직 무엇인가에 전념하지 못하고 자기 나름의 독특한 존재 의미를 찾아서 방황하는 것이다. 정체감 혼미의 상태는 정체감을 가지기 위해 노력하지도 않았고 정체감의 어떤 측면에 전념하고 있지도 않은 것이다.

3) 대상관계이론

대상관계이론은 대인관계의 내재화에 대한 정신분석적 접근이며, 대인관계가 어떻게 정신내계의 각 구조를 결정하는가에 관한 학문이다(Kernberg et al., 1989). 대상관계(object relations)에서 '대상(object)'은 주체에 상대되는 개념으로 "주체가 관련을 맺는 어떤 것"(Clair, 1996)을 의미한다. 그리고 '대상관계'란 주체인 한 개인이 특정한 양식으로 대상과 맺는 관계다.

대상관계이론은 어느 한 이론가가 통일성을 가지고 제시한 이론이 아니라 대상의 중요성을 강조하는 여러 임상가와 학자의 관점을 모아 놓은 것이라고 볼 수 있다. 그들은 여러 가지 면에서 다르지만, 두 가지의 광범위한 주제를 공유한다. 첫째, 그들은 개인이 타인과 관계 맺는 패턴이 초기 아동기에 뿌리를 둔다는 것을 강조한다. 둘째, 그들은 그때 형성된 패턴이 이후의 생애를 통해 계속 되풀이되는 경향이 있다고 가정한다(Carver & Scheier, 2005).

(1) 대상관계 심리학적 발달이론

말러 등(Mahler, 1968; Mahler, Pine, & Bergman, 1975)은 신생아가 타인과 심리적으로 융합된 상태에서 생을 시작하는데, 이러한 융합을 깨고 타인으로부터 분리되고 구별된 개인이 되는 것을 발달이라고 본다. 그는 유아의 대상표상의 발달과정을 자폐단계, 공생단계와 분리개별화 단계의 3단계로 설명하였다.

유아가 태어났을 때의 정신내적 세계는 외적인 것과 내적인 것을 구분할 수 없는 자폐상태다. 신생아는 아직 어떤 대상과도 관계를 맺지 못하고 이 세상에 자신밖에 없는 듯이 살아가는 셈이다. 생후 2개월이 지나면 유아는 자기의 욕구를 만족시켜 주는 대상이 있음을 희미하게 감지하기 시작하는 공생단계에 들어서게 된다. 그러나 아직도 어머니를 자신과 완전히 다른 존재로 인식하지 못하고 어머니를 자신의 일부로 인식한다. 그러면서 어머니의 기분에 따라 자신의 기분도 움직이며 어머니의 기분에 맞추려고도 한다. 4~5개월이 지나면 정신적으로도 어머니로부터 분리하려는 분리개별화기가 시작된다. 이 시기에는 목표지향적으로 볼 수 있는 힘을 가지게 되는데, 이는 어머니의 품에서 수동적으로만 반응하는 데서 벗어나 주위를 능동적으로 탐색하는 것으로 볼 수 있다(최영민, 2010).

분리개별화 단계는 일련의 하위 단계로 구성되며, 그 각각은 독립을 향해 나아가는 고유한 형태를 보여 준다. 하위 단계의 발생순서는 분화, 연습, 재접근과 개별성의 확립 그리고 대상항상성 단계다. 분리개별화는 대체로 생후 3년경까지 이어지며 3~4년이 지나 분리개별화가 완성되면 비로소 자기와 대상이 온전히 분리되어 대상을 경험할 수 있게 된다. 이렇게 되면 그동안 한 어머니를 좋은 대상과 나쁜 대상으로 분리하여 경험하던 것이 이제는 한 어머니를 그 속에 좋은 면도 있지만 나쁜 면도 있는 통합된 대상으로 볼 수 있게 되고, 자신 또한 좋은 것도 있지만 부족한 것도 있는 하나의 사람으로 받아들이고 독립하여 서게 된다. 그리하여 한 사람 안에서 나쁜 면이 나타날 때에도 좋았던 면을 기억하며 그 나쁜 부분을 용납하는 대상항상성을 형성하게 된다(Carver & Scheier, 2005; Mahler, Pine, & Bergman, 1975: 김명애, 2012에서 재인용).

말러와 유사하게 컨버그(Kernberg, 1995)도 정상적 자폐(normal autism) 단계(1개월), 정상적 공생(normal symbiosis) 단계(2개월에서 6~8개월), 대상표상으로부터의 자기표상분화단계(6~8개월에서 18~36개월), 자기표상과 대상표상의 통합 단계(36개월에서 남근기 동안) 그리고 자아통합의 강화(consolidation) 단계로 구분하고 있다. 이들은 초기 아동기에 발달시킨 타인과의 관계 유형은 나머지 생애 동안 한 개인이 타인과 관계하는 방식의 핵을 이룬다고 보고 있다.

(2) 건강한 사람의 개념

대상관계이론에서는 먼저 대상항상성을 확립한 사람을 건강한 사람으로 보고 있다. 대상항상성(object constancy)은 내부의 좋은 대상과 관련이 있으며, 그것은 이전에 지지와 위로 그리고 사랑을 제공했던 실제 어머니가 있었던 것처럼 이제는 동일한 기능을 하는 어머니의 심리적 이미지를 가지고 있는 것을 의미한다. 대상항상성은 개인이 비록 불만족스러울 때에도 계속 애착관계를 형성할 수 있는 능력이라고 볼 수 있으며(Horner, 1984), 이러한 능력은 대상에 대한 통합성을 확립하는 능력과도 밀접하게 관련된다.

둘째, 건강한 사람은 대상에 대해 통합성을 확립한 사람이다. 대상에 대해 통합성을 확립했다는 것은 대상을 부분대상보다는 전체대상으로 경험하는 사람을 의미하는데, 이는 대상을 '좋은 대상' 또는 '나쁜 대상'으로 분열(splitting)해서 경험하지 않고 '좋은 점'과 '나쁜 점'을 동시에 가지고 있는 것으로 경험하여 '좋거나 나쁜 것'에 기준을 두기보다는 대상의 존재를 중요하게 여기는 것을 의미한다.

셋째, 건강한 사람은 개별화가 잘된 사람이다. 개별화가 잘된 사람이란 자신과 타인 사이에 독립성을 유지하는 동시에 안정된 감각을 가진 사람으로서 앞의 두 가지 조건, 즉 정서적 대상영속성을 유지하고 분열을 통합하는 능력이 있는 사람을 의미한다.

넷째, 건강한 사람은 자아(self)가 확립된 사람이다. 자아란 '주도권의 중심이 며 심리적 이미지의 수령자'로서 '더 이상 표상 또는 자아의 활동에 따른 산물이 아니라 그 자체가 적극적인 대리자(agent)'인 것을 의미한다. 따라서 건강한 사 람이란 경계가 분명하고 진실하며, 정서적으로 전체성을 경험할 수 있는 삶의 주도적 대리자로서 삶을 살 수 있는 자아가 확립된 사람이다(김창대, 2002).

2. 자아개념의 발달

1) 자아개념과 자아존중감

자아개념은 일반적으로 "사람들이 자신에 대해 가지는 생각과 감정 그리고 태도의 복합물"을 말한다(Hilgard, Atkinson, & Atkinson, 1979: 605). 또한 자아개 념은 우리가 우리 자신을 우리 자신으로 설명하고, 자신에 대한 인상이나 감정 그리고 태도를 조직하는 하나의 도식을 세우는 하나의 시도라고 간주할 수 있 다. 그러나 이러한 모형이나 도식은 영구적이거나 통합되거나 변화되지 않는 것이 아니다. 우리의 자기 지각은 상황에 따라 변화하고 삶의 한 국면으로부터 또 다른 국면으로 변화한다.

아동이 성숙해짐에 따라 아동의 자아개념은 자신에 관한 보다 구체적이고 단 편적인 견해로부터 심리적 특성을 포함하는 보다 추상적이고 조직화되고 객관 적인 견해로 이동하게 된다(Woolfolk, 1995). 3~5세가 되면 아동은 자신의 이 름, 외모, 소유물, 그리고 매일의 행동과 같은 관찰 가능한 특징으로 자아개념을 형성한다. 어린 아동은 성장함에 따라 점점 더 추상적 방식으로 자신을 기술하 기 시작하는데, 구체적 행동 대신에 자신의 능력을 강조하고 심리적 특성을 바 탕으로 자신의 성격을 기술한다(장휘숙, 2002).

청소년기가 되면 주로 추상적인 특질을 이용해 자신을 기술하는데, '외향적'

'이타적' '능력 있고 유능한' 등의 성격특질에 대한 기술을 통해 자신을 이해할 수 있다. 청년기에는 인간관계의 특징이나 자신의 신념, 자신에게 중요한 가치 등을 이용해 자아개념을 형성한다(이대식 외, 2010).

자아개념 발달의 또 다른 특징은, 어릴 때는 자신에 대한 견해가 전체적이었다가 성숙함에 따라 더 분화된다는 것이다. 예를 들어, 7세 이전에 긍정적인 자아개념을 가진 아동은 자신이 모든 영역을 잘한다고 생각하다가, 11세 정도가 되면 자신을 의리가 있지만 가족에게는 외면을 당하고 과학은 잘하지만 음악은 못하는 아이로 보게 된다. [그림 3-2]에서 보는 것처럼, 이러한 분화에서 학교생활이나 학업과 관련한 학업적 자아개념과 학교 밖의 비학업적 자아개념에 대한 분리된 자아개념이 출현한다.

자아존중감(self-esteem)은 자신의 자아개념에 대한 스스로의 평가다. 만일 개인이 긍정적 자아개념을 가졌다면, 즉 그가 '자신의 모습을 좋아한다면' 그는 높은 자아존중감을 가졌다고 말한다. 두 용어가 교환적으로 사용된다는 견해도 있고(Woolfolk, 1995), 차이를 가진다는 견해도 있다(Santrock, 2003).

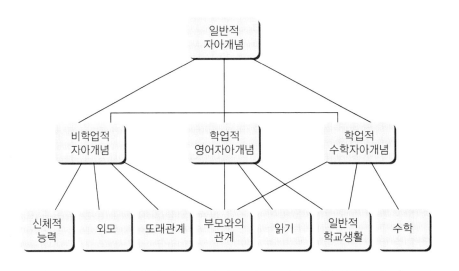

[그림 3-2] 자아개념의 구조

출처: Marsh & Shavelson (1985).

　자아존중감의 발달에는 여러 요인이 영향을 미치는데, 부모-자녀 관계에서 양육자의 속성은 높은 자아존중감과 관련이 깊다. 여기에는 애정의 표현 정도, 자녀의 문제에 대한 관심, 가정에서의 조화, 가족 협동 활동에의 참가, 자녀가 도움을 요청할 때 요구에 맞고 조직화된 도움을 줄 수 있는 가능성, 명백하고 공정한 가족 규칙을 설정하고 지키는 것, 잘 규정된 제한 내에서 자녀에게 자유를 허용하는 것 등이 포함된다(Coopersmith, 1967).

　아동기에 높은 자아존중감을 가지고 있더라도 청소년기 동안에는 자기존중감이 감소하고(Robins, Trzesniewski, Tracey, Potter, & Gosling, 2002), 감소의 폭은 여자 청소년에게서 더 크게 나타난다(Kling, Hyde, Showers, & Buswell, 1999; Major, Barr, Zubek, & Babey, 1999). 청소년기 자아존중감의 감소는 사춘기를 거치면서 자연스럽게 나타나는 신체적 변화, 높아지는 주변의 성취 요구와 기대, 그에 비해 부족한 부모와 학교의 지지 등에 기인하는 것으로 알려져 있다. 여자 청소년의 자아존중감의 감소 폭이 남자 청소년에 비해 유의미하게 큰 것은 신체적 매력에 대한 높은 기대와 사회적 관계에 대한 욕구가 커지는 것에 비해 실제로는 그 욕구가 충족되지 못하는 것에 기인하는 것으로 보인다(Crawford & Unger, 2000).

2) 자아개념과 학업성취의 관계

　많은 연구에서 자아개념과 학업성취 간에 긍정적인 관계가 있음이 제시되었으며, 학업 부진은 낮은 자아개념과 관계가 있음이 지적되고 있다. 그러나 자아개념과 학업성취의 관계에 대한 명확한 결론을 내리기는 쉽지 않다. 어떤 연구들은 자아개념과 성취 간에 관계가 적다고 밝히고 있는 반면, 어떤 연구들은 그 관계가 꽤 많음을 제시하고 있기 때문이다(송인섭, 1996).

　일반적으로 자아개념과 학업성취 간의 상관 정도는 긍정적이고 통계적인 유의미성을 띠고는 있지만 현저한 수준이라고 할 수는 없으며, 자아개념과 학업성취의 관계에서 인과성을 결정하기 어려운 점이 있다. 그럼에도 불구하고 현재

까지의 여러 가지 연구결과를 종합해 볼 때, 자아개념과 학업성취의 관계는 일
방적인 것이 아닌 상호 영향을 주고받는 것으로 보인다. 즉, 자아개념이 학업성
취에 영향을 주고, 학업적 성공은 자아개념을 고양·유지하는 과정에서 계속적
인 상호작용이 있게 된다. 특히 학업적 자아개념과 학업성취 간에는 상당히 밀
접한 상관관계가 있다고 결론을 내릴 수 있다. 그 대표적인 연구는 브룩오버, 토
머스와 패터슨(Brookover, Thomas, & Paterson, 1964)에 의해 발표되었다.

브룩오버 등은 중학교 1학년 1,000여 명을 대상으로 하여 일반적인 분야와 특
수한 교과목에 대한 자기의 능력을 자기보고식으로 반응하도록 했다. 그 결과
지능지수의 영향을 제거해 버렸음에도 불구하고 자기의 능력에 대해서 학생들
스스로 평가한 자아개념과 교과성적 평균점 간에는 유의미한 정적 상관관계가
있고, 일반적인 능력 자아개념과는 구별되는 특정 교과목별 자아개념이 있으며,
자아개념은 다른 사람들이 학생 자신을 어떻게 평가하고 있는가를 지각하고 있
는 것과도 의미 있는 정적 상관관계가 있다는 것을 발견하였다.

우리나라에서도 자아개념과 학업성취의 관계를 보여 주는 연구가 수행되었
다. 홍명희(1990)는 자아개념과 학업성취 간의 관계 분석을 위한 메타분석에서
학업적 자아개념과 학업성취 간에 유의미한 상관이 있었다고 보고하였다. 또한
다른 연구에서도 학문적 자아개념은 학업성적과 유의미한 정적 상관을 보이고
있으며(조계환, 1991), 자아개념이 높은 집단이 학업성취에서 우수한 것으로 나
타났다(박철우, 2000).

3) 긍정적 자아개념을 가지게 하는 열쇠: 격려

격려는 학생의 자아존중감을 증진하고 긍정적인 자아개념을 가지게 하는 열
쇠다. 부모나 교사 또는 상담자는 격려를 통해 학생의 자아존중감에 영향을 줄
수 있는 좋은 위치에 있다. 상담자가 학생을 격려하는 데 사용할 수 있는 몇 가
지 지도 원리를 제시하면 다음과 같다(정종진, 1998).

첫째, 학생의 장점을 보고, 실패를 학습의 부분으로서 수용한다. 이를 위해서

는 학생의 결점보다는 오히려 그가 할 수 있는 것이 무엇인가에 초점을 둘 필요가 있다. 둘째, 학습의 과정을 강조한다. 학생의 결과에 대해 항상 칭찬을 할 수 없다 하더라도 그의 노력에 대해서는 항상 격려할 수 있다. 셋째, 모험 감수를 가치 있게 여긴다. 학생에게 실수해도 괜찮다는 것을 보여 줄 필요가 있다. 넷째, 학생에게 책임을 부여한다. 모든 학생이 중요한 책임을 인정받을 기회를 가지도록 역할을 공유하거나 배분하는 것이 중요하다. 다섯째, 현실적이고 긍정적인 기대를 가진다. 어떤 학생에 대한 기대를 낮추기보다는 오히려 그 과제들을 그 학생이 다룰 수 있는 부분들로 나누는 것이 보다 적절하다. 여섯째, 학생의 선한 행동을 포착한다. 학생은 천성적으로 주목받는 것을 좋아하는데, 부정적인 종류의 주목보다는 긍정적인 주목에 초점을 맞추어야 한다. 일곱째, 낙천적이고 긍정적인 태도를 가지게 한다. 학생이 자기 자신에 대해서 긍정적이게 함으로써 자기 자신과 삶에 대한 긍정적인 태도를 발달시키도록 도울 수 있다. 마지막으로, 성공감을 맛볼 수 있는 기회를 만든다. 어떤 부분에서의 성공감과 자신감은 다른 부분에서의 생활에까지 확장되므로 학생이 성취감을 가지는 것은 중요하다.

3. 도덕성 발달

도덕성은 옳고 그름을 판단할 수 있는 인지적 능력, 자신의 행동에 대한 죄책감이나 타인에 대한 공감능력과 같은 정서적 능력, 자신의 판단과 감정에 따라 행동할 수 있는 능력과 관련된다. 도덕성에 대한 정의는 정서, 행동 및 인지의 어느 한 부분을 강조하여 이루어지기도 하지만, 이 세 가지 측면이 종합적으로 적용되는 것이 유용하다. 이에 따르면, 도덕성은 "선악을 구분하고, 옳고 그름을 바르게 판단하며, 인간관계에서 지켜야 할 규범을 준수하는 능력"(정옥분, 2003)으로 정의할 수 있다. 여기서는 세 가지 입장에서의 도덕성 발달에 대해 알아보고자 한다(Kurtines & Gewirtz, 1995).

1) 도덕성 발달에 대한 정신분석적 설명

프로이트에 따르면, 도덕성의 근원인 초자아의 발달은 남근기의 가장 중요한 사건인 오이디푸스 콤플렉스—이성 부모에 대한 근친상간의 열망과 동성 부모에 대한 적개심—와 밀접한 관련이 있다. 남자아이들이 어머니를 사랑하는 마음을 가지면서 아버지를 경쟁자로 보고 미워하지만 자신의 경쟁자인 아버지가 너무나 강력한 존재이기 때문에 어머니를 포기한다. 그리고 자신도 아버지처럼 강한 힘을 가진 사람이 되어야겠다고 생각하며 아버지를 동일시하게 되며, 이 과정에서 부모의 도덕 기준을 포함해서 아버지의 많은 속성을 내면화하게 된다. 여자아이는 어머니가 사랑의 경쟁자의 위치에 있으나 남자아이가 아버지로부터 받는 불안과 같은 것을 겪지는 않으며, 어머니를 동일시해야 한다는 두려움을 크게 경험하지 않는다. 따라서 여자아이의 경우는 남자아이보다 약한 초자아를 발달시키게 된다고 본다.

2) 사회학습이론에서의 도덕성 발달

사회학습이론가들은 도덕성이란 상황 특수적(situation specific)이라 생각하며 유혹에 저항할 수 있는 정도가 도덕성의 가장 중요한 지표가 된다고 본다. 사회학습이론가들은 강화, 처벌 그리고 사회적 모델링이 도덕성 발달에 중요한 역할을 하는 것으로 여긴다.

먼저, 강화와 관련해서 많은 경우 행동의 빈도는 이 행동이 발생하는 경우에 보상을 줌으로써 증가시킬 수 있다. 특히 금지된 행동과 양립할 수 없는 대안적 행동을 강화하는 것은 어린 아동의 자기통제력을 조장하는 효과적인 방법이다.

도덕적 행동과 관련하여 벌의 효과를 인정하는 입장과 부정하는 입장이 양립하고 있지만, 벌이 너무 과도하지 않고 벌을 받아야 하는 행동에 부정적 정서를 결합시킬 수 있다면, 그것은 아동의 도덕성 발달에 매우 유익한 효과를 가질 수 있다고 본다. 다만, 발각과 벌에 대한 두려움으로는 충분하지 않고 아동이 금지된 행동 자체를 두려워해야만 한다. 벌이 도덕적 행동을 학습시키는 데 효과를 발휘하기 위해서는 위반행동이 일어나는 즉시 벌을 주어야 한다. 그리고 적절한 강도의 벌이 느슨한 벌보다 효과적이고, 도덕성을 학습시키기 위해서 벌을 사용하고자 할 때는 교사나 부모가 바람직하지 못한 행동을 아동이 한 그날부터 규칙적인 토대 위에서 그것을 벌하는 것이 좋다. 한편, 아동을 온정적으로 대해 주고 애정을 주던 사람이 행하는 벌은 아동에게 냉담한 사람이 주는 벌보다 더 효과적인데, 온정적인 사람이 벌을 줄 때 아동은 애정의 철회 또는 상실에 대한 두려움이 생기기 때문이다. 그리고 금지된 행동이 왜 나쁜 것인가를 설명하면서 주어지는 벌이 효과적이다.

모델링 또한 아동의 도덕성 발달에 중요한 역할을 한다. 다른 사람의 행동을 관찰하는 것만으로도 인간의 행동은 영향을 받을 수 있으므로 아동 및 청소년과 많은 시간을 보내는 교사, 부모, 친구가 어떤 행동을 하느냐가 중요하다. 대중매체 속의 인물들이 자기중심적인 행동보다 친사회적 행동을 많이 하는 경우에도 아동 및 청소년의 도덕성 발달에 긍정적인 영향을 줄 수 있다(신종호 외, 2015).

3) 인지발달이론에서의 도덕성 발달

(1) 피아제의 도덕성 발달 단계설

피아제가 도덕성 발달의 단계설을 주장하게 된 기초가 되는 연구에서 사용한 도구는 두 개의 짤막한 이야기다. 피아제는 이 이야기를 4~13세 아동들에게 제시하고 그에 대한 대답을 분석하였다. 그 이야기는 어머니를 도우려다 15개의 컵을 깬 영호와, 찬장에 들어 있는 과자를 몰래 먹으려다 컵 한 개를 떨어뜨려 깨뜨린 진수 중 누가 더 나쁜지 묻는 내용이다.

어린 아동들은 영호가 컵을 더 많이 깨뜨렸기 때문에 더 나쁘다고 판단했다. 이들은 영호가 의도가 나쁠 리 없다는 사실과 문 바로 뒤에 컵이 담긴 쟁반이 있다는 것을 모르고 있었다는 것을 고려하지 않았다. 그러나 7세 이상의 아동들은 어머니가 없을 때는 해서는 안 될 일—과자를 꺼내는 것—을 하다가 컵을 깨뜨렸기 때문에 진수가 더 나쁘다고 했다.

이와 비슷한 실험을 근거로 피아제는 도덕성 발달은 명백히 구별되는 2단계를 거친다는 결론에 도달하였다. 그 첫 번째 단계는 '도덕적 실존론의 단계' 또는 '타율적 도덕성의 단계'이며, 두 번째 단계는 '자율적 도덕성의 단계' 또는 '협동과 호혜에 의한 도덕적 단계'다.

첫 번째 단계에서의 아동 행동의 특징은 이유를 찾거나 판단함이 없이 규칙에 무조건 복종하는 것이다. 아동은 부모나 그 밖의 권위 있는 성인을 전지전능한 사람으로 여기며, 그들이 정해 놓은 규칙이 과연 정당한 것인가에 대하여는 아무런 의심도 품지 않은 채 그대로 따른다. 이 단계에서 아동은 어떤 행동 뒤에 있는 동기를 고려하기보다는 그것으로 인해 생긴 결과에 따라서 그 행동을 옳고 그른 것으로 판단한다. 즉, 그는 전적으로 행위의 의도를 무시하는 것이다.

도덕성 발달의 두 번째 단계에 도달한 아동은 행동의 이면에 놓여 있는 행위자의 의도를 고려하여 행동의 선악을 판단한다. 이 단계는 보통 7~8세경에 나타나기 시작하여 그 후 계속된다. 5세에서 7, 8세 사이에 아동의 공정 개념이 변화하기 시작한다. 이때 부모에 의해서 학습된 선악에 대한 엄격하고 고정된 관념은 점차 수정되어 간다. 그 결과 아동은 도덕적 위반 사태가 발생했을 때 그 당시의 구체적인 상황을 고려하기 시작한다. 예를 들어, 5세 이전의 아동에게는 거짓말이란 항상 나쁜 것이지만, 나이가 든 아동은 어떤 상황에서는 거짓말도 정당화될 수 있으며, 따라서 거짓말이 반드시 나쁜 것만은 아니라는 사실을 인정한다.

(2) 콜버그의 도덕성 발달 단계설

피아제의 도덕성 발달 단계설을 더욱 발전시킨 것이 콜버그(Kohlberg)의 이론이다. 콜버그는 도덕성 발달에 관하여 주로 아동을 연구의 대상으로 하던 피아제의 이론을 발전시켜서 성인에까지 확대하여 도덕성 발달 단계를 더욱 체계화했다.

콜버그는 사람들이 실제로 도덕문제에 어떻게 답하는가 하는 사고체제를 연구하여 이것을 바탕으로 도덕성 발달 단계를 6단계로 나누었다. 서로 다른 문화적 배경을 가진, 연령이 다른 아동과 청소년에게 '도덕적 행위의 동기'와 '인간 생명의 가치' 등 도덕성의 문제를 담고 있는 '도덕적 딜레마'를 들려주고, 그런 상태에서 '어떻게 하겠는가?' '왜 그렇게 해야 하는가?'를 물었다. 콜버그는 이러한 질문들에 대한 대답을 기초로 하여 개인의 도덕성은 1단계에서 6단계로 발달한다고 보고, 또한 그것을 크게 세 가지 수준으로 구분하였다(〈표 3-2〉 참조).

표 3-2 콜버그 도덕추론 수준과 단계

수준 1	인습 이전의 도덕성: 행동의 결과와 권위 있고 힘 있는 인물에 의해 옳고 그름을 판단한다.	1단계	처벌과 복종 지향: 행동의 물리적 결과에 기초하여 선이나 악을 판단한다. 처벌을 피하고 권위를 무조건 따르는 것이 옳은 것으로 간주된다.
		2단계	도구적 상대주의 지향: 개인적 욕구를 도구적으로 충족시키는 것이 옳은 행동이다. 다른 사람이 결국 자기에게 잘해 줄 것이기 때문에 남을 위하는 것이 옳다고 생각한다.
수준 2	인습적 도덕성: 개인이 사회질서에 대해 순응하는 것뿐만 아니라 사회질서를 유지하기 위해 규칙에 복종하려고 한다.	3단계	착한 소년 착한 소녀 지향: 옳은 행동은 다른 사람을 기쁘게 하거나 돕고 그들에게 인정받는 것이다. 행동의 옳고 그름은 행위자의 의도에 따라 평가한다. 이 단계에 속하는 사람의 주요 목적은 '좋은' 사람으로 인식되는 것이다.
		4단계	법과 질서 지향: 권위, 규칙, 그리고 사회질서 유지를 지향한다. 옳은 행동은 자신의 의무를 다하는 것, 권위에 대한 존경을 보이는 것, 주어진 사회질서를 유지하는 것 등으로 구성된다.
수준 3	인습 이후의 도덕성: 도덕적 표준은 내재적이고 개별적인 것으로 된다.	5단계	사회계약 지향: 옳은 행동은 대다수의 의지를 표현하고 사회복지를 극대화하는 것이다. 규칙이 공정하지 않을 수 있고, 공정하지 않은 규칙은 사회합의에 의해 변경될 때까지는 복종해야만 한다.
		6단계	보편적 원리 지향: 옳고 그른 행동은 스스로 선택한 원리나 자신의 양심에 따라 규정된다. 그 원리는 구체적이지 않고 모든 상황에 적용되는 추상적 도덕적 지침 또는 보편적 정의 원리이다. 이 원리에 위배되는 것은 죄책감이나 자기비난을 일으킨다.

콜버그가 제시한 각 단계들은 결국 어떤 중요한 도덕적인 결정을 합리화하고 정당화하기 위해 사용되는 사고체제들로 정의된다. 각 단계에서 높은 단계로 발달해 갈수록 그 사고체제는 이전의 단계보다 더 광범위하게 볼 수 있는 것이 되고, 더 복잡하고 추상적인 사고를 할 수 있으며, 개인적인 감정이입이 포함되고, 사회문제를 일반 원리에 근거해서 해결할 수 있게 된다. 이런 점에서 그 발달 방향은 민주 사회의 원리와 매우 가까운 것이다. 그러나 콜버그의 이론은 갈등 상황에 대한 피험자의 반응을 분석할 객관적 척도가 없고, 도덕성 발달이 이전 단계로 후퇴하는 일은 없다고 주장하였다. 그러나 개인에 따라 이전 단계로 후퇴하거나 단계를 건너뛸 수도 있으며, 미국의 중상류계층의 남성들만을 대상으로 연구하였기 때문에 여성의 특성을 고려하지 못했고, 문화적 차이를 반영하지 못하고 정치적으로 자유주의적인 조망에서 위계를 가정하였다고 비판을 받는다(장휘숙, 2002).

4) 여성의 도덕성 발달

콜버그와는 다른 새로운 관점에서 도덕성 발달을 조망하는 연구들이 있다. 성인기에는 도덕성 발달의 형식적인 범주들을 벗어나게 되고 자아와 타인에 대한 상호 의존성에 대해 새로운 인식을 가지게 되는데, 이때 정의의 윤리는 책임의 윤리로 대체된다고 보는 견해다.

길리건(Gilligan, 1982)의 연구는 콜버그 이론에서 볼 수 있는 것처럼 개인적인 면을 중시하는 선의 개념이 사회적인 선의 개념으로 이행하는 3단계나 4단계에서 '성과 관련된 편견'이 작용하지는 않는가 하는 의문에서부터 출발한다. 이는 여성이 오히려 남성보다 더 일찍 3단계에 도달하면서도 남성이 콜버그 척도에 따라 계속 진보하는 데 비해, 여성의 도덕판단수준은 3단계에 계속 머무는 경향이 있다는 경험적 연구결과를 해석하는 가운데 나온 것이었다. 길리건은 문학이나 철학 저서를 통해 콜버그의 정의 지향적 도덕성과는 구분되는 배려(care) 지향적 도덕성을 찾아내고, 이를 여성의 도덕성으로 확인하였다.

길리건(1977)에 따르면, 도덕성과 관련된 질문을 받았을 때 여성은 평등이나 공정성을 중시하는 정의 지향적 도덕성을 지지하였으나, 실제로 그들이 도덕적 인간으로 간주하는 사람들을 확인해 보면 그 사람들은 정의보다는 의무와 희생, 보호 등으로 특징지어지는 배려 지향적 도덕성을 구현한 자들이었다. 길리건이 보기에 콜버그의 단계이론은 여성의 이러한 관심과 경험을 충분히 고려하지 못하는 것이며, 따라서 여성이 남성적인 정의추론에 입각한 콜버그 척도에 따라 평정될 때 낮은 평정을 받을 수밖에 없는 것이다. 왜냐하면 그녀가 논박하듯이, 콜버그의 도덕성 측정도구는 배려 또는 보호 지향을 3단계로 잘못 평정하고 있기 때문이다. 따라서 여성의 도덕성은 부당하게 낮은 단계로 평정되고 있다는 점이 옹호된다. 길리건은 콜버그의 정의 지향적 도덕성 발달 단계와는 달리, 배려 지향의 도덕성에 세 가지 수준이 있음을 분명히 하고 있다. 즉, 기본적으로 자기중심적인 인습 이전 수준, 다른 사람에 대한 관심이 중심이 되는 인습 수준, 마지막으로 자신에 대한 관심과 타인에 대한 관심이 균형을 이루고 있는 인습 이후 수준이 그것이다.

리욘즈(Lyons, 1983)는 개인 간의 분리를 특징으로 하는 정의 지향의 도덕성과 개인 간의 관계성에 기초한 의무와 책임의 수행을 특징으로 하는 배려 지향의 도덕성은 개인의 존재나 도덕성의 개념에서 차이가 난다고 보고 있다. 정의의 도덕성은 개인을 타인과의 관계에서 분리된 존재, 객관적 존재로 규정하는 반면, 배려의 도덕성은 개인을 타인과 관련된 존재 또는 관계를 맺고 있는 존재로 규정한다. 그리고 정의의 도덕성은 공정성으로서의 정의 도덕을 사용하는 반면, 배려의 도덕성은 타인에 대한 반응으로서의 관계에 대한 이해에 기초하고 있는 염려의 도덕성을 사용한다.

길리건과 리욘즈가 구분한 이 두 가지 도덕성은 단순히 내용상의 차이를 반영하는 것이 아니다. 그들이 보기에 각기 다른 두 가지 도덕성은 타인에 대한 상이한 두 가지 조망과 관련이 있는 것이며, 따라서 사회적 조망의 채택에 관해 단일 모델에 기초하고 있는 콜버그의 인지적 발달이론들은 재검토되어야 한다고 보고 있다.

4. 사회성 발달

1) 이타성의 발달

이타성(altruism)이란 타인의 행복에 관심을 가지고 배려하는 내재적인 심리적 특성으로, 이타적 행동은 타인에게는 유익하지만 물질적 혹은 사회적 보상을 거의 받지 못할 뿐만 아니라 높은 부담마저 감수해야 하는 행동으로 정의할 수 있다(Bryan & London, 1970).

이타성은 성인의 인정에 대한 기대, 상대방을 도와주면 결국 보답을 받는다는 기대, 도와주면 자부심 및 기쁨을 느낄 수 있다는 기대 등에서 발생할 수 있는데, 이러한 이타성이 집단구성원과 그 사회의 일원으로서 행동으로 나타날 때 친사회적 행동(prosocial behavior)이 된다(Perry & Bussey, 1984). 친사회적 행동이란 타인과의 관계를 맺을 때 서로 나누기, 돕기, 위로하기, 협조하기 등 사회적으로 바람직한 행동을 의미한다.

(1) 이타적 행동의 요인

이타성은 생물학적 관점과 발달-학습론적 관점이라는 두 가지 관점에서 연구되어 왔다. 인간은 본능적으로 다른 사람을 염려하고, 심지어는 자신의 안락과 안전을 희생하고도 어려움에 처해 있는 사람을 도와주도록 본능적으로 타고난다는 것이 생물학적 관점이다. 이에 비해, 성숙과 사회화의 부산물로 이타성이 나타난다는 것이 발달-학습론적 관점이다(김경중 외, 1998). 이타적 행동을 촉진하는 것은 개인 심리적 요인과 사회적 요인으로 나누어 설명할 수 있다(김동일 외, 2003).

이타행동을 하는 심리적 특성과 관련된 요인으로 다음의 몇 가지가 이타행동의 동기가 되어 남을 도와주는 행동을 하게 한다.

첫째, 죄책감을 느낀 사람일수록 남에게 도움을 주는 경향이 높다. 이는 남을 도와주는 행동을 통해 죄책감을 조금이라도 감소시키려는 심리적 해소책 때문이라 할 수 있다. 특별대우나 특혜를 받는 아동이 다른 아동에게 잘해 주는 행동은 이에 대한 하나의 예라 할 수 있다.

둘째, 어려움에 처한 사람과 감정이입적 공감을 할 때 도움행동의 경향이 짙다. TV 드라마의 주인공이나 신문, 방송에서 보도된 딱한 처지에 있는 사람과 공감을 많이 하면 할수록 더 많은 이타적 행동이 일어난다.

셋째, 도움을 받는 사람이 좋아하는 사람일수록, 도움받을 자격이 있는 사람일수록 도움행동의 빈도수는 높아진다. 이때의 자격 부여는 개인적 통제의 가능성에 대한 지각이다. 길가에 쓰러져 있는 사람이 임산부일 때와 술에 취한 사람일 때 도움행동이 달라진다.

그 밖에 도움행동에 영향을 미치는 개인의 내적 상태로 기분이 좋은 것을 들 수 있다. 기분이 좋을 때는 그렇지 않을 때보다 도움행동이 증가된다. 그리고 이타적 행동을 통해서 느끼는 만족은 그것 자체가 곧바로 내적 보상이 되어 이타적 행동을 강화한다. 이와 같은 이타적 행동의 출현은 자기중심성이 점차 감소되어 타인의 입장도 이해할 수 있는 인지능력이 발달함으로써만 가능하다.

한편, 이타행동의 사회적인 요인으로는 강화와 모방을 들 수 있다. 강화는 이타적 행동을 한 아이에게 칭찬 및 보상을 하게 되면 이타적 행동이 지속되고 증가된다는 것이다. 부모나 또래는 학생이 일상생활에서 친사회적 행동을 보이면 관심을 가지고 이를 강화해 주는 경향이 있다. 학생이 직접 보상을 받지 않는다 하더라도 이타적 행동 후 뒤따른다고 믿는 결과나 기대에 따라서도 이타적 행동이 증가될 수 있다.

아동의 이타적 행동은 모델의 행동을 모방하는 것을 통해서도 발달한다. 학생은 일상생활에서 부모나 또래집단이 친사회적 행동을 하는 것을 모방하며 행동하는 경우가 많다. 특히 이타적 행동을 하는 모델이 중요 인물인지의 여부, 이타적 행동을 하고 강화받는 것을 관찰했는지의 여부는 이타적 행동의 모방에서 중요하다(Perry & Bussey, 1984). 그리고 책이나 TV 속의 주인공이 친사회적 행동을 하는 것을 모방하는 것보다 부모나 교사, 또래가 실제로 일상생활에서 보여 주는 이타적 행동을 모방하는 효과가 크다. 그러므로 학생의 이타성 발달에는 주변에 있는 실제 모델이 어떻게 하느냐가 중요하다고 볼 수 있다(김동일 외, 2003).

(2) 이타적 행동의 일반적 특성 및 지도 원리

이타적 행동은 부모의 양육 방식, 이타적 행동을 하는 모델을 본받기, 이타적 행동에 기반을 둔 사회인지의 여부, 학생의 인지수준 등에 의해 달라질 수 있다(Perry & Bussey, 1984). 이타적 행동의 일반적 특성을 살펴보면 다음과 같다.

첫째, 여자가 남자보다 더 이타적이다. 일반적으로 보호적 성향은 보다 여성적 특성으로 간주되기 때문에 여아가 타인을 돕도록 사회적 압력이 따르고 더 자주 권장받고 격려받기 때문이다.

둘째, 정신연령이 높을수록 더 이타적이다. 이타적 학생은 그렇지 않은 학생에 비해 정신적 추론 능력이 앞서가고 다른 사람의 입장을 이해하는 데 더 예민하다.

셋째, 적극적이고 자신감이 있을수록 이타적이다. 이타성을 촉진시키는 요인 가운데 도와줄 수 있는 사람이 많고 적음이 문제가 된다. 도와줄 수 있는 사람이 많을 때보다 적게 또는 나 혼자만 있을 때, 그 이타적 행동률이 높아진다. 이런 경우 혼자서 상황 판단을 하고 적극적으로 행동하지 않으면 안 되기 때문에, 소극적이고 자신감이 부족하면 도와주려는 생각을 곧바로 행동으로 옮기는 데 주저하게 된다.

넷째, 친사회적 부모를 가진 학생일수록 이타적이다. 부모는 학생 행동발달의 전형적인 모델로서 학생에게 행위 기준의 방향을 제시해 주고 학생을 동기화한다. 구세군의 자선냄비에 불우한 이웃을 위해 성금을 내거나, 연일 고아원이나 동정심을 나타내는 TV를 보는 부모를 본 자녀가 그렇지 않은 아이에 비해 훨씬 더 이타적이다.

다섯째, 친사회적 개념에 기반을 둔 사회의 학생일수록 이타적이다. 이는 사회의 분위기가 눈에 보이지 않는 장력(field force)을 발휘하여 이타적이 되도록 영향을 주기 때문이다.

상담현장에서 학생의 이타적 행동을 지도할 때 그 지도 원리로서 가장 기본적인 것을 들면 다음과 같다.

첫째, 이타적 행동의 지도는 이론 설명을 통한 인지적 측면보다는 인간의 따뜻한 애정을 교감시키는 측면을 강조해야 한다. 다른 사람이 어려운 처지에 놓여 있을 때 이를 도와주는 것을 이타성이라 했을 때, 도와주어야 하는 필요성을 역설하고 도와주는 방법을 설명해도 도와주는 대상에 대한 애정 없이는 자발적인 감정을 불러일으키지 못하므로 이타적 행동은 지속적이지 못하고 형식에 치우치게 된다. 돕는 사람의 따뜻한 애정이 고통에 처해 있는 사람에게 이입되면 될수록 고통을 벗어나려는 의지를 강하게 가지게 되며, 돕는 사람의 입장에서도 도우려는 행동이 더욱 증가된다.

둘째, 이타적 행동의 지도는 실제 조그마한 일부터 실천시키는 것이 중요하다. 이타적 행동은 돌발적으로 일어나는 수도 있지만 학습된 행동 속에서 일어난다. 학습된 행동이란 경험이나 훈련을 통해 장기간에 걸쳐 익혀진 행동이다. 이러한 학습원리에 의하면 부모나 교사, 친구의 가르침이나 그들의 행동에 대한 모방을 통해 이타적 행동이 일어남을 알 수 있다. 그리고 한두 번의 이타행동은 그 자체가 내적 보상이 되어 또 다른 이타행동을 낳게 하는 원동력이 된다. 따라서 이타적 행동이라면 조그마한 일이라도 실행하도록 하는 것이 이타성 지도에 도움이 된다(김동일 외, 2003).

2) 공격성의 발달

공격성이란 어떤 사람을 해치려는 의도로 하는 행동이라고 간단하게 정의 내릴 수 있다. 이 정의는 간단하게 보이지만, 이 정의 속에는 다른 사람을 해치는 행동인가 아닌가 하는 해침의 유무, 다른 사람에게 의도적으로 해를 끼치려 했는가의 의도성, 실제로 해를 끼치는 행동을 했는가 안 했는가의 실행 유무가 포함되어 있다.

(1) 공격성 발달이론

공격성이 왜 발달하는가에 대한 심리학적인 이론들이 수없이 제기되고 있다. 일부 아동은 많은 상황에서 일정한 수준의 공격행동을 하기 때문에 공격성을 일종의 특질이라고 생각할 수 있다. 프로이트는 공격성이란 자살적 죽음의 욕망을 타인에게 전가하려는 노력으로, 공격추동이란 죽음의 욕망을 외부로 표출한 것이며 이는 좌절되었을 때에만 활성화된다고 했다. 동물행동학자들은 공격성을 종의 생존에 도움이 되기 때문에 진화된 본능이라고 간주하고 있다. 이 이론들은 공격성의 보편적 기원을 설명해 주는 장점이 있다. 그러나 발달심리학자들은 공격성의 개인차의 발달에 대해 관심을 갖는다. 대표적으로 조건형성이론, 사회학습이론 및 사회인지이론이 있다(Perry & Bussey, 1984).

조건형성이론은 조작적 조건화와 고전적 조건화로 나누어 볼 수 있다. 조작적 조건화에서는 공격적 행동이 결과적으로 공격자에게 원하는 것을 얻을 수 있도록 하기 때문에 발달한다고 본다. 공격적인 학생들은 공격성이 현실적인 보상을 가져다주며, 다른 아이를 지배할 수 있고, 자신에 대한 다른 아이의 공격을 미리 예방할 수 있다고 보며, 자신감을 높인다고 보고 있다. 이러한 공격성에 대한 긍정적 가치와 기대는 대부분 이전의 공격적 행동들이 정적으로 보상받아 왔기 때문에 형성된 것이다.

고전적 조건화에 따르면, 공격행동과 연합된 자극은 충동적이고 반사적인 공격행동을 일으킬 잠재력을 얻는다. 총을 공격적인 목적에 사용할 수 있음을 아는 사람은 총이 눈앞에 있을 때 더 난폭하게 행동할 수 있다는 것이고, 어떤 소수집단에게 모욕적이고 공격적으로 행동하는 것을 본 사람은 자신도 그 집단에게 공격적으로 행동하게 된다는 것이다.

사회학습이론에서는 공격성이 모델의 공격적 행동을 모방하는 과정에서 형성된다고 본다(Bandura, 1973). [그림 3-3]에서 보여 주듯이, 공격적인 행동을 하는 모델을 관찰한 아동은 공격적인 행동을 보이지 않은 모델을 관찰한 아동에 비해 보다 많은 공격적 행동을 나타내었다. 공격행동을 즐기거나 그 때문에 보상받는 모델을 본다면, 아동은 학습했던 공격행동을 표출하게 될 것이다.

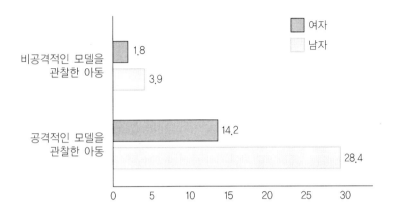

비공격적인 모델을
관찰한 아동 1.8
3.9

공격적인 모델을
관찰한 아동 14.2
28.4

여자
남자

[그림 3-3] 공격행동점수

　대부분의 아동은 학습한 여러 가지 공격행동을 늘 표출하지는 않으며, 단지 보상을 기대할 수 있을 때만 표출할 것이다. 예를 들어, 공격 후 보상받는 모델을 본 아동은 자기도 이와 유사하게 행동하면 보상받을 수 있다고 생각할 것이다.

　사회인지이론에서는 공격성의 원인이 잘못된 사회인지적 판단에 있다고 주장한다(Dodge, 1980). 이 이론에서는 공격적인 아동은 상대방이 자기에게 적의적인 의도를 가지고 행동을 하는 것이라는 잘못된 판단을 한다고 본다. 예를 들어, 길을 가다가 우연히 다른 아이가 던진 공에 맞았을 경우, 사회인지이론에 따르면 공격적인 아동은 이 상황에서 다른 아이가 우연을 가정하여 자기에게 적의를 가지고 공을 던졌다고 생각하여 또래의 적의적 의도에 그 원인이 있다고 보아 상대방을 공격하게 된다. 이러한 적의적 귀인판단은 또래에 대한 적의적 행동을 낳게 되어 공격적 관계를 형성하게 되며, 결과적으로 또래로부터 공격적 아동을 거부하거나 배척하는 적의적 반응을 낳게 되고, 이는 다시 공격적 아동의 적의적 귀인을 강화하는 악순환이 이어지게 된다.

(2) 공격성의 요인 및 통제방법

일반적으로 사람은 어떤 경우에 공격적 충동을 유발해 공격적 행동을 나타내게 되는가? 그 요인은 일반적으로 세 가지 경우인데, 첫째는 다른 사람으로부터 성가심을 받거나 피습을 받았을 때 나타나며, 둘째는 욕구충족이나 목표 도달에 간섭이나 방해를 받는 경우 욕구좌절 때문에 나타난다. 그러나 이러한 욕구좌절-공격가설은 항상 공격적 충동을 일으키지는 않고 욕구좌절에 대한 고의적인 의도성이 게재되었을 때 확실하게 공격적 충동을 유발한다. 셋째는 공격적인 모델에 접하는 기회가 많을수록 공격적 충동이 유발된다. 반두라(Bandura, 1973)는 공격행동의 학습기제로 모방을 중요시하고 모방에 의한 학습은 이를 실행에 옮기고자 하는 동기를 가지게 한다고 주장하였다(김동일 외, 2003).

한편, 부모의 훈육기법 중 애정철회기법이나 물리적 방법에 의한 훈육 혹은 일관성 없는 훈육은 아동 초기부터 청년기까지 영향을 미치며 남녀 모두의 반사회적 행동과 높은 상관이 있고, 도덕성의 내면화와 자기통제의 발달을 방해한다.

공격성은 도구적 공격성과 적대적 공격성으로 나누어 볼 수 있다. 도구적 공격성이란 타인으로부터 이익이 되는 것(예, 돈, 지위, 권력, 자존심)을 얻기 위하여 타인에게 해를 가하는 공격성이며, 적대적 공격성은 타인에게 고통이나 해를 가하는 것 자체가 목적인 공격이다. 아동기의 공격성은 6~7세 이전까지는 장난감이나 인형과 같은 물건을 가지기 위해서 공격적 행동을 하는 도구적 공격성을 가지는 반면, 7~8세 이후에는 자신에게 도전해 오는 사람의 의도나 동기에 대처하는 방어로 적대적 감정을 가지고 공격적 행동을 하는 적대적 공격성을 가지게 된다.

공격행동에서는 남녀의 성별이 공격행동유형에 많은 차이를 가져오는데, 남아에게는 신체적 공격행동이, 여아에게는 언어적 공격행동이 많이 나타난다. 학생이 사회인지적 결함을 가지고 있을 때도 공격적 행동이 촉진된다. 공격적인 학생은 친구의 의도가 불분명하거나 우연히 상해가 발생했을 때, 혹은 친구가 도움을 주려고 하는 상황에서조차 적대적 의도를 발견하고 공격적 행동을 일삼을 수 있다.

여기에 덧붙여, 공격적 아동은 공격적 행동이 손해보다는 더 많은 이익을 가져온다고 생각한다. 그들은 공격적 행동이 타인의 놀림이나 조롱과 같은 불유쾌한 행동을 감소시키고 확실한 보상을 생성한다고 지각한다(장휘숙, 2002).

한편, 공격성 발달에 영향을 미치는 요인은 생물학적 요인과 사회적 요인으로 나누어 볼 수 있다. 첫째, 생물학적 요인으로 남성호르몬이 공격성을 유발하는 주요 요인으로 생각되고 있다. 이러한 이론은 남성이 여성보다 더욱 공격적이라고 설명하지만, 근래에 남성호르몬이 공격성을 촉진한다는 생물학적 결정설에 비판이 제기되고 있다. 남성이 보다 공격적인 것은 생물학적 차이가 아니라 남성과 여성의 사회적 역할의 차이 때문이라는 것이다. 보다 근래에는 기질이 공격성과 관련된다는 가설이 제기되고 있어 보다 많은 연구가 필요하다.

둘째, 사회적 요인으로 볼 수 있다. 공격성 발달이론에서 보았듯이 공격성은 모방과 강화에 의해서 획득되는 경향이 강하므로 그 아동이 속해 있는 가정, 또래집단 및 사회환경이 공격성 발달에 중요한 영향을 미친다. 부모가 강압적인 양육 형태를 보이거나 아동의 잘못된 행동에 대해 부모가 언어적인 설명보다는 신체적인 형벌을 많이 사용할수록 그 아동은 공격적인 특성을 가진 아동으로 자라기 쉽다. 이러한 강압적 가정 분위기에서 자란 아동은 사춘기에 반사회적 행동으로 발전하는 경향이 높다(김동일 외, 2003).

공격적 행동을 예방하고 감소시키기 위한 방법을 다음과 같이 제안할 수 있다(Perry & Bussey, 1984).

첫째, 공격을 유발할 만한 자극을 제거한다. 현명한 상담자와 부모라면 아이로 하여금 지나친 짜증, 좌절, 권태감을 느끼도록 하지 않을 것이다. 비경쟁적 놀이를 하게 하거나 공격행동을 유발할 만한 물건을 가지고 놀지 못하게 하는 방법 등이 효율적인 공격통제 방법이다.

둘째, 학생이 공격행동을 할 때 일관된 지도 방법을 사용한다. 독재적 지도, 방임적 지도나 일관성 없는 지도는 학생의 공격성 지도에 역효과를 나타내는 것으로 지적되고 있다.

셋째, 공격행동과 양립할 수 없는 친사회적 행동을 학생에게 요구하고 학생이 실천하면 강화해 준다. 예를 들어, 학생이 좋아하는 행동을 하게 하고, 학생과 대화하며, 이타적 행동을 학습하고 실천할 수 있는 놀이활동을 하게 한다.

넷째, 학생에게 자기통제감을 가르친다. 타인에게 해를 끼치는 행동에 대해 책임감을 느끼도록 가르치는 것은 공격행동에 대한 학생의 죄책감 예측을 증가시키는 방법이 될 수 있다.

학습문제

1. 에릭슨의 심리사회적 성격발달이론에 비추어 볼 때, 아동 및 청소년의 발달을 조력할 수 있는 활동들에는 어떤 것이 있을지 탐색해 보자.
2. 학업성취 외에 자아개념 및 자아존중감과 관련이 있는 변인들을 찾아보자.
3. 인지발달이론에서의 도덕성 발달의 입장을 수용한다고 할 때 아동 및 청소년의 도덕성 발달에 도움이 될 수 있는 활동들에 대해 탐색해 보자.
4. 모델을 통한 공격행동의 증가 또는 감소와 관련하여 미디어가 주는 긍정적 영향 또는 부정적 영향에 대해 논해 보자.

제2부

생애단계별 발달특성과 상담

제4장

영유아기

강지현

영유아기는 출생 후부터 대략 초등학교 입학 전까지의 학령 전기를 아우르는 시기로 볼 수 있다. 이 시기는 신체, 인지, 정서 등 전반적인 영역에서 여러 가지 변화가 비교적 빠르게 진행되는 시기다. 이러한 변화에 적응하는 과정에서 유아는 발달과 성숙을 성취하기도 하지만, 다양한 문제를 가지게 되기도 한다. 물론 문제들의 상당 부분이 일시적이고 시간이 지나면서 자연스럽게 해결되는 것들이지만, 때로는 아동기나 청소년기까지 이어지고 전문가의 개입을 필요로 하게 되기도 한다. 이 시기에 생긴 문제들이 이후 아동기나 청소년기를 지나 성인기까지 이어지게 되어 온전한 사회구성원으로서의 역할을 방해한다면 이를 겪는 개인으로서나 사회적으로 지불해야 되는 대가가 크다. 따라서 영유아기의 정상 발달을 이해하고 주로 발생하는 문제들에 대하여 적절한 개입의 지침을 숙지하고 있는 것이 필요하다.

1. 신체 발달

1) 영유아기

(1) 신체 발달

태내에서 모체에 의존하던 아기는 공생관계에서 벗어나 생리적으로 독립되는 존재로 발달된다. 생후 첫 3년 동안을 영아기로 분류할 수 있는데, 이때 영아는 전체 신체 크기가 빠르게 커질 뿐만 아니라 신체 부분의 비율도 현저하게 변한다. 특히 영아의 뇌는 생후 1년 동안에 최종 크기의 약 70%에 도달하고, 2세 말에 도달하면 약 80%에 이르게 된다(질병관리본부, 2007).

(2) 운동 발달

영아기에는 신체 발달과 운동 발달이 급속히 일어난다. 발달은 머리부터 시작되어 신체의 하단으로 진행된다는 두미(頭尾)원칙(the cephalocaudal principle: head to tail)과 신체의 중심에서 말초 부분으로 진행된다는 근말(近末) 원칙(the proximodistal law: near to far)을 따른다. 영아기 운동발달은 크게 두 가지로 나눌 수 있는데, 신경계의 미성숙으로 신체 각 부분 협응이 안 되어 자극을 받으면 몸 전체를 움직이는 전체 운동이 하나이고, 강한 빛에 대한 눈의 반응이나 기침, 빨기, 토하기 등의 얼굴과 입의 반응 같은 특수 운동이 다른 하나다. 이러한 발달과 관련되는 것이 반사인데, 반사는 감각 정보가 척수로 들어가 그곳에 있는 운동신경을 흥분시키는 것으로 뇌가 관여하지 않는 행동이다(김현택 외, 2003).

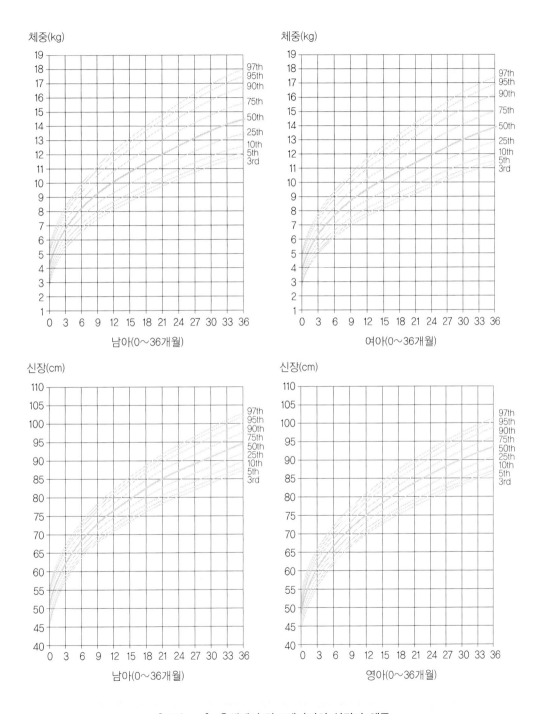

[그림 4-1] 출생에서 만 3세까지의 신장과 체중

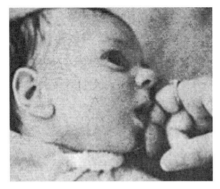

빨기 반사(rooting reflex)
뺨을 건드리면 머리를 그쪽으로 돌려 입을 열어서 빨기 시작한다.

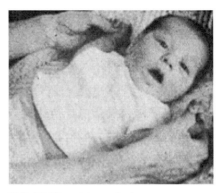

다윈 반사(Darwinian reflex)
손바닥을 건드리면 아기는 선 자세로 일어날 수 있을 정도로 세게 주먹을 쥔다.

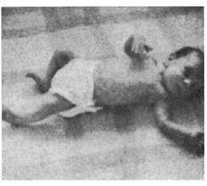

목 강직 반사(tonoc neck reflex)
아기를 눕혀 놓았을 때, 머리를 한쪽으로 돌리고, 팔다리를 자기가 좋아하는 한쪽으로 뻗으며, 반대쪽 팔다리는 구부린다.

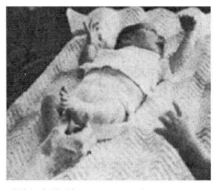

바빈스키 반사(Babinski reflex)
아기의 발바닥을 간지럽히면 발가락을 부채처럼 펴고 발을 안으로 비튼다.

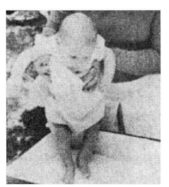

걷기 반사(walking reflex)
아기의 팔 밑을 붙잡아서 안고 맨발이 평평한 면에 닿게 했을 때, 아기는 걷기와 같은 동작을 한다.

[그림 4-2] 영아기의 반사행동

① 머리조절

영아는 출생 직후 반듯이 누운 상태에서 양옆으로 고래를 돌릴 수 있고, 배를 바닥에 대고 엎드린 채로 머리를 돌릴 수 있을 만큼은 머리를 들 수 있다. 먼저 엎드린 상태에서 머리 들기를 하고, 이후 앉아서 머리 꼿꼿이 세우기를 하며, 반듯이 누워 머리 들기에 숙달하는 순서를 밟는다(Papalia & Olds, 1989).

② 앉기

보통 4개월 정도에는 영아들이 도움을 받아 앉을 수 있고, 6개월째에는 아기 의자에 앉으며, 7개월에는 혼자 앉는다.

③ 뒤집기

약 5개월쯤 되면 배에서 등으로 뒤집고, 그다음에는 등에서 배쪽으로 뒤집는 것이 가능해진다.

④ 걷기 전 이동

혼자의 힘으로 걷기 전에 영아는 여러 방법으로 이동하려 애쓴다. 앉은 채로 엉덩방아를 찧듯 이동해 가기도 하고, 배밀이라고 불리는 행동처럼 배를 통해 신체를 밀며 앞으로 나아가기도 한다. 또는 두 손과 두 발을 땅에 닿게 해서 동물처럼 이동하기도 한다. 1970년대에는 9, 10개월에 기는 것으로 보고되었으나 (Vaughan, McKay, & Behrman, 1979), 최근에는 8개월에 기는 것으로 보고되고 있다(Santrock, 2003).

⑤ 서기

주변에서 붙잡아 주었을 때 영아가 일어나는 시기는 대략 8개월 정도이며, 9개월가량에는 움직이지 않는 물체를 붙잡고 일어설 수 있게 된다. 대략 생후 1년 정도가 지나면 서기 자세를 취할 수 있다.

⑥ 걷기

생후 11개월경에는 주변의 도움을 받아 걷게 되고 12개월에는 걸을 수 있게 되는데, 여기에는 개인차가 존재하며, 실제로 걸어 보는 행동이 나타나더라도 아직은 불완전하기 때문에 한 발자국 떼고 주저앉는 일이 흔히 일어난다. 걷기가 익숙해짐에 따라 3, 4개월 후에 불완전하게 달리는 행동이 나타나고, 물체를 붙잡고 계단 오르기, 두 발 모아 뛰기 등의 상위 운동기능이 발달하게 된다.

2) 유아기

유아기는 3세 초반부터 만 6세 이전까지의 시기를 통칭한다. 초등학교 입학 전 시기이므로 학령 전기라고도 부를 수 있다. 이 시기에는 언어를 비롯한 인지가 급속히 발달하고, 여러 가지 동기가 발달하며, 정서도 복잡해진다. 자기주장과 욕구 지연 등 자기조절의 기반이 되는 심리적 기제를 시작할 수 있는 기본 여건이 마련되는 시기이므로 이에 대한 연습이 필요한 시기라 할 수 있다.

(1) 신체 발달

영아기에 비해 발달속도가 느려지지만 학령기보다는 빠르게 성장을 하는 시기라 할 수 있다. 대한소아과학회에 따르면, 2세 이후 아동의 신장의 증가 속도는 평균 매년 8~9cm 정도이며, 만 5세가 되면 평균 신장이 대략 109cm가 되어 출생 시 신장의 2배 정도가 된다. 체중은 2세경에 출생 시의 3.5배가량이 되고, 5세가 되면 6배 이상이 된다. 신체 비율은 영아기에 비해서 성인의 비율과 같아지고, 근육이 증가하고 지방이 빠져 어른의 축소판처럼 보이는 유아기 모습이 된다.

(2) 운동 발달

① 대근육 발달

만 2~3세경에는 속도를 조절하며 달릴 수 있고, 한 발로 서 있을 수도 있다.

두 발을 모아 뛸 수도 있고, 계단을 오르는 것이 가능해진 후에 내려오기가 가능해진다. 평균대 위에서 서는 것이 가능한 것은 2세경이나, 그 위에서 불안정하게라도 걸을 수 있는 것은 3세가 되어서다.

② 소근육 발달

이 시기에는 눈과 손의 협응, 소근육 운동능력이 많이 발달하게 된다. 3세경에는 도화지나 벽에 끄적거리기를 할 수 있고, 많이 흘리기는 하나 도구를 사용해 음식을 섭취할 수 있다. 또한 똑딱 단추를 뗄 수 있으며, 복잡하지 않은 옷을 혼자 내려 용변을 볼 수 있다. 4세경에는 가위로 표시된 선을 따라 오리기가 가능하고, 모양을 식별할 수 있는 간단한 형태의 그림도 그리게 된다. 비교적 작은 구멍에 끈을 넣을 수도 있어서 구슬을 꿸 수 있고, 놀이용 바늘로 바느질을 할 수도 있다. 5세 이후에는 작은 조각을 풀로 붙이고 복잡한 도형을 따라 그리는 등 훨씬 더 정교한 협응이 가능해진다.

2. 인지 및 언어 발달

1) 감각과 지각

(1) 영아기

지각능력은 인지능력의 기초가 되는 정신과정으로 감각기관을 통해 들어온 자극을 처리하여 정보를 얻는 과정이다. 영아기에 빠르게 발달하는 지각능력에 대해서는 두 가지 의미가 담겨 있다. 하나는 감각기관에 대한 민감성이 세분화되어 점차 미세한 자극도 변별적으로 입력을 할 수 있다는 것이고, 다른 하나는 정보를 입력하고 보유 및 해석하는 능력이 증가하는 것이다.

① 시각

영아는 출생 시에 명암을 구분할 수 있고, 적색과 녹색을 구분할 수 있으며, 성인의 시력보다 10~30배 정도 낮은 수준이지만 시력을 가지고 있어서 물체를 감지할 수 있다. 그리고 생후 6개월경에 이르면 시력이 거의 정상 성인의 수준에 이른다(Santrock, 2003).

영아의 시각적 지각 분야를 개척한 인물로 팬츠(Fantz, 1963)가 언급이 되는데, 팬츠는 영아들이 특정 물체를 바라볼 때 주시하는 시간이 다르다는 사실에 포착하여 일련의 실험을 진행하였다. '관찰 상자(looking chamber)'라 불리는 일종의 실험 장치 위에 뚫어 놓은 구멍을 통해 영아의 눈을 볼 수 있는데, 영아가 시선을 고정시키고 있다면 실험자는 영아의 눈에 비친 무늬를 볼 수 있도록 고안한 것이다. 이런 식으로 영아가 색깔과 빛 혹은 형태 중 무엇을 선호하는지를 알 수 있었다고 보고하였다. 그에 따르면, 신생아는 형태 자극을 색깔 자극보다 선호한다.

② 청각

드캐스퍼와 스펜스(DeCasper & Spence, 1986)의 연구에 따르면, 태아도 모태에서부터 소리를 들을 수 있는 것으로 파악된다. 이들은 출산을 앞둔 산모 16명에게 『The Cat in the Hat』이라는 특정 동화책을 읽게 하였다. 이후 해당 영아들에게 늘 읽어 주던 동화책과 또 다른 동화책을 읽어 주었더니 두 동화책을 들을 때 젖꼭지를 빠는 패턴이 다르고, 태내에서 듣던 동화책을 들을 때 젖꼭지를 더 많이 빨았다고 보고하였다. 영아기에는 출생 시 제한되어 있던 청각 기능이 점차 발달하는데, 영아는 우선적으로 사람의 목소리에 반응을 하고, 3개월경에는 소리의 크기, 음조(진동수에 대한 지각)의 차이에 빠르게 반응할 수 있게 된다. 또한 '자장자장'과 같은 율동적인 소리에 더 잘 반응하는 것으로 알려져 있다(김경희, 1986). 출생 시 희미하게 감지되던 소리의 방향도 6개월 정도가 되면 비교적 정확하게 탐지할 수 있게 된다. 이러한 청각 발달은 생후 2년까지 꾸준히 발달한다.

③ 깊이 지각

영아의 깊이 지각과 관련해서는 깁슨과 워크(Gibson & Walk, 1960)의 고전적인 실험이 알려져 있다. 이들은 벼랑 같은 느낌이 들도록 유리판 아래를 바둑판 무늬의 판과 그렇지 않은 부분으로 나눈 장치, 즉 '시각 벼랑(visual cliff)' 위에 영아를 놓아두었다. 그랬더니 영아들이 벼랑으로 느껴지는, 바둑판이 없는 부분으로는 기어가지 않았는데, 이러한 시점이 대략 생후 6개월 이후라고 보고하였다. 이 실험을 통해 영아도 깊이를 지각할 수 있다는 것을 알 수는 있는데, 6개월 이후의 영아는 이미 다양한 시각적 경험을 한 상태라 깊이 지각이 선천적인지, 정확히 깊이 지각이 이루어지는 시기는 언제인지에 대한 결론을 내리기에는 아직까지 정보가 부족하다.

시각 벼랑 위에서 영아가 깊이를 지각할 수 있는지를 알아보는 모습. 깁슨과 워크(1960)는 대부분의 영아가 유리 위를 건너오지 않으려 한다는 점을 통해 영아가 깊이를 지각할 수 있다는 사실을 발견하였다.

[그림 4-3] 깁슨과 워크의 실험

④ 기타 감각

미각은 시각이나 청각에 비해 거의 온전하게 발달된 상태로 출생하게 된다. 출생한 지 두 시간밖에 되지 않은 영아들도 단맛, 신맛, 쓴맛을 맛보였을 때 각기 다른 얼굴표정을 지으며(Rosenstein & Oster, 1988), 생후 2~3개월이면 싫어하는 맛의 음식물은 뱉어 냄으로써 선호를 나타낼 수 있다.

후각도 비교적 일찍 발달하는 감각으로 볼 수 있는데 맥파렌(MacFarlane, 1975)에 따르면, 생후 2일된 영아에게 모의 젖을 묻힌 솜을 가져다 대면 별다른 선호를 나타내지 않지만, 6일 정도된 영아는 동일한 자극에 대하여 선호를 나타낸다고 한다. 며칠간의 경험을 통해 냄새를 변별하고 선호를 나타내게 되는 것이라 할 수 있다.

2) 인지 발달

영유아기에서 중요하게 다루어야 할 발달 영역 중의 하나는 인지 발달이다. 그러나 이 부분은 이 책의 제2장에서 자세하게 다루었으므로 여기서는 따로 다루지 않도록 한다. 다만, 피아제(Piaget)와 비고츠키(Vygotsky) 등의 학자들의 이론을 자세히 알아 둘 필요가 있기 때문에 여기서는 제2장에서 자세히 다루지 않은 언어 발달 영역을 다루도록 한다.

3) 언어 발달

언어는 인간의 삶을 유지하기 위한 필수적인 사회적 수단이다. 언어는 상위 인지에 영향을 주며 대인관계를 형성하도록 돕고 주변 환경을 이해하고 조정해 적응할 수 있도록 해 준다. 이러한 언어에는 기본적인 요소가 있는데, 언어의 기본 단위인 단어와 소리, 그리고 이를 배열하는 규칙을 말하는 구조와 언어가 내포하는 내용에 해당되는 의미가 그것이다. 구조적 측면은 다시 음운론(phonology), 통사론(syntax) 그리고 의미론(semantics)으로 구분해 볼 수 있다. 음운론은 단어를 이루기 위해 합쳐지는 소리, 즉 최소 말소리인 음소에 대한 연구를 말하고, 통사론은 문장을 이루기 위해 단어를 배열하는 규칙과 관련된다. 의미론은 단어의 의미와 시간이 흐름에 따라 변하는 의미를 연구하는 것이다.

영아는 태어나면서부터 우는 것을 시작으로 소리를 내며, 이러한 소리 내기가 주변의 양육자의 관심을 불러일으킨다. 1~2개월경에는 '구구' 소리를 내며 양육자와 소통하다가 6개월경에는 특정 의미를 담고 있지는 않으나 이전의 '구구'보다는 복잡한 소리를 내는 옹알이 시기를 거친다. 그러다가 8개월경부터는 몸짓을 사용해 자신의 의사를 표현하기 시작한다.

영아는 계속해서 자신이 속한 문화에서 의미 있게 사용되는 소리의 대비에 주목하면서 언어 발달을 이루어 나간다. 음소를 구분하는 능력이 처음에는 모국어와 관련이 없으나 대략 생후 6~8개월 정도가 되면 모국어를 습득하게 되는 것으로 파악된다. 워커와 티즈(Werker & Tees, 1999)는 영어에서는 사용되지 않으나 힌디어에서는 사용되는 음소를 찾아내고, 영아들이 소리가 변화된 것을 감지했을 때 소리 나는 곳으로 고개를 돌리도록 조작적 조건 형성을 하였다. 이들의 실험 결과에 따르면, 모든 영아가 현재 속한 문화의 언어가 무엇인지와는 상관없이 생후 8개월까지는 음소의 차이를 구별할 수 있었다. 일반적으로 영아는 10~15개월에 첫 단어를 구사하고, 이후 18개월경에는 어휘가 폭발적으로 증가하며, 18~24개월경에는 두 단어로 이루어진 구문을 구사하게 된다. 물론 첫 단어 구사 시기나 폭발적 어휘 증가 시기에는 개인차가 존재한다.

유아는 아직은 서툴기는 하지만 문법 규칙에 더 익숙해져 가며, 부사/형용사와 소유격, 존칭, 능동/피동의 형식을 익혀 나간다. 그 과정에서 하나의 규칙을 모든 단어에 적용하는 과잉 일반화 현상을 보이기도 한다. 두 단어 시기를 거치면서 의미에 대한 이해도 급격하게 발달하여 어휘 수가 크게 늘고 문장을 구사하게 되는데, 단문으로 시작하여 점차 복잡한 복문 구성의 표현도 가능해진다. 유아기의 후반부에는 간단한 읽기와 쓰기 능력도 발달하게 된다.

3. 사회정서 발달

1) 정서 발달

정서란 느낌 또는 감정이라고도 일컬어지는데, 생리적 변화나 내적 경험 그리고 얼굴표정이나 행동으로 표출된다(최경숙, 2006). 현대 심리학자들은 정서라는 것이 개인이 놓인 상황과 떼어 놓고 생각하기 어렵다는 가정하에 정서를 특정 장면이 유발하는 생리적 각성, 느낌, 인지 과정 및 행동 등 신체적·정신적 변화의 복합적 형태라고 정의한다(Gerrig & Zaimbardo, 2002). 정서를 표현하여 인간은 자신의 상황을 다른 사람들에게 알리고, 또 타인의 정서를 인식하여 특정 상황에 맞게 행동한다. 이렇듯 정서는 인간의 생활에 적응적인 역할을 해 왔다. 가령, 영아의 울음은 양육자가 이들의 필요를 돌아보는 행동(젖을 먹이거나 기저귀를 갈아 주는 등)을 하게 한다.

정서가 드러나는 가장 직접적인 통로 중의 하나는 얼굴표정이다. 얼굴표정 연구의 대가인 에크만(Ekman, 1984, 1994)은 모든 사람이 '얼굴 언어'에 공통점을 가진다고 한다. 그는 여러 문화권의 다양한 사람에게 얼굴표정이 담긴 규격화된 사진을 보여 주고 해당 정서를 알아맞히도록 한 실험 결과를 발표하면서 인류에게 보편적으로 존재하는 정서가 있다고 주장하였다. 보편적 정서는 행복, 놀람, 노여움, 혐오감, 두려움, 슬픔, 경멸에 대한 반응인데, 문화권에 따라 변별이 되지 않는 경우가 있기도 하지만 대체로 인종, 성, 교육 등에 무관하게 기본 정서를 유사하게 표현하고, 타인의 얼굴표정과 관련된 정서를 인식할 수 있다는 것이 일반적인 결론이다(Ekman & Friesen, 1971).

영아도 여러 기본 정서를 나타내는데, 출생 시에는 산만한 흥분 상태가 유지되다가 3개월경에 쾌·불쾌의 정서가 생기고, 5개월경에는 분노와 혐오가 분화되며 6~8개월에 공포를 드러내게 된다. 놀람은 출생 시부터 표현되는 정서다. 이렇듯 출생 직후부터 대략 6~8개월경까지 보이는 선천적으로 타고난 정서를

1차적 정서(primary emotion)라고 하는데, 이는 출생 후 자신에 대한 의식이 생겨난 이후에 보이는 정서(self-conscious emotion)와는 구분이 되는 것으로 알려져 있다(Lewis, 2002). 이를 보다 구체적으로 살펴보면, 1년 6개월~2년 정도가 되면 공감, 질투, 당황스러움 등이 표현되며, 2년 6개월 정도가 되면 자부심, 수치심, 죄책감 등의 정서가 나타난다.

(1) 사회적 미소

영아는 생후 첫 한 달 동안 외부의 자극 없이 반사적으로 웃음을 보이다가 6~10주 정도 지나면 인간의 얼굴 같은 외부 자극에 대하여 미소를 띤다.

(2) 공포

영아는 주 양육자와 다른 사람을 구분할 수 있는 능력이 생기면서 주 양육자가 아닌 사람에게는 울거나 얼굴을 돌리는 등의 반응을 보인다. 이를 낯선 이 불안(stranger anxiety) 혹은 낯선 이 반응(stranger response)이라고 한다. 이러한 반응은 대략 6개월경에 나타나기 시작해 돌 전후에 최고조에 이른다. 이와 맞물려 영아는 양육자와의 분리를 두려워하고 거부하는 경향이 뚜렷해진다.

2) 기질

(1) 기질의 정의 및 차원

기질은 개인의 정서 및 행동 유형을 결정하는 것으로 생물학적인 기반을 가지고 있는 것으로 정의된다(Rothbarth & Bates, 1992). 일찍이 토마스와 체스(Thomas & Chess, 1977)는 세 가지 기질 차원을 언급하였다. 순한(easy) 기질의 아동은 대체로 긍정적인 정서를 가지고 있으며, 주변에 비교적 쉽게 적응하고, 다루기가 수월하였다. 까다로운(difficult) 기질의 아동은 자주 울고, 수면이나 식사 등의 일상적 습관이 불규칙적이고, 부적 정서 상태를 나타냈다. 적응이 느린(slow to warm up) 기질의 아동은 새로운 환경에 적응할 때 불안해하고, 시간이 걸리나 기회를 주면 적응할 수 있었다. 이들은 까다로운 기질의 아동만큼 부정적 정서를 나타내지는 않았으나 다소 부정적인 기분을 나타냈다. 토마스와 체스는 기질이 아동기를 거쳐 안정적으로 유지된다고 하였다.

카스피, 헨리, 맥기, 모피트와 실바(Caspi, Henry, McGee, Moffit, & Silva, 1995)는 종단연구 결과를 통해 '통제결여(lack of control)' '접근(approach)' '굼뜬(sluggish)' 기질을 발표하였다. 이들은 15년간의 종단연구의 결과, 아동기의 기질이 청소년기를 거쳐 성인기에 이르도록 안정적이며 적응을 예측하는 주요 변인이 될 수 있었다고 하였다.

최근에 클로닝거(Cloninger, 1987)는 10여 년의 종단연구 결과를 정리하면서 생물학적인 요인에 기반을 둔 4개의 서로 구별되는 기질을 발표하였다. 클로닝거에 따르면, '기질'이란 다양한 환경 자극 유형(즉, 새로움, 위험이나 처벌, 보상 등)에 대한 반응에 관여하는 적응 체계에서의 개인차를 의미한다. 클로닝거(1987)가 제안한 네 가지 기질 차원은 자극추구(Novelty Seeking: NS), 위험회피(Harm Avoidance: HA), 사회적 민감성(Reward Dependence: RD), 인내력(Persistence: P)이다. 오현숙, 민병배와 이주영(2007)이 국내 표준화 연구에서 밝힌 네 기질에 대한 설명은 다음과 같다. '자극추구' 차원은 새로운 자극이나 보상 신호에 대한 반응으로, 행동이 활성화되는 성향에서의 개인차를 반영한다. 이 차원은 두뇌의 행동 활성화 시스템(Behavioral Activation System: BAS)과 관련되며, 도파민(dopamine) 기제와도 관련된다. '위험회피' 차원은 처벌이나 위험 신호 혹은 보상 부재의 신호에 대한 반응으로 행동이 억제되는 성향에서의 개인차를 반영한다. 이 차원은 두뇌의 행동 억제 시스템(Behavioral Inhibition System: BIS)과 관련되며, 세로토닌(serotonin) 기제와도 관련된다. '사회적 민감성' 차원은 사회적 애착에 대한 의존성에서의 개인차, 즉 사회적 보상 신호와 타인의 감정에 대한 민감성에서의 개인차를 반영한다. 이 차원은 두뇌의 행동 유지 시스템(Behavioral Maintenance System: BMS)과 관련되며, 노르에피네프린(norepinephrine) 기제와도 관련된다. '인내력' 차원은 지속적인 강화 없이도 이전에 보상된 행동을 계속 유지하는 성향에서의 개인차를 반영한다. 이 차원 역시 두뇌의 행동 유지 시스템과 관련된다고 알려져 있다. 아울러 이들은 자신들이 제안한 통제결여 기질이 일찍이 토마스와 체스(1977)가 '까다로운 아동'이라고 묘사한 유형과 흡사하다고 하였다.

(2) 조화의 적합성

카스피 등(1995)이 발표한 기질 중 '통제결여' 기질로 명명한 요인은 초기 적대적이고 충동적인 행동을 쉽게 반영하는 것인데, 이러한 요인들은 9, 11, 13, 15세 때 부모와 교사가 평가한 외현화 문제에 대해 비교적 안정적인 예측력을 보였다. 그 외에도 여러 기질 연구가 초기 기질은 안정적이고 이것이 이후의 적응에 영향을 미친다고 보고하고 있다. 영아의 기질이 이후 적응에 영향력을 가지고는 있지만 주변 환경에 따라 그 정도는 달라질 수 있다. 클로닝거가 제시한 기질 유형으로 설명하자면, 자극추구 기질의 아동에 대해서 자극추구 성향이 높은 양육자는 진취적이고 활동적이라 평가할 것이고, 위험회피 성향이 높은 부모는 도무지 통제가 안 되고 나대는 아동으로 평가하여 문제시할 것이기 때문이다. 물론 극단적인 예이기는 하지만, 양육자와 아동 간 적합성(fitness)이 적응에 영향을 줄 수 있다는 것이다. 이 지점에서 조화의 적합성(Lerner & Galambos, 1988)이 중요해진다고 할 수 있다.

조화의 적합성이란 영아의 기질적 유형과 물리적·사회적 환경 간의 조화를 말하는데(최경숙, 2006), 아동의 적응은 영아의 기질적 특성과 환경의 요구, 기대, 일치 정도에 따라 영향을 받는다. 그 둘 간의 부조화는 긴장과 문제, 갈등을 불러일으킨다. 따라서 양육자가 본인과 아동의 기질적 특성을 잘 이해하고 그에 맞추어 양육할 수 있는 정보와 기술이 필요하다.

3) 애착

애착은 주 양육자와 아동 간 맺게 되는 강한 정서적 유대를 말한다. 할로우(Harlow, 1958)는 어린 원숭이를 대상으로 한 실험에서 원숭이들이 우유가 나오는 철사 대리모보다 따뜻하고 보드라운 담요 대리모를 더 선호하였다고 보고하였다. 이 연구결과를 통해 애착 형성에는 먹이보다 접촉과 편안함이 더 결정적이라는 것을 알 수 있다. 볼비(Bowlby, 1969, 1989)는 영아는 생물학적으로 양육자에게서 애착행동을 유발해 내게 되어 있다고 주장하였다. 이러한 행동은 양육자로 하여금 영아를 가까이하고 영아에게 먹이를 제공하고 돌보게 하여 영아가 건강하게 성장하도록 한다는 것이다. 스피츠(Spitz) 역시 접촉의 중요성을 말하였는데, 제2차 세계대전 이후 고아원의 아기들을 관찰한 결과, 이들에게 음식 제공에는 아무런 문제가 없었으나 안아 주고 눈을 맞추어 주는 등의 정서적 보살핌이 부족하여 소모증(marasmus)으로 사망률이 높았다고 하였다.

에인스워스(Ainsworth, 1979)는 영아들이 양육자와 일정 시간 동안 분리되어 낯선 사람과 함께 있다가 다시 양육자와 재회하는 과정에서 보이는 행동 양상을 관찰하여 영아와 양육자가 맺은 애착의 질이 서로 다르게 유형화될 수 있다고 하였다. 이때 연구자들이 주로 관찰하였던 것은 양육자와의 분리 상황 시 영아의 행동, 낯선 사람과 있을 때의 반응(낯선 이에 대한 반응, 자극의 탐색 정도 등), 양육자와 재회했을 때 영아의 반응 등이었다. 이러한 관찰 결과를 바탕으로 에인스워스가 초기에 범주화한 애착유형은 세 가지였고, 그의 걸출한 제자 메인

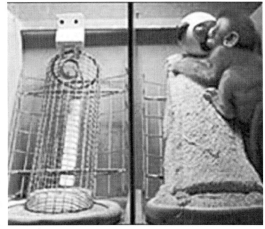

[그림 4-4] 할로우의 실험

(Main, 2000; Main & Solomon, 1990)에 의해 한 유형이 추가되어 애착유형은 최종 네 가지로 분류되어 활용되고 있다.

안정(secure) 애착은 양육자를 애착의 안정된 기반으로 이용하고 양육자와 밀접한 유대관계를 형성한다. 이러한 애착유형의 아동은 양육자와 분리될 때 다소 저항하지만 곧 진정이 되고 재회했을 때에도 반갑게 맞이하는 특성을 지닌다. 안정 애착 유아의 어머니는 아기가 보내는 신호에 민감하게 반응하고 아기와의 상호작용을 기뻐하고 즐긴다. 나머지 3개 유형은 불안정 애착유형으로, 불안정 저항(resistant) 애착은 양가적(ambivalent) 애착으로도 불리는데, 어머니에게서 떨어지지 못하고 붙어 있으려 하며 낯선 상황에서 주변을 탐색하려 하지 않고 어머니와 재회했을 때에도 눈을 마주치려 하지 않았다. 이러한 유아들의 어머니들은 유아들의 반응에 일관적으로 행동하지 않았으며 가끔씩만 감정적으로 유아의 필요에 조율했기 때문에 유아들이 어머니에 대해 예측하기가 어렵다는 것이 밝혀졌다.

불안정 회피(avoidant) 애착의 유아는 어머니와 분리되었을 때도 별로 고통스러워하지 않고 낯선 사람도 두려워하지 않는다. 또한 어머니가 돌아왔을 때에도 무시하거나 피하는 듯이 보였다. 얼핏 독립적으로 보일 수도 있는 회피형 애착의 유아의 어머니는 아기가 신체적 접촉을 원할 때 멈칫하고 거절하며 자신의 감정표현을 억제할 뿐만 아니라 아기가 접촉해 왔을 때에도 무뚝뚝하였다. 어머니의 지속적인 거절 반응에 따라 회피형 유아들은 대인관계에 대한 기대를 포기하고 환경에의 탐색에 몰두하게 된다.

불안정 혼란(disorganized/disoriented) 애착은 메인이 에인스워스의 비디오를 보면서 유아가 어머니와 재회할 때 보이는 아주 짧은 시간 동안의 반응에서 유사성을 찾아냄으로써 확인되었다. 이러한 유아들은 어머니와 재회할 때 맥없이 주저앉거나 소리 없이 손으로 입을 가리거나 얼어붙거나 등을 돌리는 등의 이해하기 어려운 반응을 보였다. 이들의 부모는 자신의 유아들에게 안전한 피난처이면서 동시에 위험 요인으로 작용해 왔다는 것이 밝혀졌는데 대표적인 예가 학대하는 부모이다. 낯선 상황에서 어머니에게 접근해야 할지 회피해야 할지 혼란스러워 보이고, 어머니와 재회했을 때에도 멍하거나 얼어붙은 모습을 보였다. 또 어머니가 접근을 하면 뒷걸음치는 등 회피와 저항의 모습을 모두 나타냈다. 이렇게 유아와 상호작용하는 어머니의 행동과 태도가 애착유형을 형성하는데 지대한 영향을 미치는 것이다(Berlin & Cassidy, 2000).

에인스워스의 연구결과가 발표된 이래 안정애착을 증진하는 요인과 관련하여 각 유형과 관련된 부모 양육 행동에 대한 연구가 이루어졌다. 이를 정리하면, 안정 애착과 불안정 애착을 구분할 때 가장 중요한 것은 어머니와 유아 간 상호작용의 질이라는 것이다. 유아가 보내는 신호에 어머니가 얼마나 신속하고 적확하게 그리고 기꺼이 반응하는가가 중요하다. 애착연구자들은 이러한 특성은 '조율(attunement)'이라고 표현한다. 이렇게 어머니가 아기의 상태에 잘 조율할 때 이들의 관계는 협력적인 관계가 될 수 있다.

또한 유아의 필요를 적확하게 알아차리고 그것을 채워 주는 어머니의 능력을 '정서적 가용성(emotional availability)'이라고 표현하는데, 정서적으로 가용한 엄마가 안정 애착 형성에 기여하게 된다. 그런데 흥미로운 것은 이러한 정서적 가용성은 유아의 지각에 의해 결정되며, 그것은 과거로부터 경험된 엄마의 양육사를 기반으로 형성된 기대라는 것이다. 즉, 유아가 보내는 다양한 신호에 대한 어머니의 행동을 토대로 유아는 어머니에 대해서, 나아가 사람에 대해서 기대를 형성하게 되고, 이러한 기대가 유아의 대인 간 행동을 결정하게 되는 것이다.

4) 자아개념/자기개념

영아는 언어 능력의 제한으로 인해 이들이 자신에 대해 어떤 개념을 형성하고 있는지 알아차리기가 어렵다. 따라서 이들을 위한 특별한 실험이 고안되어야 하는데, 발달심리학자들은 주로 거울, 사진 등의 매체에서 자신의 상으로 자신을 표현하는 것을 통해 영아의 자기인식을 알아내었다. 암스테르담(Amsterdam, 1968), 르위스와 브룩-건(Lewis & Brooks-Gunn, 1979)의 연구에 따르면, 영아들의 코에 립스틱을 칠한 후 거울을 보여 주었을 때 대략 15개월 이전의 영아들은 거울 속 자신의 코에 묻은 빨간 점에 별다른 반응을 보이지 않지만, 이후 월령의 영아들은 자기개념으로 인해 자기 코를 만지는 행동을 하다가, 18~24개월경에 이르면 대다수의 영아들이 자기 코에 묻은 립스틱을 만져 보거나 지우려는 행동을 한다. 연구자들은 이러한 행동은 자기인식이 분명해져서 나타나는 것이라고 보았으며, 거울을 본 적이 없는 문화권의 영아들도 유사한 반응을 나타내는 것으로 보고되었다(Priel & DeSchonen, 1986).

언어가 보다 원활해지면 시각적 자료를 활용하기보다 면담을 통해 연구가 이루어지는데, 유아는 처음에는 신체 용어로 자기를 표현하며, 신체적·물리적 특징을 통해 자신과 타인을 구별한다. "나는 어떤 사람인가?"의 질문에 대하여 자신의 신체적인 특징, 외모 등을 기술하는 것으로 표현하는 것이다. 그러다가 4, 5세경이 되면 차츰 자신의 습관이나 행동(예, "나는 처음 본 음식은 잘 못 먹어요." "나는 ○○과 그네 타기를 좋아해요." 등)에 대해서 설명하게 되는데, 학자들은 이것을 심리적 속성에 대한 초기 설명으로 파악하였다(Eder, 1990).

5) 성 발달

임신 초기에는 남성과 여성 태아가 똑같아 보인다. 그러다가 남성 태아에 있는 Y 염색체가 안드로겐을 분비함으로써 여성의 생식기관과 남성의 생식기관이 다르게 보이기 시작한다. 여성 태아의 낮은 안드로겐 수치는 여성의 정상적인 생식기관을 발달시킨다(Santrock, 2003). 생물학적으로 남성과 여성으로 구분되는 것은 태내에서 이미 결정되지만, 자신의 성을 구분하고 문화적으로 통용되는 성 역할을 수행하게 되는 것은 점진적으로 이루어진다.

(1) 성정체감 발달

2~3세 유아는 부모의 성을 구별하여 엄마와 아빠를 정확히 부르게 되며, 3세경에는 대부분의 유아가 자신의 성별이 무엇인지 알게 된다. 그러나 이러한 차이가 불변의 것이라고 인식하기에는 좀 더 시간이 필요한데, 따라서 머리가 짧

은 여자 성인이나 치마를 입고 있는 스코틀랜드 남자의 모습을 보면 성별을 구분하기 어려워한다. 5~7세는 되어야 성이라는 것이 옷이나 차림새를 통해 바꿀 수 있는 것이 아니라 안정적이라는 것을 이해하게 된다. 초등학교 입학 시기에는 대부분의 아동이 확고한 성정체감을 가지게 된다(최경숙, 2006).

(2) 성 발달에 미치는 요인

성 발달에 영향을 미치는 요인은 생물학적 요인 외에도 여러 가지로 거론되는데, 우선적으로 거론되는 것은 사회적 요인이다. 여기에는 부모의 영향, 또래의 영향, 학교 및 교사의 영향뿐만 아니라 대중매체의 영향 등이 속한다. 최근의 자료는 우리나라의 30~40대 부모들이 자녀의 성별로 여자를 원한다고 보고하였지만(이정림 외, 2011), 1970년대와 1990년대의 연구에서는 부모들이 여아에 비해 남아를 원한다고 보고되었다.

부모는 자녀의 생물학적 성에 따라 서로 다른 방식으로 양육하며, 남아에게 보다 씩씩하고 독립적이기를 기대한다. 또한 자녀의 성에 따라 부모와 친척이 제공하는 장난감에도 차이가 나는데, 남아에게는 자동차, 로봇, 블록 등의 장난감을, 여아에게는 소꿉놀이와 인형 등의 장난감을 제공한다. 이뿐만 아니라 또래의 놀이행동은 남아와 여아가 어떻게 놀아야 하는지에 대한 관찰학습의 대상이 된다. 이성의 놀이를 하는 것은 놀림이나 고립의 요인이 될 수 있다. 그 외에 유치원의 교사도 성 역할에 영향을 미친다. 최근에는 교실 수업이 남아에게 불리하다는 주장이 제기되었는데(Dezolt & Hull, 2001), 교실 수업에서의 정리정돈의 강조, 여자 교사 비율이 높아 남아의 동일시와 모델링에 있어서의 불리함, 전형적인 남자의 행동도 문제행동으로 규정되기 쉬움 등의 지적을 담고 있다. 이는 특히 여자 교사의 비율이 월등히 높은 우리나라의 상황에도 적용 가능한 논리라고 판단된다. 마지막으로, 성 역할 발달에는 매체의 영향도 고려해야 한다. TV와 영화 등의 매체는 여성스럽고 남자다운 것이 어떤 행동인지에 대하여 직간접적으로 메시지를 전달한다. 미국의 경우 남자는 직장인이고 주인공이며 고위층 직업과 다양한 종류의 일에 종사하는 것으로, 또 보다 공격적이고 건설적인 인물로 묘사되었다(Santrock, 2003).

4. 영유아기 발달의 현안과 상담

1) 발달 단계에 따른 놀이

(1) 영아기

영아기는 감각운동을 통해 즐거움을 얻게 되는바 이러한 움직임을 반복하는 놀이를 즐긴다. 특히 생후 18개월 동안은 감각운동 발달 단계를 거치면서 순환 반응을 하게 되는데, 생후 4개월까지는 신체 관련 흥미로운 감각을 반복한다. 이후 4개월에서 8개월까지는 자신이 한 행동이 외부에 초래하는 결과에 흥미를 느끼며 그런 행동을 반복한다. 8개월에서 12개월까지는 외부에 흥미로운 결과를 지속시키려는 의도로 행동을 반복하게 된다. 예를 들면, 처음에는 자신이 발을 올렸다 내렸다 하는 행동을 반복하다가 이후 발에 묶인 풍선을 보고 풍선을 올렸다 내렸다 하고 그다음에는 아빠의 머리를 올렸다 내렸다 하는 행동을 한다는 것이다.

영아들이 놀이를 하기 위해서는 환경에서 재미를 얻을 수 있어야 하고 놀잇 감을 잡고 다루는 능력도 발달해야 한다. 3~6개월에는 블록, 끈, 종이를 만지거나 두드리는 놀이를 하고, 6~12개월에는 엄지와 집게로 물건 집기가 가능하고 모방할 수 있으므로 짝짜꿍을 할 수 있다. 낯선 사물에 흥미를 느끼는 시기이므로 새로운 물건이나 장난감을 제공하는 것이 필요하다. 2세가 되면 놀잇감을 가지고 노는 방식이 적절해지며, 한 번에 한 가지만 가지고 노는 빈도가 감소된다. 탈맥락화하게 되면서 상상적으로 물건을 사용할 수 있게 되어 다른 사물로 대치해서 놀 수 있게 된다. 또한 다른 사람에게 집중하는 정도가 늘어나 탈중심화하면서 이전에는 자신이 직접 씻는 척했다면 이 시기에는 곰인형을 씻기는 척하는 놀이로 발전된다. 대근육 운동을 돕는 놀잇감, 모래 상자, 책, 다양한 블록 등이 제공되면 좋다.

가장 좋은 놀잇감 혹은 놀이 상대는 부모인데, 부모들은 놀이를 통해 영아들이 최상의 각성 수준을 유지하도록 도울 수 있고, 환경에 대한 통제감, 자기확신, 지적 성장을 촉진할 수 있다. 또한 놀이를 통해 부모-영아 간 애착이 증진되고 영아들이 주변을 탐색하도록 도울 수 있다.

(2) 유아기

2세가 되면 유아들은 대근육 운동을 선호하고 감각적 탐색에 흥미를 보이며 언어도 비교적 효과적으로 사용할 수 있게 된다. 또한 독립성을 과시하고 싶어 하는데, 이 시기 유아들이 신체적 통제감을 가지는 것은 중요하다. 따라서 대근육의 발달을 촉진하는 놀이와 감각놀이가 권장된다. 바깥놀이, 물놀이, 핑거페인팅, 블록 놀이 등이 적절하다.

3세가 되면 상상력이 풍부해지고 극놀이를 즐기게 되며 성인이나 또래와 협동이 가능해진다. 행동이 결과에 미치는 영향에 흥미를 가지게 되는데, 3세 유아가 즐기는 놀이는 상상력을 반영하고 자신이 완결할 수 있는 활동이다. 다양한 역할놀이 도구, 다양한 블록, 다양한 미술 도구 등이 제공될 필요가 있다.

4세가 되면 안정되고 자신감을 더 갖게 되며 소근육이 정교해져 단추 끼우기나 오리기, 풀칠하기 등이 가능해진다. 남성성/여성성에 예민해지며 성인의 관심이나 인정을 받고자 때로는 우스꽝스럽고 허풍스러운 행동이 보이기도 한다. 대·소근육 발달과 사회적 상호작용을 촉진할 수 있으며 쓰임새가 확장되는 도구가 제공되면 좋다. 세발자전거, 색칠하기 도구, 구슬 꿰기 도구, 막대기, 책, 소꿉놀이 등이 필요하다.

5세가 되면 논리적 사고와 협동이 가능해지며, 부모를 기쁘게 하려고 애쓴다. 또한 자기 소유물 관리의 책임도 생기고 보다 현실적이 된다. 정확하게 만들려하고 자신의 작품을 타인의 것과 비교하는 행동이 두드러진다. 이 시기에는 유아의 수준에 맞는 설명서가 제시되는 놀잇감이 제공될 필요가 있고, 구조화 및 비구조화 놀잇감이 도움이 된다. 점토, 물감, 보드게임 등이 권장된다.

2) 자폐스펙트럼 장애 및 지적장애 관련 문제

이 시기에 이룩해야 할 중요 과업 중의 하나는 인지적·사회적 성취이고, 이의 바탕이 되는 것은 타인과의 관계에서 의미 있는 상호작용을 하는 것이다. 호명반응, 눈 맞추기, 신체적 접촉에 대한 호의, 모방하기 등 영아기에 이루어져야 할 사회적 상호작용이 원활하지 않을 때에는 크게 두 가지 문제를 의심해 볼 수 있다. 하나는 자폐스펙트럼 장애로 이전 DSM-IV 체계에서 전반적 발달장애에 포함되었던 자폐증, 아스퍼거 장애, 소아기 붕괴성 장애 및 기타 전반적 발달장애를 포함하는 것이고, 다른 하나는 지적장애 계열이다. 여기서는 각 장애 혹은 문제별로 정확하게 진단하는 것이 목적이 아니므로 일상생활에서 관찰되는 임상적 특징과 개입에 대한 개요를 살펴보고자 한다.

(1) 자폐스펙트럼 장애 관련 문제

우리나라와 미국에서 공식적으로 사용하는 정신과 장애에 대한 진단 분류 체계인 DSM 체계가 DSM-IV에서 DSM-5 체계로 개정되면서 중요한 변화를 맞이했는데, 그중 하나가 자폐스펙트럼 장애(Autistic Spectrum Disorder)의 신설이다. DSM-IV에서 전반적 발달장애(Pervasive Developmental Disorder)군에 자폐장애, 아스퍼거 장애, 소아기 붕괴성 장애 및 기타 전반적 발달장애를 포함시켰었는데, 여러 연구에서 이 장애가 기본적으로는 하나의 장애이며 증상의 심각도만 다를 뿐이라는 결과를 나타냄에 따라 이를 반영한 것이다. 자폐스펙트럼 장애로 진단 내리기 위해서는 크게 두 가지를 만족시켜야 하는데, 이는 사회적 의사소통과 상호작용에서 지속적인 결함과 행동, 흥미 또는 활동에 있어서 제한적이고 반복적인 패턴이 있어야 한다는 것이다.

첫째, 사회적 의사소통과 상호작용에서의 지속적인 결함을 보인다는 것은 주양육자에게도 사회적 미소를 보이거나 눈 맞춤이 잘 안 되는 것, 표정 없는 얼굴, 호명반응이 원활하지 않거나, 자신의 필요에 의해서만 타인과 접촉하려 하고 이때에도 상호 교류보다는 자신의 욕구를 충족시키기 위한 수단으로 대하는 것으로 드러난다. 사회적·정서적 상호작용이 안 되고, 이를 위한 비언어적 의사소통에도 문제가 있으며, 이로 인해 대인관계를 발전시키고 유지하지 못하는 것을 의미한다고 하겠다. 둘째, 행동, 흥미 또는 활동에 있어서 제한적이고 반복적인 패턴을 다음에 소개하는 네 가지 중에서 적어도 두 가지는 만족시켜야한다. 즉, 정형화되고 반복적인 운동 동작이나 언어 사용, 동일한 것에 대한 고집과 언어적/비언어적 행동에서 의식화된 패턴, 강도나 초점 면에서 비정상적인 정도로 제한적이고 고정된 흥미, 감각적 자극에 대한 과도한 혹은 과소한 반응을 말한다. 지칭하는 진단명은 바뀌었으나 드러나는 특징들은 이전의 전반적발달 장애와 유사하다. 의미 없는 말을 반복하거나 상대방의 말의 끝부분을 마치 메아리처럼 되풀이하는 것, 단조로운 억양, 곁눈으로 흘겨보듯 쳐다보거나, 까치발로 걷는 것, 특이한 손동작이나 몸짓, 소리에 예민하거나 고통에 둔감한 것과 같은 감각자극에 대한 비정상성, 낯선 상황이나 음식, 장소, 방식 등에 대한 극심한 거부 등도 자폐스펙트럼 장애로 진단된 유아들에게 공통적으로 나타나는 특징들이다.

　이러한 특이성으로 인해 대개의 경우 이들은 발달적으로 지체를 보이게 된다. 따라서 이와 같은 특징이 관찰되면서 전반적으로 발달이 지체되는 것 같으면 전문가에게 발달평가 및 자폐스펙트럼 장애 여부에 대한 평가를 받아야 한다. 또한 이러한 유아들은 통상 정상적인 언어 발달에 못 미치므로 영유아기의 언어 발달에는 개인차가 크더라도 6개월 이상 차이가 난다면 관심을 기울여야하고, 1년 이상 차이가 난다면 전문적인 평가를 받아 볼 필요가 있다.

(2) 지적장애 관련 문제

　앞서 지적한 자폐스펙트럼 장애 관련 임상 증상이 두드러지지 않지만 신체, 언어 등의 발달이 지체된다면 전문가의 평가를 받아 볼 필요가 있다. 영유아기 인지 발달의 지표가 되는 것의 하나는 언어 발달이다. 언어는 수용언어와 표현언어로 나눌 수 있는데, 아이가 표현에만 서툰 것인지 아니면 주 양육자를 비롯한 다른 사람의 언어를 이해하는 것에도 문제가 있는지를 잘 변별해야 한다. 표현에만 문제가 있어서 아이가 자신의 의사를 몸짓이나 손짓 등으로 표현하고, 다른 사람의 말을 이해하고 이를 행동에 옮길 수 있다면 그나마 문제는 덜 심각하다. 이때는 가정에서 유아가 적절한 언어적 자극을 받고 있는지 확인하고, 필요하다면 환경의 변화를 주면서 변화를 관찰해야 한다. 가령, 주 양육자가 지나치게 언어적 표현이 부족하거나, 아이가 말로 표현을 하기도 전에 주변에서 다 알아서 해 주는 식이라면 아이의 언어 발달은 촉진되지 않는다. 따라서 이때는 아이를 돌보는 사람들이 말을 많이 해 주고, 답답하더라도 아이가 자신의 말로 자신의 필요를 표현하는 것을 기다려 주고 격려해야 한다. 그런데 자신의 의사를 표현하는 것이 어려울 뿐만 아니라 다른 사람의 말을 이해하는 것도 어렵다면, 그리고 그 지체가 또래에 비해 6개월 이상 차이가 난다면 가급적 빨리 전문가에게 평가를 받아 문제의 심각도와 그 원인에 대해 종합적인 판단을 들어야 한다.

3) 비순응적이고 공격적인 문제

만족할 만한 자극이 적절하게 주어지고 친밀한 애착관계가 형성된 이후에 보이는 자기 고집이나 주장은 아주 당연하다고 할 수 있다. 그러나 발달시기상 적절한 연령임에도 자신의 욕구를 조금도 지연하지 못하고 즉각적 만족이 없을 때 심하게 떼를 쓰거나 또래를 때리는 등의 행동을 한다면, 이것은 개입을 해야 하는 행동이다.

(1) 언어로 자신의 욕구를 표현하도록 가르치기

이 시기의 고집은 어머니와 자신을 분리할 줄 알면서 자기의 욕구를 표현하는 것인데, 지속적이고 일관적인 부모의 양육이 없었다면 그러한 표현 자체가 힘들었을 것이다. 따라서 자기주장을 하는 것은 바람직한 일이고 권장될 만한 것이기도 하다. 따라서 우선은 유아가 필요한 것이나 고치고 싶은 것이 있을 때 이를 언어로 표현하도록 가르쳐야 한다. 유아가 스스로의 욕구를 행동이 아닌 언어로 지속해서 표현하기 위해서는 말로 표현했을 때 그것이 잘 수용되는 것을 경험해야 한다. 유아의 욕구를 모두 다 들어주어야 한다는 것이 아니라, 부모나 주변의 사람들이 유아의 욕구에 민감하게 반응해 주어야 한다는 것이다. 되는 것은 약 올리거나 장난치지 말고 들어주고, 안 되는 것은 왜 안 되는지를 부드럽 지만 단호하게 말해 주어야 한다. 떼를 쓰거나 울어서 안 되는 것이 되는 것으로 바뀌면 유아의 행동은 고쳐지지 않는다.

(2) 부모의 양육태도 점검하기

부모가 말로 하기보다는 소리를 지르거나 매를 들지는 않는지 등 부모의 양 육태도를 점검할 필요가 있다. 유아에게 부모, 특히 어머니는 세상의 전부다. 세상의 전부인 사람으로부터 받는 대우는 곧장 유아의 것이 되고 만다. 아직은 자기가 옳다고 생각하는 것을 자신의 것으로 선택하고 결정할 힘이 없기 때문이 다. 어머니로부터 매를 맞거나 야단을 맞아서 행동하게 되는 유아라면 다른 유 아를 대할 때에도 비슷한 태도, 즉 화를 내거나 마음에 맞지 않을 때 때리는 행 동이 나오게 되는 것이다. 이럴 경우 유아를 가르치는 한편, 부모가 양육 방식을 변화시켜 나가도록 상담자가 도와야 한다.

(3) 심리적 원인 찾기

심리적으로 아주 힘든 상태에서 공격적인 행동이 나오는 경우도 있다. 애정 과 관심을 받지 못하고 있다거나, 일관적이지 못한 태도 등과 관련된 부모와의 관계에 문제가 있다거나, 중요한 누군가를 상실했다거나 큰 좌절을 경험하는 등 의 다양한 갈등이 제대로 해결되지 않았을 때는 그 좌절감에 의해 공격적인 행 동이 나타날 수 있다. 이때는 유아 내부의 문제를 해결하고 화를 해소하는 등의 전문가 개입이 필요하다.

그런데 유아의 행동을 올바르게 이해하고 이를 수정해 나가려면 유아의 문제 행동이 언제 나타나는지를 잘 관찰해야 한다. 부모의 관찰뿐만 아니라 유치원 교사의 도움을 받을 수도 있으며, 어느 상황에서 유아가 문제를 일으켰는지를 살펴 그 맥락을 이해해야 한다. 유아의 분노의 근원을 잘 파악하고 이에 대해 적절히 배려하면서 행동 변화를 관찰해 나간다면 유아의 행동은 좀 더 바람직한 방향으로 나갈 수 있을 것이다.

이와 같은 모든 경우에 다 적용해 볼 수 있는 방법이 있다면, 그것은 유아가 자신의 에너지를 적절한 방법으로 풀어내도록 도와주는 것이다. 즉, 진짜로 화가 나 있는 유아이건, 그냥 활동 수준이 높은 유아이건 간에 자신의 내면에 있는 그러한 에너지를 놀이를 통해서 해소하도록 하는 것이다. 이러한 유아에게는 언어적인 놀이와 함께 신체를 이용해서 활발히 행동하고 표현할 수 있는 놀이 자극이 필요하다. 찰흙이나 물감 등을 이용해서 종이 벽에 마음대로 칠하거나 문지르기, 음악에 맞추어 신문지를 마음껏 구기거나 찢기, 종이 방망이로 풍선 치기, 두꺼운 이불 위에서 마음껏 구르기 등의 행동을 통해서 아동은 땀을 흘리며 내면의 열기를 발산할 기회를 가짐으로써 한결 부드러운 모습을 가질 수 있다.

4) 부모-자녀 관계 문제

부모-자녀 관계가 항상 좋을 수만은 없겠지만 지나치게 관계가 악화되어 있는 것도 문제가 있다. 정신의학회의 진단 분류 체계에서는 부모와 자녀의 상호작용 방식에 주의를 기울이고 있다. 상호작용이 손상되어 있다거나, 과잉보호, 부적절한 양육 등으로 개인이나 가족의 발달, 기능상에 분명한 손상을 보인다면 질병(disorder) 수준은 아니지만 임상적으로 주의를 요하는 문제(problem)로 분류된다. 유아가 부모가 하는 말에 사사건건 시비를 하거나, 늘 비협조적이거나 반항적이거나, 숙제나 다른 집안일을 시킬 때 매번 큰소리를 내고 짜증을 낸다면 부모-자녀의 관계 문제를 의심할 수 있다. 혹은 부모의 도움 없이는 아무것도 할 수 없을 만큼 심리적으로나 물리적으로 지나치게 의존하고 있다거나(물론 연령을 고려해야 함), 대화가 단절된 채 지낸 시간이 오래되어 도무지 서로에게 관심도 없고 무슨 일이 일어나는지 알 수 없을 때에도 그 관계를 재정비할 필요가 있다. 관계를 회복하는 개입은 다음과 같다.

(1) 특별한 시간 만들기

관계를 회복하기 위해서는 우선 부모와 유아 간의 특별한 시간을 만드는 것이 필요하다. 일정한 시간을 정해 놓고 부모와 아이가 같이 놀이를 하는 특별한 시간을 만드는 것이다. 한 번에 최소한 30분 이상씩 일주일에 3회 이상이면 좋다. 매일 이런 시간을 만들 수 있다면 제일 좋다. 이 시간만큼은 아이를 위해서 할애하는 것이므로 그 외 다른 일은 다 미루도록 해야 한다. 이 시간은 특별히 부모와의 관계에 문제를 보이는 자녀를 위한 시간으로 배려하여 다른 자녀는 함께 참여시키지 않도록 한다. 중요한 것은 이 시간은 부모가 원하는 학습이나 일방적인 설교를 하는 시간이 아니라 유아가 주체가 되어 놀이를 정하고 부모는 그 놀이의 파트너가 되어 주는 시간이어야 한다는 것이다. 상담현장에서도 이 특별 놀이 시간은 기대 이상의 효과를 보이고 있다. 유아에게 집중하는 시간을 통해서 부모와 자녀 모두 새로운 경험을 하게 된다.

(2) 바람직한 행동을 할 때를 주목하기

문제행동은 과감히 모른 척하고 바람직한 행동을 했을 때를 포착하는 것이 관계회복에 도움이 된다. 문제되는 행동을 자꾸 지적하는 것은 그리 효과적이지 못하다. 오고 가는 지적 속에 관계만 악화되고 문제행동은 그대로 남게 된다. 경우에 따라서는 자신의 부적절한 행동에 대해 부모가 관심을 보인다고 생각해 행동이 없어지지 않고 유지되기도 한다. 몇 번 지적한 후에도 고쳐지지 않는다면 대안을 찾아야 하는데, 대안은 부모가 원하는 바람직한 행동을 했을 때를 포착해서 이에 대해 관심을 보이는 것이다.

(3) 칭찬하기

성인도 칭찬과 격려를 받으면 한결 마음이 뿌듯하고 의욕이 생기듯 아이도 마찬가지다. 특히 부모에게서 받는 칭찬의 효과는 매우 크다. 그러나 일단 관계가 나빠진 다음에는 도무지 칭찬할 거리를 찾기가 어려워진다. 따라서 칭찬할 거리를 찾도록 부모와 전문가가 노력해야 한다. 또 칭찬이 효과를 보이려면 구체적이어야 한다. 단순하게 "좋구나." "잘했네." 등이 아니라 "이번에는 컴퓨터를 제시간에 끝냈구나. ○○이가 말한 것을 정확하게 지켰네." "엄마가 한 번 말했는데 바로 움직이네. 엄마 말을 잘 지키니까 아주 흐뭇한데?"라고 해 준다. 이때, 가능하다면 유아의 행동으로 인해 부모가 어떤 마음이 되었는지도 같이 언급하도록 상담자가 안내할 필요가 있다. '흐뭇하고' '즐겁고' '감사한' 등의 감정 표현은 관계를 회복시키고 동시에 모델링 효과도 가져올 수 있다.

(4) 유아의 의견을 존중하기

되도록 자주 가정에서 자녀의 의견을 존중하도록 개입해야 한다. 아주 사소한 일이라도 유아가 계획하고 선택하고 결정할 수 있도록 기회를 제공하여야 한다. 예를 들면, "바늘이 7자에 오면 하겠다고 했지? 7자에 왔네."라고 말해 준다. 혹시 약속한 시간이 되어도 해야 할 일을 하지 않는다면 비난하기보다 한 번 더 기회를 줄 필요가 있다. 그리고 시간이 다 된 다음에 알려 주기보다 그 전에 미리 알려 주고 지킬 수 있도록 지도하는 것이 유용하다.

(5) 행동계약서, 스티커 제도 활용하기

그 외에 부모와 유아가 자신의 행동과 이를 어겼을 때의 벌칙을 정하는 '행동 계약서'를 작성하거나 바람직한 행동을 했을 때마다 스티커를 모아 원하는 것을 들어주는 '스티커 제도' 등도 활용하기 좋은 방법이다.

5) 유분증

신체적인 문제가 없는데도 불구하고 옷이나 마루 등의 적절하지 않은 장소에서 반복적으로 대변을 보는 행동을 유분증(encopresis)이라고 부른다. 때로는 옷에 대변을 지리기도 한다. 충분히 대변을 가릴 만한 연령인 혹은 멀쩡하게 대변을 잘 가리던 아이가 옷에 대변을 묻혀 오거나 커튼 뒤나 베란다 한편에서 변을 보고 있을 때는 유분증을 의심해 볼 필요가 있다.

(1) 1차적 유분증과 2차적 유분증

통상적으로 유아가 자신의 의도에 맞추어 자신의 근육을 조절해 배변을 볼 수 있는 연령은 만 2세다. 괄약근이라고 부르는 항문의 근육이 성숙하여 이완하거나 긴장하는 것을 통제할 수 있게 되는 것이다. 따라서 신체가 충분히 성숙하여 학습한 내용을 실천할 수 있는 연령, 즉 2세를 배변 훈련을 하는 시기로 제안하는 것이다. 지나치게 이른 시기에 시작한 배변 훈련은 신체적 성숙을 무시한 것이므로 어머니와 유아 간에 긴장과 갈등만을 초래했을 수도 있다. 문제는 성공적으로 배변 훈련을 거친 아이가 유치원이나 학교에 다니면서 변과 관련된 문제를 보이는 경우다. 처음부터 변을 가리지 못했다면 신체적인 문제가 있는 것이 아닌지를 의심해 보아야 한다. 이렇게 한 번도 대변을 가린 적이 없는 것은 1차적 유분증이라 하는데, 이때는 병원에 찾아가서 정밀 검사를 받고 의학적 소견을 들어야 한다. 심리교육적 개입이 들어가는 것은 제대로 가렸던 변을 다시 못 가리게 되는 2차적 유분증의 경우가 많다. 또한 유분증에는 옷이나 부적절한 장소에 변을 보는 경우도 있고, 고의적으로 만든 변비처럼 변을 배설하지 않고 지나치게 참는 경우도 있을 수 있다. 유분증이라는 진단을 내릴 수 있으려면 적어도 3개월 동안 최소한 1회 발생하여야 하며, 생활 연령은 최소한 4세가 되어야 한다.

(2) 유분증의 원인

유분증의 원인에 대해서는 여러 가지 설명이 제시되어 있다. 의학적으로 대변 통제에 필요한 생리적 구조가 적절하지 않기 때문이라고도 보고, 부적절하고 일관성 없는 배변 훈련이나 동생의 출현, 지나친 학습 등의 심리적·사회적 스트레스 때문으로 설명하기도 한다. 또한 우연히 벌어진 배변 실수에 대해 보살핌과 관심이 주어져 이것 때문에 유분증이 유지된다고 보기도 한다. 여러 가지 원인이 복합적으로 작용하고 있겠지만, 가족 관계, 특히 어머니와 유아 간의 관계에 주목해야 한다. 특히 심리적인 통제 성향이 강한 어머니의 경우 아이는 자기 나름대로의 반응을 보이고 있는 것이며, '똥'이라는 것은 분석적인 입장에서 볼 때 매우 강한 공격성이나 적개심의 표현으로 해석될 수 있다. 이뿐만 아니라 아동 자신 또한 통제 성향이 강할 수도 있다. 즉, 유아와 어머니가 통제라는 주제에 몰두해 있는 것인데, 아이는 가족이나 또래에게 휘두르지 못하는 자신의 통제 욕구를 배변을 통해 행사하고 있는 것이라 생각할 수 있다. 따라서 유분증의 치료에서는 가족관계와 역동에 대한 파악이 매우 중요하다. 아이가 이런 문제를 보이고 있다면 혹시 유아의 어머니나 가족이 아이에게 지나친 간섭과 통제를 하고 있지는 않은지 살펴보아야 하고, 유아가 자신의 생활 전반에 대해 자율성을 가지도록 개입해야 한다. 그 외에도 식이요법이나 설사약과 관장약 등도 병행하여 사용할 수 있다. 이러한 행동이 조기에 변화되지 않으면 아동이 수치심과 죄책감을 강하게 느끼게 되고 부모와의 관계도 악화되기 쉽기 때문에 가정에서의 도움이 효과가 없을 때는 아동 전문기관에 의뢰하는 것이 바람직하다.

6) 성문제

(1) 유아기 성교육의 방향

유아에게 성을 가르칠 때는 극히 중립적인 사실로서 다루는 것이 바람직하다. 사실 유아는 성에 이상할 정도의 관심을 가지고 있지도 않을 뿐만 아니라 집착하지도 않는 게 보통이다. 유아가 성에 대해서 묻는 것은 마치 "어째서 비가 오나요?" "해는 밤에 어디로 가 버리나요?" "무엇이 꽃을 자라게 하나요?" 등의 차원에서 묻는 질문과 같은 것이다.

성에 관한 유아의 질문에 주변 어른은 다음과 같은 태도로 반응하는 것이 좋다.

첫째, 아이의 발달 단계를 고려하여 그 수준에 맞게 아이의 언어로 대답해 주어야 한다. 똑같은 질문이라도 아이가 어리다면 자세하고 구체적인 답을 주는 것이 좋다.

둘째, 아이가 그런 질문을 했을 때 당황하지 말아야 한다. 자신이 질문을 했을 때 어른이 당황하는 태도를 보이면, 아이는 '내가 이상한 것을 물은 걸까?' 하고 어색하게 된다. 그러므로 아이가 무엇을 물어도 어른은 자연스러운 태도를 가지는 것이 좋다.

셋째, 질문에 솔직하게 대답해야 한다. 이야기를 딴 데로 돌리거나 거짓말을 하면 아이의 호기심은 더욱 커지고 자칫하면 상처를 받을 수도 있다.

넷째, 그 자리에서 해답을 찾아야 한다. 그러나 어른도 답을 모르는 질문이 있을 수 있다. "엄마(선생님)도 모르는데 알고 싶구나. 우리 같이 공부하고 알아봐서 나중에 다시 얘기해 보자."라고 말하고 다음에 꼭 이야기해 준다.

다섯째, 아이에게 사실적 정보를 알려 주는 것과 더불어 우리 몸에 대해서 소중하게 생각하는 태도를 심어 주는 것은 매우 중요하다. 즉, 성은 아름답고 소중한 것이므로 조심스럽게 다루어야 한다는 의식을 심어 주어야 한다. 이것과 관련하여 자신의 몸을 보호하는 방법도 일러 준다.

여섯째, 아이의 질문에 대답만 하기보다는 되물어서 아이의 생각도 들어 보는 것이 좋다. 이것은 아이가 성에 대해 가지고 있는 생각을 확인해 볼 수 있게 함으로써 보다 적절한 답을 할 수 있게 함은 물론, 어른 자신에게도 그 문제에 대해 생각할 수 있는 시간을 벌게 해 줄 수 있다.

성교육은 단순히 남녀의 신체적 차이를 가르쳐 주는 것을 넘어 사실을 인식하고 어렸을 때부터 가정과 학교에서 자연스럽게 접할 기회를 마련해 주는 것이다. 그러므로 성교육이 생활교육임을 알고 개방적인 사고를 가져야 한다.

(2) 성적인 놀이

성적 발달이 이루어지면서 3~4세의 유아는 남녀 차이에 대한 관심을 놀이를 통해서 많이 나타낸다. 대표적인 것이 바로 의사놀이와 같은 것으로, 유아는 이러한 놀이를 통해서 자신의 궁금증을 직접 확인하기도 하는 것이다. 그런데 이러한 행동은 주변 성인을 당황하게 함으로써 지나친 반응을 하게 하는데, 그러면 아이는 이러한 행동을 몰래 하게 될 수도 있다. 이렇게 비밀스럽게 행해지는 성적인 놀이는 유아에게 죄책감을 가지게 할 뿐만 아니라 요구에 대한 만족을 주지 못하기 때문에 바람직하지 못하다. 그러므로 아이의 성에 대한 행위를 제지할 때는 대충 얼버무리지 않고 침착하고 나무라지 않는 태도로 또 정당하게 해야 한다. 가령, 남자아이와 여자아이가 함께 옷을 벗고 의사놀이를 하면서 각각의 성기를 보고 있는 장면을 목격하였다면 위협이나 설교식의 훈계를 하지 않고, 그 아이에게 평범한 말로 이야기해야 한다. 예를 들면, "너와 ○○은 옷을 벗고 고추를 만지며 놀았구나. 서로 모양이 다르니까 보고 싶었니? 하지만 고추는 소중한 곳이라 함부로 만지고 그러면 다칠 수가 있는 곳이란다. 앞으로는 궁금하면 친구랑 옷을 벗고 보지 말고 엄마나 아빠한테 물어보렴. 잘 가르쳐 줄게."와 같이 말해 준다.

이렇게 침착하면서도 나무라지 않는 태도로 아이를 가르친다면, 유아는 성에 대한 관심을 해치지 않으면서도 그러한 놀이를 줄일 수 있다.

(3) 자위행위

유아의 자위행위는 유아가 손가락을 빠는 것만큼이나 흔한 일이며, 마찬가지로 크게 문제시하지 않아도 된다. 자위행위 자체가 정신적·신체적 발달에 해를 주는 것이 아니라, 많은 경우 자위행위에 대한 성인의 태도가 유아를 정서적으로 불안하게 만든다. 그 행위가 무섭고 나쁜 결과를 가져온다는 위협이 유아에게 지나친 불안, 공포, 죄책감을 주기 때문이다.

자위행위를 시작하게 되는 경로는 다양하다. 일반적으로 우연히 자기의 성기를 만지다가 어떤 쾌감을 느껴서, 타인의 자극에 의해서, 다른 유아의 행위를 관찰한 후, 또는 다른 아이가 가르쳐 주어서 자위행위를 시작하게 된다고 알려져 있다. 또한 자위행위는 어른스러운 아이나 눈에 띄지 않는 아이가 많이 한다고 알려져 있다.

행위 자체가 해로운 것은 아니지만, 자위에의 탐닉에 대해서는 경계해야 한다. 지나칠 경우 자위행위에 많은 관심을 소비하는 바람에 다른 활동에 대한 흥미를 잃어 유아의 생활에 지장을 줄 수도 있기 때문이다. 또한 흔한 일은 아니지만, 심한 자위행위를 하여 외상을 입거나 사고를 당하는 수도 있다. 예를 들면, 성기의 피부가 벗겨지거나 염증이 생기기도 한다. 어떤 유아는 요도 등 성 기관에 어떤 물질을 집어넣어서 손상을 입기도 한다. 특히 여자아이의 경우에 위험률이 더 높은데, 이러한 사고의 가능성이 높은 유아의 근처에는 단추, 핀, 기타 가느다란 물건을 놓아두지 않도록 주의해야 한다.

유아의 자위행위를 목격하였을 때 부모나 교사는 아이가 알아차릴 수 있을 정도의 민감한 반응을 보이기보다는 아이가 관심을 다른 데로 옮길 수 있도록 현명하게 대처하는 자세가 필요하다. 예를 들면, 몸을 움직이는 재미있고 바쁜 놀이를 하게 하는 것이 한 방법일 수 있다. 이것이 가능할 수 있도록 하기 위해서는 우선 부모나 교사가 올바른 성교육을 받고 정확한 지식을 습득해야 한다. 그리고 성에 대한 긍정적이고 건전한 태도를 가지고 있어야 한다. 또한 부모가 가지고 있는 자위행위에 대한 그릇된 지식을 수정해야 한다. 자위행위는 생각보다 흔하다는 것, 자위행위를 금지하기 위해서 위협적인 말을 하면 성에 대한 공포감을 느낀다는 것, 자녀의 자위행위를 발견했을 때 놀라움, 당황, 걱정 등을 지나치게 나타내지 말아야 한다는 것, 부모의 이러한 반응은 유아에게 필요 이상의 죄의식을 야기한다는 것, 자녀가 자위행위를 너무 자주 하면 다른 활동에 흥미를 가질 수 있도록 도와주어야 한다는 것 등을 알아야 한다. 이러한 노력에도 유아의 자위행위 빈도가 다른 생활에 지장이 있을 만큼 자꾸 증가되고 부모의 걱정이 가중되는 경우, 전문적인 상담을 고려해 보아야 한다. 이때는 부모와 아동이 모두 치료의 대상이 되는 경우가 많다.

학습문제

1. 영유아기 부모의 정서적 가용성을 증진할 수 있는 방법에는 어떤 것들이 있을지 생각해 보자.
2. 주변에 있는 영유아를 떠올려 보자. 이들의 발달수준과 그에 적절한 놀이활동 및 도구가 무엇일지 예상해 보자.
3. 주변에 적응상 문제를 겪고 있는 영유아를 떠올려 보자. 그런 대상이 없다면 매체를 통해 소개된 사례를 떠올려도 된다. 해당 영유아의 문제에 맞는 개입방법을 배운 내용에서 찾아보자. 그리고 영유아의 문제행동에 대한 개입 원리 중 가장 기본이 되는 것이 무엇일지 생각해 보자.

제5장
아동기

김광수

이 장에서는 초등학생 시기에 해당하는 학령기 아동의 발달특성을 기존 문헌과 실증적 연구에 기초하여 살펴보고, 아동기 발달특성에 기반을 둔 아동상담의 특성과 내용을 제시하고자 한다. 또한 최근 우리 사회에서 대두되는 몇 가지 아동 발달 관련 문제 현황에 따른 상담 내용과 과제를 제시한 후 아동기 발달 촉진을 위한 상담의 과제에 대해서 논하고자 한다.

1. 아동기 발달특성

1) 신체, 운동 및 성 발달

초등학교 저학년 시기의 아동은 신체적으로 매우 활동적이다. 이 시기의 아동은 매우 왕성하고 활동적인 행동을 통해 많은 에너지를 방출하면서 신체적 · 정신적으로 쉽게 피로해지기도 한다. 이 시기의 아동은 자신이 신체를 잘 통제할 수 있고 자신의 신체적 기술이 뛰어나다고 착각하여 때때로 아주 무모한 행동을 하기도 하는데, 이러한 행동특성 때문에 다양한 사고 위험 발생 가능성이 높아질 수 있다(Snowman & Biehler, 2000). 아동은 학년이 높아질수록 키가 크면서 몸도 튼튼해지나, 몇몇 아동은 성장과정에서 나타나는 비만 증상이 문제가 되어 조롱이나 놀림을 받기도 한다(Hetherington & Prake, 1993; Mitchell, 1990). 우리나라 아동의 경우도 식문화와 가정생활의 변화로 소아비만이 늘어난 지 이미 오래되었는데, 1970년대 후반에 4% 정도이던 소아비만 유병률이 1990년대 후반부터 급증하여 최근에는 우리나라 아동·청소년의 비만율이 OECD 국가 평균보다 높은 것으로 나타났으며, 아동·청소년 10명 중 1명은 비만 상태로, 청소년기 남자일수록 비만율이 높게 나타난다(동아일보, 2014. 10. 11.). 특히 남아는 중·고등학교 때, 여아는 초·중학교 재학연령에서 뚜렷한 증가 경향을 보였다(추미애, 최병호, 2010). 소아비만은 성인비만까지 이행될 가능성이 큰데, 소아비만의 경우 세포 수가 많아지는 증식형 비만이나 세포 수와 크기가 모두 증가하는 혼합형 비만이 많아 치료가 쉽지 않기 때문이다. 비만의 또 다른 문제로 조숙증이 있다. 조숙증이란 자기 나이보다 일찍 크고 일찍 성장이 멈추는 것을 말한다. 조숙증은 최근 초등학생에게서 흔히 발병하며, 초등학교 저학년 때 벌써 2차 성징이 나타나고 또래보다 몸집도 커서 또래들에게 따돌림을 당하는 원인이 되기도 한다.

신체 발달에서 남녀 간 성차가 나타나기도 한다. 남녀학생의 체격 발육·발달특성 연구(손미, 2001)에 따르면, 신장, 체중, 흉위 모두 연령 증가에 따라 매년 유의한 차로 발육하는 것이 확인된다. 초등학교 1학년부터 고등학교 3학년까지의 발육량 중 신장은 남학생의 경우 12~13세 때, 여학생의 경우 10~11세 때 최대 발육량을 보여 주며, 여학생이 남학생보다 빠른 성장을 하고 있는 것으로 나타났다. 체중은 11~13세 때 모두 높은 발육을 나타냈고, 남녀 모두 13세 이후에는 거의 정지한 상태를 보였다. 흉위는 남학생의 경우 14~16세, 여학생은 9~11세 때 가장 높은 발육을 보였다. 한편, 신장, 체중 등 체격은 이전보다 좋아지고 있으나 체력은 저하되는 특성이 발견되고 있다(교육부, 2017; 문화체육부,

2007; 한국교육개발원, 2017). 특히 교육부가 전국 초등학생들을 대상으로 매년 실시하는 체력평가 결과에 따르면, 체력이 가장 우수한 1등급(총 5등급 분류) 비율은 2009년 2.2%에서 2010년 1.6%로 감소한 것으로 나타났다. 2등급자 비율 역시 32.4%에서 30.6%로 줄었다. 반면, 3등급 이하 비율은 65.5%에서 66.7%로 증가한 것으로 나타났다. 또한 학생체격/체력 검사 현황을 보면, 여전히 체격은 좋아지나 체력은 저하되는 것으로 나타나고 있는데, 이는 조기 사교육 증가 현상과 인터넷 및 스마트폰 게임 중심의 놀이 문화 변화 등의 영향 결과로 분석되고 있다(한국교육개발원, 2017).

인간의 성에 대한 관심은 생후 6개월 된 아기도 성기를 만지작거리며 놀 정도로 아주 어릴 때 발달해서 평생 지속되는데, 아동기의 성에 대한 관심은 2차 성징이 나타나는 초등학교 4~5학년에 많아진다. 프로이트(Freud)는 성적 에너지인 리비도가 표출되고 만족을 얻는 신체 부위(성감대)의 변화에 따라 인간의 심리·성적 발달 단계를 구분하여 각 단계를 지배하는 성감대에 따라 구강기, 항문기, 남근기, 잠복기, 성기기의 5단계를 제시하였다. 이에 따르면, 초등학교 저학년은 잠복기에 해당하는 시기로, 이 시기의 아동은 바깥 세계에 관심이 옮겨가면서 성욕이 잠재되며 동성 친구와의 놀이에 빠져 이성에 대한 관심이 사라진다. 한편, 초등학교 고학년은 성기기에 해당하는데, 사춘기가 되면서 남녀의 차이를 알고 서로에게 호감을 느끼게 되며, 이성의 몸에 관심을 가지게 되고 이성교제를 시작하게 된다. 최근 조사결과 성 발달 및 성경험 문제, 이성교제 등이 이전보다 더 빨라지고 있는 것으로 나타나고 있다(초록우산어린이재단, 2015; 한대동, 길임주, 2016).

2000년대 초기 3년간의 연구에 걸쳐 우리나라 초등학생들의 발달수준을 분석한 한국교육개발원 연구결과에 따르면, 성 역할에 대한 지각에서 학생들의 성적 성향이 양성성, 미분화, 남성성 그리고 여성성 순으로 나타났다. 학년별 특성을 살펴보면 남성성의 경우 초등학교 2학년이 가장 높게 나타났는데, 이는 저학년 학생들이 대체로 매우 활동적이며 적극적인 성향을 나타내는 모습을 반영한다. 그리고 초등학생들이 많은 부분에서 성 역할 고정관념을 가지고 있기는 하지만, 한편으로는 여성과 남성의 성 역할 및 태도에 대한 기존의 고정관념에서 벗어난 의식도 증가하고 있는 것으로 나타났다(이재분 외, 2000, 2001, 2002). 아동의 성 역할 고정관념은 성 전형화되었던 유아기와는 달리 초등학교 시기가 되면 융통성이 나타나다가 청소년기에는 다시 성 전형성이 강해지는 역U자 모양을 이룬다. 조연순 등(2001)의 연구에서는 초등학교 고학년의 경우 여아는 양성평등에 대한 관심이 높은 반면, 남아는 가정의 성 역할 고정관념이 여아에 비해 강하다고 지적하고, 양성평등교육이 남아에게 더욱 강조될 필요가 있다고 보고하고 있다. 최근 초등학생의 전반적 양성평등의식은 높아지고 있지만 성 역할에 대한 고정관념은 여전히 남아 있어 의식과 실행 간에는 차이가 여전히 높은 것으로 나타난다(여성가족부, 2015).

2) 인지 발달

피아제(Piaget) 인지발달이론에 비추어 볼 때 초등학교 시기는 인지도식의 동화작용이 지속되고 안정된 인지구조를 확립하고 보존개념, 가역성 및 그 밖의 논리적 조작능력을 획득하는 구체적 조작기에 해당한다. 이 시기의 아동은 비록 탈중심화된 사고와 자아중심성을 벗어난 문제해결 양식을 나타내 보이기 시작하지만, 사고와 문제해결은 구체적인 것에 제한되는 특징이 있다. 가설적인 것, 확률, 가능성 등에 관하여 생각하는 고차적인 추상적 사고능력이 발달하고, 조합적 · 연역적 사고가 가능하며, 과거 · 현재 · 미래를 연결하여 추론할 수 있는 논리적 사고가 가능한 중 · 고등학교 시기의 형식적 조작기와는 발달적 차이를 보인다.

스노우맨과 빌러(Snowman & Biehler, 2000)에 따르면, 초등학교 저학년 아동의 지적 특성으로는 쓰기보다 말하기에 더 나은 발전을 보이며, 규칙에 대한 이해와 적용에서 융통성 부족으로 고자질을 많이 하는 점을 들 수 있다. 초등학교 고학년 아동의 경우 비교적 논리적으로 생각하지만, 그러한 생각은 아직 제한적이고 일관성이 없는 모습을 보인다. 또한 단순한 암기 기술이 필요한 과제에서 청소년이나 성인만큼 잘 수행하기도 하지만 좀 더 복잡한 암기 기술이 필요한 과제들에서는 한계를 보인다. 학년이 높아질수록 학교학습에 대한 열정이 차츰 식어 가고 학습 개인차가 두드러지기 시작한다. 이는 이 시기 인지 발달에서 개인차가 나타나는 것을 시사한다.

어휘 이해능력이나 읽기 이해력 등은 학년이 올라갈수록 증가하여, 초등학교 2학년 아동과 3~5학년 아동 간에 유의미한 차이가 나타나고 있다. 3학년 아동의 경우 2학년 아동에 비해 읽기 재인 및 읽기 유창성이 확고하게 자동화됨으로써 읽기 이해에 더 많은 집중이 가능하고 사전지식을 활용할 수 있는 사고력도 향상되어 간다. 초인지(metacognition)적 능력은 저학년 아동의 경우에도 발달되고 있는 것으로 나타났다. 또한 2학년 아동은 아직 추론능력이 안정되지 않은 것으로 보이며, 3학년 이후 아동에게서 추론능력의 급격한 변화가 나타나기 시작한다. 따라서 3학년 이상이 되어야 텍스트의 내용을 충분히 이해하기 위한 필수적인 추론능력이 어느 정도 안정되는 것으로 볼 수 있다(황진애, 2007).

서사표현능력 발달 단계 연구에 따르면(추효정, 2008), 초등학교 3학년의 경우 다른 학년에 비해 주어진 조건, 예를 들면 배경과 인물의 특징에 대해 민감하게 반응하고, 주어진 정보 안에서 이야기를 서술하는 경향이 높으며, 사건보다는 인물을 특징화하는 것을 통해 이야기를 구성하는 경향이 두드러지는 것으로 나타났다. 또한 초등학교 5학년의 경우 사건의 발생이 사람들의 관계에서 발생한다는 것을 인식하는 경향이 두드러지게 나타나 인간관계의 중요성과 그 영향력에 대한 인식이 높아지는 것을 보여 준다.

3년간의 종단연구를 통해 우리나라 초·중학생들의 발달수준을 분석한 한국교육개발원 연구결과에 따르면, 언어능력의 경우 학년이 높아질수록 그 양과 질이 발달해 나가는 경향성을 보였다. 그러나 언어능력 조사를 위해 사용된 각각의 검사 및 관찰 결과, 학생들은 해당 학년의 특정 교과에 나오는 단어의 의미를 충분히 인식하지 못한 경우들이 발견되었고, 의미 추론에도 한계를 보였다. 이는 단어와 개념 그리고 글에 대한 분명하고 정확한 이해를 유도하기 위한 학교 현장에서의 구체적 지도가 요구되며, 전반적인 발표능력의 부족 현상에 대한 주의 깊은 관심과 발표력 증진을 위한 새로운 방법의 모색 노력이 요구됨을 보여 준다. 또한 사고능력의 경우에도 학년이 올라감에 따라 향상되는 것으로 밝혀 졌지만, 추리능력의 경우 추리 영역에 따라 발달수준이 다른 점을 고려해 쉽게 터득될 수 있는 영역에서부터 학생 개개인의 지적 발달수준에 맞는 단계적 지 도가 요청되고 있다. 아동기 인지발달특성을 고려하여 각 학년별로 선호하거나 주로 많이 사용하고 있는 전략, 그리고 기억 수행에 효과가 있다고 판단되는 전 략들을 효과적으로 적용하여 아동을 지도할 필요가 있다(이재분 외, 2000, 2002).

3) 정서 발달

정서의 분화, 정서의 표현, 타인의 정서에 대한 인식, 정서의 원인에 대한 이 해, 정서조절 등 정서와 관련된 발달이 생애 초기에 집중적으로 이루어지고 있 다. 특히 또래관계 등 인간관계의 중요성이 대두되는 초등학교 시절은 아동의 정서능력 형성에 매우 중요한 시기가 된다. 초등학교 저학년 아동에게서 나타 나는 정서적 특성으로, 비판과 조롱에 민감하고 실패에 적응하는 데 어려움을 겪으며 교사의 관심을 끌고자 노력하고 다른 사람의 감정에 민감해지는 점을 들 수 있다(Snowman & Biehler, 2000). 이 시기의 아동은 학교학습을 처음으로 경험 하게 되며 읽고 쓰는 법을 배우는 데 집중하지만 이에 진전이 없을 경우 좌절하 기 쉽고, 학교교육에 대한 초기의 태도나 집단에서의 초기 역할 형성이 이후 지 속적인 패턴으로 자리 잡을 수 있다. 한편, 고학년으로 갈수록 아동은 전반적으 로 안정된 자아상을 만들어 나가지만, 파괴적인 가족관계, 사회적인 거부, 학교 에서의 실패 경험 등은 아동의 비행과 범죄행동을 낳기도 하며, 특히 범죄행위 는 아동기에 역기능적 부모-자녀 관계에서 초래되고 강화될 가능성이 높다. 또 한 고학년 시기의 아동은 교사에 대한 자동적인 존경심이 줄어들고 또래집단의 영향력이 더욱더 강해지는 특성을 보인다.

3년간의 종단연구를 통해 우리나라 초등학생들의 발달수준을 분석한 한국교 육개발원 연구결과에 따르면, 학업 관련 정의적 특성에서는 초등학교 3~4학년에서 내재적 학습 동기가 가장 높게 나타났으며, 저학년일수록 학습을 위해 스스로 계획을 세우는 경향을 보였고, 고학년으로 갈수록 '벼락형'으로 학습하는 것으로 나타났다. 교과목에 대한 흥미도 조사 결과에서 학년이 올라갈수록 교과목에 대한 흥미도가 떨어지는 경향을 보였으며, 학습습관이나 학업의 중요성에 대한 인식이 낮아지는 것으로 나타났다. 또한 또래관계에 관한 학년별 발달 경향을 분석한 결과, 저학년일수록 또래관계에서 스트레스를 많이 받는 것으로 나타났고, 고학년일수록 싸우는 빈도는 줄어들었으며, 따돌림 문제와 관련하여 학년별 및 성별의 인식과 대처 방법이 다른 것으로 나타났다(이재분 외, 2000, 2001, 2002).

아동의 정서 이해 발달연구(정윤경, 2010)에 따르면, 정서 이해의 수준은 발달적 위계를 지니며, 연령이 증가할수록 정서 이해수준이 발달하나 정서 표현은 어려워한다. 그리고 정서적 이해는 인지적 발달과 연관이 있다고 보고된다. 정서 이해수준의 발달은 3~7세의 연령에서 급진적으로 증가한 후, 8~11세에는 큰 변화가 없는 것으로 나타나고 있다. 정서 이해 발달 단계를 세 수준, 즉 ① 정서의 외현적인 면을 이해하는 수준, ② 정서의 의식적인 면을 이해하는 수준, ③ 정서의 반영적 추론을 이해하는 수준으로 나누어 볼 수 있다. 정서의 외현적 특징을 이해하는 단계는 약 5세경, 정서의 내적인 측면을 이해하는 단계는 약 8세경으로 나타났다. 8세경의 아동은 정서 이해에 추론이 필요하다는 것과 타인의 바람이 이후 발생될 정서에 영향을 줄 수 있고 개인의 믿음이 실제 사실보다 더 우선될 수 있음을 이해하는 것으로 나타났다. 그리고 정서의 반영적 추론 단계는 9~10세경으로, 이 기간의 아동은 정서의 모순되는 느낌과 복합정서를 이해하는 것으로 나타났다. 한편, 유경(2000)은 한 상황에 대해 반대의 정서가 동시에 발생한다는 것을 이해하는 것이 혼합정서의 이해 중 가장 어려운 수준이며, 10~11세에 이르러서야 이를 이해할 수 있다고 보고하였다.

아동기 정서 문제 중 분노와 적대감(공격성)은 초등학교 아동의 정서적 안정과 적응에서 매우 중요한 역할을 한다. 분노와 적대감(공격성) 등의 부정적 정서를 지나치게 억압하거나 폭발시키는 반응은 다양한 부작용과 문제행동으로 발전될 수 있다. 따라서 이를 잘 관리하고 조절하며 적절하게 표현하는 능력의 발달이 학령기 정서적 안정과 건강한 발달에 매우 중요한 기능을 하게 된다. 분노와 공격 정서의 조절과 통제 및 건강한 표현능력 발달의 지체나 문제는 자신에게 혹은 타인에게 다양한 피해와 손상을 가져올 수 있다(김광수, 2003, 2008).

4) 인성 · 사회성 발달

에릭슨(Erikson)은 사회문화적 요인을 성격 발달과 관련지어 출생에서 노년기에 이르기까지의 생애를 8단계로 나누고, 각 단계에서 나타나는 문제나 갈등은 문화와 상관없이 공통적으로 나타난다고 하였다. 그의 심리사회적 발달이론에 비추어 볼 때 초등학교 시기는 근면성 대 열등감 단계에 해당하는데, 이 시기의 아동은 무엇을 성취하도록 기회를 부여받으면 근면성을 가지게 되지만 비난이나 좌절을 경험하면 열등감을 가지게 된다. 스노우맨과 빌러(2000)의 연구에 따르면, 초등학교 저학년 아동은 친구들을 아주 선별적으로 사귀며, 소집단으로 조직화된 게임들을 좋아하지만 규칙에 과도하게 관심을 기울이거나 단체정신에 지나치게 빠지기도 한다. 또한 싸움이 잦은데, 이때 언어적 공격이 신체적 공격보다 자주 나타나며, 남자아이는 때리기, 밀치기, 넘어뜨리기 등을 자주 사용하는 것으로 나타났다. 초등학교 고학년 시기에는 또래집단의 영향력이 강력해지고 행동 표준과 성취 인정에 있어서 또래집단의 역할이 성인의 역할을 대치하기 시작한다. 따라서 이 시기에는 또래에게 받아들여지기 위해 이전까지는 보이지 않던 행동을 보이기도 하고(예, 집단원이 아닌 사람을 때리거나 공격하는 행동), 친구도 더욱 선택적으로 사귀게 되며, 동성끼리 친구를 사귀는 현상이 증가한다.

자기중심적 존재로 세상에 태어난 인간이 사회적으로 적응을 하며 사회적 관계를 잘 발달시켜 나가기 위해서 필요한 능력이 바로 사회적 조망수용능력(social perspective-taking skills)이다. 사회적 조망수용능력은 자신만이 아니라 다른 상대방이 있고 상대방의 의견이나 입장은 자신과 다를 수 있음을 의식하고, 이에서 더 나아가 상대방의 입장을 채택하고 그 입장이 되어서 느끼고 생각할 수 있는 공감능력 및 용서능력의 발달에도 매우 중요한 역할을 한다(김광수, 2008). 셀만(Selman, 1980: 김광수, 2008에서 재인용)은 사회적 조망수용능력의 발달적 추이를 다섯 가지 위계적 수준, 즉 0수준(3~6세)인 자기중심적 혹은 미분화된 조망수준, 1수준(5~9세)인 주관적 혹은 분화된 조망수준, 2수준(7~12세)인 자기반성적 혹은 상호적 조망수준, 3수준(10~15세)인 3자적 조망수준, 4수준(12세~성인기)인 사회적 혹은 심층적 조망수준으로 나누어 제시하고 있다.

사회적 조망수용능력 발달특성에 비추어 볼 때, 초등학교 시기인 아동기는 사람의 물리적·심리적 특성 간의 차이, 또는 자신과 타인의 개념적 조망 간의 차이를 명백하고 완전하게 변별하지 못하는 '자기중심적이고 미분화된 조망'에서 벗어나기 시작하는 시기다. 타인이 자신과 동일한 상황하에서도 상이한 사고와 감정을 가질 수 있다는 것을 이해하는 '주관적 혹은 분화된 조망'을 가지게 되고, 자신의 사고와 행동에 대한 자기반성적(self-reflective) 또는 2인칭적 조망을 선택할 수 있는 '자기반성적 혹은 상호적 조망'을 가지게 된다. 점차 중학년(3~4학년)과 고학년(5~6학년)으로 갈수록 자신의 대인관계에 대해 반성적 사고를 할 수 있는, 보다 추상적이고 일반화된 타인 조망이 가능한 '3자적 조망'을 가지게 된다. 자신과 타인에 대한 조망을 보다 깊고, 보다 넓고, 보다 순환적(recursive)이며 다차원적인 수준에서 상호 교환할 수 있는 '사회적 혹은 심층적 조망' 수준은 청소년기를 거쳐서 성인기로 나아가면서 발달되어 간다.

사회적 조망수용능력의 관점에서 보면, 더 높은 수준의 조망으로 갈수록 더욱 복합적인 사회적 조망수용능력이 요구된다. 친구관계와 대인관계가 더욱 복잡해지기 시작하는 학령기에 여러 가지 상황과 관계에서 발생하는 다양한 인간관계 문제와 갈등을 효과적으로 극복하고 건강한 자아와 관계를 형성하며 사회적 적응이 효과적으로 이루어지기 위해서는 사회적 조망수용능력 발달의 성취 조력이 요구된다.

5) 도덕성 발달

콜버그(Kohlberg)는 피아제의 이론을 확대하여 도덕성 사고에 관한 단계 이론을 확립하였는데, 도덕적 갈등 사태에 대한 개인의 판단과 추론 내용을 근거로 도덕성 발달을 3수준 6단계로 확대하여 제시하였다. 1, 2단계는 인습 이전(전인습) 수준으로, 1단계의 아동은 권위자가 말한 것이 옳다고 생각한다. 1단계 아동에게 옳은 일을 행하는 것은 권위에 복종하는 것이며, 동시에 처벌을 면하기 위한 것이다. 2단계의 아동은 더 이상 어떤 유일한 권위에 의해 강하게 영향받지 않는다. 그들은 모든 문제에는 또 다른 측면들이 있음을 알게 된다. 모든 것이 상대적이기 때문에 각자 자신의 관심에 따르지만 다른 사람과 서로 호의를 교환하는 것이 유용하다는 것도 안다. 3, 4단계는 인습 수준으로, 사회의 구성원으로서 그 사회의 가치와 규범, 기대 등에 의해 생각하는 단계다. 3단계에서는 착한 사람이 강조되며, 착한 사람이란 자기와 가까운 사람에게 선한 동기를 가지는 것을 의미한다. 4단계에서는 사회 전체의 질서를 유지하기 위한 법에 복종하는 데로 관심이 바뀐다. 5, 6단계는 인습 이후(후인습) 수준으로, 좋은 사회를 만들기 위한 원리와 가치에 더 관심을 기울인다. 5단계에서는 기본권과 민주적 절차를 강조하며, 6단계에서는 가장 정의로운 합의의 원리를 추구한다(김동일 외, 2003; Woolfolk, 2001).

3년간의 종단연구를 통해 우리나라 초등학생들의 발달수준을 분석한 한국교육개발원 연구결과에 따르면, 도덕적 판단은 학년이 올라갈수록 향상되는 것으로 나타났으나, 실제 행동 차원에서는 긍정적 발달을 이끌지 못하거나 오히려 쇠퇴하는 경향을 보여 준다. 특히 '질서' 덕목에서는 2학년 아동의 평균점수가 가장 높고, 이 부분의 도덕적 행동 능력이 학년 증가에 따라 감소하는 것으로 나타났다(이재분 외, 2000, 2001, 2002). 김상윤(2000)은 한국인의 도덕성 발달에 관한 연구에서 우리나라 유아는 서구의 유아에 비해 도덕 영역, 사회인습 영역 그리고 개인 영역을 구분하는 능력이 부족한데, 그 원인을 성인이 유아에게 충분히 이유를 듣고 이에 반응하는 방식으로 양육하지 못하는 데 기인하는 것으로 분석하고 있다. 또한 아동의 정직성에서 도덕성의 지행합일, 즉 실천력이 낮은 것으로 나타났는데, 이는 경쟁적 학교 학습풍토와 함께 정직성을 공동체적 관점에서 다루기보다는 단순한 개인적 덕목으로만 가르치는 우리나라 교육과정에도 부분적 원인이 있는 것으로 분석하였다.

6) 진로 발달

긴즈버그(Ginzberg)는 초등학생 시기의 진로 발달 단계를 환상기라고 하여, 장래 일에 대해 머릿속으로만 상상하고 일종의 놀이 정도로 파악하는 단계라고 보았다. 슈퍼(Super)는 초등학생 시기는 성장기에 해당하며, 아동의 욕구와 환상이 지배적 역할을 하고, 활동의 목표와 내용을 결정할 때 흥미를 중시한다고 하였다.

한편, 터크만(Tuckman)의 진로발달이론에 따르면, 초등학교 1학년은 일방적 의존성 단계에 해당하며, 이 단계의 진로 발달은 외적 통제에 의존하고, 가정에서 사용하는 도구들을 중심으로 진로의식을 형성하는 특징을 보인다. 초등학교 1~2학년은 자기주장 단계에 해당하며, 일에 대한 간단한 지식이나 개념을 이해하는 단계다. 조건적 의존 단계인 초등학교 2~3학년 시기는 자아인식의 초점이 동기와 욕구, 친구와의 관계 형성에 모인다. 독립성 단계인 초등학교 4학년은 일의 세계를 이론적으로 탐색하며 기술과 직업세계를 인식하고 진로 결정에 관심을 가지는 시기다. 초등학교 5~6학년 시기는 외부 지원 단계에 해당하는데, 이 단계의 아동은 외부의 승인이나 인정을 구하며, 직업적 흥미와 목표, 작업 조건, 직무 내용 등에 관심을 갖는다(강혜영, 박진영, 박현옥, 2011).

3년간의 종단연구를 통해 우리나라 초등학생들의 발달수준을 분석한 한국교육개발원 연구결과에 따르면, 진로성숙도에서는 전체적으로 학년에 따른 유의미한 차이는 없으나 일부 하위 영역인 직업적 욕구, 직업적 관심, 진로 독립성, 진로 관여성에서는 학년에 따라 미미한 수준에서 차이가 있었다. 진로성숙도의 하위 영역 중 학생들은 자신의 직업에 대한 관여성과 진로 독립성, 직업적 욕구가 높음에도 불구하고 실제로 이를 뒷받침해 줄 수 있는 진로 정보처리 능력과 직업세계에 대한 관심은 낮거나 없는 것으로 나타났다(이재분 외, 2000, 2001, 2002).

최근 전국의 초등학교 4, 5, 6학년 1,560명의 학생을 대상으로 이루어진 조사연구(김광수, 한선녀, 2015)에 의하면, 초등학생의 희망직업이 운동선수, 학자, 연예인, 의사, 요리사, 교사, 예술가, 디자이너, 경찰, 법조인 순으로 높게 나타났다. 2001년에 한국직업능력개발원에서 전국에 있는 초등학교 5, 6학년 1,162명을 대상으로 희망직업을 조사했을 당시, 게이머, 운동선수, 음악가(가수), 컴퓨터 전문가, 의사, 디자이너, 법조인, 사육사 순으로 높은 희망을 나타낸 결과(이영대, 2001)와 비교해 보면 현재까지 높은 선호가 유지된 직업(운동선수, 연예인, 예술가, 의사, 디자이너, 법조인)과 감소된 직업(게이머, 컴퓨터 전문가) 및 증가된 직업(학자, 요리사)을 통해 시류에 따른 선호직업의 변화를 엿볼 수 있다. 한편, 희망직업 및 희망직업 유형 분포에서 남녀의 차이가 나타났다. 희망직업의 경우 전체 학생이 희망한 상위 10개 직업, 즉 운동선수, 학자, 연예인, 의사, 요리사, 교사, 예술가, 디자이너, 경찰, 법조인 중 의사와 요리사는 남녀 모두 선호했지만, 그 외의 직업에서는 다르게 나타났다. 남학생의 빈도가 높은 직업은 운동선수, 학자, 경찰, 법조인인 반면, 여학생의 빈도가 높은 직업은 교사, 연예인, 예술가, 디자이너로 나타났다. 이러한 결과는 초등학생 이후 청소년기 및 청년기에는 진로선택에서 현실적 요인을 중요하게 고려하는 데 반해, 초등학생 시기에는 현실적 요인보다 자신의 흥미와 같은 주관적 요인을 우선 고려하는 것을 반영하는 결과로 볼 수 있다.

앞의 연구에서 조사 대상 중 10.9%는 희망직업이 없는 것으로 나타났고, 희망직업이 없는 집단 내 성별 및 학년별 분포에서 남학생과 고학년의 비율이 상대적으로 높았다. 희망직업은 진로발달의 하위 지표 중 '개인이 특정 시점에서 가장 좋은 직업적 대안이라고 생각하는 직업'을 의미하는 '직업포부'(유홍준, 신인철, 정태인, 2014; Howard et al., 2011) 또는 '진로에 대한 전망과 이를 실천하려는 경향성', 즉 '진로지향성'(박성미, 이순화, 2004)의 일면을 나타낸다는 점에서 볼 때 희망직업이 있는 집단은 희망직업이 없는 집단보다 진로발달 수준이 높을 가능성을 시사한다. 희망직업이 없는 학생 중 남학생 빈도가 높은 결과는 같은 연령에서 남학생보다 여학생의 진로포부 수준이 높다는 선행연구결과(공윤정, 박한샘, 2009; 유정이, 김지현, 황매향, 2002)와도 일치한다. 학년이 올라갈수록 희망직업이 없는 학생의 빈도가 높은 것은 사춘기에 접어들면서 정체감의 혼란이 시작되고 진로 선택 과정에서 현실적인 요인에 대한 고려가 증가하면서 진로포부 수준이 낮아지는 경향을 보여 주는 것이다. 따라서 초등학교 고학년이 될수록 자신과 진로에 대한 탐색이 보다 충실히 이루어지도록 진로 지도를 할 필요성이 제기된다.

2. 발달특성에 기초한 아동상담

앞서 살펴본 아동기 발달을 고려할 때, 아동상담이 가지는 특징과 아동상담의 방향과 내용에 대해 살펴보면 다음과 같다.

1) 아동중심 상담

아동중심 상담에서는 아동을 성인의 축소판으로 보거나 성인의 기준에서 아직 미숙하고 발달이 결핍된 존재로 이해하기보다는 자기만의 독특한 특성과 실현가능성을 지니고 발달과정 중에 있는 소중하고 가치 있는 인격과 존재로 대하는 상담적 접근이 필요하다. 이를 위해서 아동을 무조건적으로 존중·수용하고, 아동의 입장이 되어서 공감적으로 이해하며, 솔직하고 투명하며 진실된 관계를 맺고 상호작용을 할 수 있는 상담자의 자세와 태도가 필요하다(한국초등상담교육학회, 2014). 즉, 아동의 발달수준과 상태를 있는 그대로 수용하고 존중하며, 아동의 눈높이에 맞추어 대화하고, 그들의 시각과 관점에서 문제나 현상을 바라보고, 그들에게 실제적 도움이 될 수 있는 해결 방안과 구체적이고 실천하기 쉬운 조력을 줄 수 있는 상담자의 노력이 필요하다.

이를 위해서 상담자는 어른이나 청소년의 발달특성과 수준에 맞추어 개발되고 제시된 기존의 상담이론이나 기법, 프로그램을 아동에게 그대로 적용하여 그들의 문제를 이해하고 해결하려는 방식과 틀에서 벗어날 필요가 있다. 이를 위해 아동의 눈에 비친 세상과 문제 이해 방식을 채택하여 그들의 필요와 욕구를 파악하며 아동의 수준과 상태에 보조를 맞추어 그들과 함께 문제해결과 발달로 나아가는 상담이론과 기법, 프로그램의 연구와 개발, 적용이 이루어지는 아동중심 상담(children-centered counseling)이 이루어질 필요가 있다.

2) 아동의 인지 발달 촉진을 위한 상담

아동기에서 중요한 발달 영역은 인지적 발달 능력이다. 보다 논리적이고 합리적으로 사고하고 자신을 성찰하며 반성적으로 돌아볼 수 있는 인지능력의 발달은 아동의 학업, 진로, 정서 및 사회성 발달에서 매우 중요한 요인이다. 초등학교 시기의 인지적 능력의 발달은 실제에 기초하여 경험하고 체험할 때 효과적으로 촉진된다. 아직 인지적으로 발달이 미숙한 아동은 비합리적이고, 비논리적이며, 비실용적이고, 융통성과 실제성이 결여된 사고의 희생자가 되어 학습과 또래관계 적응과 발달에 많은 어려움을 경험하기 쉽다. 따라서 이들에게 합리적이고 건강한 사고의 특성을 구체적 상황별로 이해하게 하고 그들의 인지 발달 수준에서 보다 합리적이고 건강한 사고를 할 수 있도록 조력하는 상담교육 개입이 필요하다.

엘리스(Ellis)의 인지 정서 행동치료(rational emotive behavioral therapy)를 비롯하여 다양한 인지적 접근을 통해 개인의 사고, 신념, 관점 등의 건강한 변화를 촉진하는 인지상담 연구와 적용이 아동의 발달특성과 수준에 맞게 이루어질 필요가 있다. 한편, 아동의 인지 발달이 똑같게 이루어지지 않고 개인차가 많으며 개인 내에서도 인지적 발달특성과 그 양상이 다르다는 것을 이해할 필요가 있다. 예를 들면, 어떤 아동은 읽기와 언어, 예술적 부분에서 탁월한 능력을 보일 수 있지만, 반면에 수학에서는 싫증과 따분함, 지루한 반응을 보이고 실제 진전이 어려울 수도 있다. 그리고 어떤 아동은 사회 과목을 공부하고 이해하는 데 어려움을 보이지만, 신체 운동적인 활동을 좋아하고 이 능력은 더 뛰어날 수 있다. 실제로 아동뿐만이 아니라 성인도 지적 능력과 관련하여 강점과 약점 모두를 복합적으로 소유하고 있는 것이 사실이다. 따라서 아동이 자신의 강점을 발견하여 이를 활용하면서 보다 더 효과적 발달이 이루어지도록 촉진할 수 있는 '활동'과 '프로그램'을 구성하여 경험하게 하는 상담교육 접근이 필요하다. 이러한 입장은 인간의 지능의 다양성을 주장하며 개인의 강점 지능을 중심으로 교육하고 진로 지도 및 상담을 해야 한다고 주장하는 다중지능이론이 시사하는 바가 크다 (Gardner, 1999).

3) 아동의 사회인지 발달 촉진을 위한 상담

성인뿐만 아니라 아동에게 있어서도 많은 상담치료 접근의 핵심은 다른 사람들과 좋은 관계를 맺고 상호작용할 수 있는 능력을 개발하는 데 있다. 다른 사람들과 좋은 관계를 맺고 사이좋게 지내는 법을 아는 것은 모든 연령대 사람들의 적응과 발달을 위해서 필수적인 요소이다. 타인과 좋은 관계를 맺고 이를 유지하고 발전해 나가기 위해서는 타인의 관점에서 볼 수 있는 사회인지 조망능력의 발달이 매우 중요하다. 앞서 살펴보았듯이 셀만의 사회적 역할 채택 능력 발달이론은 사회인지 발달에 주는 시사점이 크다. 한 개인이 타인의 관점에서 사고하고 바라볼 수 있는 능력은 아동기뿐만 아니라 전 연령대에서 개인의 우정의 이해와 발달에 영향을 미치고, 사회적 갈등 해결 기술(우정 기술)의 개발과 발달에 큰 영향을 미치게 된다(Selman, 1980: Broderick & Blewitt, 2010에서 재인용). 자신의 행위가 어떻게 타인에게 영향을 미치는지를 자각할 수 있는 것과 타인의 관점에서 바라볼 수 있는 능력을 갖도록 조력하는 과정이 치료, 상담의 핵심이라는 주장도 있다(Pittman, 1998: Broderick & Blewitt, 2010에서 재인용). 학령기 아동은 학교에서 많은 시간을 보내기 때문에 교사 및 친구는 아동의 사회적 인지 능력 발달에 많은 영향을 미치게 된다. 따라서 아동이 또래관계와 교사 등 다양한 대인관계에서 사회인지능력 발달이 촉진되도록 조력하는 체험 활동, 사회적 기술 훈련 등 다양한 상담교육과 프로그램 적용이 필요하다. 아동이 타인의 관점에서 생각하는 훈련 없이는 타인과 잘 지내는 사회적 기술을 개발하는 것이 어렵기 때문이다.

4) 아동의 정서능력 · 정서지능 발달 촉진을 위한 상담

삶 속에서 직면하는 다양한 문제 및 갈등 상황에 능숙하게 대처하고 사회생활에서의 적응과 발전을 결정하는 중요한 요소로 인정되는 정서능력은 어린 시기부터 발달이 이루어지는데, 아동기의 정서조절능력은 이후의 정서적 · 지적 성장에 영향을 미치며, 아동기의 만족지연능력은 청소년기의 자기통제능력 및 집중력, 동기, 학업점수와 정적인 상관관계가 있다. 특히 초기 발달에서 감정통제나 정서조절능력이 떨어진다고 평정받은 아동은 이후에 학문적으로 성취가 낮고 공격성이 강하며 부적응행동을 하거나 비행청소년이 될 가능성이 높다. 즉, 발달 초기에 정서조절능력이 낮은 아동은 이후에 사회적 관계, 직업적 성취, 심리적 적응 등에서 문제를 겪는 것으로 보고된다(Glickman, 1990: 곽윤정, 2004에서 재인용). 한 인간이 행복하고 성공적인 삶을 살아가는 데 중요한 요인으로 인정되는 정서지능은 유전적 · 환경적 조건이나 배경에 의해 형성되는 개인적 성향이나 기질이라기보다는 성장기의 다양한 경험과 교육을 통해 발달 가능한 인간적 능력으로 평가되고 있다(Mayer & Salovey, 1997). 따라서 정서지능이 낮은 아동도 훈련을 통해 새롭게 정서지능을 계발하여 대인관계 기술, 정서에 대한 자기통제력, 자아존중감 등을 향상시켜 보다 풍요롭고 행복한 삶을 영위하도록 조력할 필요가 있다.

정서지능은 태어날 때부터 결정된 것이 아니라 성장기의 다양한 경험과 교육에 의해 발달하며(Mayer & Salovey, 1997), 정서지능의 발달과 학습은 유아기와 아동기에 가장 잘 이루어지는 것으로 나타나고 있다(Katz & McClellan, 1997: 김미선, 2006에서 재인용). 또한 인지 및 지각 관련 영역이 유년기 초기에 거의 성장을 마치는 데 비해, 정서적 자기통제, 이해, 기술적 반응 등의 정서적 삶과 관련된 두뇌 영역은 사춘기 후반인 16∼18세에 이를 때까지 성장을 계속한다. 유년기와 10대에 반복되는 경험과 행위들은 감성회로의 형성에 상당히 영향을 미치므로, 평생의 감성적 성향의 틀을 형성하는 정서지능의 학습에서 아동기는 평생의 정서적 성향의 틀을 형성하는 '결정적 시기'라고 할 수 있다(Goleman, 1995). 이 시기는 아동에게 생리학적으로도 학습의 최적의 시기이며, 인지 발달뿐 아니라 정서 발달에서 가소성이 풍부한 시기이므로 이 시기의 학습이나 활동에 의한 정서지능의 향상은 학업능력의 향상 못지않게 중요하다(김미선, 2006). 따라서 학령기 아동의 정서지능에 관심을 가지고 이에 대한 상담교육의 중요성을 인식하여 상담교육과정 구성과 상담교육실제에서 정서지능의 향상을 위한 다양한 시도와 노력이 필요하다.

5) 아동의 발달수준 및 특성에 적합한 상담방법, 상담도구 개발 · 활용

성인과 상담을 할 때는 대개 언어적 상호작용 위주로 상담을 할 수 있다. 그러나 자기표현이 아직 미숙한 학령기 아동을 대상으로 이루어지는 상담에서는 상담자가 아동의 표현을 효과적으로 잘 이끌어 내고 지속시키는 것이 큰 과제가 된다. 평소에 말이 많던 아이도 상담을 하게 되면 입이 닫히고 억지로 말을 시키면 더 어려움을 느끼는 경우가 많다. 따라서 아동의 이러한 특성을 고려하여 효과적인 아동상담이 이루어지는 데 도움이 될 상담 보조 전략이나 도구를 사용할 필요가 있다. 아동의 관심과 흥미를 가져와서 보다 수월하게 상담 대화가 이루어지도록 이끌어 내는 상담전략으로 놀이를 통한 상담, 미술을 통한 상담, 음악을 통한 상담, 독서를 통한 상담, 인터넷 등 다양한 매체나 도구를 매개로 한 상담 등이 활용될 수 있다.

최근에 아동과의 상담에서 언어적 상호작용만으로는 한계가 있기 때문에 상담도구를 활용하는 것이 필요하다는 인식이 확산되면서 아동상담에서 활용할 상담도구의 개발이 시도되고 있다. 예를 들면, 주사위 말판 게임(주사위를 던져 나오는 수만큼 말을 이동하여 그 칸에 있는 질문을 읽고 그에 대한 대답을 이야기하는 것), 악어 감정 룰렛(순서를 정해 다양한 감정이 적혀 있는 악어 이빨 중 하나를 누르고 악어 입에 물리는 경우 누른 이빨에 적혀 있는 감정을 얼굴표정으로 나타내기), 내 마음의 온도계나 내 마음의 신호등(자신의 마음 상태나 감정 상태를 표시하고 표현하기), 착시 그림카드(보는 사람의 시각과 생각에 따라 형태나 모양이 다르게 보이는 그림), 대화카드(어떤 주제에 대해서 보다 수월하고 재미있게 대화를 나누도록 구성된 대화카드), 직업카드, 성격강점 카드 등이 그 예다. 이러한 상담도구를 사용하면 라포 형성이 자연스럽게 이루어지고, 상담에 대한 거리낌이나 저항, 무의식적으로 이루어지는 방어를 줄일 수 있으며, 무엇보다도 아동이 즐거운 마음으로 상담에 임할 수 있어서 효율적인 상담이 가능해진다.

6) 아동의 기본 적응행동역량 개발 촉진을 위한 상담

아동기 초등학생 대상 상담은 아동의 행동 전반에 관여하여 이루어진다. 초등학교 시기는 아동이 일상생활에 필요한 기본적인 생활습관과 학습 기능을 습득하는 결정적 시기이며, 이 시기의 적응행동의 성공적인 학습은 청소년기와 성인기의 부적응행동을 예방하고 보다 성공적인 적응과 생활을 할 수 있는 토대가 된다. 아동의 적응적인 행동 영역으로 기본 생활습관 형성하기, 친구 사귀기, 학업행동 관리하기 등을 들 수 있다.

아동이 학교생활에 효과적으로 적응하기 위해서는 학기 초 기본 생활질서 지키기, 학급규칙 지키기, 숙제하기, 주변 정리하기, 학습 준비물 챙기기 등 기본 적응행동역량, 생활습관을 올바르게 형성하는 일이 중요하다.

친구 사귀기는 아동의 성장과 발달에 특별한 의미가 있는 매우 중요한 적응행동역량이다. 아동이 초등학교에 들어가기 전에는 친구의 의미를 단지 일시적인 놀이 짝으로 생각하지만, 초등학교 시기를 거치면서 친구는 서로에게 필요한 도움을 주고받으며 생각과 느낌을 공유하는 지속적인 사회적 관계의 대상으로 발전한다. 초등학교 시기는 아동에게 친구관계에 대한 인식에서 큰 변화를 가져오는 중요한 시기가 되며, 이 시기의 친구관계는 아동의 행복과 발달을 형성하는 데 중요한 역할을 한다(Sullivan, 1953; Selman, 1980: 한국초등상담교육학회, 2014에서 재인용). 좋은 친구관계를 형성하고 유지·발전하기 위해서 기초적인 대화기술(인사와 자기소개하기, 대화 시작하기, 대화 계속하기, 질문하기, 질문에 대답하기, 대화의 주제 선택하기 등)과 사회적 기술(친구 초대하기, 함께하자고 요청하기, 호감 나타내기, 칭찬하기, 도움 제공하기, 배려하고 돌봐 주기 등)의 습득이 필요하다.

학업은 아동이 실제적으로 많은 시간을 들이면서도 가장 힘들고 어려워하는 적응행동역량이다. 학업문제를 나타내는 많은 아동이 효과적인 학습전략을 제대로 배우지 못했거나 낮은 학업성취도를 지속적으로 경험한 결과로 형성된 왜곡된 자아개념이나 신념으로 인해 고통을 받는 경우가 많다. 아동이 자신의 학업능력에 대한 왜곡된 신념에서 벗어나거나 몇 가지 효과적인 학습전략을 습득하도록 도움을 받게 되면 학업동기 증진과 학업성취에 진전을 가져올 수 있다. 그러나 아동이 지니고 있는 학습문제를 그대로 방치하거나 소홀히 하면 그 아동은 학교생활은 물론 추후 사회생활 적응에 예상치 못한 어려움을 경험할 수 있다. 따라서 학업을 대하는 아동의 태도(학업동기 증진, 긍정적 학업자아개념 형성, 학습준비성 개발, 학업스트레스 관리, 학습환경 관리 등)를 변화시키고 다양한 학습전략(주의집중, 효과적인 책 읽기, 노트하기, 기억하기, 시험 치기, 과목별 공부하기 등)을 습득하여 적용하도록 돕는 상담개입이 필요하다(한국초등상담교육학회, 2014).

7) 중다평가에 기초한 상담

아동의 발달 영역별 특성과 문제에 대한 보다 정확하고 균형 잡힌 이해와 진단을 위해서는 중다적 평가 접근이 필요하다. 즉, 여러 평가도구(multi-method)를 사용하여 아동이 생활하는 여러 장면이나 상황(multi-setting)에서 다양한 정보원이나 관찰자(multi-source)로부터 정보를 수집하여 아동의 인지 행동적·사회적·정서적 발달특성과 기능을 종합적으로 평가하는 것이 필요하다. 이러한 중다적 평가 접근을 통한 아동 이해는 오류와 편견을 줄이고 보다 종합적이고 균형 있는 평가를 토대로 체계적인 상담 개입을 하는 데 도움이 된다. 예를 들면, 어떤 문제 때문에 상담을 하게 되는 아동이 있을 때, 평가 초기에 아동의 행동을 관찰 면접하고, 여러 가지 평정 척도 및 자기보고형 검사와 같은 다양한 방법이나 도구를 사용할 수 있다. 또한 아동의 발달특성과 발달문제를 보다 정확히 밝히기 위해 학교나 놀이터, 수업시간과 쉬는 시간 등과 같은 다양한 장면에서 아동의 행동을 관찰하여 평가할 수 있다. 그리고 내담자 아동과 아동의 부모 및 교사로부터 평가 자료를 수집할 수 있고, 더 나아가 아동을 잘 알고 있거나 아동과 상호작용을 많이 하는 다른 정보원으로부터도 정보를 수집할 수 있다. 다양한 정보원에는 교직원, 다른 가족구성원, 지역사회 어른·아동·청소년 등

[그림 5-1] 집단상담에 참여하는 아동들

이 포함될 수 있다. 평가 장면과 관련해서도 상담 장면뿐만 아니라 가정, 학교, 지역사회와 놀이 장면 등도 포함하여 포괄적인 평가를 할 수 있다(한국초등상담교육학회, 2014). 이렇듯 중다적 접근을 통한 종합적 평가가 이루어질 때 한 인간으로서의 아동과 그 발달특성 및 문제에 대한 바르고 균형 잡힌 이해가 가능하고 이에 기초한 효과적인 상담 접근이 이루어질 수 있다.

3. 아동기 발달의 현안과 상담

최근 우리 사회에 나타나는 아동 발달 관련 현안으로 외동아이의 증가, 주의력결핍 과잉행동장애 증상의 증가, 다문화가정 아동의 증가, 학습문제 및 영재아동의 문제, 학교폭력 문제 및 소수의 문제아동 중심의 사후 대처적 개입 등을 들 수 있는데, 이에 따른 상담의 내용과 과제를 제시하면 다음과 같다.

1) 외동아이의 증가와 상담

아동기에 해당하는 학령기 초등학생 인구는 1980년도 549만 9,000명 이후로 계속 감소 추세에 있으며, 2010년 329만 7,000명 정도이고 이후로도 계속 감소하여 2017년 270여만 명 정도에 머무르고 이후도 감소가 예측되고 있다(통계청, 2013). 각 가정마다 아동 수가 줄어들고, 특히 형제자매 없이 외동으로 지내는 아이들이 늘고 있다. 2007년 현재 한 자녀 비율 상위 10개 지역은 서울 강남구(64.1%), 서초구(62.4%), 대구 중구(62.1%), 서울 마포구(61.7%), 영등포구(61.5%) 등의 순으로 대부분 서울의 자치구로 나타나 대도시 지역일수록 한 자녀 가정 비율이 높고, 한 자녀 비율이 48% 이상인 지역이 전라·충청의 일부 지역을 제외한 전국으로 확산되는 추세다(통계청, 2009c). 1990년대에 20% 정도로 나타난 한 자녀 가정이 계속 급속하게 증가 추세에 있다. 이러한 현상은 아동의 성격 발달과 사회성 발달에 좋은 조건이 되지 못할 수 있다. 가족과 친지 관계에서 한 아이 중심으로 관계가 형성되어 자신만 아는 아이, 이기적인 아이, 자기중심적인 아이가 되기 쉽다. 한 자녀 가구의 외동아이는 어른들 속에서 자라기 때문에 또래 아동과의 협동이나 양보, 나눔 등을 익힐 기회가 부족하다. 또한 과잉보호로 인해 자립심이 부족하거나 나약해질 가능성이 있고, 적응이나 대인관계 및 성격상의 문제가 발생할 수 있다. 집단생활에서 독선적이고 제멋대로 행동하여 따돌림을 받고 외톨이가 되기 쉽다. 오늘날 추세는 앞으로도 한 자녀 가구, 외동아이의 증가는 쉽게 감소되지 않을 전망이다. 아동 발달의 중요한 영역이 사회성 및 사회적 인지능력의 발달임을 고려할 때 증가하는 외동아이들이 이러한 발달 영역에서 나타나기 쉬운 문제나 약점을 극복하고 더불어 협력하고 나누며 살아가는 능력을 키워 나가도록 하는 것이 오늘날 아동상담과 교육의 중요한 과제가 되고 있다.

2) 아동기 주의력결핍 과잉행동장애 증가와 상담

주의력결핍(inattention), 과잉행동(hyperactivity), 충동성(impulsivity)을 주요 특성으로 하는 ADHD(주의력결핍 과잉행동장애)는 학령기 아동에게서 가장 흔히 나타나는 장애 중 하나로, 표경식 등(2001)은 6.1%의 유병률을, 양수진, 정성심과 홍성도(2006)는 6.5%의 초등학생 ADHD 유병률을 보고하고 있다. 그리고 학교보건진흥원의 ADHD 학생 선별 및 관리 계획에 따르면, 2008년 서울특별시 초등학교 44개교 15,270명 중 21.3%가 ADHD 증상을 보였고, 3.8%는 ADHD 치료를 받아야 하는 것으로 나타났으며, 2009년에 50개교, 2010년에 120개교를 대상으로 ADHD 학생 선별 및 관리 사업이 진행 중이다(김광수, 김선정, 2010에서 재인용). 이렇게 ADHD는 일선 교육현장에서 자주 접하는 장애이며, 이에 따라 ADHD 아동 치료에 대한 사회적 관심이 높아지고 있다.

같은 연령층의 아동에 비하여 지나치게 활동적이며 안절부절못하고 충동적으로 행동하는 ADHD 아동의 증상은 가정 및 학교 생활, 사회적응 등을 방해하면서 전반적인 삶의 질에 영향을 주게 되며, 그들의 50~80%는 청소년기에도 지속적으로 문제를 나타내는 것으로 보고된다. 이러한 ADHD 아동에 대한 상담 개입은 그 아동이 가지고 있는 문제행동을 수정하는 것뿐만 아니라 이차적으로 파생하는 여러 문제를 예방하는 차원에서도 매우 중요하다.

ADHD 아동을 위한 치료적 개입으로 약물치료, 행동수정치료, 인지행동치료 등이 이루어져 왔다. 최근 들어 ADHD 아동의 행동, 심리 및 정서를 치료하기 위해 예술치료도 많이 활용되고 있다. 그중 미술치료는 시각적 · 촉각적 표현 매체를 사용하여 자신의 내면을 자유롭게 표현하는 방식으로 접근한다. 이것은 약물치료, 행동수정치료나 인지행동치료와는 달리 표현활동을 통한 심리치료와 행동교정을 목표로 하므로, 긍정적인 정서를 이끌어 내고 바람직한 행동을 내면화하며 교사의 접근이 용이하고 부모의 심리적 거부감이 적어 아동의 문제행동 개선을 위한 대안적 치료 방법으로 제시되고 있다. 또한 언어표현이 익숙하지 못한 아동이나 장애를 가진 아동에게는 언어보다 미술이 자신의 내면을 표현하는 데 더욱 편안한 도구라는 장점을 가지고 있고, 미술 자체가 정화 기능이 있어 손상되고 불안정한 감정을 완화하는 데 도움을 주기 때문에 특히 관심의 대상이 되고 있다(김광수, 김선정, 2010). 지금까지 ADHD 아동에 대한 이해와 상담치료적 개입이 다양하게 연구 · 개발되며 적용되고 있음에도 불구하고 그 출현율은 줄어들지 않고 오히려 증가하고 있는 실정이다. 따라서 ADHD 아동에 대한 조기 발견과 이에 대한 보다 효과적인 개입이 체계적으로 이루어져야 한다는 현장의 요구는 더욱 절실해지고 있다. ADHD 아동에 대한 치료와 상담은 여전히 아동상담의 영역에서 더 연구되고 적용되어야 할 중요한 문제이자 주제가 되고 있다.

3) 다문화가정 아동의 증가와 상담

우리나라에서 거주하는 외국인은 110만 6,000명으로 전체 인구의 2.2%이며 (행정안전부, 2009), 최근 그 수는 기하급수적으로 증가하고 있다. 최근 들어 국제결혼가정, 외국인근로자가정, 북한이탈가정 등과 같은 다문화가정이 증가되고 있다. 2017년 청소년(9~24세) 인구는 전체 인구의 18.0%를 차지하고, 학령인구(6~21세)는 향후 10년간 약 150만 명이 감소할 전망이지만 2016년 다문화가정 학생 수는 9만 9천 명으로 전년보다 20.2% 증가하였으며, 다문화가정 학생 수는 계속 증가 추세에 있다(여성가족부, 2017). 이미 다문화인구가 160만 명 이상에 이르는 2020년경에는 다문화가정 아동·청소년 인구가 전체 아동·청소년 인구의 20%에 이를 것으로 추산된 바 있다(김성현, 2009). 국내의 저출산 현상과 맞물려 진행되는 다문화가정 자녀의 급속한 증가 현상은 우리의 학교교육현장에서 다문화가정의 학생들이 직면하게 되는 적응과 발달상의 문제들을 이해하고 이를 체계적으로 지도해야 할 교육적 과제를 부여하고 있다.

두 가지 이상의 문화권에 걸쳐서 성장하고 생활하는 다문화가정 아동·청소년이 최근 급속하게 증가하고 있다. 2008년 20,180명에서 꾸준히 증가하여 2015년에는 82,536명으로 증가하였고, 2016년에는 전년 대비 20.2%가 증가한 99,186명, 2017년에는 109,387명으로 집계되었다(교육부, 2018). 한편, 우리 사회에서 전체 학생 수는 계속 감소하는 반면, 다문화가정의 자녀는 급속하게 증가하는 상황 속에서 이러한 다문화가정이 안고 있는 문제들이 나타나고 있다. 가장 어려운 문제는 자녀교육 문제로 조사되고 있으며, 이들을 학교에서 지도하는 교사들 역시 다문화가정 학생들이 보이는 문제들을 다루어 나가는 데 어려움을 호소하고 있다. 무엇보다도 다문화가정 학생들이 초등학교에서 중·고등학교로 올라갈 때 탈락률(2008년 중학교 공교육 미취학 또는 중도탈락률 17.5%)이 이미 매우 높게 나타났고 탈락률이 증가되고 있는데(오성배, 2008), 이러한 현상은 다문화가정 학생의 생활지도와 상담에 더욱 특별한 개입과 노력이 필요하다는 점을 역설해 준다.

현재 우리 사회에서 계속 증가하고 있는 다문화가정과 그 아동은 여러 가지 문제를 안고 있어서, 우리 사회의 구성원으로 안착하고 건강한 정체감을 가지고 발달하도록 조력하는 생활지도와 상담의 개입과 구체적 프로그램이 요구되고 있다. 다문화가정의 아동이 가지게 되는 어려움들, 예컨대 학습과 진로의 문제, 인성 및 사회성 문제, 정체성 문제, 학교적응 문제 등은 다문화가정이 직면하는 문제, 즉 부모의 한국 사회·문화의 적응 문제, 언어 문제, 자녀 교육 문제, 경제적 어려움, 사회적 연계 지지망의 결핍 등의 문제들과 연합되어 나타나는 복합적 문제가 되고 있다. 따라서 다문화가정 아동의 문제를 예방·대처하고 건강한 발달을 이루어 나가도록 조력하기 위한 다각적인 노력과 더불어 이들을 효과적으로 조력하기 위한 상담적 접근과 구체적 상담 프로그램 및 기법의 개발이 시급한 문제가 되고 있다. 다문화사회를 맞이하여 일반 아동에게는 다양한 차이에 대한 수용능력을, 그리고 다문화가정 아동에게는 적응능력을 강화시키는 상담지도 방안이 개발되고 적용될 필요가 있다. 그리고 다문화학생 대상 상담의 효과적 진행을 위해서 '상담 기본 역량' '다문화 역량' '지역사회 연계 역량' 등의 다문화학생 상담역량의 개발이 요구된다(이동훈, 고홍월, 양미진, 신지영, 2014).

4) 학습문제와 상담

초등학교 시기는 본격적인 학업이 체계적으로 시작되는 시기로, 이 시기의 학업 발달은 평생 학습의 시대로 지칭되는 오늘날과 미래 사회에서 적응하는 데 매우 중요한 토대가 된다. 아동의 학업문제와 관련하여 특별히 주목할 현상은 학습부진(under-achiever)과 학습장애(learning disorder) 증상이다. 학습부진은 '아동이 정상적인 학습능력을 가지고 있는데도 불구하고 기대만큼의 학업성취를 달성하지 못하거나 혹은 학습능력이 낮아 학습에서 부진을 보이는 학업 상태'를 말한다. 한편, 학습장애는 '정상적인 지능지수를 보이고 정서적·사회환경적 문제가 없는데도 학업성취가 떨어지며, 특히 듣기, 말하기, 읽기, 쓰기, 셈하기 등 특정 학습 영역에서 장애를 보이는 현상'을 말한다(임규혁, 임웅, 2007; 황매향, 2008a). 학습부진과 학습장애의 개념은 모두 정상적인 지능수준을 포함하며 학업성취가 부진하다는 공통성을 가지고 있다. 그러나 학습장애에 의한 학업성취 부진은 개인의 읽기, 쓰기, 말하기, 듣기, 셈하기 등과 같은 특정 분야의 장애에 의한 것인 반면, 학습장애는 원인이 무엇이든 학습결과가 최저 수준에 미달된 경우라는 점에서 차이가 난다.

학습장애와 학습부진의 문제는 학습자의 학업 측면뿐만 아니라 학교생활 부적응까지 유발할 수 있는 심각한 교육적 문제다. 이러한 문제를 안고 있는 아동은 저조한 학습의욕과 낮은 자아존중감, 열등감 및 불안감을 갖는다. 이러한 불안과 긴장이 지속되는 경우에는 정서적 장애를 초래하기도 한다. 또한 이러한 아동은 학습 상황에서 또래로부터 소외되는 경험을 하며, 이에 따라 사회성 결핍이나 반사회적 행동 증상을 보이기도 한다. 이러한 학습문제 현상은 아동의 인지적·정서적·사회적 발달에 매우 부정적인 영향을 가져오기 때문에 학교 현장과 가정에서 어떤 형태로든 꼭 해결해야 할 중요한 도전과 과제가 되고 있다.

학습문제 관련 아동상담에서는 학습장애나 학습부진 아동에 대한 정확한 진단과 판별이 필요하고, 각 학생의 특성을 종합적 측면에서 이해한 다음 이들의 학습문제 조력을 위한 체계적 학습상담이 이루어질 필요가 있다. 학습장애의 상담에서 가장 중요한 것은 조기발견과 조기개입이다. 학습장애 상담의 목적은 학업을 본인의 능력에 맞게 효율적으로 수행하게 하고, 학습장애에 따른 이차적·심리적 문제를 해결하는 데 있다. 필요하다면 약물치료도 병행할 수 있고, 인지행동치료 및 특수교육을 통해 아동에 맞는 학습기술과 사회적 능력을 증진할 수 있도록 도와주며, 이 과정을 통해 좌절감 극복과 긍정적인 자기경험의 기회를 가질 수 있도록 돕는 것이 필요하다. 이때 결함을 보완하는 데 초점을 두기보다 장점이나 강점을 찾아 발달시켜 주는 접근을 통해 학습에 대한 자발적 흥미를 유발하는 것이 필요하다(황매향, 2008a).

아동의 학습부진의 원인은 발달심리학적 측면(학습장애, 정신지체, 정서장애, 주의력결핍 과잉행동장애, 언어장애, 성숙 지연 등), 인지적 측면(학습기초능력 결손, 누적된 학습결손 등), 정의적 측면(낮은 학습동기, 부적절한 귀인, 높은 불안과 학습된 무기력 등), 환경적 측면(가정 및 사회 환경 등), 학교 수업적 측면(부적절한 교재·교구 및 교수방법, 개별화 교수의 부재 등) 등의 종합적 측면에서 이해될 필요가 있다. 학습부진 아동의 학습동기 결여는 많은 학자가 공통적으로 지적하는 요소다. 이에 학습부진 아동의 학습동기 향상을 일차적 목적으로 상담 조력을 할 필요가 있다. 우선 인지적 측면에서 학습부진 아동의 특성을 이해하고 학습목표와 내용을 세분화하여 제시하며 성공 가능한 학습과제를 제시하여 성취감을 경험할수 있게 조력할 필요가 있다. 또한 심리적·정서적 측면에서 자기효능감과 학업적 자기효능감을 증진시켜 주는 전략으로 숙달 경험 촉진, 좋은 모델링 적용, 사회적 지지와 강화, 긴장·불안·스트레스의 이해와 효과적 대처 방안 개입 등을통해 학습부진 아동을 상담하고 조력할 필요가 있다(이대식, 황매향, 2011).

학습문제를 단순히 공부문제로만 보려고 하면 안 된다. 학습문제는 개인의건강, 심리 상태, 대인관계 상태, 학습전략 및 학습기술 능력의 정도, 시간·정신·에너지·목표 관리 등의 자기관리 능력 그리고 미래의 포부 수준이나 꿈,희망 등과 종합적으로 연결되어 있는 복합적인 삶의 현상이다. 따라서 아동이자기 자신의 인간관계와 미래의 측면에서 자기 주도적으로 건강한 발달을 이루어 나가도록 돕는 맥락에서 학습상담이 이루어질 필요가 있다.

5) 영재아동과 상담

읽기능력이 뛰어나고 이해력이 좋거나 기억력이 뛰어나며 풍부한 상상력과창의적인 특성을 보이는 아동들이 있다. 이들을 영재아동이라 한다. 보다 구체적으로, 이들은 영재성과 재능이 있는 아동으로 취학 전 혹은 학교 수준에서 지적·창의적 능력이나 특정 교과·학문·지도성의 영역에서 뛰어난 능력을 보이거나 잠재적 능력을 소유하고 있는 아동이다(임규혁, 임웅, 2007). 이러한 특성을 보이는 아동에게는 일반적인 학교에서 제공되는 평범한 지원과 활동 이상의것이 요구된다. 이는 영재성을 가지고 있는 아동 개인의 효과적인 발달을 조력하기 위해서뿐만 아니라 국가적 차원에서 우수한 지식과 기술을 창출할 수 있는개인과 집단이 사회적으로 끼칠 수 있는 영향력을 잘 관리하고 개발·활용하기위해서도 매우 필요하다.

그동안 영재아동의 지도나 교육에서 인지적 측면만 지나치게 강조된 경향이많았다. 우리나라의 영재교육 활성화 방안(교육과학기술부, 2008b)도 영재에 대한 인지적 서비스의 양적 확대에 치중하는 면이 많다. 반면, 미국영재학회에서

는 영재아동의 독특한 정서적 요구에 부응하지 못했다는 자성적 비판과 함께 영
재아동의 사회적 · 정서적 발달에 관한 연구를 21세기의 우선 과제로 선정하였
다(Moon & Reis, 2000). 영재아동의 사회적 · 정서적 지원 및 조력의 결핍은 영재
성 개발의 장애나 미성취 영재아동의 양산이라는 결과를 가져온다는 분석이 이
루어졌다. 영재아동 역시 특수한 요구를 지닌 하나의 집단으로서 건강한 정서
적 · 사회적 발달과 자아실현을 위한 교육을 제공받을 필요가 있고, 특히 이들의
독특한 정서적 · 사회적 발달을 고려하지 않았을 경우 이들의 지적 성취 역시 저
하될 위험성이 있다. 또한 영재아동의 정서적 특수성은 일반 아동보다 더 성공
적인 적응에 기여하기도 하지만, 극단적인 부적응을 초래하는 원인을 제공하기
도 하므로 사전에 예방 · 발달적 측면에서의 상담 프로그램 개입이 요구되고 있
다(허난설, 2009). 따라서 영재아동의 조기판별 및 효과적 영재교육 개입과 더불
어 영재아동의 정서적 · 사회적 특성에 대한 이해와 정서적 · 사회적 능력 개발
을 촉진하는 상담 및 상담교육 전략과 다양한 상담 프로그램의 개발 · 적용이 요
구되고 있다.

6) 학교폭력 문제와 상담

현재 우리나라에서 법률적인 학교폭력의 정의는 "학교 내외에서 학생을 대
상으로 발생한 상해, 폭행, 감금, 협박, 약취 · 유인, 명예훼손 · 모욕, 공갈, 강
요 · 강제적인 심부름 및 성폭력, 따돌림, 사이버따돌림, 정보통신망을 이용한
음란 · 폭력 정보 등에 의하여 신체 · 정신 또는 재산상의 피해를 수반하는 행
위"(「학교폭력예방 및 대책에 관한 법률」 제2조 1항)이다. 즉, 학교폭력은 교내외에
서 학생을 대상으로 발생하는 부정적인 의도를 지닌 신체적 · 물리적 · 심리적
공격 및 폭력행동으로, 한 명 또는 여러 명의 학생이 힘의 불균형 상황에서 자
기보다 약한 상대나 집단의 암묵적인 규칙을 어긴 자를 폭행, 협박, 따돌림 등에
의하여 신체적, 정신적 또는 재산상의 피해를 입히는 행동을 말한다(송재홍 외,
2016).

학교는 일정 기간 시간과 공간을 공유하는 특성으로 인해 학교폭력이 발생할 경우 지속성과 반복성을 허용하는 취약한 구조를 가지고 있다. 학교폭력은 고의성, 반복성, 힘의 불균형을 전제로 한다(Coloroso, 2003). 고의성은 실수가 아닌 고의적으로 해를 입히거나 괴롭히는 말과 행동을 하는 것이고, 반복성은 일회적 행동이 아닌 반복적으로 되풀이되는 행동을 의미한다. 힘의 불균형은 힘이 더 센 학생이 약한 학생을, 상급생이 하급생을, 다수의 학생이 소수의 학생을 괴롭히는 것을 의미한다. 이러한 학교폭력의 일반적 특성은 우리나라 학교폭력에서도 여실히 드러나고 있다.

우리나라 학교폭력 문제는 오래전부터 심각한 사회적 문제로 대두되어 급기야 2004년부터 「학교폭력예방 및 대책에 관한 법률」이 제정되어 시행되고 있지만, 여전히 학교는 학교폭력으로 어려움을 겪고 있다. 교육부(2013)의 학교폭력 실태 조사에 따르면, 특히 전체 피해사례의 16.5%를 차지하는 집단따돌림으로 피해학생들이 겪는 정서적 고통 수준이 가장 심한 것으로 나타났으며, 집단따돌림을 목격하는 상황에서 학생들의 대처방식은 모른 척한다는 응답이 많아 방관자 역할을 하는 학생들이 많음을 알 수 있다. 학교폭력은 주로 피해자 문제로 제기되었지만, 2000년 이후 피해자면서 동시에 가해자인 학생들의 수가 증가하고 있으며(청소년폭력예방재단, 2014), 관련 당사자들뿐 아니라 방관자를 포함하여 학교의 모든 학생이 직·간접으로 고통을 겪는 문제로 인식되고 있다.

2012년 학교폭력으로 인한 학생들의 잇따른 자살을 목격하며 정부가 학교폭력 문제에 더욱 강력하게 대처하면서 가시적으로 학교폭력의 피해응답 비율이 2012년 321,000명(8.5%)에서 2013년 77,000명(1.9%), 2014년 48,000명(1.2%), 2015년 34,000명(0.6%)으로 대폭 줄어들었다. 학교폭력 가해응답 비율도 2012년 156,000명(4.1%)에서 2013년 38,000명(1.0%), 2014년 23,000명(0.6%), 2015년 16,000명(0.4%)으로 줄어들어 감소 추세가 일관적으로 보고되고 있다(교육부, 2015). 그러나 학교폭력의 감소 추세에도 불구하고 여전히 학교폭력으로 고통받는 학생들은 많고 그 폐해는 심각하다. 무엇보다도 학교폭력을 처음 경험하는 시기가 대부분 초등학교 시절로, 학교폭력 발생이 저연령화되었다(청소년폭력예방재단, 2015). 또한 가해자와 피해자 구분의 모호성이 증대되며 가피해자(피해와 가해 경험이 모두 있는 대상)가 증가하면서 학교폭력 양상이 점점 복잡해지고 있다. 폭력의 형태도 적발 및 처벌이 명확한 신체적 폭력보다는 점점 언어적 · 정서적 폭력, 집단따돌림 등이 가장 높은 비율을 차지하고 있고, 최근에는 SNS 활용 등 사이버 폭력이 증가하고 있다(교육부, 2015).

학교폭력 피해자, 가해자 및 가피해자 모두 인지, 정서, 행동상의 문제와 어려움을 보이고 있으며 대인관계, 정신건강, 학교생활 적응 및 미래의 적응에 있어서 어려움을 나타내고 있어 이들에 대한 체계적 상담 필요성이 증가하고 있다(이혜미, 김광수, 2016). 특히 학교폭력 피해자를 대상으로 한 정신장애 진단이 크게 늘어나고 있으며, 그중 PTSD(Post Traumatic Stress Disorder, 외상후 스트레스 장애) 진단이 빈번히 발생하고 있어 이에 대한 상담적 개입이 강조되고 있다. 학교폭력으로 인한 PTSD 증상은 피해연령이 어릴수록 피해기간이 장기일수록 심각한 양상을 띠고 있고, 개인의 성격, 가족지지, 학대 등과도 밀접한 관련이 있

[그림 5-2] 장애나 문제를 '걸림돌'이 아닌 '디딤돌'로 만드는 회복탄력성

어서 환경적·구조적으로 통합적 진단이 필요하며, 외상적 치료접근이 필요하다(Cook et al., 2005). 교육현장에서 학교폭력으로 인한 PTSD 진단이 빈번히 발생하고 있지만, 학교폭력 피해자의 피해상황에 대한 종합적이고 면밀한 이해와 피해 회복을 위한 행정적·심리적 대처는 미흡한 현실이다. 앞으로 학교폭력의 예방과 대처를 위한 다양한 노력과 더불어 학교폭력을 외상의 개념으로 이해하고, 외상적 치료 및 예방과 대처 방법을 탐구, 적용할 필요가 있다. 또한 학교폭력 관련자들이 외상의 치유를 넘어 외상후 성장(Post Traumatic Growth: PTG)으로 나아가고 회복탄력성을 키워 갈 수 있도록 돕는, 보다 전문화된 학교폭력 상담이 이루어질 필요가 있다(이혜미, 김광수, 2016).

7) 소수 문제 중심 사후대처 접근의 극복과 긍정심리와 강점 기반 상담

상담은 초기에 임상적 치료적 모형으로 출발하여 소수의 심리적 질병의 소유자의 치료에 초점이 맞추어졌다. 이러한 경향이 아동상담에도 영향을 주어 문제와 부적응에 반응하는 사후 대처적·문제 중심적 아동상담에 치우쳐 왔다. 최근 심리학 내에서는 그동안 심리학이 소수 증상 소유자의 부정적인 문제 현상과 증상의 규명과 치료 및 해결에 치우쳐 온 것에 대해 반성하면서 모든 사람의 건강한 발달과 행복에 기여하는 긍정적 정서, 심리특성의 계발을 강조하고 있다. 최근의 이러한 심리학 경향을 긍정심리학 운동이라고 부른다(김광수, 2012). 긍정심리학의 기본적인 가정은 아동과 청소년의 문제나 증상을 확인하고 치료하여 이를 소멸시키는 데 머무르는 것 이상으로 나아갈 것을 강조한다. 즉, 문제의 치료와 소멸에서 더 나아가 행복과 삶의 만족감을 느끼고 누리는 데까지 나아가 충만한 삶을 살도록 돕는 것을 강조한다. 그리고 그러한 삶을 사는 데 기여하는 인간의 긍정적 심리특성을 정의하고 확인하여 분류하고 이를 측정하며 이를 계발할 방안을 강조하고 있다.

최근의 긍정심리학 흐름은 인간의 건강과 안녕을 단지 우울과 공격성, 장애 등의 소멸로 보는 기존의 질병모델에 기반을 둔 전통적 상담 접근에 대한 비판과 더불어 삶의 만족도 증진과 성격강점의 계발 및 인간의 잠재력 계발 촉진 등 인간발달의 긍정적인 면을 강조하는 상담 접근을 강조하고 있다. 사실 기존의 질병(문제)모델 상담 접근은 많은 시간과 노력을 기울여 증상의 치유와 장애의 소멸을 추구하였지만, 최근의 연구에 따르면 비록 소멸된 증상과 장애도 개인의 강점과 건강한 심리특성의 계발이 이루어지지 않을 때에는 증상과 장애가 재발되고 문제의 악화로 반복되는 경향이 높은 것으로 나타나고 있다. 따라서 문제나 증상의 제거와 감소뿐만 아니라 인간의 긍정적 특성의 계발이 강조되고 있다. 긍정적인 심리특성, 성격강점(예, 감사, 용서, 몰입, 열정, 희망, 낙관성, 사랑 등)은 삶의 만족도 및 행복 증가와 관계가 있고, 정신병리 · 우울 · 장애 · 공격성 등 문제 증상과 관련이 멀어 이러한 강점과 성격의 특성을 형성하고 발달시키는 것은 보편적인 아동 · 청소년 문제에 보호 요인을 키워 주고 제공하는 중요한 전략이 되는 것을 보여 주고 있다(김광수, 2012). 나아가 이러한 성격강점이 학생의 학업성취에도 영향을 주는 종단적 연구결과도 발표되었다(Park & Peterson, 2008). 따라서 소수 심리적 문제행동 특성과 증상을 나타내는 아동에 대한 임상적 · 치료적 접근과 더불어 그동안 체계적 연구와 적용이 부족했지만 그 중요성과 효과성이 강조되는 긍정심리 접근의 통합을 통해 문제 증상의 아동을 포함하여 모든 아동의 긍정적 심리특성과 성격강점, 품성의 보다 효과적이고 체계적 계발을 위한 아동상담연구와 적용이 요구되고 있다.

긍정심리 아동상담과 관련하여 두 방향과 내용을 제시하면 다음과 같다.

첫째, 아동의 긍정정서 및 긍정심리 증진을 위한 체계적 상담의 개발과 적용이 필요하다. 긍정정서가 개인의 사고와 행동을 확장시키고(확장가설), 심리적 강점, 좋은 사고 습관, 사회적 연계성, 신체적 건강 등의 자산을 구축하며(수립가설), 부정적 상태에서 긍정적 상태로의 회복을 가져오고(회복가설), 역경을 극복하도록 이끌어 웰빙을 증진하며(탄력성가설), 긍정정서가 부정정서보다 3배 이상의 비율을 유지할 때 공동체의 번영이 나타난다(번영가설)는 긍정정서의 확장-수립 이론이 구축, 입증되고 있다(Magyar-Moe, 2012). 프레드릭슨(Fredrickson,

2009)은 긍정정서 증진을 위한 여러 방법 중 하나로 강점의 인식과 활용을 제안한 바 있으며, 미국의 학교상담에서는 아동들이 자신의 과거를 대하는 시각, 현재의 경험, 미래에 대한 관점을 변화시켜 나가도록 돕기 위해 긍정정서의 경험을 촉진하기 위한 개입으로 감사와 용서를 통한 과거 변화시키기, 몰입과 마음챙김을 통한 현재 변화시키기, 희망과 낙관성을 통한 미래 변화시키기 개입을 실시하고 있다(Miller & Nickerson, 2007). 긍정정서와 다양한 긍정심리 특질의 증진은 아동의 대인관계, 학습, 진로 등에 긍정적 효과가 있음이 입증되고 있다(김광수, 2012; 정다정, 김광수, 2017) 또한 이미 미국뿐만 아니라 영국, 호주, 이탈리아 등의 다양한 나라에서 학교에서의 긍정심리 개입과 효과 검증들이 체계적으로 진행되고 있고, 그 효과가 검증되고 있다(Furlong, Gilman, & Huebner, 2017).

둘째, 강점기반 아동상담의 개발과 적용이 체계적으로 이루어질 필요가 있다. 아동의 삶에 긍정정서, 강점 및 의미를 구축하여 궁극적으로 학생의 행복을 증진하는 것을 목적으로 하는 긍정심리 상담은 오늘날 아동의 학습, 진로지도에 주는 시사점이 많다. 강점 지능의 발견과 개발, 성격강점의 발견과 개발은 긍정심리학이 오늘날 아동상담에 주는 시사점이 매우 높다. 특히 성격강점의 발견과 개발은 여러 실증 연구를 통해서 아동, 청소년들의 대인관계 증진, 문제 행동 및 정신병리 감소, 학업 동기 및 학업 성취 증진에도 효과가 있음이 입증되고 있다(김광수, 2012). 인간이 건강하고 행복한 삶을 살기 위해서 이해하고, 발견하고 활용할 강점으로 제시된 성격강점은 행복한 삶으로 나아가는 핵심 특성으로 제시되고 있다. 특히 자신의 대표성격강점이 무엇인지를 발견하고 이를 자신의 일과 여가, 놀이, 학습, 진로, 문제해결 등에 활용하면서 자신의 생활 속에서 그것을 확인하고 활용, 계발할 수 있다는 것은 곧 진정한 자기이해의 출발이며, 자기실현의 근원이 됨을 뜻한다(Peterson & Seligman, 2004). 이러한 성격강점 기반 상담의 연구와 적용의 효과가 입증되고 있으며(남현우, 김광수, 2015), 아동의 성격강점을 발견하고 이를 아동의 대인관계, 문제해결, 학습과 진로 등에 효과적으로 적용하는 상담 실행을 돕는 아동 성격강점검사(김광수 외, 2015)와 아동 성격강점카드(김광수 외, 2016)가 개발되고 활용되고 있다.

[그림 5-3] 아동 성격강점검사(KICS) 및 카드

4. 아동기 발달 촉진을 위한 상담의 과제

아동 발달에 대한 연구는 영유아 발달이나 청소년 발달에 대한 연구에 비해 빈약하고 부족한 실정이다. 지금까지 이루어진 연구문헌을 살펴보면, 초등학교 시기인 아동기 발달에 대한 내용은 영유아 발달에 대한 논의에 조금 덧붙여서 약간 다루어지거나 영유아 발달의 연장으로서 별다른 내용이 제시되지 못하고 다루어지는 경우가 많았다. 그리고 아동기에 대한 언급은 별로 없이 바로 청소년 발달과 특성에 대한 논의로 넘어가는 경우가 많았다. 그러나 초등학교 시기는 유아기의 발달과 차이가 있고 청소년기와도 구별되는 독특한 발달 단계로서, 이 시기는 학업과 또래관계, 학교생활 등이 새롭게 시작되면서 인지, 사회, 정서, 도덕성, 진로 발달에서 매우 중요한 발달이 이루어지고, 이러한 발달의 성패는 청소년기, 성인기 및 평생의 적응과 발달, 성취의 기초이자 근간이 되고 있다. 따라서 이 시기의 발달특성과 발달과제에 대한 보다 체계적이고 종합적인 연구를 토대로 건강하고 긍정적인 발달을 촉진하며 문제와 장애를 예방·대처하고 아동의 안녕과 행복을 증진하기 위한 상담연구와 적용 노력이 필요하다.

아동 발달을 촉진하고 아동의 안녕을 증진하기 위한 아동상담 과제를 살펴보면 다음과 같다.

첫째, 기존의 아동기 발달특성과 발달과제 제시의 문제점과 한계를 분석하고 이를 극복하기 위한 기초연구 및 실증연구의 확대와 아동기의 발달특성 관련 자료 축적의 체계화 작업이 필요하다.

둘째, 아동상담의 특성에 적합한 상담이론과 상담 기법, 상담 교육과정 개발이 요구되며, 성인이론의 변형이 아닌 아동기의 발달특성에 토대한 아동기 전문상담의 이론과 기법의 개발이 필요하다.

셋째, 아동의 발달에 중요한 영향을 미치는 부모상담에 대한 연구와 적용이 필요하다. 부모는 아동이 태어나서 자라는 동안 아동과 가장 많은 상호작용을 하면서 아동에 대한 다양한 정보와 실제적 지식을 가지고 있다. 따라서 아동발달상담에서는 부모의 자원과 강점을 잘 파악하고 부모와 좋은 협력 관계를 형성하여 아동발달상담의 시너지를 가져오는 다양한 방안을 개발하고 적용할 필요가 있다.

넷째, 아동기 정상발달을 방해하는 신체·정신·정서·행동의 이상발달이나 다양한 발달장애 현상을 체계적으로 이해하고 이러한 증상을 보이는 아동이 자신의 특수한 상태에서도 자신의 강점을 발견하고 이를 기반으로 자신만의 독특한 발달을 꾸준히 이루어 나갈 수 있도록 조력하는 강점 기반 상담을 개발하고 적용하며 그 효과를 검증·축적해 나갈 필요가 있다.

다섯째, 학령기 아동의 전인적 발달을 촉진하기 위해서는 학업, 진로, 정서·사회적 영역에서 아동의 발달을 지속적으로 촉진하기 위한 학교상담 교육과정의 개발과 시행이 필요하다. 이는 다양한 학령기 아동의 문제를 사전 예방하기 위한 측면에서뿐만 아니라 아동의 전인적 발달 촉진이라는 아동기 교육의 목표 달성을 위해서도 필요한 과제다.

여섯째, 아동기 특성상 아동을 둘러싸고 있는 생태환경체계의 영향력을 이해하고 이러한 생태환경체계, 즉 가정, 학교, 또래관계, 지역사회, 매체 등의 위험요인을 줄이고 이들의 보호요인을 강화하기 위한 생태체계적 상담환경 구축이 필요하다. 이를 위해 다양한 아동을 돕기 위한 기관 간 연계 체계의 형성과 이를 지원하고 촉진하기 위한 법, 제도, 행정 시스템의 구축과 전문 인력의 양성 및 배치가 필요하다.

아동기를 통과하면서 아동은 여러 발달의 영역에서 크고 작은 다양한 장애와 스트레스와 어려움을 겪게 될 수 있다. 아동이 가지고 있는 문제나 어려움이 더욱 악화되느냐, 아니면 그러한 문제나 취약함에도 불구하고 이를 잘 극복하고 오히려 그러한 어려움이나 문제의 위기가 성장, 발달의 기회가 될 수 있느냐는 그 아동 개인과 가정, 또래관계, 지역사회나 매체 차원에서 위험요인이 작동하느냐, 아니면 보호요인이 작동하느냐에 따라 좌우된다(한국초등상담교육학회, 2014). 위험요인이란 한 개인이 평균적인 다른 사람에 비해 발달상의 문제를 일으킬 소지가 높아지도록 하는 특성이나 변인을 말하며, 보호요인이란 개인이 위험요인에 노출되어 나타날 수 있는 부정적인 영향력(스트레스나 위험의 영향력)을 완화해 결과적으로 문제행동이 야기될 수 있는 확률을 낮추는 변인이다. 따라서 아동의 가정, 학교, 또래관계, 교사관계, 지역사회 및 매체와의 관계에서 아동에게 위험요인으로 작용할 요인을 조기발견하고 개입하여 약화시키고 보호요인으로 작용할 다양한 상담지도 및 지원 방안을 개발해서 적용할 필요가 있다. 그리고 아동이 가진 문제나 어려움을 제거하고 해결하는 데 멈추지 말고 아동이 자신의 부정적 경험을 잘 소화하고 자신의 강점을 찾아 이해하고 그 강점을 중심으로 자신의 가능성을 계발하여 나가도록 조력하여야 한다. 이러한 강점 기반 발달적 상담 조력을 통해 아동은 자신을 이해하고 수용하며 정서적·사회적 능력의 계발을 통해 건강한 자아와 인간관계를 건강하게 형성하고 자신만의 성취와 성장 경험을 성취해 나갈 수 있을 것이다.

학습문제

1. 학령기 아동의 주요 발달특성을 제시하고, 이러한 발달특성에 기초하여 상담의 대상이 될 한 아동을 상정하여 그 아동의 발달특성과 내용을 조사하고 기술해 보자.
2. 학령기 아동의 발달특성에 기초한 아동상담의 특성과 내용을 제시하고, 이 중 가장 중요하다고 보는 내용과 그 이유를 제시해 보자.

3. 우리나라 아동 발달 관련 현안과 이에 따른 상담의 내용과 과제 중 자신이 가장 관심이 가는 내용과 그 이유를 논해 보자.

4. 아동기 발달 촉진을 위한 상담의 과제들 중 강점 기반 상담의 내용과 특징 및 그 구체적 상담방안에 대해서 탐구하여 제시해 보자.

제6장
청소년기

최지영

　이 장에서는 청소년의 발달적 특성을 신체, 인지, 사회성 등 다양한 발달 영역별로 살펴보고, 청소년 상담에서 주요하게 다루어지는 주제를 소개하고자 한다. 「청소년 기본법」 제3조 1항에 따르면, 청소년은 9세 이상 24세 이하인 사람을 말한다. 이처럼 법률적으로 청소년의 연령을 규정하기도 하지만, 이 장에서는 아동기와 성인 초기 등 다른 발달시기와 중복되는 것을 피하기 위해 우리나라 학교 편제 기준으로 주로 중·고등학생의 발달특성을 다루고자 한다.

　청소년은 발달의 연속성을 강조하는 전 생애적 발달의 관점에서 보면, 아동보다는 좀 더 나아진 측면이 있고, 성인보다 아직 발달이 덜 된 측면이 있다. 그러나 청소년기는 성인의 축소판으로 보기 힘들고, 다른 발달시기와는 질적으로 다른 부분이 동시에 존재한다. 우선 청소년은 신장과 체중이 증가하고, 2차 성징이 나타나는 등 신체 발달이 급격하게 일어난다. 인지적인 측면에서도 가설 연역적 사고가 출현하고, 정보처리능력이 아동기에 비해 훨씬 향상된다. 사회성과 관련해서는 자아정체감의 형성과 또래와의 우정관계를 제대로 형성하는 것이 중요한 과업으로 등장하게 된다. 이러한 청소년의 발달적 특성을 고려했을 때 청소년기의 주요 상담과제로 대두되는 영역은 학업, 진로, 정서, 또래관계 등을 포함한다. 청소년기 발달을 다룰 때 신체 발달은 다른 영역에서의 발달에 비해 대체로 덜 강조되어 왔다. 그러나 신체 발달은 인지 발달이나 사회성 발달 등에 영향을 미치는 기본적 토대의 역할을 하고, 다른 영역에서의 발달과 상호 영향을 주고받기 때문에 이 장에서는 신체 발달의 주제를 좀 더 강조해서 다루고자 한다.

1. 신체 발달

일반적으로 아동기에는 여자아이와 남자아이의 신체적 차이가 크지 않지만, 청소년기에 이르면 남녀 청소년은 신체적 특징에서 많은 차이를 보인다. 다른 시기에 비해 청소년기에 신체 발달이 급격하게 이루어지는데, 특히 두뇌 발달, 신장 및 체중, 운동 발달 등과 관련하여 몇 가지 특징을 보인다. 급격한 신체 발달은 청소년의 심리정서적 측면과 사회성 발달에 영향을 미친다. 또한 청소년기에 건강에 좋은 습관을 형성하면 성인이 된 후에 긍정적인 영향을 미치기 때문에 청소년기에 다양한 영양소 섭취, 충분한 수면, 적절한 운동을 하는 습관을 기르는 것이 중요하다.

1) 두뇌 발달

청소년기에는 두뇌에서 공간, 감각, 청각, 언어를 관장하는 두정엽과 측두엽이 성숙해지고, 인지 및 사고 기능을 담당하는 전두엽도 계속해서 발달한다(Carter, 2009). 이 중 두정엽은 공간 추론이나 공간에서의 위치 감각과 관련되어 있다. 예를 들면, 자전거를 타고 친구 집에 가면서 어느 쪽으로 가야 할지를 결정할 때 두정엽이 활성화된다(Rice & Dolgin, 2008). 만일 두정엽이 제대로 활성화되지 않으면 공간에 대한 지각능력이 떨어지기 때문에 유체가 이탈된 듯한 느낌을 받기도 한다(Carter, 2009).

측두엽은 개인적인 기억과 언어를 관장하는 곳이며, 청각정보를 해석하고 기억하는 역할을 한다(Carter, 2009). 측두엽에 위치한 해마와 편도는 청소년기에 보다 성숙하게 된다. 해마는 학습 및 기억과 긴밀하게 관련되어 있고, 편도는 분노나 공포 반응과 같은 정서적 기억을 주로 저장하는 곳으로 사람들이 감각정보에 기초하여 1차적 감정 반응을 일으키게 한다(Rice & Dolgin, 2008). 해마와 편도핵이 제대로 활성화되지 않으면 다른 사람의 감정을 잘 이해할 수 없기 때문에 여러 가지 문제행동으로 연결될 수 있다.

전두엽은 계획능력이나 충동통제능력과 같은 고차적인 사고과정이 일어나는 곳이다. 따라서 전두엽이 손상되면 생각하기 전에 행동하게 되고, 자신의 행동이 장기적인 관점에서 어떠한 결과를 초래하게 될지 예측하지 못한다(Rice & Dolgin, 2008). 청소년기에는 전두엽 맨 앞쪽에 있는 전전두엽피질이 계속해서 발달하는 중이기 때문에 판단력과 충동조절이 부족하여 경솔한 의사결정을 하기도 한다(Carter, 2009). 청소년의 충동적 행동이나 문제행동은 특정 학생의 개인적 특성 때문에 나타날 수도 있지만 청소년들은 일반적으로 전두엽 발달이 아직 완성된 상태가 아니기 때문에 그러한 행동을 할 수 있다. 이러한 사실은 위험하거나 경솔한 행동을 하는 청소년들에게 교육 및 상담 전문가들이 어떠한 교육적 관점을 가져야 할지에 대해 시사점을 준다.

청소년기를 통해 두정엽, 측두엽 및 전두엽 영역은 지속적으로 발달해 가며, 세 영역 간의 연결도 계속 견고해진다. 예를 들면, 전두엽에서 측두엽으로 연결되는 신경섬유들은 점점 굵어지고 수초화된다(Rice & Dolgin, 2008). 수초화가 되면 뇌 기능이 좀 더 효율적으로 이루어진다. 또한 좌반구와 우반구를 이어 주는 뇌량도 두꺼워지기 때문에 뇌의 여러 영역이 효과적인 방식으로 정보를 서로 공유할 수 있어서 정보처리기술이 향상된다(Carter, 2009). 청소년기의 전두엽 발달 과정은 이 책의 제13장에서 좀 더 자세히 다루고 있으므로 참고하기 바란다.

2) 신장과 체중의 증가

청소년기에는 신장과 체중이 빠르게 성장하기 때문에 전체적인 체격이 급격하게 성장한다. [그림 6-1]과 [그림 6-2]는 2015년도 우리나라 청소년의 신장 및 체중의 변화를 보여 주고 있다. 연령이 증가할수록 청소년의 신장 및 체중은 약간씩 증가하고, 남녀 청소년 간에 체중보다는 신장의 차이가 점차 커지는 것을 알 수 있다(여성가족부, 2016).

2016 청소년백서(여성가족부, 2016)에 따르면, 우리나라 10년 전 청소년과 요즘 청소년들 간에는 신장이나 체중에서 큰 차이가 없는 것으로 나타났다. 예를 들면, 2005년에는 14세 남자 청소년의 평균 신장이 168.5cm이었던 데 비해, 2015년에는 14세 남자 청소년의 평균 신장이 168.4cm로 나타났다. 한편, 14세 여자 청소년의 평균 신장은 2005년에는 159.3cm이었던 데 비해, 2015년에는 159.4cm로 나타났다. 반면, 2005년에 14세 남자 청소년의 평균 체중은 61.0kg 이었던 데 비해, 2015년에는 61.3kg이었다. 또한 14세 여자 청소년의 평균 체중은 2005년에는 53.1kg이었는데, 2015년에는 53.9kg으로 나타났다.

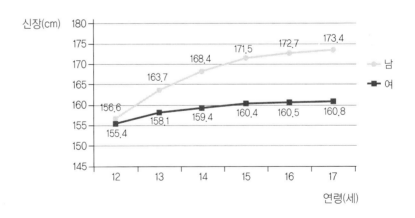

[그림 6-1] 연령에 따른 우리나라 청소년의 신장 변화(2015년도 기준)

출처: 여성가족부(2016).

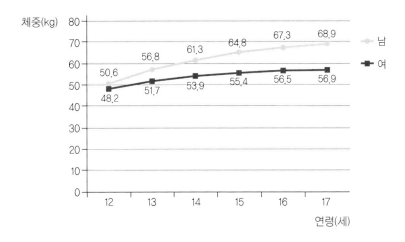

[그림 6-2] 연령에 따른 우리나라 청소년의 체중 변화(2015년도 기준)

출처: 여성가족부(2016).

3) 2차 성징의 발달

아동기에는 남녀의 신체적 특징이 큰 차이가 없지만, 청소년기에 이르면 여자 청소년은 더욱 여성스럽게, 남자 청소년은 더욱 남성스럽게 되는 모습을 볼수 있다. 청소년기 이전에는 남녀가 거의 비슷한 정도의 남성호르몬과 여성호르몬을 분비하다가 사춘기가 되면서 남성은 남성호르몬인 안드로겐을, 여성은 여성호르몬인 에스트로겐과 프로게스테론을 많이 분비하게 된다. 여성의 난소에서 에스트로겐과 프로게스테론이 분비되는데, 에스트로겐은 2차 성징 발달을 촉진하며 가슴과 자궁을 발달시키고, 프로게스테론은 여성의 자궁을 발달시켜 임신을 준비하고, 임신을 유지할 수 있도록 한다. 반면, 남성호르몬인 테스토스테론은 대표적인 안드로겐으로서, 남성의 2차 성징의 발달, 신장의 증가, 정자 생산 및 성욕 증가 등 남성의 신체 변화를 일으킨다(정옥분, 2009).

4) 신체 변화와 심리적 적응

(1) 신체상

청소년기에 남녀 청소년이 자신에게 일어난 신체적 변화를 어떻게 받아들이느냐가 심리정서적 발달에 영향을 주기 때문에 청소년이 자신의 신체에 대해 어떠한 생각과 이미지를 가지고 있는가는 중요한 문제다. 청소년들이 자신의 신체에 대해 부정적으로 생각할수록 자살에 대한 생각을 많이 한다는 연구결과도 있는 만큼(노혜련, 최경일, 2009), 청소년들이 자신의 신체에 대해 긍정적으로 인식하는 것이 필요하다.

이처럼 자신의 신체에 대한 주관적인 느낌을 신체상(body image)이라고 하는데, 여학생이 남학생에 비해 대체로 자신의 신체에 대해 부정적으로 인식하는 것으로 알려져 있다(김정현, 정인경, 2007; 정옥분, 2009). 그러나 모든 남학생이 자신의 신체에 대해 만족하는 것은 아니다. 남성의 경우, 자신이 다른 사람에 비해 왜소하고 근육이 빈약하다고 느껴서 하루에 몇 시간씩 근육운동에 집착하는 경우가 있는데, 특히 이것은 근육이형증(muscle dysmorphia) 환자에게서 나타난다(백기청, 2001). 이러한 증상은 성인 남성에게뿐만 아니라 남자 청소년에게도 나타나는데, 자신의 신체에 대한 불만족감은 자기존중감을 저하시키고, 불안과 기분장애 및 식이장애를 유발하기도 한다. 심할 경우에는 근육강화를 위해 스테로이드를 남용하기도 한다(Cohane & Pope, 2001). 스테로이드를 남용하면 사망에 이르기도 하는데, 2017년 8월에는 미국의 유명한 보디빌더인 리치 피아나(Rich Piana)가 스테로이드 과다복용으로 사망한 사례가 있다.

한편, 한 종단연구(Bearman, Martinez, Stice, & Presnell, 2006)에서는 총 428명의 청소년들을 대상으로 신체상에 대한 남녀차이를 탐색하였다. 연구결과에 따르면, 13세에는 남녀 청소년의 신체상에 차이가 없다가 14~16세가 되면 여학생이 남학생에 비해 자신의 신체에 대해 불만족스러워하는 경향이 강하게 나타났다. 이 시기에는 여학생들이 특히 외모에 신경을 많이 쓰고, 자신을 실제보다 비만하다고 인식하거나 저체중을 이상적인 체형으로 생각하면서(김연겸, 윤기선,

2009; 김영신, 공성숙, 2004) 외모에 대한 불만족이 증가하는 것으로 볼 수 있다.

(2) 조숙 대 만숙

인간의 발달과 관련하여 여러 가지 원리가 있지만, 그중에서도 발달에는 개인차가 있다는 것이 발달의 중요한 원리 중의 하나다. 발달의 개인차로 인해 또래들에 비해 좀 더 빨리 성숙한 모습을 보이는 청소년이 있는 반면, 늦게 성숙한 모습을 보이는 청소년들도 있다. 또래들에 비해 빨리 또는 느리게 성숙하는 것에 대해 남녀 청소년들의 반응은 차이가 있다.

우선 남자의 경우는 조숙한 청소년이 늦게 성숙한 청소년에 비해 심리적으로 안정되어 있고, 스트레스를 적게 받는 것으로 알려져 있다. 남자 청소년은 운동이나 사회적 활동을 많이 하기 때문에 아무래도 또래에 비해 신체적으로 발달이 느린 학생보다는 조숙한 학생들이 친구들에게 인기가 많다. 또한 늦게 성숙하게 되는 남학생은 대체로 자신에 대해 부정적으로 인식하고, 위축된 모습을 보이고 있기 때문에(Jones & Bayley, 1950; Mussen & Jones, 1958; Tobin-Richards, Boxer, & Petersen, 1983: 정옥분, 2009에서 재인용), 남자 청소년의 경우 대체로 조숙(early maturity)이 만숙(late maturity)에 비해 더 유리하다고 볼 수 있다.

이처럼 남자 청소년의 경우 조숙과 만숙의 영향이 비교적 분명하게 나타나는 반면, 여자 청소년에 대한 기존의 연구에서는 일관된 결과를 도출하기가 쉽지 않다. 대체로 조숙인 경우가 만숙인 경우에 비해 학교생활에서 더 많은 문제를 일으키고 여러 가지 사회적 문제에 노출될 가능성이 높다고 보고하지만, 초등학교 시기와 중학교 시기를 구분하여 설명하는 연구(Faust, 1960)도 있다. 즉, 초등학교 시기에는 조숙한 여학생이 불리한 점이 있지만, 중학교에 가면 오히려 여자 청소년의 조숙함이 유리하게 작용할 수 있다는 것이다. 초등학교 5, 6학년과 중학교 여학생들의 사춘기에 대한 연구결과에 따르면(이은주, 2005), 여학생들은 처음에는 생리를 시작하거나 유방이 커지는 것과 같은 신체적 변화에 대해 부정적인 느낌을 갖지만, 이후 친구들과 이 부분에 대해 이야기를 나누면서 성인이 되어 가는 자연스러운 현상으로 받아들인다. 이러한 결과를 보면 어린 초등학생이 또래들에 비해 빨리 성장하면서 또래들에게는 없는 신체적 변화가 자신에게 나타나게 되면 이에 대한 부정적인 느낌을 가지게 될 것이라고 예상해 볼 수 있다.

조숙한 여아가 늦게 성장하는 여아에 비해 기분 변화가 심하고 우울한 모습을 보이기도 하는데, 그 이유는 여아가 남아에 비해 사춘기가 일찍 시작되고, 특히 조숙한 여아의 경우 대부분의 또래에 비해 체격이 크기 때문이다(Broderick & Blewitt, 2010). 마르고 날씬한 여성을 선호하는 사회에서 체격이 큰 여자 청소년은 자신의 외모에 대해 불만을 가질 수 있을 것이다. 또한 자신의 자녀가 또래에 비해 조숙한 부모는 혹시 자녀가 너무 일찍 성적 경험을 하게 되지 않을까 염려하게 된다. 실제로 한 연구결과에 따르면, 조숙한 여학생은 남학생과 어울릴 기회가 많기 때문에 다른 또래 여학생에 비해 더 많은 문제행동을 보이는 것으로 나타났다(Gowen, Feldman, Diaz, & Yisrael, 2004).

5) 섭식장애

청소년은 신체적으로 성숙해지면서 자신의 신체적 변화에 주목하고, 신체적 이미지에 대해 관심이 많아진다. 자신의 신체적 변화를 부정적으로 생각하고 다른 사람에게 비치는 신체적 이미지에 지나치게 신경을 쓰게 되면 먹는 것과 관련된 섭식장애가 나타날 수 있다. 『정신장애의 진단 및 통계 편람 제5판(Diagnostic and statistical manual of mental disorder, 5th ed.: DSM-5)』(American Psychiatric Association, 2013)에서는 급식 및 섭식장애를 이식증, 반추장애, 회피적/제한적 음식섭취 장애, 신경성 거식증, 폭식증, 폭식장애로 구분하고 있다. 이 장에서는 이 중에서 청소년기에 주로 문제가 되는 거식증과 폭식증에 대해서 간단히 다루고자 한다.

(1) 거식증

거식증(anorexia nervosa)은 신경성 식욕부진증, 아사병 또는 다이어트 병으로도 불린다. 거식증은 자신의 체중과 음식에 대해 강박관념을 보이는 정서장애의 일종이며, 증상이 심해지면 사망에 이르기도 한다. 여성이 남성보다 거식증에 더 많이 걸리는 것으로 알려져 있지만, 남자들의 경우도 자신의 직업에 따라 체중관리를 해야 하는 경우에 거식증이 나타나기도 한다. 예를 들어, 남자 전문 무용가, 운동선수, 모델을 들 수 있는데, 이들의 직업은 신체적 변화에 민감하고 신체적으로 관리를 잘해야 하는 직업이기 때문이다(Rolls, Federoff, & Guthrie, 1991).

DSM-5에 따르면 거식증은 다음의 기준에 부합되어야 한다. 첫째, 음식을 너무 적게 먹어서 최소한의 정상체중보다 현저하게 저체중인 경우, 둘째, 체중이 증가하거나 살이 찌는 것을 너무 두려워하거나 체중 증가를 막기 위해 지속적인 행동을 하는 경우, 셋째, 체중이나 체형을 왜곡하고, 체중과 체형에 대해 지나치게 압박을 느끼거나 현재의 낮은 체중에 대해 심각성을 인식하지 못하는 경우 등이다(American Psychiatric Association, 2013). 또한 이 장애를 가지고 있는 청소년은 자신의 체중에 대해 과도하게 집착하기 때문에 강박적으로 운동하고, 폭식과 구토행동을 반복하기도 한다. 이러한 증상 때문에 가족구성원과도 갈등이 생기고, 친구와의 만남을 회피하는 경향이 나타난다(Davis, 1999).

(2) 폭식증

폭식증(bulimia)은 '먹고 토하기' 증후군(binge-purge syndrome)으로 불릴 만큼 폭식과 구토 행동이 큰 특징이다. 일반적으로 폭식증으로 진단하기 위해서는 몇 가지 준거에 도달해야 한다. 첫째, 자신이 통제할 수 없는 폭식 행동을 반복적으로 한다. 둘째, 체중이 증가하는 것을 피하기 위해 단식, 구토, 설사제 사용과 같은 위험한 보상 행동을 한다. 셋째, 체중이 자존감에 과도하게 영향을 미친다. 넷째, 최소 3개월 동안 적어도 일주일에 한 번 이상 폭식을 한다(American Psychiatric Association, 2013). 반면, 폭식증과는 다르게 체중이 증가하는 것을 피하기 위해 구토하거나 설사제 등을 사용하지 않고 폭식만 반복적으로 하는 것을 폭식장애라고 한다.

폭식증에 걸린 청소년은 먹는 것을 통제하지 못하고 폭식한 후 다시 체중 증가와 몸매에 대한 걱정 때문에 토하는 행동을 하게 된다. 이러한 악순환이 반복되면서 폭식증에 걸린 청소년은 자신을 비난하고, 불안과 우울감에 빠지게 된다(Davis & Jamieson, 2005). 또한 자신에 대해 자부심이 낮은 여자 청소년일수록 날씬한 몸매에 대해 집착하면서 무리한 다이어트를 하다가 폭식하기도 한다(김교헌, 1999). 이처럼 청소년들의 섭식장애는 자신에 대한 부정적 생각이나 스트레스를 유발하는 상황에 의해 촉발되거나 증상이 심해질 수도 있다. 따라서 청소년의 섭식행동이 적절한 방식으로 이루어질 수 있게 하기 위해서는 청소년들의 심리정서적 측면에서의 문제가 없는지를 확인해야 할 것이다.

6) 청소년기의 건강 관련 행동

(1) 영양소 섭취

섭식장애가 있는 청소년들은 전문적인 치료와 도움이 필요하지만, 대부분의 청소년들은 평소에 다양한 영양소를 고르게 섭취하는 것이 중요하다. 그러나 〈표 6-1〉에 따르면, 12~18세의 청소년들의 16.7% 정도가 영양소를 충분히 섭취하지 못하는 것을 알 수 있다. 그 이유는 아마도 청소년들이 규칙적인 식사를 하기보다는 영양소가 적게 함유된 간식을 주로 먹기 때문에 영양적인 측면에서 불균형이 나타난 것으로 볼 수 있다. 또한 6~11세 아동(4.8%)에 비해 청소년들이(16.7%) 영양소를 제대로 섭취하지 못하는 비율이 더 증가하는 것을 알 수 있다. 아침식사 결식률의 경우 청소년의 32.6%가 아침식사를 못하는 것으로 나타났는데, 이는 6~11세 아동의 14.9%에 비해 두 배 이상 높은 수치다.

표 6-1 청소년의 영양소 섭취 부족 현황과 아침식사 결식률

연령	영양소 섭취 부족[1]			아침식사 결식률[2]
	전체	남자	여자	
1~2세	7.4	5.5	9.1	8.6
3~5세	5.7	4.0	7.6	6.0
6~11세	4.8	5.4	4.1	14.9
12~18세	16.7	15.8	17.6	32.6
19~29세	13.1	6.1	20.9	49.1

출처: 보건복지부, 질병관리본부(2016).

주: 1) 영양소 섭취 부족: 에너지 섭취량이 필요추정량의 75% 미만이면서 칼슘, 철, 비타민 A, 리보플라빈
　　의 섭취량이 평균필요량 미만인 분율.

　2) 아침식사 결식률: 조사 1일 전 아침식사를 결식한 분율.

(2) 수면

청소년들의 건강을 위해서는 운동과 더불어 적절한 수면을 취해야 한다. 수면의 양과 질이 모두 중요하다고 할 수 있는데, 적정한 수면 시간을 확보하는 것뿐만 아니라 숙면을 통해 다음 날 활동에 필요한 원기를 충분히 회복하는 것이 필요하기 때문이다. 숙면을 하게 되면 회복력이 증가하는데, 깊은 잠을 자면 시냅스 강도가 약화되어 다음 날 낮 동안에 일어나는 학습과 기억에 필요한 회백질 공간을 확보할 수 있고, 이는 회복력 증진으로 이어진다(Tononi & Cirellie, 2006: 이소진 외, 2015에서 재인용).

수면시간이 부족하거나 숙면을 못하고 수면 중 각성 횟수가 늘어나면 공부할 때 집중력이 떨어지고 피로감이 심해지기도 한다. 최근 청소년들이 밤늦게 또는 자면서까지 스마트폰을 보는 경우가 많아서 숙면을 취하지 못하고 수면의 질이 전반적으로 떨어지는 경우가 많다는 점에 주목해야 할 것이다.

청소년의 생활시간을 조사하기 위해 OECD 국가의 청소년을 대상으로 한 연구(장근영, 김기헌, 2009)에 따르면, 15~24세의 한국 청소년들의 하루 평균 수면시간은 7시간 30분으로 미국(8시간 47분), 영국(8시간 36분), 독일(8시간 6분), 스

웨덴(8시간 26분), 핀란드 학생(8시간 31분)에 비해 짧은 것으로 나타났다. 특히 5세 단위로 연령집단을 구분하여 분석한 결과, 우리나라와 일본이 비슷한 양상을 보였다. 미국의 경우는 수면시간이 대체로 40세까지 점진적으로 감소한 반면, 우리나라와 일본은 15~19세에 수면시간이 감소한 후 20~24세에 다시 증가하는 양상을 보였다. 특히 우리나라의 경우는 15~19세 청소년의 수면시간이 전 생애에서 가장 짧은 것으로 나타나 학업에 대한 부담과 심한 스트레스를 반영하고 있는 것으로 보인다.

반면, 우리나라 청소년의 학습 시간은 하루 평균 4시간 55분으로, 다른 나라 청소년에 비해 상당히 긴 것으로 나타났다. 비교 대상 국가 중 두 번째로 학습시간이 긴 나라인 미국에 비해서도 2시간 5분이나 긴 것으로 나타났다. 그런데 각 국가별 15세 청소년들의 일주일간 수학 학습 시간과 PISA[1] 성적을 비교한 결과, 유사한 수학 성적을 보이는 핀란드(수학 점수 544점, 총 학습 시간 4시간 22분)에 비해 우리나라 청소년의 학습 시간(수학 점수 542점, 총 학습 시간 8시간 55분)이 두 배 이상 긴 것으로 나타나 투입 시간 대비 학습효과가 낮은 것을 알 수 있다. 이러한 결과를 통해 우리나라 청소년이 너무 많은 시간을 학업에 쏟고 있고, 수면이나 운동, 여가 등을 위해 사용하는 시간이 적다는 사실을 알 수 있다.

(3) 운동

우리나라 청소년 중 최근 일주일 동안 30분 이상 운동을 한 날이 없다고 대답한 비율이 중학생 20.6%, 고등학생 30.5%로 나타나 6.9%의 초등학생에 비해 학년이 올라갈수록 운동을 하는 시간이 현저히 줄어드는 것을 알 수 있다(한국청소년정책연구원, 2011). 특히 고등학생의 경우, 거의 3명 중 한 명의 학생은 30분 이상 운동을 하는 날이 하루도 없는 셈이기 때문에 과연 효과적으로 학업에 집중할 수 있을 만큼의 기초체력이 뒷받침되는지가 의문이 들 정도다.

이러한 운동 부족은 수면 부족과 더불어 청소년이 학업에 집중하는 데 필요

---

1) PISA는 Program for International Student Assessment의 약자로 경제협력개발기구(OECD)가 주관하는 학업성취도에 대한 국제비교연구다. 만 15세 학생을 대상으로 3년마다 읽기, 수학 및 과학 능력을 평가한다.

한 기초체력을 갖추는 데 방해가 되며, 주의집중력을 저하시킬 수 있다. 또한 운동을 충분히 하지 않으면 전반적인 신체 활동 수준이 낮아지고, 여러 가지 측면에서 신체건강에 부정적인 영향을 미친다. 반면, 적당한 운동은 신체적으로 건강한 상태를 유지할 수 있도록 하고, 비만을 예방하는 효과가 있기 때문에 자신의 신체에 대해 긍정적이고 자신감 있는 태도를 가지게 된다(Ferron, Narring, Cauderay, & Michaud, 1999). 따라서 청소년 상담자는 청소년 내담자가 충분한 신체활동 시간을 확보하고 있는지, 일상생활과 학업에 전념할 수 있을 만큼의 충분한 휴식과 수면을 취하고 있는지를 파악하여야 한다.

2. 인지 발달

청소년들은 아동에 비해 보다 추상적인 사고가 가능하고, 다양한 학습전략 및 메타인지 전략을 사용할 수 있다. 피아제(Piaget)의 인지발달이론에 따르면, 청소년은 형식적 조작기에 해당한다고 볼 수 있다. 정보처리이론가들은 청소년의 주의집중력, 정교화전략, 기억 및 메타인지적 사고의 발달에 주목한다. 반면, 엘킨드(Elkind)는 청소년기에 제2의 자기중심성이 나타난다고 보고, 청소년의 독특한 행동패턴을 이해하기 위해서는 이러한 청소년의 인지적 특성을 제대로 파악할 필요가 있다고 보았다.

1) 형식적 조작기의 특징

피아제의 인지발달이론에 따르면, 청소년의 사고는 형식적 조작기에 해당한다. 피아제는 형식적 조작기의 특징으로 가설연역적 사고, 명제적 사고와 결합적 사고, 추상적 추론을 들고 있다.

우선 가설연역적 사고는 주어진 문제를 해결하는 과정에서 체계적으로 가설을 설정하고, 가설검증을 통해 결론을 도출하는 것을 말한다. 구체적 조작기에는 주로 현실의 대상물을 조작하기 때문에 가능성에 대한 사고가 잘 나타나지 않는 반면, 형식적 조작기에는 가설설정능력이 생기면서 가능성에 대한 사고가 두드러지기 시작한다. 이처럼 청소년기에는 가능성을 토대로 가설설정을 더 잘할 수 있게 되면서 결국 사회, 정치 및 종교 등과 같은 다양한 영역에서 좀 더 이상적인 생각을 할 수 있게 된다(Piaget, 1981: 송명자, 2011에서 재인용).

이러한 청소년의 가능성에 대한 가설설정능력은 명제적 사고를 가능하게 하는데, 명제적 사고는 여러 명제 간의 논리적 추론을 다루는 사고다. 예를 들어, 명제적 사고는 'A인 동시에 B' 'A이지만 B는 아님' 'A도 아니고 B도 아님'과 같은 세 개의 명제를 바탕으로 가설을 설정하고 논리적으로 추론해 가는 능력이다. 결합적 사고는 문제해결 과정에서 관련 변인들을 추출하고 분석하며 이를 상호 관련짓고 통합하는 사고다(송명자, 2011).

마지막으로, 추상적 추론은 구체적 대상의 존재 여부와 관련 없이 형식 논리에 의해 사고를 전개하는 것을 의미한다. 다시 말하면, 형식적 조작기에 있는 청소년은 눈앞에 주어진 구체적인 사태를 넘어서서 보이지 않는 모든 가능한 것을 고려하고, 원리를 찾으며, 이론을 형성하려고 노력한다(송명자, 2011).

이처럼 청소년기에는 추상적이며 융통성 있는 사고가 가능한데, [그림 6-3]을 통해 구체적 조작기와 형식적 조작기에 있는 학생의 사고 특성을 비교해 볼 수 있다. [그림 6-3]은 필자가 2017년 2학기 학습심리 수업시간에 대전 지역 유아 및 아동, 청소년들을 대상으로 수집한 자료 중 일부다. 학생들에게 "만일 여러분이 눈을 하나 더 가질 수 있고 그 눈을 신체 어느 부위에든 둘 수 있다면 어디에다 두고 싶은지 그림으로 그려 보아라."라고 지시한 후, 학생들이 그린 그림 중 일부다.

[그림 6-3]의 그림 ①은 6세 여아가 그린 그림이고, 그림 ②는 초등학교 5학년 남자 아동이 그린 그림이다. 두 그림 모두 이마에 세 번째 눈이 그려져 있는 공통점을 발견할 수 있다. 그림 ③은 중학교 1학년 남학생이, 그림 ④는 고등학교 1학년 남학생이 그린 그림이다. 그림 ⑤는 지적장애로 인해 초등학교 3~4학년 수준의 지적능력을 가지고 있는 고등학교 2학년 여학생의 그림이다. [그림 6-3]

에 제시되어 있는 그림을 보면, 전조작기와 구체적 조작기에 해당하는 유아와 아동은 세 번째 눈을 얼굴에 그리고 있다. 반면, 형식적 조작기에 해당하는 중학생과 고등학생은 눈을 얼굴이 아닌 다른 신체 부위에 배치함으로써 좀 더 융통성 있는 사고를 보여 주고 있다. 이러한 결과는 셰퍼(Shaffer, 2002)의 연구결과와 유사해 보인다. 그림 ⑤를 그린 고등학생은 신체나이는 18세이지만 지적 수준은 구체적 조작기에 해당하는 초등학교 3~4학년에 머물러 있기 때문에 그림 ①과 그림 ②를 그린 학생들과 비슷한 양상을 보였다. 그림을 그린 이유에 대해

[그림 6-3] 유아, 아동, 청소년이 그린 제3의 눈 그림

서는 그림 ①을 그린 학생은 '눈이 이마에 있으면 멀리 볼 수 있어서 좋다'고 하였고, 그림 ②를 그린 학생은 '눈이 이마에 있으면 더 잘 볼 수 있고, 얼굴은 옷을 입어도 가려지지 않기 때문'이라고 하였다. 그림 ⑤를 그린 학생은 '머리에 눈한 개를 붙이면 잘 보이는 눈이다. 그 이유는 사람들이 눈 두 개랑 그 눈 한 개가 있으면 뭔가 누군가 보고 있다면 잘 보인다고 한다'고 하였다. 그림 ⑤를 그린 학생의 말이 문법적으로는 정확하지 않지만, 학생의 말을 그대로 제시하는 것이 의미가 있다고 생각하여 문장을 다듬지 않고 그대로 제시하였다. 이 학생의 표현은 머리에 새로운 눈을 한 개 더 붙이면 원래 있는 두 눈과 함께 더 잘 볼 수 있다는 의미로 이해할 수 있다. 한편, 형식적 조작기에 있는 그림 ③을 그린 학생과 그림 ④를 그린 학생은 각각 '손에 눈이 있으면 손바닥이 향하는 곳에 무언가를 볼 수 있고 두 눈이 보이지 않는 곳까지 볼 수 있어서' '손은 신체 부위 중에 가장 자유로운 부위 중의 하나이기 때문에 다른 곳에 눈이 있는 것보다 활용도가 높고 다른 곳을 훔쳐보는 것 등에 이용할 수 있기 때문에' 손에 눈을 달았다고 하였다.

형식적 조작기에 있는 청소년들은 의사결정과정에서 보다 적극적이고 비판적인 모습을 보여 준다. 청소년들은 다른 사람의 마음과 행동을 보다 잘 이해하게 되고, 의사결정과정에서도 다양한 대안을 고려할 수 있게 된다. 또한 '말 잘 듣는' 아이에서 벗어나 부모에게 반항하고 세상에서 일어나는 여러 가지 일에 대해 비판적인 시각을 가지게 된다. 즉, 형식적 조작기에 있는 청소년은 현실에 대해 가설적 대안을 설정할 수 있기 때문에 부모가 지시하는 여러 가지 일부터 국가에서 실행하는 다양한 정책에 존재하는 문제점들을 인식하고 세상에 대해 의문을 제기하기 시작한다(Shaffer, 2002).

2) 주의집중력의 발달

청소년은 아동에 비해 주의집중력이 향상되는데, 그 이유는 크게 두 가지로 설명할 수 있다. 첫째, 청소년기에는 주의집중을 관장하는 망상체의 수초화가 보다 완벽하게 이루어진다. 둘째, 청소년은 과제수행과 관련된 자극과 과제수행과 무관한 자극을 구분할 수 있는 능력이 발달하게 된다. 즉, 자신의 주의를 조절하고 관리하는 능력이 발달하고 과제와 관련된 자극에만 주의집중하는 선택적 주의를 할 수 있게 된다(정옥분, 2009). 따라서 청소년은 이러한 주의집중능력으로 인해 시험 치르기 전이나 과제를 제출해야 하는 날에 몇 시간씩 공부나 과제수행에 집중할 수 있게 된다(Shaffer, 2002).

3) 정교화 전략의 발달

청소년기에는 정교화 전략이 본격적으로 발달하기 시작한다. 정교화는 자신이 학습하고 있는 정보에 기존의 정보를 연결 짓는 것 이외에도 관련 사례, 상세한 설명, 추론 등을 덧붙이는 것을 의미한다(Schunk, 2006). 정교화된 지식은 더 오래 기억에 남는데, 왜냐하면 한 부분이 기억이 나지 않아도 관련된 다른 부분이 생각날 수 있기 때문이다.

청소년이 정교화 전략을 많이 사용하는 이유는 아동에 비해 더 많은 지식과 정보를 가지고 있기 때문에 자신이 기억하고자 하는 정보와 관련된 정보들을 연결시키는 것이 수월하기 때문이다(Shaffer, 2002). 지식과 정보를 많이 알수록 정교화 전략을 보다 효과적으로 사용할 수 있다는 사실은 특정 분야에서 전문적 지식을 가지고 있는 어린 아동에게도 적용할 수 있다. 예를 들면, 어린 아동 중에서 축구와 같은 특정 분야에서 전문가 수준의 지식을 많이 가지고 있는 아동은 또래에 비해 축구와 관련된 지식을 훨씬 잘 회상하는 것으로 알려져 있다. 이처럼 청소년 시기에 다양한 분야에 대한 경험과 지식이 충분히 축적된다면, 그것을 기반으로 더 많은 학습을 할 수 있을 것이다. 특히 청소년 시기에는 자신에게 중요한 학습정보를 정교화하는 것이 필요하다.

4) 기억의 발달

정보처리이론에 따르면, 기억공간에는 감각기억, 단기기억 및 장기기억이 있는데, 이 중에서 감각기억과 장기기억은 연령에 따른 변화가 거의 없다고 본다(Bjorklund, 1995: 정옥분, 2009에서 재인용). 연령에 따라 증가하는 것은 단기기억인데, 청소년기에 이르면 아동기에 비해 단기기억능력이 발달하게 된다. 일반적으로 단기기억의 용량은 기억폭(memory span) 검사에 의해 측정된다. 기억폭 검사 문항의 예로는, 몇 개의 숫자를 불러 준 다음 순서대로 말해 보도록 하여 몇 개를 정확하게 회상하는지에 따라 기억폭을 측정하는 것이 있다(정옥분, 2009).

아동기에 비해 청소년기에 단기기억의 용량이 증가한다는 것은 코완(Cowan)과 동료들이 수행한 연구(1999)에서도 나타난다. 코완과 동료들의 연구에서는 1학년과 4학년 아동과 성인 각 24명에게 일련의 숫자를 들려주면서 시각적 과제를 수행하도록 하였다. 그리고 가끔 예상치 못한 순간에 자신이 들은 숫자를 정확한 순서대로 기억하라는 지시를 받았다. 처음에 숫자를 들려줄 때 잘 기억하라는 지시를 하지 않았기 때문에 연구대상자들이 특별히 숫자를 부호화하기 위해 어떤 책략을 사용했을 가능성은 거의 없다고 볼 수 있다. 이 연구에서 성인은 평균 3.5개, 4학년은 3개, 1학년은 2.5개를 기억했고, 연구자들은 이러한 차이가 연령에 따른 발달적 경향을 의미한다고 보았다.

또한 연령에 따라 기억폭 과제를 처리하는 속도에 변화가 있다는 것을 알 수 있다(Kail, 1992, 1997). 정보처리이론에서는 상이한 컴퓨터가 상이한 정보처리 속도를 나타내는 것처럼, 청소년은 정보처리 속도 면에서 아동과 차이가 있다는 점을 강조한다. 예를 들면, 10세 아동은 15세 아동에 비해 정보처리 속도가 느리지만, 15세 아동은 성인과 정보처리 속도 면에서 별 차이가 없다.

5) 메타인지적 사고

청소년기에는 메타인지적인 사고가 발달된다. 메타인지는 초인지 또는 상위 인지라고도 하는데, '자신의 인지 또는 사고에 대한 지식'과 '자신의 인지 또는 사고에 대한 조절, 조정'의 측면을 포함한다(한국교육심리학회, 2009). 공부는 무척 열심히 하는데 성적이 오르지 않는 청소년들 중에는 메타인지전략을 잘 활용하지 못하는 경우가 있다. 책을 보면서 몇 시간씩 책상 앞에 앉아 있기는 하지만 자신이 지금 읽은 부분을 제대로 이해하고 있는지, 공부에 집중이 잘되고 있는지 등을 생각하지 않는 것이다.

청소년들에게 메타인지전략을 잘 활용하도록 안내한다면 청소년들은 자신의 학습활동을 점검해 볼 수 있게 될 것이다. 예를 들면, 청소년은 시험공부를 하다가 지금까지 무엇을 공부했는지 점검해 보고 자신이 사용하는 학습전략이 효과적인지 평가해 볼 수 있다. 또한 학습시간을 계획적으로 할당하고 있는지, 자신이 가장 잘 모르는 부분에 많은 시간을 배분하였는지 등을 고민하게 된다. 청소년의 이러한 메타인지능력은 자기주도적 학습능력과 학습에 대한 몰입도를 높이는 데 영향을 미치는 것으로 나타났다(이재신, 2009). 즉, 청소년이 학습 상황에서 자신의 이해 정도를 점검하면서 조절해 나가는 능력이 높을수록 자기주도적으로 학습할 수 있는 인지적 기반을 마련하게 되는 셈이고, 동시에 청소년이 학습에 대해 몰입하는 경험을 하도록 도움을 준다.

6) 제2의 자기중심성

엘킨드(Elkind, 1967)는 피아제의 아이디어를 정교화하여 청소년기에 제2의 자기중심성이 나타난다고 보았다. 이러한 청소년의 자기중심성 때문에 상상적 청중(imaginary audience)과 개인적 우화(personal fable)의 특성이 나타난다. 우선 상상적 청중은 자신을 무대 위의 주인공처럼 느끼게 되면서 머릿속에 있는 관중에게 신경을 많이 쓰게 된다는 것이다. 머리 모양을 바꾸거나 새 옷을 입고 학교에 갔을 때 다른 친구들이 모두 자신을 쳐다보고 있다고 느끼는 것이 이에 해당된다.

청소년기에 나타나는 또 다른 자기중심성의 특징은 개인적 우화다. 개인적 우화는 청소년이 자신의 경험을 매우 특별하고 독특한 것으로 인식하는 것이다. 이 때문에 청소년은 때때로 자신의 경험이 상당히 특이하다고 느끼며, 자신은 무모한 행동을 해도 사고가 나지 않고, 약물에 중독되는 일도 없을 것이라고 생각한다(Elkind, 1967). 예를 들어, 다른 사람이 음주운전을 하면 위험하지만 자신은 음주운전을 해도 절대 다치지 않을 것이라고 생각하고, 헬멧을 쓰지 않은 채 오토바이를 타고 도로를 질주해도 자신은 아주 특별한 존재라서 절대 다치거나 사고가 나지 않을 것이라고 믿는다. 그래서 청소년들은 어른이 보기에는 위험한 행동도 서슴지 않고 할 때가 있다.

청소년기에 나타나는 이러한 상상적 청중과 개인적 우화의 개념은 다른 사람과 사회적 상호작용을 통해 사고의 방향을 수정할 수 있게 되면서 점차 극복할 수 있다. 다른 사람과의 상호작용을 통해 머릿속의 상상적 청중이 아닌 실제 청중의 반응을 경험하게 되면서 자신의 생각에 잘못된 부분이 있다는 것을 알게 되기 때문이다. 또한 다른 사람들도 자신과 유사한 경험을 한다는 것을 깨닫게 되면서 자신의 감정과 사고가 그렇게 특별한 것이 아니라는 생각을 하게 된다(김춘경, 이수연, 최웅용, 2008). 따라서 청소년기에 다양한 직접 체험과 간접 경험을 하게 하여 청소년이 자기중심적 사고에서 벗어날 수 있도록 도와주는 것이 중요하다.

7) 디지털 원주민으로서의 특성

청소년의 인지 발달과 관련하여 어느 시대의 청소년이든 공통적으로 나타나는 인지적 특성이 있는 반면, 요즘 청소년들만의 고유한 인지적 특성이 있을 수도 있다. 예를 들어, 요즘 청소년은 예전 청소년과는 다르게 태어나면서부터 디지털 환경에 비교적 익숙한 상태로 태어나는 경우가 많다. 디지털 환경에 아주 익숙한 사람들은 굳이 디지털 기술을 의식하지 않아도 저절로 잘 다루게 되기 때문에 디지털 원주민(digital native)이라고 불리기도 한다(Prensky, 2001). 성인들 중에서 디지털 기기를 잘 다루는 사람이 있을 수 있지만, 그들은 어른이 되어

뒤늦게 디지털 기술을 배웠기 때문에 디지털 문화에 완전히 동화되지는 못할 것이다. 디지털 원주민의 특성을 지닌 청소년은 인터넷이나 모바일, 노트북의 문화 이외의 다른 방식의 문화에 대해서는 잘 알지 못한다. 어쩌면 지금 우리는 디지털 원주민의 특성을 지닌 청소년의 삶을 제대로 이해하기가 원래부터 어려운지도 모르겠다.

3. 사회성 발달

1) 자아정체감 발달

에릭슨(Erikson)은 인간의 성격 발달을 8단계로 제시하였는데, 그중에서 청소년기에 해당하는 5단계에서는 자아정체감을 확립하는 것이 중요한 발달 단계라고 보았다. 그는 청소년의 자아정체감 형성과정을 '정체감 대 정체감 혼미'의 위기로 규정하고, 이와 관련하여 청소년기에 극복해야 할 7개의 주요 과업을 제시하였다(Erikson, 1968: 송명자, 2011: 334-335에서 재인용).

첫째, 시간조망 대 시간혼돈(time perspective vs. time confusion)이다. 시간조망이란 과거와 현재의 자기를 인정하고 이를 바탕으로 미래를 설계할 수 있는 능력이다. 시간조망을 잘하면 하루를 어떻게 보낼지 체계적으로 계획할 수 있고, 시간조망이 확장되면 점차 인생에 대해 장기적인 계획을 세울 수 있다. 반면, 시간조망이 제대로 이루어지지 않으면 계속 과거만 회상하거나 앞날에 대한 계획을 제대로 세울 수 없다.

둘째, 자기확신 대 무감각(self-certainty vs. apathy)이다. 청소년기에는 외모를 포함하여 자신의 여러 가지 특성을 인지하고 자신의 가치를 확인해야 한다. 자신이 가지고 있는 여러 특성을 있는 그대로 인정하고 받아들이는 과정에서 때로는 자신에 대한 회의가 들기도 하며 고통스러운 자의식을 경험하게 된다. 청소년이 간혹 스스로 긍정적이라고 생각하는 한 가지 특성에 집착하고 나머지 특성들은 상관없다는 듯이 허세를 부리거나 무관심한 모습을 보이는데, 이러한 경우는 자신의 있는 그대로의 모습을 아직 받아들이지 못하고 자기확신이 없는 상태라고 볼 수 있다.

셋째, 역할실험 대 부정적 정체성(role experimentation vs. negative identity)이다. 청소년은 사회에서 수행해야 하는 다양한 역할을 실험하게 되는데, 이러한 역할실험은 특히 청소년이 직업적 정체성을 탐색하는 과정에서 필수적인 단계다. 청소년기에는 이상적인 자기상에 매몰되기 쉽기 때문에 자신의 수준에 맞지 않는 비현실적인 역할실험을 하게 되어 실패할 가능성이 있다. 역할실험이 실패하게 되면 부정적 정체성을 가지게 되고 자신의 잠재력을 충분히 탐색할 기회를 놓치게 되면서 결국 역할고착에 빠질 수 있다.

넷째, 성취기대 대 과업마비(anticipation of achievement vs. work paralysis)다. 성취기대는 자신이 시도하는 과업에 대해 성취할 수 있다는 긍정적인 기대를 가지고 꾸준히 과업에 몰두할 수 있는 역량을 기르는 것과 관련된다. 자신에게 적절한 기대수준을 설정하지 못하면 노력은 하는데도 과업을 완수하지 못하게 되고, 결국 자신에게 주어진 일을 제대로 해내지 못하는 과업마비를 경험하게 된다.

다섯째, 성정체성 대 양성적 혼미(sexual identity vs. bisexual diffusion)다. 성정체성은 자신이 남성 또는 여성이라고 인식하는 것과 성이 고정된 특성을 지니고 있어서 나이가 들면서 변하지 않는다는 것을 이해하는 것을 의미한다(Shaffer, 2005). 대체로 청소년기에는 동성 및 이성과의 만남을 통해 자신의 성 역할 특성을 확인하고, 자신의 성에 적합한 행동양식을 습득하게 된다. 성정체성을 확립하지 못하면 자신의 성에 적합한 행동양식을 획득하기 힘들고, 결국 양성적 혼미 상태에 이르게 된다.

여섯째, 지도력의 극대화 대 권위혼미(leadership polarization vs. authority diffusion)다. 청소년의 정체감을 형성하는 데 있어 자신이 속한 사회의 권위구조 내에서 지도력을 발휘하거나 지도자를 적절히 따르는 능력은 중요하다. 즉, 한 사회의 구성원으로서 청소년들은 지도자로서의 책임과 다른 사람을 따르는 추종 방식을 배워야 한다. 권위에 대해 정당하게 평가할 수 있고, 자신이 지도자의 역할을 담당하게 되었을 때 지도력을 제대로 발휘하기 위해 열심히 준비하는 것이 청소년의 정체감 형성에 중요하다. 만일 지도력을 충분히 키우지 못하면 자신의 역할에 부여되는 권위를 제대로 행사하기 힘들고 지도력에 한계를 느끼는 권위혼미 상태에 이르게 된다.

마지막으로, 관념의 극대화 대 이상의 혼미(ideological polarization vs. diffusion of ideals)다. 청소년기는 자신의 삶의 방향을 결정하는 기본 철학이나 관념, 종교 등을 선택하고 인생관을 확립하는 시기다. 관념의 극대화가 이루어지지 않으면 편견에 물들기 쉽고, 자기가 속한 집단의 신념과 가치를 지나치게 신봉하게 되어 다른 사람의 신념이나 가치에 대해 배타적인 태도를 보일 수 있다.

에릭슨의 이론과 더불어 청소년의 자아정체감과 관련된 또 하나의 중요한 이론이 마르샤(Marcia)의 정체감 지위에 관한 이론이다. 마르샤가 주장한 네 가지 범주의 정체감은 정체감 혼미, 정체감 유예, 정체감 유실 및 정체감 성취를 포함하며, 보다 자세한 내용은 이 책의 제3장 '정의적 영역의 발달'을 참고하기 바란다.

2) 자아개념 발달

청소년의 자아개념은 아동이나 성인에 비해 부정적인 경향을 보이는데, 특히 청소년기 초기와 중기에 부정적인 자아개념을 보이다가 청소년 후기에 들어서면서 회복하는 경향을 보이기도 한다(송수지, 남궁지영, 김정민, 2012). 청소년이 부정적인 자아개념을 가지게 되는 이유는 여러 가지 측면에서 설명할 수 있다. 우선 청소년은 아동에 비해 전반적으로 인지능력이 향상되기 때문에 자신을 객관적인 시각으로 바라볼 수 있게 되어 다른 사람과 자신을 비교할 수 있다. 이때 다른 사람에 비해 부족한 부분을 깨닫게 되면 스트레스를 받게 되고 자신에 대해 부정적인 생각을 가지게 된다. 그래서 초등학교 시기에 상당수의 아동이 자신의 외모나 능력에 대해 긍정적으로 생각하다가 중·고등학교 시기에 이르러

좌절감을 맛보게 된다(Fenzel, 1989; Mullis, Mullis, & Normandin, 1992).

또한 청소년은 형식적 조작의 발달로 인해 자신이 이전에 했거나 현재 하고 있는 것뿐만 아니라 자신이 할 수 있다고 믿는 것과 같은 추상적 개념으로 자아개념을 발달시키게 된다. 즉, 추상적이고 미래지향적인 자아개념을 가지게 되기 때문에 실제적 자아(자신이 현재 어떻다고 믿는지와 관련된 자아)와 이상적 자아(자신이 되고 싶은 자아) 간에 불일치가 클수록 자신이 별로 가치 없는 존재라고 생각할 가능성이 크다(Higgins, 1987).

이처럼 청소년의 자아개념은 인지 발달에 의해서도 영향을 받지만, 청소년을 대하는 부모나 교사 등 주변 사람들의 태도에 의해서도 영향을 받는다. 예를 들면, 초등학교에 다니는 자녀에게는 자신감을 북돋아 주기 위해서 부모가 칭찬과 격려를 많이 하다가도 중·고등학생이 되면 학업의 중요성을 강조하면서 자녀가 현실을 직시하도록 하기 위해 다른 학생과의 사회적 비교를 하는 경우가 많다. 이러한 부모의 태도로 인해 청소년기에 있는 자녀들은 위축되고 자신감을 잃어 가는 경우가 있다.

또한 최근에 국내에서 수행된 한 연구(송수지 외, 2012)는 중학교 시기에 청소년의 학업자아개념 점수가 급격히 하락하는 경향을 보여 주고 있다. 이러한 결과는 중학교 시기에 과도한 학업부담과 잦은 시험으로 인해 학생들이 불안과 스트레스를 많이 경험하기 때문에 학업에 대한 자아개념이 점차 부정적으로 된다는 점과 연결된다.

청소년이 자신에 대해 지나치게 부정적인 생각을 가지게 되면 이후 성인기 삶에서도 잘 적응하지 못하고 어려움을 겪을 가능성이 많다. 따라서 청소년이 자신에 대해 보다 긍정적인 자아개념을 갖도록 부모나 교사가 적절한 지도와 교육을 하는 것이 중요하다. 이러한 점에서 청소년의 자아개념이 적절한 훈련이나 교육을 통해 긍정적으로 변화할 수 있다는 연구들(Waksman, 1984)이 있다는 사실은 고무적인 일이다. 그러나 한 가지 중요하게 생각해 보아야 할 점은 긍정적 자아개념은 개인의 신념이나 기대에 의해서만 형성되기가 힘들다는 것이다. 학교나 가정에서 청소년들이 성취감을 맛보고 자신의 존재에 대해 가치 있게 느낄 수 있는 경험들이 필요하다. 부모나 교사는 청소년들이 이러한 경험을 할 수 있도록 도움을 주어야 할 것이다.

3) 도덕성 발달

청소년의 도덕성 발달의 특징은 정신분석이론, 사회학습이론, 인지발달이론 등 다양한 이론적 관점에 따라 설명될 수 있다. 우선 정신분석학적 관점에서 보면 남근기에 시작된 초자아의 발달이 청소년 시기에도 계속되는데, 청소년기에는 특히 죄책감을 처리하는 전략이 발달한다. 즉, 아동과는 다르게 청소년은 자신의 죄책감을 감소시키는 방법을 알게 된다. 예를 들면, 청소년은 자신이 어떤 상황에서 양심의 가책을 느끼는지를 알기 때문에 그러한 상황을 피하려고 노력한다. 또한 다른 사람에게 자신이 잘못한 일을 고백함으로써 마음속에 가지고 있는 죄책감을 덜어 내기도 한다(송명자, 2011). 그러나 도덕성 발달과정에서 반드시 부정적 정서만이 효과적인 것은 아니다. 때로는 훌륭한 사람의 이야기를 듣고 감탄하며 도덕적으로 고양되는 것을 느끼는 것과 같이 긍정적인 도덕적 정서를 경험하는 것이 도덕성 발달에 도움이 된다.

한편, 사회학습이론에 따르면, 청소년은 타인의 도덕적 행동을 모방하게 되고, 자신이 도덕적 행동을 했을 때의 타인의 반응을 예상할 수 있게 된다(송명자, 2011). 특히 청소년은 부모나 교사와 같은 성인보다는 또래집단의 영향을 많이 받기 때문에 어떠한 성향을 가진 또래와 어울리는 시간이 많은가에 따라 청소년의 도덕성 발달에 긍정적인 영향을 미칠 수도 있고, 또 반대로 부정적인 영향을 미칠 수도 있다.

청소년의 도덕성 발달은 또한 인지발달이론에 의해 설명할 수 있다. 인지발달이론에 따르면, 청소년은 형식적 조작기의 사고를 할 수 있기 때문에 자신만이 아니라 자신을 둘러싸고 있는 사람과 사회적 규범 등에 대해 생각할 수 있고, 관념적이고 추상적인 사고가 가능하기 때문에 이상적인 사고와 행동을 하기도 한다(송명자, 2011). 이와 관련하여 콜비 등(Colby et al., 1983)은 콜버그(Kohlberg)

의 인지발달이론에 근거하여 10, 13, 16세인 58명의 남학생들을 대상으로 20년 간 종단연구를 실시하였다. 이 연구에서 남학생들은 콜버그가 주장한 대로 연령이 증가함에 따라 1, 2단계의 사고는 감소하고 3, 4단계의 인습수준의 사고를 많이 하는 것으로 나타났고, 이 단계를 건너뛰어 발달한 학생은 한 명도 없었다.

한편, 국내에서 수행된 한 연구(문용린, 김민강, 이지혜, 원현주, 2008)에 따르면, 중학생과 고등학생의 경우 여학생이 남학생에 비해 원리중심의 도덕판단력 점수가 높은 것으로 나타났다. 또한 이 연구에서는 1994년과 2007년의 자료를 비교하였는데, 1994년 자료보다 2007년 자료에서 중·고등학생들의 원리중심적 도덕판단력이 적게 성장하는 것으로 나타났다. 이러한 결과는 현재 우리나라 청소년의 발달환경이 추상적인 윤리적 사고를 촉진하는 데 필요한 요소(예, 다양성의 접촉 기회, 관점 교류의 기회, 의사결정 참여 기회 등)를 청소년에게 충분히 제공하지 못하고 있다는 것을 의미한다(문용린 외, 2008). 도덕적으로 성숙해지기 위해서는 다양한 관점을 접하고 민주적인 의사결정과정을 경험하는 것이 중요하다.

4) 공격성 발달

앞서 청소년의 도덕성 발달에서도 설명했듯이, 청소년의 공격성 발달 또한 그들이 주로 어떤 또래들과 어울리는가에 의해 영향을 많이 받는다. 즉, 일탈 행동을 보이는 또래와 친하게 지내게 되면 청소년이 비행행동에 연루될 가능성이 많다. 이와 관련하여 또래동조에 대한 고전적 연구(Berndt, 1979)에서는 3~12학년의 학생들에게 또래들이 다양한 친사회적 행동과 반사회적 행동을 옹호할 때 또래압력에 굴복할 가능성이 어느 정도인지 말해 보도록 하였다. 이 연구결과에 따르면, 또래들이 친사회적 행동을 옹호할 때, 그것에 대해 동조하는 경향은 연령에 따라 크게 변하지 않는 것으로 나타났다. 반면, 반사회적 행동을 권하는 또래에 대한 동조는 연령이 높아지면서 급격하게 증가하였다. 또래가 권하는 잘못된 행동에 동조하는 경향은 대체로 9학년에 절정에 이르고 고등학교 시기에 감소되는 경향을 보여 주었다. 따라서 부모나 교사는 13~15세의 자녀가 또래집단의 영향을 많이 받고, 특히 또래의 반사회적 행동을 많이 따라 하다가 더 심각한 문제행동을 할 수 있다는 점을 고려해야 한다(Shaffer, 2002에서 재인용).

한편, 최근에 수행된 한 연구(Benson & Buehler, 2012)에 따르면, 6학년 때의 또래일탈은 9학년 때까지 높은 가족 적대감을 가진 학생의 공격성을 감소시키는 쪽으로 영향을 미친 반면, 낮은 가족 적대감을 가진 청소년의 경우는 그렇지 않았다. 이 연구를 통해 가족구성원 간에 높은 수준의 적대감이 있는 가정의 청소년의 경우에는 또래들과의 일탈행동이 가정에서의 긴장과 무시를 보완하는 어느 정도의 적응적 기능을 한다는 점을 알 수 있다. 즉, 청소년 시기의 가족의 분위기나 가족구성원 간의 관계가 따뜻하지 않고 적대적인 경우에는 설령 또래 환경이 일탈적이라고 해도 그 안에서 청소년은 가정에서 받은 스트레스를 해소하고 오히려 편안함을 느낄 수 있다는 것이다. 따라서 청소년의 공격행동을 이해하는 과정에서 또래관계뿐만 아니라 가족관계 등을 함께 고려할 때만이 공격행동에 대한 보호요인과 위험요인을 제대로 확인하여 교사나 상담자가 적절한 개입을 할 수 있을 것이다.

또한 최근에 사회적으로나 교육적으로 문제가 되고 있는 집단따돌림이나 학교폭력과 관련하여 괴롭힘(bullying) 행동에 대해 살펴볼 필요가 있다. 괴롭힘의 개념은 친구들 간에 있을 수 있는 일상적인 갈등과는 차이가 있다. 괴롭힘 행동은 우선 타인을 해치려는 의도성이 있어야 하고, 일회적인 행동이 아니라 계속 반복되며, 괴롭힘을 당하는 피해자와 가해자 간에 힘의 차이를 전제로 한다(Olweus, 1993; Rigby, 1997). 여러 연구에서 청소년의 절반 이상이 다른 학생을 괴롭힌 적과 자신이 괴롭힘을 당한 적이 모두 있다고 보고하고 있다(Bond, Carlin, Thomas, Rubin, & Patton, 2001). 괴롭힘은 신체적 괴롭힘뿐만 아니라 언어적 · 비언어적 · 관계적 괴롭힘 등 다양한 형태로 나타날 수 있다. 또한 괴롭힘 상황에서 가해자와 피해자만 존재하는 것이 아니고, 모든 학생이 괴롭힘 상황과 관련하여 특정한 역할을 담당할 수 있기 때문에 가해자와 피해자만을 대상으로 하기보다는 전체 학생을 대상으로 학교폭력 예방 및 개입 프로그램을 진행할 필요가 있다.

4. 청소년기 발달의 현안과 상담

1) 학업상담

우리나라 청소년이 느끼는 스트레스 중 1위는 학업문제다(한국청소년정책연구원, 2011). 초등학교에서 고등학교에 이르기까지 학년이 올라가면서 학생은 점점 학업문제로 인해 스트레스를 많이 받는 것으로 나타났다. 학업과 관련된 청소년의 다양한 고민은 결국 공부가 재미없고 '해야만 하는' 것으로 느끼는 것과 관련이 된다. 특히 학습량이 많아지고 학습 부담이 급증하는 청소년은 공부하는 것 자체에 대해 흥미를 느끼고 즐거움을 경험하는 것이 무엇보다도 중요한데, 그동안 중·고등학생들이 초등학생에 비해 전반적으로 내재동기 수준이 떨어진다는 결과가 여러 연구에서 입증되어 왔다(안도희, 김지아, 황숙영, 2005; Gottfried, Fleming, & Gottfried, 2001; Lepper, Corpus, & Iyengar, 2005). 중·고등학생의 내재동기가 낮은 이유는 다음과 같은 몇 가지로 설명할 수 있다.

첫째, 발달심리학적 관점에서 보면, 청소년은 초등학교 때처럼 자신의 능력에 대해 막연한 기대를 가지기보다는 다른 사람과의 비교를 통해 능력을 좀 더 정확하게 파악할 수 있기 때문에 유능감이 낮아지게 되고, 이에 따라 공부에 대한 흥미가 감소할 수 있다. 둘째, 교사의 피드백이 중요한 역할을 한다. 초등학교 시기에는 교사가 학생의 수행에 대해 되도록 긍정적인 피드백을 주려고 노력하지만, 중·고등학교 시절에는 보다 경쟁적인 환경에서 교사가 학생에 대해 객관적인 평가를 하게 되면서 청소년들이 학업에서의 실패와 좌절을 많이 경험하기 때문에 학습에 대한 흥미가 감소될 수 있다. 셋째, 어렸을 때부터 주로 부모나 교사에 의해 학습활동이 선택되고 통제되어 왔기 때문에 자신이 좋아하는 것에 대해 몰입해 본 경험이 적고, 내재동기를 발달시킬 계기가 부족했다고 볼 수 있다(김아영, 2010). 즉, 타인주도적인 학습이 이루어져 왔기 때문에 학습에 대한 내재적 흥미를 가질 기회가 제한되었을 수 있다.

청소년이 고민하는 학업과 관련된 문제로는 주의집중력 부족, 메타인지를 포함한 학습전략의 부재, 부정적인 학업자아개념, 학습동기의 결여 등을 들 수 있다. 청소년의 다양한 학업 관련 고민을 해결하는 과정에서 학업과 관련된 문제들에 초점을 맞추어 상담하는 것도 중요하지만, 공부하는 것의 의미를 청소년 스스로가 깨닫도록 하고, 자신의 진로와 연관 지어 생각해 보도록 유도하는 것도 효과적인 방안이 된다.

또한 간혹 초등학교 때에는 학업성적이 좋다가 중학교에 진학하면서 학업성적이 급격히 떨어지는 경우가 있다. 중학교에 진학하면서 학업부담이 증가하기 때문에 성적이 떨어지는 경우도 있지만 또래관계에 문제가 있어서 성적이 떨어지는 경우도 있다. 중학교에 진학하면서 새로운 친구들을 만나게 되는데, 이때 새로운 친구를 사귀는 법이나 우정을 형성하는 방법에 대해서 알려 줄 필요가 있다.

2) 진로상담

청소년기에는 자신의 장래와 진로에 대해 고민하면서 여러 가지 문제에 봉착하게 된다. 우선 자신의 장래에 대해 계획을 세우지 못하고 인생에 대한 기본적인 회의를 느끼는 청소년이 있다. 자신의 진로에 대해 계획을 세우지 못하는 것은 진로에 대한 정보가 부족하거나 자신의 소질 및 적성을 파악하지 못했기 때문이다. 또한 앞으로 자신에게 펼쳐질 미래에 대한 막연한 두려움과 불안감이 진로선택을 하는 데 방해요인이 되기도 한다.

따라서 청소년기에는 진로상담이나 적절한 진로지도를 통해 자신의 진로에 대해 심도 깊게 탐색하는 일이 필요하다. 청소년 시기에 자신이 무엇에 관심이 있고 잘할 수 있는지를 파악하고, 자신의 진로에 대해 진지하게 고민하고 준비할 수 있도록 도와주는 일이 필요하다. 즉, 자신의 능력과 적성, 흥미를 객관적으로 파악하고 그에 맞는 직업에 대해 알아보는 일이 필요하다. 특히 고등학생은 진학과 취업에 대해 스스로 결정해야 하는 시기이므로 자신의 강점과 재능에 대한 이해뿐만 아니라 합리적 의사결정을 할 수 있는 능력을 향상시키는 일이 중요하다(구본용, 2007). 진로상담에서 한 가지 고려해야 할 점은 진로상담이 진학상담과 동일어가 아니기 때문에 대학진학을 생각하지 않는 청소년이나 학교 밖 청소년들의 진로에 대해서도 관심을 가질 필요가 있다는 것이다.

3) 심리 및 정서상담

청소년 시기에는 자아정체감을 형성해 나가는 것이 중요한 사회적 과업이고, 자신의 미래와 진로에 대해 여러 가지 고민이 많은 시기다. 또한 신체 발달이 급격히 이루어져서 성인 수준의 외모를 갖추어 가지만, 심리적으로는 성인을 향해 발달하는 과정에서 우울이나 불안과 같은 정서적 문제를 경험하기도 한다. [그림 6-4]에 따르면, 실제로 우리나라 청소년들 중에서 우울감을 경험하는 청소년은 30% 내외 수준에서 항상 존재하는 것을 알 수 있다. 또한 남자 청소년에 비해 여자 청소년이 우울감을 많이 경험하는 것으로 나타났다.

청소년의 정서적 문제가 심각해지면 일상생활과 학교에서 잘 적응하지 못하

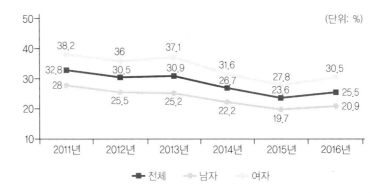

[그림 6-4] **청소년 우울감 경험률***

* 우울감 경험률: 최근 12개월 동안 2주 내내 일상생활을 중단할 정도로 슬프거나 절망감을 느낀 적이 있는 사람의 분율
출처: 보건복지부 질병관리본부 교육부(각 년도). 청소년건강행태온라인조사.

고, 심하면 자살에 대한 생각을 자주 하게 되거나 실제 자살 시도를 하는 경우까지 나타난다. 한 연구(문동규, 김영희, 2011)에 따르면, 청소년의 자살 생각에 영향을 미치는 심리적 변인 중 가장 큰 영향을 미치는 변인은 우울로 나타났다. 따라서 우울 증상을 보이는 청소년을 조기진단하여 적절한 개입을 할 필요가 있다.

청소년은 성인과 다른 방식으로 문제를 지각하기 때문에 한 과목의 성적이 나빠도 '내 인생은 완전히 실패야.'라고 생각하기도 한다(이인혜, 2009). 인생을 살아가는 동안에 좋은 일도 있고 나쁜 일도 있을 수 있다는 생각을 하지 못한다. 그렇기 때문에 누구나 경험할 수 있는 학업에서의 실패, 이성 친구와의 결별, 부모와의 불화, 운동 경기나 과외 활동에 참여하지 못하게 된 것을 인생에서 중대한 실수라고 본다(이인혜, 2009).

또한 한국청소년정책연구원(2011)에서 나온 최근의 보고서에 따르면, 초등학생이 중·고등학생에 비해 심리적 특성이 긍정적으로 나타났다. 초등학생의 자기효능감, 낙관주의 및 정서조절 수준이 대체로 중·고등학생에 비해 높게 나타났다. 이러한 결과는 중·고등학생에 대한 심리상담적 개입이 보다 적극적으로 이루어질 필요가 있다는 점을 시사한다.

청소년의 심리·정서적 측면에 주목해야 하는 이유가 또 하나 있다. 그것은 우리나라 청소년이 자신의 삶에 대해 충분히 만족하지 못한다는 것이다. 최근에 수행된 한 연구결과에 따르면(한국방정환재단, 연세대학교 사회발전연구소, 2017), 우리나라 청소년들의 주관적 행복감이 OECD 국가들과 비교했을 때 여전히 최하위권인 것을 알 수 있다. 이 연구에서 주관적 행복은 스스로 자신을 건강하다고 생각하는지에 대한 주관적 건강, 학교생활만족도, 개인의 삶의 만족도, 소속감이나 외로움에 대한 느낌 등으로 구성되어 있다. [그림 6-5]를 보면, 예전에 비해 우리나라 청소년들의 주관적 행복지수는 점진적으로 향상되고 있으나, OECD의 다른 국가들에 비하면 여전히 낮은 편이다.

우리나라 사람들이 생각하는 중요한 정서 경험을 탐색한 연구(황매향, 2008b)에 따르면, 중학생의 경우 부모, 친구 및 교사와의 원만한 관계, 사춘기 및 2차

[그림 6-5] 주관적 행복지수 변화 추이

주: OECD 평균을 100, 표준편차를 10으로 표준화시킨 점수.
출처: 한국방정환재단, 연세대학교 사회발전연구소(2017).

성장을 경험하는 것, 학업을 통해 성취감을 맛보고 세상에 대한 다양한 지식을 쌓는 것, 자신이 누구인가를 고민하는 것 등이 주요 발달과업으로 나타났다. 고등학생의 경우도 이와 비슷한데, 특징적인 것은 목표달성 및 대학 입학의 성공과 실패에 따라 정서 발달이 이루어진다고 나타난 점이다. 이와 같이 학업과 관련된 성공 및 실패 경험이 중 · 고등학생들의 정서에 큰 영향을 미치는 요인이 된다. 따라서 심리 · 정서 상담과정에서 청소년들이 중요한 정서경험을 충분히 했는지를 확인하고, 적절한 개입을 하는 것이 필요하다.

4) 학교폭력 및 비행상담

최근의 학교폭력실태를 보면 예전에 비해 점차 심각한 양상을 띠고 있다. 예를 들어, 점차 학교폭력이 시작되는 시기가 어린 연령으로 내려가고 있고, 폭력행동이 점점 잔인해지고 있다. 청소년의 학교폭력 및 비행은 사후 대책을 마련하는 것도 필요하지만 사전 예방에 힘쓰는 것이 무엇보다 중요하다. 그와 관련

하여 우선적으로 점검해 볼 문제는 학교에서 학교폭력이나 괴롭힘 행동과 관련
하여 누가 피해자이고 누가 가해자인지에만 초점을 맞추는 이분법적인 사고에
서 벗어나, 모든 청소년이 괴롭힘 상황에서 일정한 역할을 담당할 수 있다는 점
을 고려하여(최지영, 2006; Salmivalli, 1999) 폭력과 괴롭힘 행동이 허용되지 않는
학급 및 학교 분위기를 조성하는 일이 함께 이루어져야 한다는 것이다. 학교폭
력이 일어난 후에는 교사나 상담자가 개입할 수 있는 방법에 한계가 있기 때문
에 예방상담의 관점에서 피해자와 가해자뿐만 아니라 방관자 및 학교폭력에 관
련된 여러 가지 역할을 하는 모든 학생을 대상으로 하는 다양한 교육 프로그램
의 활용이 매우 중요하다.

학교폭력이 일어난 후에는 피해자 학생을 위한 심리적 지원서비스를 포함하
여 피해자 및 가해자 학생을 위한 다양한 개입 방안을 실시할 수 있다. 우선 피
해 학생의 고통을 수반하는 피해 사실이 있을 때는 즉각적인 개입이 필요하다.
피해자의 피해 사실을 확인하고 심리적 지원뿐만 아니라 필요하다면 가족상담,
피해 학생의 신변보호, 의료적 지원 및 법률적 지원체계 등을 활용할 수 있어야
한다. 피해자 상담의 경우에 피해 후유증을 치료하고, 사회적 적응력 및 회복력
을 높이는 것이 중요한 상담의 목적이 된다(이규미, 2006). 한편, 가해 학생에 대
한 상담에서는 적절한 분노표현과 분노조절능력을 강화하고, 가해 학생의 공격
행동을 강화하는 환경적 요인을 탐색하여 제거할 수 있는 방안을 모색하는 것이
필요하다(임재연, 2006). 이와 더불어, 눈에 띄는 신체적·언어적 공격행동에 비
해 관계 속에서 소외시키는 정서적 공격에 힘들어하는 경우가 있기 때문에 청소
년 상담자는 이러한 부분을 잘 파악할 수 있는 민감성을 갖추는 것이 필요하다.

5) 학교 부적응 청소년 상담

청소년 시기에는 학교에서 보내는 시간이 일상생활의 대부분을 차지하기 때
문에 학교에서의 삶이 행복하고 즐겁지 않다면 고통의 나날을 보낼 수밖에 없
다. 일반적으로 학교 부적응은 크게 학습, 규범, 교사-학생 관계, 교우관계 영역

등에서의 부적응으로 구분되는데, 다양한 유형의 학교 부적응을 제대로 이해하고, 원인을 파악해야만 적절한 상담 및 교육적 개입이 가능하다.

우선 학습 부적응은 학습에 대한 무기력감을 느끼면서 수업에 집중을 못하고 딴짓을 하는 행동으로 나타난다. 규범 부적응은 학교의 규칙을 왜 지켜야 하는지를 잘 이해하지 못하며, 복장 위반, 음주, 흡연 등 학교에서 금하고 있는 행동을 하는 것으로 나타난다. 교사-학생 관계와 교우관계 부적응은 대인관계 갈등과 관련되는데, 우선 교사-학생 관계 부적응은 교사와 친밀감이나 신뢰감을 형성하지 못하고 교사가 자신에 대해 무관심하다고 생각하기 때문에 교사의 지시를 무시하거나 교사를 피해 다니는 행동으로 나타난다. 또한 교우관계 부적응은 학교에서 다른 친구들이 자신을 싫어한다고 생각하기 때문에 괴롭힘 상황에서 가해자나 피해자가 될 확률이 높다(한국교육개발원, 2007). 이러한 학교 부적응의 문제는 학업, 진로, 학교폭력 및 비행의 문제를 포함하여 청소년의 다양한 상담문제와 관련된다. 따라서 학교 부적응의 문제가 상담을 통해 적절하게 해결되지 않는다면 학습부진과 진로목표의 상실을 야기할 수 있고, 계속되는 대인관계 갈등으로 인해 우울이나 불안이 심화되고 공격적인 행동을 더욱 많이 나타낼 수 있다.

6) 청소년 상담에서의 고려점

(1) 청소년의 특성에 대한 이해

청소년 상담과정에서 청소년들의 주요 관심사를 잘 파악할 필요가 있다. 예를 들어, 청소년들이 좋아하는 게임 캐릭터, 게임 용어, 유행하는 옷이나 신발, 연예인 팬클럽 등에 대해 기본적인 지식을 갖춘다면 청소년과 공감대를 형성하는 데 도움이 될 것이다.

그리고 게임을 좋아하는 디지털 원주민으로서 청소년들의 특성을 이해할 필요가 있다. 청소년들은 특별히 문제가 있어서 게임에 과하게 몰입하거나 게임 중독에 빠지는 경우보다는 청소년이면 누구나 게임에 열광할 수 있고, 그 정도가 지나치면 게임중독에 빠지게 되는 것이다. 개인의 심리적 특성뿐만 아니라 스트레스를 주는 환경요인이 있는지, 부모-자녀 관계나 또래관계에는 문제가 없는지 등을 점검할 필요가 있다.

(2) 발달의 규칙성과 독특성

청소년을 이해할 때 그들이 청소년이기 때문에 가지고 있는 공통적 특성을 이해하는 것도 중요하지만, 다른 청소년들과 구분되는 각자의 독특한 특성을 이해하는 것도 중요하다. 대부분의 발달심리학 이론들에서도 주로 모든 사람에게 공통적으로 적용되는 발달의 규칙성과 공통성을 강조하는 경향이 있지만, 모든 개인은 다른 사람과는 구분되는 독특한 발달의 패턴을 보일 수 있기 때문에 이러한 점을 고려할 때 청소년 내담자에 대한 종합적인 이해가 가능할 것이다.

인간의 전 생애적인 발달을 고려해 볼 때, 청소년은 특히 어린 연령의 아동에 비해 더 역동적인 발달양상을 보일 것으로 예상해 볼 수 있다. 예를 들면, 어린 영아는 인간이 공통적으로 가지고 태어나는 성숙의 청사진에 의해 상당히 예측 가능한 방식으로 발달하는 경향이 있지만, 청소년은 발달의 양상을 예측하기가 어렵다. 즉, 신생아나 영아기에 이루어지는 신체 및 운동 발달은 예측 가능한 순서를 따라 발달하지만, 청소년은 어떠한 변화와 발달과정을 거치게 될지 예상하기가 쉽지 않다는 것이다. 따라서 청소년 상담자는 청소년의 보편적인 발달특성과 발달의 다양성을 동시에 이해해야 한다(Shaffer, 2002).

(3) 다양한 가족유형의 이해

청소년들은 발달과정에서 개인적으로 타고난 특성뿐만 아니라 환경의 영향을 많이 받는다. 가정이나 학교와 같이 자신을 둘러싼 가장 가까운 환경부터 사회문화적 신념이나 가치와 같이 자신과 직접적인 영향을 주고받지는 않지만 자신의 발달에 영향을 주는 거시적 차원에서의 환경까지 다양한 발달의 맥락 속에서 청소년들은 성장한다(Bronfenbrenner, 1979).

청소년 발달에 영향을 미치는 환경 중에서 거시적인 차원의 환경은 상담자가 개입할 여지가 많지 않다. 상담자들이 잘할 수 있는 일은 청소년들에게 가장 직접적으로 영향을 미치는 가족이나 학교에서의 생활을 살펴보고 그에 필요한 적절한 개입을 하는 것이다. 그중에서도 최근 다양한 가족 형태가 출현하고 있고, 가족 형태에 따라 상담자나 교육자들이 고려해야 할 점이 있다. 이러한 맥락에서 청소년 상담을 효과적으로 하기 위해서는 다양한 가족유형에 속한 청소년들의 심리, 사회적 특성과 가족 내의 역동관계를 이해할 필요가 있다.

앞으로 우리 사회에는 북한이탈가정을 비롯하여 다문화가정, 이혼가정, 한부모가정, 재혼가정, 맞벌이 가정, 조손가정 등 다양한 가족 형태에서 자라난 청소년들이 증가하는 추세이기 때문에 그들의 심리적 특성, 가족구성원 간의 역동, 문화적 배경과 삶에 대한 인식 등을 이해하고 그에 근거하여 상담방식과 효과적인 지원 방법을 모색하는 일이 필요하다(최규련, 2010). 최근의 통계 자료에 의하면, 매년 중ㆍ고등학교에 재학 중인 북한이탈청소년의 숫자(여성가족부, 2010)와 다문화가정 출신 청소년의 비율이 점차 증가하고 있는 것을 알 수 있다(교육과학기술부, 2008a; 통계청, 2010a). 따라서 요즘 청소년들은 예전에 비해 자신과 다른 문화적 배경을 가진 또래들과 상호작용할 기회가 많다. 그러한 다문화적 환경은 활용하기에 따라서 청소년들에게 긍정적인 영향을 줄 수도 있고, 새로운 형태의 갈등을 야기할 수도 있다. 청소년 상담자들이 보다 적극적으로 우리 사회의 이러한 변화된 환경을 고려할 필요가 있다.

(4) 청소년의 스트레스 대처방법

인간의 모든 발달 단계에서와 마찬가지로 청소년도 여러 가지 스트레스원에 의해 스트레스를 받게 된다. 문제는 스트레스가 없는 상황을 만드는 것은 가능하지 않기 때문에 스트레스에 잘 대처하고 적절하게 해소하는 것이 필요하다. 라자루스와 포크만(Lazarus & Folkman, 1984)은 스트레스 대처방식을 문제해결 및 조력 추구를 포함하는 적극적 대처와 정서적 완화, 문제회피, 소망적 사고를 포함하는 소극적 대처로 구분하고 있다.

최근의 한 연구결과(한국청소년정책연구원, 2011)에 따르면, 우리나라 중ㆍ고등학생들은 스트레스를 받았을 때 참는다고 대답한 비율이 가장 높았으며(중학생 42.8%, 고등학생 48.1%), 잠을 잔다는 비율이 그다음으로 높게 나타났다(중학생 32.9%, 고등학생 44.4%). 스트레스를 받았을 때 참거나 잠을 자는 것은 스트레스를 유발하는 상황에서 스스로 문제를 해결하거나 다른 사람의 도움을 적극적으로 요청하는 것과는 다르게 소극적 방식의 스트레스 해소 방안이다. 스트레스를 해소하기 위해 아무것도 하지 않는다는 중·고등학생도 각각 14.4%, 14.7%로 나타나, 우리나라 청소년이 스트레스를 효과적으로 해소하기 위한 방법을 잘 모르고 있거나 알고 있다 하더라도 효과적으로 사용하지 못한다는 것을 알 수 있다. 청소년 상담과정에서 청소년의 심리적 문제와 갈등이 더 큰 정서적·행동적 문제로 발전하지 않도록 스트레스가 쌓일 때마다 효과적인 방식으로 해소할 수 있게 청소년을 지도하는 것이 필요하다.

학습문제

1. 청소년들의 학업부담은 인생의 그 어느 시기보다도 무겁다. 아무리 효율적으로 공부를 한다고 해도 학업에 대한 스트레스는 피하기가 어렵다. 고등학교에서 체육시간이 줄어들고 있다는 이야기가 있다. 그런데 어떤 학생들은 등교할 때 시간표에 체육이 없거나 체육시간이 취소되는 날이면 많이 우울해한다. 이처럼 청소년들은 체육시간이나 수학여행을 통해 학업에 대한 스트레스를 해소하기도 한다. 학업에 지친 청소년들이 스트레스를 잘 관리하고 효과적으로 해소할 수 있는 방법에는 어떤 것들이 있는지 생각해 보자.

2. 청소년들은 인터넷 게임에 과도하게 몰입하거나 심하면 게임중독에 빠지는 경우가 있다. 디지털 시대에 디지털 원주민(digital native)인 청소년들이 디지털 기기를 보다 긍정적이고 건설적인 방식으로 활용할 수 있는 방안에 대해 생각해 보자.

3. 청소년 시기에는 누구나 자신의 진로에 대해 고민한다. 어떤 고등학교에서는 수학점수를 기준으로 학교에서 문·이과를 정해 주기도 한다. '진로'를 탐색하고 정하는 것은 청소년기의 가장 큰 발달과업이기 때문에 이 과업을 스스로 잘 해결할 수 있도록 도와주는 것이 중요하다. 진로에 대해 고민하고 있는 청소년들에게 청소년 상담자가 할 수 있는 개입에는 어떤 것들이 있는지 생각해 보자.

4. 청소년들 사이에 나타나는 학교폭력이나 괴롭힘 상황에서는 피해학생과 가해학생뿐

만 아니라 방관자를 포함한 다른 학생들의 역할이 중요하다. 그리고 학교폭력이나 괴롭힘 행동이 일어난 이후의 사후 대책보다는 예방이 무엇보다 중요하다. 학교폭력과 괴롭힘 행동 예방을 위해 교사나 상담자가 할 수 있는 개입 방안에는 어떤 것들이 있는지 생각해 보자.

제7장

성인 초기

이영순

최근까지 인간발달에 관한 연구는 50년 이상이나 되는 성인기에는 별로 관심을 기울이지 않았다. 그러나 인간이 일단 성인이 되면 신체적·심리적 변화가 더 이상 일어나지 않는다는 관점에서 인간발달은 일생 동안 진행된다는 전 생애 접근법으로 연구가 변화되면서 성인기 전반의 발달과 변화에 관심을 가지게 되었다.

성인기는 대체로 성년기(20~40세), 중년기(40~60세), 노년기(60세 이상)의 세 단계로 나눈다. 성인기에 관한 초기 연구들은 주로 노년기에 초점을 두었으나, 1920년대와 1930년대 아동을 대상으로 시작된 연구의 피험자들이 성인기에 이르러 성인 발달을 연구할 수 있는 기회가 되었다. 그럼에도 불구하고 현재 성년기나 중년기에 관한 연구들은 아동이나 노인 연구에 비해 매우 미흡한 실정이다(정옥분, 2000).

성인 초기는 일반적으로 20대에 시작되는데, 학자들마다 시작 연령에 대한 차이가 있다. 해비거스트(Havighurst)는 성인 초기를 18~35세로 생각하였으며, 레빈슨(Levinson, 1986)은 보통 아동기와 청소년기를 성인 전 단계로 22세까지 보았으며, 성인 초기 단계는 17세부터 22세까지의 과도기를 지나 45세까지로 보았다. 그러나 최근 발달의 가속화 현상으로 사춘기가 일찍 시작될 뿐 아니라 청년기 동안 성취해야 할 발달과업이 불확실하고, 청년기의 시작 시기와 끝나는 시기뿐만 아니라 성인기의 시작 시기도 모호해지고 있다. 이 장에서는 성인 초기 특징을 신체적 · 인지적 · 사회적 · 정서적인 면에서 살펴보고, 성인 초기의 발달적 현안과 이에 대한 상담을 소개하고자 한다.

1. 신체 발달

1) 신체적 변화

아동기와 청소년기에 신체적 구조와 역량이 최대에 도달하여, 초기 성인기에는 사람들에게 잘 인식되지는 않지만 생물학적 노화가 시작된다. 20대 초반에는 체력, 지구력, 감각민감성 및 면역체계의 반응성이 최고 수준에 이르지만, DNA와 체세포 수준에서는 노화가 일어난다. DNA와 체세포 수준의 노화는 특정 유전자의 영향에 의해서 일어나기도 하고, 우연히 일어나는 사건들의 누적된 결과이기도 하다. 또한 성인 초기에 신체기관과 조직수준의 노화가 일어난다. 신체의 연결조직을 구성하는 단백질 섬유들이 서로 연결되며, 정상적으로 분리되어 있는 섬유들이 교차결합하면서 조직이 덜 유연하게 되어 여러 부정적인 결과를 초래하게 된다. 이는 피부나 다른 기관의 유연성을 상실하게 하고, 수정체가 흐려지며, 동맥이 막히는 결과를 가져온다. 호르몬을 분비하고 조절하는 내분비체계의 점진적 기능 저하도 노화를 가져온다. 면역체계의 기능 저하 역시 전염병, 암, 심혈관계 질환과 연관된 기능 저하를 가져온다. 그러나 이 시기의 신체적 변화와 신체기능의 감소는 서서히 진행되므로, 거의 눈에 띄지 않고 인식하기 어렵다(Berk, 2010).

한편, 성인기 동안 건강한 사람들은 심장 기능이 변하지 않는다. 그러나 심장

기능은 연령 증가에 따라 심한 운동을 할 때 떨어지며, 이는 최대 심장박동률과 심장 근육의 유연성이 떨어지기 때문이다. 따라서 심장 기능의 활용량이 심할 때 충분한 산소를 공급하는 데 어려움이 생기고, 20~34세의 심장질환으로 인한 사망률이 연령에 따라 계속 증가하는 것으로 나타나고 있다. 심장과 같이 폐도 휴식할 때는 연령에 따른 기능 변화가 거의 없지만 운동 시에는 연령이 증가하면서 호흡량이 감소하고 호흡률이 증가한다. 최대 폐활량은 25세 이후부터 10년에 10%씩 감소하는 것으로 나타났다.

성인들은 운동할 때 심장과 폐 기능이 감소하는데, 이는 점진적인 근육의 감소와 함께 운동 수행의 변화를 초래한다. 일반인에게서 생물학적 노화가 운동기술에 미치는 영향은 동기와 연습의 감소로 인한 영향과 분리하기 힘들다. 많은 종류의 운동기술은 20~35세에 정점에 달하고, 그 이후 서서히 쇠퇴한다. 몇몇 연구에서 올림픽 선수나 전문 운동선수들이 20대 초반에서 30대 초반에 최고조에 이른다고 보고하고 있다. 뛰어난 운동선수를 대상으로 한 연구들에서 운동능력의 생물학적 상한은 초기 성인기 전반부에 도달하는 것으로 나타났다. 그 후 지속적인 훈련은 신체구조가 운동능력의 하락을 최소화하도록 적응하게 해 준다.

성인기의 면역반응은 신체의 항원을 무효화하거나 파괴하는 전문화된 세포의 작용이다. 질병으로 보호하는 면역체계의 능력은 청소년기까지 증가하다가 20세 이후부터 감소한다.

많은 사람은 20대에 임신하는 것이 정상적이라고 믿는데, 생식능력은 연령에 따라 쇠퇴한다. 여성의 불임은 15세부터 50세까지 증가하는데, 15~29세는 8%, 30~34세는 14%, 35~44세는 18%가 불임이라고 보고되었다.

2) 건강과 건강 관련 요인

대체로 연령이 증가함에 따라 생물학적 노화가 일어나면서 질병과 신체장애의 비율이 증가한다. 또한 전 생애에 걸쳐 사회경제적 지위, 즉 소득수준, 교육수준, 직업수준은 거의 모든 질병 및 건강지표와 강한 관계가 있는 것으로 나타 났다. 경제적으로 풍요롭고 교육수준이 높은 사람들은 성인기에 보다 건강하지 만, 경제수준이 낮고 교육기간이 짧은 사람의 건강은 나빠진다. 그 이유는 건강 관련 환경과 습관 차이 때문인데, 스트레스 사건, 오염, 식사, 운동, 과체중과 비 만, 약물남용, 지지적인 사회적 관계, 의료기관 접근 가능성과 관련이 깊은 것으 로 보인다(Berk, 2010).

더구나 낮은 사회경제적 위치에서 아동기에 좋지 않은 건강 상태에 있었던 사람은 성인기 건강에 더 많은 영향을 받는다. 그러나 사회경제적 지위가 향상 되면 아동기 요인의 전반적인 영향이 감소된다. 아동과 성인의 사회경제적 지 위는 상당히 일정하여 누적된 영향을 미치는데, 그 결과 사회경제적 지위에 따 른 건강차이는 연령에 따라 증폭된다. 심각한 건강문제는 성인 초기에는 덜 발 생하며, 성인 초기는 중년기나 노년기의 건강 문제를 예방하기 가장 좋은 시기 다. 따라서 성인 초기의 건강에 미칠 수 있는 요인을 살펴보고자 한다.

(1) 영양

많은 사람이 잘못된 음식을 섭취하거나 지나치게 많거나 적은 양의 음식을 섭취하여 과체중과 비만을 초래한다. 성인기에는 대부분 상당한 체중 증가를 보인다. 20~25세에 체중이 증가하는 것은 노화의 정상적인 부분인데, 이는 기 초대사율이 떨어지기 때문이다. 지나친 과체중은 고혈압, 순환계 문제, 동맥경 화증, 뇌졸중과 같은 심각한 건강문제 및 조기사망과 관련이 있다. 또한 과체중 인 사람의 경우 사회적으로 동등한 대접을 받지 않을 가능성이 많다. 비만은 초 기 성인기와 중기 성인기에 정점에 달하기 때문에 20대 초반부터 치료를 시작 하는 것이 좋다. 치료는 균형 잡힌 식사와 운동, 상담과 같은 사회적 지지 자원 의 이용, 문제해결 기술을 통해서 이루어질 수 있다.

(2) 운동

운동은 체지방을 줄이고 근육을 키우는 것 외에 질병에 대한 저항력을 증진시킨다. 적당한 강도의 운동을 자주 하는 것은 면역반응을 강화하고 질병에 걸릴 위험을 낮춘다. 실제로 종단연구에서 운동이 암 발생률을 감소시키는 것으로 나타났고, 당뇨나 심혈관계 질환을 감소시키는 것으로 보고되고 있다. 또한 운동을 할 경우 질병이 더 늦게 나타나며 덜 심각하게 나타난다.

운동을 할 경우 건강에 도움이 되는 행동을 할 가능성이 많고, 신체활동을 통하여 불안이나 우울을 감소시킨다. 또한 운동은 스트레스를 감소시키고 면역력을 강화시켜 심리적 안녕감을 고양하기도 한다.

(3) 약물 남용

담배를 피우거나 술을 마시는 등의 약물 사용은 19~22세에 최고에 이르렀다가 20대 동안에 줄어든다. 이 시기의 젊은이들은 다양한 경험을 해 보려고 하기 때문에 흡연을 하거나 여러 약물을 사용하여 뇌손상, 정신기능의 손상, 사고와 같은 비극적인 결과를 가져오기도 한다. 또한 이러한 약물의 반복적인 사용에 따른 중독은 보다 심각한 문제를 일으킨다.

(4) 성

10대 후반부터 많은 젊은이들이 성관계를 하며, 이전 세대에 비해 현재의 성인들은 동거, 결혼, 혼외 성 경험, 이성애 또는 동성애 성향 등을 포함한 다양한 삶의 형태를 보여 준다. 책임 있는 성행동을 하지 않은 경우는 에이즈와 같은 질환에 걸릴 가능성이 높다.

(5) 심리적 스트레스

부정적인 사회적 조건, 부정적 생활사건 또는 일상적 혼란으로 측정되는 심리적 스트레스는 건강과 밀접하게 관련이 있다. 성인 초기는 도전적인 과제로 인하여 스트레스가 많은 시기다. 이 시기는 중년기보다 더 우울한 감정을 보고한다. 따라서 스트레스 유발인자를 찾아 적극적으로 대처하는 것이 필요하다.

2. 인지적 특징

성인기로 이행하는 과정은 사고구조와 지식획득 및 정신능력에서 변화를 보인다. 피아제(Piaget)는 형식적 조작기 이후에도 사고의 중요한 변화 가능성을 인정하였다. 피아제는 청소년이 세상에 대한 애매하고 모순된 조망보다는 논리적이고 부정확할지라도 내적으로 일치하는 조망을 선호하여 추상적 체계를 극단적으로 신봉하고 이를 특정 상황에 적용하는 것을 관찰하였다. 이러한 피아제의 형식적 조작을 넘어서는 인지적 발달인 후형식적 사고(postformal thought)가 성인기에 존재하는 것으로 연구되었다(Berk, 2010).

1) 성인기의 인지

페리(Perry)는 인식적 인지의 발달에 관한 많은 연구를 하였는데, 인식적 인지는 성인기 사고의 특징이라 할 수 있다. 인식적 인지는 사람이 어떻게 특정 사실, 믿음 및 생각을 가지게 되었는지를 생각하는 능력을 의미한다. 성숙하고 합리적인 사고를 하는 사람은 개인의 생각이 절대적이지 않고 주관적이라는 것을 깨닫고, 다른 사람의 결론과는 다른 자신의 결론의 정당성을 찾는다. 자신이 결론에 대해 정당화할 수 없으면 자신의 결론을 수정한다.

나이가 어린 경우 이원적 사고, 즉 정보와 가치 또는 권위를 옳은 것과 그른 것으로, 선한 것과 악한 것으로, 너와 나로 구분한다. 그러나 성인은 상대적 사고를 할 수 있고 많은 주제에 대한 의견이 다양할 수 있다는 것을 알며 절대적 진리의 가능성보다는 전체적인 맥락에서 상대적인 여러 개의 진리가 존재하는 것으로 생각할 수 있다. 그 결과, 사고는 더 유연해지고 관대해진다. 궁극적으로 가장 성숙한 사람은 서로 반대되는 두 관점을 통합하는 보다 만족스러운 조망을 하려고 한다. 이 수준에 도달한 성인은 학습에 대해 보다 정교한 접근을 하여 자신의 지식과 이해를 높이기 위한 새로운 관점을 적극적으로 찾는다.

성인 초기에는 이러한 인식적 인지의 발달을 보이게 되나, 항상 진보가 있는 것은 아니다. 발달은 메타인지의 발달에 의존하는데, 메타인지의 발달은 사람의 조망에 대해 문제를 제기하여 그 사고과정의 합리성에 대해 생각해 보아야 하는 상황에서 일어난다. 또래 상호작용은 경쟁적 생각이나 책략에 반하여 자신의 생각이나 책략을 주장하고 대비되는 조망을 새롭고 보다 효과적인 구조로 협응해야 하는 일이 자주 발생하기 때문에 성인기에도 동료와의 협력이 이러한 인지적 발달을 촉진하며 여전히 교육에 매우 효과적인 기초로 작용한다.

2) 성인기의 실용적 사고와 인지정서적 복잡성

라보비-비에프(Labouvie-Vief)의 성인기 인지도 윌리엄 페리 이론과 같은 특징을 보인다. 라보비-비에프는 청소년은 가능성의 세계에서 작용하고, 성인기에는 가설적 사고에서 실용적 사고로 변화한다고 보았다. 실용적 사고는 논리가 실제 생활의 문제를 해결하는 도구가 되는 사고구조다. 성인은 불일치성을 인생의 한 부분으로 수용하게 되고, 불완전성과 타협이 많은 사고방식을 발달시키게 된다. 라보비-비에프는 자신의 생각을 되돌아보면서 숙고하는 능력은 성인이 정서적 삶의 역동을 경험한 후에 향상된다고 지적하였다. 즉, 정서와 인지를 통합하는 데 익숙해지며, 또 그 과정에서 인지와 정서의 모순을 잘 이해하게 된다는 것이다.

청소년기부터 중년기를 거치면서 인지정서적 복잡성, 즉 긍정적 느낌과 부정적 느낌을 이해하게 되고 이들을 하나의 복잡하고 체계화된 구조로 통합하는 능력을 가지게 된다. 인지적 복잡성은 자신과 타인의 조망과 동기를 더욱 잘 알도록 해 주고, 성인의 정서지능의 중요한 한 부분이며, 여러 실용적 문제를 해결하는 데 중요하다. 인지정서적 복잡성이 높은 사람은 사건과 사람을 열린 마음으로 본다. 또 인지정서적 복잡성은 긍정적 느낌과 부정적 느낌을 모두 수용하고 이해하는 것을 포함하므로 강한 정서를 조절하는 데 도움이 되며, 부정적 정보가 들어 있는 실세계의 딜레마를 합리적으로 이해하는 데에도 도움이 된다.

3) 전문성과 창의성

성인기의 인지능력의 또 다른 특징은 전문성과 창의성이다. 성인기에는 지식이 확장되면서 이미 알고 있는 것과 관련된 새로운 정보를 기억하는 능력도 향상된다. 전문성은 특정 분야에서 전문적 지식을 습득하는 것인데, 한 분야를 숙달하는 데 여러 해가 걸리므로 대학의 전공이나 직업을 선택하는 전문화과정에서부터 시작된다. 일단 획득되기만 하면 전문성은 정보처리에 막강한 영향을 미친다.

전문가는 보다 빠르게 또 효율적으로 기억하고 추론한다. 전문가는 영역의 특징적인 개념을 더 많이 알며 이를 더 상세하게, 즉 더 깊고 추상적인 수준으로 또 더 많은 세부 특징을 다른 개념들과 관련지어 표상한다. 그 결과, 전문가는 마음에 가지고 있는 원칙에 근거하여 문제에 접근하며 자신이 아는 것을 활용하여 해결책에 자동적으로 도달할 수 있어서 문제가 어려울 경우에는 계획을 세우고, 문제의 요소들을 분석하여 범주화하고, 여러 가능성 중 가장 좋은 것을 선택한다.

전문성은 문제해결뿐만 아니라 창의성에도 필요하다. 성인기의 창의적인 성과는 독창적이라기보다는 사회적 요구와 심미적 요구에 부응하는 것이라는 점에서 아동기와는 다르다. 성숙한 창의성은 독특한 인지적 능력, 즉 새롭고 문화적으로 의미 있는 문제를 만들고, 전에는 제기되지 않았던 중요한 문제에 대해 문제제기하는 능력을 필요로 한다. 문제해결에서 문제발견으로서의 전환은 형식적 조작 이후의 사고의 핵심적인 능력이다.

3. 사회성 발달

1) 정체감 발달

성인기 진입단계 동안 정체감 발달은 가장 핵심 과제로 계속된다. 이 시기의 정체감 확립은 이후 삶의 방향과 목표를 설정해 준다. 에릭슨(Erikson)은 15~18세에 정체감 위기가 생기고, 이러한 위기가 이 시기에 해결되어야 한다고 보았다. 그러나 실제 조사에 따르면, 12~18세에 정체감 혼란이나 상실을 경험하고, 21세가 지나서야 비로소 정체감 유예나 안정된 정체감 성취가 나타난다(Meilman, 1979: 곽금주, 2010에서 재인용). 즉, 에릭슨이 주장한 것보다 자아정체감이 더 늦게 형성된다. 성인기 동안 개인의 정체감 문제는 새로운 도전과 상황에 반응하여 다시 활성화되며 정체감 유예와 성취를 반복한다.

오퍼와 오퍼(Offer & Offer, 1975)는 성인 초기에는 부모로부터 자신을 분리된 존재로 인식하게 되는 것이 중요하다고 하였다. 청년은 대부분 부모와의 감정적 애착관계로부터 점차적으로 멀어지고, 혼자 있는 것에 대해 보다 편안하게 느끼며 자신감을 가지고 스스로를 돌볼 수 있게 된다. 또한 부모로부터 멀어지는 과정은 결혼 이후에도 지속되며, 부모가 되는 경험은 부모가 차지했던 가장 중요한 대상의 자리를 새로운 대상으로 대치하면서 내적 변화를 일으킨다.

한 조사에 따르면, 젊은이들은 성인의 지표로 자기 행동에 책임지기, 개인적인 생각이나 가치관을 정립하기, 부모와 동등한 관계를 형성하기, 경제적인 독립하기를 들었다. 그러나 최근 급격한 사회적 변화와 함께 젊은이들이 성인으로서 부담해야 할 책임을 피하고 유예기간을 늘리려고 한다. 또한 서구 문화와 달리 동양 문화에서의 성인기의 특징은 가족으로부터 독립하기보다는 가족을 부양하고 돌보는 것이라고 생각한다. 따라서 성인 초기에 집단주의 문화에서 개인주의 문화와 다른 정체감 문제를 경험하기도 한다.

한편, 이러한 정체감 갈등이 해결되고 안정된 정체감을 형성하고 부모로부터 독립하게 되면서, 성인은 가깝고 애정이 깃든 유대를 찾게 된다. 성인 초기는 새로운 가정을 이루고 부모가 된다. 동시에 성인은 자신이 선택한 직업 분야의 기술과 과제를 숙달해야 한다. 그러므로 정체감, 사랑 그리고 일은 서로 연관되어 있다. 이 세 가지에 대해 타협하는 과정에서 성인은 인생과정을 선택하고 계획하고 바꾸는 일을 인생의 다른 어떤 시기보다 더 많이 한다. 자신의 결정이 자신과 잘 맞고 또 사회적 · 문화적으로 잘 맞을 때 성인은 많은 새로운 역량을 가지게 되며 인생이 충만하고 보람된 것이라고 느끼게 된다.

2) 에릭슨의 친밀감 발달

에릭슨은 심리사회적 이론에서 성인 초기를 친밀감을 발달시키고 고립감을 해결해야 하는 시기라고 가정하였다. 친밀감의 확립은 성인 초기의 주된 심리사회적 위기로 자신의 정체감을 잃을지도 모른다는 두려움 없이 타인과 개방적이고 지지적이며 애정적인 관계를 형성하는 능력을 말한다. 그중 가장 중요한 문제는 배우자를 선택하는 문제다. 그러나 성인이 서로에게 만족하는 가까운 관계를 형성하는 것은 어려운 일이다. 성인 초기에는 여전히 정체감 문제와 싸우고 있으며, 경제적 독립도 겨우 얻은 상태다. 그러나 상대방과 친밀감을 형성하는 것은 자신의 독립성을 어느 정도 포기하고 자신의 정체감에 상대방의 가치와 흥미를 포함시키는 것을 요구한다. 10대 또는 20대 초반의 사람들은 영원한 유대를 맺을 준비가 아직 되지 않았다고 자주 말한다. 친밀감을 형성하지 못하면 젊은 성인은 초기 성인기의 부정적인 결과, 즉 고독감과 자기 몰두에 직면한다. 정체감의 성취는 사랑과 정적 상관관계를 가지며, 정체감 유예는 성실성이나 부정적인 사랑과 부적 상관관계를 가진다. 상대방에게 전념하기 위해서는 자신을 포기하는 것이 아니라 관용과 타협이 필요한 것임을 깨닫는 것이 중요하다. 사람들은 안정된 정체감을 형성하였을 때 건강한 대인관계를 통하여 친밀감을 얻게 된다.

또한 개인적으로 의미 있는 가치와 목표를 세우고 노력하는 것은 다른 사람에게 전념할 수 있도록 준비시킨다. 우정과 일의 관계에서도 친밀감을 성취한 사람은 협동적이고, 인내심이 있고, 배경과 가치관의 차이를 수용한다. 고립감을 가진 사람은 정체감을 상실할까 봐 두려워서 다른 사람과 가까운 관계를 형성하기를 망설이며, 협동하기보다는 경쟁하며, 다른 사람이 너무 가까이하면 곧잘 두려워한다. 이와 같이 정체감, 친밀감, 생산성은 성인 초기의 주요 관심사이며, 개인에 따라 변화하는 시점은 달라진다.

3) 애착이론과 친밀감

성인기에 이루어지는 사랑은 일과 더불어 이 시기의 발달과업으로서 그 중요성이 강조되었다. 유아기에 양육자와 가지는 애착유형이 성인기의 인간관계를 많이 설명해 준다. 즉, 발달 초기에 중요한 타인과 맺었던 초기 애착은 전 생애에 걸쳐 영향을 미친다. 또한 자신의 초기 애착경험에 대한 성인의 평가는 양육행동, 특히 자녀와 형성하게 되는 애착의 질과 관련되며, 성인기의 낭만적인 관계를 강하게 예측한다는 증거도 있다(곽금주, 2010; 장휘숙, 2002).

안정 애착경험이 있는 성인은 안정된 내적 작동모형을 가지고 있어 다른 사람과 쉽게 친해지고, 사람들과 멀어지거나 너무 가까워지는 것을 거의 걱정하지 않는다. 또한 파트너에 대해 지지적인 행동을 하고, 갈등해결 전략도 건설적이며, 배우자를 위로하고 도와주는 것으로 나타났다.

회피 애착경험이 있는 성인은 독립성, 배우자에 대한 불신, 사람들과 지나치게 가까워지는 것에 대한 불안이 있으며, 다른 사람이 자신을 싫어할 것으로 확신하고, 낭만적인 사랑을 하기 힘들 것이고 사랑이 거의 지속되지 않을 것이라고 생각한다. 이들은 관계에서 질투, 정서적 거리, 신체적 접촉에서 즐거움을 느끼지 못하는 특징이 있으며, 과도하게 일을 하거나 성적 교류나 사건에는 관심을 덜 갖는다.

저항 애착경험이 있는 사람은 다른 사람과 완전히 융합되기를 원하고, 쉽게 사랑에 빠지며, 자신을 진정으로 사랑하지 않고, 질투, 정서의 불안정성, 상대방이 자신의 사랑을 거부하지 않을까 하는 절망감을 가진다. 저항적인 성인은 공포와 분노를 쉽게 표현하며 부적절한 시기에 자신에 대한 정보를 노출한다. 그러나 현재 파트너의 특징과 현재의 삶의 조건이 성인관계에 영향을 미친다.

장휘숙(2002)은 대학생을 대상으로 한 연구에서 안정된 애착유형을 가진 사람들은 열정적이고 헌신적인 사랑을 하는 경향이 있었고, 회피애착이나 불안-양가 애착유형을 가진 사람들은 소유적 의존적 사랑을 할 가능성이 높았다고 보고하였다. 이와 같이 부정적인 부모-자녀 관계의 경험은 성인의 관계까지 그 영향을 미쳐서 자신이 사랑받을 가치가 없다고 믿거나 친밀한 배우자를 믿을 수 없다고 생각하게 할 수 있다. 그러나 내적 작동모형은 계속적으로 수정되는 것이다. 예를 들어, 건강한 파트너와의 만족스러운 친밀한 경험을 하게 되면 내적 작동모형을 수정할 수 있다.

4) 레빈슨의 성인기 발달

레빈슨(1986)은 35~45세의 남성 40명을 대상으로 성인연구를 하였다. 인생주기를 네 단계로 나누어 계절로 구분하고 각 계절마다 20년 정도 지속된다고 보았다. 보통 아동기와 청소년기를 성인 전 단계로 22세까지 보았으며, 초기 성인 단계는 17세부터 22세까지의 과도기를 지나 45세까지로 보았다. 레빈슨은 개인이나 집단, 그리고 제도 등 중요한 타인과의 관계로 구성된 인생구조를 중요하게 생각하였으며, 이를 중심으로 각 단계의 특징을 설명하였다.

성인 초기(17~22세)는 청소년기를 벗어나 성인사회에 둥지를 틀기 위해 노력하는 시기다. 부모로부터 경제적·정서적으로 독립하여 성인으로서의 삶을 준비하면서 가족, 또래, 학교 그리고 청소년 세계의 여러 의미 있는 부분과의 관계를 끝맺음하고 새로운 시대를 위한 기반을 마련한다. 초기 성인 입문기(22~28세)는 안정된 시기로 자신의 역할을 유지하면서 다른 역할을 시도하여 성인기를 탐색하고 정착해서 안정적인 생애구조를 만든다. 자신의 지난 삶을 되돌아보면서 자신이 해 온 일들이 적합했는가에 대해 의문을 제기함으로써 가벼운

위기를 경험하는 시기다. 이 위기를 극복하면 자신의 삶에 확신을 가지고 안정된 성인 전기 인생구조를 쌓게 된다. 30세 전환 시기(28~30세)는 자신의 현 생애구조를 재평가할 것을 요구받는다. 특히 남성은 보통 바로 이전 시기에 모든 변환 시기와 같이 자신의 인생에 대해 다시 검토할 수 있는 기회를 갖는다. 남성은 특정 관계와 희망에 초점을 맞추고 다른 것은 배제하면서 정착하는 경향이 있으며, 여성은 가정보다 개인적인 목표를 발달시키고, 직업이나 관계에 대한 전념을 새롭게 해야 하므로 불안정이 지속된다.

레빈슨에 따르면, 성인 초기에 많은 사람은 꿈과 스승이 중요하다고 보았다. 즉, 사람들은 장래의 '꿈'을 가지고 성년기에 들어선다. 남성에게 있어서 꿈은 대개 직업 역할에서 독립적인 성취자가 되는 것이나, 일을 중시하는 여성은 결혼과 일을 모두 중요시한다. 이러한 꿈은 성인 발달을 활성화한다. 그러나 성인 초기는 결혼과 자녀문제, 직업 그리고 삶의 형태에 대한 중요한 결정을 해야 하는 어려운 시기다. 따라서 이 시기에 꿈을 지원하는 후원자 역할을 하는 스승과 관계 형성이 중요하다고 보았다.

5) 베일런트의 인생적응

베일런트(Vaillant, 1977)는 인생은 고립된 위기적 사건으로 형성되는 것이 아니라 중요한 사람들과의 지속적인 관계의 질에 의해서 이루어지며, 사람은 일생 동안 변화하고 발달하며, 인생의 상황에 적응하기 위해 사용하는 방어기제가 그들의 정신건강의 수준을 결정한다고 보았다(장휘숙, 2000에서 재인용). 베일런트는 에릭슨과 마찬가지로 인생주기의 단계가 순차적으로 이루어진다고 보았다. 성인기의 인생주기는 청년기로 접어드는 시기부터 시작되며, 이 시기는 정체감을 확립하는 단계다. 다음으로는 친밀감 형성 단계인데, 부모로부터 자율성을 획득하고 자신의 독립적인 정체감을 가지게 되면 한 번 더 다른 사람에게 의지하려고 한다. 베일런트는 에릭슨의 친밀감 형성단계에 경력강화단계를 추가하였다. 30세경에 사람들은 청년기의 열정을 버리고 현실적인 삶을 살아가며, 개인이 직업경력을 강화하는 데 몰두하여 직장에서 성공을 한다. 베일런트는 이 단계는 40세경에 맹목적인 분주함에서 벗어나면서 끝난다고 하였다. 또한 변화가 일어나는 특정 연령이 사람마다 다양하다는 것을 발견하였다. 베일런트는 성숙한 방어기제에 관심을 가졌는데, 나이가 들수록 미성숙한 방어기제(행동화, 심기증, 투사 등)에 의존하지 않고, 성숙한 방어기제(억제, 이타주의, 승화, 유머)를 보다 빈번하게 사용한다고 하였다. 성숙한 적응기제를 사용하는 사람들은 정신적·신체적으로 건강할 뿐 아니라 자신의 일에 더 만족하고, 대인관계 면에서도 성공적이며, 더 행복한 것으로 나타났다.

4. 성인 초기의 직업 발달

1) 직업의 기능과 동기

우리는 인생의 대부분을 직장에서 보낸다. 배우자나 연인과 함께하는 시간보다 직장에서 보내는 시간이 더 길다. 그래서 일과 행복이 밀접한 관계에 있는 것은 당연하다. 사람은 일을 통해 돈만 얻는 것이 아니다. 일에서 얻는 만족감을 통해 인생을 살아가고 그 의미를 찾을 수 있으며, 더불어 정신적이고 감정적인 자극을 받을 수 있다. 또한 일을 함으로써 친밀한 인간관계를 맺는 데 필요한 기술을 발전시킬 기회를 자주 접하게 된다.

최근에 일정한 직업이 없거나 일자리를 구하지 못함으로써 고민하고 방황하는 사람들을 볼 수 있다. 사회생활을 통한 직업이 없다면 인간은 고통스럽기 쉽다. 그러나 대부분의 사람은 사회구성원으로서의 생계와 자아실현을 충족시키기 위한 수단으로 직업생활을 계속하게 된다. 이는 인간이 사회적 존재임과 동시에 직업적 존재이기 때문이다. 아무리 하찮은 일이라도 일은 그 사람에게 중요한 의미를 가져다준다. 일이란 단순히 수행하고 있는 일련의 활동 이상의 의미를 가지고 있다. 오히려 일은 개인 자신의 정체감, 자신에 대한 지각 그리고 가치관에 심오한 영향을 미친다.

2) 직업의 선택

우리의 생활에서 직업의 중요성을 인정하고 있으면서도, 많은 사람이 막연하거나 우연한 기회에 직업을 결정해 버린다. 대부분의 사람들은 직업을 자신의 한평생을 좌우할 수 있을 만큼 중요하게 여기기 때문에 직업을 체계적으로 선택하고 싶어 한다. 직장은 인생의 가장 많은 시간을 보내게 되는 자기실현의 장이며 인간관계의 장이다. 직장생활의 만족은 인생의 행복을 결정하는 중요한 요인이다. 이런 점에서 어떤 직업과 어떤 직장을 택하느냐의 문제는 인생을 결정하는 중요한 선택이다. 인생을 설계하는 젊은이에게 가장 중요하고 어려운 문제가 바로 직업선택일 것이다. 잘못된 직업선택에 따른 불만족이나 전직 및 이직은 인생의 커다란 부담이자 고통이 될 수 있다. 따라서 직업선택은 아무리 신중해도 지나치지 않은 중요한 선택이다. 직업의 만족도를 결정하는 가장 중요한 요인은 개인과 직업의 적합성이다. 좋은 직업이라고 해서 누구에게나 만족을 주는 것은 아니며, 우수한 사람이라고 해서 어떤 직업에서나 성공하는 것은 아니다. 자기 자신의 특성을 잘 알고 이러한 자신의 특성에 알맞은 직업을 선택해야 한다. 자신이 만족할 수 있고 자신의 역량을 잘 발휘할 수 있는 직업을 선택하는 것이 중요하다.

직업선택 시 고려해야 할 점들은 매우 다양하다. 진로상담 전문가들은 직업선택 시 고려해야 할 주요한 요인으로서 가치관, 흥미, 성격, 적성, 능력, 직업전망, 부모의 기대와 지원을 들고 있다.

3) 직업주기

청소년 후기 또는 성인 초기에 이르러서야 비로소 직업을 선택하게 된다. 그러나 이때 어떤 하나의 직업을 선택하는 데에는 성장과정에서 경험한 여러 가

지 사건, 부모 또는 타인의 살아가는 모습을 보고 터득한 관찰학습이 그 근거가
된다. 또한 부모나 중요한 인물들에 대한 동일시, 그리고 자신의 미래에 대한 기
대, 꿈, 환상 등이 그 밑바탕을 이루게 된다. 이와 같이 직업선택이란 한순간에
이루어진다기보다는 장기간의 사회화 과정을 통하여 이루어지는 하나의 발달
과정이다.

슈퍼(Super, 1990)에 따르면, 청년기의 직업발달은 자신의 흥미, 욕구, 능력
등을 포함한 자아상과 정체감이 일치하는 직업을 선택한다고 하였다(정옥분,
2000).

대체로 성인 초기 전환기(17~22세)에 직업선택을 결정화(crystallization)해
서 구체적으로 선택하는 구체화(specification) 단계를 거친다. 이때 직업과 직업
세계에 관해 더 많은 것을 알게 되고, 직업에 대한 생각이 보다 구체화된다. 성
인 초기(22~40세)에는 자신이 선택한 직업에 실제로 개입해서 전념하는 실행
(implementation) 단계를 거친다. 이 시기의 사람들은 한두 개의 초보적인 직업
을 시험해 보거나 전문직종에 첫발을 들여놓는다. 실제로 직업세계에 직면하
면서 최종적으로 어떤 직업을 선택하기 전에 마음을 바꾸는 경우도 있다. 30대
중반까지 직업세계에서 적재적소를 마련하여 자신의 위치를 다져 나가는 확립
(stabilization) 단계를 겪는다. 그러나 중년기에 들어서면서부터는 더 이상의 승
진이나 확장을 위해 치열한 경쟁을 하려는 의욕이 감소하고 현재의 위치를 유지
해 나가려고 한다. 이 시기를 강화(consolidation) 단계라고 하는데, 보통 은퇴 시
기까지 계속된다.

일단 직업을 선택해서 개입을 하게 되면 자신의 직업적 기획에 따라 승진의
사다리를 오르기도 하고, 대인관계의 폭을 넓혀 사업을 확장하기도 한다. 또한
학계나 예술계통의 창조적인 직업에 종사하는 사람들은 연구실적을 쌓아 학문
적 업적을 남긴다거나 창조적인 작품을 생산한다. 이와 같이 자신이 일하고 있
는 직업세계에서 승진을 하거나 업적을 쌓아 가는 것을 경력(經歷)이라고 하는
데, 여기에는 자신의 직업적 위치와 경력상의 진행과정을 타인과 비교해 보고
평가하는 기준이 되는 보편적인 경력의 시계(career clock)가 있다.

경력의 시계는 사회적 세계와 밀접한 상관이 있는데, 주로 자신의 동년배, 친구, 학교 동기생들의 평균적인 경력 진행과정이 경력의 시계가 될 수 있다. 즉, 사람들은 현재 자신의 경력상의 위치를 동년배인 친구들과 비교해 보고 너무 늦지는 않았나 혹은 상당히 빠른 게 아닌가를 평가해 본다. 이때 너무 늦다고 판단되면 목표를 재조정하거나 직업전환을 할 수도 있다. 이러한 전환은 도전적인 전환일 수도 있지만 좌절감에서 어쩔 수 없이 이루어질 수도 있는데, 어느 쪽인가 하는 것은 직업전환의 시기와 밀접한 관련이 있다. 직업주기상에서 볼 때 안정기를 지난 후 응고화 단계에서의 전환은 시기적으로 너무 늦고 많은 어려움이 뒤따를 수 있다. 직업전환을 고려한다면 늦어도 40세 이전에는 결단을 내려야 할 것이다.

직업에 따라 경력의 진행과정이 다른데, 크게 수직적 발전과 수평적 발전의 두 가지로 구분해 볼 수 있다. 수직적 발전은 일정 기간이 지나면 단계적으로 지위가 높아지고 하는 일이 달라지는 경우다. 즉, 대기업체나 공무원 사회에서의 승진이다. 수평적 발전은 하는 일은 동일한데 하는 일의 범위가 넓어지는 것을 말하는데, 사업이 확장되거나 사회적 인정, 권위, 명성을 더 얻게 되는 경우다. 예를 들면, 교수, 변호사, 사업가, 의사 등 자유업에 종사하고 있는 사람들이 경력과 활동 범위가 넓어지는 경우다.

직업주기상에서 볼 때, 각 직업마다 생산성이나 창조성, 업적 등이 절정에 이르는 시기가 조금씩 다르다. 데니스(Dennis, 1966)는 다양한 분야에서 창조적인 사람들이 발휘하는 총생산성이 연령에 따라 어떻게 변화하는지를 알아보았다. 이 연구에 따르면, 예술이나 자연과학 분야에서는 40대가 생산성의 절정시기였으며, 그 이후 60~70대까지 생산성이 차츰 감소했다. 그러나 인문과학 분야에서는 40대 이후 60~70대까지도 생산성이 증가했다. 이는 직업의 절정시기가 연령에 따른 지능의 발달 곡선과 밀접한 상관이 있기 때문으로 추론된다. 즉, 그 직업이 어떤 종류의 지능을 필요로 하느냐에 따라 직업의 절정시기와 직업의 수명이 달라질 수 있다. 예를 들면, 연령 증가에 따른 감퇴의 폭이 큰 유동성 지능 및 동작성 지능을 더 많이 사용하는 예술 분야나 자연과학 분야에서는 직업의 절정시기가 더 짧을 수 있다. 그러나 주로 연령 증가에 따른 감퇴의 폭이 적은 결정화된 지능과 언어성 지능을 필요로 하는 인문과학 분야에서는 생산성의 절정시기가 더 오래 지속될 수도 있을 것이다. 그러나 레먼(Lehman, 1960)의 연구에 따르면, 대부분의 직업에서 창조적인 사람들이 창조성과 생산성 그리고 빛나는 업적을 쌓는 절정시기는 30대다. 우리가 30~40년의 직업생활을 한다고 해도 최대한의 능력을 발휘해서 창조적인 업적을 쌓는 기간이 그렇게 길지만은 않은 것이다.

5. 성인 초기 발달의 현안과 상담

우리나라에서 만 20세가 되면 성년식을 한다. 이는 젊은이들에게 성인으로서 자각과 긍지를 심어 주고, 사회구성원으로서의 책무를 일깨워 주기 위해 행하는 의식이다. 이 의례를 거침으로써 온전한 성인집단에 편성되며, 성인으로서의 권리를 누리게 되고, 일을 할 수 있는 권리를 얻게 된다.

과거에 사회학자들은 성인의 지표로 공식적인 교육을 마치는 것, 직장에 들어가는 것, 부모를 떠나는 것, 결혼을 하고 부모가 되는 것을 들었다. 그러나 최근에는 여러 가지 이유 때문에 성인기로 진입하는 단계(emerging adulthood)라는 새로운 단계가 생겨났다. 안정된 성인 역할과 책임을 맡기 이전인 18세부터 25세까지의 시기를 성인기 진입을 위한 과도기로 본 것이다. 성인 초기의 중요한 발달과업인 일과 관계형성 능력의 출현이 더 이후의 연령 단계로 이동하고 있으므로 성인 초기에 진입하기 이전의 과도기가 필요하다고 본다. 이러한 이유는 직장에서 많은 수준의 교육을 받은 노동력을 요구하여 교육 기간이 길어지고, 안정적인 직업을 가지기 어려워 경제적 독립도 늦어짐으로써 부모로부터의 개별화와 자율성의 획득이 자연스럽게 지연되고 있기 때문이다. 또한 결혼하지 않고도 성적인 활동을 할 수 있어 결혼을 하지 않거나 자녀를 낳지 않는 등 전통적인 성인기가 지연되는 것도 하나의 이유가 된다. 따라서 성인기로 진입하는 단계에 있는 개인은 아동기와 청소년기의 의존성에서는 벗어나지만, 아직도 성인 초기의 규범적 역할과 책임을 맡지 못하고 있다. 그들은 성공적으로 성인기로 이동할 수 있기 위해 새로운 지식과 기술을 획득하려고 노력하는 과정에 있다.

한편, 성인기를 개념화하는 것도 달라지고 있다. 과거에는 성인기를 표시하는 사건들을 이용하였다면, 최근에는 개인이 성인기를 어떻게 생각하는지를 고려했다(Arnett, 2000). 아네트(Arnett, 2000)는 미국의 젊은이를 대상으로 인지, 행동, 정서, 생물학적 및 법적인 준거, 역할변화, 책임성과 같은 면에서 성인의 정의를 평가하도록 했다. 이들은 성인의 지표로 나이가 들거나 결혼을 하고 부모가 되는 것을 언급하지 않았다. 오히려 가장 중요한 지표로 자신의 행동결과를 책임지는 것과 독립적인 의사결정을 지적하였다. 또한 많은 연구에서 성인기의 특성으로 독립과 자율성의 증가를 들고 있다. 따라서 성인기를 특정한 사건들에 의해 규정짓기보다도 성인이 된다는 주관적인 느낌이 더 중요할 수 있다.

해비거스트(1963)는 성인 초기의 발달과업을 다음의 여덟 가지로 정리하였다. ① 배우자를 선택한다. ② 배우자와 함께 생활하는 방법을 학습한다. ③ 가정을 꾸민다. ④ 자녀를 양육한다. ⑤ 가정을 관리한다. ⑥ 직업생활을 시작한다. ⑦ 시민의 의무를 완수한다. ⑧ 마음이 맞는 사람과 사회적 집단을 형성한다. 그러나 발달과업은 개인의 생물학적 능력과 사회적으로 구성된 규범적 기대 사이의 함수이기 때문에 발달과업의 구체적 내용과 성취 시기는 사회나 문화에 따라 달라질 수 있다. 해비거스트(1986)도 그가 제안한 발달과 더불어 서구사회에 적용될 수 있는 과업일 뿐, 산업화되지 못한 사회에서는 분명 상이한 발달과업들이 요구될 수 있다고 제안하였다. 더욱이 전 세계 인구의 평균수명이 증가하였고, 성차별의 감소로 여성의 취업이 보편화되었으며, 교육 기간이 연장됨으로써 직업세계로 진입하는 시기도 지연되고 있다. 이와 함께 첨단의 기술발달과 정보화 사회로의 전환 및 서비스 산업의 발달은 성인기에 요구되는 기술이나 능력을 크게 변화시키고 있다.

국내에서도 장휘숙(2008)은 성인 초기 발달과업을 다음과 같이 보고하였다.

① 배우자를 선택한다. ② 배우자와 함께 생활하는 방법을 학습한다. ③ 가정을 꾸민다. ④ 자녀를 양육한다. ⑤ 가정을 관리한다. ⑥ 직업생활을 한다. ⑦ 법률을 준수하고 불법적 행동을 하지 않는다. 이처럼 여러 학자가 성인 초기의 발달과업을 제시하고 있는데, 발달과업의 성취가 만족스럽지 못하면 다음 단계의 발달에 지장을 초래한다. 성인 초기의 발달과업과 관련된 다양한 심리적인 문제가 있을 수 있는데, 이를 몇 가지로 분류해 보면 대인관계 문제, 이성관계 및 성적인 문제, 진로문제, 결혼과 적응문제 등을 들 수 있다.

1) 대인관계 문제

성인 초기는 고등학교를 졸업하고 대학에 진학하거나 취업을 하는 시기다. 중·고등학교에서는 학생들의 시간과 노력이 입시준비에 집중되기 때문에 대학에 진학하고 나서야 비로소 억눌렸던 인간관계의 욕구가 활발한 인간관계로 나타나게 된다. 이 시기는 입시부담에서 벗어나 자유와 자율을 만끽하고 폭넓은 대인관계를 경험하는 시기다. 그러나 많은 사람이 이런 강한 욕구에 비해 대인관계를 형성하고 유지하는 데 어려움을 경험한다. 특히 성인기의 대인관계란 자율적이고 선택 폭이 넓기 때문에 중·고등학교 시절에 비해 학생 개인이 스스로 적극적인 노력을 하지 않으면 인간관계의 형성이 어렵다.

이러한 성인기 대인관계의 어려움을 겪는 사람은 친밀감 형성이라는 발달과제를 해결하는 데 어려움이 따르고, 우울, 외로움, 대인 불안 등의 2차적 감정을 야기할 수 있다.

상담자는 내담자가 대인관계의 어려움을 호소할 경우 대인관계 문제의 특징을 구체적으로 알아볼 필요가 있다. 예를 들어, 수줍음과 같은 성격문제로 사람을 사귀는 데 어려움이 있는지, 만성적인 성격장애 문제로 대인관계를 형성하고 유지하는 데 어려움이 있는지, 어린 시절 애착문제로 대인관계에서 왜곡이 심한지를 파악해야 한다. 많은 경우 가족 내의 대인관계 방식이나 어린 시절에 경험한 도식을 바탕으로 대인관계를 형성하기 때문에 대인관계 문제는 현실에 맞는 대인관계보다는 왜곡된 대인관계로 나타나는 경우가 많다. 예를 들면, 부모와 의존적 관계를 유지했던 내담자는 성인으로서 책임감이 뒤따르는 관계에서 많은 문제를 야기할 수 있다. 이에 따라 대인관계에서의 어려움에 관한 고통을 표현시키면서 왜곡된 대인관계를 자각하도록 해야 한다. 경우에 따라서는 대인관계 기술훈련과 같은 집단상담을 이용하여 도움을 줄 수 있다.

2) 이성관계 및 성적인 문제

성인 초기에는 이성교제가 활발해진다. 성인 초기는 깊이 있는 실질적인 이성관계가 처음으로 이루어지는 시기로 이성관계에 대해서 자유롭고 허용적인 분위기를 제공받는다. 미팅, 소개팅 등을 통해 이성과의 만남이 빈번해지고, 성인으로서 진지하고 깊이 있는 이성관계를 형성하고 낭만적인 사랑을 경험하게 된다. 이러한 이성관계를 통해 강렬한 감정이 개입되는 새로운 인간관계를 경험하게 된다. 만남과 이별을 통해 여러 이성을 탐색하기도 하고, 때로는 이 시기에 만난 이성과 결혼을 하게 되는 경우도 있다. 따라서 많은 사람이 실연의 아픔으로 고통스러워하고, 심지어는 자살을 선택하기도 한다. 또한 건강한 이성관계를 형성하는 데 어려움이 있으면 성적 욕구가 강한 이 시기에 결혼 전까지 성적 욕구의 해결에 어려움을 겪게 된다. 이에 따라 문란한 성관계, 임신과 중절, 성폭행과 같은 성과 관련된 문제를 나타내기 쉽다. 이러한 문제를 야기하는 이성에 대한 잘못된 생각들이 많이 있다(천성문, 이영순, 남정현, 김미정, 최희숙, 2010).

첫째, 사랑에 대한 오해는 성적 매력의 느낌을 사랑으로 인정하는 것이다. 어떤 경우 한 남성이 어떤 여성을 생전 처음 보고 그녀의 얼굴과 미소에 매력을 느끼게 되거나, 혹은 한 여성이 어떤 남성을 처음 보고 근육질 몸매, 말솜씨, 혹은 매너에 매력을 느꼈을 때, 첫눈에 사랑을 느꼈다거나 사랑에 빠졌다고 말한다. 사람들이 사랑하게 되는 과정은 많은 시간을 필요로 하고 점진적으로 이루어지는 것이 보편적인 현상이다.

둘째, 사랑을 성관계(sex)와 같은 뜻으로 오해를 한다. 그러나 사랑이나 애정이 성관계와는 별개라는 사실을 인정해야 한다. 물론 남녀의 사랑이 성관계라는 결과를 낳을 때도 있으나, 그것이 전부가 아니다.

셋째, 사랑을 사랑받고 싶어 하는 욕구로 보는 것이다. 사랑은 주는 것임에도 어떤 사람들은 주기보다는 받는 것에 더 관심을 둔다. 먼저 사랑을 베풀어 그 결과로 사랑을 받게 되는 것이 성숙한 사람들의 사랑을 주고받는 형태다. 물론 타인에게 매력적으로 보이는 것 자체는 잘못이 없으나, 사랑을 구하기 위하여 그러한 행동방식을 선택한다면 그것은 사랑의 행위가 아니다.

넷째, 사랑을 자기를 위한 상대의 희생이나 봉사로 생각하는 것이다. 이것은 낮은 차원의 사랑의 형태라 볼 수 있다. 이런 형태는 최근 언론에 자주 나타나는 혼숫감으로 사랑을 얻으려 한다거나 혹은 그것의 대가로 사랑을 베풀려는 사람들의 사랑의 형태다. 물론 그러한 요구가 받아들여지지 않는다면 사랑은 없다. 사랑을 위해서는 그 어떤 대가도 지불되거나 요구되어서도 안 된다. 서로 사랑하고 좋아하기 때문에 그것으로 끝나야 한다. 더욱 우려되는 것은 사랑을 얻는 데 죽음이나 혹은 동정을 구하려는 형태다. 그런 사람들은 사랑을 줄 능력도 없거니와 다른 사람의 사랑을 받을 능력도 없는 사람이다.

따라서 이러한 문제로 인해 고통스러운 사람들에게 도움을 줄 수 있는 방법들을 살펴보면 다음과 같다.

첫째, 사랑과 집착을 구분하도록 한다. 종종 사랑에 지나치게 집착하는 사람들이 있다. 소유적 사랑은 상대방에 대한 강력한 소유욕과 집착을 중요한 요소로 하는 사랑이다. 집착을 사랑이라 여기는 사람은 상대방을 완전히 소유하고자 하고, 또한 상대방에게 자신이 소유당하고자 한다. 그리하여 마치 사랑의 노예가 된 것처럼 상대방의 사랑을 확인하기 위하여 모든 시간과 정력을 소모할 뿐만 아니라 상대로부터 버림받지 않을까 하는 불안으로 항상 마음을 졸이며 살게 된다. 따라서 이러한 집착은 사랑이기보다 하나의 중독 현상으로 볼 수 있다. 건강한 사랑을 하기 위해서는 자신과 상대방을 옭아매는 집착을 버리고 순수한 애정과 관심을 가져야 한다.

둘째, 동정과 사랑을 혼동하지 않도록 한다. 흔히 동정과 사랑을 혼동하여 잘못된 선택으로 불행에 빠지는 경우가 많다. 실패자나 약자에게 느껴지는 연민의 정을 사랑이라 착각하는 것이다. 물론 이러한 연민의 정에서 시작하여 후에 진정한 사랑이 싹틀 수 있지만, 연민의 정으로만 사랑하는 것은 바람직하지 못하다. 진정한 사랑은 대등한 입장에서 일대일의 관계가 성립할 때 가능해진다. 자신이 상대보다 더 나은 위치에서 베풀어 주는 입장에 있다면 서로 대등한 동반자 관계를 맺기 어려워진다. 이렇게 일방적으로 한쪽은 베풀고 다른 한쪽은 의지하게 되는 사랑은 건강한 사랑이 아니다. 결국 서로 짐이 될 뿐이다.

셋째, 낭만적인 사랑을 너무 기대하지 않도록 한다. 사춘기 소녀가 백마 탄 왕자님을 꿈꾸듯이 성인이 되어서도 낭만적인 사랑을 꿈꾸고 있는 사람들이 많다. 그런 사람들은 첫눈에 반해 눈이 멀어 버리는 그런 상대를 만나고자 한다. 또한 사랑도 그렇게 낭만적으로 지속되기를 바란다. 하지만 열정만 있는 그런 사랑은 쉽게 달아오른 만큼 쉽게 식어 버린다. 처음에는 상대의 장점만 보이고 단점까지도 장점으로 보이지만, 시간이 지나 열정이 사라져 버리면 상대방의 단점들이 눈에 띄기 시작하면서 실망이 커지게 된다. 물론 시간이 오래 지나도록 열정이 지속된다면 좋겠지만 그건 거의 불가능한 일이라고 할 수 있다. 왜냐하면 사랑은 낭만적인 것이기도 하지만 또한 현실적인 것이기 때문에 그 현실 속에서 열정은 식을 수밖에 없기 때문이다. 따라서 너무 낭만적인 사랑만 기대해서는 진실한 사랑을 할 수 없게 될지도 모른다.

넷째, 어떤 관계도 완전할 수는 없다는 것을 인식하도록 한다. 모든 사람이 장점뿐만 아니라 단점을 가지고 있는 것과 마찬가지로, 모든 관계도 긍정적인 측면과 부정적인 측면을 함께 가지고 있다. 우리의 관계만 문제가 있는 것이 아니라 다른 사람들도 관계 속에서 그와 비슷한 문제를 경험하고 있을 것이다. 어떠한 관계도 완전할 수는 없기 때문이다. 그러니 너무 부정적인 시각으로만 문제를 볼 필요는 없으며, 보다 중요한 것은 그 문제를 어떻게 합리적으로 해결해 가느냐 하는 것이다.

이처럼 이성관계 문제를 경험하는 사람들을 상담할 경우 현재의 문제 상황에 대해 분석하고 도움을 요청하도록 한다. 합리적으로 문제를 해결하기 위해 우선 해 볼 수 있는 일은 현재의 문제 상황에 대한 분석을 하는 것이다. 문제가 무엇인지, 이 문제가 생기게 된 원인은 무엇인지, 이 문제를 해결할 수 있는 방법에는 어떠한 것들이 있는지, 그중 가장 최선의 방법은 무엇인지에 대해 자세히 검토하여 해결책을 찾는 것이 필요하다.

한편, 과거에는 혼전 임신과 같은 문제가 이 시기의 주요 호소문제 중 하나였으나, 최근에는 당연시되는 경향이 있다. 이 시기는 비교적 자신의 성행동에 책임을 질 수 있는 나이이기 때문에 건강한 이성관계를 통해서 성문제를 예방할 수 있도록 도와야 한다.

3) 진로문제

성인 초기는 대학 졸업 후의 진로와 직업을 선택하는 시기다. 전공에 대한 불만과 부적응, 불확실한 진로, 취업시험의 반복적 실패와 같은 진로문제는 커다란 스트레스가 된다. 진로상담을 하다 보면 많은 경우 정체감이 확립되어 있지 않아 자신이 원하는 것이 무엇인지를 모를 경우도 많고, 원하는 직업세계에 대해 막연한 동경을 할 뿐 구체적인 일의 세계에 대한 이해나 진로계획이 없는 경우도 많다.

진로상담의 내용은 일차적으로 내담자의 호소문제에 초점을 두게 될 것이다. 그러나 상담자와 내담자가 만나서 진로와 관련된 문제를 가지고 상호작용을 할 때에는 공통적으로 다음과 같은 내용을 중요하게 고려해야 할 것이다(김봉환, 정철영, 김병석, 2004).

첫째, 내담자의 진로 관련 호소문제가 정체감이 확립되지 않았거나 자기에 대한 이해가 되지 않은 것으로 인해 나타난다고 볼 경우에는 먼저 자기탐색과 자기이해에 대한 조력을 해야 한다. 내담자의 신체적 조건, 적성, 흥미, 성격, 능력, 가치관, 역할 등에 대해서 정확한 이해를 할 수 있도록 도와주는 것이다. 그러기 위해서는 내담자로 하여금 여러 측면에서 자신을 있는 그대로 정확하게 인식하도록 하는 자기탐색의 경험을 제공해 주는 것이 필요하다. 우선 표준화된 심리검사나 다른 진단방법을 통해서 내담자의 특성을 발견할 수 있을 것이다. 또한 가치관 명료화 프로그램이나 심성계발 프로그램 등을 활용해서 자신의 가치관과 태도 등을 발견하고, 이를 수용해서 자아정체감을 확립할 수 있다.

둘째, 내담자가 학과를 선택하거나 직업을 고려할 때 자신의 적성이나 유능감을 고려하기보다는 성적에 맞추어 선택하거나 막연하게 사회적으로 유망한 직업을 고려하는 경우가 많다. 이에 따라 그 분야에서 어떤 일을 하고 있는지에 대한 직업정보가 부족한 경우가 많다. 이러한 경우 내담자로 하여금 직업세계를 전체로 조망할 수 있도록 하고, 이러한 전체적인 틀 속에서 자신에게 맞는 전공과 직종은 어떤 것들이 있는지, 특정한 직종의 장래 전망은 어떤지, 선택한 분야에 가능한 구체적인 진로는 어떤 것들이 있는지 등에 대해서 올바른 이해를 할 수 있도록 해야 한다. 아울러 내담자로 하여금 다양한 직업세계에 대한 정보를 활용할 수 있도록 구축해야 하고, 필요한 직업정보를 찾도록 하는 진로정보 탐색활동을 장려해야 한다.

셋째, 진로상담의 마지막 결과로 나타나는 것이 바로 진로결정이라고 할 수 있다. 자신에 대한 정보, 직업세계에 대한 정보 그리고 자신의 직업관과 가치관 등을 가지고 최종적으로 진로를 선택하는 의사결정(decision-making)을 해야 한다. 이러한 의사결정을 합리적으로 잘하느냐 못하느냐에 따라 자기에게 적합한 진로를 선택할 수도 있고 그렇지 못할 수도 있다. 따라서 진로상담은 내담자의 진로에 관한 의사결정과정에 초점을 두고 의사결정 기술을 증진시키도록 조력해야 한다.

넷째, 직업적응 기술의 증진도 진로상담의 중요한 내용이 되어야 한다. 지금까지는 대부분의 진로지도나 진로상담이 진로적응보다는 진로결정에 초점을 맞추어 왔다. 즉, 진로선택은 일시적 사건이 아니고 종단적 과정이고, 특히 현대의 진로 유형은 일생을 통한 다수의 선택으로 구성되고, 대부분의 사람들이 진로선택보다는 선택한 진로에서 일을 하는 데 훨씬 더 많은 시간을 보내지만, 진로결정에 비해서 실제 직업현장에 관한 문제, 즉 직업적응에 대해서는 별로 관심을 가지지 않고 있는 실정이다. 우리가 여러 가지 요인을 고려해서 합리적인 진로선택을 하려고 하는 이유는 바로 직업에 잘 적응하기 위해서라고 할 수 있다. 그리고 선택은 일시적이지만, 선택한 직업에서는 장시간 일을 해야 한다. 그런 의미에서 직업적응의 문제는 매우 중요하다고 할 수 있다. 직업적응에는 두 가지 요인이 관련되어 있는데, 하나는 일을 하는 당사자가 가지는 만족감이고, 다른 하나는 개인의 업무 수행에 대해서 가지는 고용주의 만족감이다.

다섯째, 계속적인 직업능력 개발 전략을 탐색하도록 지도하는 것도 진로상담의 주요 영역이다. 앞으로는 직업의 수명이 점점 짧아지고 성장 직종과 사양 직종의 변화양상도 매우 복잡하게 전개될 것임이 틀림없다. 따라서 이직이나 전직이 보편화될 전망이다. 이처럼 변화하는 직업환경에 적응하기 위해서 내담자에게 필요한 추가적 직무능력이 무엇인지를 신속하게 파악하고, 그것을 충족시킬 수 있는 방법을 지도하는 것도 진로상담의 중요한 내용이 되어야 할 것이다. 이를 위해서는 다양한 자격정보, 직업세계의 변화 전망에 관한 정보, 유망 직종에 관한 정보 등은 물론이고, 이에 입문하기 위한 교육훈련 과정을 개설하고 있는 기관들의 정보도 매우 중요하게 취급되어야 할 것이다.

진로상담을 할 경우 상담자는 상황에 따라 진로상담과 심리상담을 적절하게 병행해서 상담을 전개할 필요가 있다. 내담자가 진로와 관련된 내용을 주요 문제로 호소하는 경우에도 그 속에 내재된 심리적인 문제의 개입이 필요한 경우가 많다. 특히 21세기의 다양하고 가속적인 변화 속에서 근로자는 직업적응상 여러 가지 문제에 직면하게 될 것이고, 노동시장이 유연해짐에 따라 모든 직업인들이 실직의 문제에 노출될 것이다. 이러한 점들을 고려할 때 진로상담 장면에서도 심리적인 문제에 대한 상담 개입이 중요하게 병행되어야 할 것이다.

또한 현대를 일컬어 정보화 사회라고 한다. 따라서 진로상담 시 나날이 발전하고 있는 정보기술을 상담에 효율적인 방법으로 접목할 필요가 있다. 대표적으로 컴퓨터의 활용을 들 수 있을 것이다. 공간을 초월하여 상담자와 내담자가 컴퓨터 통신을 이용하여 대화식 상담을 할 수도 있고, 진로정보 및 직업지도 시스템을 개발하여 보다 폭넓게 활용할 수도 있다. 이와 더불어 컴퓨터 보조검사를 통하여 검사 실시 및 채점 시간을 단축할 수도 있고, 상담사례 관리 및 내담자에 관련된 자료의 기록과 보존에서도 컴퓨터는 매우 유용하게 활용될 수 있을 것이다. 진로상담에서 역할연습, 모의면접, 일차정보원을 통한 정보수집활동의 장려 등 보다 실천 지향적인 방법의 비중을 점차 늘려 가는 것도 중요하다.

4) 결혼과 적응문제

이 시기는 결혼을 하게 되는 시기로 배우자의 선택, 결혼에 이르는 과정, 신혼의 부부관계에서 어려움을 겪을 수 있다. 특히 신혼 초기에 배우자의 성격, 가치관, 생활방식, 친척관계에 적응하지 못하고 심한 부부 갈등을 경험하거나 이혼을 하게 되는 경우가 있다. 이러한 결혼 초기의 부부문제의 갈등을 호소하는 내담자의 경우, 결혼을 도피로 생각했거나 부모의 강요에 의한 잘못된 선택을 한 경우가 많다. 또한 결혼과 동시에 늘어나는 역할에 대한 분담이 잘 안 되어 문제를 일으키는 경우도 많다. 결혼 초기의 이러한 갈등은 자녀의 양육문제로 이어지기 때문에 초기에 이러한 문제를 해결할 수 있도록 도와주어야 한다. 또한 이 시기에는 출산으로 산후 우울증에 시달리거나 어린 자녀의 양육 문제로 많은 스트레스를 경험한다. 특히 초산을 한 부부는 부모로서의 역할이 준비가 안 되어 당황하는 경우가 많다. 신혼 초 부부갈등을 경험하는 내담자의 경우 부부상담을 통하여 결혼과 양육으로 인한 역할 갈등을 해결해 주는 상담을 하거나 결혼에 대한 왜곡된 동기를 수정하는 상담이 이루어져야 한다.

학습문제

1. 성인 초기의 발달과업에 대해 설명해 보자.
2. 성인 초기의 직업발달의 특징과 진로선택 시 유의할 점에 대해 설명해 보자.
3. 성인 초기 사회성 발달의 특징과 대인관계에서 고려해야 할 점들을 설명해 보자.

제8장
결혼과 자녀 양육기

권해수

　개인마다 생애 발달과제가 동일하지는 않지만 초기 성인기에 해당하는 사람들 대다수가 감당해야 하는 공통 과제가 있다. 그것은 자신의 행동에 대해 책임지는 것, 개인적인 생각이나 가치관을 정리하는 것, 부모로부터 정서적 · 경제적으로 독립하는 것, 성적 · 정서적으로 한 사람과 친밀한 관계를 형성하고 가정을 꾸미는 것 그리고 자녀를 출산하고 양육하는 것 등이다(Arnett, 2003).

　그러나 오늘날에는 생애 발달과제가 개인마다 동일한 순서와 시기로 진행되지 않는다. 어떤 사람은 자발적으로나 비자발적으로 일부 발달과제를 경험하지 않기도 한다. 일례로 사회는 사람들이 결혼적령기에 이르면 누구나 결혼할 것으로 기대하지만 그와 다르게 독신 생활을 하거나 동거하는 성인이 증가하며, 결혼을 하고도 자녀를 출산하지 않는 무자녀 가족이 늘어나고 있다. 또한 이혼율의 증가는 재혼율의 증가를 가져옴으로써 복합가족을 양산하고 있다.

　이 장에서는 결혼과 자녀 양육기의 발달적 특징을 살펴보고, 독신 · 동거 · 무자녀 등 최근 사회적 · 문화적 변화와 맞물려 새롭게 등장하고 있는 성인기의 다양한 삶의 형태를 알아보고자 한다.

1. 결혼과 자녀 양육기의 발달적 특징

결혼과 자녀 양육기는 결혼 전(前) 단계, 결혼 적응 단계 그리고 자녀 양육 단계로 구분하여 발달적 특징을 설명할 수 있다. 먼저 결혼 전(前) 단계에서는 원가족으로부터 정서적·경제적 분화가 이루어지고, 이성을 만나 친밀한 관계를 맺는 것이 중요한 발달과제이다. 다음으로 결혼 적응 단계에서는 본인과 맞는 배우자를 만나 결혼하고, 배우자를 비롯한 확대가족과 관계를 재정비하는 것이 필요하다. 마지막으로 자녀 양육 단계에서는 자녀를 출산하고 부모로서의 역할을 받아들이며, 자녀의 발달 단계에 맞추어 적절한 양육 환경을 제공하는 것이 중요하다.

1) 사랑

결혼과 자녀 양육기는 성인 두 남녀가 서로 사랑을 하고 결혼을 해서 가정을 이루며 자녀를 낳아 가족을 형성하는 시기다. 가족은 사회를 이루는 기초 집단으로서 인간발달의 과정에서 없어서는 안 될 중요한 요소다. 사랑은 가족을 형성하는 데 매우 중요한 위치를 차지한다. 사랑은 인생에서 대단히 중요한 요소이며, 배우자 선택과 결혼에서도 매우 중요한 역할을 한다. 배우자를 선택하고 결혼을 하는 과정은 인생의 행복을 결정짓는 가장 중요한 의사결정과정이라 할 수 있다.

(1) 스턴버그의 사랑의 삼각형 이론

스턴버그(Sternberg, 1986)의 사랑의 삼각형 이론(triangular theory of love)에서는 사랑이 친밀감, 열정, 전념의 3요소로 구성되며, 낭만적 관계가 발달해 감에 따라 강조되는 요소가 변화한다고 본다.

친밀감(intimacy)은 사랑하는 관계에서 나타나는 가깝고 연결되어 있으며 결

[그림 8-1] 사랑의 삼각형 이론

합되어 있다는 느낌을 말한다. 흔히 사랑하는 사이에서 느끼는 따뜻한 감정 체험으로 사랑의 '정서적 요인'이라 할 수 있다. 열정(passion)은 사랑하는 관계에서 낭만적 감정이 일어나게 하거나, 신체적 매력을 느끼게 하거나, 성적 몰입을 일으키는 등 사랑하는 관계에서 있을 수 있는 일들을 생기게 하는 뜨거운 느낌으로 사랑의 '동기적 요인'이라고 한다. 헌신(commitment)은 사랑의 '인지적 요인'으로 단기적인 것과 장기적인 것의 두 가지 측면으로 구성되어 있다. 단기적인 것은 어떤 사람을 사랑하기로 하는 결심을 말하며, 장기적인 것은 그 사랑을 지속시키겠다는 헌신을 말한다.

관계의 초기에는 강한 성적 매력인 열정적 사랑(passionate love)이 강하다. 그러다가 점차 열정은 감소되고 친밀감과 헌신이 증가하게 되며, 상대방에게 따뜻하고 신뢰감 있는 사랑과 관심을 주는 동반자적 사랑(companionate love)으로 나아가게 된다. 동반자적 사랑을 나누는 커플들은 자신이 바라는 것과 필요한 것을 직접적으로 표현하고, 둘 사이의 문제를 건설적으로 다루며, 파트너의 삶의 주요한 부분에 대해 관심을 보이고, 타협하고, 책임감을 수용하는 모습을 자주 보인다(Scneewind & Anna-Katharina, 2002).

(2) 사랑의 애착이론

출생 초기의 부모와의 애착관계를 통해서도 사랑을 개념화하기 위한 시도가 이루어졌다. 볼비(Bowlby, 1969)의 내적 작동 모델(internal working model)에 의하면, 어린 시절 부모와의 관계를 통해 형성된 애착관계에 따라 상이한 내적 표상을 형성하게 되고, 이러한 내적 표상은 배우자 선택에도 영향을 미친다는 것이다. 하잔과 셰이버(Hazan & Shaver, 1987)는 유아기 애착에 대한 에인스워스(Ainsworth, 1979)의 애착유형 연구에 근거하여 성인기 애착유형을 세 가지 유형으로 분류하였으며, 그 결과 애착유형에 따라 사랑을 경험하는 방식에서도 차이가 나타난다는 것을 발견하였다.

안정애착유형의 성인들은 호감 있고, 친근감이 있으며, 친밀한 관계에서 편안함을 느끼고, 다른 사람들과 지나치게 가까워지는 것에 대한 걱정을 거의 보고하지 않는다. 이들은 파트너와의 관계에서 신뢰, 행복, 우정의 특징을 보인다(Cassidy & Berlin, 1994). 또한 파트너에 대해 지지적인 반응을 보이며, 건설적인 갈등해결 전략을 주로 사용한다.

회피애착유형의 성인들은 파트너를 신뢰하지 못하며, 사람들과 지나치게 가까워지는 것에 대해 불안해한다. 이들은 다른 사람들이 자신을 싫어한다는 인지적 왜곡을 가지고 있으며, 낭만적인 사랑을 시작하거나 유지하는 것을 어려워한다. 이들은 파트너와의 관계에서 질투와 정서적 거리를 자주 느끼며, 신체적 접촉에 대해 즐거움을 느끼지 못하는 편이다.

저항애착유형의 성인들은 다른 사람과 완전히 융합될 수 있다는 비현실적인 기대를 가지고 있으며, 쉽게 사랑에 빠지는 특성을 보인다. 이들은 파트너와의 관계에서 질투가 심하며, 정서적으로 불안정하고, 상대방이 자신의 사랑을 거부할 것이라는 두려움을 많이 가진다.

내적 작동 모형은 초기 성인기의 낭만적 관계의 질을 잘 예측하는 것으로 보고되고 있다. 그러나 성인기의 친밀한 관계에 영향을 미치는 데에는 부모에 대한 애착의 질만이 아니라, 파트너가 가진 특징과 현재의 삶의 조건들도 중요한 요인이 될 수 있다. 한편, 내적 작동 모형은 고정적인 것이 아니라 계속적으로 수정될 수 있다. 불안정 애착유형이 안정애착형 파트너와 만족스러운 관계를 형성할 경우 내적 작동 모형이 수정될 수 있다고 보는 견해가 일반적이다.

2) 부모로부터의 정서적·경제적 독립

부모로부터 정서적·경제적으로 독립하는 것은 성인기의 책임을 수행하기 위한 중요한 첫걸음이다. 성인 자녀가 부모의 집을 떠나는 이유는 대학 진학과 취업이 대다수를 차지하지만, 일부는 가족과의 마찰을 피하기 위하여 보다 빨리 집을 떠나기도 한다. 그러나 최근에는 집을 떠난 이후에 취업의 어려움과 높은 주거비용 때문에 부모의 집으로 되돌아오거나, 부모에게 다시 경제적으로 의존 하는 비율이 점차 증가하고 있다.

성인 자녀가 부모와 안정애착을 형성하고, 적절한 시기에 부모로부터 정서 적·경제적으로 독립하는 것은 만족스러운 부모-자녀 간의 상호작용과 성공적 인 성인 역할로 전환하는 데 큰 도움이 된다. 그러나 성인으로서 성공적인 출발 을 하지 못하고 부모에게 의존하는 자녀는 부모에게 경제적 부담이 될 뿐만 아 니라 자녀의 성장과 독립 이후 부모가 얻을 수 있는 시간, 여유 그리고 자율성을 침해하기 때문에 가족 갈등의 원인이 될 수 있다(이영분, 이용우, 최희정, 이화영, 2011).

3) 배우자 선택

인생을 함께할 배우자를 선택하는 일은 자기개념과 심리적 안녕에 중요한 결 과를 초래하는 성인 발달의 주요한 이정표가 된다. 여기서는 배우자 선택 이론 과 배우자 선택에 영향을 미치는 요인들을 탐색해 보고자 한다.

(1) 배우자 선택 이론

① 여과이론

여과이론(filter theory)은 배우자 선택을 단 한 사람이 남을 때까지 많은 잠재적 배우자를 제외시키는 일련의 과정으로 정의한다(Cate & Lloyd, 1992). 여과이론에 따르면, 사람은 잠재적인 배우자를 만날 때 우선 외모나 예절, 사회계층과 같은 외적 특성에 기초하여 둘이 얼마나 맞는지를 점검한다. 상대방이 이러한 첫 번째 관문을 통과하면, 상대방과 자신의 태도나 신념 등을 맞추어 본다. 그런 다음 서로 호감이 가면 '역할 조화(role fit)'가 쟁점이 된다. '상대방이 나에게 바라는 기대가 나의 욕구나 성향과도 일치하는가?' '성 역할에 관한 의견이 일치하는가?' 등을 점검한다.

그러나 여과이론을 부정하는 사람들도 있다. 이들은 잠재적 배우자를 선택하는 과정은 여과이론에서 주장하는 것처럼 단계적으로 일어나기보다 처음부터 동시에 일어날 수 있다고 본다.

② 과정이론

과정이론(process theory)은 남녀관계가 지각된 유사성이나 조화 여부에 의해 시작되지만, 그 관계가 결혼으로 진행되는지 여부는 그 관계의 본질에 의존한다고 본다(Surra, 1990). 관계의 초기에는 양가감정과 갈등이 증가하지만, 시간이 경과되면서 소속감과 애착이 증가하고 문제해결 행동이 증가한다. 결혼 여부를 결정하는 과정에서 여성은 남성보다 더 조심스럽지만, 일단 결정을 내리고 나면 관계 유지를 위해 더 많이 노력하는 편이다.

③ 교환이론

교환이론(exchange theory)은 모든 개인이 잠재적 배우자에게 제공할 자산을 지니고 있다고 가정하고 상호 최상의 교환이 이루어질 때 결혼이 성립한다고 본다. 이 이론에 따르면, 여성은 자신이 가진 성적 자산 혹은 가사 노동력을 남성이 지닌 경제적 자원과 교환하는 반면, 남성은 경제적 자원을 여성이 지닌 성적 매력과 교환한다. 교환은 공평성을 전제로 이루어지며, 상호 간의 교환이 공평하지 않다고 느낄 때 갈등이 일어난다.

(2) 배우자 선택에 영향을 미치는 요인

① 유사성

사람은 대개 연령, 민족, 사회경제적 지위, 종교, 성격, 교육수준, 지능, 신체적 매력 그리고 신장까지 자신과 유사한 사람에게 끌린다(Simpson & Harris, 1994). 많은 연구는 상대방이 자신과 유사할수록 서로에게 더 만족하며, 오랫동안 관계를 유지할 가능성이 높다는 것을 보여 준다(Blackwell & Lichter, 2004).

② 성차

평생을 함께할 배우자를 선택하는 데 있어 남성과 여성이 중요하게 생각하는 특징은 서로 다르다. 여성은 지능, 야망, 경제적 지위, 도덕적 특징을 중시하는 데 비해, 남성은 신체적 매력과 가사 능력을 중시한다(Bunk, 2002). 진화론적 관점에 따르면, 여성은 자녀의 생존과 안녕에 도움을 줄 수 있는 힘을 가졌거나 혹은 자신에게 정서적으로 몰입하는 남성을 찾는 경향이 있다. 이에 비해 남성은 젊음과 건강, 성적 즐거움 그리고 출산 능력과 자녀 양육 능력을 가진 여성을 찾는 경향이 있다(Buss, 2004).

③ 성 역할

사회학습이론에서 보면 성 역할은 배우자 선택의 기준에 크게 영향을 미친다. 남성은 어려서부터 직업 세계에서 성공하기 위해 주장적이고 독립적인 행동을 배운다. 이에 반해, 여성은 어린아이를 보살피는 양육 행동을 배우게 된다. 이러한 성 역할은 배우자 선택에 영향을 준다. 남성은 신체적 매력을 더 중시하며, 여성은 경제적 능력을 더 중시하는 경향이 강하다(Regan, Medina, & Joshi, 2001).

④ 사회적 시계

사회적 시계(social clock)란 중요한 인생 사건들이 일어날 것으로 기대되는 연령으로, 특정 사회가 규정하는 규범적 연령을 말한다(Hagestad & Neugarten, 1985). 낭만적인 사랑이 배우자 관계로 발전되기 위해서는 두 사람이 서로에게 적합한 사람이어야 하지만, 한 사람 또는 두 사람 모두가 사회적 시계의 차원에서 볼 때 결혼 연령 규준이 아닐 경우 그 관계는 끝나게 될 가능성이 많다. 그런데 최근에는 사회적 시계를 무시하고 개인 자신의 독특한 사회적 시계에 맞추어 결혼하는 사람들이 늘고 있다. 결혼 연령의 폭이 다양해져서 30대 초반에도 결혼하지 않은 사람들이 많으며, 결혼 자체를 거부하며 독신 생활을 하는 청년도 늘고 있다.

⑤ 개인주의 문화와 집단주의 문화

서양 문화권에서는 개인주의 가치가 배우자 선택에 더 중요한 기초가 된다. 반면에 중국이나 일본과 같은 동양 문화권에서는 집단주의 가치가 더 중요하다. 일례로 중국에서는 개인을 독립적으로 정의하지 않고 역할 관계, 즉 아들, 딸, 형제, 자매, 남편 또는 부인으로 정의한다. 집단주의 가치를 중시하는 문화권에서는 배우자 선택에서 다른 사람, 특히 부모에 대한 의무를 많이 고려하는 편이다.

4) 결혼

(1) 결혼 연령

우리나라의 남녀 초혼 연령은 꾸준히 높아지고 있다. 통계청(2017d)이 발표한 '2016년 혼인·이혼 통계' 자료에 따르면, 1996년에는 여성의 초혼 평균 연령은 25.5세, 남성은 28.4세였지만, 2006년에는 여성은 27.8세, 남성은 31.0세였다. 그리고 2016년에는 여성은 30.1세, 남성은 32.8세였다. 지난 20여 년간 초혼 연령은 여성의 경우 4.6세, 남성의 경우 4.4세 높아졌으며, 매년 0.2~0.6세가 꾸준히 오르고 있다.

　초혼 연령이 높아지고 있는 이유로는 교육 기간과 취업 준비 기간의 연장, 결혼 비용 및 실업이나 고용상태 불안 등과 같은 경제적 이유 그리고 자아 성취와 자기 개발을 중시하는 가치관의 변화 등을 꼽을 수 있다.

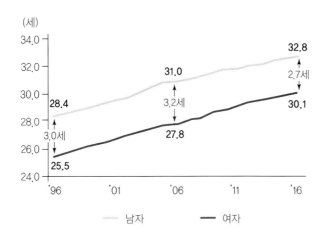

[그림 8-2] 초혼 평균 연령의 변화

출처: 통계청(2017d).

(2) 부부의 성 역할

　결혼과 더불어 획득된 배우자 역할은 생활의 모든 측면에 변화를 가져온다. 전통적 결혼생활(traditional marriages)에서는 남편과 아내의 역할이 분명하게 구분된다. 즉, 남성은 집안의 가장이고 가족의 경제적 안녕을 책임지며, 여성은 남편과 자녀를 돌보는 일에 헌신하며 안락한 가정을 꾸며야 한다. 반면에 평등적 결혼생활(egalitarian marriages)에서는 남편과 아내가 동등한 관계를 형성하고 힘과 권위를 함께 공유한다. 부부는 직업, 자녀 양육 그리고 가사에 할애하는 시간과 에너지를 균등하게 가지려고 한다. 최근 들어 여성의 교육수준이 높아지고 일 지향적인 여성이 늘어남에 따라 평등적 결혼생활에 입각하여 부모의 역할을 정의하려는 경향이 높아지고 있다.

결혼 후 부부의 역할은 첫 자녀 출산과 더불어 평등적 결혼생활에서 전통적 결혼생활로 이동하는 편이다. 첫 자녀 출산 이후 여성은 출산 이전에 예상했던 것보다 자녀 양육과 가사에 더 많은 책임을 맡게 되는 것으로 보고된다(Cowan & Cowan, 1992).

맞벌이 가정의 남성이 과거보다 자녀 양육에 더 많이 참여하고 있지만, 여전히 가사 노동의 대부분은 여성이 전담하고 있다(Cowan & Cowan, 1992). 최근 서울특별시(2017)에서 발간한 '성인지 통계'에 따르면, 맞벌이 아내의 가사노동시간은 하루 평균 2시간 20분으로 남편의 하루 평균 시간인 19분에 비하여 4배 이상 높은 것으로 나타났다. 이러한 결과에 비추어 볼 때 결혼생활에서의 진정한 평등은 아직도 드물며, 전통적인 결혼생활과 평등적 결혼생활의 중간 형태를 띠고 있다고 볼 수 있다.

(3) 결혼 만족도

결혼 연령은 결혼 안정성을 예측하는 핵심 요인이다. 10대나 20대 초반에 결혼한 사람들은 늦게 결혼한 사람보다 이혼할 가능성이 더 높다. 이른 나이에 결혼한 사람은 성숙한 부부의 유대를 형성하기 위한 안정된 정체감이나 충분한 독립성을 발달시키지 못한 경우가 많다. 결혼 직후 이어지는 출산이나, 출산 후에 결혼하는 등 가족생활주기가 거꾸로 진행되는 것은 많은 혼란을 불러일으킬 수 있기 때문이다.

성별에 따라 결혼 만족도를 살펴보면, 남성은 여성보다 자신의 결혼에 대해 약간 더 행복하게 느끼는 것으로 보고하는 경향이 있다. 이에 비해 여성은 가사, 직장의 요구가 과도할 때는 결혼에 대한 만족도가 떨어진다(Saginak & Saginak, 2005). 여러 나라에서 수행된 연구에 따르면, 균등한 힘의 분배, '우리'라는 책임의식, 자녀 양육에 대한 긍정적 자세, 친구와 가족의 지지 등은 여성과 남성 모두의 결혼 만족도를 높이는 변인이다.

과거에는 부부관계의 질이 여성의 심리적 안녕에 더 큰 영향을 미쳤으나, 오늘날에는 부부관계의 질이 여성과 남성 각각의 정신건강을 비슷한 정도로 예측하는 것으로 보고되고 있다(Kurdek, 2005).

(4) 결혼에 대한 기대와 신화

결혼은 부부가 함께 동행하면서 서로를 존중하고 기뻐하고 위로하며 함께 문제를 해결해 가는 과정이다. 따라서 부부는 새로운 상황에 맞게 상대방의 요구와 바람에 맞추어서 관계를 재정립할 필요가 있다.

불행한 결혼생활을 하는 부부는 결혼에 대한 신화를 가지고 있거나 비현실적인 기대를 가진 경우가 많다. 여기서 '신화'라는 말을 사용하는 이유는 이것이 오랫동안 전해 내려오는 믿음이지만, 객관적인 근거가 희박하고 비현실적이기 때문이다. 이러한 신화가 깨어지면 부부는 실망하게 되고 결혼은 더 만족스럽지 못하게 되며 더 많은 갈등이 일어나게 된다(연규진, 2006). 다음은 부부가 결혼에 대해 가지고 있는 신화의 예시들이다.

- 부부 만족은 결혼 내내 높다.
- 결혼 만족을 가장 잘 예측하는 요인은 부부 성생활의 질이다.
- 배우자가 나를 사랑한다면 그는 내가 무엇을 원하는지, 또 내가 행복해지기 위해 무엇을 필요로 하는지 본능적으로 알아야 한다.
- 내가 어떻게 행동하든 배우자는 나를 사랑해야 한다.

5) 부모 되기

과거에는 부부가 자녀를 출산하는 것은 생물학적으로 주어진 것이거나 피할 수 없는 사회적 요구였다. 그러나 오늘날에는 부모가 되는 것은 개인적인 선택의 문제가 되었다. 효과적인 피임 방법으로 임신을 조절할 수 있게 되었고, 문화적 가치가 변하여 자녀가 없더라도 사회적 비난이나 가족의 압력을 덜 받기 때문이다.

통계청(2017c)이 발표한 '2016년 출생 통계'에 따르면, 합계출산율은 1970년대에는 4.53명이었으나, 1984년에는 2.06명으로 떨어졌고, 2016년에는 1.17명이었다. 여기에서 합계출산율은 여성 1명이 평생 낳을 것으로 예상되는 평균 출생아 수를 말한다. 우리나라 합계출산율은 OECD 국가 중에서도 최하위 수준이다. 2015년 기준 OECD 평균 합계 출산율은 1.68명이다. 1.3명 미만 국가는 한국(1.17명)과 폴란드(1.29명)뿐이다. 자녀 출산이 선택의 문제가 되었다 하더라도 결혼한 사람은 부모가 되는 것을 인생에서 가장 의미 있는 경험으로 받아들이고 있으며, 결혼한 대다수의 부부들은 자녀를 출산하는 편이다.

[그림 8-3] 출생아 수 및 합계출산율 추이(1970~2016)

출처: 통계청(2017c).

(1) 자녀를 가질 것인가에 대한 결정

자녀를 가지겠다는 선택은 재정 상태, 개인적·종교적 가치관, 건강 상태 등 여러 요인의 영향을 받는다. 여성의 경우 취업 여부보다는 직업의 종류가 자녀 출산에 더 큰 영향을 미친다. 일례로 전문직 여성은 자녀를 적게 낳으며, 출산 시기가 늦어지는 경향을 보인다(Barber, 2001).

부모 되기의 좋은 점과 나쁜 점을 정리하면 〈표 8-1〉과 같다. 먼저 긍정적인 측면으로는 따뜻한 정과 사랑을 주고받는 것, 아이가 제공하는 자극과 재미, 아이가 성장하도록 돕는 과정에서 느끼게 되는 성취감 그리고 창의성 등을 들 수 있다(Cowan & Cowan, 2000). 반면에 부정적인 측면으로는 '자유의 상실'과 '경제적 부담' 등이 있다.

여성가족부(2011)가 실시한 가족실태조사에서 우리나라 기혼자들이 자녀 출산을 기피하는 이유로 '양육비와 교육비의 과다 지출에 대한 부담감'이 가장 큰 것으로 나타났다. 그다음으로는 '사생활의 상실' '양육 스트레스' '일의 방해'가 자녀 출산 기피의 주요 요인이었다. 2011년 한국노동연구원이 발표한 자료에 따르면, 자녀 한 명을 18세까지 키우는 데 드는 비용과 시간을 돈으로 환산하면 4억~4억 5,000만 원에 달하는 것으로 추산되었다. 대부분의 부모들이 대학 및 취업 준비 등 성인기 진입 단계까지 경제적 지원을 해야 하는 실정이므로 실제로 자녀 한 명을 출산하여 결혼까지 시키는 데 상당한 비용을 지출하고 있는 셈이다.

⬭⬭ **표 8-1** 부모 되기의 좋은 점과 나쁜 점

좋은 점	나쁜 점
• 따뜻한 정과 사랑을 주고받는다. • 자녀가 인생에 더해 주는 자극과 재미를 경험한다. • 책임감 있고 성숙한 사회의 한 사람으로 인정받는다. • 인생의 의미를 더해 주는 새로운 성장과 학습 기회를 경험할 수 있다. • 사망 후에 일 처리를 해 줄 사람이 있다. • 자녀가 성장하는 것을 돕는 과정에서 성취감과 창의성을 가지게 된다. • 이타적이고 희생하는 것을 배울 수 있다. • 부모의 일을 돕고 가족에게 자신의 수입을 보태 줄 후손이 있다.	• 자유를 상실하고 얽매이게 된다. • 경제적 부담을 갖는다. • 가정과 직장에서의 책임을 다하기 어렵다. • 여성의 취업 기회를 방해한다. • 자녀의 건강, 안정 그리고 안녕에 대한 걱정을 한다. • 범죄, 전쟁, 오염으로 병든 세상에서 자녀를 키워야 한다. • 배우자와 함께하는 시간이 감소한다. • 사생활을 상실한다. • 자신의 잘못이 없어도 자녀가 크게 잘못되는 것에 대한 공포를 느낀다.

출처: Cowan & Cowan (2000).

(2) 자녀 출산과 양육

아이가 태어나서 가족의 일원이 되고 처음 몇 주 동안 가정 내에는 커다란 변화가 많이 나타난다. 이러한 변화에는 양육과 가사에 대한 새로운 의무, 수면 방해, 부부가 함께할 수 있는 시간 감소, 경제적인 부담의 증가 등이 있다. 자녀가 태어나게 되면 평등적 결혼관을 가지고 있고 평소 가사를 공동으로 분담하였던 부부일지라도 남편과 아내의 역할이 전통적인 것으로 변하기 쉽다(Cowan & Cowan, 2000).

① 자녀 출산

대부분의 부부들에게 자녀 출산이 결혼생활에 심각한 지장을 초래하지는 않는다. 자녀를 출산하기 이전의 부부관계가 만족스럽고 지지적인 경우 자녀 출산으로 인해 결혼 만족도가 달라지지 않는다. 그러나 부부관계에 문제가 있었던 경우에는 자녀 출산 이후 문제가 심각해질 수 있다.

자녀를 출산하게 되면 부부의 가사 노동의 분업에 대한 기대가 깨지게 된다. 맞벌이 가정의 경우 여성에게 양육 책임이 가중되기 쉽다. 이러한 경우 아내의 결혼 만족도가 크게 떨어지며, 이는 자녀와의 상호작용에 부정적인 영향을 미칠 수 있다. 반면에 부부가 양육의 부담을 균등하게 나누고 아버지가 자녀 양육에 적극적으로 참여할 경우 부모로서의 행복감과 자녀에 대한 민감도가 높아진다(Feldman, 2007).

② 어린 자녀 양육

오늘날과 같이 복잡한 세상에서는 이전 세대에 비하여 대다수의 부모들이 어떻게 자녀를 키워야 하는지에 대한 확신이 부족할 수밖에 없다. 자녀를 양육하는 것은 어려운 일이지만, 이는 성인으로의 발달에 강력한 근원이 된다. 부모는 자녀를 키우는 동안 자신의 지적·정서적 능력을 확장하는 기회를 갖는다. 예를 들면, 양육을 하면서 다른 사람의 감정과 요구에 더 민감하게 되며, 보다 참을성 있게 되고, 자신감과 책임감을 가지게 되어 친구나 이웃의 유대가 더 넓어질 수 있다.

한편, 부모의 개인적 특성, 사회경제적 지위, 부부관계의 질 등이 자녀 양육에 중요한 영향을 미치는 것으로 알려져 있다. 부부가 함께 자녀 양육을 위해 협동하며 서로의 양육 방식을 존중해 줄 때, 자녀가 지적·정서적으로 건강하게 잘 자랄 수 있다.

③ 청소년 자녀 양육

청소년기 자녀를 둔 부모는 자신의 부모 역할에 대해 위기와 갈등을 겪는다. 청소년기에는 신체적·인지적 발달로 독립심과 자율성이 증가한다. 청소년기 자녀는 부모에게 의존하지 않고 스스로 결정하고 스스로 삶의 과제들을 관리하기를 원한다. 그러나 청소년기 자녀들은 여전히 부모의 지도와 보호가 필요하기 때문에 그들이 자율성을 주장하면 할수록 부모와의 갈등은 더 자주 발생한다. 부모가 청소년기 자녀의 자율성을 인정하고 통제를 점차 줄여 나간다면 자녀가 자율적이고 성취 지향적이고 잘 적응하는 삶의 태도를 가질 가능성이 높다.

부모와 청소년기 자녀의 관계의 질은 자녀의 정신건강을 일관성 있게 예측해 준다(Steinberg & Silk, 2002). 부모와 자녀가 따뜻하고 지지적인 관계를 유지할 때 자녀의 자율성, 자아존중감, 직업 적응, 학업 역량이 높아진다. 반면에 부모가 자녀의 자율성 요구에 대해 부정적으로 반응하고 너무 통제적이거나 너무 허용적일 때 자녀는 심한 스트레스를 경험하거나, 반항하거나, 심리적 위기에 빠질 가능성이 높다.

2. 성인기의 다양한 삶의 형태

21세기 사회 변화의 주요 특징은 가족 형태가 다양해졌다는 점이다. 우리나라에서는 전통적인 대가족이 1970년대에 산업화를 거치면서 '핵가족'으로 분화했고, 1990년대에는 자녀를 가지지 않는 무자녀 가족이 출현했다. 또한 독신,

동거, 한부모가족, 복합가족 등 새로운 가족 형태가 등장하고 있다. 여기에서는 우리 사회에 새롭게 등장한 다양한 가족 형태와 그 특성을 살펴보고자 한다.

1) 독신

가문의 대를 잇기 위해 결혼과 출산이 필수였던 과거와는 다르게, 평생 독신 (singlehood)을 자처하고 선택적으로 결혼을 포기하는 사람들이 증가하고 있다. 기존의 가족 단위의 삶의 유형과는 다른 새로운 삶의 유형이 보편화되어 가고 있는 것이다.

통계청(2017b)이 발표한 '인구 · 가구 구조와 주거 특성 변화'에 따르면, 2016년 에 1인 가구가 전체 가구의 27.9%에 이르며, 이는 2010년의 23.9%에 비해 4.0% 증가한 것이다. 특히 1인 가구 중에서 잠재적 독신과 독신주의자를 포함해 이혼 자, 사별자로 이루어진 독신 여성의 증가가 눈에 띈다.

독신이 증가하는 이유는 평균수명의 연장, 만혼 현상, 혼인율 감소, 이혼 증 가, 도시지역 생활 패턴 추구 등 다양하다. 남성은 여성보다 더 늦게 결혼하므로 여성에 비해 독신이 더 많다. 그러나 일생 동안 독신일 가능성은 여성이 남성보 다 더 높다. 여성은 자신과 나이가 비슷하거나 자신보다 조금 많고, 교육수준이 같거나 약간 높으며, 전문 분야에서 성공한 남성을 배우자로 선택하려는 경향이 많기 때문이다.

독신의 장점은 개인적 자유, 이동성 그리고 융통성 있는 생활을 즐길 수 있다 는 점이다. 그러나 외로움과 불안전감을 느끼고, 제한된 사회생활을 한다는 점 은 단점으로 지적될 수 있다. 독신생활이 성인 남녀에게 미치는 영향을 살펴본 연구에서 여성은 독신생활에 잘 적응하고 있는 반면, 남성은 신체건강과 정신건 강의 문제를 더 많이 가진 것으로 나타났다(Pinquart, 2003).

2) 동거

동거(cohabitation)란 결혼하지 않고 성관계가 있는 두 남녀가 공동의 주거를 가지고 일상생활을 공유하는 것이라고 할 수 있다. 최근 몇 년간 우리나라에서 혼인신고 지연 등을 포함하여 동거가 많이 증가하고 있다.

통계청(2016)이 발표한 '2016년 사회조사 결과(가족 · 교육 · 보건 · 안전 · 환경)'에 따르면, '남녀가 결혼하지 않아도 함께 살 수 있다'는 응답이 48.0%로 2010년 이후 계속 증가하고 있다(2010년 40.5%, 2012년 45.9%, 2014년 46.6%, 2016년 48.0%). 특히 20~29세에서는 65.1%, 30~39세는 62.4%가 동거에 대해 긍정적인 반응을 보였다.

동거는 동거 이유에 따라 예비 동거, 대안 동거, 대체 동거, 편의 동거 등 네 가지 유형으로 나눌 수 있다. 예비 동거(precursor to marriage)는 결혼 준비로서 둘 간의 관계를 검증해 보고 함께 사는 것에 익숙해지는 시간을 가지기 위하여 동거를 하는 경우다. 대안 동거(alternative to marriage)는 결혼의 대안으로 동거를 하는 경우다. 성적 친밀감과 동반자 관계를 가질 수 있지만 동시에 만족감이 떨어지면 쉽게 헤어지기도 한다. 대체 동거(substitute for marriage)는 결혼 제도를 부정하고 그 대안으로 동거를 선택하는 경우를 말한다. 편의 동거(cohabitation for convenience)는 결혼 등의 장기적인 관계를 약속하지 않고 주로 경제적인 편의를 도모하기 위해 동거를 하는 경우다. 동거의 유형은 돈과 소유물을 함께 사용하는 정도와 자녀에 대해 책임을 지는 정도에 따라 다양한 형태를 보인다.

진보적 가치관을 가진 사람에게는 동거가 하나의 실험으로 간주될 수 있지만, 가족제도 측면에서는 상당히 불안전한 장치라고 할 수 있다. 결혼한 부부의 권리나 의무는 법에 명시되어 있지만 동거 배우자에 관해서는 사회적 규범으로 정해진 것이 없기 때문이다. 중요한 것은 동거 경험이 이후의 결혼생활의 행복이나 성공을 보장하지 못한다는 것이다.

3) 무자녀 가족

일부 사람들은 부모 역할을 함께할 배우자를 만나지 못하거나 혹은 자녀를 가지려는 노력이 성공하지 못해서 어쩔 수 없이 자녀 없는 삶을 산다. 그러나 최근 들어 의학적 문제가 아니라 자발적으로 자녀를 가지지 않기로 결정하여 자녀 없이 부부 두 사람만으로 구성되는 무자녀 가족(childless family)이 증가하고 있다.

부부가 자녀를 가지지 않는 이유는 결혼 만족도를 유지하고, 자녀 양육의 책임에서 벗어날 수 있으며, 여성이 직업을 가지고 경제적 안정을 누릴 수 있기 때문이다. 그러므로 자녀를 가지지 않겠다는 결정을 하는 사람은 남편이 아니라 대부분 자녀 양육의 직접적 책임을 맡는 아내인 경우가 많다. 이들은 대학 이상의 높은 교육을 받았고 전문직에 종사하고 있으며 자신의 직업에 전력을 기울이는 여성들이거나 성취와 독립을 강조하는 부모의 자녀인 경우가 많다(Kemkes-Grottehhaler, 2003).

자발적으로 자녀를 가지지 않은 성인은 자신의 결정에 대해 만족한다. 이에 반해 의학적 이유(예, 불임)로 자녀를 가지지 못한 성인은 인생에 대해 만족하지 못하는 경향이 있다(Letherby, 2002). 이러한 결과는 자녀가 없는 사람들이 외롭고 만족스럽지 못하다는 고정관념에 이의를 제기하는 것이다.

4) 한부모가족

한부모가족(single-parent families)은 부모 중 어느 한편의 사망이나 이혼, 별거 혹은 유기로 인하여 한편의 부모와 자녀로 구성된 가족을 말한다. 결혼을 한 적이 없는 미혼 여성이 남성의 정자를 기증받거나 입양해 혼자 아이를 낳고 기르는 미스맘도 더 이상 낯선 단어가 아니다.

통계청(2017e)의 '장래가구추계: 2015~2045년' 보고서에 따르면, 부모 중 한 명과 미혼 자녀로 구성된 가구는 2015년 205만 2천 가구로 전체 가구 수의

10.8%를 차지한다. 그러나 여전히 그 수는 적으며, 이들이 자녀와 어떻게 지내는지는 잘 알려져 있지 않다.

사회경제적 지위가 낮은 여성이 배우자 없이 혼자서 부모 역할을 하는 것은 경제적 어려움을 가중시킨다. 2009년 보건복지가족부에서 발간한 정책보고서에 따르면, 한부모의 62.8%가 주거문제, 자녀 양육비 등 경제적 문제를 가장 큰 어려움으로 지각하고 있다(김승권, 김태완, 임성은, 고은주, 2009). 이들에게 자녀 양육비, 고용 기회, 사회적 지지 등을 제공하는 것은 한부모 혹은 그 자녀의 심리적 안녕을 크게 향상시킬 수 있다.

5) 복합가족

복합가족(blended families 혹은 step families)은 재혼하는 성인 중 한쪽 혹은 양쪽이 그들 이전의 배우자와의 사이에서 출생한 자녀를 데리고 결혼생활을 시작하기 때문에 생물학적으로 부모-자녀 관계를 형성하지 않은 가족구성원을 포함하는 가족 형태를 말한다(장휘숙, 2011).

통계청(2017d)에서 발표한 '2016년 혼인·이혼 통계' 자료에 의하면, 이혼부부의 평균 지속기간은 14.7년이며, 혼인지속기간이 20년 이상일 때 이혼이 30.4%로 가장 많고, 다음으로 4년 이하가 22.9%를 차지하였다. 〈표 8-2〉에서 보는 바와 같이, 20년 전에는 혼인지속기간이 길수록 이혼이 감소하였으나, 2016년에는 20년 이상 및 4년 이하가 전체의 53.3%를 차지하였다. 2016년에는 혼인지속기간이 30년 이상일 때의 이혼도 지속적으로 늘어 10년 전에 비해 2.1배 이상 증가한 것으로 나타났다.

ㅇㅇㅎ **표 8-2** 동거 기간별 이혼 건수 및 구성비(2006~2016)　　　　　　　(단위: 천 건, %, 년)

	2006	구성비	2007	2008	2009	2010	2011	2012	2013	2014	2015	2016	구성비	전년 대비 증감률
계*	124.5	(100.0)	124.1	116.5	124.0	116.9	114.3	114.3	115.3	115.5	109.2	107.3	100.0	-1.7
4년 이하	33.0	(25.9)	33.7	33.1	33.7	31.5	30.7	28.2	27.3	27.2	24.7	24.6	22.9	-0.3
5~9년	27.3	(22.3)	25.5	21.7	23.6	22.0	21.7	21.5	21.5	22.0	20.8	20.6	19.2	-0.9
10~14년	22.4	(18.4)	21.7	18.3	20.0	18.6	17.4	17.7	16.9	16.3	14.9	14.7	13.7	-1.3
15~19년	18.0	(14.8)	18.3	16.5	18.4	16.9	16.2	16.6	17.2	17.0	16.2	14.9	13.9	-8.3
20년 이상	23.8	(18.6)	25.0	26.9	28.3	27.8	28.3	30.2	32.4	33.1	32.6	32.6	30.4	-0.1
20~24년	12.0	(9.8)	11.7	11.9	12.8	12.6	12.6	13.6	14.4	14.2	13.4	12.8	12.0	-4.1
25~29년	6.7	(5.0)	7.2	7.9	8.3	7.7	7.7	8.0	8.7	8.6	8.8	9.0	8.3	1.7
30년 이상	5.2	(3.7)	6.1	7.1	7.2	7.5	7.9	8.6	9.4	10.3	10.4	10.8	10.1	3.6
평균 혼인 지속기간	12.1	–	12.3	12.8	12.9	13.0	13.2	13.7	14.1	14.3	14.6	14.7	–	0.6

출처: 통계청(2017d).

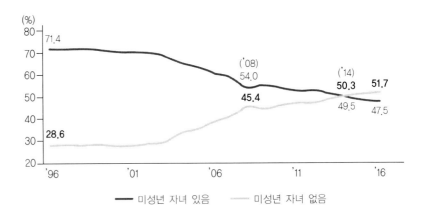

[그림 8-4] 미성년 자녀 유무별 이혼 구성비(1996~2016)

출처: 통계청(2017d).

[그림 8-4]에서 보는 바와 같이, 2016년의 이혼부부 중 47.5%는 이혼 당시 미성년 자녀가 있었으며, 이는 지속적으로 감소하는 추세이다. 반면에 미성년 자녀가 없는 이혼부부의 구성비는 51.7%로 10년 전에 비하여 13.0%가 증가하였다.

한편, 이혼한 사람들의 2/3는 재혼하며, 재혼 후 수년간은 결혼에 실패하는 정도가 더 큰 편이다. 통계청(2017d)의 '2016년 혼인·이혼 통계' 자료에 따르면, 남성 재혼과 여성 재혼은 전체 혼인의 11.4%를 차지하며, 남성 재혼과 여성 초혼은 3.9%, 남성 초혼과 여성 재혼은 전체 혼인의 5.9%를 차지하는 것으로 나타났다.

재혼으로 생성된 복합가족은 초혼가족보다 더 많은 어려움에 직면한다(Coleman, Gangong, & Fine, 2004). 그 이유를 살펴보면, 첫째, 재혼부부는 재혼을 통하여 경제적 안정을 얻고 자녀 양육의 도움을 받고 고독으로부터 벗어나고 또 사회적으로 수용되는 것과 같은 실질적인 도움을 받고자 한다. 그러나 이러한 실제적인 문제들은 재혼부부가 오랫동안 관계를 유지하는 데 방해요인으로 작용할 수 있다. 둘째, 일부 사람들은 초혼에서 배웠던 부정적인 상호작용 형태와 문제해결 방식을 재혼에서도 가질 수 있다. 셋째, 과거 결혼에 실패한 사람은 결혼생활에서 문제가 다시 나타났을 때 이혼을 문제해결 방법으로 생각하기 쉽다. 넷째, 재혼부부들은 가족구성원이나 친인척 간의 문제 때문에 더 많은 스트레스를 경험한다.

3. 결혼 및 자녀 양육기 발달의 현안과 상담

결혼 혹은 자녀 양육과 같은 삶의 전환기들은 개인의 정서적·행동적 문제와 대인 간 문제에 대한 위험성을 증가시키고, 치료적 개입이 필요할 만큼 심각한 고통과 불안을 발생시키기도 한다. 여기서는 결혼과 자녀 양육과 관련된 현안들을 살펴보고, 이에 적절한 상담 개입 방안들을 소개하고자 한다.

1) 예비부부를 위한 관계 향상 프로그램

결혼 전 관계 향상 프로그램은 결혼을 준비하는 예비부부를 대상으로 결혼 결정에 대해 진지하게 생각해 보는 시간을 통해 결혼 이후 만족스러운 관계를 유지하고 결혼 갈등을 덜 겪을 수 있도록 도와준다. 이와 더불어 이들이 결혼에 대한 신화를 직면하고, 올바른 배우자를 선택하는 안목을 가질 수 있도록 돕는다. 또한 예비부부들은 대화 프로그램을 통해서 자신이 바라는 것을 서로 표현하며, 긍정적이고 적극적으로 갈등을 해결할 수 있는 능력을 함양한다. 결혼 전 관계 향상 프로그램은 예비부부의 의사소통, 갈등관리, 관계 만족감의 향상에 크게 기여하는 것으로 보고되고 있다.

2) 위기부부에 대한 개입

위기에 처한 부부상담의 목표는 부부가 직면한 갈등을 해결하는 법을 배우고, 그들이 관계에서 건강하지 않은 방어적 패턴 사용을 피하도록 돕는 것이다. 부부상담자는 위기부부에게 의사소통과 갈등해결 기술을 가르치고, 결혼에 대한 태도와 기대를 검토해야 한다. 또한 상담자들은 위기부부들이 갈등을 명확히 하고, 그들이 느끼는 것을 표현하고, 서로의 감정을 수용하고 문제를 협상하고 위기를 해결할 수 있도록 돕는다.

위기부부들의 관계 향상 프로그램에서는 세 가지 기술을 가르친다. 첫째, 개인적인 표현 기술로서, 자신의 감정을 자각하고 자신의 감정을 다른 사람에게 투사하지 않으면서 그에 대한 책임을 지는 것을 가르친다. 둘째, 상대방에 대한 공감적 반응 기술로서 다른 사람의 감정과 동기를 경청하는 것을 가르친다. 셋째, 대화(토론, 협상, 계약) 기술로서 들은 것의 의미를 이해했다고 반응하는 방법을 가르친다. 이때 듣는 사람과 말하는 사람의 위치를 바꾸어 가며 이 기술을 연습한다. 또한 부부상담에서는 위기부부들이 어려움을 겪을 수 있는 영역에 대해 이해하고 토론하는 시간을 가질 필요가 있다. 예를 들면, 결혼에 대한 기대,

의사소통, 성관계, 성격 차이, 재정관리, 갈등 해결, 자녀 양육, 여가, 가족과 친구, 부부 역할, 종교 등의 영역에서 잠재된 갈등을 파악하고 미래에 문제가 될 수 있는 것 등이 토론 주제가 될 수 있다.

3) 학령기 자녀를 둔 부모를 위한 부모교육

부모는 자녀가 학령기로 전환하거나, 상급학교로 옮겨 갈 때 중요한 도전에 직면한다. 그러므로 부모가 이러한 전환기를 잘 다룰 수 있도록 도와주는 부모교육이 필요하다. 부모교육에서는 부모에게 자녀 양육의 가치를 알려 주고, 가족 의사소통을 증진시키며, 아동이 어떻게 발달하는지에 대해 알려 주고, 보다 효과적인 양육 방법을 적용해 볼 수 있는 내용을 다룬다. 또한 부모-자녀의 상호작용을 향상시키고 양육 태도를 유연하게 하며 자녀의 교육자로서 부모의 역할을 강조하는 내용을 다룬다. 부모교육은 경제적 어려움이나 장애 아동 출산과 같은 위험한 요인의 문제를 가진 부부에게 특히 필요하며, 이들에게는 사회적 지원과 양육 기술을 향상시키는 것에 중점을 두는 개입이 필요하다.

4) 한부모가족 상담

한부모가족이 전형적으로 호소하는 문제들은 어머니 혼자 지나치게 많은 짐을 짊어져야 하는 부담감, 자녀와의 밀착된 관계, 그리고 성인 관계의 단절 등이다. 한부모가족을 상담할 때 상담자는 한부모의 자녀 양육을 지원하는 것과 한부모가 부모로서 보다 높은 만족감을 가질 수 있도록 도울 필요가 있다.

한부모에 대한 효과적 치료는 치료적 관계에서 시작된다. 공감적인 치료적 관계는 한부모에게 긍정적인 변화를 만들어 낼 수 있는 자신감을 주며, 주어진 환경 속에서 다른 사람들과의 연결을 만들어 나가도록 돕는 다리 역할을 한다. 상담자는 한부모가 경험하고 있는 관계의 상실, 경제적 어려움, 일과 자녀 양육의 양립의 어려움 등을 잘 인식하고 있어야 한다.

한부모를 상담할 때 상담자의 주요한 임무는 한부모가 개인적 자원 혹은 대인관계에서의 자원을 활용하는 것을 방해하는 장애 요인을 확인하고 그것을 해결하도록 돕는 것이다. 한부모가 쉽게 접근할 수 있는 지지 자원 중 하나가 그들의 원가족이므로 상담자는 한부모가 그들의 원가족과 협력적 관계를 도모할 수 있도록 도울 필요가 있다.

5) 이혼가족 상담

부모의 이혼은 자녀의 학업성취, 품행, 심리적 적응, 자아개념, 사회적 관계에서 문제를 발생시킬 위험성을 지니고 있다. 이혼 후 자녀의 적응은 이혼한 부모들 사이에서 계속되는 갈등에 자녀가 얼마나 노출되는지에 강하게 영향을 받는다. 그러므로 상담자는 부모가 별거와 이혼을 거쳐 갈 때, 부모와 자녀가 이 과정에서 발생하는 스트레스와 갈등을 잘 이겨 내도록 개입할 필요가 있다.

이혼가족 상담은 일반적으로 자녀를 위한 상담과 어머니(혹은 아버지)를 위한 개입이라는 두 가지 요소로 구성된다. 어머니(혹은 아버지) 상담에서는 이혼 후 긍정적인 가족관계 적응을 돕기 위해 효과적인 훈육의 사용, 자녀와 긍정적이고 지지적인 관계를 유지하는 방법, 자녀의 아버지와 관계를 지지하는 방법, 부모 사이의 갈등 등을 다룬다. 자녀 상담에서는 이혼에 대한 긍정적인 적응과 관련된 요인들에 초점을 맞추는데, 여기에서는 회피적인 대처와 반대되는 적극적인 대처 방식의 사용, 이혼과 관련된 스트레스 요인들의 평가, 부모와의 긍정적인 의사소통을 다룬다. 필요에 따라 감정을 인식하고 명명하기, 깊은 호흡을 통한 이완 훈련, 문제해결 기술 등을 다룰 필요도 있다. 가능한 한 자녀와 어머니가 함께 참여하는 연합회기를 갖는 것이 좋으며, 그 회기를 통해 어머니와 자녀 간 의사소통 기술을 연습하는 것이 필요하다.

학습문제

1. 결혼과 자녀양육기의 발달적 특징을 나열해 보자.
2. 최근 사회적 · 문화적 변화와 맞물려 새롭게 등장하는 성인기의 다양한 삶의 형태를 제시해 보자.

제9장

성인 중기

박승민

    성인 중기 또는 중년기에 대해서는 연령을 명확하게 규정하기는 어렵지만, 학자들이 대체로 합의하기로는 35~45세부터 55세 전후까지로 보고 있다. 이 중에서 40대는 성인 중기의 '황금기'로 전형적인 성인 중기의 특징들을 나타내고 있기도 하다. 성인 중기는 최초로 노화의 징후가 나타나며, 개인적인 삶은 위축되고, 다음 세대로의 전수를 생각해야 하는 시기다(송명자, 1995). 이와 동시에 자녀가 청소년기의 절정에 접어들면서 세대 간의 갈등, 자녀의 대학입시 및 사회진출, 결혼 등 자녀의 중요한 발달과업과 맞물린 부모 역할을 감당하게 되는 시기이기도 하다. 이뿐만 아니라 사회의 주축 세대로서의 왕성한 활동 및 생산성 증진과 더불어 진로 및 직업 전환의 위기에의 대처라는 과업을 동시에 감당하게 되기도 한다. 원가족과의 관계에서는 '낀 세대'로서 원가족 부모의 부양자라는 복잡한 역할을 감당해야 하기 때문에, 인생 전체로 볼 때 생애 절정기이면서 동시에 복잡하고도 고달픈 과업을 수행하여야 하는 연령대가 바로 40대다. 이처럼 우리의 인생에서 40대는 가장 다양한 색깔을 가지는 시기라 할 수 있다. 이 장에서는 40대 성인 중기의 발달적 특징을 신체적·심리적·사회적 측면 및 진로 측면으로 나누어 살펴보고, 이 시기의 내담자를 상담할 때 고려해야 할 발달심리학적 현안들에 대해 논의하고자 한다.

1. 신체적 변화

1) 외모

성인 중기 동안 나타나는 외모에서의 변화들은 일반적인 건강 상태나 신체기능과는 관계가 없다. 그럼에도 불구하고 외모가 가지는 의미는 개인의 신체적 자아와 여전히 밀접하게 관련되어 있다는 점에서 중요하다.

외모의 변화는 키와 몸무게에서 가장 현저하게 나타난다. 키는 10대 후반이나 20대 초반부터 더 이상 증가하지 않으며, 45세경에 이르면 오히려 감소하기 시작한다. 키에서의 변화는 매우 점진적으로 이루어지기 때문에 거의 지각되지 않으나, 체중에서의 변화는 쉽게 감지된다. 일반적으로 체중은 20대와 50대 중반 사이에 증가하고, 성인 후기에 이르면 오히려 감소한다.

키와 체중 외에도 성인 중기의 외모 변화에 영향을 주는 여러 가지 신체적 변화가 있다. 그 예로서 피부 탄력성이 감소하고 머리카락의 양도 감소하며 근긴장 능력의 점진적 상실이 일어난다. 또한 관절의 유연성 상실과 치아의 점진적 마모, 눈썹이나 코의 체모가 보다 억세지는 변화가 나타난다. 여기에 덧붙여 살이 찌지 않은 사람들도 몸통이 점점 두꺼워지고 팔다리는 가늘어지는 등의 외견상 변화가 나타난다(Broderick & Blewitt, 2010).

이와 같은 외모 변화에 적극적으로 대처하는 이 시기의 성인은 젊어지기 위해 열심히 운동하고 체중을 감소시키기 위해 노력한다. 이러한 현상들은 최근 우리나라의 사회경제적 수준이 향상되면서 아름다움과 젊음을 인위적으로라도 유지하고 관리하려는 욕구, 젊은 외모를 잘 유지하는 것이 자기관리의 중요 지표 중 하나라는 인식과 맞물려 점차 증가하는 추세에 있다.

2) 감각기능

40세까지 비교적 일정하게 유지해 온 시각 감각은 40대 중반부터 점점 원시성의 시각으로 변하기 시작한다. 따라서 성인 초기에 근시였던 사람들은 오히려 시력이 좋아지는 경험을 한다. 성인 중기부터 눈에 공급되는 혈액량이 감소하기 시작하므로 시각장의 크기가 점차 감소하고 눈의 맹점은 커지기 시작한다. 또한 낮은 조도에 대한 망막의 민감성도 점차 감소한다.

청력에서는 높은 소리에 대한 민감성이 먼저 감소하고 낮은 소리에 대한 민감성은 성인 중기까지는 감퇴하지 않는다. 보통 남성이 여성보다 더 일찍 높은 소리에 대한 민감성을 상실한다(Whitbourne, 2008).

3) 신체 내부 기관의 기능

좋은 건강 상태가 유지되고 있다고 할지라도 연령 증가와 더불어 중요한 기관들의 효율성은 점차 감소한다. 성인 초기부터 혈관 내부에 지방층이 축적되고 혈관이 굳어짐으로써 뇌졸중이나 심근경색의 가능성 또한 증가한다. 위장, 간장, 폐의 기능도 성인 중기 동안 점차 약화되므로 점점 많은 만성질환이 나타난다.

이 시기의 대표적인 만성질환으로는 암, 관절염, 간경변증, 고혈압, 골다공증 등이 있다. 이 질환들은 대개 성인 초기나 중기에 시작되나, 성인 후기 이전까지는 심각한 상태를 초래하지는 않는다. 특히 많은 노인 여성이 고생하는 골다공증은 30대 후반에 시작되는 경향이 많아 주의가 요망된다. 뼈의 상실이 시작되면 여성은 남성보다 2배 정도 더 빨리 뼈조직을 상실한다. 이는 여성이 성인 초기에 남성보다 더 적은 골밀도를 지니고 있으며, 폐경 후에 에스트로겐의 분비가 감소하여 뼈의 상실이 촉진되기 때문이다. 특히 흡연하는 여성과 골다공증의 가족력을 가지고 있는 여성은 골다공증에 걸릴 높은 위험성을 갖는다(Haber, 1994). 골다공증의 예방을 위해 칼슘이 풍부한 식사와 운동(걷기 또는 조깅과 같은 유산소 운동)이 권장되고 있지만, 칼슘 보충은 폐경기 이후보다는 이전에 미리 이루어지는 것이 더 효과적으로 골다공증 발병을 지연시킬 수 있다(장휘숙, 2007).

4) 갱년기

갱년기(climacteric)란 노화에서 비롯되는 신체적·생리적 장애를 경험하는 시기로서 노년기로의 이행기에 해당한다. 여성의 갱년기는 폐경기(menopause)를 포함하기 때문에 신체적으로 극적 변화를 일으키며, 남성의 갱년기는 보다 미묘하고 점진적이어서 여성과는 차이를 보인다(Broderick & Blewitt, 2010).

여성의 난소와 남성의 고환에서 분비되는 성호르몬은 사춘기에서 시작하여 성인 초기까지 비교적 변화 없이 일정한 수준을 유지한다. 그러나 여성의 경우에는 30대 후반이나 40대 초반에, 그리고 남성의 경우에는 50대 초반에 이르면 성호르몬의 분비가 감소하기 시작한다.

(1) 여성의 갱년기

여성은 40대 후반에서 50대 초반 사이에 생리의 중지를 가져오는 폐경기를 경험한다. 여성 중 약 10%는 40세 이전에 폐경기를 경험하기도 하는데, 최근의 경향은 초경은 빨라지고 폐경은 늦어지는 추세에 있다(Birren, 2002). 폐경의 신체적인 증상으로는 여성호르몬인 에스트로겐 분비의 감소로 안면홍조증을 경험하고, 두통, 메스꺼움, 현기증, 골반통, 유방통증, 호흡장애나 숨참, 골다공증 등도 많아진다. 심리적 증상으로는 문화에 따라 다양하게 나타나는데, 일반적으로 불안, 우울, 분노, 스트레스 등의 심리적인 문제가 있다고 알려져 있다. 그러나 이런 증상을 보이는 여성은 이미 이전에 그런 문제가 있었던 여성이라는 연구결과가 많다(Greene, 1984).

폐경은 성인 중기의 여성에게 중요한 상징적 사건임이 분명하지만, 대부분의 여성은 폐경기 이후에도 성공적인 부부 성생활이 가능하며 여성의 특성을 계속 유지할 수 있다. 더욱이 성공적으로 자녀를 양육하고 개인적 성취감을 충족시킬 수 있었던 여성의 폐경기는 이제 새롭고 광범위하며 공동체 지향적인 과업에 에너지를 투자할 수 있는 시작의 시기를 의미하는 한편, 생산성을 확립하지 못하고 자식만이 자기충족의 유일한 수단이라고 믿으며 살아온 여성에게는 침체감을 증진시킬 수 있다(장휘숙, 2011).

(2) 남성의 갱년기

여성과는 대조적으로 남성의 갱년기는 매우 느린 속도로 점진적으로 진행되는데, 40대에 시작되어 50~60대까지 연장되며, 어떤 경우에는 70대까지 계속된다. 중년기 남성은 젊은 남성에 비해 정자 수가 감소하고, 정자의 활동성이 떨어지며, 남성호르몬인 테스토스테론의 분비가 감소한다(Mulligan & Moss, 1991; Tsitouras & Bulat, 1995; Wise, 1978).

갱년기 남성의 심리적 특징은 남성다움의 상실에 대해 큰 두려움을 갖는다는 것이다. 일반적으로 5%의 중년 남성들이 우울증, 피로, 성적 무력감, 발기불능 그리고 정의하기 힘든 신체적 이상을 호소하는 것으로 알려져 있다. 그러나 남성의 갱년기 증상은 호르몬 변화보다는 감소하는 신체적 에너지와 함께 가정이나 직장의 압력에 기인한 심리적 적응문제와 더 큰 관련성이 있다(장휘숙, 2011).

2. 심리적 변화

1) 인지능력의 변화: 인지 발달의 제5단계

피아제(Piaget)에 따르면, 11세경에 형식적 조작능력을 획득하면 인간이 지닐 수 있는 최상의 인지능력을 획득한 것으로 간주한다. 그러나 20세기에 들어오면서 연구자들은 성인기 동안에도 인지 발달이 이루어진다고 보고, 피아제의 인지 발달 단계 중 4단계인 형식적 조작기 이후 인지 발달에 대해 다음과 같은 견해들을 제시하였다.

(1) 리겔의 변증법적 조작

리겔(Riegel, 1976)은 인지 발달은 청년기 이후에도 계속해서 이루어지며, 그 과정이 변증법적이라고 주장하였다. 성인기 동안의 인지 발달은 청년기까지와는 다르게 일련의 계속적인 갈등이나 위기 혹은 모순과 그것의 해결에 의해 설명될 수 있기 때문에, 평형모델을 지향하는 인지발달 단계이론은 성인기의 사고를 완전하게 설명할 수 없다는 것이다.

이에 리겔은 형식적 조작기 다음에 오는 인지 발달 단계를 변증법적 조작기(dialectic operational stage)라고 명명하고, 인지적 모순과 다양한 사고수준 간의 갈등을 중요시하였다. 즉, 정-반-합의 과정이 순환되면서 새로운 해결을 이루게 하는 사고과정이 성인기의 삶에서 중요한 문제해결 과정이 된다는 것이다. 청년기 동안 발달하는 형식적 조작추론은 주로 과학이나 직관의 결과를 확인하기 위한 검사 상황에서 활용될 수 있는 능력이기 때문에 실제 생활에서는 활용되기 어렵다. 반면, 변증법적 사고는 친밀한 개인적 상호작용이나 사회적 활동 등과 관련된 실제적 문제에 적용될 수 있는 특성을 지니고 있다.

(2) 라보비-비에프의 변증법적 지혜

라보비-비에프(Labouvie-Vief, 1980)는 성인은 아동이나 청소년과는 아주 다른 맥락에서 추론하기 때문에 형식적 조작 사고가 아닌 실용적 문제해결 사고가 요구된다고 주장하면서, 이를 변증법적 지혜(dialectical wisdom)라고 명명하였다. 라보비-비에프는 변증법적 지혜가 연령 증가와 경험의 축적에 의해 발달될 수 있는 능력이라고 설명하면서, 성인기는 청년기의 가설 중심적 사고에서 현실적 문제를 해결할 수 있는 문제해결 사고로 전환하게 되며, 여기에는 인지적 측면과 정서적 측면이 모두 포함된다고 보았다.

(3) 샤이의 성인기 인지 발달 단계

샤이(Schaie, 1977~1978, 2005)는 지식의 획득단계와 적용단계를 구분하고, 연령 증가와 함께 개인의 인지능력은 지식의 획득에서 적용의 방향으로 발달한다고 주장하였다. 샤이는 전 생애 동안의 인지 발달 단계를 처음에 5단계로 제안하였고, 이후 시애틀 종단연구를 통해 다음과 같이 7단계로 확장하였다.

① 제1단계(아동기~청소년기)

획득단계(acquisitive stage)로서, 다양한 정보와 기술을 획득하는 시기이지만, 그 지식들을 어떻게 사용할 것인가에 대해서는 생각하지 않는 단계다.

② 제2단계(성인 초기)

성취단계(achieving stage)로서, 진로와 가족과 관련된 목표를 성취하기 위하여 지식을 적용하는 단계다.

③ 제3단계(성인 초기~성인 중기)

책임단계(responsible stage)로서, 복잡한 지식을 자신의 진로를 보전하거나 가족과 관련된 과업에 적용하는 단계다.

④ 제4단계(성인 중기)

실행단계(executive stage)로서, 개인은 인지적 능력을 가족과 직업세계 혹은 지역사회 영역까지 확장하여 적용하고, 타인을 돌보는 데 사용하게 된다. 이 단계는 책임단계 이후에 나타나기는 하지만, 모든 성인이 이 단계를 거쳐 가는 것은 아니다.

⑤ 제5단계(성인 후기)

재조직단계(reorganizational stage)로서, 은퇴에 접어들면서 일상적인 삶과 딱히 관련이 없지만 의미 있다고 여기는 활동들을 가지고 자신의 삶을 재조직화하게 된다.

⑥ 제6단계(노년기 초기)

재통합단계(reintegrative stage)로서, 지식을 선택적으로 획득하고 획득한 지식이 특정한 과제나 자신에게 의미 있다고 생각되는 과제를 해결하기 위하여 활용되는 시기다. 특히 우리 사회의 경우 21세기에 접어들어 고령화 현상이 점점 뚜렷해지면서 노년기의 재통합 발달과업에 대한 관심이 증가하고 있다.

⑦ 제7단계(본격적 노년기)

유산창조단계(legacy-creating stage)로서, 인생의 황혼기를 맞이하여 자신의 인생 일대기와 무형/유형의 소유물들을 정리하거나 후손들에게 물려주는 단계다.

이와 같은 7단계 중에서 이 장의 주요 초점이 되는 40대의 발달 단계는 3단계와 4단계에 해당한다.

(4) 킹과 키치너의 반성적 사고

킹과 키치너(King & Kitchener, 1994)는 성인기 사고로서 반성적 판단(reflective judgement)을 제안하였다. 이들은 페리(Perry, 1970)의 상대적 사고개념을 참조하고, 상대적 사고 이외에도 피아제의 형식적 사고와는 질적으로 다른 후형식적 사고(post-formal thought)들이 존재한다고 가정하였다. 반성적 사고의 기본 전제는 진리는 상황에 따라 달라질 수 있고, 해결은 합리적이면서도 현실적이어야 하며, 모호성과 모순은 당연한 것인 동시에 정서와 주관적 요인이 성인기 사고에서 중요한 역할을 한다는 데 있다. 킹과 키치너의 반성적 사고 단계는 〈표 9-1〉과 같다.

○○○ **표 9-1** 반성적 사고 단계

단계		지식에 대한 관점
전반성적 사고 (pre-reflective thinking)	1	지식은 절대적으로 그리고 구체적으로 존재한다고 생각된다. 확실한 지식은 직접적 관찰을 통하여 획득될 수 있다.
	2	직접적 관찰이나 권위를 통해 획득될 수 있는 지식은 절대적으로 확실하지만, 즉시적으로 활용 가능하지는 않다.
	3	지식은 일시적으로 불확실할 수 있지만, 절대적으로 확실하다. 절대적인 지식을 획득할 때까지 우리는 직관이나 편견 때문에 일시적으로 불확실한 지식을 지닐 수 있다.
준반성적 사고 (quasi-reflective thinking)	4	지식은 상황변인 때문에 불확실하고 개체 특징적이다. 우리는 단지 세계에 대해 우리 자신이 어떤 생각을 갖는지 알 뿐이다.
	5	지식은 맥락적이고 주관적이다. 우리는 지각을 통하여 사물을 인지하기 때문에 우리가 직접적으로 알고 있는 것은 아무것도 없으며, 다만 물질적 세계에 대한 해석을 알고 있을 뿐이다.
반성적 사고 (reflective thinking)	6	지식은 다양한 증거와 타인의 견해 및 맥락을 통해 개인적으로 구성된다. 그러므로 우리는 문제에 대한 우리 자신의 해석과 타인의 해석만을 알고 있다.
	7	지식은 외부 세계나 문제에 대한 합리적인 의문과정을 거쳐 일반화 가능한 추론으로 구성된다. 가장 그럴듯한 해결책은 현존하는 증거에 기초한다. 그러나 우리가 찾은 해결책도 수많은 해결책 중의 하나일 수 있다.

출처: King & Kitchener (1994).

2) 중년기의 적응 및 성격 관련 발달과제

일찍이 프로이트(Freud)나 피아제 등 생애 초기 또는 아동기 발달을 중요시한 학자들은 개인의 중요한 발달이 대체로 아동기 동안에 이루어지며, 성인기는 아동기까지 이루어진 발달적 특징들이 어느 정도 유지되다가 점차적으로 쇠퇴하는 시기로 보았다. 그러나 에릭슨(Erikson) 이후로 학자들은 인간의 발달을 '성장'과 '쇠퇴'의 관점이 아닌 전 생애에 걸쳐 일어나는 '변화'의 관점으로 보기 시작하였다. 에릭슨은 아동기의 경험만 가지고 전 생애 동안의 위기를 성공적으로 대처한다는 것에는 무리가 있다고 보았다. 그는 인생 전반의 시기마다 나타나는 심리적 · 사회적 위기는 연령대별로 다양하게 나타나며, 이를 성공적으로 해결하는 것이 건강한 삶을 영위하는 데 중요하다고 강조하였다. 에릭슨의 심리사회적 8단계 전체에 대해서는 이미 앞 장에서 설명하였으므로, 여기서는 40대의 중요한 발달과업인 생산성 대 정체기의 특징에 대해 설명하기로 한다. 이와 더불어, 특히 중년기에 관심을 가졌던 학자들의 견해를 빌려 40대 중년기의 발달적 특징 및 과업을 살펴보기로 한다.

(1) 생산성과 침체 간의 갈등 극복

에릭슨(1963)은 인간의 발달을 개인적 욕구와 사회적 기대 사이의 상호작용의 산물로 생각하였기 때문에 사회제도, 가치체계의 양상 그리고 상이한 문화와의 관계를 연구하였다. 에릭슨이 제시한 여덟 개의 발달 단계는 각 단계마다 심리사회적 위기를 지니고 있다. 심리사회적 위기(psychological crisis)란 발달의 각 단계에서 사회적 환경의 요구에 적응하기 위한 심리적 노력을 의미하며, 독특한 사건이라기보다는 일상생활에서 겪게 되는 긴장을 의미한다. 에릭슨은 매 단계에서의 위기를 어떻게 해결하느냐에 따라 각 개인의 독특한 성격이 형성된다고 보았다.

생산성(generativity) 대 침체(stagnation) 시기는 에릭슨의 8단계 중 일곱 번째에 해당하는 시기로서, 에릭슨은 40대부터 50대 혹은 60대 초기까지 아우르는 연령대라고 보았다. 이 시기에는 다음 세대를 위해 자녀를 양육하고 타인을 돌보며 생산적인 일에 몰두하거나, 자신의 에너지를 오로지 자기확대와 자기만족을 위해 사용하면서 결국 침체감을 경험하느냐의 갈등을 경험하게 된다. 에릭슨은 이 시기의 가장 중요한 덕목을 돌봄(care)으로 보았다. 즉, 자기 주변에 있는 위아래 세대를 모두 돌보고, 부모 역할에 대해 집중하고 만족함으로써 위기를 극복하는 시기가 바로 이 시기다. 예를 들면, '생산성'은 여성의 경우 하고 싶었던 공부를 시작하거나 혹은 아이들을 낳아 그들의 발달에 참여하는 데에서 나타날 수 있고, 남성의 경우 자신의 역할 기대와 실제 행동 간에 보다 큰 조화를 이루기 위해서 직업에서의 변화가 필요하다고 느끼는 것일 수 있다. 특히나 요즘은 한 직업에 20년간 종사한 후 갑자기 방향을 바꾸어 새로운 공부나 직업에 뛰어드는 사람들이 있기도 하고, 수차례에 걸쳐 직업을 전환하는 사람들도 많아지고 있다. 이는 지금까지의 인생에서 그들의 역할이 만족스러운 것이기는 하지만 충분히 충족되지는 못했음을 의미하기도 하고, 새로운 진로를 위해서 재도전하고 싶은 욕구가 있음을 의미하기도 할 것이다. 이러한 생산성은 다음 세대의 발달을 뒷받침하고 고취하는 데 참여하는 노력에서 나오며, 다음 세대로의 계속성에 관여할 수 없는 사람은 개인적 욕구에 지나치게 집착하게 되거나 타인의 욕구를 무시하여 점차 침체하게 된다.

(2) 지혜와 유연성의 조화

펙(Peck, 1968)은 에릭슨의 생산성 대 침체감 시기를 보다 확장하고 세분화하였다. 또한 중년기의 주요 발달과업으로 지혜(wisdom)와 유연성(flexibility)을 들었다. 펙에 따르면, 지혜는 쇠퇴하는 신체적 건강과 매력을 보상하며, 유연성은 세상을 지금까지와 다르게 바라보고 수용할 수 있게 한다. 인간이 20대 후반이 지나면 자연스럽게 노화현상이 진행되며, 이에 따라 체력과 젊음의 매력이 감소하지만 중년기에는 성년기에 가지지 못한 인생경험으로 인해 지혜를 획득하게 된다.

펙이 설명하는 중년기의 적응을 위한 발달과업은 다음과 같이 네 가지로 나누어진다.

① 지혜 대 신체적 힘 간의 갈등 극복

인생에서 최선의 선택을 하게 하는 능력인 지혜는 주로 광범위한 관계 및 상황과 만날 기회, 그리고 순수한 인생경험에 좌우되는 것으로 하였다. 중년기에 가장 성공적으로 적응한 사람들은 그들이 획득한 지혜가 쇠퇴해 가는 체력과 정력, 그리고 젊음의 매력을 보상하고도 남는다. 이렇듯 중년기에는 지혜를 획득함과 동시에 체력을 위해 운동하고 관리를 하는 것이 중요한 발달과업 중의 하나다.

② 보편적인 사회적 인간관계 대 성적 관계 간의 갈등 극복

일반적으로 신체적 쇠퇴가 시간이 갈수록 심화되면서, 중년은 자신의 인생에서 남녀를 재정의하여 성적 대상으로서보다는 한 개인, 친구 그리고 동료로서 대하게 된다. 성적 요소는 감소하는 대신에 감정이입, 이해, 동정심 등이 새로운 차원으로 떠오르게 되고, 다른 사람들의 고유한 성격을 감지할 수 있으며, 훨씬 깊은 이해에 도달할 수 있게 된다.

③ 정서적 유연성 대 정서적 빈곤 간의 갈등 극복

한 사람으로부터 다른 사람으로, 어떤 활동에서 다른 활동으로 정서적 투자를 전환할 수 있는 정서적 유연성(emotional flexibility)은 중년기에 매우 중요한 의미를 갖는다. 이 시기는 부모 또는 자녀와의 발달상 관계의 변화 및 단절을 경험하기 쉬운 때에 해당한다. 어떤 경우에는 자신이 정서적 투자를 했던 대상이 사라지고 자신의 감정을 다른 대상에 재투자하지 못함으로써 정서적 빈곤(impoverishment)을 경험하기도 한다. 하지만 새로운 정서적 투자의 대상을 발견하게 되면 이 위기는 유연하게 극복할 수 있게 된다.

④ 정신적 유연성 대 정신적 경직성 간의 갈등 극복

중년기에는 자신의 견해나 행동은 물론 새로운 생각을 받아들이는 데에도 유연성이 있어야 한다. 대부분의 사람은 중년기까지 많은 인생의 중요한 문제에 대해 일련의 해답을 얻지만, 이러한 해답에 안주하여 새로운 해답을 구하는 것에는 더 이상 노력하지 않는 경향이 있다. 이러한 경우에 중년기 사람들의 생각은 경직되고, 새로운 사상을 받아들이지 못하게 되며, 그들이 이미 찾아낸 해답과 자신의 경험을 새로운 문제를 해결하기 위한 잠정적인 지침으로 반복적으로 활용하게 된다.

국내의 연구에 따르면, 우리나라 남성은 대체로 여성에 비해 부모 역할 만족도가 높은 것으로 알려져 있으나, 한편으로는 우리나라 남성이 전반적으로 과업생산성을 위해 부모 역할 생산성을 희생시키는 경향을 나타내고 있다(송명자,

1995). 예를 들면, 우리나라 중년 남성은 직장의 과업과 가정 내에서의 가족역할 이 상충하는 경우에는 일에 지장이 가지 않는 쪽으로 선택을 하는 경향이 높은 것으로 나타났다(박광배, 1993; 조복희, 현온강, 1994).

(3) 정신의 전체성 실현과 개성화

분석심리학자인 융(Jung, 1966)은 인생의 발달 단계에서 발달의 궁극적인 목 표가 정신의 전체성(psychic totality) 실현이라고 보았다. 그가 말하는 전체성 실 현이란 인간의 성격이 모든 면에서 조화롭게 융합하는 것을 의미한다. 그리 고 융은 정신의 전체성을 의식 또는 자각하는 과정을 개성화 과정(individuation process)이라고 보았다. 융은 개성화 과정이 인생의 전반기와 인생의 후반기로 나누어져 진행된다고 하면서, 하루의 태양 진행과정에 비유하여 설명하였다. 인생의 전반기는 오전의 태양처럼 상승하는 기간이며, 이 시기의 개성화 과제 는 사회적응에 있다. 반면, 인생의 후반기는 오후의 태양처럼 하강하는 기간이 며, 이 시기의 개성화 과제는 자신의 내면세계에의 적응에 있다. 전자가 삶으로 향하는 기간이라면 후자는 죽음으로 향하는 기간이다. 여기서 말하는 죽음이란 현실적인 죽음의 의미도 있겠으나, 그것보다는 심리학적 상징적 의미로 쓰인 재 생, 즉 새로운 인격의 탄생이나 전환을 위한 죽음이다. 말하자면, 인생의 전반기 가 신체적 아기를 탄생시키는 시기라면, 인생의 후반기는 정신적 아기를 탄생시 키는 시기다(이죽내, 2011).

융은 약 40세에 시작되는 중년기를 인생의 전반에서 후반으로 바뀌는 전환점 으로 보았는데, 인생 전반기의 개성화는 자아(ego: 의식의 주인. 자신의 외적 세계 와 주관적 세계를 지각하고 이해함)가 자기(Self: 모든 의식과 무의식의 주인. 전체로서 인간 성격의 조화와 통합을 위해 노력함)로부터 떨어져 나감으로써 자아를 강화하 는 시기라면, 인생 후반기의 개성화는 인생의 전반기에 달성한 자아강화를 바탕 으로 무의식의 내용을 의식화하고 이해함으로써 '자아'가 '자기'로 변환하는 과 정이라고 할 수 있다. 융은 '자기'는 정신 혹은 인격의 중심인 동시에 그 전체라 고 말하고 있다. 그러므로 자기실현이란 자아가 정신의 중심을 실현하는 정신의 전체성을 실현한다는 의미를 갖는다. 이해를 돕기 위해, 융이 말하는 자아와 자기의 관계를 좀 더 살펴보자.

자아와 자기의 관계는 객체와 주체의 관계라 할 수 있다(이죽내, 2011). 말하자면, '자기'가 정신의 본질이자 주체가 되는 것이다. 인생의 전반기에서 자아는 자기를 의식하지 못한 채 자신이 주체인 양 생각하고 외계와의 관계를 맺고 적응하여 '자아강화'를 해 온 것이다. 그러나 인생의 후반기에서는 '자기'의 존재를 인식하고 '자기'가 자신의 주체임을 깨닫는 시점이 오게 된다. 이를 소위 '중년기에 급격한 가치관의 변화가 일어난다.' 등의 식으로 표현한다. '자기' 그 자체는 의식 초월적인 존재이기 때문에 자아가 자기를 직접적으로 의식할 수 없다. 따라서 객체로서의 자아가 주체인 '자기'와 관계를 이루고 '자기'의 작용을 체험할 수 있기 위해서는 우선 자신의 내면세계, 즉 무의식으로의 관심과 그 소리를 진지하게 믿고 이해하는 소위 종교적 태도(religious attitude)가 필요하다. 다시 말하면, 그것은 소위 '내적 실제 속으로 들어가는 것', 보다 깊이 자기를 인식하고 또 인간을 아는 것, 이제까지 무의식으로 남아 있거나 그냥 그렇게 방치되어 있던 우리 본성의 특성으로 돌아가는 것이다.

융은 인생에 대한 허탈감과 무력감을 호소하는 중년기 사람들이 많다고 보았다. 그 이유는 이들이 사회로부터 얻은 성취는 자신의 성격의 어느 한 측면을 억제한 대가로 얻어진 것이므로, 경험했어야 할 인생의 다른 측면들이 어두운 창고 속에 묻혀 있다가 내재적 욕구가 중년기에 분출되어 나오기 때문이라는 것이다. 또한 중년기 이후 남녀 모두가 자신의 생물학적 성과 반대되는 성격 측면을 표현한다고 보았다. 즉, 남성은 자신 속의 여성적인 측면인 아니마(anima)를 표출하여 덜 공격적이 되고 대인관계에 보다 많은 관심을 보이기 시작하게 하는 것이 중요하고, 여성은 남성적인 측면인 아니무스(animus)를 표출하여 보다 공격적이고 독립적이 된다는 것이다.

이처럼 인생의 후반기의 과제는 내면의 적응, 즉 무의식 속에 들어 있던 내용들이 한쪽으로 치우치지 않고 의식화됨으로써 자기실현을 이루는 것이기 때문에, 융은 가능한 모든 무의식의 내용이 의식화되는 과정이 일어나게 된다고 보았다. 이 과정에서 그간 소외되었던 그림자와 페르소나를 드러내면서 남성성과 여성성 모두가 한 개인 안에서 수용되고 통합되며 인생 전반기의 외적이고 사회적인 성취가 무의식적 욕구와 조화를 이루게 되는데, 이 과정이 개성화 과정이며, 이를 통해 자기실현을 이루는 것이 곧 중년기의 발달과제가 된다.

(4) 인간 본성의 실현

생애 최고의 발달과업을 인간 본성의 실현 또는 자기실현이라고 제시한 인본주의이론의 관점에서 로저스(Rogers, 1981)는 인간이 자기이해에 대한 놀라울 정도의 잠재력을 가지고 있다고 믿었다. 그는 이러한 잠재력은 일상생활에서는 잘 드러나지 않지만 적절한 심리적 환경이 조성되면 나타난다고 보았고, 자신이 지각하는 자아와 다른 사람이 자신을 보는 자아의 일치가 중요하다고 하였다.

로저스가 생각하는 이상적인 인간상은 자아실현을 이룬 사람이라고 할 수 있는데, 이때 자아실현이라는 것은 어떠한 상태가 아닌 과정을 의미한다. 그 과정에는 인간의 능력에 대한 끊임없는 시련과 긴장이 수반되는데, 인간은 아무리 어려운 시련이라도 굴하지 않고 꿋꿋하게 일어서는 불굴의 의지를 가지고 있다고 믿는다.

중년기에 이러한 자아실현을 이룬 사람은 진정한 자기 자신이 되고, 자기가 아닌 어떤 것을 가장하거나 진정한 자아의 일부를 숨기지 않는다. 이러한 자아실현인의 성격특성은 사람과 사물을 객관적으로 지각하고 자신의 소망, 감정 및 욕망에 의해 현실을 왜곡하지 않고 자신과 타인에 대한 수용을 통해 자신의 강점과 약점을 인정한다. 자아실현인은 가식이 없이 솔직하고, 외현적인 행동뿐만 아니라 내적 사고나 충동이 비교적 자연스러우며, 자기중심적이 아니라 문제중심적인 사람으로 자신의 목표를 매우 중요하게 생각하고, 홀로인 것에 개의치 않는 초연함이 있으며, 자신이 속해 있는 사회적 환경으로부터 독립하여 자율성을 갖는다. 또한 사람과 사물에 대한 인식이 구태의연하지 않고 신선하며, 종교적인 것이 아니더라도 신비로운 경험을 통해 심오한 의식을 가지게 되고, 인류에 대한 연민과 애정을 가지고 인간에 대하여 강하고 열렬한 애정을 갖는다. 대인관계에서도 피상적이지 않고 깊고 풍부하며 모든 인간을 존중하는 민주적인 성격구조를 가지고 있으며, 수단과 목적을 혼동하지 않고, 유머감각은 철학적이며, 지혜롭고 창의적이며, 독창적이고 혁신적이다.

(5) 고난과 시련에 대한 적응방식으로서의 방어기제

베일런트(Vaillant, 1977)는 발달의 기초로서 에릭슨의 단계를 수용하기는 하지만, 성장이나 발달이 일어나는 방향이 있음에도 불구하고 모든 사람이 동일한 정도로 발달하는 것은 아니라고 가정하였다. 그는 특히 시련이나 위기에 직면한 개인이 나타내는 심리적 적응방식에서의 발달적 변화에 관심을 가졌다.

베일런트가 논의한 적응의 주된 형태는 '방어기제(defense mechanism)'다. 방어기제란 프로이트가 제안한 대로 불안에 대처하기 위해 사용되는 무의식적 전략으로, 사람은 불안하면 어떤 형태로든 방어기제를 사용한다. 그러나 모든 방어기제는 자기속임수나 현실왜곡을 포함하는 특징이 있다.

베일런트는 프로이트와는 달리 방어기제들 중에서도 더 성숙한 방어기제가 존재한다고 주장하였다. 일반적으로 성숙한 방어기제는 현실을 더 적게 왜곡하고 더 품위가 있으며, 덜 불유쾌한 방식으로 어려움에 대처할 수 있도록 한다. 베일런트에 따르면, 일상생활의 어려움에 효과적으로 대처할 수 있는 성인일수록 더 성숙한 방어기제를 지니고 있다. 덧붙여, 베일런트는 방어기제의 사용에서 큰 개인차가 있음을 강조하고, 개인생활과 직업생활에서 성공적인 사람들은 미성숙한 방어기제의 사용에서 더 성숙한 방어기제의 사용으로 이동한다고 주장하였다.

(6) 생애구조의 과도기적 변화

레빈슨(Levinson, 1986)은 성인기 남성들을 대상으로 장기간에 걸친 면접 연구를 통해 성인기의 발달모델을 제안하였다. 레빈슨의 발달모델은 네 개의 발달단계와 세 개의 과도기(성인 초기, 성인 중기, 성인 후기)를 포함하고 있다. 각 단계는 생애구조의 변화를 기초로 구분되는데, 생애구조(life structure)란 '일정한 시기에서의 개인의 생에 내재된 양식과 설계'로서 개인의 사회문화적 배경, 자아의 특성 그리고 주변 세계에 대한 개인의 참여 정도에 의해 결정된다. 개인이 어떤 선택을 하느냐에 따라 그의 생애구조가 달라지기 때문에, 생애구조의 변화에 맞추어 발달 단계가 설정될 수 있다. 레빈슨의 모델에 따르면, 성인 중기 과도기는 40~45세의 연령대에 속하며, 이때는 청년기 이후부터 지속되어 온 주요 갈등들을 해결하는 것이 주된 과제다. 이러한 과도기 갈등 중에는 자신이 중년임을 인정할 것인지, 젊음을 지속하고자 노력할 것인지, 독립의 욕구인 남성적 특성과 애착의 욕구인 여성적 특성들을 어떻게 선택 또는 통합할 것인지, 개인의 한계를 뛰어넘어 타인과의 관계를 좀 더 깊이 있게 할 것인지, 또는 분리와 단절을 택할 것인지를 선택하는 갈등이 포함된다. 레빈슨이 언급한 40대 연령의 성인 중기 발달은 다음의 두 단계로 구성된다.

① 생애 중반 과도기

대체로 40~45세에 해당하는 생애 중반 과도기(mid-life transition)에 지난날의 삶에 대한 의문이 시작된다. 약 80% 남성들은 이 시기 동안에 불안과 정서적 풍요를 동시에 경험하며, 자신의 삶의 가치에 대한 재평가를 시도한다. 이 시기의 위기는 개인적인 영역을 넘어서 타인과의 관계 속에서 자신을 확장할 때 극복된다.

② 생애구조 도입기

약 45~50세에 해당하는 생애구조 도입기(entry life structure)에서 대부분의 사람들은 전 생애 동안 지속될 자신의 삶의 새로운 구조를 형성하게 된다. 가정에서 아내와 자녀와의 관계의 재정립, 직장에서 과업수행 방식의 재조정은 이 단계 과업의 몇 가지 예가 된다. 이 시기의 구조가 성공적으로 확립되면 많은 결실을 거둘 수 있는 충만한 황금기로서의 중년기를 보내게 된다.

레빈슨은 남성들에 대한 이상의 연구결과를 바탕으로, 여성에 대한 연구 또한 착수하였다. 같은 방법으로 여성들을 대상으로 연구한 결과, 여성도 남성과 유사한 생애주기를 갖는다는 것을 발견하였다. 즉, 여성도 남성과 동일하게 그 자체의 특성을 갖는 분리된 시대와 과도기를 경험하며, 남성과 동일한 생애구조 내에서 동일한 순서의 단계를 거쳐 간다. 단, 남성 생애구조와의 차이 면에서 여성은 평균수명이 길어 성인 후기의 후기(late-late adulthood)를 경험한다는 것이다. 또한 레빈슨은 여성 역할과 남성 역할의 엄격한 구분에 의해, 그리고 우리 생활의 모든 측면에서의 여성성과 남성성의 구분에 의해 여성이 남성보다 훨씬 더 어려운 삶을 산다는 것을 강조하였다.

(7) 역할과 책임에 대한 재정의 및 통합

뉴가튼(Neugarten, 1977)의 사건 발생 시기적 관점이란 사람은 인생에서의 특정 사건들과 그 사건들이 발생하는 특정한 시기에 반응하여 발달한다는 것이다. 즉, 사회 변화가 사건의 중요도 및 사람들의 성격에 대한 그 효과에 영향을 미친다는 것이다. 위기 발생 여부와 상관없이 인생의 한계에 대해 높아진 인식이 생기면서, 중년기의 개인은 자신이 진로 변화를 원한다면 빨리 행동에 들어가야 한다는 점을 깨닫게 된다. 중년기는 이 시기에 자녀 및 자녀의 변하는 요구에 맞추기 위해 부모로서의 역할을 재정의해야 하고, 도움을 필요로 하는 노부모에 대한 아들, 딸로서의 의미를 재정의해야 한다. 중년기 동안 많은 사람이 처음으로 자신의 부모를 이상적으로 보거나 그들의 실수와 무력함을 비난하기보다는 객관적으로 볼 수 있게 된다. 중년기의 사건 발생 시기적 관점에서 발달과업은 시민의 의무와 사회적 책임을 다하고, 십 대 자녀가 책임감 있고 행복한 성인이 될 수 있도록 돕고, 여가활동을 개발하고, 배우자와 인간적인 유대관계를 형성하며 노년기 부모에게 적응하는 것이다. 노년기의 성격 유형은 통합형 성격을 유지하는 것이 발달과업이며, 이때 사람들은 융통성이 있고 손상되지 않은 인지능력과 통제능력을 유지하고 새로운 자극에 대해 개방적이게 된다.

3. 사회적 변화

1) 가족생활 환경의 변화

20세기를 거쳐 오면서 사회적 변화는 가족구조의 변화를 가져왔고, 가족생활의 질을 변화시켰다. 그 결과 과거 전통적인 가족 형태와는 다른 가족 형태가 등장하고 있다. 예를 들면, 자신의 주체적 삶에 대한 인식과 더불어 만혼의 증가에 따라 40대에 첫 자녀를 두거나 외동아이를 두고 있는 경우도 크게 증가하고 있다. 이처럼 근래에 나타나고 있는 가족 형태의 두드러진 경향을 정리하면 다음과 같다.

(1) 독신성인의 증가

과거보다 더 많은 수의 성인들이 독신으로 생활하고 있다. 통계청(2010b)에 따르면, 40세 이상 미혼 인구는 1985년에는 4만 3,647명에 불과했지만 2010년에는 88만 5,000명으로 20배가량 늘었다. 특히 고학력의 여성이 자신의 전문지식을 활용하기 위하여 결혼을 지연시키거나 독신생활을 하는 경향이 증가하는 것으로 나타났다.

(2) 만혼의 증가

최근 들어 많은 결혼적령기 남녀가 그들의 교육적·직업적 목표를 추구하기 위하여 결혼을 연기하고 있다. 우리나라 남녀의 결혼 연령도 매년 증가하는 추세를 나타내며, 결혼을 하지 않은 젊은이들도 늘어나고 있다. 미혼 남성의 62.6%와 미혼 여성의 46.8%만이 반드시 결혼해야 하거나 결혼하는 것이 더 좋다고 응답하였다(통계청, 2010b).

(3) 자녀 수의 감소

오늘날의 결혼한 부부들은 과거와 비교해 볼 때 더 적은 수의 자녀를 출산한다. 그동안 많은 부부가 적은 수의 자녀에게 질 높은 양육을 실시하고 부부만의 시간을 가지기를 원하였다. 따라서 자녀를 성장시킨 다음 부부만 남게 되는 빈 둥지 시기(empty nest period)를 오래 경험할 수 있었다. 그러나 최근에는 결혼 연령이 늦어지고 자녀 출산이 지연됨에 따라 빈 둥지 시기가 감소하고 성인 후기까지 자녀 양육을 계속해야 하는 일이 점차 증가하고 있다.

(4) 여성의 사회활동 증가

점점 더 많은 수의 여성이 취업하고 있거나 취업하기를 원한다. 직업을 가지지 못한 주부도 자원봉사활동이나 각종 재교육 프로그램에 참여함으로써 사회활동의 기회를 증가시키고 있다.

(5) 이혼율의 증가

결혼한 부부의 이혼율은 해마다 증가하는 추세에 있다. 심지어 우리나라의 이혼율이 OECD 국가 중에서 1위를 차지하고 있다(OECD, 2009)는 사실은 우리나라 이혼문제의 심각성을 보여 주는 증거다. 특히 만혼으로 인해 아동 및 청소년 자녀를 둔 40대 이후의 이혼 건수가 전체 이혼의 약 40%에 이르고, 그 이후의 이혼도 크게 증가하고 있다는 것에 심각성이 크다. 이혼율의 증가는 한부모(single-parent)가정을 증가시켰다. 한부모가정은 어머니와 자녀로 구성되는 편모가정이 아버지와 자녀로 구성되는 편부가정보다 훨씬 더 많다. 우리 사회의 한부모가구의 비율은 매년 꾸준히 증가하는 추세에 있다.

이혼율의 증가와 더불어 재혼율 또한 증가하고 있다. 통계청(2009a)에 따르면, 재혼하는 비율은 남성이 여성보다 높은 것으로 나타났다. 그 이유는, 재혼하는 남성은 재혼하는 여성과 결혼하기도 하지만 초혼인 여성과의 혼인도 이루어지기 때문이다. 대조적으로, 재혼하는 여성은 초혼인 남성과 결혼하기도 하지만 대부분 재혼하는 남성 중에서 배우자를 찾기 때문에 남성보다 재혼율이 낮을 수밖에 없다.

특히 성인 중기의 이혼은 남성보다 여성에게 더 큰 어려움을 야기한다. 전업 주부로만 살았던 여성은 이혼 후 경제적 어려움으로 고통받기 쉽고, 재혼 상대를 만나기도 쉽지 않다. 그러나 한편, 많은 이혼한 중년 여성은 경제적으로 어려움이 없다면 재혼하기를 원하지 않는다(Schmiege, Richards, & Zvonkovic, 2001). 이들은 더 이상 배우자 문제로 고통을 겪고 싶어 하지 않는다고 한다. 반면, 남성은 직업을 가지고 있고 이혼 후에 가정 바깥에서 정서적·심리적 지원을 받을 수도 있으며 쉽게 재혼할 수도 있다. 보통 자녀 없이 이혼한 남성은 초혼의 여성들과 재혼하고, 자녀가 있는 이혼한 남성은 이혼한 여성과 결혼하는 경향이 있다(Buckle, Gallup, & Rodd, 1996).

재혼 후의 적응도 그리 쉬운 문제는 아니다. 그 이유는 남녀 모두 이미 확립된 각자의 습관과 기대를 가지고 있으므로 서로 조화를 이루기 어렵고 새로운 인척 관계나 전 배우자와의 자녀들과 관계를 확립해야 하는 어려움이 뒤따르기 때문이다. 따라서 최근에는 '잘 이혼하고 잘 재혼하기'에 많은 사람이 관심을 가지고 있다. 이혼의 증가가 어쩔 수 없는 시대적·사회적 현실이라면, 헤어짐과 만남을 심리적 외상을 최소화하면서 할 수 있는 방법을 찾는 것도 필요하다는 인식 또한 나타나고 있다. 실제로 이혼 후 재혼이 주는 이점 또한 분명히 있다. 이혼한 여성은 재혼을 통하여 경제적 어려움에서 벗어날 수 있고 정서적으로 안정될 수 있다고 느끼는 경향 또한 나타나고 있다(장휘숙, 2011).

2) 샌드위치 세대로서의 역할 수행

성인 자녀들의 연령이 40~50세 정도에 이르면, 그들 부모의 연령은 60~80세가 된다. 평균수명의 증가로 고령의 노부모를 모셔야 할 책임을 맡은 중년 자녀의 수는 최근 증가하는 추세에 있다.

성인 중기는 노부모에 대한 자녀의 역할은 물론, 자기 자녀에 대한 부모의 역할도 함께 수행해야 하는 어려운 시기다. 중년의 부모는 자녀에게 때로 경제적 도움을 주거나 실질적인 생활상의 보살핌을 주어야 하기도 한다. 서구 사회에서는 딸이 아들보다 노부모에게 평균 3배 이상의 많은 보살핌을 제공한다(Stephens et al., 2001). 그러나 우리나라나 일본과 같은 동양 문화권에서는 보통 맏며느리가 노부모를 보살피는 역할을 맡기 때문에 고부갈등을 초래하기도 한다(장휘숙, 2002).

3) 빈 둥지 시기의 시작

최근 만혼의 증가로 40대 부부의 첫 자녀 연령이 어린 경향이 늘어나고 있지만, 일반적으로는 부모가 40~50대에 이르게 되면 자녀는 대학 진학, 입대, 취업, 빠르면 결혼 등으로 가정을 떠나게 된다. 이 시기에 있는 부모는 그간의 집중적인 자녀 양육으로부터는 벗어나지만, 무언가 에너지를 쏟았던 것을 잃어버리거나 알맹이를 상실한 듯한 느낌 때문에 특히 힘들어하기도 한다. 따라서 부모 역할의 은퇴 시기나 자녀 진출 시기로 불리는 이 기간 동안에는 부부관계의 변화 혹은 자녀로부터 자신에게로 에너지를 쏟을 수 있는 목표의 전환이 필요하다.

자녀가 가정을 떠나는 변화의 시기는 직업 역할보다 어머니 역할로서 자신을 규정하는 여성에게 매우 고통스러운 시기다. 그러나 대부분의 건강한 부부는 자녀가 떠난 후 부부간의 응집력과 애정이 오히려 증가하는 것을 경험한다(장휘숙, 2011). 그들은 자녀가 독립함에 따라 비롯되는 경제적 여유를 자신들의 생활방식을 향상시키기 위하여 활용하며, 자녀의 성취에 만족한다.

4. 진로변화와 발달

진로발달이론가 중 슈퍼(Super, 1990)는 개인의 전 생애와 진로발달을 연결 지어 설명하였다. 슈퍼는 자신의 이론을 보다 발전시키기 위하여 진로유형 연구를 수행하면서 진로발달 단계를 제시하였다. 슈퍼는 각 단계에 해당하는 연령과 독특한 행동특성을 분명하게 나타내었는데, 여기서는 40대 연령 시기에 해당하는 확립기와 유지기를 살펴본다.

- **확립기(안정화 단계)**: 개인은 꿈을 이루기 위하여 노력한다. 이 시기의 초기 동안 직업적 노력은 승진과 연결이 되고 개인적 발전 또한 이룰 수 있게 된다. 이 시기의 끝 무렵에 이르게 되면 직업적 승진이나 발전은 느려지지만, 일이 더 복잡하고 흥미롭기 때문에 직업만족이 더 커진다. 레빈슨(Levinson, 1986)에 따르면, 이 시기는 신체적·정신적·정서적 기능이 절정에 도달하지만, 스트레스와 모순 역시 절정에 도달한다. 남성은 이 시기 초반에 직업과 배우자를 선택하고, 중반 무렵에는 자신이 선택한 것을 재평가하는 작업을 한다. 이 시기의 후반에 이르면 남성의 직업생활과 가족생활은 더 편안해지고 안락해지며, 사회의 중견이나 연장자가 되기 위한 준비를 갖춘다.
- **유지기**: 45~60세에 해당하는 시기로, 개인은 이미 정해진 직업에 정착하고 그 직업을 유지하기 위해 노력을 한다. 즉, 직업세계에서 자신의 위치를 확고히 하고 유지하려는 시기로, 가장 안정된 생활 속에서 지낼 수 있게 된다. 성인 중기 이후에 승진이나 진급이 이루어지기는 어렵다. 어떤 남성은 시험기에 설정한 꿈에 거의 도달했다고 평가하고 만족해하지만, 또 어떤 남성은 꿈을 실현할 수 없음을 알고 실망한다.

1) 직업에 대한 태도의 변화

중년기에는 인생주기에서뿐만 아니라 직업주기에서도 전환기를 맞게 된다. 중년기에는 자신이 직업에 대해 설정한 목표를 어느 정도 달성했는가를 재평가하게 된다. 정년퇴직까지 시간이 얼마나 남았는지 따져 보기도 하고, 자신이 세운 인생의 목표를 제대로 달성하지 못했거나 시간이 별로 남지 않았다고 느끼게 되면 재평가 또는 재적응이 이루어지기도 한다. 중년기 성인의 직업활동은 일반적으로 안정과 유지로 생각되고, 직업적 야망을 달성했거나 아니면 처음에 기대했던 것에는 못 미치지만 어느 정도 성공을 하고 거기에 정착한다. 즉, 40대 중년기에 접어들면 자신의 직업에서 절정을 이루고, 좀 더 많은 돈을 벌고, 보다 많은 영향력을 행사하고, 다른 어떤 시기보다 더 존경을 받기도 하고, 직업전환이 이루어지기도 하며, 직무수행능력 및 직업만족도가 증가 또는 감소하기도 한다.

2) 직무수행능력의 변화

직무수행과 연령과의 관계는 일의 종류에 따라 다르다. 즉, 연령이 증가하면서 어떤 종류의 일에서는 기술이 숙련되고, 어떤 종류의 일에서는 연령과 관련한 직무수행능력이 감소한다. 특히 속도와 관련된 직무에서는 연령과 관련하여 상당한 직무수행능력의 감소가 있다(Salthouse, 1996). 이는 젊은 성인과 비교하여 중년이 되면 새로운 컴퓨터 시스템의 사용과 같은 새로운 과제를 학습하거나 다양한 훈련 프로그램에 적응하는 등에서 어려움을 경험한다.

발테스와 발테스(Baltes & Baltes, 1990)는 중년기에 높은 생산성 및 높은 직무수행능력을 유지하는 것이 가능하다고 주장하였다. 이는 가장 핵심적인 업무에 집중하고 자신의 직업 활동 범위를 축소하고 자신이 가지고 있는 기술을 최대한 유지할 수 있도록 중요한 능력을 단련하며 일의 능률을 올리기 때문으로 보인다.

3) 직업만족도의 변화

대부분의 중년기 사람들은 자신의 직업에 만족하기도 한다. 그러나 직업경력상 가장 높은 지위에 오르거나 수입이 좋아지는 등 외적으로 좋아지기는 하지만 중년기 후반에는 더 이상 승진 가능성이 적고, 자신의 꿈을 실현할 기회가 없다는 자각과 은퇴에 대한 생각 등으로 직업만족도가 감소하는 경향이 많다.

4) 직업적 성취와 직업전환

40대 중반에 접어들 때 직업적 성취는 거의 최고조에 달한다. 그러나 이와 동시에 직업전환이라는 중대한 주제를 놓고 고민하기도 한다. 요즘은 중년기의 직업전환이 점점 보편적인 현상이 되고 있기도 하고, 사실상 일생 동안 한 가지 직업에 종사하던 시절은 이제 지나가 버린 것 같다(Sarason, 1977).

레빈슨(Levinson, 1986)은 중년기의 직업전환의 경험을 성인기의 전환점으로 묘사하였다. 중년기는 은퇴하기까지 시간이 얼마나 남았는가에 비추어 꿈 또는 희망을 현실적 가능성으로 대체해야 할 때이므로 직업에 대한 재평가나 재적응이 이루어지는 시기다. 이러한 직업전환에는 여러 가지 이유가 있다. 기술혁신의 놀라운 변화로 새로운 직업이 창출되기도 하고, 직업의 변화가 일어나기도 하며, 직업에 종사하는 기간이 예전에 비해 길어지면서 새로운 것을 시도해 보려는 직업전환의 기회가 많아지기도 한다.

5) 조기퇴직

직업과 관련된 스트레스 원인 중 가장 큰 것은 '명예퇴직'이라는 이름으로 불리는 조기퇴직과 갑작스러운 실직이라 할 수 있다. 특히 우리 사회에서는 '사오정' '오륙도'처럼 40대와 50대 연령대에서 지금까지 해 온 직무를 그만두고 다른 직업으로 전환하는 경우가 많다. 일단 실직이라는 상황을 경험하면 그 상태가 일시적이든 영구적이든 간에 스트레스를 받게 되고, 그에 따라 경제적 곤란, 자아개념의 손상, 자존감 상실을 가지게 된다. 실직에 대한 두려움은 중년기에 가장 높게 나타나는데, 이 시기에 실직하면 새로운 직업을 구할 기회가 매우 드물다(Barnes-Farrell, 1993). 이런 상태에서 발생하는 우울증이나 기타 다른 심리적 문제의 원인이 실직에서 나타나기도 한다.

포웰과 드리스콜(Powell & Driscoll, 1973)은 실직에 대한 심리적 반응을 네 단계로 나누어 설명하였다. 첫 번째는 위안 단계(relaxation and relief)로, 실직을 당했을 때의 충격, 분노, 좌절에서 벗어나 직장을 다시 구할 수 있다는 자신감을 가지고 가족과 함께 시간을 보내고 집안일을 돌보며 즐거움을 가지는 단계다. 두 번째는 협력 단계(concerted effort)로, 새 직장을 구하기 위해 새로운 시도를 하면서 낙관적이고 긍정적으로 생각하려고 노력하는 단계다.

세 번째는 동요 단계(vacillation and doubt)로, 직장을 구하는 것이 쉽지 않아 자신의 능력을 의심하게 되고 감정의 기복도 심해져 불안 증세까지 보이게 되는 단계다. 네 번째 단계는 불안과 냉소 단계(malaise and cynicism)로, 실직 상태가 계속됨에 따라 모든 일에 자신감이 없어지고 불안하고 냉소적인 태도로 변하게 되는 단계다.

실직의 심리적 효과는 불안, 우울증, 공허감, 신체적 건강 쇠퇴, 알코올 중독, 자살에 이르기까지 다양하며, 이는 성년기나 노년기에 비해 중년기에 오히려 더 심각하다. 아직 한창 일할 나이이며 그에 투여할 에너지를 쓸 수 있음에도 집중할 수 있는 곳을 잃어버렸다는 공허감, 자녀의 교육을 위한 경제적 뒷받침의 최고조 기간이라는 부담감, 원가족 부모 부양 등 위아래 세대까지 아울러 돌보아야 하는 부담감이 이처럼 불안과 우울 같은 심리적 문제를 가지게 한다.

따라서 이들이 상담 장면에 들어왔을 때, 40대의 조기퇴직 문제는 이 연령대가 가지는 발달적 주제들로 인해 더 힘들 수 있음을 특별히 더 공감하고 인정해 주는 것이 필요하다. 또한 자신의 조기퇴직 상태를 비관스럽게 생각하지 않고 '제2의 인생 설계의 기회'로 긍정적으로 여기는 인식의 전환을 가져올 수 있도록 돕는 것이 필요하다.

5. 성인 중기 발달의 현안과 상담

1) '중년의 위기'에 대한 이해와 대처

'중년기 위기'란 인생의 중반 무렵, 즉 40대에 이르러 겪게 되는 성격특성에서의 급격한 변화를 말한다. 이 개념이 대중매체에 등장한 것은 1970년대 초반으로 저널리스트인 쉬이(Sheehy, 1974)가 레빈슨의 이론을 바탕으로 저술한 책을 출판하면서부터다. 실제로 중년기에는 여러 가지 변화가 일어난다. 처음으로 노화의 증후들이 나타나기 시작하고, 자녀들은 하나둘씩 가정을 떠나며, 노부모를 모셔야 하는 책임을 맡게 됨으로써 가족주기에서 변화가 일어나는가 하면, 직업생활에서도 롤러코스터와 같은 변화가 일어날 수 있다. 레빈슨 등(Levinson et al., 1996)은 이 시점에서 각 개인이 젊은 날에 설정했던 목표와 현재의 성취를 비교하고, 지금까지 살아온 날에 대해 회의하며, 이제 무엇을 하기에는 너무 늦었다는 생각으로 중년기 특유의 위기를 경험한다고 주장하였다.

성인기 분석이론을 제안한 융에 따르면, 인간 성격의 발달은 서로 꼬인 두 가닥의 실, 즉 정신 전체를 구성하는 여러 가지 구조의 개성화와 통일된 전체로의 통합이다. 특히 40세 무렵에 시작하는 인생의 중년기에는 발달에서 근본적인 변화가 일어난다. 그것은 외부 세계에의 적응에서 자기의 내적 존재에의 적응으로의 이행이다. 이에 따라 급격한 가치관의 변화도 일어나게 된다. 융이 만났던 환자의 대부분이 이 단계에 있었는데, 이들은 직업생활에서 크게 성공하여 최고의 업적을 쌓고 부러운 사회적 지위를 얻고 있었다. 그런데 왜 그들은 융에게 상담할 필요를 느꼈을까? 그들의 고백에 따르면, 그들은 인생에서 정열과 모험심을 상실하였을 뿐만 아니라 의미도 상실하였기 때문이었다. 그들은 예전에는 대단히 중요하다고 생각되던 것이 시시하게 보이고 인생이 공허하고 무의미하게 생각되어 우울 상태에 빠지게 된 것이다. 융이 발견한 우울의 이유는, 사회적인 지위를 얻기 위해 쏟은 에너지가 그들의 목적이 실현됨으로써 오히려 관심의 위축을 가져왔기 때문이다. 다른 한편으로, 융은 이들이 사회로부터 얻은 성취는 자신의 성격의 어느 한 측면을 억제한 대가로 얻은 것이므로, 경험했어야 할 인생의 다른 많은 측면이 어두운 창고 속에 묻혀 있어 그러한 내재적 욕구가 중년기에 분출되어 나온 것으로 보았다. 또한 융은 중년기 이후에 남녀 모두가 자신의 생물학적 성과 반대되는 성격적인 측면을 표현한다고 보았다. 즉, 남성은 자신 속의 여성적인 측면을 표출하여 덜 공격적이 되고 대인관계에 보다 많은 관심을 보이기 시작하며, 여성은 남성적인 측면을 표출하여 공격적이고 독립적이 된다는 것이다.

따라서 어떻게 보면 사춘기 청소년만큼이나 급격하면서도 독특한 생물학적·사회적 변화를 겪게 되는 40대 중년이 자신의 그림자 속에 그동안 감추어져 있던 여러 측면을 잘 발견하고, 그것이 잘못된 것이 아니며 자연스러운 인생의 순리에 의한 것임을 인정하고 이해하는 것이 건강한 중년기의 시작을 맞이하고 보내는 방법이 될 것이다. 그리하여 중년을 '위기'이기보다는 '새로운 시작'의 시기로 여기고 보다 긍정적이고 활기차게 이 시기의 발달과업을 잘 성취할 수 있도록 돕는 것이 필요하다.

2) 중년기를 시작하는 연령대로서 40대에 나타날 수 있는 심리적 문제들에 대한 고려

인간의 발달과정은 유전, 어린 시절의 부모와의 경험, 교육, 종교, 사회, 연령 등 수많은 조건에 의해서 능동적인 혹은 수동적인 영향을 받게 된다. 심리적 장애를 효과적으로 설명하는 모델로 유전적 소인/스트레스 모델(diathesis/stress model)이 있다. 이 모델은 심리적 장애의 선천적 경향성이나 취약성과 스트레스 사건의 경험이 상호작용한 결과로 정신병리가 초래된다고 주장한다. 여기서 유전적 취약성이나 위험성은 중요한 신경전달물질에서의 불균형 상태를 의미한다(Cytryn & McKnew, 1996). 이 모델에 따르면, 유전적으로 우울한 경향성을 지니고 있는 사람이라고 할지라도, 상실이나 심각한 외상 스트레스 등을 겪지 않으면 심리적 장애를 나타내지 않는다. 유사하게 높은 수준의 스트레스를 경험한다 할지라도 심리적 장애에 대한 유전적 취약성을 가지지 않은 사람은 우울증에 걸리지 않는다.

이를 40대의 발달주제와 연결해 볼 수 있다. 40대는 생물학적·심리적·사회적으로 여러 가지 급격한 변화를 맞이하는 세대로서 다양한 스트레스원에 노출될 가능성이 많다. 유전적으로 우울 소인을 가지고 있는 내담자의 경우에는 이러한 스트레스원에 대해 우울증상을 더 많이 나타낼 가능성이 있다. 따라서 자신의 심리적 상태를 평소에 모니터링하여 스트레스원에 노출되었을 때 잘 대처할 수 있도록 하는 예방적 측면의 교육과 상담이 필요하다.

심리적 장애에 대한 유전적 취약성을 가지고 있지 않은 경우라 할지라도, 스트레스원이 가지는 특성과 강도에 따라 여러 가지 심리적 문제를 야기할 수 있다. 이것이 중년기의 초기 노화 징후 및 성인병 증후, 갱년기 증상과 맞물려 신체 증상이 수반된 심리적 문제로 발전될 여지가 있다. 40대 중년 초기에 나타날 수 있는 심리적 문제들을 살펴보면 다음과 같다.

(1) 우울증

우울증을 포함하는 정서장애들은 성인기 동안 가장 흔하게 나타나는 문제다. 우울증은 30대에 가장 많이 발생하고, 여성이 남성보다 약 2배 정도 더 많이 나타나는 것으로 알려져 있다. 특히 중년기 여성은 자녀를 양육하고 가족을 결속시키는 책임을 맡고 있으므로, 남성보다 더 많은 부담감을 가지고 일을 처리하기 때문에 우울하다는 주장도 있다(Wu & DeMaris, 1996).

(2) 정신신체 장애

가장 높은 성취 결과를 나타내기도 하면서 조기퇴직으로부터 자유로울 수 없는 40대 연령대가 가지는 사회적 상황에서의 스트레스는 그 어느 때보다도 클 수 있다. 또한 자녀교육과 원가족 부모의 부양에 들어가는 경제적 부담 역시 40대의 몸과 마음에 부담을 줄 수 있다. 이것은 만성피로와 신경성 위장병 등의 신체화 증상의 원인이 될 수 있다.

(3) 관계에서의 갈등

중년기 부부가 갱년기를 동시에 맞이하면서 받는 스트레스는 생활상의 여러 문제와 맞물려 부부관계에 문제를 야기할 수 있다. 이와 동시에 며느리가 시부모를 모시면서 발생하는 갈등, 직장이나 직업상의 인간관계에서 야기되는 갈등 등 중년기에 발생할 수 있는 관계상의 문제는 그 양상도 다양하며, 개인의 성격 특성에 따라 잘 해결되기도 하고, 더 큰 갈등으로 발전하게 되기도 한다.

특히 40대 중년기 부부의 부부갈등은 이전의 30대 때와는 다른 양상을 나타낸다. 레빈슨(Levinson, 1978)이 언급하였듯이, 40대 부부는 갱년기로 이행되는 신체적 변화와 함께 심리적으로는 자신을 돌아보며 그동안 쏟아 왔던 정열과 정성에 대해 재평가를 시도하게 된다. 또한 나이를 먹는 것에 대한 아쉬움과 자신에 대한 갈등과 혼돈을 경험하게 된다. 이 가운데에서 부부 각자는 배우자 역할과 부모의 역할에서 또 한 번 정체감의 위기를 겪으며, 부부관계와 자녀관계에서도 위기를 경험한다. 남편의 진로변화와 직업전환에 따른 초조감 및 일에 대한 몰두는 부부가 함께할 시간의 감소를 야기하고, 대화 부족으로 인해 부부 각자가 서로에게 서운함과 원망을 가지게 되고, 극단적인 부부갈등의 위기로까지 다다를 수 있다.

부부관계 갈등에서 또한 중요한 요소는 성과 성 역할이다. 남성과는 달리 여성은 나이가 들면서 성에 대해 보다 편안감을 느끼고 성생활에도 적극적인 태도를 띠게 됨과 동시에 폐경기가 도래하면서부터는 여성으로서의 매력에 대한 자괴감이나 상실감 때문에 스트레스를 느끼기도 하는 양면성을 나타낸다. 또 이시기의 남성은 직업이나 사회로부터 오는 육체적 피로와 스트레스를 많이 느끼며, 성활동이나 성욕 또한 20~30대 때에 비해 감퇴되는 경향을 보인다. 이처럼 중년기의 부부들은 신체적·심리발달적 변화와 맞물려 여러 상황에서 오는 스트레스로 인해 성에 대한 관심과 표현에 차이를 나타낼 수 있으며, 이것이 부부갈등으로 이어질 가능성이 있다.

융이 말한 대로, 중년기 남성에게는 그 이전 연령대에서와는 달리 사랑과 감정이라는 주제가 개성화(individuation) 과정에서 중요시되며, 여성에게는 지혜의 발달이 중요한 주제가 된다. 즉, 배우자 각각의 아니마와 아니무스를 의식화해 균형을 이룸으로써, 서로의 성 역할을 이해하고 개발해 나가는 것이 중요하다. 이처럼 성 역할에 대한 배우자 각자의 통합적인 인식 변화가 일어나도록 돕는 것은 건강한 부부관계로 발전해 나아갈 수 있게 하는 방편이 되며, 상담에서 고려해야 할 중요한 요소가 된다.

40대에서 나타날 수 있는 이와 같은 상담의 주제들은 다른 연령대의 내담자들이 갖는 주제들과 비교하였을 때 다를 수 있다. 따라서 상담에서는 이들이 자신의 발달적 상태에 대해 이해하고, 그 발달적 상태가 문제와 어떻게 상호작용하여 자신에게 어려움을 느끼게 하는지에 대해 이해하고 수용할 수 있도록 돕는 것이 필요하다. 아울러 자신의 심리적 건강을 위해서 신체적 건강도 반드시 필요하므로, 평소에 건강을 잘 유지할 수 있도록 여러 가지 정보를 수집하고 자신의 상태를 모니터링할 수 있도록 돕는 것이 필요하다. 동시에 자녀와의 분리(separation)를 부모 입장에서 준비하고 주의의 초점을 자녀 중심에서 부부 중심으로 서서히 옮겨 가는 연습 또한 필요하며, 부부간의 갈등을 보다 적극적으로 이해하고 해결하려는 자세가 필요하다. 또한 무언가 문제가 발생하였을 때 혼자서 해결하려고 하다 문제를 키우기보다는 즉시 전문가를 찾아서 해결하려는 적극적 자기돌봄의 자세를 갖도록 도와야 한다. 이를 위해 지역사회와 직장에서 중년기의 전인적 건강을 위한 예방교육이 보다 활성화되는 것이 중요할 것이다.

학습문제

1. '갱년기'는 성인 중기를 특징짓는 용어로 인식된다. 갱년기의 주요 특징을 살펴보고, 갱년기를 건강하게 보내기 위한 방안을 학자들이 언급한 성인 중기 인지 발달의 특징과 결부하여 생각해 보자.

2. 융(Jung)이 언급한 '인생의 오후 시기'가 의미하는 바와, 개성화 과정에 대해 자아(ego)와 자기(Self) 개념을 가지고 설명해 보자.

3. 성인 중기를 맞이한 사람들의 진로전환(career transition) 주제와 관련하여, 상담자가 이해하고 있어야 할 사항은 무엇인지 생각해 보자.

제10장
성인 후기

임은미

이 책에서 성인 후기는 50대를 중심으로 기술하며, 생활 영역에 따라 50대와 60대를 구분하는 것이 어려운 경우에는 60대 초반까지를 논의에 포함하였다. 우리나라 「고용상 연령차별금지 및 고령자고용촉진에 관한 법률」에서는 50세 이후를 준고령자, 55세 이후를 고령자라 하며, 두 연령대를 통합하여 준고령기라고 한다.

성인 후기는 40대를 중심으로 하는 성인 중기에 비하여 신체적으로 건강이 쇠퇴하고, 직장에서 정년퇴직을 시작하는 시기이며, 후반부에는 회갑을 앞두고 인생을 전반적으로 회고해 보는 시기가 된다. 공자(孔子)는 50대를 하늘의 뜻을 헤아린다는 지천명(知天命)의 시기라고 불렀다. 그만큼 50대는 세상에서의 출세를 향해 달려오던 삶의 방향을 하늘의 뜻을 헤아리고자 하는 성숙함으로 바꾸는 시기다. 50대는 20세기 중반까지는 연구자들에게 큰 조명을 받지 못하였다. 예를 들면, 해비거스트(Havighurst, 1963)가 제시한 발달과업연구에서도 약 30세부터 55세까지는 중년기, 60세 이후를 노년기라 칭하여 50대는 발달 단계로서 별도로 다루어지지 않았다.

그러나 최근 들어 50대는 생애단계 중 매우 중요한 발달 단계로 여겨지고 있다. 50대는 너그러움과 베풂을 통해 자녀세대에게 많은 것을 넘겨주고, 삶의 새로운 도전들에 대하여 유연하게 대처해야 하는 시기다. 자녀의 독립, 부모 등 중요한 사람들과의 사별 등 심리적 이슈뿐만 아니라 길어진 생존 기간에 효과적으로 대응하기 위한 경제, 진로, 가족 및 대인관계 등의 전환과 준비 기간으로서도 매우 중요한 시기이기 때문이다. 은퇴를 앞두고 재취업이나 전직을 통해 앞으로 남은 긴 생애 동안 스스로를 부양하고 가족의 생계를 책임지기 위한 생애 재설계를 시도해야 하는 시기가 된 것이다. 성인 후기는 여전히 남아 있는 긴 생존 기간 동안 현대사회의 생활인으로서 살아가기 위해 사회 속에서 무엇인가를 성취해야 하는 비중 있는 전환기로 재조명되고 있다.

1. 성인 후기의 발달적 특징

이 시기에 사람들은 정신적 · 신체적 능력의 변화로 인해 자신에게 일어나는 노화현상에 대한 민감성이 높아지며, 건강상의 개인차가 크기는 하지만 여러 질병에 걸릴 확률도 높아진다. 시력이나 청력의 감퇴, 심장질환이나 암, 우울증과 같은 질병이 많이 나타난다. 과거에는 성인 후기의 이러한 부정적인 발달현상에 대한 연구들이 주를 이루는 추세였지만, 최근 들어 이 시기에 긍정적인 측면과 탁월함을 증명해 보이는 연구가 많이 발표되는 등 노화에 의한 발달의 긍정적인 측면을 부각시키려는 노력이 일고 있다.

1) 생애발달적 특징

윌리엄 그랜트(William Grant)가 1927년부터 시작한 종단연구에 1975년부터 참여하여 50대가 경험하는 긍정적인 발달현상을 밝힌 베일런트(Vaillant)에 따르면, 50대는 40대보다 일반적으로 더 원숙하고 평온한 시기이다. 그러나 이 평온함의 저변에는 부드러운 후회가 있다. 55세에 몇몇 대상자는 인생주기의 마지막 단계에 천천히 들어서고 있다. 신체상의 후퇴를 경험하는 이 시기의 발달과제는 신체상의 쇠퇴라는 모욕을 확고한 자기가치감(self-worth)으로 대치하는 것이다. 이 시기의 발달 단계에 속한 연구대상들에게서는 성차에 의한 특성들이 줄어들었다. 남성은 보다 온정적이고 표현적이 되었으며, 여성은 단호하고 독립적이 되었다. 여성은 상당히 강하게 자기주장을 하기 때문에 때때로 자기보다 젊은 남자들을 놀라게 하는 경우가 있다. 한편, 나이 든 남자는 신사적이고 애정 어린 보살핌을 해 주기 때문에 때때로 젊은 여자들의 호감을 사기도 한다(정옥분, 2004).

레빈슨(Levinson, 1996)도 성인을 대상으로 발달연구를 수행하였다. 그의 연구대상은 1923~1934년에 태어난 35~45세의 남성 40명이었다. 그들은 1930년대의 대공황, 제2차 세계대전, 한국전쟁, 1960년대의 격변과 같은 주요한 사회적 변화를 경험할 시기에 제각기 다른 연령에 있었다. 레빈슨은 그들을 대상으로 전기적 면담을 실시하고 그 자료를 심층 분석하였으며, 2년 후에 다시 추수면담을 실시하였다. 면담에서 현재에 대한 정보뿐만 아니라 아동기와 관련된 회고적 정보도 함께 얻었다. 레빈슨은 연구결과를 토대로 인생주기를 계절에 비유하는 생애구조이론을 제안하였다. 레빈슨은 아동·청소년기는 봄, 성년기는 여름, 중년기는 가을, 노년기는 겨울에 비유하면서 질적으로 상이한 4개의 계절이 존재한다고 하였다.

50대는 레빈슨이 분류한 가을에 해당한다. 50세부터 55세가량은 50대 전환기로서, 40대에 이어 또 한 번의 위기를 경험하는 시기다. 중년의 전환기의 발달과제들과 더 씨름해 볼 수 있으며, 40대 중반에 형성된 생애구조[1]를 수정할 수도 있다. 중년의 전환기에 별로 변화가 없었고, 그래서 불만족스러운 생애구조를 구축한 사람들에게는 이 시기가 위기의 시기일 수 있다. 통상 40대에 겪는 중년의 전환기나 50대 전환기 중 어느 한 시기에 적어도 중간 정도의 위기

---

1) 어느 일정한 시기에 있어서 개인의 기본적인 인생 모형 또는 설계. 직업, 사랑관계, 결혼과 가족, 자신과의 관계, 고독의 활용법, 다양한 사회적 맥락에서의 자신의 역할 등에 대한 모형이나 설계를 일컫는다.

를 경험하지 않고는 중년기를 통과하기란 불가능하다(김애순, 2002; Levinson & Levinson, 1996). 이러한 중년의 전환기에서 겪는 위기를 원만하게 통과하면 중년의 절정기에 이르게 된다. 55~60세는 인생의 절정기로서 중년기의 토대 구축을 끝낸 안정된 시기가 된다. 중년기의 자신의 모습과 역할 변화에 성공적으로 적응하면 만족감이 높아진다. 전환기를 성공적으로 거친 사람들에게 50대는 위대한 완성의 시기다. 레빈슨의 생애구조이론은 성인기의 발달과정을 상세하게 밝히고 50대 이후의 생애구조에 대하여도 언급하였으나, 그 상세한 내용에 대하여는 50대 이전까지에 그친 아쉬움이 있다.

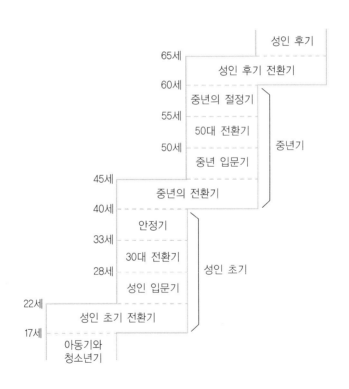

[그림 10-1] 성인 초기, 중년기 및 성인 후기의 발달

출처: Levinson & Levinson (1996: 25-27).

2) 신체 및 정서 발달

성인 후기의 신체 발달로 가장 두드러진 특징은 남성과 여성의 갱년기라고 볼 수 있다. 여성의 갱년기는 생식이 가능한 폐경 전에 시작된다. 생식기능이 불규칙한 내분비 혼란기부터 여성은 갱년기에 접어든다. 폐경을 거치고, 폐경 후 생식능력 상실에 적응하여 안정감을 찾을 때 여성의 갱년기는 마무리된다. 폐경기는 월경이 최종적으로 정지된 시기를 의미한다. 폐경기는 갱년기 중간에 있다. 폐경의 평균 연령은 50세 정도인데 폐경 연령에는 거의 변화가 없는 것으로 보이며, 문화에 따른 차이도 별로 없다(Greene, 1984). 폐경의 신체적인 증상으로는 여성호르몬인 에스트로겐 분비의 감소로 번열증을 경험하고 질 건조증, 골다공증이 많아진다. 심리적 증상으로는 문화에 따라 다양하게 나타나는데, 일반적으로 불안, 우울, 분노, 스트레스 등의 심리적인 문제가 있기는 하지만, 이러한 증상을 보이는 여성은 이미 이전에 그런 문제가 있었던 여성이라는 연구가 많다(Greene, 1984). 폐경은 성인 중년의 여성에게 가장 중요한 상징적 사건임이 분명하지만, 폐경을 경험한 대부분의 여성은 폐경으로 인한 생활의 변화를 거의 경험하지 않았거나 폐경이 자신의 인생에 별다른 영향을 미치지 않는 것으로 보고하고 있다. 반면, 일부 여성은 삶이 이전보다 더 좋아졌다고 한다(박성연 외, 2017; Unger & Crawfold, 1992).

남성 갱년기는 젊었을 때에 비해 상대적으로 남성호르몬 결핍상태가 되는 40대 중반 이후부터를 의미한다. 신체기능이 약화되며, 성기능과 배뇨기능도 약화된다. 남성에게는 여성의 폐경기와 비교될 만한 정서적인 변화를 일으키는 갑작스러운 생물학적인 사건은 없다. 그러나 남성도 여성이 폐경기에 느끼는 것과 유사한 감정인 우울, 불안, 짜증, 피로, 자신에 대한 연민, 인생 전반에 대한 불행감 등을 경험한다(박성연 외, 2017). 갱년기 남성은 젊은 남성에 비해 정자 수가 감소하고, 정자의 활동성이 떨어지며, 남성호르몬인 테스토스테론의 분비가 감소한다(Mulligan & Moss, 1991; Tsitouras & Bulat, 1995; Wise, 1978). 소수의 남성은 우울증, 피로, 성적 무력감, 발기불능 그리고 정의하기 어려운 신체적 이상을 호소하기도 한다.

성인 후기는 직업을 유지할 만큼은 신체적인 건강이 유지되지만, 대개는 신체 각 부분이 점진적으로 약화되는 시기다. 특히 신체의 유연성이 저하되어 청년기에 자연스럽게 했던 신체동작들을 계속하기는 쉽지 않다. 어깨와 허리 통증, 혈압, 고지혈, 높아지는 당수치 등 건강의 적신호들이 발견된다. 건강상의 이유로 포기해야 하는 일들이 늘어나고, 건강에 자신이 없어지면서 생활 전반에 변화가 일어난다. 젊은 시절의 건강과 아름다움을 상실하고 있다고 느끼며, 부정적인 방향으로의 신체 발달로 인해 밝은 표정을 잃고 자존감이 저하될 수 있다. 젊고 아름답고 건강한 신체에 높은 가치를 부여한 사람은 특히 이 시기에 신체적인 노화에 적응하기 어려워진다. 피부는 탄력을 잃게 되고, 피부질환이 발생하기도 하며, 특히 얼굴 부위가 가장 많은 변화를 나타낸다(Turner & Helmes, 1994). 개인차는 있지만 모근의 노화와 남성호르몬의 균형 저하로 인해 체모 발육이 억제되고 탈모가 일어나며 체모 내의 멜라닌 색소 감소로 체모 탈색도 일어난다.

신체 내부의 변화는 외적 변화와는 달리 눈으로 볼 수 없고 단지 간접적으로 그런 변화를 인지하게 되는데, 성인 후기로 접어들면서 특히 활동적인 근육섬유질의 수나 단백질의 양이 점차 감소하여 근육의 강도가 약화되고 근육의 양도 감소한다. 근육운동은 근육쇠퇴를 지연시키는 역할을 하기 때문에 무리가 되지 않을 정도의 운동을 꾸준히 해야 한다. 연령이 증가함에 따라 심장조직이 딱딱해지고 탄력성이 감소하며 심박력과 혈액의 양이 감소한다. 성인 후기에 속한 사람은 혈압이 증가하며 동맥경화가 시작되기도 하고, 나이가 들어 가면서 심장의 크기는 그대로 유지되지만 조직이 위축되고 대동맥은 탄력성을 잃게 된다. 신경자극이 뇌에서 신체의 근육조직으로 전달되는 속도는 일생 동안 약 10% 감소하는데, 50세까지 그중 50%가 감소하게 된다. 중년기 후반에 신경의 손실은 대뇌 피질, 특히 전두엽 부위에서 가장 두드러진다. 신경의 감소가 뇌의 기능에 반드시 영향을 주는 것은 아니지만 시간의 흐름에 따라 뇌의 무게가 감소하는 원인이 되고, 신경계의 장애는 정신착란과 치매의 주요 원인이 된다(Kalat, 1992;

Purves, 1988; Schieber, 1992).

시각, 청각 등 감각기능의 결함으로 다양한 지각정보를 받아들이지 못할 때 자아개념이 쉽게 손상될 수 있다. 감각기능의 변화는 대부분의 사람이 어느 정도 경험하는 것이고, 심각한 손상이 없다면 대부분 이러한 변화에 잘 적응할 수 있다. 시력의 감퇴는 연령이 증가함에 따라 가장 많은 사람이 빈번하게 경험하는 증상이다. 깊이 지각, 거리 지각, 3차원에 대한 지각능력이 감소하며, 수정체의 투명도가 떨어지고, 망막의 민감도가 떨어지며, 시신경을 구성하는 섬유조직의 수가 감소한다(Schieber, 1992). 청각 문제도 시각과 비슷한 양상인데, 특히 나이가 들수록 높은 진동수의 소리에 대해 감지하지 못하는 경우가 많으며, 남성이 여성보다 더 심한 편이기도 하다. 시력 감퇴는 금방 알아차릴 수 있지만, 청력 감퇴는 일상생활에 큰 지장을 주지 않기 때문에 잘 감지되지 못하는 경우가 많다. 미각, 후각, 촉각 등에 관해서는 시각과 청각만큼 연구가 이루어지지 않았으나, 미각은 50세 정도에서 감퇴하기 시작하며, 후각은 제일 나중에 쇠퇴하는 감각 중의 하나다.

일상생활을 영위하는 데는 큰 지장이 없지만 반응하는 데 걸리는 시간이 매우 느려져서 연령이 증가할수록 행동이 굼뜨게 되고, 상황에 신속하게 대응하는 능력이 저하되어 대체로 말의 속도를 포함한 반응속도가 느려진다. 수면장애는 노화로 인해 발생하는데, 수면장애 중에서도 수면성 무호흡증은 50대 남성에게서 가장 많이 발생한다(고희정, 2011). 질병이 없는 상태에서도 정상적인 노화과정으로 인해 뇌파활동이 느려지게 되며, 수면을 방해하는 상황이 발생하면 그로 인해 더욱 증가하고 빈번해진다. 노화가 되면서 뇌의 대사나 구조적인 변화가 생기는 등 다양한 생리적 변화가 발생하는데, 이 때문에 수면 중에 수면의 분절이 일어나서 자주 깨게 되고 일찍 자고 일찍 깨게 되며 자율신경계 및 호르몬의 변화도 함께 진행되어 수면장애가 증가하는 것으로 보인다.

3) 인지 발달

평균수명이 길어지면서 성인 후기에 대한 관심이 증대되었음에도 불구하고, 성인의 뇌 안에서 무슨 일이 일어나는지에 대한 관심은 매우 적다. '성인 후기의 뇌'라는 것이 따로 있지 않으며, 있다 하더라도 젊은 뇌가 막을 내려가는 과정일 뿐이라는 시각이 널리 퍼져 있었다. 작동기억의 속도 감퇴에 따른 단기기억력 저하로 대표되는 인지기능의 저하로 인해 성인 후기의 사람들에게는 감퇴되는 지능에 대한 수용만이 유일한 대응 방법이라고 여겨졌다.

성인 후기는 중추신경계의 기능이 쇠퇴함에 따라 작업 성취에서 반응 시간의 지연, 반응의 누락, 실수로 인한 오답 등을 범하기 쉽다. 일반적인 대화에서도 너무 높은 소리나 빠른 속도의 말을 알아듣기 어렵기 때문에 긴장된 가운데 자기 능력을 최대한 발휘하면서 생활하지 않으면 안 된다. 즉, 누구나 별다른 스트레스 없이 일상적으로 과업을 수행하는 적절한 과업수행수준과 최대한의 능력과 노력을 기울여 과업을 수행하려는 최대한의 과업수행수준이 있는데, 젊은 근로자의 경우에는 최대한의 과업수행수준보다 적절한 과업수행수준이 낮다. 하지만 고령 근로자일수록 이 두 가지 수행수준 사이에 별다른 차이가 없어지게 되는데, 이는 개인의 연령이 증가할수록 어떤 일을 하는 데 모든 능력을 다 소모하며 남겨 놓을 여유가 없음을 의미한다는 견해도 있다(윤진, 1985).

웰포드(Welford)와 동료들은 작업능률측정의 지표로서 소요시간, 생산량, 노력의 양, 오류의 수, 재료의 손실 등을 이용하여 고령 근로자들의 능력수준을 평가했다. 그 결과 미로추적작업에서 고령자일수록 오류가 많았고, 웩슬러형 지능검사 가운데 숫자-도형 바꿔 쓰기에서도 성적이 나빴다. 이와 같은 성적의 부진은 단순한 근육운동의 수준에서 쇠퇴가 일어난 것이라기보다는 중추신경계의 정보처리 속도가 줄어들기 때문인 것으로 추측된다. 전보 치기와 비슷한 키 빨리 누르기, 단순한 리듬운동, 지렛대 누르기 과업 등과 같이 말초신경계가 작용하는 측면에서는 고령자라 할지라도 별다른 능력의 쇠퇴를 보이지 않지만, 중추신경계의 정보처리 속도의 둔화는 결국 지능, 작업의 효율성, 연구업적 등에도 상당한 지장을 주게 된다(윤진, 1985에서 재인용).

새롭게 인식되는 성인 후기의 뇌는 강력한 위력을 가지고 있지만 흔히 경험되는 여러 가지 결함도 있다. 설단현상(tip of the tongue),[2] 사람 이름 외우기, 필요한 물건을 찾으러 갔다가 무엇을 찾으러 왔는지 모르는 경험 등이 그 예다. 그 이유에 대한 과학적 검증은 아직도 시도되는 중이고, 아직은 성인 중기 이후에 감퇴되는 기억력의 문제가 저장의 문제가 아닌 인출과정의 문제인 것이라고 잠정적으로 추론되고 있다.

그렇지만 이러한 시각이 최근 들어 바뀌고 있다. 윌리스(Willis)는 1956년에 시애틀 종단연구를 시작하여 40년이 넘는 동안 6,000명의 정신적 기량을 체계적으로 추적해 왔다. 시애틀에 있는 대규모 건강 관리 단체에서 무작위로 선택한 연구 참가자들은 모두 건강한 성인들로서, 20~90세의 다양한 직업을 가진 남녀 반반으로 구성되었다. 연구팀은 7년마다 참가자들을 다시 검사하였다. 이들의 연구결과에 따르면, 참가자들이 40대에서 65세까지일 때 어휘, 언어기억, 공간정향 그리고 귀납적 추리에서 최고의 수행능력을 보였다. 이들이 측정한 영역은 모두 여섯 가지인데, 그중에서 계산능력과 지각 속도를 제외한 네 가지 영역에서 성인 중기와 후기의 연령대가 가장 높은 수행능력을 보였다(Willis & James, 1999).

50대만을 대상으로 하는 별도의 구체적인 연구결과가 제시되지는 않았지만, 성인 후기의 어느 시점에 이르렀을 때 까다로운 문제를 마주치면 뇌의 한쪽만 쓰는 대신 양쪽 모두를 사용하는 능력이 발달하기 시작한다는 것을 시사받을 수 있다. 이러한 양측 편재화는 이 시기 두뇌의 가장 중요한 특징으로 볼 수 있다. 2002년에 카베자(Cabeza)가 수행한 연구에서 이 '두 개의 뇌 현상'은 전체적으로 더 높은 능력과 뚜렷하게 연결되었다. 카베자는 인지 기술이 정상 구간에 드는 일군의 나이 든 성인들을 고능력군과 저능력군으로 나눈 다음, 그들과 건강한 젊은 성인들에게 비교적 복잡한 과제를 던져 주었다. 이 사례에서 과제는 단어

---

2) 무언가를 알기는 하지만 뇌 안에서 찾아내지 못할 때의 신경을 갉아먹는 듯한 느낌, 재채기가 나올 듯 말 듯한 그런 감각. 머릿속으로는 생각이 나지만 그 이름을 입 밖으로 명확하게 표현하지 못한 채 혀끝에서만 맴도는 현상을 말한다.

짝짓기였다. PET으로 뇌를 스캔해 보니 젊은 성인들은 뇌의 오른쪽을 사용하며 지적 기술 시험에서 좋은 성적을 얻었다. 뇌의 오른쪽만을 사용한 나이 든 성인들은 인지능력상에 낮은 성적을 받았다. 하지만 이마엽의 양쪽을 사용한 나이 든 성인들은 인지적 기술의 챔피언들이었다. 그 패턴이 너무나 뚜렷했기에 카베자는 2002년에 발표한 연구논문 「고상하게 늙기: 고능력군의 나이 든 성인들에게 보이는 보상적 뇌활동」에서 그 패턴에 나이 든 성인들에게서 일어나는 반구 비대칭 감소라는 의미로 HAROLD(Hemispheric Asymmetry Reduction in Older Adults)라는 이름을 붙였다. 영리한 사람은 필요한 만큼 뇌력을 차출하는 방법을 알아낸다는 뜻이다(Strauch, 2011에서 재인용).

4) 진로 발달

성인 후기의 진로문제는 사회적 변화와도 관련이 깊다. 지식기반사회의 기술혁신에 따라 기술자와 기능공 전반에 걸쳐 고급 전문 인력의 확보가 급선무가 되고 있다. 반면, 사무자동화, 컴퓨터 이용 등으로 일자리의 대부분을 차지하는 준전문직, 관리직, 사무직, 단순 기능직 등에서는 직급 정년제 등을 통하여 조기 정년퇴직제도를 도입하고 있다. 이러한 경향은 아직 일할 여력이 있는 전문 직업인을 50대에 퇴직시켜 자신은 물론 가족생활의 위기를 초래하고 사회적 인력 손실을 가져오는 단점이 있다. 하지만 다른 일면으로는 해마다 증가하는 대학 졸업생과 취업을 희망하는 청년층에 대한 취업 기회를 제공할 여지가 많아지도록 하기 위한 고육책이라고 보는 입장도 있다.

최근에는 점차 정년퇴직을 하는 나이는 개인과 기업 사이의 이해관계에 의한 계약으로 결정되는 방향으로 추세가 변화하고 있다. 연령상 성인 후기여서 퇴직을 고려하는 시기라 할지라도, 소속한 조직에서 보유하고 싶은 역량을 지속적으로 발휘할 잠재력이 있거나 더 좋은 조건을 제시하더라도 채용하고 싶은 인재가 되는 한 개인적 차원에서의 고용 가능성이 높아지기 때문에 퇴직에서 비롯되는 경제난을 겪을 필요가 없다는 인식도 자리 잡고 있다. 그래서 일각에서는 성인 후기를 새로운 소득 창출의 시기로 보기도 한다. 이러한 경향은 생산인력의 감소와 노령인구의 증가에 따르는 국가 부양 부담의 감소 대책이기도 하며, 개인적 측면에서는 경제적인 수입의 확보, 건강한 삶의 리듬 유지 그리고 전반적인 삶의 질 향상 측면에서 접근될 수 있다.

따라서 개인의 체계적인 경력개발이 더욱 요청되고 있다. 예를 들면, 50대는 능력의 재개발에 노력해 왔는가, 직무에 적극적 확대 · 심화를 이루고 있는가, 프로젝트 처리 능력을 몸에 익혀 발휘해 왔는가, 새로운 환경에의 적응력은 있었는가, 고도의 판단력을 발휘해 왔는가에 대하여 반성함으로써 경력을 더욱 펼칠 수 있는 시기라는 것이다(김사현, 2004). 그러므로 연령 증가에 따라서 적응 기능을 상실하게 된다고 단순하게 결론지어서는 안 되며, 이들이 그 쇠퇴한 감각 · 지각 능력 등을 어떻게 보상하고 있는가를 보아야 한다는 웰포드의 주장도 주의 깊게 고려할 필요가 있다. 즉, 안경이나 보청기 사용, 실내 조명의 개선, 작업속도의 자율적 조절, 노력과 작업시간의 적절한 배당 등을 동시에 고려해야 한다.

50대 실직의 시기와 방법은 개인의 경력개발 전략과 직업 내지 직장의 여건에 따라 달라지지만, 일단 실직이 일어나면 개인에게는 삶의 한 영역의 상실로 경험된다. 포웰과 드리스콜(Powell & Driscoll, 1973)은 실직에 대한 심리적 반응을 네 단계로 나누어 설명하고 있다. 첫 번째는 위안 단계(relaxation and relief)로, 실직을 당했을 때의 충격, 분노, 좌절에서 벗어나 직장을 다시 구할 수 있다는 자신감을 가지고 가족과 함께 시간을 보내고 집안일을 돌보며 즐거움을 갖는 단계다. 두 번째는 협력 단계(concerted effort)로, 새 직장을 구하기 위해 새로운 시도를 하면서 낙관적이고 긍정적으로 생각하려고 노력하는 단계다. 세 번째는 동요 단계(vacillation and doubt)로, 직장을 구하는 것이 쉽지 않아 자신의 능력을 의심하게 되고 감정의 기복도 심해져 불안 증세까지 보이게 되는 단계다. 네 번째는 냉소 단계(malaise and cynicism)로, 실직 상태가 계속됨에 따라 모든 일에 자신감이 없어지고 불안하고 냉소적인 태도로 변하게 되는 단계다. 실직은 불안, 우울증, 공허감, 신체적 건강쇠퇴, 알코올 중독, 자살에 이르기까지 영향을 미쳐 실직의 심리적 효과는 성년기나 노년기에 비해 중년기에 더 심각하다.

2. 성인 후기의 주요 발달과제

이 시기에 성인은 40대부터 시작된 자신의 독특한 개성과 창조력의 발견, 생의 의미와 목적설정 작업을 마무리하게 된다(Jung, 1968). 융은 진정한 자기가 되어 내부세계를 형성하고 자기의 정체성을 확장하는 것을 중년기의 주요과제로 설정하였다. 자신의 생리적 변화들을 받아들이고, 배우자와 친밀한 유대관계를 형성하며, 자녀가 책임감 있는 행복한 성인이 될 수 있도록 도와주고, 노년기 부모에게 적응하며, 시민의 의무와 사회적 책임을 다하고, 여가활동을 개발하는 것도 주요 과제이다(Havighurst, 1974). 중년기 발달과업을 잘 완수하면 인생을 바라보는 폭넓은 관점으로 성숙해지고, 이후에 전개되는 노년기를 보다 더 행복하게 영위할 수 있게 된다(박성연 외, 2017).

황상민(1997)은 우리 사회의 세대별 동시집단의 특징을 정리하면서 이 장의 성인 후기와 가장 근접한 1956~1965년의 출생자들을 정리하였다. 이들의 주된 특징은 '민주화 세대'라는 데서 찾을 수 있으며, 집단적 가치에 대한 거부가 어느 정도 분명할 뿐 아니라 자신의 개성이나 느낌을 존중하려는 노력이 분명하게 나타나는 집단이다. 자신의 삶에 대해 비교적 충실하면서 집단이나 가족을 위한 희생의 가치를 어느 정도 무시하는 집단이기도 하다. 민주화에 대한 요구와 더불어 여성해방의 움직임이 가장 강하게 나타나고 있지만, 전반적인 사회구조의 변화로 이어지는 데는 시간이 필요하다. 50대가 겪는 발달의 현안을 영역별로 살펴보면 다음과 같다.

1) 가족생활주기 변화에의 적응

가족생활주기는 사람이 가족생활에서 경험하는 성장, 결혼, 출산, 육아, 노후의 각 단계에 걸친 시간적 연속을 말한다(이철수, 2009). 50대는 자녀가 진학, 취업이나 결혼 등으로 독립해 나가는 본격적인 기간으로 빈 둥지 시기 · 부모 역할 상실 등의 가정문제가 제기된다. 부모-자녀 관계의 긍정적인 측면은 부모로 하여금 만족감과 유대감을 느끼게 하지만, 긴장·갈등의 측면은 부모의 심리적 스트레스를 가중시킨다. 자녀가 청소년기에서 성인 초기로 성장함에 따라 자녀 교육에 따르는 부담은 감소하는 한편 자녀의 취업이나 결혼에 대한 부담이 증가하며, 또한 자녀가 결혼한 후에는 자녀의 배우자 및 손자녀와의 새로운 역할 관계로 인해 이전 단계에서 경험하지 못했던 부모 역할이 요구되기도 한다(김명자, 1998).

아울러 성인 후기는 가족관계 내에서도 중간 세대의 역할을 맡고 있는 경우가 많다. 가장 위 세대는 부모 역할만 하면 되고, 가장 아래 세대는 자녀 역할만 하면 된다. 그러나 중간 세대는 부모와 자녀의 역할을 동시에 수행해야 한다(윤진, 1985). 성인 후기 세대의 이중역할을 정리해 보면 다음과 같다.

첫째, 노부모에게는 자식의 역할을, 자녀에게는 부모의 역할을 다해야 하는 이른바 양쪽에서 '협공받는 세대'다.

둘째, 가족 내의 세대 수효가 같은 가족이라 하더라도 연령과 출생시대 집단의 차이에 따라 성인 후기 세대의 위치가 달라진다. 즉, 같은 4세대 가족이라 하더라도 65세 증조할머니와 2세 증손자가 있는 가족과 90세의 증조할머니와 20세의 증손자가 있는 가족은 동일한 가족이 아니다. 또 같은 45세 중년여성이라 하더라도 부모 모두 사망하고 20세의 미혼자녀만 거느린 세대인 경우와 90세 시할머니를 모신 손자며느리의 역할과 2세인 자신의 손자를 거느린 할머니의 역할을 동시에 해야 하는 경우는 같은 역할을 수행하는 세대가 아니다.

셋째, 이들이 자녀 및 부모라는 두 가지 역할을 동시에 수행해야 하는 세대라면, 자녀에 대한 부양책임과 부모에 대한 봉양책임 가운데 어느 곳에 더 비중을 둘 것인가에 대하여 그 우선순위를 결정해야 하는 사람들이다.

넷째, 가족주기 안에서 각자는 연령에 따른 특정한 지위와 타인으로부터의 기대를 가지게 된다. 이때 부모 위치에 있는 세대는 자녀가 기대에 맞추어 성장하고 학업을 마치며 사회에 성인으로 진출했을 때 비로소 자기의 성취 및 안정감을 가지게 된다. 만일 자녀가 일정한 시간적 계획과 발달 단계에 따라 주어진 발달과업을 수행하지 못하면 스스로 실패감을 맛보게 된다(윤진, 1985).

다섯째, 새로운 사회 현상으로 인해 부모 역할이 오랜 기간 지속되기도 한다. 일명 부메랑족이 그 예다. 부모를 떠났던 자녀가 이혼이나 실직, 경제적으로 어려워지면서 부모의 지지를 얻기 위해 다시 돌아오는 것이다. 부모는 자신이 자녀를 잘 키우지 못해서 자녀가 발달과업에 성공적으로 대응하지 못했다는 실패감과 자녀를 돌봐 주어야 한다는 부담감을 느낄 수 있다(박성연 외, 2017).

2) 빈 둥지 증후군의 극복

부부가 결혼하여 자녀를 낳고 양육하다 보면 자녀를 향해 열정과 헌신을 하게 된다. 특히 우리나라 부모는 자녀에 대한 애정과 헌신이 각별하며, 이에 더하여 높은 교육열 때문에 자녀가 성장할 때까지는 부부관계를 돌아보기는 어렵다. 젊은 세대들의 맞벌이가 보편화되면서 이제는 손자녀 양육까지 맡아야 할 정도로 자식에 대한 부모의 헌신은 끝이 없는 것으로 보인다. 이렇게 열정을 쏟던 자녀가 대학 진학, 군 입대, 결혼, 먼 곳으로의 이주 등으로 부모에게서 멀어지면 불안과 허전함을 느끼며 우왕좌왕하고 현실에 집중하지 못하는 빈 둥지 증후군이 발생한다.

빈 둥지 증후군에 대응하기 위하여 대인관계를 넓히고, 건강을 위해 운동을 시작하며, 경우에 따라서는 부부관계 개선을 위한 프로그램들에 참여하는 성인 후기 부부들이 늘어나고 있다. 시간이 지나면 대개 회복되지만, 드물게는 빈 둥지 증후군의 외로움과 공허함을 이기지 못하여 우울증에 걸리고 부부만의 상호작용으로 꾸려 내는 생활에 적응하지 못하여 곤란을 겪는다. 이러한 심리적인 현상과 아울러 50세를 평균으로 우리나라 여성의 폐경기가 도래함으로써 성생활에 대한 여성의 흥미가 더 저하되고 부부간의 친밀감을 촉진할 수 있는 기회가 더 줄어들면서 빈 둥지 증후군에 더욱 적응하기 어려워지기도 한다.

이러한 빈 둥지 증후군은 하나의 방향으로만 나타나지는 않는다. 예를 들면, 성장한 아들과 딸의 독립이나 결혼은 어머니로 하여금 상실감 및 자녀들의 새로운 대인관계 대상과의 갈등과 함께 자녀의 성장에 대한 자랑감 등의 복합적 감정을 유발한다. 특히 전통적으로 우리의 가족에서 아들은 어머니에게 특별한 의미를 지닌 존재였다. 아들은 어머니의 심리적 위안이며 정서적 구심점이므로 부부간의 사랑도 아들을 통해 견고해지고, 또한 시댁에서의 자신의 위치를 정립해 주는 존재로 아들은 어머니의 생명이라고까지 할 수 있다. 여성의 직접적인 표현과 역량 발휘가 차단되었던 전통 사회에서 아들은 어머니의 사회적 자기표현의 욕구를 충족시켜 주는 매개체이기도 하였다. 경우에 따라 아들을 떠나보낸 허전함이 아들의 이성관계 파트너, 며느리, 더 나아가서는 손자녀 및 사돈까지의 관계 확장으로 연결되기도 한다(김명자, 1998).

최근에는 빈 둥지 증후군은 자식을 떠나보낸 모든 부모가 겪는 것이 아니라 부모 역할에 치우쳐서 생활을 살아온 사람들에게 한정되는 것이며, 이들도 자녀를 떠나보낸 직후에는 어려움을 겪지만 곧 줄어든 경제적 부담, 늘어난 자유시간, 부부간의 진지한 대화를 경험하면서 회복될 수 있다는 견해가 늘고 있다. 자식을 떠나보내고 나서 잠시의 어려움을 겪은 후에 오히려 성인 후기의 자아실현으로 행복한 시간을 보내는 부모들이 많으며, 부부생활의 질을 높임으로써 만족감이 높아진다는 연구결과들이 보고되고 있다(Strauch, 2011). 아직은 외국의 연구결과이기는 하지만, 자녀 양육 기간에 자녀를 위해 심혈을 기울이더라도 부부가 얼마나 협조적으로 자녀 양육에 임하였는지, 자녀와의 심리적인 분리를 얼마나 원만하게 하였는지에 따라 빈 둥지 증후군의 강도나 기간, 그리고 성인 후기의 삶의 질은 달라진다.

3) 부모 봉양과 자녀 뒷바라지의 이중역할 담당

현재의 성인 후기 세대에 대하여 '낀 세대'라는 표현을 많이 한다. 낀 세대는 위로는 노부모를 봉양하며 아래로는 자녀를 양육하는 데 모든 것을 쏟아붓지만, 시대의 변화에 따라 자녀에게 쏟은 자원을 자신의 노후에 활용하기는 어려운 세대를 말한다.

성인 후기는 노부모를 손수 봉양하는 것이 미덕이라는 가치관을 주입받으면서 성장한 세대이고, 노부모는 경제력이 없는 것이 당연하고 자녀에게 기대는 것을 자연스럽게 여기는 풍토에서 어린 시절을 보내 왔다. 그러나 20세기 후반, 특히 우리나라에 IMF 구제금융을 부른 경제위기를 포함하여 이후 몇 번의 국가적 경제위기와 빈익빈 부익부, 부동산 중과세, 부동산 가치의 하락, 이자율의 감소, 명세화된 세금관리 등의 변수가 생기면서 개인이 다른 사람을 부양할 정도의 부를 축적하는 것이 어려워졌다. 특히 물질문명의 발달과 세계화에 따라 소비할 것들이 무궁무진하게 생산·유통되면서 아무리 수입이 높아도 감당하기 어려워 카드빚이 생기기도 한다. 이런 상황에서 다른 사람을 돌볼 여유를 갖는 것은 매우 어렵다. 게다가 자녀세대의 소비지출은 더욱 심하다. 현재 성인 후기를 보내는 부모를 둔 자녀는 어릴 적부터 물질적인 어려움이나 근검절약을 크게 요구받지 않았던 세대이기 때문에 부모로서 자녀의 소비까지 뒷받침해야 하는 경우도 빈번하다.

이러한 현실에도 불구하고 가치관의 변화는 느리게 오다 보니, 성인 후기 세대의 부모는 자녀에 대한 기대치가 높다. 손수 봉양해 주고, 부족한 것 없이 채워 주며, 정서적으로 밀착하기를 원한다. 성인 후기의 자녀는 부모의 기대를 거부하는 것이 몹시 부담스럽고, 한편으로는 부모의 기대를 채우면서 얻게 되는 만족감 또한 잘 알기 때문에 자녀 노릇을 하는 것도 버겁다. '효'의 가치관을 실현하는 데서 자신이 겪은 고달프고 힘든 경험을 자녀에게 물려주고 싶지 않은 마음도 생긴다. 그래서 부모는 모시되, 자녀가 자신을 모시는 것은 용납할 수 없는 '낀 세대'가 되는 것이다.

이들이 '낀 세대'의 역할을 감당하기 위해서는 높은 수입이 필요한데, 앞서 기술한 경제현황뿐 아니라 조기퇴직의 확산으로 인해 자녀를 다 키우기도 전에 소득창출이 중단되는 경우가 많이 생긴다. 평균수명의 연장으로 노부모의 수명은 많이 남아 있고, 자녀는 청년 실업과 결혼 등으로 인하여 오랫동안 부양을 요청하고 있다. 덧붙여 자신들의 은퇴 이후 평균수명도 길어진다. 이들은 혼자 벌어서 3세대를 감당해야 하는 위치에 놓인 것이다.

얼마 전까지 성인에서 은퇴로 접어드는 동안 잠깐 스쳐 지나는 발달 단계로 여겨졌던 성인 후기는 많은 역할을 부여받은 채 시간적으로 길어지고 있다. 노부모 봉양, 자식 부양, 길어진 수명 동안 스스로를 부양해야 하는 삼중고 속에서 고달픈 삶을 살고 있다. 삼중고는 경제적인 고충으로만 끝나는 것이 아니라 정서적인 차원에서도 일어난다. 성인 후기 세대는 자녀를 심리적으로 지지해야 할 뿐 아니라 상실의 경험이 축적되어 가고 있는 부모세대를 위한 정서적 지지도 해야 하며, 자신의 상실에도 대응해야 하는 부담도 함께 져야 한다. 소득을 유지해야 하고, 위 세대와 아래 세대를 아울러 가정을 체계적으로 경영해야 하며, 길어진 생애 동안 무엇을 하며 의미를 찾아야 할 것인지 자신을 위한 고민도 해야 하는 시기인 것이다.

4) 은퇴에 대한 준비와 대응

은퇴의 가장 큰 충격은 경제적 타격이다. 우리 사회에서 1988년도부터 시행하고 있는 국민연금은 노후생활 안정화를 위해 전 국민 가입시기를 앞두고 있다. 그러나 저출산 고령화로 인해 생산인구는 감소하는 데 비해 수급자가 급격히 늘어나서 적자 및 고갈시기가 앞당겨지고 있다. 현재 환갑을 넘은 상태라면 이러한 경제적 위기에서 벗어날 수 있는 확률이 높겠지만, 아직 중 · 장년층, 그리고 그보다 어린 세대에 속해 있다면 고갈된 연금재정을 충당해야 하는 집단과 연금을 수령해야 하는 집단 간의 세대 갈등은 불가피한 일이다(Schirrmacher, 2005). 세대 갈등을 논하기에 앞서 성인 후기에는 대개 자녀의 결혼, 대학 및 대학원 과정 학자금 등 목돈이 많이 필요해진다. 2017년 현재 우리나라의 경우 50세 이상 인구는 총인구 대비 37%에 가까운 비율에 다다르고 있다(통계청, 2018).

IMF 이후 실질 정년은 50대 초반, 심지어 40대까지 낮아지고 있다(김기홍, 김미숙, 2005). 은퇴가 비자발적으로 일어난 형태인 실직은 직업과 관련한 가장 큰 스트레스이며, 성인 후기의 실직은 상당히 높은 지위에 있던 사람들이 그에 상응하는 새 직장을 구할 기회가 적을 뿐 아니라 은퇴할 준비도 되어 있지 않기 때문에 더 심각한 영향을 미친다(Brenner, 1991). 특히 우리나라는 연금제도의 적용이 실직자 전원에게 일반화되지 않은 데다가 자녀의 결혼 연령이 늦어지고 학업 종료 시점이 연장되고 있어서 실직자는 실직에서 비롯되는 경제적인 타격도 보다 심하게 겪을 수 있다(장삼수, 1998; 전기풍, 2003).

아울러 정서적 타격, 건강의 악화 등을 유발하기도 한다(Jinlert, 1997). 정서적·신체적 타격은 경제적 타격에 의해 일어나기도 하지만, 경우에 따라서는 경제적인 타격이 적은 경우에도 발생한다(김명언, 노연희, 1998; 오경자, 1998; 이훈구, 1998; 이훈구, 윤소연, 정혜경, 1998; Kieselbach & Svensson, 1988). 정서적인 타격은 구직 태도의 긍정성뿐 아니라 실직 이후의 생활적응 및 구직행동 자체에도 영향을 미친다. 성인 후기 구직자는 실직에 따른 부정적인 정서를 부담으로 안은 채 구직활동을 해야 하기 때문에 구직활동에 적극적으로 임하지 못할 가능성이 있다.

이와 같이 현대인은 길어진 수명과 급격한 산업구조의 변화로 인하여 직업전환 내지는 은퇴를 여러 번 경험하게 되고, 기업과 공무원의 대략적 정년을 고려할 때 50대는 오랫동안 근무했던 직장으로부터 첫 은퇴를 경험하는 가장 빈번한 연령이다. 이에 은퇴를 바라보는 시각을 긍정화할 필요성이 제기되고 있다. 카바나(Cavanaugh, 2005)는 은퇴는 과정이므로 전형적인 단계를 설정하는 것을 무의미하다고 주장하고 있다. 이후 여러 연구가 은퇴 후 1년간의 심리적인 안녕감이 오히려 증진됨을 발견하였고, 은퇴해도 친구관계의 질과 양이 위축되는 것은 아니며, 전반적으로 수동적이 되기보다는 오히려 무급작업이나 조력활동에 더 적극적으로 참여할 수 있음을 밝혔다(Kim & Moan, 2001).

이러한 상황 속에서 구직자로서의 50대는 일을 하지 않기에는 신체적으로 건강하지만, 젊은이들과 비교할 때는 신체적으로 열악하다. 또한 변화하는 산업구조를 따라잡는 학습을 하기에는 지적으로 열악한 조건에 놓여 있는 것도 사실이다. 2017년을 기준으로 보면, 우리나라 성인들의 평생학습 참여율은 연령이 높아짐에 따라 낮아져서 45~54세의 참여율은 34.0%이고, 그중 정규학교에서 받는 형식교육 참여율은 1.2%에 그치고 있으며, 직업 관련 목적으로 비형식교육을 받는 비율은 14.6%이다. 성인 후기에는 새로운 직업을 얻기 위한 평생학습이나 정규교육과정에서 받는 평생학습자의 비율이 낮은 것을 알 수 있다. 이러한 경향은 여성에게서 더 강하게 나타나 여성은 직업 관련 평생학습이나 형식교육 참여율이 남성보다 낮았다(교육부, 한국교육개발원, 2017).

5) 여가생활

성인 후기에는 직업생활에서 갑작스러운 은퇴가 발생하기도 하고, 조직에 소속해 있다 하더라도 시간 소모적인 일보다는 의사결정 중심의 역할을 하는 편이기 때문에 여가시간을 인식하고 그 시간을 마음껏 즐기면서 의미를 찾는 일이 중요하다.

볼레스(Bolles, 1981)는 『인생의 세 가지 상자(Three Boxes of Life)』에서 인생을 설계하는 균형 잡힌 방법을 제시하고 있다. 인생의 세 가지 상자란 인간 생애의 세 가지 영역, 즉 교육, 직업, 여가를 말한다. 볼레스에 따르면, 인간은 대부분 첫 20년 정도의 세월을 학업에, 다음 40년간은 주로 직업에, 그리고 나머지 인생은 여가로 시간을 보낸다([그림 10-2] 참조).

이러한 생활의 문제는 한 번에 인생의 한 가지 측면에만 전념함으로써 우리가 할 수 있는 한 마음껏 인생의 각 시기를 즐기지 못하고, 인생의 다음 단계에 대비하지 못한다는 것이다. 예를 들면, 수십 년간 학업과 일에 몰두함으로써 사람들은 어떻게 노는지를 잊어버린다. 결과적으로 정작 은퇴해서 여가시간을 가지게 되었을 때는 갑자기 주어진 많은 시간에 무엇을 해야 할지를 모른다. 그러나 만약 사람들이 이 세 가지 영역을 일생에 거쳐 균형 있게 누릴 수 있다면 인생은 더 풍요롭고 만족스러운 것이 될 것이라고 볼레스는 주장한다. 젊은 시절 다양한 활동을 했던 사람들이 성인 후기에도 다양한 활동을 하게 된다. 자신의 개인적 특성에 적합한 여가생활을 누리는 것 자체도 중요하며, 길어진 성인 후기와 노년기를 위한 여가생활 설계를 본격적으로 시도하는 것도 중요하다(임은미, 김계현, 황매향, 양명희, 상경아, 2006).

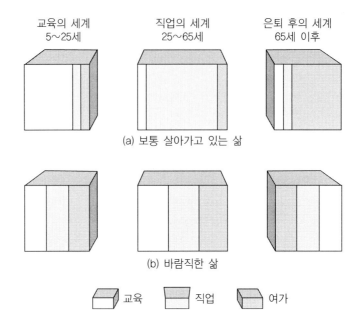

(a) 보통 살아가고 있는 삶

(b) 바람직한 삶

교육　　　직업　　　여가

[그림 10-2] 인생의 세 가지 상자

출처: 정옥분(2004).

우리나라 50대의 주중 주요 여가활동은 남성의 경우 TV 시청으로 대표되는 관람·감상 활동 비율이 가장 높았고, 여성의 경우 조깅과 산책으로 대표되는 스포츠·건강 활동의 비율이 가장 높았다. 주말에는 남자의 경우 등산, 조깅·산책, 골프의 순이어서 TV 시청을 주로 하는 주중 여가활동과 차이를 보였다. 여가활동을 오랜 기간 지속적으로 즐기는 경우 가족 적응성 및 응집성도 높아졌는데, 여가활동이 가족체계에 미치는 긍정적인 효과는 혼자 즐기는 여가활동에 비하여 가족, 특히 배우자와 함께 즐길 경우 더욱 높아졌다(이정호, 2007).

6) 잦아지는 질병의 관리

성인 후기에는 전반적으로 약해진 신체 기능으로 인하여 여러 가지 질병이 발생하며, 약해진 신체 기능으로 인한 심리적·사회적 영향도 매우 크다. 예를 들면, 비만은 심장질환, 암, 뇌졸중을 비롯한 만성질환과 관련이 있는데, 나이가 많을수록 비만으로 사망할 확률이 더 높은 편이다. 규칙적인 운동 부족과 좋지 못한 음식습관은 일반적으로 비만의 원인이 되기도 한다. 비만인 사람은 사회적 차별을 경험하고 부정적인 신체상을 가지게 되며, 자아개념이 낮아지기도 한다(Anspaugh, Hamrick, & Rosato, 1991).

혈압도 높아지는데, 특히 심장 수축 시의 혈압이 증가하게 되고 치료를 받지 않으면 중요한 신체기관을 파손할 수 있다. 55세 이후에는 남성보다 여성에게 더 큰 문제가 되고 나이가 들수록 발병률이 더 증가하게 된다. 고혈압은 유전적인 요인, 과다한 염분 섭취, 비만, 장기간의 스트레스, 지나친 음주 등에 의해 발생되기도 하는데, 적절한 음식과 건강한 생활양식이 고혈압을 통제할 수 있으며, 노인은 최소한 일 년에 한 번 정도는 혈압검사를 받아야 한다.

동맥경화는 이른 나이에 시작이 되기는 하지만 눈에 보이는 증상이 없기 때문에 변화를 발견하지 못하다가 중년기가 되어서야 문제가 나타나기 시작한다. 동맥경화의 치료에는 식습관과 생활양식을 바꾸는 것이 필요하고, 콜레스테롤의 섭취를 줄이고, 저지방 식이를 하고 금연과 규칙적인 운동을 하며, 체중을 감소하는 것이 좋다(Cooper, 1990; Piscatella, 1990). 심장발작은 부족한 혈액공급으로 인해 심장근육의 일부가 괴사할 때 발생하게 되는데, 동맥경화는 심근경색을 일으키는 원인이 될 수 있다.

여성에게는 폐암과 유방암이 가장 보편적으로 많이 발생하게 되는데, 특히 폐암의 80%는 담배를 피우는 사람들에게서 발생하고(Williams, 1991), 50세 이상 여성은 유방암 발생률이 많으므로 1년에 한 번씩 정기적으로 유방암 검사를 받는 것이 중요하다. 심장질환과 마찬가지로 생활양식과 환경적 요인이 암의 발생과 관련이 있다. 암의 발생률은 연령이 증가하면서 높아지는데, 이는 면역력이 저하되고 발암물질에 노출되는 기간이 길어지기 때문이기도 하다. 관절염은 노인에게서 보이는 보편적인 병이다. 골관절염, 류머티즘성 관절염 등으로 나타나며, 성인 중·후기에 서서히 진행되어 노년기 전에 발병하는데, 남성보다 여성에게 더 일반적인 편이다. 규칙적인 운동 프로그램이나 걷기, 수영 등을 매일 할 것을 권고한다.

성인 후기 건강의 유지나 개선 및 악화는 상당 부분 개인의 노력과 건강관리의 질에 달려 있다. 자신의 건강 상태와 신체적인 장단점 및 리듬에 주의를 기울여야 한다. 신체가 감당할 수 있는 정도를 넘어서서 일에 과도하게 몰입하거나 정서적으로 집착되어 있으면 건강을 돌아볼 여유와 객관적인 판단력이 부족해져서 질병을 일으킬 우려가 있다. 심신의 건강을 위해서 외적인 성취나 체면보다는 의미 있는 일에 우선순위를 두고 일에서 의미를 찾는 과정을 즐기는 태도를 가지는 것이 중요하다.

3. 성인 후기 발달의 현안과 상담

성인 후기에는 여러 가지의 상실을 경험한다. 젊고 건강한 신체를 점차적으로 상실하고, 직장을 상실할 위기에 놓이게 되며, 의미 있는 타자들과의 사별이 많아진다. 이러한 상실들은 대개 개인의 노력으로 극복하기보다는 받아들이면서 대응해야 하는 불가항력적인 일들이다. 젊고 건강한 신체를 상실하지만, 삶의 경험이 배어나는 중후하고 주름진 외모를 받아들이며 그동안 자신이 삶 속에 기울여 온 노고에 대하여 스스로 격려할 수 있어야 한다. 여러 가지 업무에서 인지적 기능적인 후퇴가 발견되지만, 양쪽 두뇌의 종합적 활용능력, 보상전략, 연륜에 의한 통찰력, 자기가치감 등으로 인해 삶의 차원을 후세대를 위한 베풂의 삶으로 높일 수도 있다. 경우에 따라 사회적으로도 인생 최고의 성취를 맞는 사람들도 많다. 그럼에도 불구하고 성인 후기의 사람들을 대상으로 '젊고 건강하게 보일 수 있는' 방법이나 약품들이 인기를 끄는 것은 일면 늙어 가는 신체에 대한 성인 후기 사람들의 부적응을 반영하는 것으로 보인다. 여기서는 이러한 성인 후기 내담자에게 상담자가 할 수 있는 역할들을 살펴본다.

1) 자기이해와 발달과업에 대한 정보제공

우리나라 성인의 발달과업을 연구한 이성진과 윤경희(2009)는 우리 사회의 일반인을 대상으로 발달 단계별 주요 과업을 정리하였는데, 이들 중 50대와 60대 이후의 발달과업을 영역에 따라 정리하면 〈표 10-1〉과 같다. 상담과정 중 적절한 시점에서 우리나라 사람들이 생각하는 성인 후기의 과업에 대하여 소개하고, 현재 본인은 어떤 상황에 있는지, 어떤 과업을 잘 소화하고 있는지, 어떤 과업에 더 많은 노력을 기울여야 할지 등에 대하여 의논해 보는 것도 의미 있는 일이다.

표 10-1 50~60대 발달 단계별 주요 과업

영역	주요 발달과업
가족 내 역할 발달	• 50대: 가족 간의 분쟁을 예방하고 조정하기, 부모님의 건강 챙기기, 배우자와 여행하기, 부모를 봉양하기, 자녀를 결혼시키기, 자녀의 배우자에게 적응하기 • 60대: 자녀가 행복하기를 바라기, 배우자를 돕기, 가족과 함께 여가생활하기, 배우자의 죽음 준비하기, 손자녀와 친밀한 관계 맺기
지적 발달	• 50대: 재정을 모으고, 모아진 재정을 효율적으로 사용할 줄 알기, 문제를 접했을 때 어떠한 순서로 해결할지를 알기, 자기가 알고 있는 지식에서 지혜를 발견할 수 있도록 하기, 효과적으로 재테크할 줄 알기, 대학입시에 관한 정보를 알기, 휴대전화 사용·인터넷 검색 방법을 알기 • 60대: 건강에 대한 지식을 갖추고 있기, 노후생활에 필요한 지식을 익히고 실생활에 활용할 수 있기, 세대 간의 차이점을 이해하고 자식과의 대화에 필요한 지식을 갖추고 있기, 삶에 대해 통찰할 수 있기, 모아진 재정을 효율적으로 사용할 줄 알기, ATM·텔레뱅킹·인터넷뱅킹을 통해 입출금을 할 줄 알기, 휴대전화 사용방법을 알기

도덕적 발달	• 50대: 웃어른에 대한 예의와 공경, 공중도덕 및 질서 준수, 부모에 대한 효도, 에티켓 지키기, 건전한 성문화 생활, 건전한 경제생활, 국민으로서의 의무 이행, 공공장소에서의 휴대전화 예의, 운전 법규 지키기, 일반 사회적 예의범절, 불법 저지르지 않기, 아랫사람에게 모범이 됨, 직업에 충실함, 올바른 자녀 양육, 가정에 대한 책임, 부부간 인격 존중, 건전한 음주생활, 권력 남용하지 않기, 아랫사람을 돌보고 존중하기 • 60대: 일반 사회적 예의범절, 타인의 인격 존중, 아랫사람에게 모범이 됨, 가정에 대한 책임, 건전한 음주생활, 아랫사람을 돌보고 존중하기
진로 발달	• 50대: 건강과 체력을 관리하기, 취미생활 만들기, 자원봉사하기, 은퇴를 준비하기, 노후를 준비하기, 퇴직 후 경제적인 대책 마련하기, 배우자 퇴직 후 경제적인 대책을 마련하기, 경제적 능력 갖추기, 연금 관리 계획 세우기, 직장에 열심히 다니기, 제2의 직업이나 사업 시작하기 • 60대: 건강을 관리하기, 노후생활을 즐기기, 배우자와 함께 여가를 보내기, 노후대책을 세우기, 봉사활동하기, 제2의 인생 설계하기, 은퇴 후에도 자기계발하기, 연금을 타서 잘 활용하기, 금전이나 시간을 사회에 환원할 계획을 하기, 소일거리 찾기
기본생활능력의 발달	• 50대: 건강한 생활, 경제적 능력 확보, 여가활동, 사회활동, 적당한 거절, 집안일 • 60대: 건강한 생활, 긍정적인 생활태도, 노년기를 위한 경제적 기반 마련, 은퇴를 받아들이기, 삶의 마지막을 위한 준비, 사회봉사활동
성 · 결혼 발달	• 50대: 배우자와 의미 있는 다양한 경험(취미, 여행)을 하기, 자식뿐만 아니라 부부의 미래도 생각하기, 배우자를 인생의 동반자로 생각하기, 배우자의 갱년기로 발생한 심적 갈등을 같이 극복하기, 배우자에게 최선을 다하기, 정신적 교감을 중시하기, 가정이 우선이기, 자식의 독립 후 서로에 대해 더욱 의지하게 되기, 배우자를 이해하기, 배우자에 대한 사랑이 더 깊어지기, 배우자에 대한 의무감과 책임감이 증대하기, 부부라는 연대감 생기기, 우정과 같은 부부애를 나누기(부부가 친구나 형제같이 살아감), 남녀 공히 호르몬의 변화에 대비하기, 배우자의 장점에 눈을 뜨기, 자칫 지루해질 수 있는 부부생활에 새로운 활력을 찾기, 배우자를 운명으로 받아들이기, 배우자 외의 사람에게 흔들리기도 하나 이성으로 참기, 권태기에 대한 대비를 하기, 다시 가정으로 돌아와 배우자와의 관계가 돈독해지기, 성기능 저하에 대비하기, 무뎌질 수 있는 성애의 존재를 인식하기, 어린 이성을 외도의 대상으로 보지 않기

성·결혼 발달	• 60대: 배우자 간에 서로 의지하기, 부부가 서로를 더욱 아껴 주기, 정신적 교감을 중시하기, 배우자에 대해 고마움을 느끼기, 배우자에 대한 사랑이 더 깊어지기, 배우자를 인생의 동반자로 생각하기, 배우자와 의미 있는 다양한 경험(취미, 여행)을 하기, 배우자가 죽은 후 홀로서기에 적응하기, 배우자와 백년해로를 꿈꾸기

출처: 이성진, 윤경희(2009).

2) 평생학습 참가 격려

각 분야의 지식이 엄청나게 빠른 속도로 생성되고 있는 지식기반사회에서 학창시절에 배운 지식만으로 전 생애 동안 요구되는 과업을 완수하기란 불가능하다. 그래서 현대인에게는 평생학습이 필요하다. 첫 직업을 선택한 후에 직업적응, 경력개발, 전직 등을 위해서 자신의 능력을 갈고 닦아야 한다. 바야흐로 평생학습의 시대가 도래하였다고 볼 수 있으며, 우리나라에서도 「평생교육법」에 의거하여 2007년에 국가평생교육진흥원(http://www.nile.or.kr)이 설립되었다. 평생교육진흥원은 한국교육개발원에서 운영한 평생교육센터, 학점은행센터와 한국방송통신대학교에서 운영한 독학학위검정원을 통합한 것이다. 국가평생교육진흥원은 각 거점 지역에 평생교육정보원을 두고 지금까지는 지역에 따라 산발적으로 운영되던 평생교육기관 간 네트워크를 통해 평생교육 프로그램의 체계적인 개발과 보급을 주도하고 있다.

그러나 2017년을 기준으로 우리나라 성인의 평생학습 참여율은 35.8%로 만 25~64세 성인 10명 중 3.5명이 평생학습에 참여하고 있는 것으로 나타났다. 2015년에 40% 이상 참여율을 달성하였으나, 2016년에는 다시 30%대로 회귀하였다. 연령이 높아질수록 평생학습 참여율은 더 낮아져서 45세부터 54세까지의 참여율은 31.6%, 55세부터 64세까지의 참여율은 26.5%에 그쳤다(교육부, 국가평생교육진흥원, 2017). OECD 평균치인 40%대를 밑돌고 있으며, 스웨덴이나 뉴질랜드 등에 비하여는 평생교육 참여율이 절반가량에 불과하다.

우리나라 성인이 평생교육에 참여하지 않는 이유는 직장업무나 가족부양으

로 인해 시간이 부족해서, 가까운 거리에 교육훈련기관이 없어서, 학습비가 비
싸서, 교육정보가 부족해서, 동기·자신감이 부족해서 등이 있다. 많은 사람이
시간이 부족해서 참여하기 어렵다고 응답했는데, 이는 하루하루 해야 할 일에
떠밀려 자신의 미래 설계나 미래를 위한 투자에는 큰 관심과 노력을 기울이지
못하고 있는 현실을 반영하기도 한다. 정규직 임금소득자가 비정규직 임금소득
자에 비해 평생학습 참여율이 높았다(교육부, 국가평생교육진흥원, 2017).

성인 후기 내담자와 함께 생애설계를 하면서 성인 후기와 노년기를 어떻게
보내고 싶은지 명확히 할 필요가 있다. 그다음 필요한 학습내용을 함께 탐색한
다. 평생학습의 방향이 결정되면 선택한 학습과정이 삶의 의미를 증진하는 데
어떤 영향을 미치는지를 평가하여, 우선순위를 정하고 실천해 나가도록 돕는 것
이 효과적이다.

2017 한국 성인의 평생학습 참여율 34.4%

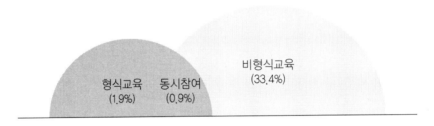

형식교육+비형식교육-동시참여=34.4%

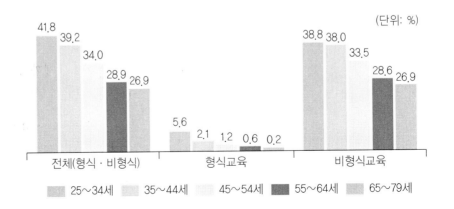

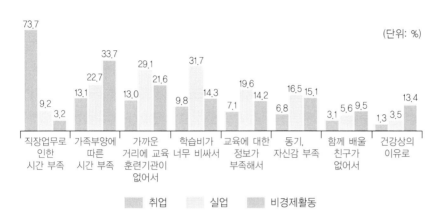

주: 평생학습에 참여할 의사가 있었으나 참여하지 못한 응답자(만 25~79세)에 대한 현황이며, 중복응답 문항임.

[그림 10-3] **평생학습 참여율, 연령별 평생학습 참여율, 평생학습 불참요인**

출처: 교육부, 국가평생교육진흥원(2017).

3) 가족관계 개선 촉진

성인 후기 내담자에게는 분리와 독립의 이슈 또한 매우 중요하다. 〈표 10-1〉에도 나타나 있듯이, 배우자와는 친밀하고 의미 있는 관계를 맺을수록 좋다. 서로의 경험을 진지하게 나누는 시간을 자주 가지며, 긍정적인 격려와 조언을 주고받을 수 있는 부부가 되도록 도와야 한다. 우선 부부 각자가 배우자의 감정과 행동, 그리고 생각에 경청하고 이해하며 있는 그대로 받아들이려는 노력이 필요하다. 아울러 지나온 시간 동안 서로로부터 받은 긍정적인 도움들을 많이 기억하고 고마움을 표현할 수 있는 능력을 기르도록 상담자가 도울 필요가 있다.

자녀와는 독립적인 관계를 유지하는 것이 필요하다. 자녀가 부모를 의지하지 않고도 살 나이가 되면 부모를 떠나는 것이 당연하다. 먼 곳에 있는 대학으로 진학하거나 취업을 하거나 결혼을 하면 그만큼 부모가 통제할 수 없는 자녀만의 세계가 넓어진다. 부모는 자녀의 인생에 관심을 유지하되 멀리서 지켜보는 연습을 해야 한다. 장성한 자녀의 학업, 진로, 대인관계, 특히 핵가족 관계에 대하여 자녀가 자신의 바람대로 행동해 주기를 원한다면, 이는 부모-자녀 관계의 갈등을 유발할 뿐이다. 도움을 청할 때 조언자가 되어 줄 뿐 지나친 도움이나 간섭을 하지 않도록 해야 한다. 이를 위해 상담자는 성인 후기 내담자가 자기 자신의 흥미, 꿈, 도전거리 등에 대하여 생각해 내고 실천 가능한 범위가 어디까지 인지 결정한 후 실행에 옮기도록 용기를 줄 필요가 있다.

노부모와의 관계도 정비되어야 한다. 성인 후기 내담자들 중에는 자신의 발달과업을 완수하기도 쉽지 않은 상황에서 노부모를 봉양해야 하는 경우가 드물지 않다. 부모의 뜻을 충분히 살피고 경청하며 공손한 자세로 대하되, 봉양하는 방법에 대해서는 현실성 있는 방안을 찾아야 한다. 자신의 경제적 상황, 사회적 위치, 생애 계획 등을 고려하고 한계를 인정하며 노부모에게 솔직하게 말씀드릴 줄도 알아야 한다. 노부모를 봉양하는 방법에 대하여 배우자와 충분히 논의하고 결정하여 실천해야 한다. 배우자와 충분히 상의하지 않은 상태에서 노부모와 과도한 약속을 하면 배우자와 갈등을 겪을 소지가 커지며 부모와의 약속을 지키기 어렵게 되고, 궁극적으로는 노부모와 자기 자신에게 상처를 줄 우려가 있다. 자신의 생애설계를 바탕으로, 자신이 가진 자원의 한도 내에서, 중요한 타자들과의 거리를 충분히 헤아려서 부모를 모셔야 오랫동안 편안하고 일관성 있는 관계를 맺을 수 있다. 상담자는 이러한 의사결정 과정과 가족관계 갈등에서 비롯되는 부정적인 정서를 경청해 주고, 내담자가 가족관계를 재정립하는 데 필요한 방법들을 생각해 내도록 탐색질문을 해 주며, 역할 연습 등을 통해 긍정적인 가족관계 형성 기술을 익히도록 도움을 줄 수 있다.

4) 의미 있는 여가활동과 건강한 생활습관 촉진

성인 후기의 여가활동은 지금까지 직업에 들이던 시간을 대신하는 비중 있는 활동이 된다. 퇴직자에게는 여가활동을 해야 하는 시간이 절대적으로 늘어나며, 퇴직하지 않은 내담자에게도 여가활동에 대한 계획과 준비가 필요하다. 줄 어든 수입과 긴 세대로서의 부양부담 등을 고려할 때 비용을 많이 지출해야 하 는 여가활동은 오히려 스트레스가 될 수 있다.

지금까지 직장생활에 쫓겨 하지 못했던 일, 젊은 시절 흥미가 있었지만 주변 의 압력에 못 이겨 포기했던 일, 가치를 실현할 수 있는 일 등을 폭넓게 탐색하 여 다양한 여가활동 목록을 만드는 일을 내담자와 함께할 수 있다. 경제적으로 무리가 되지 않으면서도 내적인 만족도가 높으며 내담자의 건강 상태에 적합하 고 배우자와 함께할 수 있는 활동이면 성인 후기 내담자에게 매우 적절하다. 예 를 들면, 어떤 60대 부부는 노숙자를 위한 점심급식 도우미를 하면서 여가시간 을 보내고 있다. 배고픈 노숙자에게 점심 밥상을 차려 주고 맛있게 먹는 모습을 보는 것도 기쁨이고, 부부의 따뜻한 마음에 용기를 얻어 털어놓는 노숙자의 삶 의 이야기들을 듣고 그들에게 필요한 조언을 해 주면서 함께 시간을 보내는 것 또한 보람이 된다. 경제적으로 넉넉하지 않지만, 주관적으로는 충분히 받았음 에 감사드리는 마음으로 하루하루를 살아간다고 한다.

그러나 모든 성인 후기 내담자가 봉사활동을 여가로 누리고 싶어 하는 것은 아니다. 어떤 내담자는 보다 윤택하고 소비적인 여가를 원할 수 있다. 각자의 형편과 건강에 어울리는 여가활동이라면 어떤 것이라도 괜찮다. 다만, '이 나이 쯤에는 세계여행 정도는 가야 체면이 설 텐데.' '자동차는 이 정도 급으로 소유 해야 하는데.' 등의 상대적인 비교를 통해 자신의 삶 전체를 평가함으로써 여가 계획 자체가 또 다른 스트레스를 부르지 않도록 해야 한다.

아울러 건강에 도움이 되는 여가 생활습관을 갖는 것도 매우 중요하다. 성인 후기는 신체적으로 각종 질병이 발생하는 취약한 시기임을 잊지 않아야 한다. 여가 중에도 음주, 흡연, 지방질이 많은 음식 등은 피하고 적정한 양의 규칙적인 식사와 운동을 하도록 안내해야 한다. 신체적인 개인차를 고려하여 자신에게 적절한 방식의 여가를 택하도록 도와야 하며, 건강상의 질병이 염려될 때는 의 료 기관을 찾을 수 있도록 권고하고 연계해야 한다.

5) 지지적인 상담

성인 후기 내담자를 대할 때 가장 좋은 상담 전략은 지지적인 상담기법을 구사하는 것이다. 살아온 날들이 많은 만큼 자신만의 생활습관이 굳어져 있어서 이들에게 변화를 요구하는 것 자체가 스트레스가 될 수 있다. 어떤 것을 바꾸라고 요구하거나 역기능적인 것을 직면하는 것보다는 그동안의 노력을 알아주고 공감하며 격려함으로써, 자신에게 어떤 변화가 필요한지에 대하여 스스로 발견하고 결정할 수 있도록 인도해야 한다. 내담자 스스로 변화를 결정했을 때 그 결정을 강력하게 지지하여 실제적인 변화를 유발하도록 할 필요가 있다. 이를 위한 지지적인 방법들을 모아 보면 다음과 같다.

(1) 경청과 수용

내담자의 마음에 경청하고 내담자의 마음을 전적으로 수용할 수 있어야 한다. 내담자가 어떤 이야기를 가져와서 어떤 자세로 이야기하든 상담자는 내담자의 이야기를 들어야 한다. 정보제공을 넘어서는 섣부른 충고를 하지 않도록 유의해야 한다. 언어적 표현을 놓치지 않는 것은 물론이고 비언어적 표현 속에 숨은 메시지를 정확히 경청하도록 해야 한다. 또한 내담자가 보내는 메시지가 어떠한 것이건 수용적인 태도로 반영해야 한다. 내담자의 경험 그 자체를 존중하려는 필사적인 노력이 필요하다.

성인 후기 내담자는 상당한 경력을 가진 상담자보다 자신이 인생에 대하여 더 잘 알고 있다고 생각한다. 상담자가 충분히 이해하지 않은 상태에서 내담자가 표현한 것들에 대하여 판단하고자 하면 저항을 불러일으킬 수 있으며, 상담자의 전문성과 인간성을 신뢰하기 어려울 수 있다. 우선은 충분히 듣고 어떤 내용이라도 소화하려는 수용적 자세를 갖추어야 상담자와 내담자 간의 신뢰관계를 수립할 수 있다.

(2) 긍정적인 측면을 탐색하는 질문

내담자가 자신의 특성과 삶의 경험을 긍정적으로 바라보도록 도와야 한다. 이를 위해 상담자는 내담자가 호소하는 내용의 긍정적인 측면을 민감하게 포착하여 내담자 스스로 긍정적인 측면을 이야기할 수 있는 기회를 주어야 한다. 자신의 경험을 긍정화하면서 내담자는 문제를 해결할 힘이 자신에게 있음을 발견하게 되고, 힘의 발견을 통해 변화의 필요성과 계기도 마련된다. 내담자가 고쳐야 할 점을 상담자가 판단하거나 내담자의 부정적인 측면을 직면하는 것은 연령이 높은 내담자에게는 효과적이지 않은 경우가 많다. 예를 들면, "그렇게 견디셨기 때문에, 자녀들이 이만큼 성장할 수 있었던 게 아닐까요?" "많이 슬프셨을 것 같습니다. 그 슬픔으로 인해 깨달으신 것도 있으신 것 같은데요. 그 말씀 좀 들려주시겠어요?" 등과 같이 말해야 한다.

성인 후기 실직자들을 위한 상담의 경우, 궁극적인 목표 중 하나는 재취업이므로 이를 위한 기술훈련 및 준비과정이 핵심이 되어야 할 것이다. 그러나 재취업의 기회를 극대화하기 위해서는 기술훈련 및 준비과정과 함께 동기유발과 동기수준의 유지, 그리고 긍정적 태도와 자아존중감 유지를 위한 자기관리 기술 등도 훈련되어야 한다. 실직경험에는 소득의 상실 못지않게 사회참여 기회로부터의 소외, 자존감 상실 등 심리적 측면이 중요한 비중을 차지하므로, 실직자에 대한 사회의 태도는 이들의 정서적 안정에 매우 중요한 의미를 갖는다. 따라서 사회 전체적으로 실직자의 문제를 함께 풀어 나가는 분위기의 조성과 함께, 이들을 위한 지원 프로그램들은 긍정적인 자아상을 유지하고 자기효능감을 증진시킬 수 있는 방식으로 진행되어야 할 것이다(오경자, 1998).

(3) 공감하며 함께 있어 주기

성인 후기 내담자에게는 '함께 있어 주는 것'이 중요하다. 이들의 상실 경험은 다른 사람의 위로나 충고에 의해 보상받을 수 있는 것보다 깊은 경험이다. 내담자가 느끼는 감정을 함께 느껴 주고, 표현하고 싶은 만큼 표현할 수 있게 해 주며, 내담자가 함께 있어 달라는 만큼 함께 있어 주는 것이 매우 중요하다.

경제적인 위기에 대한 불안, 이전의 사회적 위치에 대한 상실감에 대해 충분한 애도과정을 거치며 지나온 시간들을 정리하고 의미를 부여하는 과정에 함께해 준다. 아직도 자신을 필요로 하는 곳이 있는지 탐색하고, 더 나아가 경력개발을 좀 더 하여 새 일터를 알아보거나 삶의 방향을 무급 직업, 봉사, 여가로 바꾸는 등의 전환점을 모색하는 과정에도 함께 있어 줄 필요가 있다. 가급적 내담자보다 생각의 흐름을 늦춤으로써 내담자가 상실을 충분히 경험하고 나서 스스로 빠져나올 수 있는 기회를 주는 것이 좋다.

자식과의 이별은 자식을 충분히 성장시켰다는 뿌듯함과 함께 오는 이중적인 감정이다. 자녀의 독립과 결혼에 따라 부모는 자녀에게로 향하던 에너지 자원을 새로운 방향으로 향하도록 조정함과 동시에 자녀로부터의 독립을 경험하면서 자녀와의 관계를 새롭게 조정해 나간다. 성인 자녀와의 관계는 독립으로 끝나는 것이 아니라 전 일생을 통해 지속되는 것으로 이러한 과정에서 자신의 생애를 만족스럽게 수용하는 성숙된 부모는 자녀의 성숙과 발달을 돕는 좋은 본보기가 된다. 또한 부모보다 훨씬 큰 가능성과 기회를 앞두고 있는 자녀에 대한 후원과 희망으로 생성감과 영속감을 느낄 수 있다(김명자, 1998). 자녀를 키우며 기울였던 노력을 충분히 회고하면서 그동안 희생했던 개인적인 시간이나 재능들이 있었지만 충분히 의미 있는 일이었다고 받아들이고 이제 자식을 떠나보내고 나서 자신의 인생을 찾을 수 있는 기회로 활용할 수 있다는 긍정화 단계까지 상담자가 함께 있어 줄 수 있다.

이 시기에는 자신을 돌보는 사람들은 사망하고, 돌보아야 할 사람들은 늘어나 있는 대인관계 여건에 놓여 있을 가능성이 높다. 자신을 지지해 주던 얼마 남지 않은 사람들을 한 명 한 명 떠나보내면서 이제는 의지할 곳이 없다는 감정과 연결되어, 사별 경험은 성인 후기 사람들에게 버팀목을 잃는 큰 상실이 된다. 자신에게 버팀목이 되었던 사람들과의 이별에 대하여 충분한 애도과정을 거치는 동안 이들과 함께해 주고, 자신들이 받았던 것을 후세대에 베풀면서 삶을 더욱 풍요롭게 할 수 있다는 깨달음을 얻는 과정에 함께해 주는 일을 상담자가 맡을 수 있을 것이다.

(4) 지지집단과의 연계 촉진

성인 후기 내담자가 상실감을 경험할 때마다 나눌 수 있는 지지집단을 탐색하고 연계를 맺는 것 또한 상담자가 촉진시켜 줄 수 있는 영역이다. 그동안 멀리지냈던 친척, 친구, 이웃들을 온정적인 시각으로 바라보고, 가까이 있는 사람들을 소중하게 여길 수 있도록 긍정화하는 작업에 상담자가 함께할 수 있다. 특별한 노력 없이도 지지체계를 많이 가지고 있는 성인 후기 내담자라면 굳이 상담자의 개입이 필요 없겠지만, 그동안 지나치게 일에 치우친 삶을 살아왔거나 부정적인 계기로 인하여 가깝게 지낼 만한 지지체계를 갖지 못하고 있다고 느끼는 성인 후기 내담자에게는 자원을 탐색하고 새로운 관계를 맺으려는 용기와 대화방법을 학습하도록 상담자가 도와야 한다.

학습문제

1. 성인 후기에 속한 내담자 또는 주위 사람들을 떠올려 보자. 그들의 개인별 특징을 고려할 때, 이 장에서 제시한 발달특징 이외에도 두드러진 특징이 있다면 무엇이 있는지 정리해 보자.
2. 성인 후기의 발달특징 중 긍정적인 측면들은 무엇인가?
3. 후기 성인기의 내담자를 위한 상담에서 유의해야 할 사항은 무엇인가?

제11장
노년 초기

윤경희

　몇 세를 노년으로 볼 것인가 하는 것은 연령을 어떤 기준에 따라 규정하는가에 따라 달라질 수 있다. 나이에는 달력에 의한 나이인 생활연령과 기능적 연령에 해당하는 생물학적 연령, 심리적 연령 및 사회적 연령이 있다. 생활연령에 따른 노년기란 대체로 60세 이후를 말한다. 신체적 활력의 정도를 나타내는 생물학적 연령은 개인마다 차이를 나타내지만 시대적으로 차이가 있을 수 있다. 오늘날과 같이 의학이 발달하여 노화가 지연되고 평균수명이 연장되는 시대에는 예전에 비해 생물학적 연령이 젊어졌을 것이다. 심리적 성숙도를 나타내는 심리적 연령이나 적절한 사회적 역할의 수행 여부에 따라 규정되는 사회적 연령 또한 개인이나 시대, 문화에 따라 차이를 나타낼 수 있다.

　이 책에서 노년기의 시작은 사회적 연령에 해당하는 은퇴 이후로 본다. 그리고 본업에서는 은퇴를 했지만 아직 생물학적으로나 심리적으로 일할 수 있는 연령까지를 노년 초기로 규정하고, 그 이후를 노년 후기로 규정하였다. 따라서 노년 초기는 생활연령 60~70대에 해당한다고 할 수 있다.

　이 장에서는 노년 초기의 신체적·인지적 변화를 살펴보고 이 시기의 과제인

은퇴의 적응과 여가생활은 어떻게 이루어질 수 있는지, 그리고 심리적 적응의 문제와 그 대처법을 다루게 될 것이다.

1. 신체 발달

해비거스트(Havighurst, 1974)와 김종서 등(1987)은 60세 이상의 노년기에 신체적 영역의 발달과업으로 체력 감퇴와 건강에 대비한 적절한 운동과 섭생, 지병이나 쇠약함의 관리로 보았다. 이 절에서는 노년 초기에 신체가 어떻게 변화되어 가는가를 외모, 내장기관, 감각기관 등을 중심으로 살펴보고자 한다.

1) 외모의 변화

연령의 증가와 함께 가장 가시적으로 드러나는 노화의 징후는 외모의 변화이다. 그 가운데 가장 먼저 눈에 띄는 것은 피부의 변화이다. 나이가 들면서 세포의 재생 속도가 느려지면서 피부가 점점 메마르고 탄력성을 잃으며 피부에 주름과 색소 침착이 증가한다. 치아도 연령이 증가하면서 상아질 생성의 감소, 골밀도 감소, 잇몸의 수축 등으로 점차 약해지고 결국은 빠지게 된다. 이는 소화 흡수력을 떨어뜨려 적절한 영양 공급을 방해한다.

척추 길이가 감소하고 디스크 폭이 좁아지며 등, 목 등이 굽어지면서 신장의 길이도 줄어든다. 또한 골격이 감소하면서 골다공이 증가하고 뼈가 쉽게 부서진다. 이는 칼슘이나 비타민 D, 여성호르몬인 에스트로겐의 부족과 운동 부족이 원인인 것으로 여겨진다.

또한 뼈의 밀도와 근육조직의 감소로 인해 체중의 감소가 나타난다. 체중 분포에도 변화가 나타나 지방이 얼굴과 사지에서 서서히 빠지기 시작해서 복부 주변에 쌓이기 시작하여 볼과 발바닥의 지방층이 줄어들고 허리둘레는 늘어난다.

머리카락이 점차 얇아지고 회색빛으로 변한다. 머리카락 모낭을 만드는 생식센터가 파괴됨에 따라 머리가 빠지고, 색소 공급이 줄어들면서 머리가 희어진다.

2) 호흡기능의 변화

노화가 진전되어도 전체 폐활량은 그대로지만 폐의 탄력성 저하로 인해 실제 호흡에 쓰이는 양이 감소하여 산소 공급을 약화시킨다. 이로 인해 발생하는 각 세포의 산소 부족은 호흡기 감염을 일으키기 쉽게 한다. 그러나 노인일지라도 폐활량을 높이는 운동을 통해 폐 기능을 강화시킬 수 있다.

3) 순환기능의 변화

50대가 지나 60대에 접어들면 심장근육의 경직화로 인해 심장박동이 느려지고 불규칙해진다. 심장혈관 내에는 지방침전물이 누적되고 동맥벽은 석회화 현상과 신축성이 떨어지는 섬유로의 대체 현상 때문에 동맥경화증이 생기게 된다. 이러한 현상은 혈압 상승을 동반하여 혈관 수축이 제대로 이루어지지 않아 뇌출혈을 일으키기도 한다. 이와 같은 순환계의 노화 현상은 운동 부족과 심리적 불안과도 관련되어 있어 알맞은 운동과 심리적 안정이 요망된다.

4) 소화기능의 변화

연령에 따른 소화기 계통의 변화는 주로 소화액의 감소와 연동운동의 감소로 인해 소화기능이 약화되는 것으로 나타난다. 치아 기능의 약화와 침샘 기능의 퇴화로 인한 타액 분비의 감소, 음식 맛을 느끼는 혓바닥 돌기의 감소는 씹는 능력을 저하시키고 입안을 건조하게 한다. 식도와 위, 소장, 대장의 근력이 떨어져 연동운동을 감소시키고, 이는 신진대사와 배설작용에 지장을 초래한다. 창자의 흡수력 또한 떨어지고 담즙이 비효율적으로 만들어져 쓸개의 기능이 저하된다.

소화기 계통의 빠른 노화를 막기 위해서도 역시 적당한 운동이 필요하다.

5) 비뇨기관의 변화

연령이 증가하면서 신장 내에 흐르는 혈액이 감소한다. 이로 인해 영양분과 노폐물의 운반이 원활하지 못해 신체 정화 기능이 떨어지게 된다. 소변을 담을 수 있는 방광 능력 또한 떨어져 소변을 자주 보아야 한다. 남성의 경우는 전립선 이 확대되어 배뇨가 잦아진다. 요실금으로 인해 통제가 잘되지 않을 때 노인들 은 당혹감을 느낀다.

6) 생식기관의 변화

여성의 경우 생식기관은 폐경 이후 서서히 변화를 겪게 된다. 질 벽은 탄력이 없어지고 질 윤활액은 감소하며 외부 생식기는 조금 수축한다. 이러한 변화는 성 활동에 좋지 않은 영향을 미칠 수 있지만 나이가 들어도 성생활을 활발하게 유지함으로써 노화로 인한 악영향을 줄일 수 있다. 남성의 경우 20~60세 사이 에 정자 생성이 거의 30% 감소하며 남성호르몬도 점진적으로 감소한다. 발기력 도 떨어지지만 남성들도 여성들처럼 열의가 있고 적절한 상대가 있으면 전 생애 동안 성생활을 즐길 수 있다.

7) 뇌와 신경계의 변화

노화가 이루어짐에 따라 뇌의 크기와 무게가 감소하고 대뇌 뉴런 수와 수상 돌기 밀도가 감소한다. 그러나 뇌와 신경계는 가소성이 있어 비록 뉴런이 상실 되어도 주변의 수상돌기들이 새롭게 뻗어 나와 다른 뉴런과 연결하여 상실에 대 한 보상작용이 일어난다. 노화하면서 일어나는 뇌의 보상작용 중의 또 다른 하 나는 젊은 시절 좌·우반구의 기능이 전문화되는 측화가 노년기에 접어들면서 감소함으로써 전문화가 떨어지지만 두 개의 반구를 전부 사용함으로써 감퇴하는 인지 기능을 보완한다는 것이다.

나이가 들면서 뇌의 효율적 기능을 위해 필요한 신경전달물질의 분비 또한 감소한다. 기억에 영향을 주는 신경전달물질인 아세틸콜린과 도파민 등의 감소가 그 예인데, 특히 도파민이 극단적으로 감소할 때는 파킨슨병을 초래한다. 나이가 들수록 특정 행동을 수행하는 데 걸리는 시간이 길어지는데, 이것은 신경계의 효율성이 떨어지면서 일어나는 현상이라고 할 수 있다. 노년기까지 대뇌의 신경세포를 잘 유지하여 정상적인 기능을 잃지 않기 위해서는 역시 규칙적인 신체활동을 꾸준히 하는 것이 도움이 된다는 연구결과들이 많았다(Berkman et al., 1993; Cotman & Neeper, 1996).

8) 수면의 변화

노년기에 접어들면 수면의 질이나 양에서 변화가 온다. 전체 수면시간이 줄어들고 깊은 잠을 자지 못한다. 수면 패턴도 바뀌어 아침에 일찍 일어나고 저녁에 일찍 잠이 든다. 노년기 수면장애를 일으키는 현상으로 잠자는 동안 일시적으로 호흡이 중단되는 현상이 생기기도 하고 근육의 긴장이나 순환장애 혹은 대뇌의 운동 영역에서의 변화로 인해 수면 중에 간헐적으로 다리를 빠르게 움직이는 현상이 일어나기도 한다. 이러한 현상들은 크게 위험한 것은 아니지만 수면을 방해하므로 경우에 따라서는 약물치료가 필요할 수도 있다. 우울증과 불안감 역시 노년기 불면증의 원인이 될 수 있다. 낮잠을 줄이고 낮에 몸을 많이 움직임으로써 수면장애를 다소 극복할 수 있다.

9) 감각기능의 변화

연령이 증가함에 따라 감각기능에도 손상이 온다. 감각기능이 떨어짐으로써 환경에 대한 인식이 왜곡되거나 인식의 범위가 좁아진다. 이에 따라 반응이 느려지고 심리적인 위축을 경험하게 된다. 노인들에게 있어서 시각, 청각, 미각, 촉각, 후각 등에 어떤 변화가 오는지 구체적으로 살펴보기로 한다.

(1) 시각

연령이 증가하면 동공이 작아지고 망막이 흐려져 조그만 물체를 뚜렷이 보기 어렵다. 또한 망막이 딱딱해지고 눈 근육의 근력이 약화되어 시야 가까이 다가오는 물체에 대한 예민성이 떨어진다. 망막의 변화는 어두운 곳과 밝은 곳에서의 적응력을 감소시키는데, 특히 암순응 능력이 저하하여 밝은 장소에서 어두운 장소로 이동할 때의 적응을 더 어렵게 한다. 따라서 밤눈이 어두워진다. 안구의 구조가 변함으로 인해 세부사항을 보는 능력과 서로 다른 시각 패턴을 구분할 수 있는 예리함이 급격하게 감퇴한다.

노년기에는 노란색 안경을 쓰고 주위의 물체를 보는 것과 같은 황화현상이 나타나기도 한다. 황화현상은 노인들이 단파장(보라, 남색, 파랑)보다는 장파장(노랑, 주황, 빨강)에서 색채를 더 잘 식별하기 때문에 일어난다(Coren & Girgus, 1972: 정옥분, 2000에서 재인용). 노인에게는 백내장과 녹내장의 발병률도 높다. 백내장은 수정체가 혼탁해지면서 생기고, 녹내장은 안압이 높아져 시신경이 눌려 손상을 받아서 생긴다. 두 경우 모두 치료를 하지 않고 내버려 두면 실명할 수도 있다.

이 시기의 시력 저하는 일상생활을 제한할 수 있다. 즉, 운전을 더 이상 하기 어렵다거나 은행 일을 보기 어려울 수 있다. 그 외에도 낙상을 유발할 수 있고 우울증을 초래하기도 한다.

(2) 청각

60세 이후에 청력 손상이 급격히 일어나는데, 그 이유는 내이의 달팽이관의 퇴화, 유모세포의 상실 그리고 청각경로의 신경세포의 상실에 있다. 청력 손상은 고음을 잘 듣지 못하는 데서 시작한다. 따라서 노인들은 일반적으로 낮은 소리보다 높은 소리를 잘 듣지 못하므로 주위 사람들은 낮은 소리로 크게 말할 필요가 있다. 남성들은 직업적으로 청력이 손상되기 쉬운 환경에 많이 노출되기 때문에 여성보다 좀 더 일찍 청력이 감퇴하는 경향이 있다. 노인들이 말을 잘 알아듣지 못하게 되면 사회적 고립감, 우울증 등 정서장애가 일어날 수 있으므로 주의해야 한다.

(3) 기타 감각

노년기가 되면 미각과 후각도 쇠퇴해진다. 혀에서 맛을 감지하는 돌기인 미뢰의 수가 감소하고 타액 분비가 감소함에 따라 음식의 맛을 느끼는 민감도가 떨어진다. 맛은 후각에 의해서도 영향을 받는데, 콧속의 후각 돌기 또한 감소하면서 음식의 맛을 더욱 떨어뜨린다. 후각은 후각 돌기 감소뿐 아니라 후각 상피세포의 퇴행성 변화와 중추신경 경로의 노화로 인하여 감퇴된다. 촉각 또한 감퇴되는데, 특히 손목과 어깨 등의 신체의 상부보다 무릎, 발목, 발 등의 신체 하부에서 더 많은 감퇴가 일어난다. 여러 감각기관의 노화 증상 중에서 촉각의 변화가 가장 알려지지 않은 분야다.

2. 인지 발달

노년기에는 지적 능력이 어떻게 변화하는가를 다양한 관점에서 살펴보고자 한다. 우선 지능검사에서 측정하는 지적 능력의 변화는 어떻게 이루어지는가를 살펴보고, 그 외 기억능력, 문제해결력, 창의성, 지혜의 관점에서 노년기의 변화를 살펴보고자 한다. 그 전에 연구자들이 제시한 노년기의 지적 발달과업들을 살펴보면, 해비거스트(1974)는 노쇠 생리에 대한 지식 구비를 제시하였고, 김종서 등(1987)은 세대 차와 사회 변화 이해하기, 은퇴생활에 필요한 지식과 생활을 배우기, 정치, 경제, 사회, 문화에 대한 최신 동향 알기, 건강 증진을 위한 폭넓은 지식 갖기 등을 제시하였다. 최근에 이성진 등(2009)은 건강에 대한 지식을 갖추고 있기, 노후생활에 필요한 지식을 익히고 실생활에 활용할 수 있기, 세대 간의 차이점을 이해하고 자식과의 대화에 필요한 지식을 갖추고 있기, 삶에 대해 통찰할 수 있기, 모인 재정을 효율적으로 사용할 줄 알기, ATM·텔레뱅킹이나 인터넷 뱅킹을 통해 입출금을 할 줄 알기, 휴대폰 사용방법을 알기 등을 노년기의 지적 발달과업으로 제시하였다.

1) 지능의 변화

IQ점수로 측정되는 일반적인 지적 능력은 성인기를 거쳐 노년기에 이르면 어떻게 변화하는가 하는 문제를 웩슬러 성인 지능검사, 결정화된 지능과 유동적 지능, 시애틀 종단연구를 중심으로 살펴보기로 한다.

웩슬러 성인 지능검사(Wechsler Adult Intelligence Scale: 이하 WAIS)는 일반 성인의 지능을 표준화 검사로 측정한다. WAIS는 언어성 검사와 동작성 검사로 이루어진다. 언어성 검사에서 측정하는 능력에는 어휘, 이해, 산수, 일반지식, 숫자, 공통성 등이 있고, 동작성 검사에서 측정하는 능력에는 그림 완성, 블록 짜기, 숫자, 물건 맞추기, 나무토막 조립 등이 있다. 살트하우스(Salthouse, 1982)는 노인들을 대상으로 WAIS를 실시하였다. 그 결과 언어 검사에서는 하위 영역별로 변화의 양상이 다양하게 나타났지만 전체적으로는 안정적인 편이라고 할 수 있다. 구체적인 변화 양상을 보면 어휘력은 안정적이거나 증가하였다. 상식 문제에서는 연령에 따른 차이가 없었고, 이해력은 50~60세까지 차이가 없다가 그 후 약간 감소하였다. 공통성 문제에서는 연령이 증가하면서 약간 감소하였고, 산수 문제에서는 50세까지는 비교적 안정적이다가 그 후 약간 감소하였다. 숫자 문제에서는 연령이 증가함에 따라 감소하였다. 동작 검사에서는 연령 증가에 따라 감소하는 양상을 보였는데, 특히 블록 짜기와 그림 완성은 일찍부터 감소하기 시작하였다(정옥분, 2000에서 재인용). 세이와 로스(Shay & Roth, 1992)의 연구에서도 동작성 지능은 연령 증가에 따라 감소하지만 언어성 지능은 비교적 안정적인 것으로 나타났다.

혼과 카텔(Horn & Cattell, 1966)은 지능의 내용을 크게 유동적 지능과 결정화된 지능으로 나누었다. 유동적 지능이란 개인이 획득한 지식, 경험 그리고 학습과는 관계없는 일반적인 정신능력을 말한다. 이에는 귀납적 추리, 기억 용량, 도형지각능력 등이 포함된다. 반면, 결정화된 지능은 주로 경험, 교육 및 훈련을 통하여 획득한 지식과 능력을 말한다. 이 지능에는 어휘, 일반상식, 언어이해 등이 포함된다. 이들에 의하면 결정화된 지능은 연령 증가에 따라 증가하고 유동적 지능은 그 반대로 감소한다([그림 11-1] 참조). 웩슬러의 언어성 검사는 결정화된 지능을 반영하고, 동작성 검사는 유동적 지능을 반영한다. 혼과 도날드슨(Horn & Donaldson, 1976)도 유동적 지능은 50세 이후 급격히 감소하지만 결정화된 지능은 70세까지도 증가한다고 하였다. 이러한 결과들은 살트하우스(1982)의 연구 결과와 일맥상통한다고 할 수 있다.

한편, 연령의 변화에 따른 지능의 변화에는 속도요인이 작용한다. 로지(Lorge, 1936) 등이 한 연구에 의하면, 시간제한이 없는 역량검사를 할 때는 연령 증가에

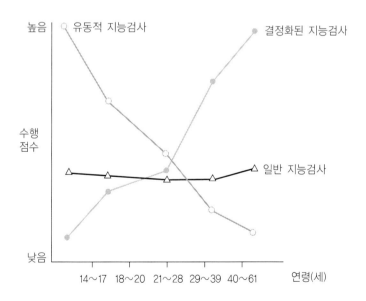

[그림 11-1] 결정화된 지능, 유동적 지능 및 일반 지능검사 점수와
여러 연령집단 사이의 관계

출처: Horn & Cattell (1966): 윤진(1985)에서 재인용.

따라 지능이 많이 감소하지 않았으나 시간제한을 두는 속도검사인 경우에는 연령 증가에 따라 지능이 감소하였다.

이와 같이 지능 발달의 경향은 지능의 영역에 따라 다르게 나타난다는 것을 알 수 있다. 경험의 영향을 덜 받는 유동적 지능은 연령의 증가에 따라 안정적이어서 개인차도 일관성 있게 유지되지만, 경험의 영향을 많이 받는 결정화된 지능은 나이가 들수록 개인차가 커진다고 할 수 있다. 즉, 결정화된 지능의 사용빈도가 높은 사람은 나이가 들어 감에 따라 유지되거나 오히려 증가하지만, 그렇지 않은 사람은 감소하기도 하는 것이다. 그러나 몇몇 연구자(Hayslip, 1989; Schaie & Herzog, 1983; Schaie & Willis, 1986)는 유동적 지능도 교육과 훈련을 통해 향상시킬 수 있다고 주장하였다.

성인기의 인지 변화는 연구를 위한 자료 수집 방법에 따라 다른 양상을 나타내었다. 횡단적 연구결과에 의하면, 지능은 아동기 동안 증가하여 청년기 또는 성년기에 절정에 달하다가 중년기부터 감소하는 것으로 나타났다. 반면, 종단적 연구결과에 의하면 지능은 50세까지 증가하며 60세 정도에서 안정되는 것으로 나타났다. [그림 11-2]는 단기횡단적 방법에 의한 지능변화 결과와 장기종단적 방법에 의한 지능변화 결과 간의 차이를 잘 나타내고 있다. 그러나 횡단적 연구

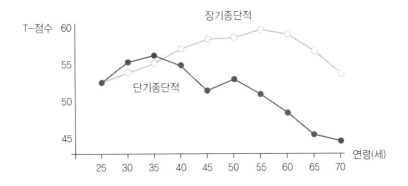

[그림 11-2] 결정화된 지능, 유동적 지능 및 일반 지능검사 점수와
여러 연령집단 사이의 관계

출처: Schaie & Willis (1986); 한정란(2005)에서 재인용.

는 출생 동시 집단 효과를 배제하기 어려운 한계가 있고, 장기종단적 연구는 표본집단의 중도 탈락으로 인한 표본의 편포 가능성을 배제하기 어려운 한계가 있다. 샤이(Schaie)와 그의 동료들은 이러한 횡단적 연구와 종단적 연구의 한계를 극복하기 위한 일환으로 순차적 접근법을 개발하여 연구하였다. 이것은 샤이의 시애틀 종단연구로 알려져 있다. 이 연구에서는 1959년에 20세 남녀 500명을 대상으로 지능검사를 실시하고 7년마다 재검사를 실시하였다. 7년 후 재검사를 실시할 때마다 이전 집단보다 연령이 5세씩 많은 새로운 대상을 추가하였다.

샤이(1983)는 시애틀 종단연구에서 서스톤(Thurstone, 1938)이 제안한 기초정신능력(Primary Mental Ability: PMA)의 구성요인들을 측정하는 검사를 실시하였다. 시애틀 종단연구에서 사용된 기초정신능력들은 어휘, 언어기억, 수, 공간지향, 귀납추리, 지각속도이다. [그림 11-3]은 6개의 지적 능력들이 25세부터 67세까지 어떻게 변화하였는가를 보여 준다. 샤이 등(Schaie, Baltes, Labouvie-Vief, & Nesselroade, 1968)은 서스톤의 기초정신능력에서 지능이 네 개의 독립된 차원으

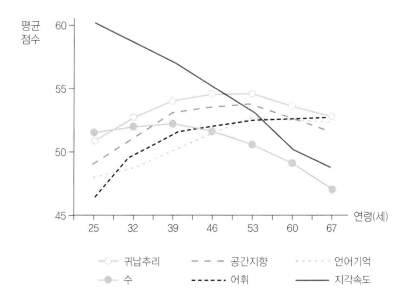

[그림 11-3] 25세부터 67세까지 6가지 지적 능력에서의 종단적 변화

출처: Schaie (1983).

로 구성되어 있음을 발견하였다. 네 개의 차원이란 교육과 훈련에 의해 획득된 지식인 결정화된 지능, 반대어, 유사어와 같이 언어적 사고를 변환시킬 수 있는 능력인 인지적 융통성, 그림, 자료를 처리하고 조직하는 능력인 시각 표상, 시각 과제와 운동과제를 통합하는 능력인 시각-운동 융통성이 그것이다. 샤이 등의 연구결과에 의하면, 결정화된 지능과 시각표상 능력은 70세 이후까지 증가되는 경향을 나타낸 반면, 인지적 융통성은 연령에 따른 변화가 없었다. 한편, 시각-운동 융통성은 연령이 증가함에 따라 감소하는 경향을 보였다. 샤이 등의 연구에서 주목할 점은 지적 수행 능력은 연령의 변화에 영향을 받기보다는 세대 차이에 의해 변화된다고 본 점이다. 예컨대, 1906년에 출생한 사람들의 수행은 1913년에 출생한 사람들의 수행보다 일관성 있게 저조하였던 것이다(김태련, 장휘숙, 1997에서 재인용).

연령에 따른 지능의 변화를 요약하면 연령이 증가함에 따라 지능의 감소가 전혀 일어나지 않는 것은 아니지만 50~60세까지는 잘 일어나지 않고, 감소가 일어난다 하더라도 훈련과 교육을 통해 회복이 가능하며, 언어능력과 같이 경험을 통해 학습되는 지능의 하위 요소들은 노년기까지 지속되거나 증가하기도 한다.

샤이(1996)와 크랜달(Crandall, 1980)은 노년기의 지적 감퇴는 많은 부분 자연적이고 정상적인 노화에 의한 것이 아니고 질환으로 인한 병리적인 노화 때문이라고 하였다. 또한 샤이(1996)는 자극적이지 못한 생활양식도 노년기 지적 감퇴의 원인으로 보았다. 배우자가 사망하여 혼자 살고 있고, 사회로부터 고립된 하류계층의 삶을 사는 사람들은 지적 자극을 받지 못하여 일찍 지적 감퇴를 경험한다는 것이다.

2) 기억능력의 변화

우리의 감각을 통해 들어오는 정보는 기억 속에 저장되었다가 필요할 때 회상되어 사용된다. 이러한 과정을 정보처리과정이라고 하며, 그것은 부호화 과정, 저장 과정, 인출 과정의 단계를 거친다. 부호화 과정은 환경 속의 여러 자극을 기억할 수 있도록 시각, 청각, 촉각 등의 방법으로 부호화하는 과정이다. 저장 과정은 부호화된 자극 내용을 감각기억, 단기기억, 장기기억의 순으로 저장해 가는 과정이다. 인출 과정은 저장된 정보를 회상이나 재인을 통해 인출하는 과정이다. 정보처리의 각 과정은 연령과 어떤 관계가 있는가를 살펴보고자 한다.

(1) 부호화 단계

연령이 많을수록 정보를 효율적으로 부호화하지 못하므로 정보의 부호화를 위해서는 과제 제시의 속도를 느리게 하거나 젊은 사람들보다 많은 횟수의 연습이 필요하다. 정보의 부호화를 효율적으로 하기 위한 보다 적극적인 방법으로는 정보를 어떤 유목에 따라 분류 조직하는 조직화, 여러 개의 정보를 운율 혹은 시각적으로 연합시키는 운율법이나 심상법, 정보의 내용을 일정한 장소와 연합시키는 장소법 등이 있다. 노인들은 정보처리과정이 느려지고 신체적 건강이 좋지 않을 뿐 아니라 예전의 단순한 기계적 암기법을 그대로 사용하는 경향 때문에 이러한 방법을 자발적으로 사용하지 않는 경향이 있다(Bäckman, Mantyla, & Herlitz, 1990; Craik & Jennings, 1992). 그러나 이와 같은 방법을 통해 기억을 증진시킬 수 있음을 알려 주게 되면 노인들의 회상 수준은 높아졌다(Botwinick, 1978). 노인들의 정보처리는 의미 수준의 깊은 수준까지 잘 이루어지지 않고 단어의 소리나 형태에 주의하는 청각이나 시각 수준의 처리만을 하는 경향이 있다. 그러나 깊은 수준까지 정보처리할 것을 구체적으로 지시해 주면 정보처리 수준을 높일 수 있다.

(2) 저장 단계

정보를 저장하는 기억단계는 저장의 길이에 따라 감각기억, 단기기억, 장기기억으로 나누어진다. 단기기억 내에서는 정신적 작업을 위한 단기기억이 포함되므로 작업기억이라고 하기도 한다.

① 감각기억

감각기억이란 정보가 시각이나 청각기관에 들어와서 0.25~2초 정도의 짧은 시간 동안 잔상이나 메아리의 형태로 유지되는 기억이다. 월쉬(Walsh, 1975)는 평균 64세의 노인들의 감각기억을 검사한 결과 잔상을 발견하지 못했다. 월쉬와 톰슨의 연구(Walsh & Thompson, 1978)에서는 노인들의 잔상 기간이 젊은이들보다 매우 짧게 나타났다. 또한 크레이크의 연구(Craik, 1977)에서는 젊은이에게 나타나는 메아리가 노인에게는 나타나지 않았다(윤진, 1985에서 재인용). 이와 같은 감각기억 상실은 속도를 요하는 과제 수행에 부정적 영향을 미친다.

② 단기기억과 작업기억

단기기억은 7±2 단위의 정보 용량을 20~30초 기간 동안 유지하는 기억이다. 여러 연구에 의하면(Craik, 1977; Craik & Jennings, 1992) 단기기억 저장의 용량과 기간에 있어서 연령 증가에 따른 감퇴는 아주 적다고 한다. 그러나 기억과제가 복잡해져서 작업기억을 해야 하는 경우는 연령이 증가할수록 그 능력이 떨어진다(Salthouse, 1994). 그렇다고 하더라도 기억전략을 가르치고 기억 훈련을 함으로써 노인들의 작업기억능력은 향상될 수 있다. 물론 개선의 정도는 젊은 성인들의 수준에 미치지 못한다(Cavallini, Pagnin, & Vecchi, 2003).

③ 장기기억

장기기억 속에 저장되어 있는 기억 내용 중 일상생활 사건에 대한 기억인 일화적 기억은 연령 증가에 따라 감퇴가 일어나지만, 사실적 지식에 관한 기억인 의미적 기억은 거의 감퇴가 일어나지 않는다. 또한 의식적으로 알고 있는 사실에 대한 기억인 명시적 기억은 노화의 영향을 받아 연령 증가에 따른 감퇴가 일어나지만, 자동적으로 수행하는 기술이나 일상적 절차에 대한 기억은 노화의 영향을 크게 받지 않는다(장휘숙, 2007).

(3) 인출 단계

정보의 인출에 있어서 노인들은 어려움을 겪는다. 샤이(1980)는 21년간 단어의 재인과 회상 능력이 연령에 따라 어떻게 변화하는가를 연구하였다. 그 결과 재인의 점수는 60세까지 증가하다가 그 이후 급격히 감퇴한 반면, 회상의 점수는 일찍부터 점진적으로 감소하다가 노년에 와서는 감소의 속도가 빨라졌다.

(4) 과거기억과 미래기억

노인들은 최근에 일어난 일은 기억을 잘하지 못해도 오래전에 일어났던 일은 잘 기억하는 경향이 있다(Bahrick, 1984; Camp & McKitrick, 1989; Erber, 1981). 이에 대해 브라운과 쿨릭(Brown & Kulick, 1977)은 최근의 일은 주의산만, 흥미 부족, 능력 감소 등의 이유로 부호화가 잘못되었을 수 있지만 옛날 일은 개인적으로나 사회적으로 매우 의미 있는 일이어서 매우 강렬한 기억으로 남아 있을 수 있기 때문으로 설명한다. 한편, 숀필드와 스톤즈(Schonfield & Stones, 1979)는 옛날 일을 기억하는 데 사용되었던 단서가 최근의 일을 기억하는 데는 '단서과부화(cue-overloaded)' 현상으로 인해 그 역할을 잘 수행하지 못하기 때문으로 설명한다(정옥분 외, 2016).

과거기억은 과거에 경험한 사건들을 기억하는 것이지만 미래기억은 미래 행위에 대한 기억이다. 정해진 시간에 약을 복용하는 것을 기억하거나 가스불 끄는 것을 기억하는 것 등이 미래기억에 해당한다. 미래기억은 사건의존기억(event-based memory)과 시간의존기억(time-based memory)으로 구분된다(Einstein & McDaniel, 1990: 정옥분 외, 2016에서 재인용). 사건의존 미래기억은 친구의 얼굴을 보고서야 그녀와 약속한 것을 기억하는 경우와 같이 외적 단서에 의해 수행해야 하는 행위를 기억하는 경우다. 반면, 시간의존 미래기억은 외적 단서 없이 일정 시간이 지나면 수행해야 하는 행위를 기억하는 경우다. 아인스타인과 그의 동료들(Einstein, McDaniel, Richardson, Guynn, & Cunfer, 1995)의 연구에 의하면, 노인들은 사건의존 미래기억에서는 결손을 보이지 않았지만 시간의존 미래기억에서는 저조한 수행을 보였다.

3) 문제해결능력의 변화

문제해결능력은 바라는 목표를 달성하기 위하여 개인이 사용하는 복잡한 사고과정을 의미한다. 이에는 문제의 평가, 목표 정의, 목표성취를 위한 타당한 방법의 도출 과정이 포함된다(장휘숙, 2006). 이와 같은 문제해결능력은 노년기에 감퇴되는 경향이 있다. 노인들은 문제해결이 느리고 효율성이 떨어지는 경향이 있으며, 다른 사람이 제시한 좋은 문제해결 방안을 알아보기는 잘하지만 스스로 해결방안을 찾아내는 일은 잘하지 못하는 경향이 있다. 그럼에도 불구하고 대부분의 일상적인 문제는 잘 해결하는 편이다.

딜, 윌리스와 샤이(Diehl, Willis, & Schaie, 1995)는 노인들의 문제해결 접근법의 몇 가지 특성을 제시하였다(정옥분 외, 2016에서 재인용). 첫째, 노인들은 추측하는 것을 싫어하고 답을 잘 모를 때는 아예 답을 하지 않는 조심성을 보인다. 빠르기보다는 정확성을 추구하고 위험을 감수하지 않는다. 노인들의 조심성은 실수가 가져오는 나쁜 결과에 대한 경험들 때문이라고 할 수 있다. 둘째, 노인들은 문제를 해결할 때 융통성을 발휘하기보다는 과거의 책략을 그대로 사용하려는 경직성을 보인다. 이는 익숙한 방법으로 문제를 처리할 때 느끼는 안전감 때문이라고 할 수 있다. 셋째, 노인들은 구체적인 문제의 해결력은 젊은이들보다 떨어지지만 그래도 추상적인 문제해결보다는 나은 면이 있다. 넷째, 노인들은 개념이나 가설을 형성하는 데 시간이 오래 걸리는 편이다. 이들은 추상적인 해석을 내리거나 유사한 특성을 묶어 내는 일에 어려움을 느낀다. 다섯째, 노인들은 의사결정을 내리기 위해 필요한 정보탐색의 일을 젊은이들보다 덜 하고 젊은이들보다 세부적인 것에 주의를 덜 기울인다. 의사결정을 자신의 경험에 많이 의존함으로써 에너지를 덜 소모한다. 이에 따라 적은 정보를 가지고 의사결정을 하게 되는데, 그럼에도 불구하고 그 결과는 젊은이들과 유사한 경우가 많다. 그리고 대부분의 노인들은 자신의 일상적인 문제해결 능력에 대해 긍정적인 편이다.

4) 창의성

창의성은 신기하고 색다른 방법으로 생각하고 독특한 해결책을 찾아내는 능력(장휘숙, 2006), 사고와 표현의 독창성 혹은 새로운 상황에서의 문제해결능력(나항진, 2004)이라고 한다. 창의성의 발달경향에 관한 전통적인 연구 중 하나인 리만의 연구(Lehman, 1953)에 의하면, 창의성은 30세에 정점을 이루며 그 이후 급격히 떨어졌다가 점차 하향곡선을 이룬다고 한다. 영역별로 창의성의 정점을 이루는 연령이 다소 차이를 보이는데, 예를 들면 수학은 가장 이른 나이에 정점을 나타내고 철학은 가장 늦은 나이에 정점을 이룬다.

한편, 데니스(Dennis, 1966)는 창의적인 생산성을 기준으로 보면 연령의 증가에 따른 결과물의 감퇴가 그다지 심하지 않다고 한다. 전반적인 생산성의 정점은 40대이지만 이 역시 분야에 따라 정점의 시기가 다르다. 예컨대, 역사와 철학 분야에서의 업적은 60대에 정점을 이루고 70대까지도 높은 수준을 유지하는 것으로 나타났다.

창의성에 영향을 끼치는 요인들이 연령 증가에 따라 어떻게 변화하는가를 아브라의 문헌(Abra, 1989)을 검토하여 나항진(2004)이 정리한 내용을 제시하면 다음과 같다. 첫째, 노인이 되면 사고가 경직되고 유동적 지능이 손상되기 때문에 창의성의 주요 특성인 독창성이 떨어짐으로써 창의성은 노화가 진행됨에 따라 감퇴한다고 할 수 있다. 둘째, 창의성을 이끌어 내는 자발성과 열정은 노화가 진행됨에 따라 감소하고 대신 경험과 세련미를 추구하게 된다. 일반적으로 열정과 경험은 40세에 균형을 이루게 된다. 40세에 창의적인 생산성이 정점을 이루는 이유 중에 하나가 이 때문이라고 할 수 있을 것이다. 열정을 가지고 창의적인 활동을 하는 사람들은 이른 나이에 생산성의 정점에 도달하는 반면, 경험을 중요시하는 사람들은 인생의 후반기에 뛰어난 결과물을 낸다. 셋째, 노인들은 생산적 활동에 필요한 지구력이 다소 떨어진다고 할 수 있다. 젊은이들은 시행착오를 통한 계속적인 생산에 대해 크게 거부감이 없으나, 노인들은 일의 정확성을 추구하기 때문에 많은 시간을 들여도 적은 양의 생산을 하게 된다. 또한 지구력의 약화는 체력의 저하에서 올 수도 있다.

노인에게 있어 창의력의 발휘는 끊임없이 변하는 세상에 적응하기 위한 방편일 수 있다. 그러나 신체적 변화와 사회적 관계의 상실 때문에 노인들은 창의성을 충분히 발휘할 수 없다. 그럼에도 불구하고 퇴직과 같이 자유로운 상황이 어떤 사람들에게는 창의적인 행동을 할 수 있는 계기가 되기도 한다. 자신의 삶에서 독립성을 느끼고 삶에는 목적이 있다고 느끼는 노인들에게는 건강까지도 창의성을 방해하지 않을 수 있다.

5) 지혜

지혜는 발달학적으로 볼 때 노인들의 인지적 특성을 긍정적으로 표현하기 위해 사용되는 용어이다. 그러나 지혜를 어떻게 정의하느냐에 따라 연령과 지능과의 관계가 다른 양상을 나타낸다. 에릭슨(Erikson, 1986)은 마지막 발달 단계에서 자아통합감 대 절망감의 갈등을 성공적으로 해결한 결과로 나타나는 덕목이 지혜라고 하였다. 그러나 지금까지의 연령과 지혜에 관한 연구결과들에 의하면 지혜가 반드시 노년기에 나타난다고 결론을 내리기는 어려운 실정이다. 예컨대, 미챔(Meacham, 1990)은 지혜는 적게 알고 자신이 알고 있는 것에 대해서 확신이 적을 때 발생하는데, 노인들은 너무 많이 알거나 자신이 알고 있는 것에 대해 너무 확신하기 때문에 젊은이들이 훨씬 더 지혜롭다고 하였다. 지혜를 객관적, 분석적, 이성적인 로고스(logos)와 주관적, 경험적, 정서적인 미토스(mythos)의 통합이라고 정의한 라부비-비프(Labouvie-Vief, 1990a, 1990b)는 지혜가 반드시 연령과 정비례하지 않으며 오히려 중년기에 절정에 이른다고 하였다.

지혜를 전문지식의 특별한 형태로 보고 그의 동료들과 함께 경험적으로 연구한 발테스(Baltes)는 여러 연령층의 성인에게 가설적 갈등상황을 제시하고 그것에 대한 반응의 지혜로움 정도를 평가하였다(Smith & Baltes, 1990). 그 결과 노인이라고 해서 젊은이들보다 더 지혜로운 것은 아니며, 지혜로운 것으로 평가된 반응들은 성년기, 중년기, 노년기에서 골고루 나타났다. 젊은이든 노인이든 자신이 속한 단계에 해당하는 상황에 대한 의사결정에서 더 지혜로운 반응을 보였다(정옥분, 2000).

한편, 지혜를 영적인 발달에 기초한 자아의 초월로 보는 경우는 지혜를 노년기의 특성으로 본다. 자아의 초월은 세속적인 관심에서 자유로워질 때 그 가능성이 높기 때문에 그러한 여건이 마련되기 쉬운 노년기에 더 잘 실현된다고 할 수 있다.

3. 은퇴의 적응과 여가

자기의 직업에서 은퇴를 하게 되는 시기인 노년 초기에 있어서 진로의 문제는 은퇴 이후 어떻게 적응할 것인지, 또한 많아지는 여가생활을 어떻게 보낼 것인지 등이 핵심 과제라고 할 수 있다. 따라서 이 절에서는 노년 초기의 은퇴 후 적응과 여가생활에 대하여 살펴보고자 한다. 그 이전에 발달과업 연구자들이 제시하는 노년 초기 진로영역 발달과업의 내용을 먼저 살펴보면, 해비거스트(1974)는 은퇴와 수입 감소에 적응하는 것을 노년기의 진로발달과업으로 제시하였다. 김종서 등(1987)은 은퇴생활에 필요한 지식과 생활 배우기, 취미를 계속 살리고 여가를 즐겁게 보내기, 정년퇴직과 수입 감소에 적응하기, 가정과 직장에서 일과 책임을 합당하게 물려주기 등을 제시하였다. 최근 이성진 등(2009)이 일반인들을 대상으로 설문조사한 노년 초기 진로영역 발달과업으로는 노후생활을 즐기기, 배우자와 함께 여가를 보내기, 노후대책을 세우기, 봉사활동하기, 제2의 인생 설계하기, 은퇴 후에도 자기계발하기, 연금을 타서 잘 활용하기, 금전이나 시간을 사회에 환원할 계획을 하기, 소일거리 찾기 등으로 나타났다.

1) 은퇴의 적응

많은 사람은 직업을 중심으로 자아정체감이 형성되어 왔으므로 오랫동안 종사해 오던 직업의 상실은 경제적인 문제나 역할상실로 인한 역할혼미의 문제뿐 아니라 자신에 대한 가치감이나 자아존중감의 문제까지 초래할 수 있다. 따라서 은퇴는 전반적인 개인생활에 영향을 미칠 수 있는 중요한 전환기적 사건이다.

(1) 은퇴의 적응 단계

은퇴 후 적응이 어떻게 이루어지는가 하는 것은 은퇴를 위기로 인식하느냐 아니면 연속적으로 이루어지는 일생에서의 한 과정으로 보느냐에 따라 달라질 수 있다. 은퇴를 위기로 인식할 때는 자아존중감이 저하되거나 위축과 고립감을 느낄 수 있으나, 은퇴를 일생의 연속적인 한 부분으로 볼 때는 개인의 태도나 행동에 심각한 변화를 일으키지 않는다.

은퇴를 일생의 연속적인 한 부분으로 보는 애취리(Atchley, 1976)는 은퇴 이후 은퇴자로서 적응해 가기까지의 과정을 5단계로 제시하였다. 그러나 애취리의 은퇴 적응 단계 모형은 모든 사람이 일률적으로 거치는 모형이라고 할 수는 없다. 은퇴에 대한 적응은 신체적 건강, 경제적 상태, 은퇴 형태(강제적인가 혹은 자의적인가), 개인적 통제력과 복잡하게 관련되어 있기 때문이다(Gall, Evans, & Howard, 1997).

① 밀월 단계(honeymoon phase): 은퇴 직후 많은 사람은 바쁜 생활에서 벗어나서 여유를 즐기게 됨으로써 행복감을 느낀다. 그러나 강제로 퇴직했거나 건강상의 이유로 갑자기 퇴직한 경우는 이러한 감정을 느끼지 못한다.

② 탈환상 단계(desenchantment phase): 은퇴 전에 생각했던 은퇴 후의 삶이 환상이었음을 깨닫고 은퇴 전의 바쁜 생활을 그리워하며 권력, 신분, 수입, 인생의 의미 등에 대한 상실감을 느낀다. 심한 경우는 우울증에 빠지기도 한다.

③ 적응 단계(reorientation phase): 성취감을 주는 새로운 일들을 찾아보기도 하면서 현실에 맞는 은퇴 후의 생활양식을 탐색한다. 그럼으로써 생활의 만족감을 추구해 나간다.

④ 안정 단계(stability phase): 새로운 역할과 정체감을 받아들임으로써 은퇴생활을 일상으로 받아들인다. 이러한 생활에 대한 적응이 잘 이루어지면 안정단계는 오랫동안 지속될 수 있다. 그러나 모든 사람이 반드시 이 단계에 도달하는 것은 아니며, 어떤 사람들은 탈환상 단계에 오래 머무르기도 한다.

⑤ 종결 단계(termination phase): 재취업을 하면서 은퇴의 시기를 종결하기도 하지만 대부분의 경우는 신체적 건강의 악화로 독립적인 기능을 상실하게 됨으로써 은퇴의 시기를 마감하게 된다.

(2) 은퇴 후 적응의 특징

장휘숙(2006)은 은퇴 후의 적응에 관한 몇몇 연구결과(Floyd et al., 1992; Kim & Moen, 2001; Moen, 1998)를 정리하여 은퇴의 적응에 대한 설명을 다음과 같이 간략히 요약하였다.

첫째, 은퇴에 관한 개별적 반응은 다양하다.

둘째, 은퇴는 스트레스의 근원일 수도 있고, 만족의 근원일 수도 있다.

셋째, 은퇴에 대한 대처능력은 은퇴 경험에 관한 주관적 평가(도전적인가 혹은 위협적인가)와 이전에 획득한 대처기술에 달려 있다.

넷째, 은퇴에 대한 적응은 은퇴 후에 일어나는 변화가 적을 때 그리고 개인이 성취나 만족을 위한 충분한 자원을 가지고 있을 때 더 쉽게 이루어진다.

다섯째, 은퇴하기 전 점진적으로 일의 양을 줄여 나가거나 은퇴 후의 계획을 세움으로써 은퇴 과정이 점진적으로 이루어질 때 은퇴에 대한 적응은 더 용이하다.

여섯째, 은퇴 후의 적응에 결정적 역할을 하는 요인은 충분한 수입, 좋은 건강, 사회적 지원체계 등과 같은 개인적 자원들이다.

일곱째, 융통성과 분별력 같은 개인적 특성과 은퇴에 대한 긍정적 태도는 성공적 적응을 가능하게 한다.

여덟째, 부부관계나 성인 자녀와의 관계 혹은 노부모를 포함하는 삶의 다른 상황들이 은퇴 후의 적응에 영향을 준다.

(3) 은퇴생활 준비

은퇴에 대한 적응은 은퇴 전에 얼마나 준비를 충분히 했는가와 관련 있다. 평균수명이 늘어나면서 은퇴기를 예전처럼 여생을 부양받는 시기로 여기지 않고 또 하나의 인생기로 인식하고 이에 대해 철저히 준비하는 것이 필요하다.

은퇴를 준비하기 위해 우선 관심을 가져야 할 영역이 경제문제일 것이다. 은퇴를 하면 고정적으로 들어오는 수입이 끊어지게 되므로 노후의 경제생활을 대비하기 위해 필요한 자금이 마련되어야 한다. 부부 노후생활 자금, 자녀교육비 및 결혼자금, 부모님 의료비 등을 고려하여 어느 정도 경제수준을 유지해야 할지에 대한 목표를 설정하고 연금을 비롯한 각종 예·적금 및 투자형 상품, 부동산 등을 활용하는 은퇴설계가 체계적으로 이루어질 필요가 있다.

둘째, 노후에도 좋은 건강 상태를 유지하기 위해 건강관리에 힘쓸 필요가 있다. 노년의 건강은 40대 이후부터 어떠한 생활습관을 해 왔는가에 달려 있다. 따라서 은퇴 후의 건강을 유지하기 위해서는 40~50대 이후부터 식생활 등에서 좋은 습관을 유지하고 자신에게 맞는 적절한 운동을 하며 정기적인 건강검진을 받아 두는 것이 필요하다. 아울러 만약의 경우를 대비하여 민간건강보험이나 장기간병보험에 가입해 두는 것도 필요한 일이다.

셋째, 노후의 삶을 살아갈 주거공간에 대한 계획이 필요하다. 노후에는 신체적 쇠퇴를 고려하여 의료기관에 대한 접근성이 좋고, 교통과 일상적인 쇼핑이 편리한 곳에 살 수 있도록 해야 한다. 또한 집에서 생활하는 시간이 많기 때문에 노후 여가를 위한 공간 확보가 필요하고, 가족 및 친구들과의 교류 가능성에 대한 고려가 있어야 한다. 한편, 양로원에서의 생활이나 만성질환 또는 장기간병으로 인한 요양소 생활에 대한 고려도 있어야 한다.

넷째, 평균수명이 연장되어 노년기가 길어지고 있으므로 은퇴 후 소득이 확보되고 건강이 유지될 수 있다면 생계추구에서 벗어난 새로운 경제활동이나 봉사활동, 새로운 일에 도전하기 위한 학업 등 인생의 보람을 느낄 수 있는 새로운 일을 찾을 필요가 있다. 일을 전혀 하지 않는 것보다 일을 하는 것이 건강과 수명에 긍정적인 효과를 미친다. 이를 준비하기 위해서는 완전한 은퇴에 앞서 '준

은퇴'의 시기를 가질 것을 권한다. '준은퇴'의 시기란 소득을 올리는 데 1차적 초점을 맞추었던 것과 달리, 완전한 은퇴에 앞선 은퇴 예행연습기간이라고 할 수 있다(오영수, 2004). 이 시기에는 소득보다 인생의 보람을 느끼는 데 1차적 초점을 두고 일과 여가를 조화시키면서 일을 한다. 이렇게 할 때 의무감보다는 감사함으로 일을 할 수 있으며, 인생에 활력을 불어넣을 수 있다.

2) 노년의 여가

의료 기술의 발달로 인해 노인들의 수명이 연장되고 좋은 영양 상태와 경제적 형편의 향상으로 인해 노인들이 건강하고 여유 있는 생활을 할 수 있는 여건이 마련됨으로써 질 높은 여가생활을 어떻게 보내야 할 것인가 하는 것이 주요 과제가 되고 있다. 노인들에게는 특히 많은 시간이 주어짐으로써 여가생활을 어떻게 보내느냐에 따라 노후의 삶의 질을 구성할 수 있다.

(1) 노인 여가의 의미

직업에서 은퇴한 노인들의 생활은 시간적 의미에서 볼 때 대부분이 여가라고 할 수 있다. 따라서 여가활동은 노인 생활의 내용을 규정할 수 있다. 노인들이 자신에게 맞는 여가생활을 적절히 해 나가면 노년기의 고립감 및 소외감을 극복할 수 있을 뿐 아니라 자기계발에 도움이 됨으로써 삶에 의미를 찾고 자아를 통합하는 데 도움을 얻을 수 있다. 그러나 건강이나 경제적인 이유로 인해 자유로운 여가활동을 못할 수도 있고, 여가 수단에 대한 지식의 부족으로 여가를 잘 활용하지 못할 수도 있다.

노인의 여가는 심리적 측면, 사회적 측면, 신체적 측면에서 그 의의를 찾아볼 수 있다. 심리적 측면에서 볼 때 노인들의 여가는 개인적 욕구, 특히 자아실현에의 욕구를 충족시키고 심리적 안녕감이나 생활의 만족감, 삶의 행복감을 가져다줄 수 있다. 사회적 측면에서 보면, 여가는 은퇴나 배우자의 상실 혹은 부모의 역할 상실 등으로 인해 축소된 인간관계의 폭을 넓힐 수 있는 기회를 줄 수 있다. 지역사회의 봉사활동, 종교기관에서의 활동, 동창회 등의 단체활동, 우정 나누기 등을 통해 이러한 기회를 마련할 수 있다. 신체적 측면에서 보면 여가는 다양한 신체 활동과 심리적 만족감으로 인해 신체적 건강을 유지하고 증진시키는데 기여할 수 있다.

(2) 노인의 여가 유형

노인들의 여가 유형은 개인적 성격이나 주변 환경에 따라 달라질 수 있다. 김태현(1994)은 노인의 여가 유형을 다섯 가지로 제시하였다.

첫째는 단독충실형이다. 이는 미술, 음악 감상, 서예, 다도, 사진촬영 등의 취미생활로 시간을 보내는 형이다. 둘째는 우인교류형이다. 이는 친구들과 어울려 회식을 하거나 대화를 나누기를 좋아하며, 관혼상제에도 적극적으로 참가하는 유형이다. 셋째는 독서형이다. 이는 서재에서 독서를 하거나 문집을 정리하고, 신문잡지의 기사를 스크랩하고 새로운 문헌을 수집하는 것 등으로 시간을 보내는 형이다. 넷째는 가족충실형이다. 이는 정원 손질, 가옥의 미화 작업, 가족 동반 회식 등 가족 중심적인 생활에 시간을 많이 보내는 유형이다. 다섯째는 사회참여형이다. 이는 지역사회 활동을 위한 봉사활동이나 동창회, 향우회, 친목회, 종친회 혹은 정치단체에 적극적으로 참여하는 유형이다. 이들 유형 중 어느 유형에 속하느냐 하는 것은 개인의 성격뿐 아니라 경제적 능력이나 학력에 의해 좌우되기도 한다.

(3) 노인여가활동 실태 및 활성화

우리나라 노인들의 여가활동을 조사한 연구결과들에 의하면 우리나라 노인들은 대체로 소극적인 여가활동을 하는 것으로 나타났다. 예를 들면, 한국보건사회연구원에서 실시한 '2004년도 노인생활실태 및 복지욕구조사'에서도 현재 노년세대는 적극적 여가활동을 실천하지 못하고 있다고 하면서, 대부분의 노인들이 TV 시청이나 가족과 시간을 보내는 것으로 노후를 보내고 있는 반면, 평생교육이나 자원봉사 등에 참여하고 있는 비율이 4%대로 매우 낮게 나타났다고 밝혔다. 서울지역에서 남녀 노인 1,371명의 여가의식을 분석한 나항진(2003)의 연구에서도 '라디오/TV 시청'이 가장 많은 33.9%로 나타났고, '음악, 미술, 서예 등 예술활동'이 30.3%, '등산, 낚시, 산책 등 운동'이 15.5%로 나타나, 세 가지 유형이 전체 여가활동의 80%를 차지한 반면, 자원봉사는 하위를 차지하고 그 수도 매우 적다고 보고하였다(김영란, 이수애, 권구영, 2010에서 재인용).

한편, 노인들이 선호하는 여가 프로그램을 조사한 연구결과를 보면, 나항진 (2003)의 서울지역 노인들의 여가의식에 대한 연구에서는 오락 프로그램에 가장 많은 40.0%가 응답하였고, 그다음으로 학습 프로그램에 약 25%, 죽음 대비 교육에 약 3.5%가 응답하였다. 진해시 노인의 여가활용실태 및 활성화에 대한 연구를 한 김희년과 정미숙(2004)의 연구결과에 의하면, 38.2%가 노년기를 의미 있게 보내기 위해 제일 중요한 여가활동으로 친지와의 교류를 선택하였고, 그 밖에 운동·산책 등의 건강증진활동이 16.2%, 취미·오락 활동이 12.7%, 새로운 지식습득 및 교양학습활동이 11.8%, 지역사회 봉사활동이 7.4% 순으로 나타났다.

최성재와 장인협(2006)은 우리나라 노인들이 적극적인 여가활동을 하지 못하고 있는 요인으로 건강문제, 비용의 부족, 장소나 시설부족, 정보나 지식 부족을 들고 있고, 권중돈(2007)은 우리 사회의 여가에 대한 낮은 인식, 여가교육 기회의 제한, 여가시설과 프로그램의 부족, 세대 간의 가치관 차이 등의 제약 때문으로 보고 있다. 따라서 적극적인 여가활동에는 경제적 요인, 건강문제, 생활환경적 요인, 여가활동에 대한 사회화가 중요하게 작용함으로 노인여가의 활성화를 위해서는 이 요인들의 조건이 향상되도록 노력을 기울일 필요가 있다.

4. 노년 초기 발달의 현안과 상담

성공적인 노화를 위해서 노인들은 어떤 노력을 기울여야 하고 주변인들은 이들에게 어떤 도움을 주어야 하는가를 생각해 볼 필요가 있다. 이를 위해서 우선 노인들이 겪게 되는 심리적 위기는 무엇인가, 성공적인 노화의 상태를 어떻게 볼 것인가 하는 것을 알아보고 노인들에게 많이 나타나는 정신병리 및 이에 대한 대처 등을 알아보고자 한다.

1) 노년기의 위기와 상담

노인들은 노년기 심리적 발달과정에서 심리적 위기를 경험한다. 그 위기를 어떻게 극복하느냐에 따라 노년기의 삶을 만족스럽게 건강하게 영위할 수도 있고 그렇지 않을 수도 있다. 이러한 노년기의 위기를 에릭슨은 '통합감 대 절망감'으로 설명하고, 펙(Peck, 1968)은 세 가지 위기로 설명한다(정옥분, 2000). 에릭슨에 의하면 노인들은 자신의 삶을 되돌아보게 되는데, 이때 자신의 삶을 만족스럽게 인식하느냐 불만족스럽게 인식하느냐에 따라 통합감을 느끼기도 하고 절망감을 느끼기도 한다. 생에 대한 어쩔 수 없는 절망감을 받아들이고 더 큰 통합감을 형성함으로써 인생에 대한 초연함을 발달시켜 지혜의 미덕을 가질 때 성공적인 노년을 보낸다고 할 수 있다. 따라서 노인들에게 성공적인 노년을 위한 상담을 위해서는 그 목표를 절망감의 수용과 통합감의 형성을 통한 지혜의 습득에 둘 수 있다.

노인들이 심리적으로 건강하기 위해 해결해야 하는 위기 중 펙이 강조한 첫 번째 위기는 '자아분화 대 직업역할 몰두'이다. 은퇴 이후에는 그동안 직업적 역할과 동일시해 온 자아를 분화시켜 새롭게 재정의할 필요가 있다. 그동안 도외시해 온 자신의 가치를 되찾고 노년기에 즐겁게 할 수 있는 진정한 본인의 관심사를 찾아 나감으로써 직업적 역할 이상의 자아를 탐색한다. 두 번째 위기는 '신체 초월 대 신체 몰두'이다. 노화로 인한 신체적 쇠락을 어떻게 받아들일 것인가 하는 것이다. 이 위기를 극복하는 사람은 신체적 기능의 저하에 지나치게 몰입하여 쉽게 절망감에 빠지지 아니하고 노화로 인해 나타나는 신체적 불편을 수용하는 건강한 삶을 사는 사람이다. 세 번째 위기는 '자아 초월 대 자아 몰두'이다. 이 위기를 극복하는 사람은 자신의 현재 삶을 초월하여 죽음도 인생의 한 과정임을 받아들일 수 있는 사람이라고 할 수 있다. 노인들을 대상으로 하는 상담을 할 때 펙이 강조한 노년기의 위기들을 극복하는 방향으로 상담의 방향을 설정할 수 있다.

2) 성공적 노화와 상담

(1) 성공적 노화

성공적인 노화라는 것은 노년기에 사회적, 심리적, 신체적, 환경적으로 잘 적응하여 만족감과 행복감을 느끼면서 이 시기를 보내게 되는 것을 의미한다. 그러나 어떻게 보낼 때 이러한 상태가 되는가 하는 것에 대한 견해는 연구자들마다 다소 차이를 나타낸다. 커밍과 헨리(Cumming & Henry, 1961)는 50~90세 노인들을 대상으로 5년 동안 연구한 결과를 바탕으로 사회적 이탈 이론(social disengagement theory)을 제안하였다. 사회적 이탈 이론에 의하면, 노인들은 사회적으로나 심리적으로 스스로를 철회하여 사회적 상호작용을 위축시키고 자아에 몰두함으로써 노년기를 성공적으로 적응하게 된다는 것이다.

한편, 해비거스트 등(1968)은 사회적 이탈 이론과 반대로 노인들은 사회적으로 위축되지 않고 계속적으로 활동할 때 만족감을 느낀다고 하는 활동 이론(activity theory)을 제안하였다. 노년기에도 적극적으로 활동을 함으로써 신체적 및 정신적 건강을 유지할 수 있고 생활의 질을 높일 수 있기 때문에 활동을 계속하는 것이 성공적인 적응방식이라는 것이다.

뉴가르텐 등(Neugarten et al., 1968)은 70세와 79세의 노인들을 대상으로 6년 이상 연구한 결과, 개인의 성격 유형과 사회적 역할 활동의 수준, 그리고 생활만족도 간의 관계를 확인하였다. 이 연구에 의하면, 성공적 노화는 단순히 사회로부터 이탈되거나 계속 적극적인 활동을 한다고 하여 무조건 달성되는 것이 아니고 각자의 성격 유형에 맞는 활동을 함으로써 이루어진다. 이러한 이론을 성격과 생활양식 이론(personality and lifestyle theory)이라고 한다. 뉴가르텐의 연구 결과는 〈표 11-1〉에 나타난 바와 같다.

○○ **표 11-1** 성격유형, 사회적 활동 및 생활만족과의 관계

성격유형	사회적 역할활동	생활만족의 정도
1. 통합형: 인생을 수용하고 유능한 자아를 소유하며 통제감을 유지한다. 융통성 있고 성숙한 사람이다.	① 재구성형: 젊음을 유지하고 활동적이다. 종교단체와 지역사회에서 활동한다.	상
	② 집중형: 중간 정도의 활동을 유지한다. 심사숙고해서 선택한 몇 가지 활동에 에너지를 집중한다.	상
	③ 유리형: 조용히 자기 자신에 몰두하고 스스로 사회적 관계로부터 위축된다.	상
2. 무장형: 철저하게 불안에 방어하고 충동을 엄격하게 통제한다.	④ 계속형: 나이를 먹는다는 사실을 두려워하며 바쁜 생활을 계속한다. 성취지향적이며, 결코 은퇴하지 않는다.	상
	⑤ 제한형: 능력 상실과 노화의 위협에 사로잡혀 있으며 에너지를 축소시켜 쇠퇴를 회피하려고 노력한다.	중
3. 수동-의존형: 강한 의존 욕구를 지니고 있으며 타인으로부터 반응을 구한다. 가족이나 친지에게 심리적으로 의존한다.	⑥ 구원요청형: 보통 정도의 사회활동을 유지하나 타인에게 정서적으로 의존한다.	중
	⑦ 무감각형: 인생을 수동적으로 살아온 사람으로 안락의자에서 거의 하루를 보내는 수동적인 사람이다(rocking chair people).	하
4. 미성숙형: 인지적 결함을 가지고 있으며 모든 것을 감정적으로 처리한다.	⑧ 와해형: 사고능력이 퇴화하고 정서통제가 불가능하다.	하

출처: Neugarten, Havighurst, & Tobin (1968): 장휘숙(2007)에서 재인용.

칼스텐센(Carstensen, 1998)은 사회정서적 연결망을 선택적으로 축소함으로써 성공적 노화가 가능하다고 하는 사회정서적 선택이론(socioemotional selectivity theory)을 제안하였다. 노인들은 가족이나 가까운 친구들과의 접촉은 늘리고 공식적인 관계의 접촉은 줄임으로써 정서적 만족을 극대화할 수 있다는 것이다.

발테스와 발테스(Baltes & Baltes, 1990)는 보상을 수반한 선택적 최적화 이론(selective optimization with compensation theory)을 제안하였다. 이 이론에 의하

면 성공적으로 노화하는 사람은 노년기의 기능 쇠퇴에 맞게 선택 영역을 축소하고 거기에서 최대한의 잠재 능력을 발휘함으로써 발달적 쇠퇴를 보상한다.

로우와 칸(Rowe & Kahn, 1998)은 성공적 노화의 핵심 개념에 질병 및 장애의 예방, 신체적·인지적 활동, 적극적인 사회 활동 참여라는 세 가지 요소를 포함시키고 있다. 다시 말하면, 첫째, 정기적인 건강검진, 식이요법, 운동 등을 통해 자신의 건강을 유지하는 것, 둘째, 적절하고 규칙적인 운동을 통해 신체적 활동을 유지하며, 복잡한 인지활동을 계속함으로써 인지적 기능을 유지하는 것, 셋째, 사회활동 참여를 지속하고 타인과의 관계에서 친밀도를 유지하는 것 등을 포함한다. 한편, 크로서와 그의 동료들(Crowther, Parker, Achenbaum, Larimore, & Koenig, 2002)은 로우와 칸의 모델에 성공적 노화의 필수적 구성요소로 '긍정적 영성'의 개념을 추가하였다(정옥분 외, 2016).

차세만(2014)은 성공적 노화에 대한 중산층 노인들의 주관적 인식을 파악하고 인식유형별 특성을 분석하였다. 그 결과 첫째, '가족 친화형'의 중산층 노인들은 배우자 및 가족관계에서의 높은 만족도가 성공적 노화라고 인식하였다. 둘째, '건강유지 추구형'은 건강한 신체로 건강한 삶을 살고, 생활의 만족도를 유지하는 것을 성공적 노화라고 생각하였다. 셋째, '자아실현 추구형'의 중산층 노인들은 자신의 역량을 지속적으로 발휘하고, 여러 가지 사회활동에 적극적으로 참여하는 삶이 성공적 노화라고 생각하였다. 넷째, '관계지향형'은 부부 및 자녀와의 관계뿐만 아니라 포괄적인 인간관계를 중요시하며, 인간관계 증진이 성공적 노화의 요소라고 보았다. 네 가지 유형에서 공통적으로 동의하는 성공적 노화의 요건은 배우자와 함께 여생을 보내는 것, 자녀들로부터의 존중, 자녀에게 의지하지 않을 만큼의 경제력 등이었다.

성공적 노화에 대한 견해가 이렇게 다양하다는 것은 개인마다 성공적 노화의 양태가 다름을 의미한다. 따라서 노인들이 성공적으로 노화해 나가는 것을 도와주기 위한 방법은 노인들의 성격과 환경에 맞추어 이루어져야 할 것이다. 무엇보다도 노인들의 개인적 특성에 맞는 새로운 역할들을 안내함으로써 성공적인 노년기를 맞이할 수 있도록 하여야 할 것이다.

(2) 성공적 노화를 위한 진로상담

노인들은 나이가 들어 감에 따라 더 이상 미래의 희망에 대해 관심을 두지 않게 된다. 오히려 현재를 불만스러워하거나, 과거의 업적을 통해 위로를 받으려고 하는 경향이 있다. 따라서 이들이 현재의 문제에 집중하고 미래를 계획하도록 돕는 것이 필요하다.

그러므로 노인을 대상으로 하는 진로상담은 개인이 가지고 있는 현실에 대한 불안정감과 예측할 수 없는 미래, 가능성 없어 보이는 미래에 대한 불안을 줄이며, 현재에 대한 적응력과 미래에 대한 보다 건강하고 긍정적인 의지를 갖도록 돕는 상담이 되어야 한다. 내담자가 앞으로 남은 삶을 성공적으로 준비함으로써 성공적인 노후를 이루어 갈 수 있도록 하는 것이다. 이때에 상담자는 내담자가 바라는 현재의 소망과 바람을 탐색할 수 있도록 도와주고, 성공 가능한 미래의 희망을 찾아 노년기를 성숙과 통합의 시기로 이끌도록 돕는 과정을 수행하여야 한다.

노인 진로상담의 구체적인 절차는 다음과 같이 진행될 수 있다.

① 과거의 긍정적 경험을 탐색한다.
② 현재의 소망을 탐색한다.
③ 원하는 미래를 구상한다.
④ 원하는 미래를 위해 필요한 일을 목록화한다.
⑤ 구체적으로 할 일을 계획한다.
⑥ 계획한 일을 실제로 실행한다.
⑦ 실행한 일의 성과나 가치를 평가한다.

3) 노년기의 정신병리와 치료

우선 정신적으로 건강한 사람들의 특성은 무엇인가를 살펴보고, 건강하지 않은 노인들의 정신병리에는 어떤 것이 있으며, 이를 치료하기 위한 방법들은 무엇인지 알아보고자 한다. 비렌과 레너(Birren & Renner, 1980: 김수정 외, 2001에서 재인용)는 정신적으로 건강한 사람들의 특징을 여섯 가지로 제시하였다. 첫째, 자신에 대한 긍정적인 태도, 둘째, 현실의 정확한 지각, 셋째, 환경에 대한 지배력, 넷째, 자율적임, 다섯째, 균형 잡힌 성격, 여섯째, 성장과 자기실현이 그것이다.

이러한 특성들을 잃게 되는 정신병리 현상은 노인의 경우 노년기를 거치면서 경험하게 되는 환경적·내부적 요인들에 의해 나타날 수 있다. 노인들의 정신병리를 유발할 수 있는 환경적 요인으로는 배우자나 친지의 죽음과 같은 개인적 상실과 사회적 지위 및 특권의 상실, 경제 사정의 곤란, 은퇴, 노인에 대한 경시와 같은 사회적 상실이 있다. 내부적 요인에는 개인의 적응구조인 성격적 특성과 각종 신체적 질환, 감각능력의 감퇴로 인한 반응시간의 느림과 같은 객관적 변화와 신체기능 퇴화의 자각과 같은 주관적 변화 등이 있다. 이러한 요인으로 인해 노인들에게 나타날 수 있는 정신병리들을 살펴보기로 한다.

(1) 우울증

우울증은 신체적 쇠락과 사회적 상실을 겪게 되는 노년기에 보편적으로 나타나는 증상이다. 우울증에는 다음과 같은 다섯 가지 요소가 포함된다(김수정 외, 2001). 첫째, 우울증에 걸리면 기분이 침체되거나 우울해지는 불행감을 느낀다. 둘째, 불면증, 식욕의 변화, 확산된 아픔, 호흡 곤란, 두통, 피로 그리고 감각의 상실 등과 같은 신체 증상을 동반한다. 셋째, 앞에 기술된 증상들이 2주 이상 지속된다. 넷째, 신경장애, 약물, 신진대사, 알코올 중독이나 다른 정신병리가 우울 증상을 야기할 수 있다. 다섯째, 일상생활에 지장을 초래한다.

우울증은 그 정도에 따라 세 가지로 분류될 수 있다. 첫째는 배우자나 친지의 죽음과 같은 사건으로 인하여 급격히 나타났다가 일정 기간 후 사라지는 침울증이 있고, 질환의 정도가 심하고 증상이 오래가는 신경증적 우울증과 정신병적 우울증이 있다. 정도가 심하지 않은 침울증은 환자에게 조언과 정신적 지지를 제공하는 지지치료를 통해 치유할 수 있다. 그러나 정도가 심한 경우에는 그 외 약물치료, 전기충격치료, 정신치료 등의 방법들이 동원되어야 한다. 우울증에 효과적인 정신치료로는 행동치료, 인지치료, 정신분석치료 등이 있다. 오늘날에는 우울증이 심한 경우 약물치료와 정신치료를 함께 병행하는 경우가 많다. 약물을 통하여 기분을 전환시키고 정신치료를 통하여 삶의 의미를 느끼게 하는 것이다.

(2) 불안장애

불안장애는 명백한 위험이 없음에도 불구하고 두려움이나 공포감을 느끼는 것이며, 현기증이 난다거나 가슴이 답답하고 심장이 두근거리는 등 다양한 신체 증상을 동반한다. DSM-IV에 의한 네 가지 불안장애에는 공황장애, 공포증, 일반화된 불안장애, 강박사고-강박행동장애 등이 있다.

주로 사용하는 치료방법에는 심리치료와 항불안제를 복용하게 하는 약물치료가 있다. 이 중 한 가지 방법을 사용하거나 두 가지 방법을 병행할 수 있다. 불안한 사람에게 흔히 사용하는 심리치료는 체계적 둔감법과 같은 긴장이완법이다. 이것은 근육의 긴장을 이완시키는 방법과 불안이 심하기 전에 불안을 통제하는 방법을 학습시키는 방법이다. 이 치료법은 단기간의 치료에도 효과가 나타날 뿐 아니라 약물과 같은 부작용이 없다는 장점을 가진다.

(3) 성격장애

성격장애는 일반적으로 세 가지로 분류된다(Sadavoy & Fogel, 1992: 김수정 외, 2001에서 재인용). 첫째, 편집증, 정신분열, 정신분열적 성격장애를 포함하는 이상집단이다. 둘째, 반사회적 장애, 경계선 장애, 히스테릭 그리고 자해성 성격장애를 포함하는 정서적 불안정 집단이다. 셋째, 회피, 의존, 강박증 및 수동-공격성 성격장애를 포함하는 불안, 공포 집단이다.

시간의 흐름에 따른 증상의 변화는 성격장애의 종류에 따라 다소 차이를 나타낸다. 편집증, 정신분열증과 같은 유형은 시간의 변화에도 변하지 않거나 연령이 증가함에 따라 더 악화될 수도 있다. 반면, 수동-공격성, 반사회성, 자해성과 같은 유형들은 시간이 흐르면 나아지는 경향이 있다. 따라서 이 유형은 노인들에게 상대적으로 드물게 나타난다(김수정 외, 2001).

일반적으로 성격장애는 생애 초기에 형성된 성격 구조에서 출발하지만 삶이 진행됨에 따라 안정적이거나 노년기에는 희미해지는 경향이 있다고 본다. 그러나 대인 간의 문제, 신체건강에 대한 과도한 걱정, 사회적 접촉으로부터의 위축 등이 계기가 되어 드러날 수도 있다. 성격장애에 대한 치료는 어려우며, 특히 노인들에 대한 정보는 없는 편이다.

(4) 기질성 정신장애

기질성 정신장애는 정신장애의 원인이 뇌 손상에 있는 경우를 말한다. 뇌 손상으로 나타나는 정신적 기능의 감퇴는, 첫째, 기억의 손상과 감퇴, 둘째, 지적 기능과 이해능력의 손상, 셋째, 판단능력의 손상, 넷째, 지남력의 손상, 다섯째, 감정적 불안정 등으로 나타난다(김수정 외, 2001)

기질성 정신장애는 급성 기질성 뇌 증후군과 만성 기질성 뇌 증후군, 전 노인성 치매 등으로 나누어진다. 급성 기질성 뇌 증후군은 갑작스럽게 대뇌에 기능장애가 일어남으로써 발생하는 정신장애로서 발병 직후 발견하여 치료하면 쉽게 회복할 수 있다. 만성 기질성 뇌 증후군은 장기간에 걸쳐 발생해 온 정신장애로서 처음에는 단순한 수준의 우울증이나 불안증에서 시작하여 점차 악화되어 지적 능력을 상실하는 방향으로 나아가는 것을 말한다. 이것이 소위 노인성 치매다. 만성적 장애는 급성 장애와 달리 정상적인 회복이 불가능하다. 그러나 치료를 통해 일상생활 기능이 향상될 수 있도록 호전시킬 수는 있다. 노년기의 기질성 장애의 치료 시에는 의학적 측면뿐 아니라 사회적, 심리적 측면까지 함께 고려할 필요가 있다. 증상은 해부학적 원인뿐 아니라 개인의 신체적 특성, 성격, 유전적 배경, 환경적 스트레스 등이 함께 작용한 결과이기 때문이다.

학습문제

1. 성인기를 거쳐 노년기에 이르면 지능은 어떻게 변화하는지 알아보자.
2. 은퇴생활 준비는 어떻게 하는 것이 좋을지 알아보자.
3. 노인들이 심리적으로 건강하기 위해 해결해야 하는 위기에 대하여 펙(Peck)은 어떻게 설명하고 있는지 알아보자.
4. 노인들의 정신병리를 유발할 수 있는 환경적 요인과 내부적 요인에는 어떤 것들이 있는지 알아보자.

제12장
노년 후기

김희수

    이 장에서는 발달의 마지막 단계인 노년 후기(70대 이후)의 발달적 특징, 주요 발달과업인 죽음의 준비, 발달의 현안과 상담에 대하여 알아보고자 한다. 우리나라는 1970년부터 평균수명이 꾸준히 증가하고 있는데, 노화에 따른 신체적 변화는 노년 후기의 보편적이고 불가피한 특징이다. 신체적 변화 중 가장 눈에 띄게 나타나는 외적 변화는 신장 및 체중, 피부 및 모발, 치아, 행동 둔화와 관련된 변화다. 내적 변화로는 심장혈관 계통, 뇌 및 신경 계통, 호흡기 및 위장 계통, 근골격 및 비뇨기 계통, 면역체계 계통, 감각기능 계통, 수면 계통과 관련된 변화가 있다. 한편, 노화에 따른 인지적 변화는 지능의 변화, 기억의 변화, 치매 발병, 문제해결능력의 변화, 창의력의 변화 등을 들 수 있다.

    노년 후기의 주요 발달과업인 죽음의 준비에서 보면, 죽음의 유형으로는 생물학적·의학적·법적·사회적 죽음 등이 있으며, 죽음 전의 심리적 변화로는 부정·분노·협상·우울·수용의 단계가 있다. 임종을 앞둔 사람들의 고통을 덜어 주고 욕구 충족을 지원하기 위하여 호스피스가 등장하여 노인의 죽음을 돕고 있다. 죽음 준비교육은 죽음과 관련된 정보를 알리고 죽음이 삶이라는 사실에 대해 교육하는 것이다.

노년 후기와 관련된 주요 상담 영역으로는 노인치매, 학대, 우울, 자살, 성, 경제, 진로 문제 등이 있다. 이러한 노인상담의 주제별로 실태 분석과 상담 전략을 기술하고 있다.

1. 노년 후기의 발달적 특징

1) 신체적 변화

(1) 수명

한국보건사회연구원이 30~69세 남녀 1,000명을 대상으로 '평균수명 100세 시대에 따른 국민인식'을 조사한 결과에 따르면, 응답자의 43.3%는 90~100세 이상까지 사는 것이 '축복이 아니다'라고 답했고, '그저 그렇다'라는 답변은 28%였다. 평균수명 100세 시대가 성큼 다가왔지만, 노년기가 너무 길고, 빈곤과 질병, 소외와 고독 등의 노인문제로 오래 사는 일을 축복이라고 생각하는 한국인은 많지 않은 것으로 나타났다(연합뉴스, 2011. 8. 14.). 이러한 기사는 노인문제라는 주제의 심각성을 일깨워 주고 있다.

우리나라는 노인인구 비율이 7.2%로 2000년에 이미 고령화사회에 진입하였으며, 2020년에는 15.6%로 예측되어 고령사회로 진입할 것이고, 2026년에는 20%로 초고령사회로 진입할 전망이다. 이러한 압축적 고령화 현상은 다양한 노인문제를 유발하고 있다. 빈곤, 질병, 고독 및 소외, 무위의 '4중고(四重苦)'는 현대사회의 노인이 공통적으로 겪고 있는 문제로, 이미 사회적인 이슈로 대두되었다.

○○ **표 12-1** 대한민국 평균수명의 증가 추이 (단위: 세)

연도 구분	1970	1980	1990	2000	2010	2020	2030	2050
전체	61.93	65.69	71.28	76.02	79.60	81.45	83.13	86.02
남자	58.67	61.78	67.29	72.25	76.15	78.04	79.79	82.87
여자	65.57	70.04	75.51	79.60	82.88	84.68	86.27	88.92

출처: 통계청(2006).

우리나라는 1970년부터 지난 40년 동안 평균수명이 17.7세 증가하여 2010년 현재 전체적으로 79.6세에 이르고 있으며, 2020년 이전에 80세에 이를 것으로 예측되고 있다.

고령사회로의 전환은 전 세계적인 추세다. 우리나라의 노인인구 비율은 초고령사회에 이미 진입한 이탈리아와 일본, 곧 진입하는 스웨덴 등의 고령국가에 비해서는 비교적 낮은 편이지만, 인구고령화의 속도는 세계 어떤 국가와도 비교하기 힘들 정도로 매우 빠르게 진행되고 있다. 즉, 고령화사회에서 고령사회로 진행되는 데 걸리는 시간은 19년, 고령사회에서 초고령사회로 진행되는 기간은 단지 7년에 불과할 것으로 예상된다.

이와 같은 우리나라의 급격한 고령화는 평균수명의 연장과 출산율의 감소로 인한 노인인구의 절대수와 상대적 비율이 증가한 점이 근본적인 원인이지만, 한국전쟁 직후에 출생한 베이비붐 세대가 한꺼번에 노인인구로 전환되는 것이 가장 결정적인 원인이 되고 있다. 따라서 이러한 인구학적 특징을 감안한 노인 정책이 시급한 실정이다.

또한 평균수명에는 성차가 나타난다. 여성은 대개 남성보다 평균 6~7년 정도 더 오래 사는데, 2010년 현재 남성의 평균수명은 76.15세, 여성은 82.88세로 나타나고 있다. 출생 시에는 남녀 비율이 대략 106:100 정도이나, 65~69세에 81:100, 80~84세에 53:100, 100세 이상이 되면 27:100 정도로 그 차이가 벌어지고 있다.

표 12-2 노인인구의 증가 속도 국제 비교

국가	도달연도			소요연수	
	7%	14%	20%	7 → 14%	14 → 20%
대한민국	2000	2018	2026	19	7
일본	1970	1994	2006	24	12
프랑스	1864	1979	2020	115	41
미국	1942	2013	2028	72	15
스웨덴	1887	1972	2012	85	40

* 고령화사회(ageing society): 65세 이상 인구가 총인구를 차지하는 비율이 7% 이상
* 고령사회(aged society): 65세 이상 인구가 총인구를 차지하는 비율이 14% 이상
* 후기고령사회(post-aged society) 혹은 초고령사회: 65세 이상 인구가 총인구를 차지하는 비율이 20% 이상
출처: 통계청(2010b).

이러한 성차의 원인으로 남성은 질병에 저항하는 항체 생성과 관련된 X 성염색체를 하나만 가지고 있고, 여성에 비해 알코올·흡연의 비율이 높으며, 좋지 못한 작업 환경 및 오염물질 등에 노출되는 경우가 더 많은 것 등을 들 수 있다.

(2) 외적 변화

신체적 노화 과정의 정도는 개인에 따라 차이가 있으나 노년 후기로 갈수록 보편적이고 불가피한 변화들이 나타나기 시작한다. 가장 눈에 띄게 나타나는 외적 변화는 신장 및 체중, 피부 및 모발, 치아, 행동둔화와 관련된 변화다.

① 신장 및 체중

노년 후기에는 신장이 작아져 자그마한 노인으로 변화한다. 개인의 키는 30~50세에 약 1/2인치 감소하고, 50~70세에는 3/4인치가량 감소한다. 그러므로 여성의 키는 25세부터 75세까지 평균 2인치 정도 작아진다(Hoyer & Roodin, 2003). 노년 후기의 신장의 감소는 척추에서의 뼈의 상실에 기인하지만, 개인에 따라 많은 차이를 보인다.

60세 이후부터 근육이 감소하기 때문에 체중도 감소한다. 25세의 젊은이는 근육:지방:뼈의 비율이 30:20:10의 비율이지만, 75세 노인은 15:40:8의 비율로 나타난다. 물론 노년 후기 동안에도 운동은 근육량의 감소를 막고, 젊은 날의 외모를 어느 정도 유지할 수 있도록 한다(장휘숙, 2006).

② 피부 및 모발

노년 후기에 이르면 그동안 진행되어 온 주름과 갈색반점은 더 깊어지고 많아진다. 여러 종류의 피부질환이 발생하기도 하고, 특히 얼굴 부위가 가장 많은 변화를 나타낸다. 올바른 피부관리를 위해서 항상 피부를 청결하게 유지하고, 지성피부가 아닌 경우 보습제를 사용하도록 한다. 신체가 지방과 수분을 생산하는 능력이 감소하기 때문에 보습제는 대체기능을 한다(Turner & Helmes, 1994). 모발은 회색이나 흰색을 이루고 윤기를 잃게 되며 힘이 없어지면서 쉽게 빠져 성글어진다.

③ 치아

치아 및 잇몸 문제는 노년기에 흔한 질환이다. 치아의 색이 탁해지고 잇몸이 축소되며, 골밀도가 감소하는 것은 정상적 노화의 과정이다. 치아건강은 타고난 치아 구조와 후천적인 식습관 및 치아건강 습관과 관련이 된다.

④ 행동 둔화

행동 둔화에 의해 노인의 발걸음은 느려지고 이동할 때도 여러 가지 어려움이 초래된다. 즉, 다른 장소로 이동할 때 더 많은 시간을 필요로 하고 물체를 잡거나 정해진 장소에 도달하는 능력이 저조해진다. 또한 자주 물건을 떨어뜨리며 식사 시에 음식물을 흘리는 경우도 많아진다.

(3) 내적 변화

내적 변화는 외적 변화와는 달리 눈으로 볼 수 없고 단지 간접적으로 변화를 인지하게 되는데, 노년 후기로 접어들면서 특히 유의해야 할 신체 내적 변화는 다음과 같다.

① 심장혈관 계통

연령이 증가함에 따라 심장조직이 딱딱해지고 탄력성이 감소하며 심박력과 혈액의 양은 감소한다. 노년기가 되면 심장의 크기는 그대로 유지되지만 조직이 위축되고 대동맥은 탄력성을 잃게 된다. 심장혈관 기능의 감소는 노화과정보다는 공기 조절의 부족과 더 관련이 있으므로 규칙적인 운동이 중요하다.

심장발작은 부족한 혈액 공급으로 인해 심장근육의 일부가 괴사할 때 발생하게 되는데, 동맥경화는 심장발작을 일으키는 원인이 될 수 있다. 중년기가 넘어서면 갑자기 심장발작이 일어나 사망하는 경우가 있으므로 식습관과 생활양식의 변화에 신경을 쓰는 것이 중요하다. 노년기에는 발병률이 더 증가하므로 심장의 능률과 힘을 회복하기 위해 휴식, 산소, 약물요법으로 치료하는 것이 중요하다. 65세 이상의 사람들 중 약 40%가 고혈압을 가지고 있어(Kausler & Kausler, 1996), 노인은 최소한 일 년에 한 번 정도는 혈압검사를 받아야 한다.

② 뇌 및 신경 계통

신경자극이 뇌에서 신체의 근육조직으로 전달되는 속도는 일생 동안 약 10% 감소하는데, 신경의 감소가 뇌의 기능에 반드시 영향을 주는 것은 아니지만 시간의 흐름에 따라 뇌의 무게를 감소시키고 정신착란과 치매의 주요 원인이 되기도 한다(Kalat, 1992; Purves, 1988; Scheibel, 1992). 노년기가 되면 뇌가 제대로 기능을 하는 데는 별 문제가 없는 것으로 보이지만, 뇌세포가 상실되거나 뇌가 제대로 기능을 못한다는 설이 있기도 하다(Woodruff-Park & Hanson, 1996). 신경계의 장애를 방지하기 위해서는 균형 잡힌 영양, 지속적인 인지적 활동, 대인관계 등이 필요하다.

노년 후기의 대표적인 기질성 정신장애인 치매는 다양한 원인으로 발생하는 뇌병변이나 손상에 의해 직업, 일상적 사회활동 또는 대인관계에 장애를 초래하여 정도가 심해짐에 따라 문제가 될 수 있다. 치매는 정상적인 노화와는 구분되는 병리적인 현상이므로 질병으로 구분해야 한다.

③ 호흡기 및 위장 계통

허파의 용량은 질병이 없을 때에도 20세에서 80세 사이에 약 40% 감소한다(Fozard et al., 1992). 노화와 함께 허파는 탄력성을 잃고 흉곽은 오그라들며 횡격막은 약해지지만, 횡격막 강화 운동을 하면 호흡기 기능을 강화할 수 있다. 특히 흡연은 호흡기 기능을 심각하게 손상시키는 결정적 요인이므로 금연이 필요하다.

위장 계통은 연령이 증가하면서 변화하는데, 소화액의 생성이 감소되고 연동운동도 감소된다. 노인에게 자주 발생하는 변비는 소화기 계통에서 일어나는 노화 때문이다(Kermis, 1984).

④ 근골격 및 비뇨기 계통

노년 후기에는 신장의 감소가 보다 더 진행되는데, 척추 길이가 계속 감소할 뿐만 아니라 디스크의 간격도 점차 더 좁아진다. 또한 근육의 힘과 무게가 감소한다. 그리고 골절의 감염이나 골절에서의 퇴행 변화로 발생하는 관절염은 가장 오래된 질환 중의 하나로 오늘날에도 흔하다. 관절염은 모든 사람, 특히 노인에게 영향을 준다. 관절염은 다양한 원인 및 증상과 정도에 따라 수많은 유형이 있다. 그중 류머티즘 관절염과 통풍은 고통스럽고 괴로운 질환이다.

비뇨기계는 신장, 방광, 요관으로 구성되어 있는데, 연령 증가에 따라 비뇨기 계통의 효율성이 떨어지기 때문에 노인의 배뇨시간이 길어진다. 신장의 세포 수가 감소하여 배설작용이 원활하지 못하게 되기도 하고 잦은 배뇨가 생기기도 한다.

⑤ 면역체계 계통

노년기에는 면역체계의 노화에 의해 병원체를 공격하는 T세포들의 효능성이 감소하며, 그것들은 오히려 정상적 체세포를 공격할 가능성이 많아진다. 면역체계의 효능성 감소는 노인이 감기와 같은 감염성 질환은 물론, 심혈관 질환·류머티스성 관절염·당뇨병·암과 같은 자가면역 장애에 걸릴 위험성을 증가시킨다(장휘숙, 2006).

다양한 종류의 암은 서로 다른 나이 때에 정점을 이룬다. 간암에 의한 사망은 85~95세에, 폐암에 의한 사망은 80~84세에 가장 많은 것으로 보인다(Smith, 1996). 난소암의 경우는 75세쯤에는 발병이 감소하는 것으로 나타난다(Yancik, 1993). 암에 의한 모든 사망의 반 이상은 65세 이후에 나타난다. 이처럼 암은 노인의 사망을 이끄는 두 번째 주된 원인이며, 생활양식과 환경적 요인이 암의 발생과 관련이 있다. 암의 발생률은 연령이 증가하면서 높아지는데, 이는 면역력이 저하되고 발암물질에 노출되는 기간이 길어지기 때문이다.

건강한 식사와 적절한 운동은 노년기에서의 면역기능의 저하를 막을 수 있도록 하는 반면, 비만은 연령과 관련된 기능저하를 악화시키므로(Bogden & Louria, 1999), 노년기의 체중조절은 절대적으로 중요한 과업이다.

⑥ 감각기능 계통

감각기능의 결함으로 인해 다양한 지각정보를 받아들이지 못할 때 자아개념은 쉽게 손상될 수 있다. 감각기능의 변화는 대부분의 사람들이 어느 정도 경험하는 것이고, 심각한 손상이 없다면 대부분 이러한 변화에 잘 적응할 수 있다(Botwinick, 1981).

시각과 관련된 문제는 홍채의 유연성이 떨어져 약한 불빛에서는 동공의 크기가 확장되지 못해 밤눈이 어두워지며 번쩍이는 빛에 잘 견디지 못하므로 밤 운전이 어려워진다. 노년 후기에는 백내장과 녹내장의 발병률도 높은데, 백내장수술은 65세 이상의 노인들 사이에서 가장 흔하게 나타나는 수술이라고 해도 지나치지 않는다. 또한 70대 노인의 1%, 90대 노인의 10%가 녹내장으로 고통을 겪는다.

한편, 45세부터 성인의 19%가 청각문제를 경험하며, 이 비율은 75세까지 그대로 유지된다. 그러나 75세 이후에 이르면 청각문제를 갖는 노인의 비율은 거의 75%에 이른다(Harris, 1975). 청각문제 원인의 대부분은 내이의 달팽이관의 퇴화에 있다.

보통 후각과 미각의 상실은 60세경부터 시작되지만, 건강하지 못한 노인은 건강한 노인보다 더 큰 감퇴를 경험한다. 노인은 감퇴된 후각과 미각을 보상하기 위하여 보다 더 자극적인 음식물을 선호하며, 이것은 결국 영양분이 부족한 음식물을 섭취하도록 한다(Hoyer & Roodin, 2003).

노화와 함께 촉각도 감퇴한다. 보통 신체의 상부(손목, 어깨, 등)보다 하부(무릎, 발목, 발)에서 더 많은 감퇴가 일어난다. 그러나 촉각 민감성의 감퇴는 다른 감각기관의 감퇴만큼 노인에게 큰 어려움을 주지는 않는다(Hoyer & Roodin, 2003).

통각 민감성도 감소하여 동일한 상처나 외상에 대해 젊은이만큼 큰 고통을 경험하지 않는다. 비록 통각에 대한 민감성의 감소가 노인기의 질병이나 상해를 잘 견딜 수 있게 하지만, 시급한 치료가 요구되는 경우에는 치료시기를 놓쳐 생명을 위태롭게 할 수도 있다.

⑦ 수면 계통

노년기의 25~35%가 불면증을 호소한다(Roberts, Shema, & Kaplan 1999). 노년 후기도 하루에 대략 7시간 정도의 수면을 필요로 하지만, 노화와 함께 점점 잠들기 어렵고 계속해서 깊은 잠을 자는 것도 어려워진다. 저녁에 더 일찍 잠을 자고 아침에는 더 일찍 일어나는 수면 패턴의 변화는 수면을 통제하는 대뇌 구조의 변화와 중추신경계를 각성시키는 혈액 내의 스트레스 호르몬 수준의 증가에서 비롯되는 것이다(Whitbourne, 1996).

256명의 노인들을 대상으로 종단연구를 수행한 블리와이즈(Bliwise, 1997)는 노인이 빈번하게 경험하는 통증과 기침, 잦은 소변, 열감 등은 물론 사별에 기인한 우울이나 불안에 의해 수면방해를 겪는다고 밝혔다.

2) 인지적 변화

(1) 지능의 변화

노년 후기의 인지적 변화는 노년 전기의 형태를 유지한다. 그리고 노년기의 지적 능력은 교육수준, 직업수준, 생활양식, 불안수준, 건강 상태, 지적 능력의 급강하 현상 등에서 차이를 보인다. 일반적으로 나이가 많은 사람일수록 시대적 여건상 교육을 적게 받았기 때문에 연령의 증가에 따른 지능의 쇠퇴가 나타난다. 만일 교육수준을 통제한다면 연령과 지적 능력 사이의 역상관관계가 감소할 것이다.

직업이나 생활양식을 통해 인지능력을 활발히 사용할 기회가 자주 있는 경우에는 지적 감퇴를 예방할 수 있지만 고립되어 있거나 생활양식이 지나치게 단순한 경우는 지적 감퇴가 나타난다. 건강이 나빠지면 뇌에 혈액순환이나 산소 공급이 원활하게 이루어지지 않을 가능성이 높아지고, 병을 치료하기 위해 복용하는 약물도 지적 감퇴를 촉진할 수 있다(김태련 외, 2008). 노인은 검사를 받는 상황에 익숙하지 않으며, 오랫동안 지능검사를 받지 않았기 때문에 불안이 높아 지능검사 점수에 부정적인 영향을 미칠 수도 있다(정옥분, 2008).

특히 지적 능력이 급강하는 노인들을 12년 동안 4회에 걸쳐 지적 능력을 검사해 본 결과, 검사 후 얼마 있다 사망한 노인들이 생존해 있는 노인들보다 급격한 지적 능력의 감퇴를 보였다(Kleemeier, 1962). 이 현상을 통해 지금 이 순간부터 사망까지 몇 년 더 남았는가 하는 지표를 얻을 수 있게 되어, 아주 나이 든 노인들에게 중요한 의미가 있는 것으로 보인다.

(2) 기억의 변화

노년 후기의 인지변화 중 가장 심각한 것이 기억의 변화다. 기억은 세 가지 과정(부호화, 저장, 인출) 및 세 가지 기억체계(감각기억, 단기기억, 장기기억)에 관한 것이다. 노년들은 사람들의 이름, 약속시간, 사물이나 장소 등에 관하여 기억하지 못했을 때 매우 좌절감을 느끼는 것으로 나타났는데(Cavanaugh, Grady, &

Perlmutter, 1983), 기억의 과정별로 노년 후기에서 일어나는 변화들을 살펴보면 다음과 같다.

① 노년 후기의 기억변화의 특성

노년 후기의 기억변화가 일어나는 양상을 감각기억, 단기기억 및 장기기억의 과정으로 나누어 살펴보면 다음과 같다. 먼저 감각기억은 검사하기가 매우 힘이 들기 때문에 아직까지는 감각기억에 대한 변화를 조사한 연구는 거의 없는 실정이다. 단, 시각기억은 60세까지는 별로 감소하지 않지만 그 이후로는 상당히 감소하는 경향이 있다.

노년 후기에 가장 두드러지는 특성은 단기기억의 감퇴다. 특히 언어적으로 빠르게 제시되는 정보, 낯선 사람의 이름과 얼굴을 기억하는 것, 문장에 대한 기억력 등을 효율적으로 처리하고 저장하는 데 어려움을 보인다(김태련 외, 2008). 그러나 단기기억은 연령이 증가하면서 단기기억에서 기억하는 숫자, 단어 등의 자료가 줄어들게 되기는 하나 일상생활을 영위하는 데 큰 문제가 되지는 않는다.

장기기억은 감각기억이나 단기기억보다 연령 차이가 심한 것으로 보인다. 대부분의 노인은 일반적인 장기기억 능력을 측정하는 과제에서 어려움을 겪으며, 특히 회상(recall) 과제를 잘 수행하지 못한다. 이전에 경험한 것과 동일하거나 유사하다는 것을 인지하는 재인(recognition) 과제는 젊은 성인들만큼 잘 수행하는 반면, 회상은 특별한 단서 없이 이전에 본 물건이나 사건을 기억해야 하기 때문에 재인보다 더 어렵다. 실제로 노인들은 잘 알고 있는 것도 쉽게 회상해 내지 못하지만, 힌트나 단서가 있으면 쉽게 기억해 낼 수 있다(장휘숙, 2008). 또한 의미적 기억이나 자서전적 기억과 같이 친숙하고 자주 인출되는 것은 비교적 잘 보존되어 있으나, 인지적 자원에 부담을 주는 작업기억의 처리 형태에 많이 의존해야 하는 과제에서는 연령에 따른 감퇴가 나타난다(김태련 외, 2008).

② 기억에 영향을 미치는 요인

노년기 기억력 감퇴에 영향을 미치는 요인으로는 생물학적 요인, 정보처리의 결함 요인, 환경적 요인 등이 있다.

첫째, 생물학적 입장에서는 노년기 기억 감퇴의 원인을 대뇌와 신체노화의 결과라고 본다. 예를 들면, 일차적 기억의 감소는 대뇌 전두엽의 노화와 관련이 있는 것으로, 뇌의 뉴런의 수가 감소한다는 것이다(Albert & Kaplan, 1980; Poon, 1985).

둘째, 기억력 감퇴의 원인을 정보처리 결함으로 보는 입장이다. 노인은 부호화와 인출 시에 정보를 처리하는 효과적인 방식을 덜 사용하며, 비관련 정보나 사고를 억제하는 능력이 떨어져 문제해결능력이 방해받게 된다는 것이다(Craik et al., 1995; Hasher, Zacks, & May, 1999).

셋째, 환경적 요인으로 보는 입장이다. 노인이 복용하는 약물, 지적인 자극을 덜 받는 생활양식, 일상생활에서 꼭 기억해야 할 일이 적어지는 것, 기억에 대한 동기가 낮아지는 것 등의 환경적 요인이 기억감퇴에 영향을 준다는 것이다(김태련 외, 2008).

(3) 치매 발병

우리나라의 경우 65세 이상의 노인 중 약 8%에 해당하는 사람들이 치매환자

표 12-3 연령별 치매노인 수 추이 (단위: 명)

연령 \ 연도	1995	1997	2000	2005	2010	2015	2020
치매노인 수	218,096	241,889	277,748	351,025	433,918	527,068	619,132
65~69세	23,744	26,143	30,299	36,606	38,161	43,413	53,400
70~74세	35,298	37,632	42,241	54,274	65,977	69,023	78,892
75~79세	62,068	69,718	83,331	100,328	128,396	155,367	162,292
80세 이상	96,986	108,396	121,877	159,817	201,383	259,264	324,547
치매 유병률(%)	8.3	8.3	8.2	8.3	8.6	9.0	9.0

출처: 한국보건사회연구원(1997).

로 집계되고 있는데, 치매 발병률은 연령이 높아짐에 따라 증가하여 65~75세에서는 약 3% 정도이지만, 85세 이상이 되면 20% 이상의 높은 비율을 나타낸다. 또한 여성의 발병률이 남성에 비해 높게 나타난다.

① 치매의 개념

치매(dementia)라는 용어는 라틴어 'dement'에서 유래된 말로서, '없다'라는 'de'와 '정신'이라는 'ment'가 합해져 '제정신이 아니다, 정신이 나갔다(out of mind)'라는 의미를 지니고 있다. 치매는 뇌의 병변에 의하여 기억장애·사고장애·판단장애·지남력(식별력)장애·계산력장애 등과 같은 인지기능과 고등정신기능이 감퇴되고, 정서장애·성격변화·일상생활·동작능력 장애 등이 수반됨으로써, 직업 및 일상적 사회활동·대인관계에 장애를 초래하는 노년기의 대표적인 기질성 정신장애다(권중돈, 2010).

② 치매의 유형

치매의 유형 분류는 신경병리학적 소견에 따른 분류, 원인에 따른 분류, 병변의 진행에 따른 분류가 있다. 국제질병분류 제10판(ICD-10)에서는 이러한 세 가지 기준을 통합적으로 적용하여 치매를 '알츠하이머형 치매, 혈관성 치매, 기타 질병에 의한 치매, 불분명한 치매'로 구분하고 있다(WHO, 1993). 우리나라의 경우 65세 이상의 치매 환자 중 알츠하이머형 치매가 전체 치매의 70%, 혈관성 치매가 24%, 나머지는 기타 원인에 의한 치매에 해당된다(서울대학교병원, 2008).

㉠ 알츠하이머형 치매

알츠하이머형 치매는 독일의 알츠하이머(Alzheimer) 박사에 의해 처음으로 명명된 대표적인 치매의 유형이다. 이 치매는 정상적인 기능을 수행하던 뇌세포들이 특정한 원인 없이 점진적으로 악화됨으로써 개인의 인지기능이 점차 감퇴하고, 성격 변화·대인관계 위축·사회활동의 제한은 물론 기본적 일상생활조차 어렵게 만드는 퇴행성 치매다.

발병 초기 단계에서는 최근 기억의 장애가 나타나거나 일상생활의 수행능력이 다소 떨어지거나 대화의 초점을 놓치는 수준으로 증세가 나타나 노년기의 건망증 정도로 잘못 판단할 수 있다. 그러므로 가족은 노인이 이상하다고 생각하여 병원에 갔을 때에는 이미 2~3년 정도 경과된 경우가 많다.

치매가 진행되면서 실언·지남력장애·거리 배회·야간착란증세·환상이나 망상 등의 증세가 뚜렷하게 나타나고, 말기에는 고도의 인지장애가 수반되어 자신의 이름이나 가까운 가족도 알아보지 못하며 자기 자신을 전혀 돌보지 못할 만큼 황폐화된다.

ⓒ 혈관성 치매

혈관성 치매는 뇌 속의 주요 부위 한 곳의 경색·폐색·뇌출혈 등 뇌혈관질환이 그 원인이며, 두 번째로 흔한 치매 유형이다. 주로 고혈압·당뇨병·고지혈증·심장병·흡연·비만 등이 있는 사람에게서 잘 나타난다. 정상적으로는 부드럽고 탄력 있는 뇌혈관이 지속되는 고혈압이나 당뇨병 등에 의해 딱딱해지고 두꺼워지며 혈관이 좁아지거나 막히거나 터져서 뇌의 혈액순환이 원활히 되지 않아 뇌 활동에 필요한 산소와 영양분이 공급되지 않게 됨으로써 나타난다.

뇌혈관 중 큰 혈관이 막히게 되면 운동장애나 언어장애가 바로 나타나고 치매가 곧바로 진행되지만, 작은 혈관들이 막히는 경우 처음에는 특별한 증상을 보이지 않다가 누적되면 치매 증상이 나타난다.

ⓒ 기타 질병에 의한 불분명한 치매

• 파킨슨병에 의한 치매: 파킨슨병은 신경전달물질 중 도파민이 부족하여 운동 신경망이 원활하게 작동하지 못하여 생기는 운동신경장애다. 이 병은 원래 신체 떨림이나 근육의 강직, 몸동작이 느려지거나 자세의 불안정 등 신체를 움직이는 데 어려움을 보이며, 말기에는 치매로 발전되는 경우가 있다. 약물을 복용함으로써 운동장애 증상을 완화시킬 수 있지만, 부작용으로 환각·망상·일시적인 혼란 상태나 비정상적인 움직임을 보일 수 있다.

- **헌팅턴병에 의한 치매**: 헌팅턴병은 유전성이며 정신에 영향을 주는 뇌의 퇴행으로 생기는 병이다. 초기 증상은 자극과민성·기분변화·우울증·불안·성욕과다 등의 성격 변화로 나타나며, 그다음에는 운동장애 및 전면적인 정신병도 나타날 수 있다. 헌팅턴병은 진행을 막을 수 있는 치료법이 아직 개발되지 않았지만, 약물을 복용함으로써 신체 움직임과 정신병적 증상은 조절할 수 있다.
- **크로이츠펠트-야콥병에 의한 치매**: 크로이츠펠트-야콥병은 100만 명 중에 한 명 정도가 걸릴 정도로 아주 희귀한 병이며, 보통 60세 정도에 나타난다. 초기 단계에서는 피로감 및 집중곤란과 함께 경미한 신체 증상을 보이다가 이 병이 진행되면 정신증상이 나타나고, 실어증·실행 기능부전·망상·환각 및 전반적 지적 퇴보가 나타난다. 결국 혼수·복합적 신체이상 그리고 사망으로 이어지는 것이 특징이다.
- **픽병에 의한 치매**: 픽병은 수십 년에 걸쳐 인간의 능력을 점진적으로 퇴화시켜 무능력한 상태에 이르게 한다. 주된 증상은 기분변화·자극과민성 및 불안성·유연성 및 계획 짜기·새로운 기억 및 판단력의 결손 등이며, 초기에는 다른 장애보다 기억장애가 두드러지게 나타난다.

2. 노년 후기의 주요 발달과업: 죽음의 준비

1) 죽음의 정의

죽음은 삶의 어떤 단계에서도 일어날 수 있다. 그러나 현대의학의 발달로 이전보다 더 많은 사람들이 노년기에 이르러 죽음을 맞이하게 되었는데, 노화과정에 의한 죽음은 생명체의 자연스러운 생물학적 종결이라 할 수 있다. 죽음은 누구나 언젠가는 겪게 될 보편적인 사건이며, 기나긴 발달의 전 과정을 마무리하고 완성하는 사건이라고 할 수 있다. 카스(Kass, 1971)는 죽음을 유기체가 생존

능력을 상실해 가는 죽어 가는 과정이 종결되어 죽은 상태로 전환되는 전이과정의 결과물로서, 소생할 수 없는 삶의 영원한 종말이라고 규정하기도 했다.

이러한 죽음에 대한 개념은 다양한 유형의 죽음을 모두 포괄하는 데 한계가 있으므로 보다 세분화하여 살펴볼 필요가 있다. 죽음의 유형으로는 생물학적 죽음, 의학적 죽음, 법적 죽음, 사회적 죽음 등이 있는데, 이 모든 죽음은 논쟁의 대상이 되고 있다. 죽음에 대한 개념을 어떻게 정의하느냐 하는 문제는 사회문화권에 따라 다르고, 죽은 장소와 시기에 따라 다양하며, 개인의 가치관·철학·성별·연령·학력·종교·건강 상태 등의 개별적 특성에 따라 달라지기 때문이다.

(1) 생물학적 죽음

생물학적 죽음이란 호흡과 심장과 같은 인간 장기의 기능이 정지되어 움직이지 않게 되는 상태를 의미하는 것으로, 호흡정지·심장정지·동공확대를 죽음의 판단 기준으로 여기는 3증후설에 근거한다. 이러한 죽음의 개념은 생명공학의 발전으로 뇌사상태·불가역성 혼수상태·식물인간 상태 등으로 확대되었으며, 우리나라에서는 2000년도부터 「장기 등 이식에 관한 법률」이 시행되면서 뇌사를 공식적으로 인정하게 되었다.

(2) 의학적 죽음

의학적 죽음이란 세포사, 즉 모든 체세포의 기능 상실로 생체가 기능하는 데 필요한 화학적·물리적 또는 전기·생리적 활동을 소실하여 인체의 세포가 불가역적인 상태로 변화한 상태를 의미한다. 의학적 죽음 정의는 과학적 판단보다는 의사의 인위적인 평가 개념이며, 일종의 명명(labeling)의 문제라고 할 수 있다.

(3) 법적 죽음

법적 죽음은 의사가 죽음을 판정한 후 이를 기초로 죽음을 법적으로 인정하는 과정으로 이루어진다. 죽음에 대한 법적 판정이 이루어지면 여러 가지 법적 효력이 발생하게 된다.

(4) 사회적 죽음

사회적 죽음이란 생명은 유지되고 있지만 인간으로서의 기능을 전혀 할 수 없는 상태로서, 살아 있으면서도 사회적으로는 죽은 자로 취급되는 경우가 있다. 현대사회에서 노인은 이미 죽은 자처럼 취급당하는 경우가 많으므로 생물학적 죽음에 앞서 사회적 죽음을 미리 경험하는 경우가 많다.

2) 죽음의 의미와 태도

일반적으로 노인은 중년보다 죽음을 덜 걱정한다(Bengtson, Cuellar, & Ragan, 1975). 노인은 가까운 주변 사람의 죽음을 통해 점차 자신의 죽음을 받아들일 수 있도록 생각과 느낌을 재조정하기 때문이다. 자신의 인생이 의미 있는 것이었다고 느끼는 사람은 삶의 의미에 대해 방황하고 있는 사람에 비해 대체로 죽음을 더 쉽게 받아들일 수 있다.

노년기는 죽음에 직면해 있는 시기로서 죽음의 의미를 직시함으로써 죽음과 관련하여 나타나는 변화에 적극적으로 대처할 수 있다. 우리나라 사람은 죽음에 대해 대체로 다음과 같은 의미를 부여하고 있다(권중돈, 2010).

- 죽음은 시간의 제약 또는 종말이다.
- 죽음은 현세에서의 존재의 소멸이며, 무의 상태가 되는 것이다.
- 죽음은 삶의 연장, 즉 또 다른 새로운 세계나 영생, 윤회나 환생을 의미한다.
- 죽음은 삶의 경험, 가족 등과 같은 소중한 것의 상실이다.
- 죽음은 형벌이다.

- 죽음은 힘든 삶에서의 해방이고 쉼이다.
- 죽음은 부드러운 성령이나 섬뜩한 저승사자다.
- 죽음을 통하여 차별성이 극복되고, 잘못된 관계를 개선하는 계기가 되며, 사랑했던 사람과의 재결합을 이룬다.
- 죽음은 자연스러운 현상이다.

죽음에 대한 태도는 문화와 종교의 영향을 강하게 받는데, 동양사회에서는 '효' 사상과 조상의 음덕이라는 사자(死者)의 은혜를 믿는 사상의 영향으로 죽음을 앞둔 노인에 대해 비교적 긍정적 태도를 보이는 경우가 많다. 또한 종교마다 죽음에 대한 관점이 각기 다르기 때문에 어떤 종교를 가지고 있느냐에 따라 죽음에 대해 서로 다른 태도를 보인다.

죽음에 대한 태도에 영향을 미치는 요인을 죽음에 대해 부정적 태도를 가지게 되었을 때 나타나는 죽음 불안과 연관하여 살펴보면 〈표 12-4〉와 같다.

표 12-4 죽음 불안에 영향을 미치는 요인

요인	죽음 불안의 수준
인구사회학적 특징	• 성 구분 　– 여성: 죽음에 따르는 신체적·심리적 고통에 대한 불안수준이 높음 　– 남성: 인생 계획과 목표를 실행하지 못한 것에 대해 불안해함 • 연령: 정적 또는 부적관계가 있다는 상반된 연구결과가 있음 • 결혼상태: 이혼 또는 별거 노인의 불안수준이 더 높음 • 교육수준: 교육수준이 낮을수록 불안수준이 더 높음 • 종교: 종교가 있는 노인의 불안수준이 낮지만, 종교 유무보다는 신앙심과 내세에 대한 믿음 정도가 더 중요한 요소임
건강 상태	질병이 있고 건강 평가가 부정적일수록 불안수준이 높음
심리특성	• 분노, 불평, 불만 수준이 높을수록 불안수준이 높음 • 고독 수준이 높을수록 불안수준이 높음 • 자아통합수준이 낮고 부정적 자아개념을 가지고 있을수록 불안수준이 높음 • 삶의 만족도가 낮을수록 죽음에 대해 거부적 태도를 보임

가족환경	• 가구형태: 독거노인의 불안수준이 가장 높음 • 가족수입: 상반된 결과를 보임 • 가족관계: 가족 간의 유대관계와는 의미 있는 관련성이 없음
사회적 지지	• 사회적 지지수준이 낮을수록 불안수준이 높음

출처: 권중돈(2010).

3) 죽음을 수용하는 과정

(1) 개인적 측면

죽어 가는 사람들을 연구하는 정신과 의사인 퀴블러-로스(Kübler-Ross)는 사망심리학에 대한 현재의 관심을 유발한 것으로 널리 인정받고 있다. 그녀는 자신의 죽음을 알게 된 불치병 환자 500명을 대상으로 이들에게 보편적으로 나타나는 일련의 정서적 반응을 연구하였다. 사람은 자신의 죽음을 선고받았을 때 다음의 다섯 단계를 거쳐 죽음에 이르게 된다고 제안하였다.

죽음에 대한 다섯 단계들은 반드시 차례로 발생하는 것이 아니라 여러 단계가 혼합되어 발생하기도 하므로, 죽어 가는 과정은 연령·성별·성격·생활사·문화적 배경·주변 사람들의 존재 및 지지 여부 등 개인차에 따라 달라질 수 있다.

① 부정

죽어 가는 과정 중 첫 번째 단계로, 자신에게 죽음이 임박했다는 진단결과를 수용하지 못한다. 검사가 잘못되었거나 의사의 오진이라고 생각한다. 부정이 나타나는 형태는 이러한 선고 자체를 무조건적으로 받아들이지 않는 사람도 있고, 어떤 때는 수용하다가 어느 순간에는 받아들이지 못하는 두 가지 사이를 계속 오고 가는 경우도 있다. 부정은 거의 모든 환자에게서 나타나는데, 초기의 불안한 상황에 대처하는 면에서 비교적 건강한 방법이며, 환자로 하여금 자신의 생각을 가다듬게 함으로써 예기치 못한 충격적인 사실에 대한 완충 역할을 할 수도 있다.

② 분노

부정의 단계를 유지할 수 없게 되면 분노·사나움·원망의 감정으로 대체된다. 주변 사람들은 잘 살고 있는데 자신만 왜 죽어 가야 하는지에 대해 분노하고, 원망의 감정을 드러낸다. 분노의 대상은 신이나 가족, 의료진, 건강한 주위 사람으로 나타난다.

③ 협상

1단계에서 자신의 죽음을 인정할 수 없었던 환자나 2단계에서 분노했던 환자들은 이제 3단계에서 어떻게 해서든지 죽음을 연기하려는 시도를 하게 된다. 초인적인 능력이나 의학 또는 신과 협상을 하게 된다.

④ 우울

회복의 가망성이 없는 환자가 죽을 수밖에 없는 현실을 받아들이게 되면서 분노와 격정을 느끼던 환자는 머지않아 극도의 상실감을 느낀다. 우울은 병의 결과로 경험하게 된 신체 일부의 상실, 직업의 상실 및 집으로 돌아가기 힘들다는 것에서 올 수도 있고, 미래의 상실에 대한 슬픔의 표현일 수 있다. 이 시점에서는 자신의 임박한 죽음에 대해 슬퍼할 시간이 필요하기 때문에 죽어 가는 사람을 위로하지 않는 것이 좋다.

⑤ 수용

죽음이 임박했음을 느끼고 죽음을 수용함으로써 마음의 평화를 회복한 후 임종할 수 있다. 이때 환자에게는 아무런 느낌도 없는 시기이므로 환자 못지않게 가족에게도 도움과 이해와 격려가 필요한 시기다.

(2) 가족적 측면

죽음은 죽는 사람뿐만 아니라 남게 되는 사람들에게도 큰 고통을 안겨 준다. 어쩌면 죽는 사람에게는 죽음이 고통의 끝이겠지만, 남아 있는 사람들에게는 고통의 시작이 될 수 있다. 사랑하는 사람을 잃게 될 때 사별, 비탄, 애도의 경험을 하게 된다. 사별은 상실이라는 객관적인 사실로서 유족의 신분상의 변화를 뜻한다. 예를 들면, 아내에서 미망인으로, 자녀에서 고아로의 변화를 말한다. 비탄은 사별에 대한 정서적 반응으로서 충격, 무감각, 분노, 우울, 공허함 등 다양하게 표현될 수 있다(정옥분, 2008).

① 배우자의 입장

배우자의 죽음은 스트레스 지수가 가장 높은 생활사건으로, 부부간에 강하고 오래된 유대관계를 가졌던 경우라면 더 큰 슬픔으로 다가온다. 노년기 사별에 관한 연구에서 파크스(Parkes, 1993)는 배우자의 죽음은 인생의 동반자 상실을 의미한다고 보았다. 배우자의 죽음이 남성에게 더 힘든 일인지, 아니면 여성에게 더 힘든 일인지 확실하지 않지만, 일반적으로 남녀 모두 사별에 의한 비탄수준은 비슷하다(Blieszner & Hatvany, 1996).

과부는 홀아비보다 다양하고 광범위한 우정망을 형성하고 노년 후기에 과부가 되는 것이 보편적인 현상이기 때문에 많은 과부는 다른 과부들로부터 정서적 지원을 받을 수 있는 반면, 대체로 홀아비는 정서적 지원·집안일·가정의 대소사 등을 아내에게 의존해 왔기 때문에 외로워하고 혼자가 된 것에 적응을 잘하지 못하는 것으로 보인다.

② 자녀의 입장

부모의 죽음은 자녀로 하여금 그들이 받아 온 사랑, 애착, 관심 등의 상실뿐만 아니라 부모와의 관계를 향상시킬 수 있는 기회도 사라지게 한다(Buchsbaum, 1996). 노부모의 죽음은 젊은 부모의 죽음보다는 덜 고통스럽다는 연구가 있다. 왜냐하면 성인 자녀는 시간이 지나면서 부모의 죽음에 대한 마음의 준비를 할 수 있기 때문이다(Moss & Moss, 1995; Norris & Murrell, 1990). 그러나 이 경우도 대부분의 자녀들은 자신의 부모가 천수를 누렸다고 생각하지 않는 경향이 있다(Moss & Moss, 1995).

4) 호스피스

인간은 누구나 마지막 순간까지 존엄성을 유지할 수 있어야 한다. 그러나 현대사회에서는 인간 존엄성의 경시·노인 소외·임종자에 대한 소홀과 같은 바람직하지 않은 현상이 증가되고 있다. 이와 같은 사회적 병리현상과 임종을 앞둔 사람들의 고통을 덜어 주고 욕구 충족을 지원하기 위하여 호스피스가 등장하게 되었다.

호스피스는 중세시대에 성지순례자나 여행자에게 휴식처를 제공하던 것에서 시작하여, 아픈 사람과 죽어 가는 사람을 위한 간호를 제공하는 것으로 발달하게 되었다. 현대적 의미의 호스피스는 1967년에 손더스(Saunders)가 영국에 성크리스토퍼 호스피스(St. Christoper Hospice)를 설립하여 임종환자를 간호하면서 시작되었으며, 우리나라에서는 1965년에 강릉에서 '마리아의 작은 자매회' 수녀들에 의해 처음 소개되었다.

호스피스의 유형은 다양하여 환자가 어느 곳에서 지낼지라도 장소에 제한을 받지 않고 돌봄을 제공하는 것을 특징으로 한다. 먼저 말기 환자의 대부분이 가정에서 임종을 하기 때문에 가장 보편적인 호스피스 유형은 가정형이라 할 수 있다. 다음으로 별도의 시설과 건물에서 호스피스 케어만 제공하는 독립형, 일반 병원 내에 별도의 독립된 호스피스 병동을 설치하여 운영하는 병동형, 그리고 따로 공간을 마련하거나 시설을 갖추지 않고 다른 환자와 같은 병실에 입원시켜 호스피스 케어를 제공하는 산재형이 있다.

호스피스 케어의 주요 내용은 호스피스의 유형이나 말기 환자의 상태에 따라 다르지만, 일반적으로 말기 환자의 의료 및 간호 서비스, 신체적·정서적·사회적·영적 케어, 상담 및 교육, 가족관리, 환자 주변의 시설 및 환경 관리, 환자가 필요로 하는 도구 제공, 의뢰 및 사례 회의, 사업인력 관리 및 교육, 기록 및 보고 등이 있다.

5) 노년기의 죽음 준비교육

죽음 준비교육은 우리 사회에서 잘 먹고 잘 살고자 하는 웰빙(well-being)의 바람에 이어 웰다잉(well-dying)이라는 자극적이고도 긍정적인 이슈를 만들어 냈다. 죽음 준비교육은 죽음의 과정과 현상을 다루는 형식적 · 제도적 프로그램을 제공하는 시도로, 죽음과 관련된 정보를 알리고 어떤 태도를 조장하는 시도, 즉 죽음이 삶이라는 사실에 대해 교육하는 것이다(Warren, 1989).

죽음 준비교육에서 다루고 있는 주제들로는 죽음에 대한 사회적 전망, 죽어 가는 과정, 죽음에 대한 개인적 태도, 죽음 · 비탄 · 사별에 대한 종교적 · 문화적 견해, 장례의식, 자살, 안락사, 의학윤리, 법적 문제, 죽음에 대한 아동의 인식, 에이즈, 전쟁, 사형제도, 낙태, 생활양식의 선택 문제 등이 있다(Durlak, 1994).

우리나라에서 실시하고 있는 죽음 준비교육 프로그램은 '삶과 죽음을 생각하는 회'에서 1991년부터 죽음을 주제로 한 강연회가 열리고 있다. 2004년 장기 기증운동본부, 장묘개혁범국민협의회, 호스피스학회, 생명나눔실천회 등의 관련 단체 회원과 대학 교수 등이 모여 '밝은 죽음을 준비하는 포럼'이 창립되었고, 2005년에는 '한국죽음학회'가 창립되어 죽음학(thanatology)을 본격적으로 연구하고 있다.

〈표 12-5〉의 여러 프로그램을 활용하여 각 교육기관의 성격에 맞게 회기 및 내용을 다양하게 구성할 수 있다.

○○○ **표 12-5** 죽음 준비교육 프로그램 사례별로 구분한 교육과정

구분	지표	국내사례	연구 프로그램 구성	진행방식	
				경험 중심	교훈 중심

정서적 차원	죽음, 임종, 사별에 관한 감정 공유	• 고승덕 외(1999) 사별경험 나누기
		• 이기숙(2001) 친근한 사람의 죽음에 대한 충격과 슬픔 대처
		• 이이정(2003) 사별과 상실 극복
		• 임찬란(2005) 죽음불안 감정이해, 남은 가족에 대한 배려
			• 자서전 쓰기
			  – 나는 누구인가?
			  – 나의 사랑, 나의 가족
			  – 잊을 수 없는 사건과 사람
			• 사별과 상실의 경험 나누기
			• 초대하고 싶은 사람
				○	

인지적 차원	죽음 관련 경험과 대처방식 등의 정보 제공 (죽음, 비탄, 사별의 다양한 측면 설명, 해석)	• 서혜경(1992) 죽음의 과정, 뇌사설, 호흡정지설, 생명의 연장과 포기, 법과 죽음, 장기기증, 장례 • 이기숙(2001) 의학적·법률적 측면 • 이이정(2003) 죽음 의미 탐색, 장례 • 오진탁(2007) 잘못된 죽음	• 죽음의 의미 탐색 • 존엄한 죽음의 의미 알기: 존엄사, 자살, 안락사, 사전의료지시제도 • 사망기 작성 • 잘못된 죽음 • 호스피스 이해 • 법적 준비 • 장례준비(견학) • 장기기증 정보 제공 • 죽음의 정보 전달(자원봉사)	○	○
행동적 차원	죽음과 관련된 대처 방법 모색	• 이기숙(2001) 사망선택 유언 • 이이정(2003) 평화로운 죽음을 맞이하기 위해 • 임찬란(2005) 미래계획	• 미래계획: 노인문제 역할극, 나의 다짐, 영화 관람, 버리고 싶은 것, 하고 싶은 것 • 관계 회복하기: 영상편지, 묘비명 쓰기 • 영정사진 촬영 • 유언장 쓰기 • 가족과 함께 나누기(수료식)	○	○

출처: 박지은(2009).

3. 노년 후기 발달의 현안과 상담

1) 노인치매와 상담

1절 '노년 후기의 발달적 특징' 중 인지적 변화에서 치매 발병에 대해 기술한 바 있다. 여기서는 치매질환의 성별·연령별 사망률 추이를 살펴보고자 한다.

∘○∘ 표 12-6 치매질환의 성별 사망률 추이(2006~2016) (단위: 인구 10만 명당 명, %)

			사망자 수	사망률			
				전체	알츠하이머병	혈관성 치매	상세불명의 치매
남녀 전체	2006년		4,280	8.8	2.5	0.3	6.0
	2015년		9,460	18.6	9.9	1.7	7.0
	2016년		9,164	17.9	9.4	1.4	7.1
	'15년 대비	증감	-296	-0.6	-0.4	-0.3	0.1
		증감률	-3.1	-3.4	-4.5	-16.6	1.3
남	2006년		1,230	5.0	1.6	0.2	3.3
	2015년		2,823	11.1	5.4	1.4	4.3
	2016년		2,850	11.2	5.5	1.1	4.5
	'15년 대비	증감	27	0.1	0.1	-0.2	0.2
		증감률	1.0	0.7	1.5	-16.8	5.3
여	2006년		3,050	12.5	3.4	0.4	8.7
	2015년		6,637	26.0	14.3	2.0	9.7
	2016년		6,314	24.7	13.4	1.7	9.6
	'15년 대비	증감	-323	-1.4	-1.0	-0.3	-0.1
		증감률	-4.9	-5.2	-6.8	-16.5	-0.5
사망률 성비 (남/여)	2006년		0.4	0.4	0.5	0.4	0.4
	2015년		0.4	0.4	0.4	0.7	0.4
	2016년		0.5	0.5	0.4	0.7	0.5

출처: 통계청(2017a).

〈표 12-6〉에 따르면, 치매에 의한 사망률은 17.9명으로, 10년 전과 대비하여 104.8%나 증가하였다. 그리고 치매 사망률은 여자가 남자보다 높게 나타나고 있는데, 치매 사망률 성비는 0.5배로 남자(11.2명)가 여자(24.7명)의 절반 수준이다. 이러한 현상은 여성 치매 원인의 파악과 여성 치매 예방의 중요성을 일깨워 준다.

또한 [그림 12-1]에 따르면, 알츠하이머병이 치매 사망에서 차지하는 비중이 10년간 2.5명에서 9.4명으로 급증하고 있다. 이러한 통계는 알츠하이머병에 대한 연구와 치료의 필요성을 알려 준다.

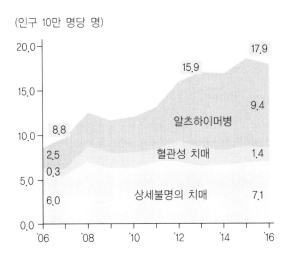

(인구 10만 명당 명)

[그림 12-1] 치매 사망률 추이(2006~2016)

출처: 통계청(2017a).

또한 〈표 12-7〉에 따르면, 연령별 치매 사망률이 70~79세는 49.6명(2015년), 44.1명(2016년)이고, 80~89세는 410.4명(2015년), 370.7명(2016년)이며, 90세 이상은 1,876.8명(2015년), 1,723.3명(2016년)으로, 치매 사망은 노년 후기의 대표적 특징이라고 할 수 있다.

◦◦♡ **표 12-7** 연령별 치매 사망률 추이(2015~2016) (단위: 인구 10만 명당 명)

연령(세)	2015년	2016년	치매 관련 질환		
			알츠하이머병	혈관성 치매	상세불명의 치매
전체	18.6	17.9	9.4	1.4	7.1
50세 미만	0.0	0.0	0.0	0.0	0.0
50~59세	0.6	0.5	0.2	0.1	0.2
60~69세	4.7	4.6	2.1	0.8	1.6
70~79세	49.6	44.1	20.9	5.5	17.7
80~89세	410.4	370.7	197.1	28.9	144.6
90세 이상	1876.8	1723.3	949.3	82.1	691.9

출처: 통계청(2017a).

(2) 치매 노인을 위한 상담전략

치매 환자는 상태 완화를 위하여 의사의 진단과 처방에 따른 다양한 인지학습과 약물을 복용한다. 상담자는 이러한 처방과 진단에 관해 가족이나 당사자에게서 듣고 내담자의 상태와 상세한 병력을 파악해야 한다(이호선, 2005).

① 회상

상담자는 치매의 주요 증상으로 나타나는 기억장애에 대해서 노인이 기억할 수 있는 과거 이야기들을 말하게 하고, 그들의 기억 이야기를 들음으로써 기억력 상실을 완화할 수 있다. 이러한 회상요법은 노인이 스스로 자신의 과거를 돌아봄으로써 잊고 있던 기억을 재생하고 남은 삶에 대한 긍정적인 평가를 내리도록 돕는다.

② 감정교류

치매노인은 기억이나 지능의 장애로 일상생활이 점차 힘들어진다. 그러나 감정 경험은 비교적 오랫동안 유지된다. 따라서 상담자는 기쁨, 서글픔, 장애 악화에 대한 불안감, 가족에 대한 죄책감 등 내담자에게서 나타날 수 있는 다양한 감정을 듣고, 이해해 주고, 이들에게 심리적인 안정감과 희망을 주어야 한다.

③ 기본적 욕구 충족

생활의 리듬을 잘 지켜 주는 것으로도 치매노인의 이상행동을 다소 줄일 수 있다. 지나치게 많이 먹거나 강하게 성적인 욕구를 보이는 등 치매노인이 보이는 일부 증상은 기본적인 생리적 욕구와 맞닿아 있다.

④ 건강 상태 악화

영양 상태는 치매질환의 정도를 악화시킬 가능성이 높기 때문에 상담자는 내담자의 영양 상태를 포함하여 여러 측면의 건강 상태를 살필 필요가 있다.

(3) 치매노인 가족을 위한 상담 전략

치매의 경중에 따라 차이가 있을 수는 있으나 치매라는 것 자체가 환자의 보호자, 특히 그 가족에게는 심각한 정신적 · 사회적 · 경제적 부담이 된다. 대부분 치매노인을 돌보는 주 부양자는 가족 내에서나 요양소 내에서도 정해져 있다. 그러나 치매노인의 경우 보호자 한 사람이 돌보기에는 어려움이 크며 심리적으로도 지치기 쉽다. 따라서 치매노인 보호자에 대한 상담자의 돌봄이 필요하다. 치매노인 가족을 상담할 때 고려해야 할 점은 다음과 같다.

① 치매노인과 가족구성원의 관계를 평가한다

치매노인 가족상담 시 가족구성원의 관계를 파악함으로써 노인을 보호하는 가족 간의 관계에 대한 다양한 정보를 얻을 수 있다. 상담자는 치매노인 보호자가 겪고 있는 다층적인 심리적 고충을 살펴보고 다른 관계에 미치는 영향을 파악한다. 가족관계 파악은 치매노인의 예전 성격과 생활방식, 가족 간의 관계 파악에 도움이 되며, 이를 통해 장기적인 노인 보호에 있는 주 부양자의 대처 방법에 도움을 준다.

② 시설 입소를 희망할 경우 다양한 정보를 제공한다

시설 입소를 원하는 경우 우선 대상 노인의 경제적 수준과 가족의 경제적 능력이 고려되어야 한다. 대부분의 시설은 그 입소 대상의 경제적인 능력과 연고자 유무에 따라 생활보호대상자 · 저소득층 · 일반인 등으로 구분된다. 상담자는 치매 관련 시설 정보를 충분히 확보하고 가족에게 이를 제공하여 가족의 결정에 도움을 주도록 한다.

2) 노인학대와 상담

(1) 노인학대의 정의 및 유형

노인학대라 함은 노인에 대하여 신체적 · 정신적 · 성적 폭력 및 경제적 착취 또는 가혹행위를 하거나 유기 또는 방임하는 것을 말한다(「노인복지법」 제1조의2 제4호). 학대 발생의 공간에 따라서 노인학대의 유형을 구분하여 보면 가정 내 학대, 시설 내 학대, 자기 방임 등 세 가지로 분류할 수 있다. 먼저, 가정에서의 노인학대는 피해노인과 특별한 관계에 있는 성인 자녀, 배우자, 친지, 친구 등의 부양자가 행하는 학대로서 우리나라 노인학대의 대부분을 차지한다. 다음으로, 시설에서의 노인학대는 보호비용을 국가 보조나 노인 부담으로 하여 전문 서비스를 제공하는 요양원, 양로원, 요양병원 등에서 이루어지는 노인에 대한 부적절한 처우라고 할 수 있다. 마지막으로, 자기 방임은 자기 보호와 관련된 행위를 고의적으로 포기하거나 관리하지 않아 심신이 위험한 상황에 놓이게 하고, 심한 경우 사망에 이르게 되는 학대다.

(2) 노인학대 문제 상담

상담자는 내담자가 안전함과 편안함을 느끼는 가운데 자신의 이야기를 할 수 있도록 정서적 지지를 충분히 해 주어야 한다. 나아가 학대받는 노인뿐 아니라 가해자를 비롯한 가족을 대상으로 가족치료를 병행하는 것이 더욱 바람직할 것이다. 학대의 정도가 심할 경우에는 노인 및 가족의 욕구와 상황 파악, 사례의 위급성, 노인 피해자의 안전 여부 등을 고려하여 필요시 관련 기관에 법적인 보호를 받도록 돕고 사후관리도 해야 한다.

일반적으로 노인학대 상담의 과정은 다음과 같다.

- 먼저 학대받은 노인에게서 나타나는 신체적·정서적 학대 흔적을 살핀다.
- 학대상담의 경우 가해자와의 관계를 신중히 고려하며 효과적인 상담방법을 선택하는 것이 중요하다. 특히 노인의 경우, 비슷한 학대 경험을 가진 노인들을 대상으로 집단상담을 실시하는 것이 효과적일 수 있다. 심각한 노인학대의 경우 관련 기관에 의뢰하여 법적인 보호를 받도록 도와야 한다.
- 상담이 진행되면 내담자에 대해 충분히 지지·격려하고 안도감을 느끼도록 하여 신뢰관계를 확보한다.
- 학대 상황에 관련된 다양한 정보를 구체적으로 파악한다.
- 학대의 원인에 대한 내담자의 이해를 파악하고, 자책감과 수치심에 대해 충분히 다루어야 한다.
- 무력감에서 벗어나도록 돕고 자살의 가능성을 살핀다. 내담자가 자살 가능성이 있을 때에는 적절한 조치를 취해야 한다.
- 학대 상황을 벗어날 수 있는 지지망을 찾는다. 가해자 외에 자녀, 가해자에게 영향을 미칠 수 있는 사람, 절친한 친구 등 학대 상황을 차단하도록 개입할 수 있는 지지망을 형성해 본다.

3) 노인우울

(1) 노인우울 증상의 특성

우울증은 노인에게 가장 흔한 정신장애다. 우리나라 65세 이상 노인의 10~15%가 우울증을 겪고 있으며, 남자보다는 여자에게 더 많다. 우울증이 있는 노인들은 자살률이 높기 때문에 노인우울증 상담은 그만큼 중요하다.

노년기 우울증은 드러나는 증상이 초기의 치매증상과 유사하여 이를 구분하는 것이 쉽지 않은 경우가 많다. 특히 알츠하이머형 치매의 초기 단계에서 홍미상실·의욕저하·초조·지체 등이 나타나서 우울증으로 혼돈되는 경우가 많다. 이와는 반대로 우울증 환자들이 인지기능의 손상을 호소하여 치매로 오인되기도 한다. 우울증 환자에게서 나타나는 일시적인 인지기능의 손상인 가성치매는 우울증이 사라지면 인지기능이 호전된다.

노인들에게서 나타나는 우울 증상은 다음과 같다.

- 부적절한 분노, 슬픔, 불안, 공허감, 절망감 표현 등 비정상적인 성격 성향의 강화
- 가슴이 답답함, 두통, 식욕부진 등과 같은 신체적 증상
- 건강염려증 및 신경증적 증상
- 자해적·가해적 행동 및 행동장애
- 가성치매, 일시적 기억력 감퇴 심화와 관계상의 위축
- 치매에 동반된 우울증
- 최근에 발생된 알코올 의존

(2) 노인우울 상담 전략

우울증은 거의 모든 경우 심리치료, 항우울약물 복용, 전기쇼크 요법으로 치료가 가능하다. 우울증 치료를 위한 심리치료 방법으로 가장 일반적인 치료법은 인지행동치료, 관계요법, 회상요법, 지지치료 등이 있다.

① 인지행동치료

우울증을 유발하는 개인적인 신념과 태도를 보다 건강하고 현실적으로 바꾸어 기쁨과 성취감을 얻도록 격려하는 것이 노인우울증 환자에게 필요하다. '나는 더 이상 희망이 없고 쓸모없는 존재다.'라는 자신에 대한 비관적 생각을 철회하여 사회적으로 활동할 수 있도록 인지행동치료에서는 생각과 행동을 하루 단

위로 구체적으로 탐색하는 과정이 필요하다.

② 관계요법

관계요법은 시간 제한적이며 과거보다 현재를 강조하고 문제에 대해 개방적이기보다는 문제에 초점을 맞추는 방식을 취한다. 또한 내적인 갈등보다는 대인관계 갈등에 초점을 두며, 행동적인 접근보다는 대인관계 접근을 사용한다. 아울러 대인관계에서의 상실·애도·역할문제, 역할이동, 사회적 고립 등을 중점적으로 다룬다(김동기, 김은미, 2010).

③ 회상요법

회상요법은 노인에게 적합한 상담인데, 과거의 사건이나 경험을 기억해 내는 과정을 통해 과거를 돌아보고 지나온 생을 정리하는 특성이 있다. 내담자가 인생관을 새롭게 가지도록 용기를 주어 현재 어려움으로 느끼는 문제에 영향을 미친 과거의 미해결 문제들을 재정의하게 한다.

이러한 회상을 통해 노인은 ① 과거 자신의 긍정적인 자아상과 현재를 동일시함으로써 자아성취감, 충족감, 생의 의미를 발견하게 되고, ② 심리적 상실감을 극복하고 자아통합을 성취하며 우울이 감소하고, ③ 자신의 과거를 미화하거나 합리화함으로써 죄의식과 갈등을 극복할 수 있지만, ④ 자신의 생애를 완전한 실패로 회고할 경우에는 외로움, 우울 및 죄의식이 심화될 수도 있다. 회상은 개별 노인이나 노인집단 모두를 대상으로 행해질 수 있지만 대개 집단과정을 통해 이루어진다(권중돈, 2010).

④ 지지치료

최근에 심각한 스트레스나 상처, 상실을 경험하였을 때 그 경험에 대처하기 위해 다른 이들의 지지를 제공하는 것이다. 우울한 노인의 상실감·외로움·고립감 등은 가족을 비롯한 가까운 사람들의 관심과 정서적 지지로 줄어들 수 있으며, 종교모임·경로당·노인회관 등도 좋은 지지 원천이 된다. 그러므로 상

담자는 노인이 애도과정을 충분히 경험하도록 돕고, 내담자의 지지 원천에 대해
알아보고 그들이 정서적 지지를 제공할 수 있도록 돕는 것이 필요하다(이장호,
김영경, 2006). 이 기법은 종종 노인들이 사회적 관계나 신체건강을 잃게 되었을
때 가장 좋은 효과를 보인다.

4) 노인자살과 상담

(1) 노인자살의 특성

우리나라는 OECD에 속한 30개 국가 중 자살률이 가장 높게 나타나고 있다.
[그림 12-2]에 따르면, OECD 평균이 12.0명인 데 비해, 한국은 24.6명(2016년
기준)으로 가장 높은 수준이어서 심각한 사회문제이다. 통계청(2017a)의 사회조
사 보고서 내용 중 성별, 연령별 자살 현황을 살펴본⟨표 12-8⟩에 따르면, 자살
사망률은 10년 전 대비 3.8명(17.5%) 증가하였고, 2011년 이후 70세 이상 고령
층의 자살률이 감소하는 추세이기는 하다. 그러나 여전히 60대 이후 노인 자살

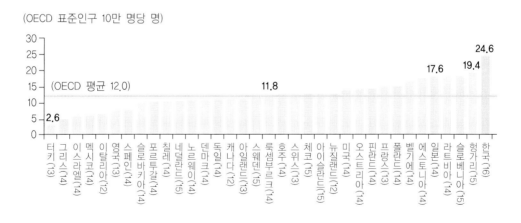

[그림 12-2] OECD 국가 자살률 비교

* 자료: OECD. STAT. Health Status Data(2017. 9. 추출). 우리나라 최근 자료는 OECD 표준인구로 계산한 수치임
* OECD 평균은 자료 이용이 가능한 35개 국가의 가장 최근 자료를 이용하여 계산
출처: 통계청(2017a).

률이 심각하게 높게 나타나고 있다. 성별로는 남자의 자살률은 36.2명은 여자
15.0명보다 2.4배 높은 것으로 나타났다. 남녀 간 자살률 성비는 10대에 1.3배
로 가장 낮으며, 이후 연령에서 증가하여 60대의 성비가 3.8배로 가장 높게 나
타나고 있다. 이를 통해 남자가 성인 이후 여자보다 사망하는 비율이 꾸준히 증
가함을 알 수 있다. 따라서 성인기 이후 남성이 자살생각을 자제할 수 있도록 상
담 전략을 짜는 것이 필요함을 알 수 있다.

표 12-8 성 · 연령별 자살자 수 및 자살률 추이(2006~2016) (단위: 명, 인구 10만 명당 명, %)

			자살자 수	연령대별 자살률								
				전체	10~19	20~29	30~39	40~49	50~59	60~69	70~79	80 이상
남녀 전체	2006년		10,653	21.8	3.4	13.8	16.8	24.8	33.4	46.8	73.9	112.7
	2015년		13,513	26.5	4.2	16.4	25.1	29.9	34.3	36.9	62.5	83.7
	2016년		13,092	25.6	4.9	16.4	24.6	29.6	32.5	34.6	54.0	78.1
	'15년 대비	증감	-421	-0.9	0.7	0.0	-0.5	-0.3	-1.8	-2.2	-8.5	-5.5
		증감률	-3.1	-3.4	16.5	0.1	-1.8	-1.0	-5.4	-6.1	-13.5	-6.6
남	2006년		7,227	29.5	3.5	15.1	21.8	36.0	52.7	74.5	118.3	186.8
	2015년		9,559	37.5	4.6	20.3	32.0	42.1	53.7	57.5	104.5	159.4
	2016년		9,243	36.2	5.6	19.9	31.3	42.3	48.3	55.7	90.3	150.5
	'15년 대비	증감	-316	-1.3	1.0	-0.4	-0.7	0.3	-5.4	-1.7	-14.2	-8.9
		증감률	-3.3	-3.6	22.1	-1.9	-2.1	0.7	-10.0	-3.0	-13.6	-5.6
여	2006년		3,426	14.1	3.4	12.4	11.7	13.1	14.1	22.9	46.4	82.2
	2015년		3,954	15.5	3.8	12.0	17.9	17.3	14.7	17.4	31.2	50.7
	2016년		3,849	15.0	4.1	12.5	17.7	16.5	16.3	14.6	26.5	45.7
	'15년 대비	증감	-105	-0.5	0.3	0.5	-0.2	-0.8	1.7	-2.8	-4.7	-4.9
		증감률	-2.7	-3.0	9.2	3.8	-1.4	-4.8	11.3	-15.8	-15.0	-9.8
성비 (남/여)	2006년		2.1	2.1	1.0	1.2	1.9	2.7	3.7	3.2	2.6	2.3
	2015년		2.4	2.4	1.2	1.7	1.8	2.4	3.7	3.3	3.4	3.1
	2016년		2.4	2.4	1.3	1.6	1.8	2.6	3.0	3.8	3.4	3.3

출처: 통계청(2017a).

(2) 노인자살 상담 전략

노인자살과 관계된 가장 중요한 점은 노인이 자살을 하고자 하는 증상이나 양상을 보일 때 상담자가 이를 신속하게 알아차리는 것이다. 노인의 경우 경제·질환·가족문제 등 여러 심각한 문제에 봉착했을 때 해결하기보다 자살이라는 최악의 회피 수단을 선택할 가능성이 있다.

노인자살의 징후들은 다음과 같다(김남규, 2011).

- 언어적 현상: "죽고 싶다." "모든 것을 끝내고 싶다." "내가 없으면 네가 더 편해질 것이다." "어서 가야지." "나중에 후회하지 마라." "이 꼴 저 꼴 보지 말아야지." "네 원대로 해 줄게." 등
- 행동적 현상: 신체기증, 개인 업무와 상업상 일들의 정리, 유언을 남기거나 변경하기, 보험금을 꺼내 가기, 연금·보험금의 수령인 변경, 장례 계획 세우기, 갑작스러운 신앙에 대한 관심 증가나 감소, 특별한 이유 없이 의사와 면담 약속을 하거나 자주 의사(병원) 방문, 애지중지하는 것(물건)을 다른 사람에게 주기, 자신의 신변을 정리하기 등

그리고 이러한 노인자살과 다른 시기 자살의 차이점은 다음과 같은 심리행동적 특성을 보인다(박지영, 2009).

- 생활 상황의 문제 원인을 노인 자신에게 귀속시키는 경향이다. 가족과 자신의 생활에서 직면하는 문제의 원인을 자기 자신으로 규정하거나, 때로는 가족구성원들로부터 문제의 원인으로 규정돼 끊임없이 자기비난과 책임에 대한 부담을 갖는다.
- 부정적 사건 또는 문제 상황에 직면했을 때 적극적으로 도움을 탐색하기보다는 자신이 직접 해결하는 태도를 갖는다.
- 자살시도에 대해 외부에 알리거나 도움을 요청하는 등 소통을 거의 하지 않는다.

- 자살시도 이후 가족 또는 지역 내 사후관리가 이루어지는 경우가 거의 없다.
- 자살시도자와 가족 모두 외부 도움을 꺼렸다. 특히 가족은 지역사회에서의 낙인과 사춘기 자녀 등에게 심리사회적으로 미칠 영향에 대한 두려움 등으로 외부의 접근에 대해 불편함 또는 저항감을 나타냈다.

노인자살에 대한 상담과정은 다음과 같다.

- 자살에 대해 스스로 탐색할 수 있도록 지지, 감정적인 공감 및 탐색 기회를 제공한다.
- 현재 자살에 대한 생각을 가지고 있는지 직접적으로 질문한다.
- 자살시도를 막도록 구체적 계약을 맺고 이를 실천할 수 있도록 돕는다.
- 알코올·약물의 의존 여부를 확인하며 우선적으로 이 문제에 치료 계획을 세운다.
- 억압된 감정을 자유롭게 표현하도록 격려하여 스스로에 대한 이해를 돕는다.
- 자살과 관련된 생각·감정·계획 등을 탐색하도록 돕고, 심리변화 과정을 살핀다.
- 내담자의 장점과 자원을 탐색하여 긍정적인 변화를 이루도록 돕는다.

5) 노인 성문제와 상담

장수노인의 증가와 더불어 건강한 노년기 시간이 증가하고 있는 현대사회에서, 노년기의 성에 대한 욕구는 의식주에 대한 욕구와 더불어 더 나은 삶을 위해서 충족되어야 할 기본 욕구 중 하나로 노인의 성생활에 대한 중요성이 부각되고 있다. 실제 성생활은 노년기까지 지속적으로 진행되고 있으며, 성을 즐기는 노인인구 역시 늘어나고 있는 추세다. 이제 노년기의 성문제도 상담의 중요한 영역으로 인식되어야 할 시점에 있다.

(1) 노인 성생활 실태

연령 증가에 따라 성적 능력은 대체로 저하하지만, 성을 즐길 수 있는 지식과 기술은 증가한다. 또한 이성에 대한 관심과 욕구는 임종에 이르기까지 지속된다.

기존의 조사연구들을 바탕으로 성생활 실태를 요약하면 다음과 같다(강지연, 박부진, 2003).

- 대부분의 노인들이 70대까지 성에 대한 관심이 보통 이상으로 유지되고 있으며, 성생활을 중시하고 있다.
- 노인의 선호 성행위 유형은 성교 외에 포옹, 키스, 자위행위 등 젊은이들과 대체로 비슷한 유형으로 나타나고 있는 가운데, 배우자가 없는 노인의 과반수가 자위행위를 하고 있다.
- 건강하고 원만한 부부관계의 노인인 경우는 성생활의 빈도에서 젊은 층과 거의 차이가 없다.
- 남녀 모두 성 지식은 매우 낮은 편이고, 오랄 섹스에 대해서는 대부분 모르거나 부정적으로 인식하고 있으며, 이성에 대한 성지식의 부족과 자기중심적인 성행위로 인하여 배우자와의 성관계가 대체로 만족스럽지 못한 사례가 많다.

(2) 노인 성상담 전략

노인의 성 갈등 조정을 위한 상담에서 상담자가 알아야 할 일반적 지침은 다음과 같다.

- 노인에 대한 잘못된 믿음을 점검한다.
- 상담자 자신이 가지고 있는 성에 대한 이해를 파악한다.
- 상담자 자신의 세계관·여성차별주의·가부장주의를 점검한다.

- 노인상담의 기본 모델에 충실한다.

배우자가 없는 노인의 성상담을 할 때는 다음과 같은 사항을 살펴야 한다.

- 성병이나 성과 관련된 질환 여부를 의사에게 검진받도록 유도한다.
- 성적 불만족에서 오는 스트레스와 공격적 태도를 바람직한 방향으로 전환할 수 있는 방법을 탐색한다.
- 성에 대한 개인적인 태도를 점검한다.
- 복용하고 있는 약물 중 성욕에 영향을 미치는 성분이 있는지 살핀다.
- 성적 욕구를 대인관계에 대한 욕구로 바꾸어 충족시킬 수 있는 방법이 있는지 탐색한다.
- 성적 욕구를 해결하는 방법에 대해 내담자와 구체적으로 탐색한다.

6) 노인 경제 및 진로 상담

(1) 은퇴 이후 삶의 방식

성공적인 노화란 자신과 다른 사람 모두를 만족시키는 신체적·사회적·심리적 안녕의 가능성, 또는 그 수준에 도달하는 것을 말한다(Gibson, 1995). 성공적으로 노화한 사람은 긍정적 조망을 가지고 있고, 더 넓은 자기이해를 바탕으로 최적의 적응이 가능한 특징을 보인다.

우리나라 65세 이상 노인의 사회참여 유형 분석 조사(한국보건사회연구원, 2007)에 따르면, 직업을 가진 노인들은 금전적 이유 못지않게 '떳떳한 삶'과 '독립적인 인생'에 대한 욕구 때문에 일을 하고 싶어 하는 것으로 나타났다. 〈표 12-9〉에 따르면, 사회참여 유형으로는 남성의 경우 '직업형'이 많았고, 여성은 '종교형'이 많았다. 가구소득이 높을수록 '자원봉사형'이 많았고, 소득이 적을수록 '경로당형'이 많았다. 대졸 이상의 노인일수록 '자원봉사와 직업형'이 많았고, 초졸 이하의 노인일수록 '경로당형'이 많았다.

표 12-9 65세 이상 노인의 사회인구학적 변수에 따른 사회참여 선택 양상

변수		사회참여 유형 간 순위
연령	[높을수록]	비참여 > 경로당 > 종교 > 자원봉사 > 직업
성별	[남성]	직업 > 경로당 > 비참여 > 자원봉사 > 종교
가구 소득	[낮을수록]	비참여 > 직업 · 경로당
교육수준	[높을수록	자원봉사 > 종교 · 졸업 > 비참여 > 경로당
노후 준비	[했을수록]	자원봉사 > 경로당 > 종교 > 직업 > 비참여
거주 지역	[도시]	종교 > 비참여 > 직업 > 자원봉사 > 경로당
노인 용돈	[많을수록]	직업 > 자원봉사 > 비참여 > 종교 · 경로당
건강 상태	[나쁠수록]	비참여 > 경로당 > 종교 · 적극 · 직업

출처: 한국보건사회연구원(2007).

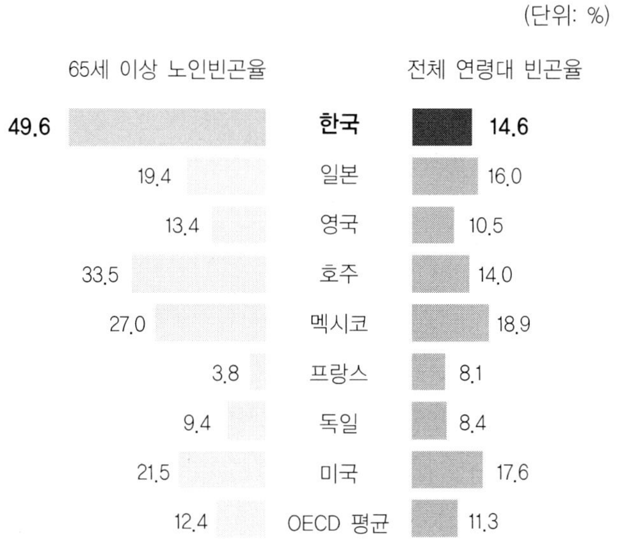

(단위: %)

65세 이상 노인빈곤율		전체 연령대 빈곤율
49.6	한국	14.6
19.4	일본	16.0
13.4	영국	10.5
33.5	호주	14.0
27.0	멕시코	18.9
3.8	프랑스	8.1
9.4	독일	8.4
21.5	미국	17.6
12.4	OECD 평균	11.3

[그림 12-3] OECD 회원국 노인빈곤율 비교

* 자료: OECD '한눈에 보는 연금 2015'
* 국가별, 2012년 혹은 가장 최근 통계치 기준
출처: 통계청(2017e).

그러나 노인의 경제적 여건은 그다지 좋지 않은 것으로 드러났다. [그림 12-3]에 따르면 대부분의 한국인에게 노후는 여유로운 황혼기가 아니라 벼랑 끝에 선 위기상황으로 인식된다. 가장 큰 원인은 노후 대비를 하지 못해서다. 60대 이상의 경우 2명 중 1명이 무대책이어서 심각성을 더한다. 최소한의 노후 대비책인 국민연금조차 제대로 갖추지 못한 이들이 많다는 점에서 은퇴를 앞둔 베이비부머 세대(1955~1963년생)와 청년층 모두 위기에 내몰리고 있다(한국보건사회연구원, 2017).

현재 노인빈곤율 통계(상대빈곤율 기준)는 OECD 기준에 따른 것으로, 65살 이상 노인가구 중에서 소득이 중위소득의 50%에 미치지 못하는 가구의 비율이다. 소득에는 국민연금·기초연금 등 공적연금과 개인이 자발적으로 가입한 사적연금, 일을 해서 번 돈인 근로소득, 저축상품의 이자를 비롯한 금융소득 등이 포함된다. OECD 자료를 보면, 한국의 노인빈곤율은 49.6%로 비교 대상 34개국(국가별로 2012년 혹은 가장 최근치 기준) 중 가장 높은 수준이며, OECD 평균(12.4%)의 4배에 이른다.

고령 노인을 위해 국가에서 실시하는 시간제 일자리로는 빈곤선 근처나 그 아래에 살고 있는 노인에게 나무를 심고, 공원을 만들고, 도로 조경 일을 시키고 최저 임금을 지불하는 제도가 있다. 또한 방과 후 학습 도우미, 한자 교사, 유아 돌봄이, 초등학교 교통지도, 급식 도우미, 저소득 노인 돌봄이, 수양 조부모 등의 일이 있다. 특히 수양 조부모는 시간당 임금과 교통비, 매일 한 끼의 식사를 제공받는다. 그 밖에 폐지를 수집하며 생계를 유지하는 경우도 있다.

노인들이 일자리를 선택할 때 생계비 마련에 대한 필요뿐 아니라 일의 즐거움, 일의 양과 시간에 대한 욕구도 충족시킬 수 있어야 하며, 경제적인 욕구와 사회참여에 대한 욕구를 동시에 충족시킬 수 있는 직종과 근로환경을 창출하는 것이 제도적으로 마련되어야 하겠다.

(2) 경제 및 진로 상담의 전략

노인은 나이가 들어 감에 따라 더 이상 미래의 희망에 대해 관심을 두지 않게 된다. 오히려 현재를 불만스러워하거나, 과거의 업적을 통해 위로를 받으려고 하는 경향이 있다. 노인 진로상담은 현재의 문제에 집중하고, 미래를 계획하도록 돕는 것이 필요하다.

노인 진로상담은 개인이 가지고 있는 현실에 대한 불안정감과 예측할 수 없는 미래, 가능성 없어 보이는 미래에 대한 불안을 줄이며, 현재에 대한 적응력과 미래에 대한 보다 건강하고 긍정적인 의지를 가지도록 돕는 상담이다. 노인 진로상담은 내담자가 앞으로 남은 삶을 성공적으로 준비함으로써 성공적인 노후를 이루어 갈 수 있음을 전제로 한다. 이때 상담자는 내담자가 바라는 현재의 소망과 바람을 탐색할 수 있도록 도와주고, 성공 가능한 미래의 희망을 찾아 노년기를 성숙과 통합의 시기로 이끌도록 돕는 과정을 수행하여야 한다.

진로상담에서 고려되어야 하는 과정은 일반적으로 다음의 절차를 따르는 것이 적절하다.

- 과거의 긍정적 경험을 탐색한다.
- 현재의 소망을 탐색한다.
- 원하는 미래를 구상한다.
- 원하는 미래를 위해 필요한 일을 목록화한다.
- 구체적으로 할 일을 계획한다.
- 계획한 일을 실제로 실행한다.
- 실행한 일의 성과나 가치를 평가한다.

학습문제

1. 노년 후기의 신체적 변화와 인지적 변화를 설명해 보자.

2. 노년 후기의 발달과업으로서 죽음의 수용과정을 노인 개인과 가족적 차원에서 설명해 보자.

3. 노년 후기의 발달 현안으로서의 치매, 학대, 우울, 자살, 성, 경제 및 진로 상담의 유의 사항을 각각 설명해 보자.

제3부

발달심리학의 동향과 적용

제13장
발달심리학의 최근 동향

| 황매향 |

이 장에서는 앞선 장들에서 충분히 다루지 못한 발달심리학의 최근 연구에 대해 소개하고자 한다. 최근의 연구를 구분해 주는 뚜렷한 기준이 없으므로, 비교적 최근 들어 활성화된 연구 분야이면서 상담 전문가들이 관심 있게 볼 만한 내용들을 선택하여 이 장을 구성하였다. 특히 상담은 인간의 변화를 지향하는 활동이므로, 인간행동의 변화 가능성을 지향하는 관점을 중심으로 그 내용을 선정하였다. 진화론적 관점, 뇌 발달 연구, 다문화적 접근, 학제 간 연구, 패널조사 연구 등 다섯 가지 주제를 각 절로 나누어 알아보고, 각 주제를 다룬 국내외 최근 연구가 상담자에게 주는 시사점을 살펴볼 것이다. 이 장에서 소개되는 내용들 중에는 아직 교재의 내용으로 포함될 만큼 충분히 검증되지 않은 부분도 있으므로, 이 장의 내용을 그대로 받아들이기보다는 비판적 시각을 가지고 읽어야 할 것이다. 또한 새로운 연구주제를 도출하거나 자신의 상담 실무에 대한 적용 가능성을 탐색해 볼 수 있을 것이다.

1. 진화론적 관점

다윈(Darwin)은 『종의 기원(Origin of Species)』에서 자연선택에 의한 진화론을 소개한 후, 그 마지막 페이지에서 "먼 미래에 보다 중요한 연구영역이 열릴 것으로 안다. 심리학은 각 정신적 능력과 역량을 서서히 획득해 가는 새로운 기초에 기반을 두게 될 것이다."라고 예언하였다(Cosmides & Tooby, 1997). 그러나 진화론적 관점이 심리학에 적용된 것은 미국의 경우 1990년대 이후라고 할 수 있다. 1975년부터 2005년까지 미국에서 출간된 심리학개론 교재의 내용을 조사한 결과에 따르면, 1980년대에는 진화심리학이 거의 언급되지 않은 데 비해 2000년대에는 거의 모든 교재에서 진화심리학을 다루고 있다(Cornwell et al., 2005).

1) 진화심리학의 개념

진화심리학(evolutionary psychology)은 현대 진화생물학의 원리를 활용하여 인간 심리를 진화적으로 분석하고 이해하는 학문으로 인간의 심리 현상을 자연선택에 의한 진화론의 틀로 이해하고자 한다(전중환, 2010). 다윈의 진화론은 다음의 원리로 요약된다.

첫째, 모든 종은 각 세대마다 살아남아야 할 개체보다 더 많이 태어난다(과잉다산, superfecundity). 둘째, 모든 종의 모든 개체는 서로 다른 특성의 조합으로 이루어져 있으므로 같은 종 안에서도 서로 다른 개체는 물리적·행동적 특성에 있어 차이가 난다(이형, variation). 셋째, 이러한 서로 다른 형질은 물려줄 수 있다(heritable). 넷째, 개체가 살아남아 번식에 성공한 특성은 개인과 환경 사이의 상호작용의 결과로 선택되고(selected) 유전자를 통해 미래세대로 내려가는 반면, 살아남지 못한 특성은 그렇지 못하다(Bjorklund & Pellegrini, 2000).

진화심리학은 이러한 기본 원리를 그대로 수용하고 있고, 이 원리를 인간의 심리기능에 적용한 학문이다. 따라서 진화심리학의 특성은 다음과 같이 제시되고 있다. 첫째, 인간의 뇌는 환경으로부터 정보를 추출하기 위해 자연선택과정에 의해 고안된 컴퓨터다. 둘째, 인간의 행동은 환경으로부터 온 정보에 대해 반응하는 진화된 컴퓨터에 의해 생성되므로 행동을 이해하기 위해서는 행동을 생성한 인지적 프로그램을 명료화해야 한다. 셋째, 인간 뇌의 인지적 프로그램은 우리의 조상이 살아남고 자손을 이을 수 있도록 해 주는 행동을 만들어 냈기 때문에 존재하는 것이므로 적응적이다. 넷째, 인간 뇌의 인지적 프로그램은 조상이 살았던 환경에서는 적응적이었지만 현재에는 적응적이지 않을 수 있다. 다섯째, 자연선택을 통해 뇌는 다양한 특수한 목적의 프로그램으로 구성되어 있고 모든 영역에 일반화된 구조를 가지지는 않는다. 여섯째, 우리 뇌의 진화된 계산구조는 '문화와 사회적 현상을 체계적으로 이해할 수 있게 해 준다.'라고 기술할 수 있다(Tooby & Cosmides, 2005).

2) 진화발달심리학

(1) 진화발달심리학의 정의

진화발달심리학(evolutionary developmental psychology)이란 진화심리학의 한 하위 영역으로 진화심리학의 개념을 적용하여 발달현상을 이해하려는 접근이다. 즉, 진화발달심리학은 진화론적 관점을 가진 발달심리학의 한 영역이라고 할 수 있다. 진화발달심리학에 대한 정의를 살펴보면 다음과 같다.

> 진화발달심리학이란 다윈의 진화론 중 자연선택의 기본 원리를 적용하여 현재의 인간발달을 설명하는 학문이다. 진화발달심리학에서는 사회적 · 인지적 능력의 전반적 발달을 이끄는 유전 및 환경적 기제와 사회적 · 인지적 능력이 특정한 조건에 적응하는 진화적 후성(evolved epigenetic, 유전자-환경 상호작용)의 과정에 대해 탐구한다(Bjorklund & Pellegrini, 2002: 4).

(2) 진화발달심리학의 연구 동향

진화발달심리학은 심리학의 여러 분야 중에서 진화론(진화심리학)을 늦게 수용한 분야이다. 발달심리학의 기원이 생물학에 있고, 발달의 기제를 설명하는 내용에 진화론적 개념들이 이미 사용되고 있었음에도 불구하고 진화발달심리학의 출현이 늦어진 것은 진화심리학을 유전적 결정론으로 받아들이는 오해 때문이었다(Bjorklund & Smith, 2003). 미국에서는 2003년 『실험아동발달(Journal of Experimental Child Psychology)』과 2006년 『발달개관(Developmental Review)』이라는 두 학회지에서 진화발달심리학 특별호를 통해 진화발달심리학 분야에서 진행되고 있는 경험적 연구들이 소개되는 계기가 되었고, 이후 진화발달심리학 분야 연구가 더욱 활성화되었다. 진화발달심리학은 학문적 영역을 넘어 대중에게도 소개되고 있는데, 진화발달심리학 분야에서 연구활동이 활발한 비요크런드(Bjorklund) 교수의 교양서는 우리나라에서 『아이들은 왜 느리게 자랄까: 아동기의 완전한 이해(Why Youth is Not Wasted on the Young: Immaturity in Human Development)』로 번역되었다.

진화발달심리학 분야의 주요 연구를 살펴보면, 첫째, 취학전 아동의 공격성에 대한 진화발달심리학적 연구결과(Hawley, 2003)는 사회성 발달이론으로 설명하기 어려운 부분에 대한 새로운 설명을 제공해 준다. 사회관계에서의 통제 방식에 따라 이중적 통제, 강압적 통제, 이타적 통제, 무통제 등 네 개의 집단으로 나누어 인기도와 도덕적 발달 정도를 비교해 본 결과, 강압적 통제와 이타적 통제를 모두 사용하는 이중적 통제집단의 아동들은 공격적인 특성을 가지고 있음에도 불구하고 도덕적으로 성숙하고 인기도 많았다. 사회성 발달이론에서는 일반적으로 공격적 행동은 무능하고 부적응적인 면을 나타내는 것으로, 공격적인 아동은 인기가 없고 도덕성도 덜 발달된 것으로 가정한다. 그러나 공격성은 진화의 과정에서 발달시켜 온 적응적인 특성 중 하나로 적응적인 행동이고 경우에 따라 사람들이 좋아하는 특성이 될 수도 있다는 것이 진화론적 입장이다. 즉, 진화발달심리학은 어떤 특성이 적응과정에서 어떤 기능을 할 수 있는가에 초점을 둔 분석이라고 할 수 있다.

둘째, 성차에 관한 연구인데, 진화심리학의 내용 중 남성이 여성을 찾는 행동 및 심리적 기제와 여성이 남성을 찾는 행동 및 심리적 기제로 성차를 설명하는 연구의 비중이 높다. 이는 진화론이 생존과 번식을 높이는 방향으로의 자연선택에 입각해 있다는 점에서 볼 때 당연할 것이다. 마찬가지로 진화발달심리학에서도 남녀의 성차에 대한 연구가 활발하다. 남성은 집단 내 경쟁에서 물리적 공격성과 지배 관련 전략을 사용하여 지위를 차지하고, 여성은 이러한 보다 높은 지위의 공격적 남성을 알아차리고 선호한다는 성적 선택이론이 그 근간이 된다. 이러한 성적 선택이론을 기반으로 하여 청소년들을 대상으로 수행된 종단적 연구결과(Pellegrini & Long, 2003)에 따르면, 성적 선택이론의 가정대로 소년들에게는 소녀들의 인기를 얻는 데 지배 관련 전략이 보다 중요했고, 소녀들에게는 소년들의 인기를 얻는 데 간접적이고 관계지향적인 전략이 보다 중요했다.

셋째, 스트레스 반응에 대한 종단적 연구(Flinn, 2006)의 결과 역시 흥미롭다. 이 연구는 아동의 스트레스 반응 기제가 사회적 곤란에 대해 매우 민감한데, 이것은 스트레스 호르몬이 발달이나 건강에 부정적인 영향을 미친다는 것을 감안하면 진화론적으로 설명하기 어렵다는 점에 착안하여 수행된 연구다. '사회심리적 자극에 대해 스트레스 호르몬 수치를 높이도록 하는 것이 왜 자연선택되었을까?'라는 질문에 대해 다음의 두 가지 가설을 세웠다. 사회적 환경의 만성적 스트레스를 새로운 것으로 잘못 알아차리고 잘못 적응한 것과, 사회적 능력의 발생을 촉진하는 적응적 신경재조직화이다. 20여 년간의 아동과 가족에 대한 참여관찰 결과, 아동은 사회적으로 어떤 경험을 하는가에 따라 두 번째 가설을 지지할 수 있었고, 사회적 자극에 대한 스트레스 반응이 다르다는 점도 발견하였다. 학대나 심리적 외상과 같은 어려운 환경을 견딘 아동은 스트레스가 적거나 없는 환경에서 스트레스 호르몬 수치를 오히려 낮춘다. 또한 학대나 폭력에 시달린 아동의 감수성은 좋은 환경에서 자란 아동과는 차이를 보인다. 즉, 스트레스 호르몬 반응은 사회경쟁 속의 고유한 개인에게 주어진 복잡한 역동에 적응하기 위해 필요한 신경학적 가소성에 기인하여 개별화된다.

3) 우리나라 진화심리학의 발달

우리나라에서의 진화심리학적 접근을 살펴보면, 최근 진화심리학적 접근의 연구가 증가하고 있지만 아직 발달심리학의 한 분야로 자리를 잡았다고 보기는 어렵다. 2006년 한국심리학회 연차대회에서 '마음이론에 대한 다학문적 연구'로서 진화적 관점의 연구가 소개되고, 2010년 한국심리학회 연차대회의 특별심포지엄으로 진화심리학이 소개되면서 진화심리학을 소개하거나 진화심리학적 개념을 현상의 이해에 적용하는 연구가 이어지고 있다(예, 류지환, 2010; 오강섭, 2017; 이소민, 2013; 이홍석 외, 2015; 임진영, 최지은, 2011; 최선우, 2010; 황재원 외, 2004). 그러나 진화심리학을 전공한 한국인 학자가 적고 학계에서의 진화심리학에 대한 논의가 활발하게 진행되고 있지는 않다. 진화심리학에 대한 논의가 활발하지 않은 만큼 그 하위 영역이라고 할 수 있는 진화발달심리학에 대한 논의는 더욱 부족하다.

4) 상담에 주는 시사점

진화발달심리학은 인간행동을 이해하는 새로운 틀로서 상담자에게 주는 시사점이 적지 않다. 예를 들면, 인간이 가진 모든 감정은 인간의 생존과 번식에 도움이 되기 때문에 진화의 역사를 통해 발달해 온 결과물이다(오강섭, 2017). 즉, 긍정적 정서와 부정적 정서가 우리의 삶에 모두 필요한 것으로, 부정적 정서를 나쁜 것으로만 보고 없을수록 좋다는 관점은 타당하지 않은 것이다. 상담에서 빈번하게 다루어지는 불안이라는 정서는 지나치기 때문에 문제가 되는 것이지 불안 자체가 나쁜 것이 아니며, 불안한 상태에 놓이게 되는 것은 스스로의 생존에 필요하기 때문이다. 이와 같이 진화발달심리학은 부정적인 정서에 대한 새로운 이해를 가지고 내담자를 만날 수 있는 지적 기반을 제공해 준다.

보다 최근에는 진화발달심리학의 발견을 상담의 실제에 적극적으로 적용하는 시도들이 이루어지고 있는데, 그 대표적인 학자 중 한 사람은 코졸리노(Louis

Cozolino)이다. 코졸리노는 최근 저서 『심리치료는 왜 효과적인가?(Why Therapy Works?)』에서 진화의 산물로서의 현재의 모습을 이해하고 문제의 원인을 진화의 역사와 기제에서 찾아 새로운 자기진술을 만들어 가도록 돕는 과정으로 심리치료의 과정을 개념화하고 있다. 따라서 다음과 같이 효과적 심리치료의 과정을 제시하고 있다(Cozolino, 2016: 17-18).

- 뇌는 다른 사람과 관계를 맺고 상호작용을 통해 변화하는 진화과정에서 형성된 적응을 책임지는 사회적 장기에 해당한다. 심리치료는 적응을 요하는 변화의 과정에서 다른 사람들과 협조하고 서로 배우는 뇌의 능력에 영향을 미친다. 대인관계와 학습의 밀접한 관련성은 엄청난 세월에 걸친 사회적 진화의 시련을 통해 단련되어 왔다.
- 변화는 신경 차원의 변화 과정의 활성에 달려 있다. 어떤 변화도 생각, 감정, 행동에서의 변화를 반영하는 뇌에서의 구조적 변형을 동반한다. 따라서 심리치료의 성공 여부는 내담자의 뇌에서 새로운 연결망 형성, 다른 연결망 억제, 와해된 신경망 재개 등 신경 차원의 변화를 일으킬 수 있는 치료자의 능력에 달려 있다.
- 변화를 위해 미래로 이끌 경험의 기초를 만들면서 신경과 심리의 통합을 지원할 자신만의 이야기를 함께 만들어야 한다. 일관된 자기 진술을 구성하면서 자기성찰의 역량, 창의력, 성장을 증진시킬 수 있다. 과거의 이해를 통해 정체성을 확고히 하고 마음의 상처를 치유하기 위해 더욱 필요하다.

2. 뇌 발달 연구

뇌는 인간의 사고, 감정, 행동의 근원으로 간주되어 발달심리학을 비롯한 여러 분야에서 오랫동안 연구해 온 대상이다. 초기 뇌 연구는 동물의 뇌 가운데 일부를 제거하거나 특정 부위에 자극을 주거나 화학물질을 주사한 다음 행동의 변화를 관찰하는 동물연구로 출발하여 시체해부연구, 뇌손상 또는 뇌병변 환자에 대한 사례연구 등으로 주로 수행되었다. 그러나 뇌파도(electroencephalograph: EEG)로 알려진 뇌파기록이 가능해지면서 특정 과제를 수행할 때의 뇌활동을 확인하기 시작하게 되었고, 뇌 연구의 급속한 발전을 이루는 계기가 되었다. 예를 들면, 파웰과 스미스(Farwell & Smith, 2001)는 EEG에 기반을 둔 다방면에 걸친 뇌파 전위 기록 장치 반응에 관련된 기억과 암호화(Memory and Encoding Related Multifaceted Electroencephalographic Responses: MERMER)라는 방법으로 거의 90% 이상의 정확도로 개인이 어떤 사건을 경험했는지 여부를 구분했다. 무엇보다 최근 뇌 연구의 급속한 발달은 뇌영상 기술이 발달함에 따라 이루어졌는데, 뇌영상 기술이란 어떤 과제를 수행할 때 뇌의 여러 부위에서 일어나는 혈액의 흐름이나 대사활동의 정도를 사진으로 찍는 것이다. 양전자단층촬영(Positron Emission Tomography: PET), 단일광자방출단층촬영(Single Photon Emission Computed Tomography: SPECT), 컴퓨터단층촬영(Computer-Assisted Tomography: CAT), 자기공명영상(Magnetic Resonance Imaging: MRI), 기능성 자기공명영상(functional Magnetic Resonance Imaging: fMRI) 등이 가장 많이 사용되는 뇌영상 기술이다. 이러한 뇌 연구의 활성화로 밝혀진 내용 가운데 발달심리학에서 특히 주목할 만한 내용은 청소년기 전두엽의 급격한 발달이라고 할 수 있다.

1) 제2의 뇌 성장급등기

뇌의 발달은 생애 초기에 급격하게 진행되어 뇌의 무게가 출생 당시 성인의 25%에서 만 2세에 성인의 75%까지 증가한다. 즉, 뇌의 성장급등기는 출생 이전 3개월부터 출생 후 2세까지라고 할 수 있다(Shaffer, 2002). 출생 이전과 생후 몇 년 사이에 뇌 발달의 많은 부분이 이루어지는 것은 사실이지만, 뇌 발달은 아동기, 청소년기를 거쳐 성인 초기까지도 꾸준히 지속된다는 증거들이 확인되고 있다. 예를 들면, 대뇌피질에서는 시냅스 전정이 아동 중기와 청소년기에도 계속되고 수초화도 20대 이후까지 이어진다는 연구결과, 사고와 학습의 중심 역할을 하는 전두엽, 측두엽, 해마, 편도체, 뇌량 등 여러 뇌 부위는 아동 중기부터 청소년기 후반 또는 성인기까지 그 크기가 상당히 커진다는 연구결과, 청소년기 후반과 성인기 초반 기간 동안 전두엽이 상당히 성장하여 주의집중, 계획성, 충동조절 등의 능력이 이 시기에 크게 증가한다는 연구결과 등이다(Ormrod, 2014).

　이러한 연구결과 가운데 청소년기 뇌 발달 연구에 대한 새로운 출발점은 미국의 국립정신보건원(National Institutes of Meutal Health)에서 수행되고 있는 뇌 발달에 관한 종단연구라고 할 수 있고, 이 연구는 지금도 계속 진행되고 있다. 1999년에 145명의 아동 및 청소년들에서 출발해 2년 간격으로 MRI로 뇌를 촬영한 결과(Giedd et al., 1999)가 발표되면서 청소년기에 제2의 뇌 성장급등을 맞이한다는 것이 경험적으로 증명되었다. 기드(Giedd) 등의 연구결과가 소개되기 전까지 대뇌피질은 백질(white matter)이 계속 증가하고 회질(gray matter)은 계속 감소한다고 알려져 있었다. 이러한 변화는 태아기에서 출생 후 18개월까지 과다하게 생산된 신경세포와 시냅스가 이후 발달과정에서 수초화에 의해 백질이 증가하고 전정(가지치기)에 의한 신경세포 및 시냅스 감소로 인해 회질이 감소되는 것으로 설명되었다. 그러나 기드 등의 종단연구에서는 백질의 계속적 증가(4세에서 22세까지 12.4% 정도 증가; Giedd et al., 1999: 861)가 확인되었을 뿐 아니라 회질의 변화에서 새로운 발견을 하게 되었다. 대뇌피질의 회질은 전두엽과 측두엽에서 12세에 최고치를 이루었다가 다시 감소하고 후두엽의 회질은 20세까지 계속 증가하는 것을 확인한 것이다. 이를 통해 대뇌피질은 영역별로 서로 다른 발달을 보인다는 것이 알려졌고, 신경세포와 시냅스가 생애 초기만이 아니라 10대 시기에 다시 한 번 과다생산되는 제2의 성장급등기를 맞이한다는 것이 알려졌다.

2) 청소년기 전두엽의 발달

　청소년에 일어나는 뇌의 성장급등 중에서도 전두엽의 발달은 그 기능 면에서 아동 및 청소년 이해에 주는 시사점이 크기 때문에 더욱 관심을 모으고 있다. 뇌의 85%를 차지하면서 뇌 전체를 감싸고 있는 대뇌피질(cerebral cortex)은 인간의 고유한 인지적 기능을 담당하는 곳으로, 지속적으로 발달하는 뇌 영역이다. 대뇌피질은 후두엽(occipital lobe), 측두엽(temporal lobe), 두정엽(parietal lobe), 전두엽(frontal lobe)으로 구성되어 있고, 이 가운데 전두엽(대뇌피질의 제일 앞의 위쪽에 위치하면서 의식적인 사고과정의 대부분이 일어나는 곳)은 10대 시기에 급격하게 성장한다는 것이 확인되었다. 전두엽은 주로 추상적 사고, 합리적 의사결정, 분석, 문제해결 등을 담당하고 있기 때문에 아직 전두엽의 성장이 완료되지 않은 아동·청소년은 전두엽을 사용하는 성인과는 달리 본능적 반응을 연결해 주는 뇌 부위를 더 많이 사용해 의사결정을 하게 된다. 즉, 아동과 청소년들은 전두엽의 미성숙으로 인해 여러 가지 고등정신기능이 성인에 미치지 못한다는 측면에서 그들의 문제행동을 이해해야 할 것이다.

청소년기 전두엽의 발달을 보다 구체적으로 살펴보면, 전두엽에서의 신경세포(뉴런, neuron) 및 시냅스(synapse) 증가와 수초화(myelination)가 발달의 대표적 현상이다. 여아는 11세, 남아는 12세 6개월까지 전두엽의 신경세포가 수없이 많은 새로운 연결망을 생성하고(회질의 증가), 이후 몇 년 동안 대부분이 다시 전정(가지치기)을 통해 사라지는데(회질의 감소), 많이 사용되고 강화를 받는 연결망만이 남게 된다(백질의 증가; Giedd et al., 1999). 이렇게 발생기 때와 마찬가지로 뇌의 신경세포와 시냅스가 청소년기에 과다생산된다는 것은 앞으로 어떤 방향으로든 발달할 수 있는 잠재 가능성을 의미한다. 10대 초에 과다생산된 신경세포와 시냅스는 생애 초기 과다생산 이후와 마찬가지로 많이 사용되는 부분은 남고 사용하지 않은 부분은 전정(가지치기) 과정을 통해 사라지게 된다. 한편, 전정 과정과 함께 신경전달의 효율성을 높여 주는 수초화[1]가 진행되는데, 뇌에서 일어나는 정보 전달의 속도를 증가시켜 정보를 기억하거나 논리적으로 사고하거나 해결책을 평가하고 찾는 면에서 훨씬 나아진다. 즉, 아동기부터 청소년기

---

1) 뉴런의 축색돌기는 수초로 감싸져 있어 전기자극이 축색을 따라 이동하는 속도를 촉진한다. 뉴런이 처음 형성될 때는 수초가 없지만, 신경교세포의 도움을 받아 나중에 만들어진다. 이렇게 뉴런의 축색을 감싸는 과정을 수초화라고 하고, 오랜 시간에 걸쳐 서서히 진행된다.

에 걸쳐 뇌 발달은 제2의 성장급등기를 맞이하여 새롭게 재조직되고 정교화된다. 따라서 이 시기에 어떤 경험을 통해 어떤 기능을 더 많이 사용하는가에 따라 청소년의 뇌는 완전히 달라지는 새로운 국면의 발달에 접어들게 되는 것이다.

3) 청소년 뇌 발달 연구의 전파

이러한 연구결과를 다른 학문 영역과 일반인에게 소개하기 위해 기드는 2004년 미국 제11회 아동과 법(Child and Law) 연차학술대회에서 청소년의 뇌는 급격한 성장과 재구조화를 경험하게 된다는 사실을 발표하였다. 기드는 "8세 아동의 뇌와 13세 청소년의 뇌는 다르다는 것을 많은 사람이 알고 있지만, 그 차이점이 무엇인지에 대해서는 잘 모르고 있다."라고 언급하면서, 자신의 연구팀의 연구결과가 청소년의 행동과 심리적 요구를 이해하는 데 중요한 정보를 제공해 준다고 강조하였다. 또한 기드는 "우리는 수없이 많은 선택지와 수없이 많은 가능성을 가지고 있지만 어느 순간 우리의 뇌는 가장 필요한 한 가지를 선택해야 하는데, 이것이 바로 가장 수초화된 부분이 된다."라고 설명하였다. 인간의 뇌는 25세가 될 때까지도 완전히 발달하지 못하므로 아동·청소년의 문제를 다루는 법조인은 이러한 사실을 염두에 두어야 할 것이라고 주장하고, 10대 청소년은 아직 의사결정을 제대로 할 수 없기 때문에 전두엽의 발달이 일어나는 시기에 부모가 잘 지켜보면서 도와야 한다는 점도 마지막으로 강조하였다.

앞서 인용된 뇌 발달에 관한 종단연구는 지금까지도 지속되고 있으며, 미국 국립보건원 산하 정신건강부(National Institute of Mental Health: NIMH)가 주관하고 있다. NIMH의 최근의 연구결과들을 웹사이트를 통해 소개하고 있고, 아동 및 청소년의 정신건강(Child and Adolescent Mental Health) 메뉴[2]에서 뇌 발달 관련 정보들이 제공되고 있다. 이뿐만 아니라 최근 소개된 청소년 뇌 연구에 대한 개관 논문(Casey, Getz, & Galvan, 2008) 역시 청소년기 뇌 발달에 대한 좋

2) https://www.nimh.nih.gov/health/topics/child-and-adolescent-mental-health/index.shtml

은 참고문헌이다. 일반인을 위한 청소년기 뇌 발달에 관한 내용을 살펴보면, 미국『TIMES』2004년 5월호의 '청소년의 뇌(Inside the Adolescent Brain)'라는 기사는 청소년기 뇌 발달을 일반인이 이해할 수 있도록 쉽게 설명하고 있다. 또한 셰릴 파인스타인(Sheryl Feinstein)의 『부모가 알아야 할 청소년기의 뇌 이야기(Parenting the Teenage Brain: Understanding a Work in Progress)』는 청소년 뇌 발달에 대한 연구결과를 부모 역할과 연결시켜 설명하고 있다.

4) 상담에 주는 시사점

지금까지 수행된 청소년기 뇌 발달에 관한 다양한 연구결과는 아동 및 청소년 상담에 많은 시사점을 주고 있다(황매향, 2018). 첫째, 뇌 영역 중 전두엽의 발달이 청소년기에 집중되고 있다는 연구결과는 청소년의 문제행동을 단순히 동기 부족이나 반항으로 이해하기보다 뇌 발달의 관점에서 이해해야 함을 시사한다. 청소년기에 왕성한 발달을 이루는 전두엽은 여러 가지 사항을 고려해 가장 적합한 행동을 선택하는 뇌의 CEO 역할을 담당한다. 청소년은 어떤 행동을 할 것인가에 대한 합리적 의사결정을 내릴 전두엽이 아직 발달하지 못해 자신의 행동에 대한 변화를 약속하고도 실천하지 못하는 경우가 많다. 하지 말아야 하는 걸 알면서 이미 저질러 버리고, 마음은 그렇게 하고 싶은데 어쩌다 또 약속을 지키지 못하게 되는 이유가 아직은 덜 발달된 통제력 때문인 것이다. 둘째, 청소년을 교육하는 교사와 부모에게 적절한 협조를 요청할 때 뇌 발달의 단계를 설명하면서 설득할 수 있다. 뇌 발달의 측면에서 볼 때 청소년은 아직 많은 지침과 훈육이 필요한 시기이다. 교사나 부모는 자칫 아동기까지의 모습 또는 현재의 모습을 보고 낙인을 찍거나 포기하기 쉽다. 특히 적응에 어려움을 보이고 문제를 일으키는 청소년이라면 더욱 그렇다. 청소년기를 어떻게 보내는가에 따라 충분히 달라질 수 있음에도 불구하고 그 가능성에 대해 확신하지 못한다. 이런 교사와 부모에게 청소년기 뇌 발달에 대해 안내하고 보다 바람직한 성장을 촉진할 수 있도록 협조를 요청하는 것이 상담자가 해야 할 일이다.

3. 다문화적 접근

1) 문화적 보편성 비판

최근 학계에서는 인간의 행동을 설명하는 이론들이 가정했던 일반화 가능성에 대한 의문이 제기되고 있다. 특히 지금까지의 심리학은 '백인 중산층 남성'의 심리학으로 다른 문화적 배경을 가진 타 민족과 다른 계층에 속한 사람들의 행동을 설명하는 데 한계가 있다는 비판과 함께 다양한 문화적 영향에 대한 고려를 강조하고 있다. 이러한 흐름은 발달심리학에서도 마찬가지로 나타나고 있다. 발달을 설명하는 환경적 요인으로서의 문화를 초기 이론에서도 통합적으로 고려했지만, 발달심리학이 발달해 오는 과정에서 문화적 차이가 충분히 고려되지 못했다는 반성과 함께 다문화적 접근에 관심을 보이고 있다.

발달이론의 문화적 보편성에 대한 의문이 제기되기 시작한 것은 이미 오래전이다. 예를 들면, 피아제(Piaget)는 그가 제시한 단계가 전 세계의 아동과 청소년에게 보편적으로 적용될 수 있다고 주장하지만, 가족이 생업으로 도자기를 만드는 멕시코 가정의 아동은 피아제가 제안한 것보다 더 일찍 보존개념을 사용하는 것(Price-Williams, Gordon, & Ramirez, 1969)처럼 문화에 따라 인지적 발달과정이 다르다는 것이 입증되었다. 따라서 발달연구에서의 다문화적 접근은 어느 시점이 계기가 되었다고 보기는 어렵고, 최근 그 관심이 더 높아지고 연구가 다양해졌다고 할 수 있다.

2) 미국 발달심리학의 다문화적 접근

(1) 민족성 다양화의 지향

일반적으로 다문화적 접근은 서로 다른 민족 또는 국가 단위에 근간을 둔 문화적 차이에 초점을 두는 접근, 남성과 여성, 빈곤층, 성소수자 등 한 문화권 내에서도 서로 다른 특성을 보이는 문화집단 사이의 차이에 초점을 두는 접근, 집단주의와 개인주의와 같이 서로 다른 문화권의 특성을 구분해 주는 문화적 특성에 초점을 두는 접근 등이 있다. 그중에서도 서로 다른 민족 또는 국가 단위에 근간을 둔 문화적 차이에 초점을 두는 접근이 가장 많고, 대부분 미국을 중심으로 미국의 입장에서 그 사회의 소수자, 즉 '백인 중산층 남성에 속하지 않는 사람들'의 문화에 대해 논의한다고 할 수 있다. 따라서 다문화적 접근의 연구는 주로 연구대상의 확대로 여겨지는 경우가 많다(Goodnow, 2002).

이러한 다문화적 접근은 미국 내 소수민족, 그중에서도 아프리카계 미국인(African American), 북미 원주민(Native American), 라틴계 미국인, 아시아계 미국인의 발달적 특성에 관한 비교연구와 미국 이외의 다른 국가에서 수행된 연구로 구분되는데, 후자보다는 전자의 사례가 더 많다. 미국심리학회(American Psychological Association)에서 발간하는 학술지인 『발달심리(Developmental Psychology)』는 1998년 '사회정서적 발달: 다문화적 관점(Social and Emotional Development: A Cross-Cultural Perspective)'이라는 제목의 특집호를 발간하는데, 그 특집호에 실린 논문들을 보면 이와 같은 경향이 잘 드러나 있다. 그러나 이와 같은 접근은 여전히 미국의 주류 문화를 중심에 두고 주류와 어떻게 다른가에 답하는 접근으로 문화적 요소를 발달심리학에 얼마나 접목하고 있는가에는 의문이 남는다.

(2) 문화적 다양성의 지향

새로운 문화 속에서 새로운 발달현상을 발견할 때 다문화적 접근은 더욱 의의를 가질 수 있는데, 발달심리학자들 가운데 인류학적 접근을 취하는 경우가 여기에 해당된다. 워너(Werner)와 스미스(Smith)의 하와이 카우아이(Kauai)섬 종단연구(Werner, 1995; Werner & Smith, 2001)는 그 대표적인 사례이다. 이 연구는 하와이가 미국에 편입되기 이전인 1955년에 카우아이섬에서 태어난 698명 전원을 대상으로 40년 이상 진행된 종단연구로, 농촌 마을에 살고 있는 다양한 민족으로 구성된 집단의 발달을 추적했다는 점에서 큰 특징을 갖는다. 이뿐만 아나라 이 연구는 극심한 신체적·환경적 어려움에도 불구하고 성공적으로 성장한 많은 아동의 사례를 통해 회복탄력성(resilience)의 발달에 대한 새로운 발견을 이루었다는 점에서 의의가 크다(Dixon, 2003).

3) 우리나라 발달심리학의 다문화적 접근

미국 발달심리학의 다문화적 접근의 확장은 우리나라 발달 연구에도 영향을 미치고 있다. 우리나라 발달 연구의 전반적인 경향을 살펴보면, 대체로 미국의 발달심리학을 수용하는 입장이다. 따라서 발달이론이나 논의의 문화적 일반화 가능성을 확인하기 위한 노력의 일환으로, 발달이론에서 도출되는 여러 가설을 우리나라 사람을 대상으로 검증하는 경험적 연구, 검사도구의 타당화 및 표준화, 다른 나라와의 비교연구 등이 진행되고 있다. 또한 국내 발달심리학의 연구 결과들을 국제학회 및 국제학술지에 소개하면서 세계인의 관심을 모으고 있다.

우리나라 아동의 발달적 특성을 파악하기 위해 1975년부터 시작된 한국행동과학연구소의 종단연구(이성진, 2005), 우리 문화의 특성이 청소년 발달에 미치는 영향을 탐구한 토착심리학(김의철, 2004), 우리나라 일반인이 생각하는 발달과업에 대한 분석(이성진, 윤경희, 2009) 등은 우리나라 아동의 발달을 보다 우리의 시각으로 탐구해 보려는 노력이라고 할 수 있다. 나아가 최근 우리나라에서는 다양한 패널조사연구가 수행되고 있는데, 이를 통해 우리나라 아동·청소년의 발달현상에 대한 이해가 더욱 깊어지고 명료해지고 있다.

우리나라 발달심리학의 다문화적 접근 중 또 하나는 우리나라 내부에서 일어나고 있는 다문화적 현상에 대한 관심의 증가이다. 2000년을 전후하여 국제결혼여성, 외국인 노동자, 외국인 유학생, 북한이탈주민의 유입이 급격하게 늘어나면서 이들의 구성 비율이 점차 증가하고 있다. 이러한 급격한 인구 구성의 변화는 사회의 모든 분야에서 다문화에 대한 관심을 높이고 있다. 미국 발달심리학의 다문화적 접근이 미국 내 소수민족에 대한 탐구에서 출발한 것과 같이, 우리나라에서도 우리나라에 거주하는 소수민족에 대한 탐구가 촉구되고 있다. 다문화를 주제로 수행되는 연구는 지속적으로 증가하고 있으나, 아직 발달심리학에서 활발히 연구가 진행되고 있다고 보기는 어렵다(곽금주, 2008; 임은미, 정성진, 김은주, 2009; 최기탁, 2016). 발달현상에 대한 다문화적 접근은 새로운 연구분야로 많은 사람이 관심을 가져야 할 영역이다.

4) 상담에 주는 시사점

2000년대 이후 우리나라는 다문화 사회로 급격하게 변화하고 있고, 그에 따라 우리나라 상담자에게도 다문화적 역량이 요구되고 있다. 오래전 다문화 사회로의 변화를 겪었던 나라들은 이미 다문화 상담자의 역량에 대한 기준을 마련하고 있고, 이에 따른 상담자 교육과정에 맞추어 상담자 양성이 이루어지고 있다. 상담자의 다문화 역량은 다문화에 대한 태도, 지식, 기술을 갖추는 것으로, 다문화 관련 발달심리학의 내용들은 상담자의 다문화 역량 중 지식에 해당한다. 따라서 상담자들은 발달심리학에서 다루어지고 있는 다문화 관련 내용들을 숙지하여 다문화상담을 위한 지적 기반을 마련할 수 있을 것이다. 이뿐만 아니라 다문화 상담자의 역량에 대한 논의를 활성화하여, 우리나라 상담자들이 필수적으로 갖추어야 할 다문화 상담자 역량을 확립하고 이에 따른 전문성 신장에 노력을 기울여야 할 것이다.

4. 학제 간 연구

학문 분야가 보다 세밀한 주제로 전문화되고 세분화되는 것과 동시에 서로 다른 학문적 접근의 만남이 촉진되고 있다. 이러한 접근을 '학제 간 연구'라고 하는데, 발달심리학에서도 학제 간 연구에 대한 필요성이 야기되면서 점차 확대되고 있다. 발달심리학은 시간에 따른 인간의 인지적·정서적·성격적 변화를 다루는 심리학의 한 학문 분야로 자리 잡아 왔다. 그러나 인간의 발달현상은 심리학적 현상에 머물지 않고, 인간 내면의 발달은 맥락적 환경과도 밀접히 관련되기 때문에 여러 학문 분야가 관심을 가지고 탐구하는 영역이기도 하다. 따라서 발달현상을 잘 이해하기 위해서는 인간의 발달이라는 현상을 탐구하는 여러 학문 분야의 발견이 통합되어야 할 것이다. 인간의 발달은 심리학의 인접 학문인 교육학, 인류학, 사회학 등 사회과학 분야만이 아니라 언어학, 철학 등 인문과학 분야와 생물학, 생리학, 동물행동학 등 자연과학 분야에서 관심을 가지는 주제다. 최근에는 뇌 연구의 경우 의학 분야에서 더 활발히 연구가 진행되고 있고, 공학 분야에서도 인공지능이나 로봇공학 등의 영역에서 발달심리학과의 교류가 활성화되고 있다(Kelley & Cassenti, 2011).

1) 인지 발달 영역에서의 학제 간 연구

발달 영역 중 학제 간 연구가 먼저 시작되어 가장 활성화된 분야는 인지 발달 영역이라고 할 수 있다. 인지 발달 영역의 학제 간 연구는 인지과학(cognitive science)으로 통합되고 있다. 인지과학은 지능을 비롯한 인지심리학이 중심이 되어 철학, 인공지능공학, 신경과학, 언어학, 인류학, 교육학 등이 포함된 학문 분야이며, 이미 1970년대에 인지과학학회(Cognitive Science Society)라는 학회가 조직되어 『인지과학(Cognitive Science)』이라는 학술지를 발간하고 있으며, 미국의 여러 대학에 인지과학 석사 및 박사과정 프로그램이 개설되어 있다(Thagard, 2005). 우리나라에도 '한국인지과학회'에서 『인지과학』을 출간하고 있고, 웹사이트(http://cogsci.jams.or.kr)를 통해 게재논문의 원문도 제공하고 있다. 또한 '인지과학 협동과정'을 비롯한 다양한 학부 및 대학원 과정이 대학에 개설되어 운영되고 있다. 특히 2016년에 알파고와 이세돌의 바둑대결이 화제를 불러일으키면서 인공지능에 대한 대중의 관심이 높아졌는데, 인공지능은 인지과학의 한 영역으로 오래전부터 탐구되어 오고 있다.

2) 발달적 체제이론

인간의 발달에 대한 탐구영역이 확대되면서, 심리학적 울타리를 벗어나 발달현상 자체를 탐구 대상으로 하는 새로운 과학의 대두를 주장하기도 한다. 이는 학제 간 접근을 넘어 각 학문 분야를 통합하는 노력에 강조를 둔 입장이라고 할 수 있는데, 발달심리학(developmental psychology)이라는 용어를 발달과학(developmental science)이라는 용어로 바꾸어 지칭한다. 예를 들면, 대학원생 대상 교재의 제목을 『발달심리학(Developmental Psychology)』(Bornstein & Lamb, 1999)에서 『발달과학(Developmental Science)』(Bornstein & Lamb, 2005)으로 바꾼 경우도 있다. 러너(Lerner, 2015)는 『아동발달 핸드북(Handbook of Child Psychology)』에서 생물학의 체제이론을 발달이론에 적용하여 개인과 맥락의 유기적 관계를 설명하고 있는데, 이러한 발달적 체제이론(developmental systems theories)이 앞으로 발달심리학이 나아갈 방향으로 제안되고 있다.

러너는 발달적 체제이론의 특성을 아홉 가지로 설명하고 있는데, 그 내용을 살펴보면 다음과 같다.

(1) 관계적 메타이론

데카르트식 이분법의 한계를 넘어선 포스트모던 철학적 관점에서 볼 때 발달적 체제이론은 인간발달에 관한 관계적 메타이론에 기초한다. 즉, 유전 대 환경, 발달의 연속성과 비연속성, 안정성과 불안정성 등으로 인간발달의 생태계를 양분하는 모든 입장을 인정하지 않는다. 체제적 합성 또는 통합이 발달의 한 면만을 보는 이분법이나 환원주의를 대치하는 것이다.

(2) 조직구성 수준의 통합

데카르트(Descartes) 이분법과는 다른 관계적 사고란 인간발달의 생태계 속 모든 조직의 수준은 구분되어 있는 것이 아니라 통합되어 있거나 혼재되어 있다고 보는 것이다. 여기에서 수준이란 생물학적 · 생리학적 수준에서 문화적 · 역사적 수준에 이르는 모든 수준을 포괄한다.

(3) 개인과 맥락의 상호관계를 통한 개체발생 과정 발달의 조절

모든 수준의 조직이 통합되어 있으므로 유전자와 세포 생리, 개인의 정신적·행동적 기능, 사회, 문화, 생태계, 역사 등 모든 수준의 발달체제는 서로 영향을 주고받으면서 발달의 과정을 조절한다. 가족과 지역사회의 상호작용은 이러한 상호작용의 대표적인 예가 될 수 있고, 개체발생 과정에서는 개인과 맥락의 상호작용이 대표적일 수 있다.

(4) 인간발달을 분석하는 기초 단위로서 개인과 맥락의 상호관계 활동

개인이 맥락에 대해 어떻게 하는가와 다양한 수준의 맥락이 개인에게 어떻게 하는가가 인간발달의 과정을 연구하는 기초적 분석단위가 된다.

(5) 인간발달에서의 임시성과 가소성

인간 생태계를 구성하는 조직의 수준에 역사적 수준이 혼재되어 있으므로 발달체제에는 언제라도 변화가 일어날 수 있는데, 이에 따라 임시성(temporality)의 특성을 가지게 된다. 그리고 개인 변화의 궤적도 시간과 장소에 따라 변화되는데, 이러한 특성이 바로 가소성(plasticity)이다.

(6) 상대적 가소성

발달과정에서 변화의 기회는 조절 기능에 의해 촉진되기도 하고 제어되기도 한다. 따라서 개인과 맥락 사이의 상호작용을 통한 변화는 그 한계가 정해져 있지 않고, 맥락적 변화에 따라 발달의 궤적에 변화가 생길 가능성인 가소성의 크기 역시 전 생애 과정의 시기에 따라 달라진다. 그러나 개인과 맥락 수준의 가소성은 모든 인간발달의 가장 강력한 원동력이다.

(7) 개인내적 변화, 개인내적 변화에서의 개인차, 다양성

발달과정의 기초가 되는 통합된 발달체제의 조직에 포함된 여러 변인은 개인 간·집단 간 차이를 보인다. 이러한 다양성은 개인 특성, 집단 특성, 인류 특성에 따라 체계적이고 규칙적으로 나타난다. 어느 한 시점에서 드러나는 개인내적 변화에서의 개인차의 범위는 발달체제의 가소성의 증거이고, 이를 통해 인간발달의 다양성에 대한 기술, 설명, 최적화에 대한 연구가 가능하다.

(8) 발달과학을 적용한 긍정적 인간발달의 촉진

인간발달의 가소성은 전 생애에 걸쳐 긍정적 인간발달을 촉진할 수 있는 개인의 특성과 생태계의 특성이 무엇인지를 찾을 수 있게 해 준다. 발달과학의 적용을 통해 인간의 발달궤적의 특성을 향상시킬 수 있는 사회정책이나 지역사회 프로그램과 같은 개입전략의 계획이 가능하다. 또한 개인과 맥락의 긍정적 변화를 가져올 자원을 긍정적 인간발달의 증진을 위해 조정할 수 있다.

(9) 학제 간 협력과 변화에 민감한 방법론의 필요성

발달체제를 구성하는 통합된 조직들에 대한 탐구는 여러 학문 분야의 학자들에 의한 협력적 분석으로 가능하다. 즉, 다학문적·학제 간 지식을 필요로 한다. 임시적 획득에 기인하는 발달체제의 가소성은 관찰, 측정, 분석 등 연구방법의 모든 방법에서의 변화를 필요로 한다. 여러 수준의 변화 궤적을 통합적으로 분석하고 그 변화에 민감한 새로운 연구방법이 요청된다.

3) 상담에 주는 시사점

학제 간 연구의 최근 경향은 상담자에게 보다 확대된 관심을 촉구한다고 할 수 있다. 상담자로서의 전문적 지식을 갖추기 위해 상담심리학만이 아니라 관련 학문 분야의 문헌이나 연구물을 두루 읽고 익히는 노력이 필요하다. 사례를 개념화하거나 목표를 설정하거나 개입전략을 구상할 때에도 발달을 설명하는 다양한 접근에 주목한다면 보다 폭넓은 이해가 가능할 것이다. 예를 들면, 발달에 관한 체제적 접근은 개인의 문제를 보다 큰 맥락과의 상호작용 속에서 이해할 수 있는 틀을 제공해 주는데, 이를 통해 개인의 변화를 촉진하는 다양한 접근 방식을 탐색해 볼 수 있다. 이뿐만 아니라 상담의 효과를 증진하기 위해 다른 서비스와 더욱 활발히 협력할 수 있는 방안을 모색하는 데에도 도움을 줄 것이다.

5. 패널조사연구

1) 패널조사연구의 목적

발달현상을 알아보기 위한 종단적 연구방법의 하나인 패널조사연구는 발달연구의 최근 경향 중 하나다. 패널조사연구는 경제학에서 유래한 것으로, 패널자료(panel data)는 시간에 따라 개개인(individuals)에 대해 반복적으로 조사한 관찰치로 정의된다(윤여인, 2007). 발달연구에서는 비교적 적은 대상을 표집하여 장기간 반복적인 조사를 수행해 오던 것에 비해 패널조사연구는 종단연구임에도 불구하고 횡단연구인 실태조사에서와 같이 대단위 표집을 통해 일반화 가능성을 높인 설계이다. 즉, 종단연구설계에 횡단연구설계를 보완한 것이라고 할 수 있다. 따라서 패널조사연구는 전통적인 종단연구에 비해 훨씬 많은 대상을 배경정보에 따라 실제에 가깝게 표집하여 보다 다양한 변화양상을 포괄적으로 설명할 수 있다. 또한 패널조사연구를 통해 수집된 자료는 추정의 효율성(efficiency) 향상, 설명변수 간의 공선성(collinearity) 발생 가능성 축소, 추정량의 편의(bias) 감소, 상태 간의 변이과정(transition between states) 이해 가능, 특정 기간 효과(period specific effect)나 특정 연령 효과(age specific effect) 및 동시태생 효과(cohort effect)에 대한 분석 가능 등의 장점을 갖는다(채창균 외, 2003: 2).

2) 미국의 패널조사연구 현황

패널조사연구는 많은 장점에도 불구하고 경비가 많이 들고 조사과정에서의 기관이나 개인의 협조도 더 많이 필요하기 때문에 국가적 차원에서 실시되는 경우가 많다. 패널조사연구가 가장 활발하게 이루어지고 있는 나라는 미국으로, 미교육부 국립교육통계센터(National Center for Education Statistics)의 국가종단연구(National Longitudinal Study: NLS)와 미시간 대학교 사회과학연구소의 가계패널조사(Panel Study of Income Dynamics: PSID)는 1960년대부터 이미 패널조사를 시작했고, 국립교육통계센터의 국가교육종단연구(National Education Longitudinal Study of 1988: NELS: 88), 교육종단연구(Education Longitudinal Study of 2002: ELS: 2002), 고등학교종단연구(High School Longitudinal Study of 2009: HSLS: 09), 아동종단연구(Early Childhood Longitudinal Study: ECLS), 미노동부(U.S. Department of Labor)의 청년종단연구(National Longitudinal Survey of Youth: NLSY) 등 다양하다. 패널조사연구에서 양적 자료만이 아니라 심층면담이나 참여관찰을 통한 질적 자료도 확보해 질적 종단연구를 실시하는데, 예를 들면 미시간 대학교의 가계패널조사의 경우 1968~1997년에는 매년, 그리고 그 이후 지금까지 2년에 한 번씩 조사대상인 5,000가구별 구성원 한 사람과 심층면담을 실시하고 있다.[3] 미국만이 아니라 영국, 캐나다, 호주, 독일, 스웨덴 등 여러 나라에서 이와 같은 국가단위 패널조사연구가 수행되고 있다.

3) 우리나라의 패널조사 현황

우리나라의 패널조사는 1993년부터 1998년까지 대우경제연구소에서 축적한 한국가구패널조사로 시작되었고, 이를 정부 출연 연구기관인 한국노동연구원이 노동부의 고용보험 연구사업비에서 예산 지원을 받아 계속 수행하였다. 이

---

3) 이 내용은 가계패널조사의 웹사이트(https://psidonline.isr.umich.edu)에서 확인한 것으로, 이 패널조사에 관한 자세한 내용은 웹사이트의 정보를 참고하기 바란다.

후 한국고용정보원, 한국청소년정책연구원, 한국직업능력개발원, 한국교육개
발원, 한국보건사회연구원 등이 2000년대의 패널조사의 붐을 불러왔다(윤여인,
2007). 강석훈(2006)의 조사에 따르면, 1990년대 후반부터 21개 정도의 다양한
패널자료가 국책연구기관들을 중심으로 수집되고 있다.[4] 패널자료는 시간간격
을 두고 두 번 이상 반복 측정을 하여 수집한 자료를 의미하는 것으로 모든 패널
조사연구가 인간발달과 밀접히 관련되는 것은 아니다. 현재 우리나라에서 수행
되고 있는 패널조사연구 가운데 발달적 맥락에 초점을 둔 패널조사연구로는 한
국청소년정책연구원의 한국청소년패널과 한국아동 · 청소년패널, 한국직업능
력개발원의 교육고용패널, 한국교육개발원의 한국교육종단연구, 한국여성정책
개발원의 여성가족패널, 육아정책연구소의 한국아동패널 등이 대표적이다. 〈표
13-1〉은 각 패널조사연구에 대한 내용을 정리한 것이다.

　대부분의 패널조사연구는 앞서 언급한 것과 같이 많은 인적 · 물적 자원의 필
요로 인해 국가적 차원에서 수집되고 있고, 따라서 그 자료는 공공의 자산으로
누구나 연구에 활용할 수 있다. 패널조사연구를 수행하는 기관의 방침에 따라
차이는 있지만, 연구 목적으로 사용할 경우 비용을 지불하지 않고 자료의 출처
를 정확히 밝히기만 하면 사용할 수 있다. 이뿐만 아니라 우리나라에서는 자료
활용을 활성화하기 위해 정기적으로 학술대회를 개최하고 있어 패널자료에 대
해 다른 연구자들과 교류할 수 있는 기회까지 가질 수 있다. 나아가 각국의 국책
기관에서 수집하는 패널자료의 내용 중에는 유사하거나 일치하는 내용도 있어
국가 간 비교도 가능하다(예, 선혜연, 황매향, 정애경, 2011).

---

4) 2014년 한국사회정책연합 공동학술대회의 방법론 강의 자료인 '패널 자료를 이용한 연구 방법'(김희삼)의
　　발표자료 마지막에 21개 패널의 목록이 제시되어 있으니 참고할 수 있다(http://www.kdi.re.kr/common/
　　seminar_down.jsp?fno=tUBSGNH0jNQhTneCTzLJmA%3D%3D&fty=YTLr%2F9WCX6l5flUEnqmHpA%3D
　　%3D).

◯◯◯ **표 13-1** 우리나라의 대표적 패널자료

패널조사 명칭	목적	조사기관	대상(시작)	기간	관련 웹사이트
한국청소년패널	청소년의 직업진로 및 문화활동, 매체이용, 문제행동 등 생활실태를 추적조사하여 종단적 자료 구축		초4, 중2	2003~2008	
한국아동·청소년패널	아동 및 청소년의 직업진로 및 문화활동, 매체이용, 문제행동 등 생활실태를 추적조사하여 종단적 자료 구축	한국청소년정책연구원	초1, 초4, 중1	2010~2016	http://archive.nypi.re.kr/
다문화청소년패널조사	다문화가정 자녀의 배경특성, 학교생활영역, 심리사회적응영역, 신체발달영역, 부모자녀관계영역, 정책지원영역 등 다양한 영역에 대한 종합적 조사		초4	2011~2017	
한국교육고용패널 I	청소년의 교육 경험과 진학, 진로, 직업세계로의 이행 등을 파악하여 교육실태, 교육효과, 교육과 노동시장의 연관성 등에 대한 심층적인 연구 및 바람직한 정책을 수립하는 데 기여할 수 있는 자료 생성		중3, 고3	2004~2015	http://www.krivet.re.kr/ku/ha/kuCAADs.jsp
한국교육고용패널 II	교육-고용 간의 연계성 및 노동시장으로의 이행 과정에 대한 분석을 통해 청년 노동시장 정책 수립(교육, 정규직·비정규직 문제, 일자리 미스매치 등)을 위한 기초자료 제공	한국직업능력개발원	고2	2016~2028	http://www.krivet.re.kr/ku/ha/kuCBADs.jsp
한국교육종단연구	학생들이 가정, 학교, 사회로부터 제공받는 교육 활동과 학습 경험, 이를 밑받침하는 교육 정책, 그리고 궁극적으로 달성하게 되는 인지적·비인지적·사회적 성취 등을 추적조사	한국교육개발원	중1	2005~2023	http://kels.kedi.re.kr/
한국아동패널	각 시기의 아동 발달특성과 이에 맞는 발달적 요구, 부모의 심리적 특성, 아동의 양육실태, 육아지원기관의 기능과 효과 등 아동을 둘러싸고 있는 환경의 영향을 밝히기 위하여 아동의 출생부터 성장과정을 장기적으로 조사	육아정책연구소	2008년 4~7월에 출생한 신생아	2008~2027	http://panel.kicce.re.kr/kor/index.jsp

4) 상담에 주는 시사점

최근의 패널조사연구 활성화는 상담자에게 매우 반가운 일이다. 다문화에서도 다루었다시피, 발달심리학이 가정한 보편성에 대한 의문이 제기되면서 우리나라 내담자를 상담하기 위해서는 우리나라 사람의 독특한 특성에 대한 이해가 필요하다. 다양한 종단적 자료를 통해 우리나라 아동, 청소년, 성인의 발달 추이를 보여 주는 패널조사연구는 그 해답을 제공해 줄 수 있다. 따라서 상담자는 우리나라에서 수행된 패널조사 자료와 그것을 분석한 결과들에 주목함으로써 내담자를 더욱 정확하게 이해할 수 있고, 문제해결을 위한 개입의 방향도 효과적으로 구상할 수 있을 것이다.

학습문제

1. 지금까지 살펴본 발달심리학의 내용 가운데, 자신이 겪고 있거나 친구가 겪고 있는 어려움에 대해 새로운 시각을 제공하는 관점을 선택하고, 그 관점을 적용해 보자.

2. 다음 질문에 답해 보고, 답한 내용들에 대해 친구들과 이야기를 나누어 보고, '양치기 소년'에 대한 상담개입에서 고려할 점들을 도출해 보자.

   이솝 우화 중 하나인 〈양치기 소년의 거짓말〉의 양치기 소년은 장난삼아 늑대가 나타났다는 거짓말을 반복하는 바람에 진짜 늑대가 나타난 상황에서는 아무런 도움을 받지 못하고 불쌍한 양들을 죽음에 처하게 한다. 이 우화는 거짓말을 하면 신용을 잃게 되어 어려움을 당했을 때 다른 사람의 도움을 받을 수 없다는 교훈을 주는 이야기로 잘 알려져 있다. 그러나 이 이야기는 '양치기 소년'이 아직 뇌 발달 단계에 있었기 때문에 이런 특성을 나타내는 일화로도 볼 수 있다. 왜 아이들은 양치기 소년처럼 잘못된 일이라는 걸 알면서도 반복적으로 같은 실수를 하는 것일까? 최근 소개된 '청소년 뇌 발달'의 내용을 적용해 양치기 소년의 실수를 이해한다면 어떻게 이해할 수 있을까?

3. 우리나라에서 수행되고 있는 패널조사 자료를 활용한 연구를 하나 찾아 그 내용을 분석하고, 상담에 주는 시사점을 도출해 보자.

제14장
발달상담의 조망과 적용

김정희

　지금까지 각 장에서 발달심리의 관점에서 인간이해의 측면을 조명해 보았다.
제1장에서 인간발달의 기본 개념을 살펴보는 것을 시작으로 하여 영유아기, 아
동기, 청년기를 거쳐 노인 후기에 이르기까지 발달 단계별 특성을 살펴보고, 그
단계에서의 상담적 현안을 제시하였다. 상담을 내담자로 하여금 현재보다 더
긍정적인 변화를 이룰 수 있도록 조력하는 과정이라고 볼 때, 상담자가 내담자
의 변화와 성장에 유익한 최선의 도움을 주기 위해서는 내담자에 대한 정확한
이해를 하여야 한다.

　내담자에 대한 올바른 이해를 위해서는 앞 장들에서 설명된 내담자의 발달
단계와 그에 따른 발달특성, 발달과제 등에 대한 정확한 지식을 근거로 하여야
하며, 상담의 효율적 진행을 위해서는 발달심리에 근거한 지식을 최대한 적용
하여야 한다. 발달을 사람과 환경의 상호작용에 의해 이루어진 변화로 개념화
한다면, 내담자의 사고와 행동의 배경이 될 수 있는 현재 환경에 대한 이해 없이
내담자를 온전히 이해했다고 볼 수 없으므로 내담자를 둘러싸고 있는 현재 사회
의 특성에 대해서도 알아보아야 한다.

이 장에서는 발달심리에 근거하여 상담활동이 이루어져야 한다는 입장에서, 발달상담의 효율적인 적용 방안에 대해 고찰하고 조망해 보고자 한다. 이를 위해 발달상담에 대한 이해, 발달 단계에 따른 상담전략, 현대사회의 발달심리적 특성, 4차 산업혁명에 따른 상담적 관점 등을 살펴봄으로써 상담의 발달적 적용을 조망해 보고자 한다.

1. 발달상담

1) 상담목적으로서의 발달

상담의 목적은 내담자가 삶에서 일어나는 다양한 문제에 잘 대처하여 건강한 삶을 영위할 수 있도록 그의 성장과 발달을 도와주는 것이다. 발달상담적 입장에서는 인간을 연속성과 불연속성이 지속적으로 교차하는 맥락 속에서 끊임없이 변화하는 존재로 보기 때문에 내담자의 문제를 단순히 병리적인 것으로 보지 않는다. 내담자가 당면한 현재의 문제는 살아가는 과정에서 발달에 장애가 되는 내·외부 요인으로 인해 일어나는 발달적 정체라고 보고 있으며, 이는 상담을 통해 자신과 환경, 상황에 대해 이해할 수 있게 되면 오히려 긍정적인 변화가 일어나 성장과 발달의 자원이 된다고 보고 있다.

발달상담은 내담자의 성장·발달을 목표로 하여, 인지적, 정서적, 행동적 그리고 영적 측면의 긍정적 변화를 돕고자 하는 상담이다. 상담자는 이를 위해 치료적 차원에서의 조력이나 예방 차원의 조력에서 한 차원 더 나아가 내담자의 초건강에 주안점을 두고, 내담자가 지금보다는 더 행복한 삶, 더 신나는 삶을 영위하고 그들의 안녕과 전인건강을 증진시킬 수 있도록 이를 목표로 하여 능동적이고 적극적인 상담활동을 하여야 한다.

개인의 변화는 그 과정이 항상 일정할 수 없다. 각 개인은 발달과정을 거치면서 긍정적·부정적 환경에 부딪히게 되며, 이를 헤쳐 가는 과정에서 타인과 조화롭게 살아가는 태도와 가치관을 배우기도 한다. 발달적 상담은 이러한 발달 과정에서 겪게 되는 개인적 경험들을 발달이론에서 밝혀진 일반적인 발달 단계와 과제를 근거로 하여 내담자를 체계적으로 조력하고자 한다. 발달적 상담에서는 내담자가 발달과정에서 겪게 되는 개인적 경험 중 특히 자아에 대한 인식과 긍정적인 자아개념 형성을 중시하며, 소수의 내담자를 위한 문제중심의 상담이 아니라 대다수의 사람들에게 잠재되어 있는 능력을 최대한 발휘하게 하고 가능성의 실현을 극대화하도록 함에 의미를 두고 있다.

2) 발달상담에서의 인간관

발달적 상담의 입장에서는 인간을 본질적으로 자기 성장을 위하여 끊임없이 변화하는 존재로, 각 개인은 독특하고 고유한 개성을 가진 존재로 보고 있으며, 나아가 각 개인이 사회와 인류의 발전을 위하여 능력을 발휘할 수 있는 잠재적 능력을 가진 존재라고 인식하고 있다.

이형득(2003)에 따르면, 가장 잘 기능하는 사람은 본성대로의 삶을 사는 사람이다. 즉, 자신의 생체 리듬에 조화를 이루어 능력을 발휘할 때 효율성을 극대화할 수 있는 사람이다. 이를 발달심리적 관점으로 보면, 내담자의 발달 단계에 맞추어 그 시기에 적합한 능력을 발휘하도록 하는 것이 자아실현을 돕는 생산적인 방법이 됨을 의미한다. 따라서 상담자는 내담자의 발달 단계와 그 단계에서의 과제에 근거하여 그 단계에서 달성할 수 있는 최선의 행복을 추구할 수 있도록 도와야 한다. 청소년기의 내담자라면 교우관계와 학교생활의 적응이 그 시기에 당면한 현실적인 주요 과제가 된다. 학교생활 부적응 현상으로서 등교 거부를 하는 내담자가 있다면, 상담자에게는 등교하도록 하는 것만이 상담의 목표가 아니고 학교생활에서 의미와 재미를 느끼며 신나는 삶을 살도록 하는 것이 발달상담의 도달점이라 할 수 있다. 이혼 위기의 중년 부부를 내담자로 만났을 때, 이들로 하여금 이혼하지 않고 결혼생활을 유지하게 하는 것만이 상담의 목표가 아니라 서로에 대한 사랑을 증진시키고 상대방의 중요성을 인식하여 서로를 있는 그대로 존중하며 함께 있는 것에 더 큰 행복감을 느낄 수 있도록 돕는 것이 발달 상담자의 역할이 되어야 한다. 다시 말하면, 발달상담은 발달심리적 측면에 기초하여 내담자의 최대 행복을 실현하고 전인건강을 극대화하도록 돕는 것을 말한다.

3) 발달상담의 철학과 기본 전제

발달상담에서는 내담자가 발달과정에서 겪게 되는 개인적 경험, 즉 문제중심의 상담이 아니라, 대다수의 사람들에게 잠재되어 있는 능력을 최대한 발휘하게 하고 가능성의 실현을 극대화하도록 하는 것에 의미를 두고 있으므로 내담자의 발달 단계에 맞추어 그 시기에 적합한 능력을 최대한 발휘하도록 돕는 것이 생산적인 방법이 됨을 앞서 설명하였다. 이러한 입장의 발달상담은 다음의 철학과 기본 전제를 토대로 상담을 진행하고 있다.

(1) 발달상담의 기본 철학
- 인간의 모든 행동에는 목적이 있다.
- 모든 인간은 각자의 가치를 지니고 있으며, 최적의 발달을 할 수 있는 능력을 가지고 있다.
- 개인의 경험은 개별화되어야 하고, 그의 성장에 의미 있는 조력을 제공하여야 한다.
- 한 개인으로서 충분히 기능할 수 있는 인간으로 성장·발달하는 것이 상담의 목적이다.

(2) 발달상담의 기본 전제
- 소수의 내담자를 대상으로 그들의 문제행동을 다루는 것이 아니라 대다수의 사람을 대상으로 하여 그들의 변화 가능성을 믿고 잠재력 개발 및 실현을 목표로 한다.

- 상담자는 교사와 상담교사, 지역사회의 협조체제 연결망을 최대한 활용하여야 한다.
- 상담자는 최대한의 상담 효과를 기대할 수 있도록 발달심리를 바탕으로 한 내담자 행동과 관련된 지식을 갖추어야 한다.
- 발달적 상담은 내담자를 존재 그대로 수용하여야 한다.

2. 생애 발달과 상담

발달이란 체계적인 과정을 따라 이루어지는 일련의 변화를 의미한다. 발달은 연령 증가와 함께 나타나는 신체적 변화이거나 심리적 변화일 수 있으며, 상승적 변화일 수도 있고 쇠퇴적 변화일 수도 있다. 또한 양적 변화일 수도 있고 질적 변화일 수도 있다. 지금까지 상담의 발달심리적 측면은 신체, 인지, 정서, 행동 발달과 발달장애 등에 초점을 두고 그 활동을 전개해 왔다. 상담의 발달심리학적 접근은 전 생애에 걸쳐 당면하게 되는 발달과제를 발달적 시각에서 조명하고, 내담자의 생각과 감정과 행동을 내담자의 발달 단계에 입각하여 이해하고, 나아가 조력의 방법을 다르게 적용하는 것을 말한다. 이는 전 생애 웰니스(wellness)의 관점에서 상담하는 것으로서 내담자의 발달 단계와 시대적 환경을 고려하여 내담자를 이해하여야 함을 의미한다.

전 생애 발달 단계에 따른 상담의 유형으로는 아동상담, 청소년 상담, 노인상담, 부부상담 등으로 분류해 볼 수 있는데, 이들을 상담할 때 일반적인 상담전략으로 진행하는 것은 바람직하지 않다. 부모가 자녀를 지도하는 방법이 자녀의 성장과정에 맞추어 달라져야 하듯이, 상담의 방법과 전략도 내담자의 발달 단계에 따른 발달과제를 고려하여 각 개인의 특성에 맞게 적용하여야 한다. 발달 단계에 따른 상담전략의 차별화는 소통의 매체에서도 적용된다. 각 발달 단계에 있는 내담자를 상담할 때 상담자는 그 단계마다 나름의 어려움을 경험하게 된다. 아동기는 아동기대로, 청소년기는 청소년기대로, 노년기는 노년기대로 상담이 용이하지 않다. 아동기 내담자를 상담하는 경우, 이들과는 소통의 어려움을 경험할 수 있다. 청소년기 내담자를 상담하는 경우, 이 시기의 특성상 이들은 대부분 기성세대에 대한 불신을 가지며 비자발적으로 상담에 임하므로 지극히 폐쇄적이거나 소극적으로 대화를 나누기 때문에 상담자는 난관에 부딪히게 된다. 그리고 노년기의 내담자를 상담하는 경우, 이들은 대화는 많이 하지만 자칫 일평생의 인생 스토리를 반복해서 들어야 하는 어려움이 있을 수 있고, 수십 년에 걸쳐 고착된 노년기 내담자의 사고와 행동을 변화시키는 것은 결코 쉽지 않다. 따라서 상담자는 내담자가 속한 발달 단계의 특성을 고려하여 그들의 이슈를 가장 효과적으로 다룰 수 있는 방법을 찾아야 하고 그에 따른 전략을 세워야 한다.

1) 영유아기 발달상담

영유아기는 부모의 온전한 보살핌이 필요한 시기다. 영유아는 부모에게 전적으로 의존하는 시기에 있으므로 부모의 사랑에 대한 욕구가 많다. 영유아는 새로운 것을 학습하는 과정에서 부모를 시험해 보는 행동을 한다. 즉, 자신의 행동을 부모가 허용하는지, 허용한다면 어느 선까지 받아 주는지를 보며 부모의 사랑이 어느 만큼인지를 테스트해 보는 것이다. 이 시기에 주로 등장하는 문제행동으로는 새로운 행동 형성과정에서 야기된 잘못된 습관이나 고집스러운 행동 등이다. 이 시기에 부모의 사랑에 의존하는 아이에게는 부모와의 건강한 애착관계를 형성하기 위하여 충분한 사랑을 표현해 주는 것이 우선되어야 하며, 나아가 바람직한 행동을 형성할 수 있도록 하기 위해서는 지나친 허용보다는 옳고 그름에 대한 분명한 지시가 있어야 한다. 상담자는 부모의 이러한 양육 행동을 위해서 부모교육을 시행하는 것이 바람직하다.

2) 아동기 발달상담

아동기 발달 단계에 대한 내용은 제5장에 자세히 언급되어 있다. 아동기의 주요 발달 현안으로 주의산만, 떼쓰는 행동과 공격적인 행동, 유분증, 성문제 등을 제시할 수 있다. 일반적으로 아동의 경우, 내담자에게서 나타나는 문제가 무엇이든 간에 부모의 양육태도가 문제인 경우가 많다. 아동의 문제행동을 호소하고 있으나 문제 아이가 있기보다 문제 부모가 아이 뒤에 배경으로 자리 잡고 있는 경우가 많다. 이러한 경우 당연히 부모를 상담하고 교육하는 것이 필요하다. 그러나 당면한 아동의 문제행동도 다루어야 하므로 아동도 상담해야 한다. 아동상담 시 가장 어려운 점은 의사소통의 문제다. 상담자는 아동기 발달과제와 행동특성을 잘 알고 다루어야 하겠지만, 무엇보다 중요한 것은 상담관계 형성을 위한 방법의 모색이다. 이 시기의 내담자는 충분한 의사 표현을 하기에 어려움이 있으므로 상담자는 미술치료, 독서치료, 놀이치료 등을 상담매체로 활용할 수 있다.

3) 청소년기 발달상담

청소년기 내담자의 특성은 기성세대에 대한 불신과 반항, 대화 단절, 또래와의 동맹, 경험에의 미성숙 등을 들 수 있다. 또한 청소년기의 특성상 상담자와의 관계 형성이 용이하지 않다. 청소년기는 기성세대에 대한 불신과 저항으로 최대한 자신을 노출하지 않으려 하므로 상담 중에 적극적으로 자신의 이야기를 개방하지 않는다. 따라서 청소년 상담의 가장 큰 난제로 등장하는 문제가 비자발성이라는 부분이다. 청소년이 신뢰하지 않는 사람들과 대화할 때 주로 사용하는 반응은 '아니요.' '그냥요.' '몰라요.'와 같은 말들이다. 그들이 이런 말로 일관되게 반응한다는 것은 '나는 당신을 신뢰하지 않으며 당신에게는 내 마음을 보이지 않을 것이다.'라는 메시지로 해석할 수 있다.

상담자가 청소년을 조력할 준비를 갖추었다 할지라도 그들이 자신의 마음을 열지 않으면 상담자는 아무런 도움을 줄 수가 없다. 청소년 상담자는 청소년에게 어떤 도움을 줄 것인가를 생각하기 이전에 그들의 마음을 여는 일에 노력이 우선되어야 한다. 그들이 자발성을 가지고 상담에 임해야만 상담동기가 생기게 되며, 변화의 의지를 가지게 되는 것이다. 청소년기 내담자는 자신이 존중받기를 원하는 특성을 가지고 있다. 상담자는 이러한 특성을 백분 활용하여 그들을 존중하는 전략으로 다가가야 할 것이다. 이를 위해 상담자는 내담자를 있는 그대로 수용하고 존중하며 믿고 기다려 주는 것이 필요하다. 청소년기 상담은 그들이 마음만 연다면 성장과 발달을 위한 많은 것을 줄 수 있으므로, 관계 형성과 자발성의 고취에 전력을 기울여야 한다. 이들과 상호작용하는 매체활용 방법으로는 대화, 놀이치료, 미술치료, 예술치료, 영화치료 등이 있다.

4) 노년기 발달상담

노년기의 발달과제와 현안으로는 성공적 노화와 신체적 · 심리적 건강, 치매, 성문제, 경제적 문제, 외로움, 노년기 우울과 자살 등을 생각해 볼 수 있다. 노인상담은 평균수명의 연장, 고령화, 실버산업의 등장 등 시대적 변화에 따라 급속히 부각되고 있는 상담 영역이다. 노인상담이 관심 영역으로 대두되고 있지만, 아직까지는 노인상담 전문가의 전문성 부재와 전문 인력의 부족과 같은 외적 문제로 인해 구체적인 전략이나 이론이 구축되어 있지 않은 실정이다. 그럼에도 불구하고 노인상담의 수요는 급증하고 있으므로 노인상담 영역은 지속적으로 확장되고 있다. 수요에 비해 전문가가 부족한 실정이므로 상담봉사자와 같은 비전문가, 준전문가에 의해 많이 진행되고 있는 현실이다.

노년기 내담자를 상담하는 경우의 어려움은 앞서 말한 것과 같이 이론과 전략의 부재로 인해 비전문가나 준전문가가 자신 있게 사용할 수 있는 검증된 조력 프로그램이 부족하다는 점과 내담자의 태도 부분이다. 노년기 내담자는 오랫동안 축적된 경험과 개인역사, 누적된 감정 등이 많으므로 상담기간 내내 끊임없이 자신의 이야기를 하는 경우가 많다. 이는 자신의 이야기를 거의 개방하지 않는 청소년에 비하면 상담이 용이하다고 볼 수 있겠으나, 상담자가 개입할 여지가 없으므로 일반적인 상담 효과를 기대하기에는 아쉬움이 있다. 이뿐만 아니라 노년기 내담자는 지금까지 자신의 가치처럼 보유해 온 사고를 쉽게 버리지 못한다. 지금까지 지속해 온 사고가 불변의 신념처럼 확고히 그들의 삶에 자리 잡고 있기 때문에 상담자가 개입해서 그 부분의 변화를 꾀하기는 용이하지 않다.

따라서 노년기 상담에서는 그 개인의 행동 변화에 초점을 두기보다는 신체적·심리적 건강, 자신의 삶을 돌아봄과 긍정적인 정리, 심신의 안녕, 평화로움 그리고 죽음의 준비 등에 대해 수용하고 후회와 같은 부정적 생각을 줄이는 삶을 살도록 도와주는 것이 필요하다. 이들과 상호작용하는 매체로 활용할 수 있는 방법으로는 대화, 미술치료, 예술치료, 명상치료, 원예치료 등이 있다.

3. 현대사회의 변화와 발달상담

상담 영역에서도 개인의 발달 단계에 따른 변화뿐 아니라, 그들이 속한 사회의 변화에 따라 변화가 일어나야 하며, 그 변화에 맞추어 상담의 동향과 상담 형태, 상담자의 역할도 달라져야 한다. 현대사회의 특징으로는 과학기술의 발전에 따른 대량 생산과 대량 소비체제, 물질적 풍요(공업화), 도시로의 인구이동 가속화와 도시적 생활양식의 확산(도시화), 분업화에 따른 조직의 체계화와 거대화, 대중문화의 발달과 대중교육의 확산(대중사회화), 전문가 집단의 영향력 확대(지식 사회), 정보화 사회, 4차 산업혁명에 따른 변화 등을 꼽을 수 있다.

현대사회의 변화를 발달상담적 관점에서 살펴보면, 가족 양상의 변화, 결혼관의 변화, 고령화 현상과 노인층 인식의 변화, 생활구조의 변화, 정보화 시대로 인한 관계양식과 대화양식의 변화 등을 특징으로 생각해 볼 수 있다.

1) 가족 양상의 변화와 상담

현대사회 특징의 하나인 과학기술의 발달은 인간으로 하여금 자연을 지배하고 생활의 편리를 누리게 하는 반면, 비인간화와 인간소외의 현상을 야기하기도 하며, 일상생활에서의 무력감, 불안감, 고독감, 정체성의 혼란 등을 경험하게 한다. 이러한 부정적 정서 경험은 가족을 통해 얻게 되는 안정감과 소속감을 통해 회복이 되고, 외부로부터 받는 불안과 고독은 가족으로부터 받은 애정과 친밀감으로 치유되고 온전함을 얻게 한다.

우리가 익히 알고 있듯이, 가정은 인간의 기본적인 욕구를 충족시켜 주는 기능을 수행하며 사회의 유지와 존속에 중요한 기능을 하는 사회의 기본 단위다. 인구통계학적 변화와 경제생활의 변화 그리고 성 역할의 변화 등 사회문화적 현상은 가족생활양식을 과거보다 복잡하고 다양한 형태로 변화시켰다. 여러 가정 내·외적 요인에 의해 전통적인 가정 형태를 유지할 수 없게 된 경우가 많아지고 있다. 이혼 가정과 한부모 가정, 재혼 가정, 여성의 경제활동 증가로 인한 맞벌이 가정, 직장으로 인한 비동거 가정, 빈 둥지 가정, 싱글맘 가정 등 여러 형태의 가정이 생기게 되었다.

(1) 가족관계의 변화

이러한 사회의 변화는 가족관계의 변화에도 영향을 미치고 있다. 가족이란 결혼과 혈연으로 맺어진 구성원들이 의식주를 함께하며 공동의 생활 목표를 실현해 가는 집단이고, 개인에게 사회화를 경험하게 하는 일차적 집단이다. 그런데 사회, 경제, 문화의 변화와 세계화, 정보화의 영향으로 인해 가족관계의 양상은 바뀔 수밖에 없다. 가족관계는 부부관계, 부모-자녀 관계, 자녀 간 관계로 나누어 볼 수 있는데, 이들의 관계는 사회의 변화에 따라 그 인식이 달라지고 있다. 예전의 가족관계에 대한 인식은 가정을 중심으로 위계질서가 확립되어야 하는 관계로 보았다면, 요즘은 가족 개개인의 개성이 존중된 민주적이고 횡적인 관계를 유지해야 한다고 보고 있다. 부부관계도 예전에는 가부장적이며 순종적 관계의 양상을 띠었다면, 요즘은 상호 애정을 바탕으로 한 평등의 관계로 인식하고 있다. 부모-자녀 관계 역시 권위적이며 종적인 관계의 양상에서 부모에 대한 존경과 자녀 존재 자체에 대한 존중을 바탕으로 한 관계로 달라지고 있다.

이러한 인식의 변화가 부모나 자녀, 가족 모두에게 같은 의미로 받아들여지

고 있으면 좋으나, 부모세대는 예전 인식이 그대로 남아 있는 데 비해 자녀의 사
고는 완전히 달라져 있다면 이들은 당연히 갈등 구도 속에 머물고 충돌이 일어
날 수밖에 없다. 이러한 상황에서 상담자는 가족상담, 부모교육, 가족생활교육,
가족행복코칭 등 다양한 조력 방법을 통해 가족관계 안에서 각자의 모습을 이해
할 뿐만 아니라 상대방의 모습을 있는 그대로 이해하고 수용할 수 있도록 조율
하고 각자의 다름 속에서도 최대한의 이해와 일치를 이루도록 도와야 한다.

(2) 가족구조의 변화

① 1인 가정의 증가

정보화 시대의 도래에 따른 현대사회의 변화 중 하나는 가족 형태의 변화다.
농경시대의 대가족 제도가 산업시대의 핵가족 시대로 변화할 때에 많은 사회학
자들이 가족강화를 주장하였지만 시대변화의 흐름을 막지 못했고, 핵가족은 지
배적인 가족 형태가 되어 전 세계로 확산되었다. 정보화 시대로 접어들면서 섬
세함, 정교함, 감성, 부드러움이 장점이 되는 여성 노동력의 중요성이 요구되고
증대되고 있다. 이러한 요구는 젊은이들로 하여금 결혼에 대한 인식을 바꾸게
하였으며, 미혼 남녀의 증가 현상과 만혼 현상으로 나타났다.

후기 정보화 시대, 바이오 나노 시대가 오면서 지구촌 시대, 세계화 시대가 되
면서 핵가족에서 가족 해체의 양상이 나타나게 되었으며, 가족이 세계 곳곳으로
흩어져 사는 네트워크 가족화 형태가 나타나게 되었다. 이러한 가족 형태의 변
화는 혼밥, 혼술로 상징되는 1인 가구의 급증을 부추기기도 한다. 세계화의 한
현상으로 자녀를 외국으로 유학 보내는 가정이 많아지면서 기러기 아빠가 생겨
나게 되었고, 서로 떨어져 살고 있는 가족의 수가 증가하였다. 또한 결혼의 필요
성을 인식하지 못하고 독신생활을 추구하는 미혼 남녀의 비율도 높아지고 있으
며, 결혼을 하더라도 자녀를 낳지 않는 부부가 늘어나고 있는 현실이다.

1인 가정의 경우 외로움과 우울과 같은 정서를 경험하기도 하고, 일중독이
나 물질 의존 행동, 은둔 등의 행동을 하기도 하고, 지나친 개인주의적 행동 또
는 이기적 행동을 하여 부적절한 대인관계를 맺는 등 문제양상을 나타내기도 한

다. 이 경우에도 상담자는 이들의 심리적 현상을 치유하고 이들의 선택이 최선의 것인지를 재조명해 보게 하여 현재의 생활에서 가장 바람직한 행동을 선택하도록 조력해 주어야 한다.

②다양한 형태의 가정: 한부모 가정, 재혼 가정, 다문화 가정의 증가

이혼 가정과 재혼 가정의 증가도 현대사회의 새로운 양상으로 살펴볼 수 있다. 이혼율의 증가로 이혼 가정의 수가 증대하였으며, 한부모 가정, 그리고 이혼한 부부가 재혼하면서 두 가정의 가족이 새로운 가정을 이룬 재혼 가정의 수도 증가하고 있다. 한부모 가정의 부모는 자녀양육에 많은 부담을 가지고 있고, 가정을 제대로 유지하지 못했다는 자책감, 자신의 결정으로 인해 결손가정의 자녀가 되게 했다는 미안함 등의 감정을 가지고 있으며, 자녀는 부모에 대한 지나친 염려나 원망, 의기소침, 결핍감 등을 가지게 된다. 재혼 가정의 경우에는 서로 다른 배경에서 살아온 두 가정의 가족이 한 가정을 이루게 됨으로써 가족 문화의 충돌에 따른 갈등을 경험하게 된다. 최근에는 다문화 가정도 가정의 새로운 형태로 자리 잡고 있으며, 가족 내, 가족 간에 일어나는 문제가 상담의 주요 주제로 대두하게 되었다. 다문화 가정의 수는 해마다 증가하고 있는 추세이나 이들 가족이 경험하는 현상과 문제에 대한 사회적 차원에서의 조력은 효율적으로 이뤄지지 않고 있는 실정이다. 지역마다 건강가정지원센터나 다문화가정지원센터를 두어서 복지와 심리 차원에서의 지원체계를 운영하고 있으나, 다문화 가정이 당면하고 있는 문제—부부문제, 자녀문제, 교육문제 등—에 대해 예방과 발달 차원에서 도움을 주는 형태로 이루어지고 있지는 않은 실정이다. 이들이 건강한 가정을 만들어 가도록 하기 위해서는 문제 환경에서도 당당할 수 있도록 자신의 삶에 대한 자신감을 가지게 하고 서로 다른 배경의 사람들이 각자 상대방의 입장이 되어 보게 하는 등 상호 존중을 바탕으로 한 조화를 이루도록 도와주어야 한다. 이를 위해서는 개인상담뿐만 아니라 가족상담을 함께 실시하는 것도 도움이 된다.

(3) 가족 개념과 기능의 변화

① 가족 개념의 변화

부부갈등의 원인을 들여다보면, 개인이 갖는 가족 개념의 차이에서 갈등이 비롯되는 경우가 많다. 결혼하여 새로운 가정을 꾸민 부부가 서로 자신의 가족에 대해 그리는 그림이 다르기 때문이다. 이들은 결혼한 후에도 부모로부터 독립하지 못하고 자신이 지금까지 살아온 가족의 문화를 버리지 않음으로써 그들만의 가족의 개념을 만들지 못하고 있다. 오랜 기간 서로에게 익숙해진 결혼 전의 가정문화의 차이에서 오는 갈등으로 팽팽하게 맞서고 있는 경우가 많다. 특히 우리 사회의 가부장적 문화에서 성장한 남편의 경우, 자신의 원가족을 새롭게 형성한 가정의 가족으로 보는 수직적 개념을 가지고 있고, 이에 비해 아내는 자신의 원가족을 버리고 남편만을 가족이라 생각하는 수평적 개념을 가지고 있다. 가족에 대한 부부간의 이러한 개념 차이는 서로의 갈등을 키우고 가정의 불화를 싹트게 한다.

가족에 대한 개념의 차이는 노년기와 성인기 동안에도 나타나서 고부간의 갈등, 부모-자녀 간의 갈등을 야기한다. 새로운 가정을 꾸민 신혼부부는 자신들만의 가정을 독립적으로 꾸미기를 원하지만, 이들의 부모는 자녀를 결혼시켰음에도 불구하고 전통적인 보수적 가족 개념인 수직적 개념을 가지고 자녀의 가족으로 머물고 싶어 한다. 이에 따라 부모 부양이 온 가족의 문제로 대두되기도 하며, 가족 개념에 대한 각자의 인식 차이가 부부관계와 부모-자녀 관계의 갈등을 초래할 뿐만 아니라 건강한 가족기능을 유지하는 데 방해요소로 작용한다.

가족 개념의 차이로 인한 부부갈등, 세대 간 갈등을 해결하기 위해서는 가족의 개념을 새롭게 형성하도록 도와주어야 하는데, 가족의 수평적 개념에서 출발하여 단단하게 묶은 후 수평적 가족이 수직적 가족과 만나서 더 굳건한 가정을 형성할 수 있도록 하는 것이 효과적이다.

② 가족기능의 변화

사회의 변화는 가족 개념과 가족관계를 변화시킬 뿐만 아니라 가정의 기능도 변화시키고 있다. 가정은 사회를 구성하는 기본 단위인 동시에 가족원 개개인에 대해서는 기초적인 욕구를 해결하고 또 구성원을 접속시키는 기능을 수행하고 있다. 가족 개개인의 집합적 필요성을 충족하기 위해서 가족들이 수행하는 일을 가족 기능이라 한다.

가족이 잘 기능하기 위해서는 서로의 유대관계와 친밀함, 신뢰감이 중요하다. 가정에서의 유대감은 사랑의 경험을 통해서 형성된다. 사랑의 관계를 경험하지 못한 사람은 정신적으로 약해질 수 있으므로 가정의 애정 기능은 무엇보다 중요하다. 서로 사랑을 경험하여 단단히 묶인 가족들이 각기 서로의 기능을 충실히 이행함으로써 가정이라는 수레를 잘 굴려 갈 수 있다. 그러나 가족구성원 각자가 그 기능을 수행하지 못하면 무게의 중심이 달라지거나 바퀴의 움직임이 달라서 수레의 균형이 깨어지고 나아가 가정이라는 기능을 수행할 수가 없게 된다. 그러나 우리 사회의 부모는 자녀에게 그 짐을 지우려 하지 않고 자신들이 다 지고 가려고 함으로써 자녀를 의존적으로 만들거나 수동적 · 소극적인 자녀로 유약하게 만든다. 자녀를 지나치게 보호하거나 혹은 무시하고 배제함으로써 가족기능의 균형을 깨뜨리기도 한다.

상담자는 가족이 각기 기능을 잘 발휘하여 균형 있는 가족을 만들도록, 가족구성원 각자가 자신의 단계에 맞는 역할을 충실히 수행하고 서로 존중하고 배려하여 가정 내에서의 역할이 조화롭게 어우러져서 가족 전체가 잘 기능하도록 도와주는 것이 바람직하다.

2) 결혼관의 변화와 상담

현대사회의 변화 중 하나는 젊은이들 사이에서 증가 추세를 보이고 있는 미혼과 비혼, 만혼 현상이다. 미혼과 비혼화의 가장 큰 원인은 결혼에 대한 가치관의 변화, 독신생활의 편안함, 경제적 불안감, 일과 가정의 양립에 대한 불안감, 육아에 대한 불안감 등이 이유가 된다. 결혼에 대한 가치관의 변화란 가정 내에서의 부부의 역할분담의식(성 역할관)이 바뀐 것을 의미한다. 남편은 밖에서 일하고 아내는 가정에서 자녀를 양육하고 가사에만 전념한다는 인식이 바뀌어 결혼을 한 후에도 일을 계속하고 싶어 하는 여성이 증가함을 의미한다. 또한 결혼을 하더라도 자녀는 가지지 않겠다는 여성도 증가하고 있는 추세다.

이러한 여성의 인식 변화에 비해 남성은 아직 가부장적인 사고에서 벗어나지 못하는 경우의 부부들이 많다. 머리로는 사고가 바뀌었으나 현실에서는 아직도 일하는 아내에게서 주부의 모습을 기대하고 있으므로 일하는 여성은 직업과 가사, 육아의 삼중고에 시달려야 하며, 따라서 부부간의 갈등이 증폭되고 심화된다. 이러한 인식은 부모와 자녀 간의 갈등을 야기하기도 한다. 부모는 자녀가 적정 연령이 되면 결혼하는 것을 발달 단계의 과업으로 보는 보수적 결혼관을 가지고 있는 데 비해, 자녀는 직장은 필수이고 결혼은 선택이라는 사고를 가지고 결혼하지 않거나 결혼의 시기를 늦추어 싱글의 생활을 최대한 만끽하려는 생각을 가지고 있으므로 부모-자녀 간에 서로의 사고를 이해한다는 것은 결코 쉬운 일이 아니다. 결국 세대 간의 가치가 상충되어 갈등 상황에 놓이게 한다.

결혼관의 변화를 돕기 위한 조력으로는 결혼의 필요성에 대한 점검, 배우자로서의 책임감에 대한 인식, 부모가 된다는 것에 대한 책임감 인식, 결혼관과 관련한 자신의 모습을 객관적으로 조명해 보게 하고, 세대 간 결혼관이 다를 수 있다는 것에 대해서도 수용하도록 돕는 것이 도움이 된다.

3) 고령화사회와 상담

현대사회 변화의 또 다른 양상은 평균수명에 비해 이른 은퇴를 하게 됨으로써 생기게 되는 조기 실직자의 증대와 고령화 현상이다. 발달심리학적 관점에서 조명해 볼 필요가 있는 것은 고령화 현상과 노인층 인식의 변화다.

노화는 누구도 거스를 수 없는 현상이며, 평생에 걸쳐 서서히 이루어지는 발달과정이다. 인간은 시간의 흐름에 따라 모든 생리적 기능이 감소된다. 생리적 기능의 감소율은 사람에 따라 그리고 그들의 삶의 질에 따라 다르다. 노화의 사회심리적 특성은 은퇴와 직업생애의 마감이라는 관점으로 이해한다. 퇴직연령이 가까워질수록 여가활동이 늘어나고 노년기의 가치 있는 목표로 개인 자조활동의 독립적 수행을 계획한다. 노년기는 좀처럼 성격이 변하지 않고 평생토록 가졌던 신념을 고수하는 시기다. 중년기를 자신 있게 보낸 사람은 노년이 되어서도 자신감이 넘치는 반면, 사고의 유연성이 없던 사람은 그 모습이 노년기에도 그대로 나타난다. 성공적 노화는 신체, 인지수행능력, 건강 상태가 양호한 상태를 말한다.

로우와 칸(Rowe & Kahn, 1997)은 성공적 노화의 요소로 다음의 세 가지를 제시하였다. ① 질병과 관련된 장애가 발생할 가능성이 낮아야 하고, ② 인지와 신체기능 수준—개인의 잠재적 활동능력, 능동적이며 적극적인 삶—이 높아야 하며, ③ 사람과의 관계(의사소통과 타인과의 상호작용, 정보교환, 감정적 지지, 직접적 도움 활동)와 생산적인 활동이 있어야 한다.

고령화(aging)란 일반적으로 늙어 가는 과정을 지칭한다. 보다 구체적으로, 인간(혹은 유기체)의 발달과정에서 연령 증가와 함께 특히 신체적·생리적 측면의 다양한 조직 및 기관의 기능이 약화되거나 저하되어 가는 과정을 말한다. 장수는 인간의 소망이기도 하지만, 반면 고령에 따르는 질병, 빈곤, 고독, 무직업 등은 고령화사회의 당면 과제다. 고령화사회의 문제점을 보완하기 위하여 노인의 일자리 창출과 퇴직연금제도를 개선하는 등의 대책이 추진되고 있다. 그러나 이러한 제도적 보완만으로는 고령화에 따른 노인복지 문제를 해결할 수 없다. 우리나라는 고령화가 세계 어느 나라보다 빨리 진행되고 있는 데 비해, 이에 대한 준비는 아직 미흡하다. 지금 당장 우리가 겪고 있는 경기 침체도 중요하지만 좀 더 장기적인 시각으로 고령화에 대한 적극적인 대책이 시급히 요구된다. 고령자의 행복을 추구하게 하는 상담전략으로 삶의 활력소를 찾아 주기 위하여 자아실현을 추구하게 하여 삶의 가치와 의욕을 가지게 하고, 존재감을 느끼며 하루하루 주어진 삶에 감사하는 마음으로 여생을 의미 있게 보내도록 도와주는 것이 필요하다.

행복한 노년기를 보내기 위해서는 여가와 놀이도 중요한 요소가 된다. 여가는 '일, 자조 활동, 수면 시간 이외의 자유 시간을 의미하며 자발적인 내적 동기를 가지고 있는 비복종적 활동'(Cronin & Mandich, 2009)으로 정의할 수 있다. 놀이와 여가는 생산적이고 즐거우며, 재생적인 측면이 강하고, 전인적 건강을 유지·발전하게 하는 기회를 제공한다. 패스모어(Passmore, 2003)는 여가활동에서 오는 성취가 자신감, 자아효능감을 향상함으로써 정신건강에 긍정적인 영향을 준다고 보고하였다(양영애, 2008에서 재인용). 여가와 놀이가 청소년에게 의미 있는 활동이 되는 것과 같이, 노년기에도 여가는 여러 측면에서 의미가 있다. 노년기의 여가활동은 높은 심리적 안녕을 누리게 하고 성공적인 노화에 이르게 한다. 레그헤브와 그리피스(Ragheb & Griffith, 1987)는 노인의 여가활동에 대한 만족감과 생활 만족감 간에 긍정적 관계가 있음을 보고하였다. 노인에게 여가를 통한 사회적 생산 활동에 참여할 수 있는 기회를 제공하여 성공적 노화를 도울 수 있다.

4) 가치관의 변화와 상담

(1) 가치관의 변화

많은 상담가는 가치관의 차이가 세대 간 갈등의 가장 큰 요인이 되고 있다고 주장한다. 이는 노년·장년 세대가 공동체나 가족적 가치를 중시하는 반면, 청년 세대는 개인주의나 자유주의적 가치관을 가지고 있기 때문이다. 즉, 청년 세대는 개인의 삶을 풍요롭게 하는 기반으로 개인과 가정을 우선시하는 개인주의적이고 수평적인 가치관을 갖고 있는 데 비해, 기성세대는 개인생활보다는 공동체와 조직을 더 중시하여 특별한 보상이 없어도 조직에 헌신하는 수직적 가치관을 따르고 있다. 전통적 가치관(예, 효도, 가문, 남녀유별, 권위에 대한 복종 등)과 현대적 가치관(예, 개인, 독립심, 효율성, 물질적 번영, 합리성, 개방성, 남녀 평등의식 강조 등)의 마찰이 세대 간 갈등을 일으킨다.

현대의 가치관은 산업사회와 정보화 사회의 바탕 위에 마련되었다고 볼 수 있다. 현대인은 1차 사회인 가족보다는 계약으로 맺어진 2차 사회에서 계약을 잘 지켜 나가는 최소한의 도덕에 더 많은 가치를 부여하고 있으며, 수평적인 인간관계에 기초해서 모든 윤리 규범과 가치에 의미를 부여하고 있다.

가치관이란 ① 선과 악, 중요한 것과 그렇지 않은 것 등을 평가할 때 가지는 태도나 견해, ② 자신의 삶에서 가장 중요하며 가치 있게 여기는 것, ③ 삶의 방법과 방향을 정해 주는 사고의 틀, ④ 생활상의 가치 판단이나 가치 선택을 행사할 때 일관되게 작용하는 가치 기준과 그것을 정당화하는 근거 또는 신념의 체계로서 개인과 사회발전에 영향을 미치는 것으로 정의할 수 있다. 또한 가치관은 사회적으로 학습되는 것으로, 개인의 행동을 선택하고 결정하는 기준이 되며 안정성을 가진다는 특징을 가지고 있다.

우리는 때로 가치관의 혼란을 경험하기도 하는데, 이는 여러 가치 중에서 하나를 정하지 못했거나 꼭 가져야 할 가치를 우선순위로 선택하지 못한 경우를 말한다. 이러한 혼란은 자아정체감 상실, 가정환경, 성격이나 성품 등의 개인적 원인이나, 급속한 사회변동, 외래문화의 유입, 사회제도의 변화, 대중매체의 영향, 첨단 과학과 기술의 발달 등의 사회적 원인에 의해 생기게 된다. 특히 청년기는 가치관의 혼란을 더 많이 경험하는 시기이기도 하다. 이들이 경험하고 있는 가치관 혼란의 원인으로 이중 규범(어떤 행동이나 사건에 대해 두 가지 이상의 가치관을 가짐)과 무규범(어떤 행동이나 사건에 대해 명확한 기준이 없어서 일어나는 혼란. 급격한 사회 변동으로 인해 전통적 가치관이 붕괴되거나 상실한 경우에 나타남)을 들 수 있다. 이는 결국 행위를 규제하는 공통적 가치나 도덕적 규범이 상실된 상태로 기존의 가치와 새로운 가치 간의 갈등이 심한 혼돈상태인 아노미(anomie) 상태가 된다는 것을 의미한다. 가치관 혼란으로 일어난 아노미 상태는 현대인으로 하여금 무기력감과 소외감을 느끼게 하고, 법과 질서를 무시하는 극단적 이기주의에 빠지게 한다.

(2) 세대 간 갈등

고대 이집트 피라미드 벽에 당시 사람들이 쓴 것으로 보이는 "요즘 젊은 것들은 버릇이 없다. 우리 때는 안 그랬는데……."라는 유명한 글귀가 있다. 이 글의 내용으로 미루어 짐작해 보면, 세대 차이는 어느 시대에나 존재하는 보편적 현상임을 알 수 있다. 세대 간의 갈등이란 서로 다른 사회 환경에서 자라 온 사람들의 가치가 충돌할 때 나타나는 것으로서 각자 살아온 환경에 의해 형성되고 변화된다. 각 개인이 살아온 성장 배경은 다 다르기 때문에 다른 배경에서 성장한 다른 사람을 이해하고 수용한다는 것은 쉬운 일이 아니다. 자신이 살아온 환경으로 다른 세대를 이해하려고 한다면 이는 상대방에 대한 이해의 폭을 좁히고 수용 영역을 제한하는 것이며, 결국 상호 간 갈등을 야기하고 바람직한 관계 형성에 방해가 된다.

발달 단계에 따라 다르게 형성된 가치관은 세대 간 갈등을 일으킨다. 각기 다른 발달 단계에 있는 내담자는 과학기술의 발달과 대중매체의 발달, 외래 문화의 유입 등에 의해 다른 가치관을 형성한다. 과학기술의 발달 자체는 가치관과 무관할 수 있지만, 그 응용과정에서 가치가 쉽게 받아들여지거나 편향 또는 왜곡되어 받아들여지기도 하므로 어느 발달 단계에 속하느냐에 따라 가치를 두는 것이 다르다. 노년기는 인간관계와 윤리, 도덕, 인간으로서 지켜야 할 덕목 등에 가치를 두는가 하면, 청소년기는 대량생산과 대량소비, 거대화, 물질적 풍요 등에 더 큰 가치를 부여하고 있다. 이와 같은 가치 부여의 차이가 세대 간의 갈등을 부추기고 있다. 대중매체의 발달도 가치관 형성에 영향을 미치며, 외래 문화의 유입에 대해서도 노년기는 보수적이며 관습적인 성향으로 배타적인 데 비해 청소년기는 개방적이고 때로는 무조건적 수용을 하고 있으므로, 결국 전통적 가치와 외래의 가치 대립의 양상을 띠고 세대 간 갈등을 불러일으키게 한다.

최근 젊은 세대와 노년, 장년 사이에 생기는 세대 간의 갈등은 사회는 물론 정치와 경제, 문화 등 사회 전반에 걸쳐 빠른 추세로 확산되고 있다. 게다가 세대 간 갈등은 노년 · 장년 세대의 기득권 고수에 맞선 청년 세대의 반발로 이어져 노년 · 장년 세대와 소통 부재의 현상으로 이어지고 있다. 젊은 세대와 기성세대 간에 깊어지는 갈등을 해결하려면 무엇보다 의사소통이 원활해야 한다는 것이 전문가들의 공통된 견해다. 즉, 대화를 통해 서로의 가치관을 인정하고 경청하는 자세를 기르는 것이 필요하다는 것이다. 기성세대가 중시하는 공동체와 가족적 가치와 함께 젊은 세대가 추구하는 개인주의, 자유주의적 가치관 모두 우리 사회에 필요하다는 것을 인정해야 한다는 말이다. 이를 돕는 데에는 개인 상담보다 집단상담이나 가족상담이 더 효과적이다. 세대 간 갈등을 효과적으로 대처하고 건강한 가치관을 형성하고 상호 유대감을 증진하도록 돕기 위해 상담자는 내담자로 하여금 주체적인 가치관의 확립과 유연한 가치 적용의 능력을 기르게 하는 것, 합리적 의사결정과 선택적 실천, 공동체 의식과 협동심이 고취될 수 있도록 조력하는 것이 바람직하다. 또한 가치관의 혼란을 줄이고 건강한 가치관을 형성하도록 돕기 위해서는 인간의 가치와 존엄성에 대한 존중, 공동생활을 위한 참여의식, 상호 조화 능력과 신뢰감 형성, 투철한 준법정신을 가지도록 조력하여야 한다.

5) 관계양식의 변화와 상담

(1) 정보화 시대와 사이버 세상

현대사회에서 정보화, 사이버, 인터넷, 컴퓨터, 스마트폰 등은 이미 우리에게 공기와 같은 존재로 익숙해져 있다. 컴퓨터의 사용은 다양한 네트워크에 연결되어 상호 연락을 신속하게 할 수 있게 할 뿐 아니라, 다양한 정보의 제공으로 활발한 지적 생활을 영위하도록 돕기도 한다. 컴퓨터는 우리 생활에 필요한 정보를 수집하고 전달하는 매체이자 생활의 필수품으로 자리매김하였고, 시공간을 초월하여 우리의 생활에 큰 영향을 미치고 있다.

현대인은 사이버 세상 속에서 상상을 펼치며 갈등을 해소하기도 하고 지식의 욕구를 충족하기도 한다. 정보화 매체는 우리에게 긍정적인 영향을 주기도 하지만 공격성과 폭력성의 증가, 대인관계의 축소, 개인주의, 내폐적 성향, 의사소통의 장애 등의 문제를 야기하기도 한다. 사이버 세상이 우리에게 미치는 부정적 영향을 근절하기 위해서는 개인의 건전한 정신적 영역이 더 많이 자리 잡도록 하는 것이 필요하다.

'월드와이드웹' 시대를 맞이하면서 20세기 후반에 본격적으로 사용되기 시작한 인터넷은 커뮤니케이션 형태를 비롯해 우리 사회의 다양한 분야에서 커다란 충격파를 불러왔다. 이전에 다소 폐쇄적이고 제한적이었던 커뮤니케이션이 개방, 공유, 참여의 형태로 바뀌면서, 일방향 커뮤니케이션이 아니라 쌍방향 커뮤니케이션의 형태로 변화되었다. 개방, 공유, 참여를 원칙으로 하는 웹의 특징과 맞물려 개인이 인터넷을 이용해 다른 사람들과 관계를 맺어 나가는 형태도 변하게 한다. 미니홈피로 시작된 '나'를 표현하고, '일촌'을 통해 다른 사람과 관계를 맺는 방식의 커뮤니케이션은 한동안 우리 사회의 주류였다. 그러나 미니홈피는 기본적으로 폐쇄적인 커뮤니케이션만이 가능했다. '일촌'을 맺어야만 보다 많은 사진, 보다 많은 게시글을 다른 사람과 공유할 수 있는 형태이기 때문이다. 그러나 요즈음은 폐쇄적인 관계 속에서 자신을 드러내는 것에서 벗어나 블로그, 페이스북, 트위터 등 다양한 소셜 미디어를 통해 사람들은 불특정 다수와 관계를 맺어 나가는 커뮤니케이션 형태를 선호하게 된다. 즉, '불특정 다수와의 관계 맺음'을 하고 있다. 스마트폰, 인터넷, 블로그, 트위터 등과 같은 다양한 커뮤니티, 커머셜을 통해 관계를 맺게 되어 직접적인 대인관계 활동이 줄어들면서 면대면 관계에서 친밀감을 형성하고 사회성을 기르는 것에는 미숙하다.

또한 컴퓨터와 스마트폰 등의 하드웨어와 블로그, 트위터 등 인터넷을 기반으로 한 각종 뉴미디어의 급격한 발전은 세대 간의 격차에도 일조하고 있다. 젊은 세대는 변화된 환경에 적응해 일상적으로 사용하는 반면, 기성세대는 새로운 조류에 미숙하고 아날로그 환경에서 편안함을 느낀다. 이런 점에 비추어 볼 때 이들의 관계양식이 다를 수밖에 없으며, 이들 간의 접점을 찾는 것은 쉬운 일이 아니다.

이와 같은 부정적 현상을 줄이기 위해서 정보화 시대의 장점은 최대한 활용하되, 비인간화 현상을 줄일 수 있도록 또래와의 모임이나 집단활동의 참여를 장려하고 공동체 생활을 많이 경험할 수 있도록 하는 것이 필요하다. 또한 모든 인간관계는 가정에서부터 출발하므로 가족 간 친목활동과 운동, 종교활동 등과 같은 공동활동에도 적극 참여하게 하는 것이 좋다. 가족상담과 집단상담을 경험하게 함으로써 타인과 직접적인 관계맺음을 경험하게 하는 것도 큰 도움이 된다.

(2) 인터넷 발달에 따른 대화양식의 변화

개인과 개인, 개인과 집단, 개인과 기업 등의 사이에 수없이 일어나는 커뮤니케이션은 태초부터 서로 간의 관계를 맺기 위해 끊임없이 존재해 왔으며, 우리 사회를 결정짓는 가장 중요한 요소 중의 하나가 된다. 커뮤니케이션은 라틴어로 '나누다'라는 의미의 'communicare'에서 파생된 것으로, 몸짓, 언어 등 전통적인 방법을 통해 상호 소통을 해 왔으나, 인쇄술이나 테크놀로지가 다양하게 발전되면서 커뮤니케이션의 형태도 복잡하게 변화하기 시작했다.

우리 사회에서 커뮤니케이션은 1900년대 중반만 하더라도 매우 제한적이었다. 한 마을에 한 집 정도 보유하고 있던 전화기와 텔레비전을 통해서만 다른 사람이나 사회와 소통할 수 있었고, 이 시기의 사람들은 텔레비전, 신문, 라디오 등을 통해 사회가 전달해 주는 메시지를 일방적으로 수용할 수밖에 없었으며, 대인관계에서도 매우 제한적일 수밖에 없었다.

이후 '삐삐'라 불리는 무선 호출기, 그 뒤 출현한 휴대전화의 보급은 또 다른 커뮤니케이션의 형태를 불러왔다. 무선 호출기와 휴대전화의 등장은 직접 대면하거나 고정된 장소에서 전화, 텔레비전 등의 매개체를 이용한 커뮤니케이션만이 가능했던 당시의 사회에 커다란 변화를 일으키는 시발점이 되었고, 언제, 어디서나, 누구와도 소통이 가능한 현재 우리 사회에 존재하는 커뮤니케이션 형태를 취하게 되었다.

컴퓨터의 활용은 생활의 편리를 제공해 주기도 하지만, 지역별, 소득별, 연령별로 정보의 격차와 상호 단절의 역기능을 초래하기도 한다. 한국정보화진흥원의 보고 자료에 따르면, 20대는 컴퓨터의 보유율이 98.3%인 데 비해 50대는 62.9%다. 소득이 낮으면서 연령이 높고 대도시가 아닌 농촌 지역 등에 거주하는 가구의 경우 컴퓨터의 보유율이 낮아 인터넷 정보에서도 소외되는 경우가 많다. 즉, 정보화의 바다에서 고립된 것이다. 또한 농촌에서는 경제 사정 악화로 조손가구가 많고, 국제결혼이 늘어나면서 언어가 서툴고 따라서 컴퓨터를 배울 수 있는 환경을 가지지 못한다. 국제결혼을 위해 우리나라로 오는 사람들이 대부분 한글을 모르고 결혼하기 때문에 언어소통에 어려움을 겪고, 이는 자녀들도 마찬가지이므로 정보화의 혜택을 사실상 접하지 못하게 되는 경우도 있다. 이는 정보화의 더 많은 대중, 나아가 범세계적인 교류를 할 수 있다는 이점도 있지만, 세대 간, 지역 간 소통의 어려움을 야기하기도 한다.

인터넷은 우리에게 다양한 정보를 제공하거나 의사소통을 연결해 주는 도구가 되며, 인터넷의 발달은 매체의 전달력을 가속화하고 일방향의 소통양식에서 쌍방향의 소통양식으로 변화하게 했다. 인터넷은 뉴스의 신속한 전달과 유용한 교양과 상식을 제공하고, 오락적 기능을 통해 긴장과 불안을 해소하는 순기능을 가지는 반면, 개성과 독창성 상실, 고립과 소외감 초래, 무력감의 증대, 정치적 무관심 조장, 상업주의에 의한 저급한 문화의 확산 등과 같은 역기능을 가져왔다. 또한 컴퓨터 관련 산업과 통신산업의 발달은 타인과 상호관계를 맺게 하기보다는 개인 간 소통의 부재 현상을 야기하고 있다. 발달 단계에 따라 인터넷의 친숙도가 다른 내담자들이 인터넷 매체에 의존하기보다는 직접적인 면대면 만남을 통해 있는 그대로의 참만남을 경험하게 하는 것이 더욱 바람직하다.

4. 4차 산업혁명과 발달상담

2016년에 많은 사람의 관심을 모았던 이세돌 9단과 인공지능 알파고의 대결은 우리들에게 인공지능의 위력을 체감하게 하는 계기가 되었다. 이세돌 9단과 알파고의 세기의 대국을 지켜보던 사람들 중 인공지능으로부터 변화될 미래의 성장을 기대하는 이들도 있었지만, 한편으로는 예측 불가능할 정도로 빠르게 변화하는 미래에 대한 불안감이나 인공지능에 대한 패배감, 혹은 인공지능에 의해 정복될 인간세계에 대한 두려움을 느끼기도 하였을 것이다. 많은 이들이 느끼는 기대감과 불안감은 자연스러운 현상으로 받아들여지고 있는데, 그 이유는 4차 산업혁명으로 인하여 우리 삶의 모습은 급격하게 변화할 것이며, 현존하는 일자리와 관계 형성의 대부분을 기계가 대체할 것으로 예견할 수 있기 때문이다.

2016년에 세계경제포럼은 '4차 산업혁명의 이해'라는 주제로 4차 산업혁명에 대한 관심을 촉발시켰다. 4차 산업혁명은 '디지털 혁명'으로 정의할 수 있는 것으로 초지능화(superintelligence), 초연결성(hyperconnectivity), 가상과 현실의 융합이라는 특성을 가지고 있다. 4차 산업혁명 시대의 화두로 많이 언급되고 있는 것은 인공지능(AI), 사물인터넷, 클라우드, 빅데이터, 로봇 이외에도 드론, 자율주행 자동차, 3D프린터, 분산회계장부(block chain), 비트코인 등이다. 스마트워치는 '하루 수면 양' '습식 양' '대인관계의 수' '수행업무 양' 등 신체 및 활동 데이터를 축적하여 스마트폰과 냉장고, 전등, TV 등 다양한 기기와 공유하여 특정한 패턴을 형성하게 한다. 데이터의 분석 결과를 토대로 사람들의 행동을 예측하고 개인의 일상을 조절하여 도움을 주기도 하지만, 이를 통제의 수단으로 사용하기도 하며 기업들은 예측 결과를 바탕으로 소비자의 특성에 맞는 물건들을 생산하기도 한다. '디지털 혁명' 시대의 교육 현장에서의 변화도 예견하고 있다. 이 시대의 학습자는 유비쿼터스 모바일 인터넷, 인공지능과 기계학습을 일상적으로 사용하게 될 것이다.

앞에서 언급한 현상은 이미 일상화되어 있으며, 우리는 이미 새로운 변화의 세상에 발을 딛고 있다고 볼 수 있다. 4차 산업혁명이 본격화되고 있는 현시점에서 발달상담은 미래 사회를 적응적으로 대처할 수 있는 방안을 다방면으로 모색하여 상담의 기능과 상담인의 역할에서도 새로운 모드를 갖추도록 하여야 한다.

1) 4차 산업혁명의 특징

(1) 초연결 사회로의 변화

사물인터넷, 클라우드 컴퓨팅, 소셜네트워크 등의 정보통신기술의 발전과 함께 현실과 가상, 인간과 인간이 서로 무한정으로 연결되는 사회로 변화되고 있다. 특히 페이스북, 유튜브와 같은 커뮤니티 서비스의 발달과 함께 시간과 공간을 넘어선 교류가 가능하므로 전 세계의 모든 뉴스와 정보를 실시간으로 확인할 수 있다.

(2) 가상현실

가상현실(virtual reality)에서는 실제와 가까운 체험을 할 수 있으며, 우주를 탐험하거나 멀리 있는 사람과 마치 옆에 있는 것처럼 대화할 수도 있다. 스마트폰의 카메라를 이용해 건물을 비추면 건물에 있는 상가 정보를 확인할 수도 있으며, 먼 거리에 있는 전문가와 화상 채팅을 통해 업무에 대한 이야기를 나누는 것은 이미 일상화된 모습이다. 가상의 달 환경에서 전문가들이 만나 달의 지형을 탐색하고, 함께 실험하고 데이터를 분석하는 등의 실험도 가능하다.

(3) 초지능 사회로의 변화

4차 산업혁명에서 나타날 첫 번째 사회 변화는 인간과 기계가 공존하는 초지능적인 사회로의 변화이다. 인공지능, 딥러닝(deep learning), 빅데이터, 머신러닝(machine learning) 등의 기술을 통해 기계가 인간처럼 사고하도록 발달하고 있다. 문제나 상황을 판단하고 결정하고 새로운 아이디어를 낼 수 있는 것은 더 이상 인간만의 영역이 아니며, 인공지능도 인간이 할 수 있는 많은 부분의 역할을 수행할 수 있는 초지능 사회가 된다.

2) 4차 산업혁명의 심리적 문제와 상담

앞서 말한 바와 같이 이세돌 9단과 알파고의 세기의 대국을 지켜보는 많은 사람은 급변하는 미래에 대한 불안감이나 인공지능에 대한 패배감, 초지능화로 인해 정복되거나 박탈될 인간에 대한 두려움 등을 경험하였을 것이다. 초지능적인 사회에서는 기계가 인간의 일자리를 상당 부분 대신하게 되면서 일자리의 변화를 가져오게 되며, 이는 인간의 정체성에 문제를 일으키기도 할 것이다. 자신의 일을 기계가 대체하고 일자리를 빼앗기는 상황을 보며 인간으로서의 한계와 자괴감을 느끼는 사람들이 많아질 수 있으며, 사람끼리 만나 일하는 환경이 줄어들면서 환경적 변화로 인한 소외감을 느끼는 현상도 야기될 수 있다.

디지털 혁명 시대의 교육 시스템은 기존 지식을 외우는 '암기식'이 아니라 새로운 지식을 만들어 내는 '창의적 인재'를 육성하는 쪽으로 구성되어야 할 것이다. 이는 알파고와 같은 인공지능은 기존의 지식들을 몽땅 흡수할 수 있는 기억장치는 갖추었지만, 새로운 지식을 만들어 내는 '창의적 사고 장치'를 갖추지 못했기 때문이다. 이러한 관점에서 보면 상담 패러다임도 내담자가 상담과정에서 경험한 내용을 새롭게 경험하는 여러 상황에서 그대로 재현하기보다는 상황에 맞게 재구성할 수 있는 창의적 적용능력이 발달되도록 조력하는 것으로 구성되어야 한다. 이를 위해 다음의 방안을 고려해 볼 수 있을 것이다.

(1) 적용의 다양성과 점검

상담 과정 중에 경험한 내용을 일상에서 자신의 창의성에 근거한 다양한 방식으로 경험해 보고 이를 상담과정에서 다시 점검하는 기회를 제공한다.

(2) 내담자의 필요에 맞는 솔루션 제공

내담자의 발달을 도울 수 있는 목표에 초점을 맞춘 솔루션을 다양한 방식으로 제공하여 창의성을 향상한다.

(3) 가상 상담 장면의 도입과 훈련

4차 산업혁명의 대표되는 특성 중 하나가 가상과 현실의 융합이다. 상담 상황에서도 그 특성을 고려하여 활용하여야 한다. 면대면 상담 형태를 고집할 것이 아니라 가상 상담 장면을 활용하여 자신의 사고와 행동의 점검해 보고 실습해 보거나 예기되는 불안이나 갈등 상황에 대해서도 가상현실로 체험해 보게 하는 등 직접적인 경험이 두려운 내담자에게도 사전에 간접 경험 차원에서의 조력도 가능해진다.

(4) 온라인 상담과 비전통적인 상담 형태의 활성화

① 유비쿼터스 형태의 상담

유비쿼터스(ubiquitous)란 '언제 어디에나 존재한다'는 뜻의 라틴어로, 장소에 상관없이 자유롭게 네트워크에 접속할 수 있는 환경을 말한다. 상담실이라는 제한된 공간에서 이루어졌던 형태에서 벗어나 내담자에게 구축된 빅데이터를 활용하여 공간과 내용에 있어서 제한받지 않고 상담 받게 할 수 있다.

② 게이미피케이션 상담

디지털 기기를 이용한 게이미피케이션(gamification) 역시 내담자의 동기와 학습 참여를 촉진할 수 있는 미래지향적 상담 방법이다. 게이미피케이션 상담이란 상담과정에 게임적 사고와 게임 기법을 활용해 문제를 해결하도록 함으로써 내담자의 성장과 발달을 돕는 것이다. 이렇게 하여 게임을 통해 자기 주도적인 문제해결, 개인화된 목표와 보상 등의 요소를 상담과정에 적용함으로써 상담활동을 촉진시킬 수 있다.

③ 컴퓨팅 사고력의 증진

컴퓨팅 사고력(computational thinking)이란 주어진 문제를 명확히 파악하고 해결책을 찾아가는 정신적인 사고과정을 의미한다. 상담자는 내담자로 하여금 자기이해를 바탕으로 하여 자신의 문제를 스스로 진단하게 하고, 변화를 위한 계획을 스스로 수립하게 하며, 나아가 해결방안과 실행과정도 스스로 모색하도록 돕기 위해 컴퓨팅 사고력 강화와 증진에 주력하여 상담하여야 한다.

학습문제

1. 상담자가 발달과제를 상담목표와 연결하여 활용하여야 하는 이유에 대해 생각해 보자.
2. 발달상담이 상담목표로서 지향해야 하는 방향과 인간관에 대해 생각해 보고 기존의 상담적 접근과 비교해 보자.
3. 시대적 변화(예: 4차 산업혁명시대)에 따른 상담자의 역할에 대해 생각해 보자.

참고문헌

강석훈(2006). 한국 패널조사의 현황과 과제. 제2차 저출산·고령사회포럼: 인구패널의 효율적 구축방향. 서울: 한국보건사회연구원.

강지연, 박부진(2003). 한국 노인부부의 성의식과 성생활에 관한 사례연구. 노인복지연구, 22. 서울: 한국노인복지학회.

강혜영, 박진영, 박현옥(2011). 초등학생을 위한 진로지도 프로그램. 서울: 학지사.

곽금주(2008). 다문화 가정 아동의 발달과 적응: 다문화 가정에서의 부모-자녀 간의 상호 작용 패턴과 그 효과를 중심으로. 2008년 한국심리학회 연차학술발표대회 논문집, 1-26.

곽금주(2010). 청년기 생애설계심리학. 서울: 서울대학교출판문화원.

곽윤정(2004). 정서지능 교육프로그램 모형 개발 연구. 서울대학교 대학원 박사학위논문.

교육과학기술부(2008a). 2008년도 다문화가정 학생 교육지원 계획.

교육과학기술부(2008b). 영재교육활성화 방안.

교육부(2017). 2016년도 학생 건강검사 표본조사 결과 발표.

교육부, 국가평생교육진흥원(2017). 2017 평생교육백서.

교육부, 한국교육개발원(2016). 한국 성인의 평생학습실태.

구본용(2007). 진로상담매뉴얼. 서울: 서울대학교 교육연구소.

권석만(2003). 현대 이상심리학. 서울: 학지사.

권석만(2004). 젊은이를 위한 인간관계 심리학. 서울: 학지사.

권중돈(2007). 노인복지론(2판). 서울: 학지사.

권중돈(2010). 노인복지론(4판). 서울: 학지사.

김경중, 류왕효, 류인숙, 박은준, 신화식, 유구종, 정갑순, 조경미, 조희숙, 주리분, 최인
　　숙, 최재숙(1998). 아동발달심리. 서울: 학지사.

김경희(1986). 아동심리학. 서울: 박영사.

김광수(2003). 청소년의 분노수준, 분노대처방식과 학교생활적응. 교육심리연구, 17(3),
　　393-410.

김광수(2008). 용서상담 프로그램. 서울: 학지사.

김광수(2012). 긍정심리학에 기반한 초등학교 상담의 방향과 과제. 초등상담연구, 11(2),
　　193-217.

김광수, 김경집, 하요상, 김은향, 양곤성, 한선녀(2016). 아동 성격강점카드 전문가지침서.
　　서울: 인싸이트 심리검사연구소.

김광수, 김경집, 하요상, 양곤성, 한선녀, 기경희(2015). 아동 성격강점검사 전문가지침서.
　　서울: 인싸이트 심리검사연구소.

김광수, 김선정(2010). ADHD 아동 대상 국내 미술치료 중재연구 현황 분석. 한국초등교육,
　　21(2), 23-44.

김광수, 한선녀(2015). 아동의 희망직업과 성격강점의 관계분석. 초등상담연구, 14(4),
　　497-517.

김교헌(1999). 청소년기 소녀들의 자긍심과 날씬함에 대한 집착 및 다이어트가 폭식에
　　미치는 영향. 한국심리학회지: 건강, 4(1), 155-165.

김기홍, 김미숙(2005). 중·고령층 전직지원 및 직업능력개발훈련 현황 및 전달 체계(제2
　　편). 서울: 한국직업능력개발원.

김남규(2011). 한국노인 자살증가 예방대책에 관한 연구. 한양대학교 대학원 석사학위
　　논문.

김동기, 김은미(2010). 사회 적응의 노인심리학. 서울: 학지사.

김동일, 김신호, 이근재, 정일호, 정종진(2003). 아동발달과 학습. 서울: 교육출판사.

김명애(2012). 아내의 대상관계에 근거한 부부갈등 변화과정에 대한 연구. 백석대학교
　　기독교전문대학원 박사학위논문.

김명언, 노연희(1998). 실직자의 정서적·인지적, 신체화 반응 및 대처활동. 한국심리 학
　　회 1998년 연차대회, 학술발표 논문집, 843-861.

김명자(1998). 중년기 발달. 경기: 교문사.

김미선(2006). 정서지능 향상 프로그램이 아동의 스트레스 인식과 스트레스 대처에 미치
　　는 영향. 서울교육대학교 교육대학원 석사학위논문.

김봉환, 정철영, 김병석(2004). 학교진로상담. 서울: 학지사.

김사현(2004). 중년자가 준비해야 할 인생설계. 서울: 미래지식.

김성현(2009). 다문화가정 자녀의 학습능력 향상을 위한 학습상담 전략. 사회변화와 상담의 진화. 2009년 한국상담학회 연차학술대회 발표자료.

김숙웅, 이의훈(2007). 실버산업의 이해. 서울: 형설출판사.

김승권, 김태완, 임성은, 고은주(2009). 한부모가족 생활안정과 자녀양육지원 강화 방안 연구. 서울: 보건복지가족부.

김승현(2006). 노년기 건강가이드: 노인질환의 진단과 치료. 서울: 일조각.

김아영(2010). 학업동기: 이론, 연구와 적용. 서울: 학지사.

김애순(2002). 성인발달과 생애설계. 서울: 시그마프레스.

김언주(1989). 신 피아제론. 서울: 배영사.

김연겸, 윤기선(2009). 서울에 거주하는 청소년기 여학생들의 체형인식도, 체중조절 및 식이장애 실태. 대한영양사협회 학술지, 15(3), 232-252.

김영란, 이수애, 권구영(2010). 농촌과 도서지역 노인의 여가 실태 및 욕구에 관한 비교 연구. 사회연구 통권, 19, 105-140.

김영신, 공성숙(2004). 여자 청소년의 체중조절행위, 섭식장애증상, 우울에 관한 연구. 정신간호학회지, 13(3), 304-314.

김의철(2004). 한국인의 부모자녀관계: 자기개념과 가족역할 인식의 토착심리 탐구. 서울: 교육과학사.

김정현, 정인경(2007). 서울 일부지역 청소년들의 성별에 따른 체형인식 및 식이장애 실태 비교. 대한가정학회지, 45(1), 101-109.

김종서, 김승한, 황종건, 정지웅, 김신일(1987). 평생교육원론. 서울: 교육과학사.

김창대(2002). 대상관계이론의 인성교육에 대한 시사점: 목적, 내용, 방법. 아시아교육 연구, 3(1), 109-130.

김춘경, 이수연, 최웅용(2008). 청소년상담. 서울: 학지사.

김태련, 장휘숙(1997). 발달심리학: 태내기부터 성인후기까지. 서울: 박영사.

김태련, 조혜자, 이선자, 방희정, 조숙자, 조성원, 김현정, 홍주연, 이계원, 설인자, 손원숙, 홍순정, 박영신, 손영숙, 김명소, 성은현(2008). 발달심리학. 서울: 학지사.

김태현(1994). 노년학. 서울: 교문사.

김현택, 김교헌, 김미리혜, 권준모, 박동건, 성찬기, 이건효, 이봉건, 이순묵, 이영호, 이주일, 이재호, 유태웅, 진영선, 채규만, 한광희, 황상민, 현성용(2003). 현대심리학의 이해. 서울: 학지사.

김희년, 정미숙(2004). 지역사회복지시설 이용 노인들의 여가활동실태 및 활성화에 관한 연구. 노인복지연구, 26, 263-285.

김희삼(2017). 패널 자료를 이용한 연구 방법. 2014 한국사회정책연합 공동학술대회-방법론 강의.

나항진(2003). 서울지역 노인의 여가의식에 관한 연구. 노인복지연구, 22, 35-54.

나항진(2004). 노인교육론. 서울: 교육과학사.

남현우, 김광수(2015). 마음챙김 활용 성격강점 증진 프로그램이 아동의 회복탄력성에 미치는 효과. 청소년상담연구, 23(2), 105-134.

노혜련, 최경일(2009). 청소년의 신체상이 자살생각에 미치는 영향: 스트레스와 우울의 매개효과를 중심으로. 한국청소년연구, 20(3), 141-165.

류지환(2010). 인간 본성의 진화: 진화심리학의 이해. 윤리연구, 77, 163-189.

문동규, 김영희(2011). 청소년의 자살생각과 관련된 유발변인의 메타회귀분석. 상담학연구, 12(3), 945-964.

문용린, 김민강, 이지혜, 원현주(2008). 한국인의 도덕판단력 발달에 관한 비교연구. 교육심리연구, 22(1), 281-299.

문은영, 서영주, 최나리(2011). 서울시 남성의 가사 육아 참여 활성화 방안. 서울: 서울시 여성가족재단.

박광배(1993). 사랑과 일에 대한 일-가정의 상충효과: 남성들의 경우. 한국심리학회지: 사회, 17, 215-225.

박성연, 백지숙, 안지영, 오미경, 이사라, 이주연, 임희수, 전은다, 지연경, 한세영(2017). 인간의 성장과 발달. 경기: 파워북.

박순우, 황준현(2015). 2015 전국 초·중·고등학생 건강검사 결과 분석. 서울: 한국교육개발원.

박재간, 손홍숙, 서경석, 박정희, 이호선, 최정윤, 백상창, 손화희, 박충선(2006). 노인상담론. 경기: 공동체.

박지영(2009). 한국노인자살에 대한 경험적 의미와 정책적 실천 방안. 한국노인학회 2009년 춘계학술대회.

박지은(2009). 죽음준비교육이 노인의 죽음에 대한 정서 인지 행동에 미치는 효과. 서울여자대학교 대학원 석사학위논문.

박철우(2000). 자아개념과 학습된 무기력의 관계: 인문계와 실업계 고등학교를 중심으로. 연세대학교 교육대학원 석사학위논문.

백기청(2001). 신체이형장애의 약물치료. 대한정신약물학회지, 12(4), 277-286.

보건복지부(2011). 노인복지법.

보건복지부, 질병관리본부(2016). 2015 국민건강통계.

서울대학교병원(2008). 치매노인 유병률 조사. 서울: 보건복지가족부.

서울특별시(2017). 성인지 통계.

선혜연, 황매향, 정애경(2011). 부모의 관여가 중학생의 학업적 자아효능감과 내적 동기에 미치는 영향. 아시아교육연구, 12(1), 21-43.

손미(2001). 남·여학생의 체격의 발육발달 특성에 관한 종단적 연구. 대구가톨릭대학교 교육대학원 석사학위논문.

송명자(1995). 발달심리학. 서울: 학지사.

송명자(2011). 발달심리학. 서울: 학지사.

송수지, 남궁지영, 김정민(2012). 성별에 따른 청소년의 자아개념 발달양상 분석. 인간발달연구, 19(1), 215-238.

송인섭(1996). 자아개념의 교육심리학적 의미. 교육심리연구, 10(1), 1-24.

송재홍, 오익수, 박성희, 김광수, 안이환(2016). 학교폭력의 예방과 상담. 서울: 학지사.

신명희, 강소연, 김은경, 김정민, 노원경, 박성은, 서은희, 원영실, 황은영(2010). 교육심리학. 서울: 학지사.

신종호, 김민성, 최지영, 허유성, 이지은(2015). 교육심리학. 경기: 교육과학사.

안도희, 김지아, 황숙영(2005). 초, 중, 고등학생의 학업성취에 영향을 주는 변인 탐색: 유능감, 가정의 심리적 환경 및 학교환경 특성을 중심으로. 교육심리연구, 19(4), 1199-1217.

안정숙(2008). 초기성인과 중기성인의 성공적 노화인식에 관한 연구. 동아대학교 대학원 박사학위논문.

여성가족부(2010). 2010 청소년백서.

여성가족부(2011). 가족실태조사.

여성가족부(2015). 2014 청소년 통계.

여성가족부(2016). 2016 청소년백서.

여성가족부(2017). 2017 청소년 통계.

여성부(2007). 초등생 양성평등 및 교육실태조사.

연규진(2006). 부부관계에 대한 비합리적 신념과 결혼만족도와의 관계: 다층모형을 이용한 자기 효과와 상대방 효과 분석. 연세대학교 일반대학원 석사학위논문.

오강섭(2017). 진화심리학적 관점에서의 불안 및 불안장애. 생물정신의학, 24(2), 45-51.

오경자(1998). 실직이 개인의 심리사회적 기능에 미치는 영향. 한국심리학회 춘계 심포지움 자료집, 67-95.

오노데라 아쓰코(2010). 간단 명쾌한 발달심리학(전경아 역). 서울: 시그마북스. (원전은 2009년에 출판).

오성배(2008). 다문화가정 자녀의 성장과정 탐색. 다문화가정과 아동청소년상담: 지원체계, 상담사례. 한국 아동·청소년상담학회.

오세진, 김용희, 김청송, 김형일, 신맹식, 양계민, 양돈규, 이요행, 이장한, 이재일, 정태연, 현주석(1999). 인간행동과 심리학. 서울: 학지사.

오영수(2004). 은퇴혁명시대의 노후설계. 서울: 해남.

오현숙, 민병배(2007). 기질 및 성격 검사-유아용. 서울: 마음사랑.

유형근(2002). 초등학교의 학교상담교육과정 구안. 교원대학교 대학원 박사학위논문.

윤여인(2007). 우리나라의 패널조사 현황과 과제. 직업과 인력개발. 2007년 여름, 74-81.

윤진(1985). 성인 노인심리학. 서울: 중앙적성출판사.

이규미(2006). 학교폭력 상담의 특수성과 전문성. 문용린 외 공저, 학교폭력 예방과 상담. 서울: 학지사.

이대식, 여태철, 공윤정, 김혜숙, 송재홍, 임진영, 황매향(2010). 아동발달과 교육심리의 이해. 서울: 학지사.

이대식, 황매향(2011). 학습부진학생의 이해와 지도. 서울: 교육과학사.

이동훈, 고홍월, 양미진, 신지영(2014). 현장전문가가 인식한 다문화 청소년 상담역량에 관한 탐색적 연구. 청소년상담연구, 22(2), 281-311.

이성진(1996). 교육심리학 서설. 서울: 교육과학사.

이성진(2005). 한국인의 성장·발달: 30년 종단적 연구. 서울: 교육과학사.

이성진, 윤경희(2009). 한국인의 발달과업. 학술원논문집: 인문·사회과학편, 48(1), 39-92.

이성진, 임진영, 여태철, 김동일, 신종호, 김동민, 김민성, 이윤주(2009). 교육심리학서설. 서울: 교육과학사.

이소민(2013). 수학 교육의 진화 심리학적 이해. 수학교육학술지, 2013(1), 112-119.

이소진, 박철수, 김봉조, 이철순, 차보석, 이동윤(2015). 수면과 회복력. 수면정신생리, 22(2), 53-56.

이연주(2008). 동거와 한국 가족: 전국 조사에서 나타난 동거자의 특성. 한국인구학, 31(2), 77-100.

이영대(2001). 초등학생에 대한 진로요구도 조사와 진로지도 방향. 진로교육연구, 13, 187-201.

이영분, 이용우, 최희정, 이화영(2011). 한국 사회의 부모의존 독신성인에 대한 탐색적 연구. 한국가족복지학, 31(3), 5-30.

이유신(2010). 후기 학령기 아동과 청소년의 성 성숙에 따른 성장발달과 식행동에 관한 연구. 동국대학교 대학원 석사학위논문.

이은주(2005). 10대 초반 소녀들의 사춘기에 대한 담론분석. 아동간호학회지, 11(2), 179-188.

이인혜(2009). 청소년기의 우울과 상담/심리치료: 자기초점주의 모델 적용. 상담과 지도,

44, 143-160.

이장호, 김영경(2006). 노인상담 경험적 접근. 서울: 시그마프레스.

이재분 외(2000, 2001, 2002). 초중학생의 지적, 정의적 발달수준 분석연구. 서울: 한국교육
개발원.

이재신(2009). 고등학생의 메타인지와 학습몰입과의 관계: 자기주도적 학습능력의 매개
효과. 한국교원교육연구, 26(2), 277-295.

이정림, 최은영, 도남희, 송신영, 왕영희, 이예진(2011). 한국아동패널 2010년 기초분석
보고서. 서울: 육아정책연구소.

이정호(2007). 중년기의 여가생활형태가 가족기능과 생활만족에 미치는 영향. 세종대학
교 대학원 박사학위논문.

이죽내(2011). 융의 분석심리학적 심리치료 개관. 가족과 상담, 1(1), 41-70.

이철수 외 공저(2009). 사회복지학사전. 서울: 블루피쉬.

이혜미, 김광수(2016). 학교폭력 외상 피해의 이해와 대처. 초등상담연구, 15(2), 141-163.

이호선(2005). 노인상담. 서울: 학지사.

이홍석, 이홍표, 권기준, 최윤경, 이재호(2015). 무엇이 트라우마인가? 진화심리학적 측
면에서 본 트라우마의 이해와 분류. 한국심리학회지: 일반, 34(2), 565-598.

이훈구(1998). 경제위기의 심리적 표출. 사회과학연구논총, 2, 283-303.

이훈구, 윤소연, 정혜경(1998). 실직가정 아동과 비실직가정 아동의 정서문제 비교 연구.
한국심리학회 98연차대회, 학술발표논문집, 805-818.

임규혁, 임웅(2007). 교육심리학. 서울: 학지사.

임은미, 김계현, 황매향, 양명희, 상경아(2006). 준·고령자 상담도구 개발. 서울: 한국고용
정보원.

임은미, 박가열, 황매향, 여태철(2009). 준·고령자 전직요구 진단 및 상담 맵 개발. 서울: 한
국산업인력공단.

임은미, 이성진, 윤경희, 임진영(2007). 초, 중, 고등학생의 지적 발달과업 탐색. 아동교육,
16(4), 21-32.

임은미, 정성진, 김은주(2009). 국내 다문화 연구와 다문화 상담 연구의 현황. 상담학연구,
10(3), 1291-1304.

임재연(2006). 학교폭력 상담 매뉴얼. 문용린 외 공저, 학교폭력 예방과 상담. 서울: 학지사.

임재연(2017). 학생이 경험한 학교폭력 예방 및 대처 관련 교사역량에 관한 연구. 한국심
리학회지: 학교, 14(2), 181-208.

임진영(2005). 맥락적 패러다임에 기반한 교호적 상호작용의 교육적 함의. 초등교육연구,
18(2), 1-22.

임진영, 이성진(2003). 발달진단도구 개발을 위한 한국인 발달양상의 탐색과 분류. 한국 교육학연구, 4(4), 231-258.

임진영, 최지은(2011). 인간발달 연구의 동향과 교육학적 시사: 맥락주의적 접근을 중심으로. 교육심리연구, 25(4), 875-901.

임진영, 최지은(2014). 청소년기 고등학생의 성, 결혼 발달과업에 관한 성인의 암묵지 탐색. 교육종합연구, 12(1), 1-27.

장근영, 김기헌(2009). 한국 청소년의 생활시간 국제비교와 라이프스타일 분석. 미래청소년학회지, 6(4), 139-155.

장명림, 신나리, 박수연(2006). 아동패널조사 모형개발 연구. 서울: 육아정책개발센터.

장삼수(1998). 조기 퇴직 불안이 중년기 위기에 미치는 영향-금융기관에 종사하는 40~50대를 중심으로. 연세대학교 교육대학원 석사학위논문.

장휘숙(2002). 아동발달. 서울: 박영사.

장휘숙(2005). 가족심리학. 서울: 박영사.

장휘숙(2006). 성인심리학: 성인발달·노화·죽음. 서울: 박영사.

장휘숙(2007). 전생애 발달심리학. 서울: 박영사.

장휘숙(2008). 성인초기의 발달과업과 시작시기에 관한 탐색적 연구. 한국심리학회지: 발달, 21(4), 109-126.

장휘숙(2011). 전생애 발달심리학(제4판). 서울: 박영사.

전기풍(2003). 대기업 근로자의 정년퇴직준비 인식 및 퇴직준비교육 욕구에 관한 연구. 경남대학교 행정대학원 석사학위논문.

전영기(2000). 노년기 죽음불안에 영향을 미치는 요인에 관한 연구. 목원대학교 대학원 석사학위논문.

전주대학교 산학협력단(2005). 준·고령자용 상담도구개발.

전중환(2010). 진화심리학의 이론적 토대와 쟁점들. 한국심리학회: 일반, 29(4), 737-766.

정다정, 김광수(2017). 교과 연계 낙관성 증진 프로그램이 아동의 낙관성과 학습동기에 미치는 효과. 청소년상담연구, 25(2), 65-91.

정옥분(2000). 성인발달의 이해: 성인·노인심리학. 서울: 학지사.

정옥분(2002). 아동발달의 이해. 서울: 학지사.

정옥분(2003). 아동발달의 이론. 서울: 학지사.

정옥분(2004). 전생애발달의 이론. 서울: 학지사.

정옥분(2008). 성인·노인심리학. 서울: 학지사.

정옥분(2009). 청년심리학. 서울: 학지사.

정옥분, 김동배, 정순화, 손화희(2008). 노인복지론. 서울: 학지사.

정옥분, 김동배, 정순화, 손화희(2016). 노인복지론(2판). 서울: 학지사.

정윤경(2010). 아동의 정서이해 발달: TEC 중심으로. 가톨릭대학교 대학원 석사학위논문.

정종진(1998). 자신감과 자아존중감 키워주기. 대구: 장원교육.

조계환(1991). 자아개념, 귀인성향 및 지각된 부모의 양육태도와 학업성적과의 관계 및 변수들 간의 상호관계. 중앙대학교 교육대학원 석사학위논문.

조복희, 현온강(1994). 한국부모의 부모역할 만족도. 대한가정학회지, 12, 83.

주명건(1997). 광복 100년을 위한 국가전략: 비전 2045. 서울: 세종연구원.

질병관리본부(2007). 2007년 소아 및 청소년 표준성장 도표 -해설-.

차세만(2014). 중산층 노인들이 인식하는 성공적 노화에 대한 연구. 경남대학교 행정대학원 석사학위논문.

채창균, 이상돈, 임언, 이상준, 오유성, 윤여인, 김승연, 강석훈, 장원섭(2003). 한국교육 고용 패널조사. 서울: 한국직업능력개발원.

천성문, 이영순, 남정현, 김미정, 최희숙(2010). 인간관계와 정신건강. 서울: 정인출판사.

청소년폭력예방재단(2014). 2013년 전국 학교폭력 실태조사 발표 및 경향.

청소년폭력예방재단(2015). 2014년 전국학교폭력 실태조사 주요결과.

초록우산어린이재단(2015). 어린이 생활 보고서.

최경숙(2006). 아동발달심리학. 서울: 교문사.

최규련(2010). 가족상담 및 치료. 경기: 공동체.

최기탁(2016). 다문화사회에 관한 연구 동향 분석. 인문사회, 7(1), 651-672.

최선우(2010). 성범죄에 대한 진화심리학적 접근. 한국범죄심리연구, 6(2), 241-262.

최성재, 장인협(2006). 노인복지학(개정판). 서울: 서울대학교 출판부.

최영민(2010). 대상관계이론을 중심으로 쉽게 쓴 정신분석이론. 서울: 학지사.

최지영(2006). 괴롭힘 행동의 새로운 이해. 문용린 외 공저, 학교폭력 예방과 상담. 서울: 학지사.

추미애, 최병호(2010). 한국 소아청소년 비만과 대사 증후군. 대한의학학술지, 53(2), 142-152.

추효정(2008). 서사표현능력 발달 단계 연구. 조선대학교 대학원 석사학위논문.

통계청(2002). 2002년 사회통계조사보고서.

통계청(2006). 장래인구 추계결과.

통계청(2008). 사회조사 보고서.

통계청(2009a). 2009년 사회통계조사보고서.

통계청(2009b). 사망원인 통계.

통계청(2009c). 지역별 출산력.

통계청(2010a). 2010 청소년통계.

통계청(2010b). 장래인구 추계 결과.

통계청(2011). 2010년 혼인 · 이혼 통계.

통계청(2013). 전국장래인구추계.

통계청(2016). 2016년 사회조사 결과(가족 · 교육 · 보건 · 안전 · 환경).

통계청(2017a). 2016년 사망원인 통계.

통계청(2017b). 2016년 인구 · 가구 구조와 주거 특성 변화.

통계청(2017c). 2016년 출생 통계.

통계청(2017d). 2016년 혼인 · 이혼 통계.

통계청(2017e). 장래가구추계: 2015~2045년.

통계청(2018). 인구총조사: 인구부문. http://www.kosis.kr에서 2018년 10월 인출.

하대현(1996). 인간 지능 연구의 최근 동향과 과제. 교육심리연구, 10(1), 127-161.

한국교육개발원(2007). 학교부적응 학생의 교육실태 분석: 고등학생을 중심으로.

한국교육개발원(2017). 교육통계연보.

한국교육심리학회(2009). 교육심리학 용어사전. 서울: 학지사.

한국노동연구원(2011). 2011 통계청 콘퍼런스 자료집.

한국방정환재단, 연세대학교 사회발전연구소(2017). 한국 어린이 · 청소년 행복지수 국
　　제비교연구조사결과보고서.

한국보건사회연구원(1997). 치매관리 Mapping 개발 연구.

한국보건사회연구원(2004). 전국 노인 생활 실태 및 복지 욕구 조사.

한국보건사회연구원(2007). 우리나라 노인의 사회참여 유형 분석 및 정책적 합의.

한국보건사회연구원(2017). 전국노인 생활실태.

한국청소년정책연구원(2011). 한국 청소년 지표 조사 5: 2010 한국 청소년 건강 실태조
　　사(기초분석보고서).

한국초등상담교육학회(2006). 한국형 초등학교 생활지도와 상담. 서울: 학지사.

한국초등상담교육학회(2014). 한국형 초등학교 생활지도와 상담(2판). 서울: 학지사.

한대동, 길임주(2016). 초등학교 고학년 학생들의 친구관계의 양상과 발달에 관한 조사
　　연구. 초등교육연구, 29(4), 257-280.

한정란(2005). 노인교육의 이해. 서울: 학지사.

행정안전부(2009). 2009년 지방자치단체 외국인주민 현황조사.

허난설(2009). 영재아의 정서안정을 위한 통합적 집단상담프로그램의 개발 및 효과성 검
　　증. 서울교육대학교 대학원 석사학위논문.

허혜경, 김성희(2006). 현대사회와 아동발달. 경기: 교육과학사.

홍명희(1990). 자아개념과 학업성취의 관계에 대한 메타분석. 서울대학교 대학원 석사
　　학위논문.

홍숙기(2006). 성격심리(상). 서울: 박영사.

황매향(2008a). 학업상담. 서울: 학지사.

황매향(2008b). 한국인의 정서적 발달과업 탐색: 정서발달에 영향을 미치는 경험을 중
　　심으로. 인간발달연구, 15(3), 163-189.

황매향(2009). 다문화가정 아동의 상담에 대한 기대. 2008년 한국초등상담교육학회 연차 학
　　술대회 자료집, 16-37.

황매향(2018). 학업상황에서의 자기통제 역할과 증진가능성에 대한 탐색: 신경과학적
　　근거를 중심으로. 초등상담연구, 17(1), 1-27.

황상민(1997). 사회 및 교육의 패러다임 이동. 서울: 세종연구원.

황재원, 허태균, 한성열(2004). 질투심의 성차: 진화론적 가설에 대한 사회인지적 연구.
　　한국심리학회지: 여성, 9(2), 25-28.

황정규(2010). 인간의 지능. 서울: 학지사.

황진애(2007). 학령기 아동의 읽기이해력 발달. 이화여자대학교 대학원 석사학위논문.

日本 國立社會保障・人口問題研究所(2003). 人口統計資料輯.

Abra, J. (1989). Changes in creativity with age: Data, explanations and further
　　predictions. *International Journal of Aging & Human Development, 28*, 105-
　　126.

Ainsworth, M. D. S. (1979). Infant-mother attachment. *American Psychologist, 34*,
　　932-937.

Albert, M. S., & Kaplan, E. (1980). Organic implications of neuropsychological deficits
　　in the elderly. In M. S. Albert & M. B. Moss (Eds.), *Geriatric neuropsychology*.
　　New York: Guilford Press.

American Psychiatric Association (2000). *Diagnostic and statistical manual of
　　mental disorders* (4th ed.). Washington, DC: Author.

American Psychiatric Association (2013). *Diagnostic and statistical manual of
　　mental disorders* (5th ed.). Arlington, VA: American Psychiatric Association.

Amsterdam, B. K. (1968). *Mirror Behavior in Children under two years of age*.
　　Unpublished doctoral dissertation, University of North Carolina, Chapel Hill.

Anderson, J. R. (1980). *Cognitive psychology and its implications*. San Francisco:

Freeman.

Anspaugh, D. J., Hamrick, M. H., & Rosato, F. D. (1991). *Wellness: Concepts and applications.* St. Louis, MI: Mosby.

Ariès, P. (2003). 아동의 탄생(문지영 역). 서울: 새물결. (원전은 1973년에 출판).

Arnett, J. J. (2000). Emerging adulthood-A theory of development from the late teens through the twenties. *American Psychologist, 55,* 469-480.

Arnett, J. J. (2003). Conceptions of the transition to adulthood among emerging adults in American ethnics groups. In J. J. Arnett & N. L. Galambos (Eds.), *New directions for child and adolescent of the transition to adulthood.* San Francisco: Jossey-Bass.

Atchley, R. C. (1976). *The sociology of retirement.* Cambridge, MA: Schenkman.

Avolio, B. J., & Waldman, D. A. (1994). Variations in cognitive, perceptual, and psycho-motor abilities across the working life span: Examining the effects of race, sex, experience, education, and occupational type. *Psychology and Aging, 9,* 430-422.

Bäckman, L., Mantyla, T., & Herlitz, A. (1990). The optimization of episodic remembering in old age. In P. B. Baltes & M. M. Baltes (Eds.), *Successful aging: Perspectives from the behavioral sciences.* New York: Cambridge University Press.

Bahrick, H. P. (1984). Semantic memory content in permastore: Fifty years of memory for Spanish learned in school. *Journal of Experimental Psychology: General, 113,* 1-26.

Baltes, M. M., & Baltes, P. B. (1990). *The psychology of control and aging.* Hilsdale, NJ: Erlbaum.

Baltes, P. B. (1993). The aging mind: Potential and limits. *Gerontologist, 33*(5), 580-594.

Baltes, P. B., & Baltes, M. M. (1990). Psychological perspectives on successful aging: The model of selective optimization with compensation. In P. B. Baltes & M. M. Baltes (Eds.), *Successful aging: Perspectives from the behavioral sciences* (pp. 1-34). New York: Cambridge University Press.

Baltes, P. B., Lindenberger, U., & Staudinger, U. M. (2006). Lifespan Theory in Developmental Psychology. In R. M. Lerner (Ed.), *Theoretical models of human development. Volume 1 of handbook of child psychology* (6th ed.),

Editors-in-chief: W. Damon & R. M. Lerner. Hoboken, NJ: Wiley.

Baltes, P. B., Reese, H. W., & Lipsitt, L. P. (1980). Life-span developmental psychology. *Annual Review of Psychology, 31,* 65-110.

Bandura, A. (1973). *Aggression: A social learning analysis.* Englewood Cliffs, NJ: Prentice-Hall.

Barber, J. S. (2001). Ideational influences on the transition to parenthood: Attitudes toward childbearing and competing alternatives. *Social Psychology Quarterly, 64,* 101-127.

Barnes-Farrell, J. L. (1993). Contextual variables that enhance/inhibit career development opportunities for older adults: The case of supervisor-subordinate age disparity. In E. Demick & P. M. Miller (Eds.), *Development in the workplace.* Hillsdale, NJ: Erlbaum.

Baumrind, D. (1971). Current patterns of parental authority. *Developmental Psychology, 4*(1, Pt. 2), 1-103.

Bayley, N. (1949). Consistency and variability in the growth of intelligence from birth to eighteen years. *Journal of Genetic Psychology, 75,* 165-196.

Bayley, N. (1970). Development of mental abilities. In P. Mussen (Ed.), *Carmichael's manual of child psychology, vol.1* (pp. 1163-1209). New York: Wiley.

Bearman, S. K., Martinez, E., Stice, E., & Presnell, K. (2006), The skinny on body dissatisfaction: A longitudinal study of adolescent girls and boys. *Journal of Youth Adolescence, 35*(2), 217-229.

Belsky, J., Rha, J, & Park, S. (2000). Exploring reciprocal parent and child effects in the case of child inhibition in US and Korean samples. *International Journal of Behavioral Development, 24*(3), 338-347.

Bengtson, V. L., Cuellar, J. A., & Ragan, P. K. (1975). *Group contrasts in attitudes toward death: Variation by race, age, occupational status and sex.* Paper presented at the annual meeting of the Gerontological Society, Louisville, KY.

Benson, M. J., & Buehler, C. (2012). Family process and peer deviance influences on adolescent aggression: Longitudinal effects across early and middle adolescence. *Child Development, 83*(4), 1213-1228.

Berk, L. E. (1994). *Child development* (3rd ed.). Mass: Allyn and Bacon.

Berk, L. E. (1996). *Infants, children, and adolescents* (2nd ed.). Needham Heights. MA: Allyn & Bacon.

Berk, L. E. (2001). *Development through the lifespan*. Toronto: Allyn and Bacon.

Berk, L. E. (2010). 생애발달 II: 청소년기에서 후기 성인기까지(이옥경, 박영신, 이현진, 김혜리, 정윤경, 김민희 공역). 서울: 시그마프레스. (원전은 2007년에 출판).

Berkman, L. F., Seeman, T. E., Alber, M., Blazer, D., Kahn, R., Mohs, R., Finch, C., Schneider, E., Cotman, C., McClearn, G., et al. (1993). High, usual, and impaired functioning in community dwelling older men and women: Findings from the MacArther Foundation Research Network on Successful Aging. *Journal of Clinical Epidemiology, 46*, 1129-1140.

Berlin, L., & Cassidy, J. (2000). Understanding parenting: Contributions of attachment theory and research. In J. D. Osofsky & H. E. Fitzgerald (Eds.), *WAIMH handbook of infant mental health* (Vol. 3). NY: Wiley.

Berndt, T. J. (1979). Developmental changes in conformity to peers and parents. *Developmental Psychology, 15*, 606-616.

Birren, J. E. (2002). *Unpublished review of J. W. Santrock's Life-span development* (9th ed.). New York: McGraw-Hill.

Birren, J. E., & Renner, V. J. (1980). Concepts and issues of mental health and aging. In J. E. Birren & R. B. Sloane (Eds.), *Handbook of mental health and aging* (pp. 3-33). Englewood Cliffs, NJ: Prentice-Hall.

Bjorklund, D. F. (2010). 아이들은 왜 느리게 자랄까: 아동기의 완전한 이해(최원석 역). 서울: 알마. (원전은 2007년에 출판).

Bjorklund, D. F., & Pellegrini, A. D. (2000). Child development and evolutionary psychology. *Child Development, 71*, 1687-1708.

Bjorklund, D. F., & Pellegrini, A. D. (2002). *The origins of human nature: Evolutionary developmental psychology*. Washington, DC: American Psychological Association.

Bjorklund, D. F., & Smith, P. K. (2003). Evolutionary developmental psychology: Introduction to the special issue. *Journal of Experimental Child Psychology, 85*, 195-198.

Blackwell, D. L., & Lichter, D. T. (2004). Homogamy among dating, cohabitting, and married couples. *Sociological Quarterly, 45*, 719-737.

Blieszner, R., & Hatvany, L. E. (1996). Diversity in the experience of late-life widowhood. *Journal of Personal and Interpersonal Loss, 1*, 199-211.

Bliwise, D. L. (1997). Sleep and aging. In M. R. Pressman & W. C. Orr (Eds.),

Understanding sleep: The evaluation and treatment of sleep disorders. Washington, DC: American Psychological Association.

Bloom, B. S. (1964). *Stability and change on human characteristics.* New York: Wiley.

Bogden, J. D., & Louria, D. B. (1999). Aging and the immune system: The role of micronutrient nutrition. *Nutrition, 15,* 593-595.

Bolles, R. N. (1981). *Three boxes of life.* CA: Ten Speed Press.

Bond, L., Carlin, J. B., Thomas, L., Rubin, K., & Patton, G. (2001). Does bullying cause emotional problems? A prospective study of young teenagers. *British Medical Journal, 323,* 480-484.

Bornstein, M. H., & Lamb, M. E. (1999). *Developmental psychology: An advanced textbook* (4th ed.). Mahwah, NJ: Erlbaum.

Bornstein, M. H., & Lamb, M. E. (2005). *Developmental science: An advanced textbook* (5th ed.). Mahwah, NJ: Erlbaum.

Botwinick, J. (1978). *Aging and behavior* (2nd ed.). New York: Springer.

Botwinick, J. (1981). *We are aging.* New York: Springer.

Botwinick, J. (1984). *Aging and behavior* (3rd ed.). New York: Springer.

Bowlby, J. (1969). *Attachment and loss* (Vol. 1). London: Hogarth Press.

Bowlby, J. (1989). *Secure and insecure attachment.* NY: Basic Books.

Brenner, M. H. (1991). Economic change and the suicide rate: A population model including loss, sepration, illness, and alcohol consumption. In M. R. Zales (Eds.), *Stress in health and disease.* New York: Brunner/Mazel.

Broderick, P. C., & Blewitt, P. (2010). *The life span: Human development for helping professionals* (3rd ed.). NJ: Pearson.

Bronfenbrenner, U. (1974). Developmental research, public policy, and the ecology of childhood. *Child Development, 45,* 1-5.

Bronfenbrenner, U. (1977). Toward an experimental ecology of human development. *American Psychologist, 32,* 513-531.

Bronfenbrenner, U. (1979). *The ecology of human development: Experiments by nature and design.* Cambridge, MA: Harvard University Press.

Bronfenbrenner, U. (1989). Ecological systems theory. *Annals of Child Development, 6,* 187-249.

Bronfenbrenner, U. (2001). Human development: Bioecological theory of. In N. J.

Smelser & P. B. Baltes (Eds.), *International encyclopedia of the social and behavioral science* (pp. 6963-6970). Oxford, UK: Elsevier.

Bronfenbrenner, U. (2005). *Making human beings human: Bioecological perspectives on human development.* Thousand Oaks, CA: Sage.

Bronfenbrenner, U. & Morris, P. A. (2006). The bioecological model of human development. In R. M. Lerner (Ed.), *Theoretical models of human development. Volume 1 of handbook of child psychology* (6th ed.), Editors-in-chief: W. Damon & R. M. Lerner. Hoboken, NJ: Wiley.

Brookover, W. B., Thomas, S., & Paterson, A. (1964). Self-concept of ability and school achievement. *Sociology of Education, 37,* 271-278.

Brown, R., & Kulick, J. (1977). Flashbulb memories. *Cognition, 5,* 73-99.

Bryan, J. H., & London, P. (1970). Altruistic behavior by children. *Psychological Bulletin, 73,* 200-211.

Buchsbaum, B. C. (1996). Remembering a parent who has died: A developmental perspective. In D. Klass, P. R. Silverman, & S. L. Nickman (Eds.), *Continuing bonds: New understandings of grief.* Washington, DC: Taylor & Francis.

Buckle, L., Gallup, G. G., Jr., & Rodd, Z. A. (1996). Marriage as a reproductive contract: Patterns of marriage, divorce, and remarriage. *Ethology and Sociobiology, 17,* 363-377.

Bunk, B. P. (2002). Age and gender differences in mate selection criteria for various involvement levels. *Personal Relationships, 9,* 271-278.

Buss, D. M. (2004). *Evolutionary psychology: The new science of the mind* (2nd ed.). Boston: Allyn & Bacon.

Cahan, E. D. (1992). John Dewey and human development. *Developmental Psychology, 28,* 205-214.

Cairns, R. B., & Cairns, B. (2006). The making of developmental psychology. In R. M. Lerner (Ed.), *Theoretical models of human development. Volume 1 of handbook of child psychology* (6th ed.), Editors-in-chief: W. Damon & R. M. Lerner. Hoboken, NJ: Wiley.

Camp, C. J., & McKitrick, L. A. (1989). The dialectics of forgetting and remembering across the adult lifespan. In D. A. Kramer & M. Bopp (Eds.), *Transformation in clinical and developmental psychology.* New York: Springer-Verlag.

Carstensen, L. L. (1998). A life-span approach to social motivation. In J. Heckhausen

& C. Dweck (Eds.), *Motivation and self-regulation across the life span*. New York: Cambridge University Press.

Carter, B., & McGoldrick, M. (Eds.). (1999). *The expanded family life cycle: Individual, family and social perspectives* (3rd ed.). Boston: Allyn & Bacon.

Carter, R. (2009). *The brain book*. London: Doring Kindersley.

Carver, C. S., & Scheier, M. F. (2012). 성격심리학(김교헌, 심미영, 원두리 공역). 서울: 학지사. (원전은 2005년에 출판).

Casey, B. J., Getz, S., & Galvan, A. (2008). The adolescent brain. *Developmental Review, 28*, 62-77.

Caspi, A., Henry, B., McGee, R., Moffitt, T., & Silva, P. (1995). Temperamental origins of child and adolescent behaviour problems: From age three to age fifteen. *Development, 66*, 55-58.

Cassidy, J., & Berlin, L. (1994). The insecure/ambivalent pattern of attachment: Theory and research. *Child Development, 65*, 971-991.

Cate, R. M., & Lloyd, S. A. (1992). *Courtship*. Newbury Park, CA: Sage.

Cattell, R. B. (1963). Theory of fluid and crystallized intelligence: A critical experiment. *Journal of Educational Psychology, 54*, 1-22.

Cavallini, E., Pagnin, A., & Vecchi, T. (2003). Aging and everyday memory: The beneficial effect of memory training. *Archives of Gerontology and Geriatrics, 37*, 241-257.

Cavanaugh, J. C. (2001). 성인발달과 노화(김수정, 송길연, 이지연, 양돈규, 김정미, 변명숙, 조용우, 조은영, 이민희, 윤미숙, 이효영 공역). 서울: 시그마프레스.

Cavanaugh, J. C. (2005). *Adult development and aging* (5th ed.). Belmont, CA: Wadsworth.

Cavanaugh, J. C., Grandy, J., & Perlmutter, M. (1983). Forgetting and use of memory aids in 20- to 70-year-olds' everyday life. *International Journal of Aging and Human Development, 17*, 113-122.

Chan, R. W., Raboy, B., & Patterson, C. J. (1998). Psychosocial adjustment among children conceived via donor insemination by lesbian and heterosexual mothers. *Child Development, 69*, 443-457.

Charlesworth, B., & Charlesworth, D. (2009). Darwin and genetics. *Genetics, 183*(3). 757-766.

Clair, M. (1996). *Object relations and self psychology: An introduction*. Pacific

Grove, CA: Brooks/Cole Publishing Co.

Cloninger, C. (1987). A systematic method for clinical description and classification of personality variants: A proposal. *Archives of General Psychiatry*, *44*, 573–588.

Cohane, G. H., & Pope, H. G. (2001). Body image in boys: A review of the literature. *International Journal of Eating Disorders*, *29*(4), 373–379.

Colby, A., Kohlberg, L., Gibbs, J., & Liebermann, M. (1983). A longitudinal study of moral judgment. *Monographs of the Society for Research in Child Development*, *48*, 1–124.

Cole, M., Cole, S. R., & Lightfoot, C. (2005). *The development of children* (5th ed.). NY: W. H. Freeman.

Coleman, M., Ganong, L., & Fine, M. (2004). Communication in stepfamilies. In A. L. Vangelisti (Eds.), *Handbook of family communication*. Mahwah, NJ: Erlbaum.

Coloroso, B. (2003). *The bully, the bullied, and the bystander*. New York: Harper Collins.

Conger, J. J. (1973). *Adolescence and youth*. NY: Harper.

Cook, A., Spinazzola, J., Ford, J., Lanktree, C., Blaustein, M., Cloitre, M., DeRosa, R., Hubbard, R., Kagan, R., Liautaud, J., Mallah, K., Olafson, E., & van der Kolk, B. (2005). Complex trauma in chlidren and adolescents. *Psychiatric Annals*, *35*(5), 390–398.

Cooper, K. (1990). *Controlling cholesterol*. New York: Basic Books.

Coopersmith, S. (1967). *The antecedents of self-esteem*. San Francisco: W. H. Freeman.

Coren, S., & Girgus, J. S. (1972). Density of human lens pigmentation: In vivomeasures over an extended age range. *Vision Research*, *12*, 343–346.

Cornwell, R. E., Palmer, C., Guinther, P. M., & Davis, H. P. (2005). Introductory psychology texts as a view of sociobiology/evolutionary psychology's role in psychology. *Evolutionary Psychology*, *3*, 355–374.

Cosmides, L., & Tooby, J. (1997). Evolutionary psychology: A primer. Posted on http://www.psych.ucsb.edu/research/cep/primer.html (2011. 8. 23.)

Cotman, C. W., & Neeper, S. (1996). Activity dependent plasticity and aging brain. In E. L. Schneider & J. W. Rowe (Eds.), *Handbook of the biology of aging* (4th ed., pp. 283–299). San Diego, CA: Academic Press.

Cowan, C. P., & Cowan, P. A. (1992). *When partners become parents*. New York: Wiley.

Cowan, C. P., & Cowan, P. A. (2000). Working with couples during stressful transitions. In S. Dreman (Ed.), *The family on the threshold of the 21st century*. Mahwah, NJ: Erlbaum.

Cowan, N., Nugent, L. D., Elliott, E. M., Ponomarev, I., & Saults, J. S. (1999). The role of attention in the development of short-term memory: Age differences in the verbal span of apprehension. *Child Development, 70*, 1082–1097.

Cozolino, L. (2016). *Why therapy works: Using our minds to change our brains*. New York: W. W. Norton & Company.

Craik, F. I. M. (1977). Age differences in human memory. In J. B. Birren & K. W. Schaie (Eds.), *Handbook of the psychology of aging*. New York: Van Nostrand Reinhold.

Craik, F. I. M. (1977). Age differences in human memory. In J. B. Birren & K. W. Schaie (Eds.), *Handbook of the psychology of aging*. New York: Van Nostrand Reinhold.

Craik, F. I. M., & Jennings, J. M. (1992). Human memory. In F. I. M. Craik & T. A. Salthouse (Eds.), *Handbook of aging and cognition*. Hillsdale, NJ: Erlbaum.

Craik, F. I. M., Anderson, N. D., Kerr, S. A., & Li, K. Z. H. (1995). Memory changes in normal aging. In A. D. Badderly & B. A. Wilson et al. (Eds.), *Handbook of memory disorders* (pp. 211–241). Chichester, England: Wiley.

Crandall, R. C. (1980). *Gerontology: A behavioral science approach*. Massachusetts: Addison-Wesley Publishing Co.

Crawford, M., & Unger, R. (2000). *Women and gender* (3rd ed.). New York: McGraw Hill.

Cronin, A., & Mandich, M. (2009). *Human development and performance throughout the lifespan*. Clifton Park, NY: Cengage Learning.

Crowther, M. R., Parker, M. W., Achenbaum, W. A., Larimore, W. L., & Koenig, H. G. (2002). Rowe and Kahn's model of successful aging revisited: Positive spirituality–The forgotten factor. *Gerontologist, 42*, 613–620.

Cumming, E., & Henry, W. (1961). *Growing old: The process of disengagement*. New York: Basic Books.

Cunningham, W. R., & Owens, W. A. (1983). The Iowa state study of the adult development of intellectual abilities. In K. W. Schaie (Ed.), *Longitudinal studies of adult psychological development*. New York: Guilford press.

Cytryn, L., & McKnew, D. H. Jr. (1996). *Growing up sad: Childhood depression and its treatment*. New York: Norton.

Davis, C. (1999). Excessive exercise and anorexia nervosa: Addictive and compulsive behaviors. *Psychiatric Annals*, *29*, 221-224.

Davis, R., & Jamieson, J. (2005). Assessing the functional nature of binge eating in the eating disorders. *Eating Behaviors*, *6*(4), 345-354.

DeCasper, A. J., & Spence, M. J. (1986). Prenatal maternal speech influences newborn's perception of speech sounds. *Infant Behavior and Development*, *9*, 133-150.

Denney, N. W. (1982). Aging and cognitive changes. In B. B. Wolman (Ed.), *Handbook of developmental psychology*. Englewood Cliffs, NJ: Prentice Hall.

Dennis, W. (1966). Creative productivity between the ages of 20 and 80 years. *Journal of Gerontology*, *21*, 1-8.

Dezolt, D. M., & Hull, S. H. (2001). Classroom and school climate. In J. Worell (Ed.), *Encyclopedia of women and gender*. San Diego: Academic Press.

Diehl, M., Willis, S. L., & Schaie, K. W. (1995). Older adults' everyday competence: Observational assessment and cognitive correlates. *Psychology and Aging*, *10*, 478-491.

Dixon, Jr., W. E. (2003). *Twenty studies that revolutionized child psychology*. Upper Saddle River, NJ: Prentice Hall.

Dodge, K. A. (1980). Social cognition and children's aggressive behavior. *Child Development*, *51*, 162-170.

Donohugh, D. (1981). *The middle years*. Philadelphia: Saunders.

Durlak, J. A. (1994). Change death attitudes through death education. In R. A. Neimeyer (Ed.), *Death anxiety handbook: Research, instrumentation, and application* (pp. 243-260). Washington, DC: Taylor & Francis.

Eder, R. A. (1990). Uncovering young children's psychological selves: Individual and developmental differences. *Child Development*, *61*, 849-863.

Eggen, P., & Kauchak, D. (2006). 교육심리학: 교육실제를 보는 창(신종호, 김동민, 김정섭, 김종백, 도승이, 김지현, 서영석 공역). 서울: 학지사. (원전은 2003년에 출판).

Einstein, G. O., & McDaniel, M. A. (1990). Normal aging and prospective memory. *Journal of Experimental Psychology: Learning, Memory, and Cognition*, *6*, 717-726.

Einstein, G. O., McDaniel, M. A., Richardson, S. L., Guynn, M. J., & Cunfer, A. R. (1995). Aging and prospective memory: Examining the influences of self-initiated retrieval processes. *Journal of Experimental Psychology: Learning, Memory, and Cognition, 21*, 996-1007.

Ekman, P. (1984). Expression and the nature of emotion. In K. R. Scherer & P. Ekman (Eds.), *Approaches to emotion*. Hillsdale, NJ: Erlbaum.

Ekman, P. (1994). Strong evidence for universals in facial expressions: A reply to Russell's mistaken critique. *Psychological Bulletin, 115*, 268-287.

Ekman, P., & Friesen, W. V. (1971). Constants across cultures in the face and emotion. *Journal of Personality and Social Psychology, 17*, 124-129.

Elkind, D. (1967). Egocentrism in adolescence. *Child Development, 38*, 1025-1034.

Erber, J. T. (1981). Remote memory and age: A review. *Experimental Aging Research, 1*, 189-199.

Erikson, E. H. (1963). *Childhood and society* (2nd ed.). New York: Norton.

Erikson, E. H. (1986). *The life cycle completed: A review*. New York: Norton.

Estes, W. K. (1982). Leaning, memory, and intelligence. In R. J. Sternberg (Ed.), *Handbook of human intelligence*. NY: Cambridge University Press.

Fantz, R. L. (1963). Pattern vision in newborn infants. *Science, 140*, 296-297.

Farwell, L. A., & Smith, S. S. (2001). Using brain MERMER testing to detect knowledge despite efforts to conceal. *Journal of Forensic Sciences, 46*, 135-143.

Faust, M. S. (1960). Developmental maturity as a determinant in prestige of adolescent girls. *Child Development, 31*, 173-184.

Feldman, R. (2007). Parent-infant synchrony. *Current Directions in Psychological Science, 16*, 340-345.

Fenzel, L. M. (1989). Role strain in early adolescence: A model for inuestigating school transition stress. *Journal of Early Adolescence, 9*, 13-33.

Ferron, C., Narring, F., Cauderay, M., & Michaud, P. A. (1999). Sport activity in adolescence: Associations with health perceptions and experimental behaviours. *Health Education Research, 14*(2), 225-233.

Flavell, J. H., Miller, P. H., & Miller, S. H. (2002). *Cognitive development* (4th ed.). Englewood Cliffs, NJ: Prentice Hall.

Flinn, M. V. (2006). Evolution and ontogeny of stress response to social challenges in the human child. *Developmental Review, 26*, 138-174.

Floyd, R. J., Haynes, S. N., Doll, E. R., Winemiller, D., Lemsky, C., Burgy, T. M., Werle, M., & Heilman, N. (1992). Assessing retirement satisfaction and perceptions of retirement experiences. *Psychology and Aging, 7*, 609-621.

Fozard, L., Vercruyssen, M., Reynolds, S. L., Hancock, P. A., & Quilter, R. E. (1992). Age differences and changes in reaction time: The Baltimore longitudinal study of aging. *Journal of Gerontology: Psychological Sciences, 49*, 179-189.

Fredrickson, B. (2009). 긍정의 발견(최소영 역). 경기: 북이십일. (원전은 2009년에 출판).

Furlong, M., Gilman, R., & Huebner, E. S. (2017). 학교긍정심리학 1: 학생의 긍정적 심리 특성과 발달(김광수, 김경집, 하요상, 양곤성, 기경희, 한선녀 공역). 서울: 학지사. (원전은 2014년에 출판).

Gage, N. L. & Berliner, D. C. (1992). *Educational psychology*. Princeton, NJ: Houghton Mifflin.

Gall, T. L., Evans, D. R., & Howard, J. (1997). The retirement adjustment process: Changes in the well-being of male retirees across time. *Journal of Gerontology: Psychological Sciences, 52*, 110-117.

Gardner, H. (1983). *Frames of mind: The theory of multiple intelligences*. NY: Basic Books.

Gardner, H. (2004). 다중지능: 인간지능의 새로운 이해(문용린 역). 경기: 김영사. (원전은 1999년에 출판).

Gardner, H., & Moran, S. (2006). The science of multiple intelligence theory: A response to Lynn Waterhouse. *Educational Psychologist, 41*(4), 227-232.

Gerrig, R. J., & Zaimbardo, P. G. (2002). 심리학과 삶(박권생, 김문수, 박태진, 성현란, 이종한, 최혜림, 홍기원 공역). 서울: 시그마프레스. (원전은 2002년에 출판).

Gibson, E. J., & Walk, R. D. (1960). The visual cliff. *Scientific American, 202*, 64-71.

Gibson, R. C. (1995). Promoting successful and productive aging in minority populations. In L. A. Bond, S. J. Cutler, & A. Grams (Eds.), *Promoting successful and productive aging* (pp. 278-288). Thousand Oaks, CA: Sage.

Giedd, J. N., Blumenthal, J., Jeffries, N. O., Castellanos, F. X., Lui, H., Zijdenbos, A., Paus, T., Evans, A. C., & Rapoport, J. L. (1999). Brain development during childhood and adolescence: A longitudinal MRI study. *Nature Neuroscience, 2*(10), 861-863.

Gilligan, C. (1977). In a different voice: Women's conception of self and morality.

Harvard Educational Review, 47(4), 481-517.

Gilligan, C. (1982). *In a different voice: Psychological theory and women's development.* Cambridge, Mass: Harvard University Press.

Goleman, D. (1995). *Emotional intelligence.* New York: Basic Books.

Good, T., & Brophy, J. (1995). *Contemporary educational psychology* (5th ed.). White Plains, NY: Longman Publishers USA.

Goodnow, J. J. (2002). Adding culture to studies of development: Toward changes in procedure and theory. *Human Development, 45*, 237-245.

Gottesman, I. I., & Goldsmith, H. H. (1994). Developmental psychology of antisocial behavior: Inserting genes into its ontogenesis and epigenesis. In C. A. Nelson (Eds.), *Threats to optimal development: Integrating biological, psychological, and social risk factors* (pp. 69-104). Hillsdale, NJ: Erlbaum.

Gottfried, A. E., Fleming, J. S., & Gottfried, A. W. (2001). Continuity of academic intrinsic motivation from childhood through late adolescence: A longitudinal study. *Journal of Educational Psychology, 93*, 3-13.

Gottman, J. M., & Katz, L. F. (1989). Effects of marital discord on young children's peer interaction and health. *Developmental Psychology, 25*, 373-381.

Gowen, L. K., Feldman, S. S., Diaz, R., & Yisrael, D. S. (2004). A comparison of the sexual behaviors and attitudes of adolescent girls with older versus similar-aged boyfriends. *Journal of Youth and Adolescence, 33*(2), 167-175.

Greene, J. G. (1984). *The social and psychological origins of the climacteric syndrome.* Gower, VT: Hants, England & Brookfield.

Haber, D. (1994). Health promotion and aging. New York: Springer.

Hagestad, G. O., & Neugarten, B. I. (1985). Age and the life course. In R. H. Binstock & F. Shanas (Eds.), *Handbook of aging and the social sciences* (pp. 35-61). New York: Van Nostrand Reinhold.

Halford, G., & Andrews, G. (2006). Reasoning and problem solving. In D. Kuhn & R. Siegler (Eds.), *Handbook of child psychology: Cognition, perception, and language, Vol. 2* (6th ed., pp. 557-608). Hoboken, NJ: John Wiley & Sons.

Hancock, E. (1985). Age or experience? *Human Development, 28*(5), 274-280.

Harlow, H. F. (1958). The nature of love. *American Psychologist, 13*, 673-685.

Harris, C. H. (2000). Educating toward multiculturalism. *OT Practice, 5*, 7-8.

Harris, L. (1975). *The myth and reality of aging in America.* Washington, DC:

National Council on Aging.

Hasher, L., Zacks, R. T., & May, C. P. (1999). Inhibitory control, circadian arosal, and age. In D. Gopher & A. Koriat (Eds.), *Attention and performance: XVII. Cognitive regulation of performance: Interaction of theory and application.* Cambridge, MA: MIT Press.

Hatfield, E., & Rapson, R. L. (1993). Historical and cross-cultural perspectives on passionate love and sexual desire. *Annual Review of Sex Reserach, 4,* 67-97.

Havighurst, R. J. (1952). *Developmental tasks and education.* New York: McKay.

Havighurst, R. J. (1963). 인간발달과 교육(김재은 역). 서울: 중앙교육연구소. (원전은 1952년에 출판).

Havighurst, R. J. (1974). *Developmental tasks and education* (3rd ed.). New York: David Mckay.

Havighurst, R. J. (1986). The world of work. In B. B. Wolman (Ed.). *Handbook of developmental psychology.* Englewood Cliffs, NJ: Prentice-Hall.

Havighurst, R. J., Neugarten, B. L., & Tobin, S. S. (1968). Disengagement and patterns of aging. In B. L. Neugarten (Ed.), *Middle age and aging.* Chicago: University of Chicago Press.

Hawley, P. H. (2003). Strategies of control, aggression, and morality in preschoolers: An evolutionary perspective. *Journal of Experimental Child Psychology, 85,* 213-235.

Hayslip, B., Jr. (1989). Alternative mechanisms for improvements in fluid ability performance among older adults. *Psychology and Aging, 4,* 122-124.

Hazan, C., & Shaver, P. R. (1987). Romantic love conceptualized as an attachment process. *Journal of Personality and Social Psychology, 52*(3), 511-524.

Hersen, M., & Van, B. C. (2009). 임상노인심리학(이장호, 강숙정, 김지은, 김환, 서수균, 손영미, 신희천, 여정숙, 오경민, 이봉건, 이은경, 주리애 공역). 서울: 시그마프레스. (원전은 1998년에 출판).

Hetherington, E. M., & Prake, R. D. (1993). *Child Psychology: A comtemporary viewpoint* (4th ed.). New York: McGraw-Hill.

Higgins, E. T. (1987). Self-discrepancy: A theory relating self and affect. *Psychological Review, 94,* 319-340.

Hilgard, E. R., Atkinson, R. L., & Atkinson, R. C. (1979). *Introduction to psychology* (7th ed.). New York: Harcourt Brace Jovanovich.

Holden, G. W. (1997). *Parents and the dynamics of child rearing*. Colorado Boulder: Westview Press.

Horn, J. L. (1970). Organization of data on life-span development of human abilities. In L. R. Goulet & P. B. Baltes (Eds.), *Life-span development psychology* (pp. 423-466). NY: Academic.

Horn, J. L., & Cattell, R. B. (1966). Refinement and test of theory of fluid and crystalized intelligence. *Journal of Educational Psychology, 57*, 253-270.

Horn, J. L., & Donaldson, G. (1976). On the myth of intellectual decline in adulthood. *American Psychologist, 31*, 701-719.

Horn, J. L., & Donaldson, G. (1980). On the myth of intellectual decline in adulthood. *American Psychologist, 31*, 701-719.

Horner, A. J. (1984). *Object relations and the developing ego in therapy* (2nd ed.). New York: Jason Aronson.

Horowitz, F. D. (2003). Child development and the PITS: Simple questions, complex answers, and developmental theory. *Child Development, 71*(1), 1-10.

Hoyer, W. J., & Roodin, P. A. (2003). *Adult development and aging* (5th ed.). New York: McGraw-Hill.

Hultsch, D. F., Hertzog, C., Dixon, R. A., & Small, B. J. (1998). *Memory changes in the aged*. New York: Cambridge University Press.

Jarvik, L. F., & Bank, L. (1983). Aging twins: Longitudinal aging data. In K. W. Schaie (Ed.), *Longitudinal studies of adult psychological development*. New York: Guilford Press.

Jinlert, U. (1997). Unemployment as a disease and disease of the unemployment on health. *CMAG, 153*(3), 529-540.

Jung, C. G. (1966). Two essays on analytical psychology. *In Collected works* (Vol. 7). Princeton, NJ: Princeton University Press.

Jung, C. G. (1968). *Analytical psychology, its theory and practice: The Tavistock lectures*. NY: Pantheon Books.

Kail, R. (1992). Processing speed, speech rate, and memory. *Developmental Psychology, 28*, 899-904.

Kail, R. (1997). Processing time, imagery, and spatial memory. *Journal of Experimental Child Psychology, 64*, 67-78.

Kalat, J. W. (1992). *Biological psychology* (4th ed.). Belmost, CA: Wadworth.

Kandel, D. B., & Chen, K. (2000). Extent of nicotine dependence and smoking in the United States: 1991-1993. *Nicotine and Tobacco Research, 2*, 263-274.

Kass, L. R. (1971). Death as an Event: A community on Robert Morison. *Science, 173*, 698-702.

Kausler, D. H., & Kausler, B. C. (1996). *The graying of America*. Chicago, IL: University of Illinois press.

Kelley, T. D., & Cassenti, D. N. (2011). Theoretical explorations of cognitive robotics using developmental psychology. *New Ideas in Psychology, 29*, 228-234.

Kemkes-Grottenhaler, A. (2003). Postponing or rejecting parenthood? Results of survey among female academic professionals. *Journal of Biosocial Science, 35*, 213-226.

Kermis, M. D. (1984). *The Psychology of aging: Theory, research, and practice*. Boston: Allyn and Bacon.

Kernberg, O. F. (1995). *Object-relations theory and clinical psychoanalysis*. New York: Jason Aronson.

Kernberg, O. F., Selzer, M. A., Koenigsberg, H. W., Carr, A. C., & Applebaum, A. H. (1989). *Psychodynamic psychotherapy of borderline patient*. New York: Basic Books.

Kieselbach, T., & Svensson, P. G. (1988). Health and social policy responses to unemployment in Europe. *Journal of Social Issues, 44*, 173-191.

Kim, J. E., & Moan, P. (2002). Retirement transitions, gender, and psychological well-being: A life-course, ecological models. *Journals of Gerontology: Psychological Sciences, 57B*, 212-222.

Kim, J. E., & Moen, P. (2001). Is retirement good or bad for subjective well-being? *Current Directions in Psychological Science, 10*(3), 83-86.

King, P. M., & Kitchener, K. S. (1994). *The development of reflective judgment in adolescence and adulthood*. San Francisco: Jossey Bass.

Kleemeier, R. W. (1962). Intellectual change in the senium. *Proceedings of the Social Statistics Section of the American Statistical Association, 1*, 290-295.

Kling, K. C., Hyde, J. S., Showers, C. J., & Buswell, B. N. (1999). Gender differences in self-esteem: A meta-analysis. *Psychological Bulletin, 125*(4), 470-500.

Krebs, D. (2007). Understanding evolutionary approaches to human behavior. *Human Development, 50*(5), 286-291.

Kübler-Ross, E. (1969). *On death and dying*. New York: Macmillan.

Kübler-Ross, E. (Ed.). (1975). *Death: The final stage of growth*. Englewood Cliffs, NJ: Prentice-Hall.

Kübler-Ross, E. (1981). *Living with death and dying*. New York: Macmillan.

Kurdek, L. A. (2005). What do we know about gay and lesbian couples? *Current Directions in Psychological Science, 14*, 251-254.

Kurtines, W. M., & Gewirtz, J. L. (Eds.). (2004). 도덕성의 발달과 심리(문용린 역). 서울: 학지사. (원전은 1995년에 출판).

Labouvie-Vief, G. (1980). Beyond formal operations: Uses and limits of pure logic in lifespan development. *Human Development, 23*, 114-146.

Labouvie-Vief, G. (1990a). Modes of knowledge and the organization of development. In M. L. Commons, L. Kohlberg, R. Richards, & J. Sinnott (Eds.), *Beyond formal operations: Models and methods in the study of adult and adolescent thought*. New York: Praeger.

Labouvie-Vief, G. (1990b). Wisdom as integrated thought: Historical and development perspectives. In R. J. Sternberg (Ed.), *Wisdom: Its nature, origins, and development*. Cambridge: Cambridge University Press.

Lazarus, R., & Folkman, S. (1984). *Stress, appraisal, and coping*. New York: Springer Publishing Company.

Lehman, H. C. (1953). *Age and achievement*. Princeton: Princeton University Press.

Lehman, H. C. (1960). The age decrement in outstanding scientific creativity. *American Psychologist, 15*, 128-134.

Lepper, M. R., Corpus, J. H., & Iyengar, S. S. (2005). Intrinsic and extrinsic motivational orientations in the classroom: Age differences and academic correlates. *Journal of Educational Psychology, 97*, 184-196.

Lerner, J. V., & Galambos, N. L. (1988). The influence of maternal employment across life: The New York longitudinal study. In A. E. Gottfried & A. W. Gottfried (Eds.), *Maternal employment and children's development*. NY: Plenum.

Lerner, R. M. (2006). Developmental science, developmental system, and contemporary theories of human development. In W. Damon & R. M. Lerner (Eds.), *Handbook of child psychology, vol 1: Theoretical models of human development* (pp. 1-17). New York: Wiley.

Lerner, R. M. (2015). *Handbook of child psychology and developmental science* (7th ed.). Hoboken, NJ: Wiley.

Lerner, R. M., & Busch-Rossnagel, N. A. (1981). *Individuals as producers of their development: A life-span perspective.* NY: Academic Press.

Lerner, R. M., & Spanier, G. B. (1980). *Adolescent development.* NY: McGraw-Hill.

Letherby, G. (2002). Childless and bereft? Stereotypes and realities in relation to "voluntary" and "involuntary" childlessness and womanhood. *Sociological Inquiry, 72,* 7-20.

Levinson, D. J. (1978). *The season's of a man's life.* New York: Ballantine.

Levinson, D. J. (1986). A conception of adult development. *American Psychologist, 41,* 3-13.

Levinson, D. J. (1998). 여자가 겪는 인생의 사계절(김애순 역). 서울: 세종연구원. (원전은 1996년에 출판).

Levinson, D. J., & Levinson, J. D. (1996). *The seasons of a woman's life: A fascinating exploration of the events, thoughts, and life experiences that all women share.* NY: Ballantine Books.

Lewis, C., & Brooks-Gunn, J. (1979). *Social cognition and the acquisition of the self.* NY: Plenum.

Lewis, M. (2002). Early emotional development. In A. Slater & M. Lewis (Eds.), *Infant development.* New York: Oxford University Press.

Lorge, I. (1936). The influence of the test upon the nature of mental decline as a function of age. *Journal of Educational Psychology, 27,* 100-110.

Lyons, N. (1983). Two perspective: On self, relation and morality. *Harvard Educational Review, 53*(1), 125-145.

MacFarlane, J. A. (1975). Olfaction in the development of social preferences in the human neonate. In *Parent-Infant interaction.* Ciba Foundation Symposium No 33. Amsterdam: Elsevier.

Magyar-Moe, J. (2012). 긍정심리치료(이훈진, 최현정 공역). 서울: 시그마프레스. (원전은 2009년에 출판).

Mahler, M. S. (1968). *On human symbiosis and the vicissitudes of individuation: Infantile psychosis.* New York: International Universities Press.

Mahler, M. S., Pine, F., & Bergman, A. (1975). *The psychological birth of the human infant: Symbiosis and individuation.* New York: Basis Books.

Main, M. (2000). Attachment theory. In A. Kazdin (Ed.), *Encyclopedia of psychology.*

Washington, DC, & New York: American Psychological Association and Oxford University Press.

Main, M., & Solomon, J. (1990). Procedures for identifying infants as disorganized/disoriented during the Ainsworth Strange Situation. In M. Greenberg, D. Cicchetti, & E. M. Cummings (Eds.), *Attachment during the preschool years: Theory, research and intervention* (pp. 121-160). Chicago: University of Chicago Press.

Major, B., Barr, L., Zubek, J., & Babey, S. H. (1999). Gender and self-esteem: A meta-analysis. In W. Swann & J. Langlois (Eds.), *Sexism and stereotypes in modern society: The gender science of Janet Taylor Spence*. Washington, DC: American Psychological Association.

Marcia, J. (1980). Identity in adolescence. In J. Adelson (Ed.), *Handbook of adolescent psychology*. New York: Wiley.

Marcia, J. (1987). The identity status approach to the study of ego identity development. In T. Honess & K. Yardley (Eds.), *Self and identity: Perspectives across the life span*. London: Routledge & Kegan Paul.

Marsh, H. W., & Shavelson, R. (1985). Self-concept: Its multifaceted, hierarchical structure. *Educational Psychologist, 20*, 107-123.

Matarazzo, J. D. (1972). *Wechsler's measurement and appraisal of adult intelligence* (5th ed.). Baltimore: Williams & Wilkins.

Mayer, J. D., & Salovey, P. (1997). What is emotional Intelligence? In P. Salovey & D. J. Sluyter (Eds.), *Emotional development and emotional intelligence: Educational implications*. New York: Basic Books.

McGillicuddy-DeLisi, A. V. (1982). Parental beliefs about developmental process. *Human Development, 25*, 192-200.

Meacham, J. A. (1990). The loss of wisdom. In R. J. Sternberg (Ed.), *Wisdom: Its nature, origins, and development*. Cambridge: Cambridge University Press.

Miller, D. N., & Nickerson, A. B. (2007). Changing the past, present, and future: Potential applications of positive psychology in school-based psychotherapy with children and youth. *Journal of Applied School Psychology, 24*, 147-162.

Miller, P. H. (1983). *Theories of developmental psychology*. San Francisco: W. H. Freeman & Company.

Mitchell, J. J. (1990). *Human growth and development: The childhood years.*

Calgary, Alberta: Detselig Enterprises Ltd.

Moen, P. (1998). Reconstructing retirement: Careers, couples, and social capital. *Contemporary Gerontology*, 4(4), 123-125.

Moon, S. M., & Reis, S. M. (2000). *Social emotional issues, underachievement, and counseling of gifted and talented students*. Annapolis, MD: Corwin Press.

Moss, M. S., & Moss, S. Z. (1995). Death and bereavement. In R. Blieszner & V. H. Bedford (Eds.), *Handbook of aging and the family*. Westport, CT: Greenwood Press.

Mulligan, T., & Moss, C. (1991). Sexuality and aging in male veterans: A cross-sectional study of interest, ability, and activity. *Archives of Sexual Behavior, 20*, 17-25.

Mullis, A. K., Mullis, R. L., & Normandin, D. (1992). Cross-sectional and longitudinal comparisons of adolescent self-esteem. *Adolescence, 27*, 51-61.

Neugarten, B. L. (1977). Personality and aging. In J. E. Birren & K. W. Schaie (Eds.), *Handbook of the psychology of aging*. New York: Van Nostrand Rein-hold.

Neugarten, B. L., Havighurst, R. J., & Tobin, S. S. (1968). Personality and patterns of aging. In B. L. Neugarten (Ed.), *Middle age and aging*. Chicago: University of Chicago Press.

Nomaguchi, K. M., & Milkie, M. A. (2003). Costs and rewards of children: The effects of becoming a parent on adult's lives. *Journal of Marriage and Family, 65*, 356-374.

Norris, F. H., & Murrell, S. A. (1990). Social support, life events and stress as modifiers of adjustment to bereavement by older adult. *Psychology and Aging, 5*, 429-436.

OECD (2009). Annual report 2009.

OECD Health Data (2010). Statistics and indicators for 34 countries.

Offer, D., & Offer, J. D. (1975). *From teenage to young manhood: A psychological study*. New York: Basic Books.

Olweus, D. (1993). *Bullying at school-What we know and what we can do*. Oxford: Blackwell Publishers.

Ormrod, J. E. (2010). *Educational psychology: Developing learners* (7th ed.). NY: Prentice Hall.

Ormrod, J. E. (2014). *Human learning* (7th ed.). London, UK: Pearson.

Paisley, P. O., & Benshoff, J. M. (1998). A developmental focus: Implications for counsellor education. *Canadian Journal of Counselling, 32*(1), 27-36.

Papalia, D. E., & Olds, S. W. (1991). 아동의 세계: 태내기에서 청년기발달까지(이영, 조연순 공역). 서울: 양서원. (원전은 1989년에 출판).

Park, N., & Peterson, C. (2008). Positive psychology and character strengths: Application to Strengths-based school counseling. *Professional School Counseling, 12*(2), 85-92.

Parke, R. D., Omstein, P. A., Rieser, J. J., & Zahn-Waxler, C. (2004). 발달심리학 거장들의 핵심이론 연구(이민희, 정태연 공역). 서울: 학지사. (원전은 1994년에 출판).

Parke, R. D., Ornstein, P. A., Rieser, J. J., & Zahn-Waxler, C. (1994). The past as prologue: An overview of a century of developmental psychology. In R. D. Parke, P. A. Ornstein, J. J. Rieser, & C. Zahn-Waxler (Eds.), *A century of developmental psychology*. Washington, DC, US: American Psychological Association.

Parker, K. C. H. (1986). Changes with age, year-of-birth cohort, age by year-of birth cohort interaction, and standardization of the Wechsler adult intelligence tests. *Human Development, 29*, 209-222.

Parkes, C. M. (1993). Bereavement as a psychosocial transition: Processes of adaptation to change. In M. S. Stroebe, W. Stroebe, & R. O. Hansson (Eds.), *Handbook of bereavement: Theory, research and intervention*. New York: Cambridge University Press.

Parnes, H. S., & Sommers, D. G. (1994). Shunning retirement: Work experience of men in their seventies and early eighties. *Journal of Gerontology: Social Science, 49*, S117-S124.

Payne, J. D., & Kensinger, E. A. (2010). Sleep's role in the consolidation of emotional episodic memories. *Current Directions in Psychological Science, 19*, 290-295.

Peck, R. C. (1968). Psychological developments in the second half of life. In B. L. Neugarten (Ed.), *Middle age and aging*. Chicago: University of Chicago Press.

Pellegrini, A. D., & Long, J. D. (2003). A sexual selection theory longitudinal analysis of sexual segregation and integration in early adolescence. *Journal of Experimental Child Psychology, 85*, 257-278.

Perlmutter, M., & Hall, E. (1985). *Adult development and ageing*. Chichester, UK: Wiley.

Perry, D. G., & Bussey, K. (1984). *Social development.* New Jersey: Prentice-Hall.

Perry, W. I. (1970). *Forms of intellectual and ethical development in the college years.* New York: Holt, Rinehart & Winston.

Peterson, C., & Seligman, M. E. P. (2004). *Character strengths and virtues: A handbook and classification.* Washington, DC: APA Press.

Piaget, J. (1983). Piaget's theory. In P. Mussen (ed.), *Handbook of child psychology* (4th ed., Vol. 1). NY: Wiley.

Pinquart, M. (2003). Loneliness in married, widowed, divorced, and never-married older adults. *Journal of Social and Personal Relationships, 20,* 31-53.

Piscatella, J. (1990). *They don't eat your heart out cookbook.* New York: Workman.

Plomin, R. (1990). The role of inheritance in behavior. *Science, 248,* 183-188.

Plomin, R., DeFres, J., & Loehlin, J. (1977). Genotype environment interaction and correlation in the analysis of human development. *Psychological Bulletin, 84,* 309-322.

Poon, L. W. (1985). Differences in human memory with aging: Nature, causes and clinical implications. In J. E. Birren & K. W. Schaie (Eds.), *Handbook of the psychology of aging* (2nd ed.). New York: Van Nostrand Reinhold.

Powell, D. H., & Driscoll, R. F. (1973). Middle-class professionals face unemployment. *Society, 12,* 24-36.

Prensky, M. (2001). Digital natives, digital immigrants. *On the Horizon, 9*(5), 1-6.

Price-Williams, D., Gordon, W., & Ramirez, M. (1969). Skill and conservation: A study of pottery-making. *Developmental Psychology, 1,* 769.

Priel, B., & DeSchonen, S. (1986). Self-recognition: A study of a population without mirrors. *Journal of Experimental Child Psychology, 41,* 237-250.

Purves, D. (1988). *Body and brain.* Cambridge, MA: Harvard University Press.

Regan, P. C., Medina, R., & Joshi, A. (2001). Partner preferences among homosexual men and women: What is desirable in a sex partner is not necessarily desirable in a romantic partner. *Social Behavior and Personality, 29,* 625-633.

Rice, F. P., & Dolgin, K. G. (2008). *The adolescent: Development, relationships, and culture* (12th ed.). Boston: Allyn & Bacon.

Riegel, K. F. (1976). The dialectics of human development. *American Psychologist, 31,* 689-700.

Riegel, K. F. (1977). The dialectics of time. In N. Datan & H. W. Reese (Eds.), *Life-*

span developmental psychology. New York: Academic Press.

Rigby, K. (1997). Attitudes and beliefs about bullying among Australian school children. *The Irish Journal of Psychology, 18*(2), 202-220.

Roberts, R. E., Shema, S. J., & Kaplan, G. A. (1999). Prospective data on sleep complaints and associated risk factors in an older cohort. *Psychosomatic Medicine, 61*, 188-196.

Robins, R. W., Trzesniewski, K. H., Tracey, J. L., Potter, J., & Gosling, S. D. (2002). Age differences in self-esteem from age 9 to 90. *Psychology and Aging, 17*(3), 423-434.

Rogers, C. R. (1981). *A way of being*. Boston: Houghton Mifflin Company.

Rogoff, B. (2003). *The cultural nature of human development*. NY: Oxford University Press.

Rolls, B. J., Federoff, I. C., & Guthrie, J. F. (1991). Gender differences in eating behavior and body weight regulation. *Health Psychology, 10*(2), 133-142.

Rosenstein, D., & Oster, H. (1988). Differential facial responses to four basic tastes in newborns. *Child Development, 59*, 1555-1568.

Rosow, I. (1978). What is a cohort and why? *Human Development, 21*, 65-75.

Rossman, I. (1986). The anatomy of aging. In I. Rossman (Ed.), *Clinical geriatrics* (3rd ed.). Philadelphia: Lippincott.

Rothbart, M. K., & Bates, J. E. (1998). Temperament. In W. Damon (Series Ed.) & N. Eisenberg (Vol. Ed.), *Handbook of child psychology: Vol. 3. Social, emotional and personality development*. New York: Wiley.

Rowe, D. C. (1994). *The limits of family influence: Genes, experience, and behavior*. New York: Guilford Press.

Rowe, J. W., & Kahn, R. L. (1998). *Successful aging*. New York: Pantheon.

Sadavoy, J., & Fogel, B. (1992). Personality disorders in old age. In J. E. Birren, R. B. Sloane, & G. D. Cohen (Eds.), *Handbook of mental health and aging* (2nd ed., pp. 433-462). San Diego: Academic Press.

Saginak, K. A., & Saginak, M. A. (2005). Balancing work and family: Equity, gender, and marital satisfaction. *Family Journal: Counseling & Therapy for Couples & Families, 13*, 162-166.

Salmivalli, C. (1999). Participant role approach to school bullying: Implications for interventions. *Journal of Adolescence, 22*(4), 453-459.

Salovey, P., & Mayer, J. D. (1990). Emotional intelligence. *Imagination, Cognition, and Personality, 9*, 185-211.

Salthouse, T. A. (1982). *Theories of human development*. New York: John Wiley & Sons.

Salthouse, T. A. (1993). Speed mediation of adult age differences in cognition. *Developmental Psychology, 29*, 722-738.

Salthouse, T. A. (1994). The nature of the influence of speed on adult age difference in cognition. *Developmental Psychology, 30*, 240-259.

Salthouse, T. A. (1996). Constraints on theories of cognitive aging. *Psychonomic Bulletin & Review, 3*, 287-299.

Santrock, J. W. (2007). 아동발달심리학(곽금주, 정윤경, 김민화, 박성혜, 송현주 공역). 서울: 박학사. (원전은 2003년에 출판).

Sarason, S. B. (1977). *Work, aging, and social change*. New York: Free Press.

Scarr, S. (1995). Psychology will be truly evolutionary when behavior genetics is included. *Psychological Inquiry, 6*, 68-71.

Scarr, S., & McCartney, K. (1983). How people make their own environments: A theory of genotype-environment effects. *Child Development, 54*, 424-435.

Schaie, K. W. (1977, 1978). Toward a stage theory of adult cognitive development. *Journal of Aging and Human Development, 8*, 129-138.

Schaie, K. W. (1980). Cognitive development in aging. In L. K. Obler & M. Alpert (Eds.), *Language and communication in the elderly* (pp. 7-26). Lexington, MA: Heath.

Schaie, K. W. (1983). The Seattle longitudinal study: A 21-year exploration of psychometric intelligence in adulthood. In K. W. Schaie (Ed.), *Longitudinal studies of adult psychological development* (pp. 64-135). New York: Guilford Press.

Schaie, K. W. (1996). *Intellectual development in adulthood: The Seattle longitudinal study*. New York: Cambridge University Press.

Schaie, K. W. (2005). *Developmental influences on adult intelligence: The Seattle longitudinal study*. New York: Oxford University Press.

Schaie, K. W., & Hertzog, C. (1983). Fourteen-year cohort-sequential analysis of adult intellectual development. *Developmental Psychology, 19*, 531-544.

Schaie, K. W., & Willis, S. L. (1986). Can decline in adult intellectual functioning be reversed? *Developmental Psychology*, *22*, 223-232.

Schaie, K. W., & Willis, S. L. (2002). *Adult development and aging* (5th ed.). Upper Saddle River, NJ: Prentice-Hall.

Schaie, K. W., & Willis, S. L., & Caskie, G. I. L. (2004). The Seattle longitudinal study: Relation between personality and cognition. *Aging, Neuropsychology and Cognition*, *11*, 304-324.

Scheibel, A. D. (1992). Structural changes in the aging brain. In J. E. Birren, R. B. Sloane, & G. D. Cohen (Eds.), *Handbook of mental health and aging*. San Diego, CA: Academic Press.

Schieber, F. (1992). Aging and the senses. In J. E. Birren, R. B. Sloane, & G. D. Cohen (Eds.), *Handbook of mental health and aging* (2nd ed.). San Diego: Harcourt Brace.

Schirrmacher, F. (2005). 인간발달과 교육(장혜경 역). 서울: 나무생각. (원전은 2004년에 출판).

Schmiege, C. J., Richards, L., N., & Zvonkovic, A. M. (2001). Remarriage: For love or money? *Journal of Divorce and Remarriage*, *36*, 123-140.

Schneewind, K. A., & Anna-Katharina, G. (2002). Relationship personality, conflict resolution, and marital satisfaction in the first 5 years of marriage. *Family Relations*, *51*(1), 63-71.

Schonfield, D., & Stones, M. J. (1979). Remembering and aging. In J. F. Kihlstrom & F. J. Evans (Eds.), *Functional disorders of memory*. Hillsdales, NJ: Erlbaum.

Schunk, D. H. (2006). 교육적 관점에서 본 학습이론(노석준, 소효정, 오정은, 유병민, 이동훈, 장정아 공역). 서울: 아카데미프레스. (원전은 2004년에 출판).

Seifert, K. L. (1991). *Educational psychology* (2nd ed.). Bonton: Houghton Mifflin Company.

Shaffer, D. R. (2002). *Developmental psychology: Childhood and adolescence* (6th ed.). Belmont, CA: Wadsworth.

Shaffer, D. R. (2005). *Social and personality development* (5th ed.). Belmont, CA: Wadsworth.

Shay, K. A., & Roth, D. L. (1992). Association between aerobic fitness and visuospatial performance in healthy older adults. *Psychology and Aging*, 7, 15-24.

Sheehy, G. (1974). *Passages: Predictable passages of adult life*. New York: Dutton.

Siegler, R. S. (2006). Microgenetic analyses of learning. In D. Kuhn & R. Siegler (eds.),

Handbook of child psychology: Cognition, perception, and language, Vol. 2 (6th ed., pp. 464-510). Hoboken, NJ: John Wiley & Sons.

Simpson, J. A., & Harris, B. A. (1994). Interpersonal attraction. In A. L. Weber & J. H. Harvey (Eds.), *Perspectives on close relationships*. Boston: Allyn and Bacon.

Smith, D. W. (1996). Cancer mortality at very old ages. *American Cancer Society*, *77*(7), 1367-1372.

Smith, J., & Baltes, P. B. (1990). Wisdom-related knowledge: Age/cohort differences in response to life planning problems. *Developmental Psychology, 26*(3), 494-505.

Smyke, A. T., Dumitrescu, A., & Zeanah, C. H. (2002). Attachment disturbances in young children. I: the continuum of caretaking casualty. *Journal of AM. ACAD. Child Adolesc Psychiatry, 41*(8), 972-982.

Snowman, J., & Biehler, R. (2000). *Psychology applied to teaching*. New York: Houghton Mifflin Company.

Spearman, C. (1927). *The abilities of man: Their nature and measurement*. NY: Macmillan.

Steinberg, L., & Silk, J. S. (2002). Parenting adolescents. In M. Bornstein (Ed.), *Handbook of parenting* (2nd ed., Vol. 1). Mahwah, NJ: Erlbaum.

Stephens, M. A. P., Townsend, A. L., Martire, L. M., & Druley, J. A. (2001). Balancing parent care with other roles: Interrole conflict of adult daughter caregivers. *Journal of Gerontology: Psychological Sciences, 56B*, 24-34.

Sternberg, R. & Berg, C. A. (1986). Quantitative intelligence: Definitions of intelligence: A comparison of the 1921 and 1986 symposia. In R. J. Sternberg & D. K. Detterman (Eds.), *What is intelligence?: Contemporary viewpoints on its nature and definition* (pp. 155-162). Norwood, NJ: Ablex Publising Corporation.

Sternberg, R. J. (1985). *Beyond IQ: A triarchic theory of human intelligence*. NY: HBJ publishers.

Sternberg, R. J. (1986). A triangular theory of love. *Psychological Review, 93*(2), 119-135.

Strauch, B. (2011). 가장 뛰어난 중년의 뇌(김미선 역). 서울: 해나무. (원전은 2010년에 출판).

Super, D. E. (1990). A life-span, life-space approach to career development. In D. Brown & I. Brooks (Eds.), *Career choice and development: Applying comtemporary theories to practice.* San Francisco: Jossey-Bass.

Surra, C. A. (1990). Research and theory on mate selection and premarital relationships in the 1980s. *Journal of Marriage and Family, 52,* 844-865.

Terman, L. M. (1916). *The measurement of intelligence.* Boston: Houghton Mifflin.

Thagard, P. (2005). *Mind: Introduction to cognitive science* (2nd ed.). Cambridge, MA: The MIT Press.

Thomas, A., & Chess, S. (1977). *Temperament and development.* New York: Brunner/ Mazel.

Thurstone, L. L. (1938). *Primary mental abilities.* Chicago: University of Chicago Press.

Tomporowski, P. D., Davis, C. L., Miller, P. H., & Naglieri, J. A. (2008). Exercise and children's intelligence, cognition, and academic achievement. *Educational Psychology Review, 20,* 111-131.

Tononi, G., & Cirelli, C. (2006). Sleep function and synaptic homeostasis. *Sleep Med Rev., 10,* 49-62.

Tooby, J., & Cosmides, L. (2005). Conceptual foundations of evolutionary psychology. In D. Buss (Ed.), *Handbook of evolutionary psychology* (pp. 5-67). Hoboken, NJ: Wiley.

Tournier, P. (1972). Learn to grow old. New York: Harper & Row.

Tsitouras, P. D., & Bulat, T. (1995). The aging male reproductive system. *Endocrinology and Metabolism Clinics of North America, 24,* 297-315.

Turner, J. S., & Helms, D. B. (1994). *Contemporary adulthood* (5th ed.). Holt, Rinehart & Winston.

Unger, R., & Crawfold, M. (1992). *Women and gender: A feminist psychology.* Philadelphia: Temple University Press.

Vaillant, G. E. (1977). *Adaptation to life: How the best and brightest came of age.* Boston: Little, Brown.

Vaughan, B., McKay, R. J., & Behrman, R. (1979). *Nelson textbook pediatrics* (11th ed.). Philadelphia: Saunders.

Vygotsky, L. S. (1985). 언어와 사고(신현정 역). 서울: 성원사. (원전은 1934년에 출판).

Waksman, S. A. (1984). Assertion training with adolescents. *Adolescence, 19,* 123-130.

Walsh, D. A., & Thompson, L. W. (1978). Age differences in visual sensory memory.

Journal of Gerontology, 33, 383–387.

Walsh, D. A. (1975). Age differences in learning and memory. In D. S. Woodruff & J. E. Birren (Eds.), *Aging: Scientific perspectives and social issues*. New York: D. Van Nostrand Co.

Warren, W. G. (1989). *Death education and research: Critical perspectives*. New York: The Haworth Press.

Wechsler, D. (1939). *Wechsler-Belleve intelligence scale*. NY: Psychological Coporation.

Wechsler, D. (1958). *The measurement and appraisal of adult intelligence* (4th ed.). Baltimore: Williams & Wilkins.

Wechsler, D. (1972). Hold and don't hold tests. In S. M. Crown (Ed.), *Human aging*. England: Penguin.

Werker, J. F., & Tees, R. C. (1999). Influences on infant speech processing: Toward a new synthesis. *Annual Review of Psychology, 50*, 509–535.

Werner, E. E. (1995). Resilience in development. *Current Directions in Psychological Science, 4*, 81–85.

Werner, E. E., & Smith, R. S. (2001). *Journeys from childhood to midlife: Risk, resilience, and recovery*. Ithaca, NY: Cornell University Press.

Whitbourne, S. K. (1996). *The aging individual: Physical and psychological perspectives*. New York: Springer.

Whitbourne, S. K. (2008). *Adult development & aging: Biopsychosocial perspectives* (3rd ed.). Hoboken, NJ: Wiley.

White, S. H. (1992). G. Stanley Hall: From philosophy to developmental psychology. *Developmental Psychology, 28*, 25–34.

Whiteley, J. M. (1984). *Counseling psychology: A historical perspective*. NY: Character Research Press.

WHO (1993). *The ICD-10 Classification of Mental and Behavioural Disorders: Diagnostic Criteria for Research*.

Williams, G. (1991). Flaming out on the job: How to recognize when it's all too much. *Modern Maturity*, 26–129.

Willis, S., & James, D. R. (1999). *Life in the middle*. San Diego, CA: Academic Press.

Wise, T. (1978). Variations in male orgasm. *Medical Aspects of Human sexuality, 12*, 72.

Wood, D., Bruner, J. S., & Ross, G. (1976). The role of tutoring in problem solving. *Journal of Child Psychology and Psychiatry, 17*, 89-100.

Woodruff-Pak, D., & Hanson, C. (1996). *The neuro-psychology of aging.* Cambridge, MA: Blackwell.

Woolfolk, A. E. (1997). 교육심리학(김아영, 백화정, 설인자, 양혜영, 이선자, 정명숙 공역). 서울: 학문사. (원전은 1995년에 출판).

Woolfolk, A. E. (2003). 교육심리학(김아영, 백화정, 설인자, 정명숙 공역). 서울: 박학사. (원전은 2001년에 출판).

Wu, X., & DeMaris, A. (1996). Gender and marital status differences in depression: The effects of chronic strains. *Sex Roles, 34*(5/6), 299-319.

Yancik, R. (1993). Ovarian cancer. *Cancer, 71*, 517-523.

Zigler, E. (1963). Metatheorical issues in developmental psychology. In M. H. Marx (Ed.), *Theories in contemporary psychology.* New York: The Macmillan Company.

동아일보(2014. 10. 11.). 한국 남아 비만율, OECD 평균보다 높아… 10%는 뚱뚱. http://news.donga.com/3/all/20141011/67086968/3#csidxde6ef67a5dda17cbfce15eff460b39f

메디컬투데이(2011. 6. 5.). 수면장애 29만 명, 50대 진료 가장 많아.

연합뉴스(2011. 8. 14.). 평균수명 100세 시대에 따른 국민의식.

찾아보기

내용

[저자 소개]

임은미
서울대학교 대학원 교육학박사(교육상담 전공)
현 전북대학교 교육학과 교수

강지현
연세대학교 대학원 심리학박사(임상 전공)
현 동덕여자대학교 아동학과 부교수

권해수
홍익대학교 대학원 교육학박사(상담심리 전공)
현 조선대학교 상담심리학과 교수

김광수
서울대학교 대학원 교육학박사(교육상담 전공)
현 서울교육대학교 교육학과 교수

김정희
계명대학교 대학원 교육학박사(상담심리 전공)
현 한국발달상담연구소 본원장, 해피인상담연구소장

김희수
건국대학교 대학원 교육학박사(교육심리 전공)
현 한세대학교 대학원 상담학과 교수

박승민

서울대학교 대학원 교육학박사(교육상담 전공)

현 숭실대학교 기독교학과 교수

여태철

서울대학교 대학원 교육학박사(교육심리 전공)

현 경인교육대학교 교육학과 교수

윤경희

서울대학교 대학원 교육학박사(교육심리 전공)

현 경남대학교 교육학과 교수

이영순

전북대학교 대학원 심리학박사(상담심리 전공)

현 전북대학교 심리학과 교수

임진영

서울대학교 대학원 교육학박사(교육심리 전공)

현 청주교육대학교 초등교육과 교수

최지영

미국 미네소타 대학교 대학원 교육심리학박사(교육심리 전공)

현 한남대학교 교육학과 교수

최지은
숙명여자대학교 대학원 교육학박사(교육심리 전공)
현 전주대학교 교육학과 부교수

황매향
서울대학교 대학원 교육학박사(교육상담 전공)
현 경인교육대학교 교육학과 교수

KCA 한국상담학회 상담학 총서 08

인간발달과 상담(2판)
Human Development and Counseling (2nd ed.)

2013년 3월 25일 1판 1쇄 발행
2017년 9월 15일 1판 3쇄 발행
2019년 1월 30일 2판 1쇄 발행
2023년 1월 20일 2판 2쇄 발행

지은이 • 임은미 · 강지현 · 권해수 · 김광수 · 김정희 · 김희수 · 박승민
　　　　여태철 · 윤경희 · 이영순 · 임진영 · 최지영 · 최지은 · 황매향
펴낸이 • 김진환
펴낸곳 • (주) 학지사
　　　　04031 서울특별시 마포구 양화로 15길 20 마인드월드빌딩
대표전화 • 02)330-5114　　　팩스 • 02)324-2345
등록번호 • 제313-2006-000265호

홈페이지 • http://www.hakjisa.co.kr
페이스북 • https://www.facebook.com/hakjisa

ISBN 978-89-997-1616-4 93180

정가 23,000원

이 도서의 국립중앙도서관 출판시도서목록(CIP)은 서지정보유통지
원시스템 홈페이지(http://seoji.nl.go.kr)와 국가자료공동목록시스템
(http://www.nl.go.kr/kolisnet)에서 이용하실 수 있습니다.
(CIP 제어번호: CIP2019000187)

교육문화출판미디어그룹 학지사

심리검사연구소 인싸이트 www.inpsyt.co.kr
원격교육연수원 카운피아 www.counpia.com
학술논문서비스 뉴논문 www.newnonmun.com
간호보건의학출판 학지사메디컬 www.hakjisamd.co.kr